PEQUENO DICIONÁRIO
DE
LITERATURA BRASILEIRA

PEQUENO DICIONÁRIO DE LITERATURA BRASILEIRA

Organizado e dirigido por
MASSAUD MOISÉS

Co-organizado e co-dirigido
até a 3ª edição
JOSÉ PAULO PAES

7ª edição, atualizada

Editora
Cultrix
SÃO PAULO

1ª edição, 1967.

Copyright © Massaud Moisés.

Todos os direitos reservados. Nenhuma parte deste livro pode ser reproduzida ou usada de qualquer forma ou por qualquer meio, eletrônico ou mecânico, inclusive fotocópias, gravações ou sistema de armazenamento em banco de dados, sem permissão por escrito, exceto nos casos de trechos curtos citados em resenhas críticas ou artigos de revistas.

O primeiro número à esquerda indica a edição, ou reedição, desta obra. A primeira dezena à direita indica o ano em que esta edição, ou reedição foi publicada.

Edição	Ano
7-8-9-10-11-12-13-14	08-09-10-11-12-13-14

Direitos reservados
EDITORA PENSAMENTO-CULTRIX LTDA.
Rua Dr. Mário Vicente, 368 – 04270-000 – São Paulo, SP
Fone: 6166-9000 – Fax: 6166-9008
E-mail: pensamento@cultrix.com.br
Http://www.pensamento-cultrix.com.br

COLABORADORES

A.B.   ALFREDO BOSI
Professor Titular Aposentado da Universidade de S. Paulo

A.S.A   ANTÔNIO SOARES AMORA (falecido)
Catedrático aposentado da Universidade de S. Paulo

A.T.C.   ATALIBA TEIXEIRA DE CASTILHO
Professor da Universidade de S. Paulo

A.C.   AUGUSTO DE CAMPOS
Poeta e ensaísta

C.B.K.   CARLOS BURLAMÁQUI KÖPKE (falecido)
Crítico, ensaísta e professor

D.C.   DUÍLIO COLOMBINI (falecido)
Professor da Universidade de S. Paulo

D.C.S.   DOMINGOS CARVALHO DA SILVA (falecido)
Poeta, contista, ensaísta e professor aposentado da Universidade
Federal de Brasília

D.D.   DÉCIO DARCIE (falecido)
Licenciado em Letras pela Pontifícia Universidade Católica de São
Paulo

E.S.B.   ERNANI SILVA BRUNO (falecido)
Ensaísta e historiador

F.G.   FERNANDO GÓES (falecido)
Crítico, ensaísta e professor da Universidade Católica de S. Paulo

J.A.H.   JAMIL ALMANSUR HADDAD (falecido)
Poeta e ensaísta

J.C.C.   JOÃO CRUZ COSTA (falecido)
Catedrático da Universidade de S. Paulo

J.C.G.   JOSÉ CARLOS GARBUGLIO
Professor Titular aposentado da Universidade de S. Paulo

J.Pa.   JOÃO PACHECO (falecido)
Contista e ensaísta

J.P.   JOEL PONTES (falecido)
Crítico, ensaísta e professor da Universidade Federal de Pernambuco

J.P.P.   JOSÉ PAULO PAES (falecido)
Poeta, ensaísta e tradutor

J.RAL   JOSÉ ROBERTO DO AMARAL LAPA (falecido)
Professor da Universidade Estadual de Campinas (SP)

L.A. LEONARDO ARROYO (falecido)
Contista, crítico e historiador

L.D'A.F. LUCRÉCIA D'ALESSIO FERRARA
Professora da Universidade de S. Paulo

M.A.R.M. MARIA ANTONIETA RAYMUNDO MOISÉS
Professora aposentada da Pontifícia Universidade Católica de S. Paulo

M.C.V. MANOEL CARLOS VIEIRA
Ex-professor do Colégio Santa Cruz (SP)

M.T.C.B. MARIA THERESA CAMARGO BIDERMAN
Professora aposentada da Universidade Estadual "Júlio de Mesquita Filho" (SP)

M.M. MASSAUD MOISÉS
Professor Titular aposentado da Universidade de S. Paulo

O.E.X. OSVALDO ELIAS XEDIEH
Professor aposentado da Universidade Estadual "Júlio de Mesquita Filho" (SP)

O.M.C. OTTO MARIA CARPEAUX (falecido)
Crítico, ensaísta e historiador literário

P.E.S.R. PÉRICLES EUGÊNIO DA SILVA RAMOS (falecido)
Poeta, ensaísta e professor da Pontifícia Universidade Católica de S. Paulo

R.M.P. ROLANDO MOREL PINTO
Professor Titular aposentado da Universidade de S. Paulo

S.S. SAMI SIRIAHL (falecido)
Professor de língua portuguesa e literatura brasileira

S.Sp. SEGISMUNDO SPINA
Professor Titular aposentado da Universidade de S. Paulo

V.A. VICENTE ATAÍDE
Professor da Universidade Federal de Sergipe

W.M. WILSON MARTINS
Crítico, ensaísta e professor aposentado da Universidade de Nova Iorque

PREFÁCIO

Tanto quanto suas limitações, as ambições desta obra estão de certo modo compendiadas no adjetivo *pequeno* que lhe figura no título. Não é, nem pretende ser, o PDLB, completo e exaustivo levantamento histórico-crítico de nossa literatura, capaz de interessar aos especialistas na matéria. Trata-se, bem mais modestamente, de um panorama sumário, que visa a oferecer ao público ledor, em particular a estudantes de curso secundário e superior, informações básicas acerca dos principais autores, obras, épocas históricas, movimentos estéticos, formas e gêneros, constantes temáticas, etc., da literatura brasileira. Por estarem esparsas numa vasta bibliografia, tais informações são de acesso difícil ao comum dos leitores, e a utilidade do PDLB residirá porventura na forma prática e sistemática com que as coloca ao alcance do consulente, a quem fornece, outrossim, as necessárias "pistas" bibliográficas para que possa alargar o âmbito de suas consultas.

Posto o quê, cabem agora alguns esclarecimentos acerca das normas e diretrizes que presidiram à elaboração desta obra:

1) Todos os verbetes trazem, ao fim, as iniciais identificadoras de seu redator, cujo estilo e conceitos foram integralmente respeitados pelos organizadores do PDLB. Só nuns poucos casos introduziram-se modificações no texto original dos verbetes, para adequá-los às normas gerais da obra. A multiplicidade de redatores explica as eventuais discrepâncias de forma ou de fundo que possam ser notadas ao longo do PDLB, particularmente no que se refere à proporção entre a extensão de cada verbete e a importância do autor, obra ou tema geral nele tratado, proporção essa que nem sempre pôde ser rigorosamente mantida.

2) O asterisco que anteceda qualquer palavra no texto de um verbete tem função remissiva. Indica que tal palavra — seja ela nome de autor ou de obra, título de artigo geral — é objeto de verbete próprio, que o consulente encontrará, por ordem alfabética, no corpo do dicionário.

3) Por força das limitações de espaço e do caráter didático do PDLB, o elenco de autores aos quais se consagraram verbetes individuais teve de ser necessariamente restrito e seletivo, particularmente no que respeita a autores vivos. Procurou-se remediar em parte essa deficiência por meio de uma série de artigos gerais acerca de gêneros literários, épocas históricas, movimentos estéticos, etc. Neles, são referidos autores menos conhecidos — ou que não mereceram ainda a devida atenção da crítica —, cujos nomes constam do Índice de Autores, ao fim do volume, onde o consulente encontrará também uma lista desses artigos gerais. Cumpre assinalar que os verbetes dedicados à poesia neomodernista e à poesia concreta foram propositadamente encomendados a escritores ligados a esses movimentos, a fim de que servissem, ao mesmo tempo, como informação histórica e testemunho doutrinário vivo.

4) Os autores foram arrolados alfabeticamente pelo último elemento de seu *nome literário,* que aparece sempre em maiúsculas. Assim, Matias Aires Ramos da Silva de Eça está alfabetado como:

AIRES RAMOS DA SILVA DE EÇA, MATIAS

Sempre que coincidam o nome civil e o nome literário do autor, a alfabetação é feita pelo último sobrenome. Ex.:

ANDRADE, CARLOS DRUMMOND DE

Os casos duvidosos serão facilmente esclarecidos pelo Índice de Autores, ao fim do volume. Os nomes de obras foram alfabetados pelo seu primeiro elemento, excluídos os artigos *o, a, os, as,* e os verbetes gerais, pelo elemento principal de seu título. Assim:

8

INFANTIL, LITERATURA

5) Verbetes de obras comparecem em número reduzido. Mereceram-nos apenas alguns livros de marcante importância histórica. Os demais, estudados ou não no corpo dos verbetes do autor, figuram no Índice de Obras, ao fim do volume. Ali não constam, porém, obras que tenham sido meramente citadas de passagem.

6) Sob a rubrica *Obras do Autor*, ao fim dos verbetes de autor, citam-se-lhe os livros principais, omitindo-se os já referidos no corpo do verbete. Sob a rubrica *Consultar*, arrolam-se fontes críticas e biográficas essenciais, de preferência aquelas que tragam mais amplo repertório de indicações bibliográficas acerca do autor, obra ou aspecto geral tratado no verbete. Para simplificar o aparato bibliográfico, suprimiu-se a indicação de editor, consignando-se exclusivamente o local e a data de edição. Os leitores que desejarem informações mais pormenorizadas nesse particular poderão recorrer a três obras fundamentais, que muito valeram aos organizadores e colaboradores do PDLB: a *Pequena Bibliografia Crítica da Literatura Brasileira*, de Otto Maria Carpeaux (4.ª ed., Rio, 1968); *A Literatura no Brasil*, dirigida por Afrânio Coutinho (6 tomos, Rio, 1955-1959, 1970-1971); e o *Dicionário das Literaturas Portuguesa, Brasileira e Galega*, dirigido por Jacinto do Prado Coelho (Porto, 1960).

7) Para destacar, no contexto geral da literatura brasileira, certas manifestações regionais mais características, consagraram-se artigos gerais à Amazônia, à Bahia, a Minas Gerais, ao Nordeste, ao Rio de Janeiro, ao Rio Grande do Sul e a São Paulo. Seguiu-se, pois, embora sem perfilhar-lhe todas as implicações, o esquema proposto por Viana Moog em *Uma Interpretação da Literatura Brasileira* (Rio, 1943).

Ao concluir, os organizadores do PDLB querem deixar consignada sua gratidão aos colaboradores que tornaram possível a realização desta obra, e sua homenagem à memória de dois deles, os escritores Décio Darcie e João Pacheco, que não chegaram a vê-la publicada. Confessam, outrossim, ter plena consciência de que numa obra desta natureza haverá, necessariamente, falhas, omissões e lapsos, que pretendem corrigir em edições futuras, à medida que forem sendo descobertos pelos organizadores ou apontados por leitores de boa vontade, aos quais antecipadamente agradecem. Tais leitores poderão endereçar seus reparos e sugestões a:

Pequeno Dicionário de Literatura Brasileira
Editora Cultrix
Rua Dr. Mário Vicente, 374
04270-000 – São Paulo, SP

NOTA À 2.ª EDIÇÃO

Sem alterar as diretrizes que lhe presidiram à elaboração, o PDLB sai agora em segunda edição. Para tanto, além de revistos, os verbetes foram enriquecidos de novos títulos, sobretudo de autores modernos, e atualizou-se a bibliografia passiva e ativa dos escritores arrolados. Em alguns casos, a fim de pôr em dia a informação crítica, introduziu-se no corpo do verbete, entre colchetes, um parágrafo. Tais emendas e acréscimos, exceto os artigos novos e os de Ataliba Teixeira de Castilho, Rolando Morel Pinto e Wilson Martins, e "Teatro", de Joel Pontes (lamentavelmente falecido antes que a reedição do PDLB viesse a público), são da exclusiva responsabilidade do revisor da presente edição, que também assina esta nota preliminar.

Por fim, cumpre agradecer a todos aqueles que encaminharam sugestões e reparos aos organizadores do PDLB com vistas a torná-lo mais preciso e mais útil. Esperamos que a nova edição mereça desses e outros leitores de boa vontade a mesma acolhida que dispensaram à obra por ocasião de seu aparecimento.

M.M.

NOTA À 5.ª EDIÇÃO

Em razão de não ser possível, no momento, atualizar e ampliar o texto deste livro, resolveu-se apresentar, em apêndice, as emendas e os acréscimos biobibliográficos mais urgentes.

M.M.

NOTA A ESTA EDIÇÃO

Visto persistirem as circunstâncias que envolveram a edição anterior, decidiu-se atualizar o apêndice com emendas e novos aditamentos biobibliográficos, alguns dos quais me foram sugeridos pelo poeta Cyro Pimentel, a quem fico muito grato.

M. M.

A

ABREU, Benedito Luís RODRIGUES DE — (★ 27/9/1897, Capivari, SP; † 24/11/1927, Bauru, SP) Filho de pais muito pobres, estudou com os Salesianos, que o destinavam ao sacerdócio; mas cedo saiu do seminário para uma existência penosa de professor e, depois, escrevente de cartório; em Bauru apoiaram-no alguns amigos, logo que se revelou a tuberculose de que veio a falecer.

A nenhum outro poeta nosso, talvez, poder-se-ia aplicar com tanta justeza o adjetivo "crepuscular"; em sua poesia, tudo é confidência à meia-voz, à meia-luz: doença, saudade da infância, paisagens outonais, amores irrealizados, noites sofridas, cantos levemente irônicos, de uma ironia que não é senão o confessar de fundas decepções e de inquieta timidez. É para esse íntimo crepuscularismo que nele convergem influências parnasianas, simbolistas, modernistas de 22 e, confessadamente, românticas.

Obras do A.: *Noturnos*, 1919; *A Sala dos Passos Perdidos*, 1924; *Casa Destelhada e Outras Poesias*, 1927.

Consultar: Menotti del Picchia, pref. à 2.ª ed. d*A Sala dos Passos Perdidos*, S. Paulo, 1932; Domingos Carvalho da Silva, *R. de A.*, S. Paulo, 1946.

[A. B.]

ABREU, CASIMIRO José Marques DE — (★ 4/1/1839, Barra de S. João, ou Vila de Capivari, RJ; † 18/10/1860, Nova Friburgo, RJ) Filho natural de pai português e mãe brasileira, passa uma infância feliz no torrão natal e faz o curso primário em Correntezas e Nova Friburgo. Quer a lenda, hoje desfeita, que o pai, subestimando-lhe a inclinação literária, lhe interrompe os estudos secundários e o encaminha para o comércio, no Rio. Depois de um ano, aparentemente com igual objetivo, C. de A. segue para Lisboa (1853) a expensas do pai. Curte, no longo "exílio" (4 anos), sentimentos de nostalgia e saudade, que encontram vaza em poesia. Em 1856, ainda às custas do pai, encena malogradamente, no Teatro D. Fernando (Lisboa), a peça *Camões e o Jau*. No ano seguinte, volta ao Rio, e leva uma vida boêmia e desregrada, ao mesmo tempo que continua trabalhando no comércio. Em 1859, publica *As Primaveras*, seu único livro de poesia, e descobre-se tuberculoso. Falece antes de completar 22 anos.

13

Embora tivesse cultivado a prosa e o teatro, C. de A. interessa por sua poesia. Esta, histórica e tematicamente, enquadra-se no primeiro momento do nosso * Romantismo. Dois foram os temas preferidos de C. de A.: o lírico-amoroso e o da saudade. Num e noutro, não chegou a igualar-se a * Gonçalves Dias, seu indiscutível modelo, nem a * Fagundes Varela.

No que respeita à temática amorosa, não trouxe nada de novo, salvo sutilezas próprias duma sensibilidade adolescente, delicada e feminina. Enriquece o tema de acentos novos, mas por vezes se torna derramado, talvez pelo caráter notadamente confessional e imaturo do sentimento comunicado. Sua visão da mulher é a dum idealista sensitivo e imaginativo: a ingenuidade com que descreve sentimentos e situações mais imaginados que vividos ou reais, certamente esconde forte erotismo, sopitado por "impuro". Um cerebralismo, expresso com tocante infantilidade, corresponde à sublimação de sentimentos recalcados, subterrâneos e mal entrevistos pelo leitor apressado.

Quanto ao tema da saudade, que foi introduzido em nosso Romantismo por * Gonçalves de Magalhães, C. de A. descobre-lhe aspectos novos, como a saudade da Pátria, da família, do lar, da infância, expressos com a sua peculiar facilidade sentimental. Não obstante ainda hoje faça eco em sensibilidades menos prevenidas, o tema da saudade em C. de A. não disfarça por muito tempo seu ar "literário" e um tanto quanto postiço.

Certo halo de sensualidade e a característica espontaneidade suprem a falta de nervos da poesia essencialmente emocional e epidérmica de C. de A., o suficiente para lhe garantir leitores assíduos e um lugar em nossa poesia romântica. É provável que sua imensa popularidade nasça precisamente de haver prestigiado sentimentos "fáceis" e difusos no espírito de leitores menos exigentes; e, ainda, da lenda formada em torno de sua vida de "mártir" tão precocemente ceifado pela morte.

Por outro lado, a pobreza filosófica e psicológica de sua poesia é contrabalançada por uma riqueza e variedade formal que o distingue entre os românticos de primeira plana. Para atingir a naturalidade de seus versos, utilizou-se de variados recursos expressivos quanto ao número de sílabas dentro de cada verso, à rima, à cesura, à estrofação, etc. Esse aspecto é digno de nota em se tratando de poeta jovem e autodidata.

Obras do A.: *Carolina*, romance, *O Progresso*, Lisboa, n.° 351-352; *Camila*, Memórias duma Viagem, *A Ilustração Luso-Brasileira*, vol. I, Lisboa, 1856; "A Virgem Loura", Páginas do Coração, *Correio Mercantil*, Rio, n.° 334, ano XIV; *Obras de C. de A.*, apuração e revisão do texto, escorço biográfico, notas e índices por Sousa da Silveira, 2.ª ed., melh., Rio, 1955.

Consultar: José Veríssimo, *Estudos de Literatura Brasileira*, 2.ª série, Rio, 1901; Carlos Maul, *C. de A., Poeta do Amor*, Rio, 1939; Nilo Bruzzi, *C. de A.*, Rio, 1949; Waltensir Dutra, "C. de A.", *A Literatura no Brasil* (dir. de Afrânio Coutinho), vol. I, t. 2, Rio, 1956; Antônio Cândido, *Formação da Literatura Brasileira*, vol. II, S. Paulo, 1959; Antônio Soares Amora, *O Romantismo*, vol. II d*A Literatura Brasileira*, S. Paulo, Cultrix, 1967.

[M.A.R.M.]

ABREU, João CAPISTRANO DE — (★ 23/10/1853, Maranguape, CE; † 13/8/1927, Rio) Aprendidas as primeiras letras, parte em 1860 para Pernambuco, onde faz alguns exames; em 1871, está de volta a Fortaleza, onde inicia carreira literária, fazendo parte do grupo que se abriga sob a denominação de "Academia Francesa" (1872-1875), ao qual pertenciam, entre outros, Rocha Lima e * Araripe Jr. Sob a inspiração de Taine, no domínio literário, Comte e Spencer, no campo filosófico, exercita-se na crítica. Transplantando-se para o Rio em 1875, desviou seu interesse para o estudo histórico, sob o influxo de Buckle, a princípio, e dos historiógrafos alemães, a seguir. É nomeado oficial da Biblioteca Nacional em 1879; em 1883, por concurso, conquista a cátedra de Corografia e História do Brasil no Colégio de Pedro II. Antes lecionara em estabelecimentos particulares e militara na imprensa, onde continuará após o ingresso no instituto governamental. Admitido como sócio do Instituto Histórico em 1887; convidado, não quis entrar para a Academia Brasileira de Letras, quando de sua fundação, em 1896.

C. de A. não realizou o trabalho de síntese sobre a nossa História que dele esperava o mundo intelectual brasileiro em que fixasse as linhas mestras de nossa evolução, determinando, à luz da ciência moderna, as leis a que ela obedecera. Entendia que nos achávamos na fase preliminar — a das pesquisas exaustivas e das monografias particulares, só após as quais seria possível elaborar a síntese. A este esforço se entregou, com enorme dedicação e não menor argúcia e discernimento; não se limitou à cronologia e ao relato, mas buscou a interpretação e o espírito dos fatos que examinou. As suas pesquisas abrangeram as mais variadas esferas, desde o reexame do descobrimento do Brasil até o estudo de tribos indígenas, de que perquiriu a língua, os costumes, o folclore e a concepção de vida. Deixou uma obra de síntese parcial, *Capítulos de História Colonial* (1907, em separata de *O Brasil*; 1928, em volume), com que deu novos rumos à nossa historiografia, chamando a atenção para os movimentos de expansão interna. Ao poder de concisão do pensamento aliava a precisão do estilo.

OBRAS DO A.: Organizadas pela Sociedade Capistrano de Abreu, do Rio, fundada após o seu falecimento, foram publicadas as seguintes obras: *O Descobrimento do Brasil*, 1929; *Caminhos Antigos e Povoamento do Brasil*, 1930; *Ensaios e Estudos* (Crítica e História), 1.ª série, 1931; 2.ª série, 1932; 3.ª série, 1938; 4.ª série, 1976. De C. de A. ainda se publicou: *A Língua dos Caxinauás*, 1914; *Correspondência* (org. e pref. por José Honório Rodrigues), 1.° e 2.° vols., 1954; 3.° vol., 1956. Reed. em 7 vols., pelo I.N.L., em 1976 (org. e pref. por José Honório Rodrigues).

CONSULTAR: Barão de Studart, *Dicionário Bibliográfico Cearense*, vol. II, Fortaleza, 1913; J. A. Pinto do Carmo, *Bibliografia de C. de A.*, Rio, 1943; Hélio Viana, *C. de A., Ensaio Bibliográfico*, Rio, 1955.

[J. Pa.]

ACADEMIAS — Denominação dada a determinado tipo de sociedade de poetas e prosadores, e em especial às sociedades de tal categoria surgidas no século XVII e no século XVIII. Essas entidades, constituídas por um número restrito de membros, tinham em geral por objetivo o estudo da língua e o culto das letras, da História e das ciências. Algumas, de curta duração, destinaram-se apenas à celebração de aconteci-

15

mentos. Muitos "atos acadêmicos", ou simples reuniões literárias com fins panegíricos e laudatórios, foram organizados como "academias", e esta palavra teve, durante muito tempo, a acepção de simples sessão literária. Até meados do século XVIII a pronúncia *Acadêmia* era usual, ao lado de *Academia*. A origem da palavra e seu significado provêm do jardim de Academus, onde Platão dava aulas aos seus discípulos. Houve, na Idade Média, e na Renascença, numerosas academias literárias e artísticas, mas de sentido didático. Eram simples escolas. A primeira Academia propriamente literária, sem fins didáticos, foi talvez a Francesa, fundada pelo Cardeal Richelieu em 1634 e oficializada por Luís XIII no ano seguinte. Em 1647 (ou 49) surgiu em Lisboa a Academia dos Generosos e, em 1663, a dos Singulares. Alguns membros da dos Anônimos (1714), vindo para a * Bahia, fizeram parte (1724-1725) da Academia Brasílica dos Esquecidos, fundada pelo Vice-Rei Vasco Fernandes César de Menezes, Conde de Sabugosa. Os "esquecidos" mais eminentes foram * Sebastião da Rocha Pita (1660-1738), João Brito e Lima (1671-1747), André Figueiredo de Mascarenhas, João Álvares Soares (1676-?) e José de Oliveira Serpa (1696-?), naturais da Bahia; Gonçalo Soares da França (1678-?), natural da Bahia ou do Espírito Santo; e os portugueses Antônio de Oliveira, orador sacro e acadêmico "renascido"; Luís Siqueira da Gama, desembargador da Relação da Bahia e acadêmico "anônimo"; e José da Cunha Cardoso e Antônio Sanches de Noronha, acadêmicos "anônimos". Em 1636 foi fundada no Rio a Academia dos Felizes, que durou até 1640. Dela são raras as notícias. Foi seu sócio o físico-mor Doutor Mateus Saraiva, mais tarde acadêmico "seleto". Em 1752, foi organizada no Rio a Academia dos Seletos, para celebrar a partida de Gomes Freire de Andrade para o Sul, em missão de fixação dos limites com os territórios espanhóis. Entre os acadêmicos "seletos", podem ser mencionados: o citado Doutor Mateus Saraiva, sócio da Real Sociedade de Londres; Francisco de Faria (Olinda, 1709-?), jesuíta, presidente dos Seletos; Tomás Rubi de Barros Barreto do Rego, magistrado, acadêmico "renascido", desembargador da Relação da Bahia; Manuel Tavares de Siqueira e Sá, secretário dos Seletos; * Ângela do Amaral Rangel, cega de nascença; Simão Pereira de Sá (Rio, 1701-?), magistrado e historiador. Pelo Desembargador José Mascarenhas Pacheco Pereira Coelho e Melo foi fundada na Bahia, em 1759, a Academia Brasílica dos Acadêmicos Renascidos, à qual pertenceram o P. Antônio de Oliveira, que fora acadêmico "esquecido"; o Juiz Tomás Rubi de Barros Barreto, chanceler da Relação da Bahia, e que pertenceu aos Seletos; Frei *Antônio de Santa Maria Jaboatão e, como correspondente, * Cláudio Manuel da Costa. Essa Academia foi dissolvida em fins do mesmo ano. Em 1768, foi fundada em Vila Rica (Ouro Preto) a Arcádia ou Colônia Ultramarina; em 1770, reuniu-se em S. Paulo, para homenagear o Governador Morgado de Mateus, uma Academia dos Felizes; em 1786, foi fundada a Sociedade Literária do Rio de Janeiro, da qual fez parte o poeta * Silva Alvarenga; em 1791 reuniu-se em S. Paulo a Academia do Senado da Câmara, para celebrar a obra administrativa do Governador Bernardo José de Lorena. Dessa Academia fizeram parte Frei * Francisco de S. Carlos e o Brigadeiro-general Arouche Rendon. Houve ainda, no século XVIII e no início do século XIX, vários atos acadêmicos e academias efêmeras, no País. Com o objetivo declarado de se dedicar a "cultura da língua e da literatura nacional", foi fundada em 1896,

16

no Rio, a Academia Brasileira de Letras, constituída por quarenta membros, dos quais vinte e cinco, pelo menos, devem residir no Rio. A A.B.L. conta ainda com vinte membros correspondentes. De acordo com os estatutos, "só podem ser membros da Academia os brasileiros que tenham, em qualquer dos gêneros da Literatura, publicado obras de reconhecido mérito ou, fora desses gêneros, livro de valor literário. As mesmas condições, menos a de nacionalidade, exigem-se para os correspondentes". A primeira diretoria da A. B. L. foi constituída por * Machado de Assis (presidente), * Joaquim Nabuco (secretário geral), Rodrigo Otávio (1.° secretário) e * Inglês de Sousa (tesoureiro).

CONSULTAR: Pedro Calmon, *História da Literatura Baiana,* Rio, 1949; Antônio Soares Amora, "Parnaso e Polícia", *Investigações,* S. Paulo, junho 1951; José Aderaldo Castelo, "O Movimento Academicista", *A Literatura no Brasil* (dir. de Afrânio Coutinho), vol. I, t. 1, Rio, 1956; e *O Movimento Academicista no Brasil — 1641-1820-22,* vol. I, t. 1, S. Paulo, 1969; Antônio Cândido, *Formação da Literatura Brasileira,* vol. I, S. Paulo, 1959; Fidelino de Figueiredo, *História Literária de Portugal,* Rio, 1960.

[D. C. S.]

ACIÓLI, BRENO — (★ 22/3/1921, Santana do Ipanema, AL; † 13/3/1966, Rio) Descendente de tradicional família alagoana, fez os estudos preliminares na cidade natal e em Maceió. Iniciou o curso de Medicina no Recife, vindo concluí-lo no Rio, onde se fixou depois de formado (1946). Foi médico do Departamento de Lepra da GB.

B. A. estreou com um livro de contos, *João Urso* (1944), que foi premiado pela Academia Brasileira de Letras e pela Fundação Graça Aranha, tendo sido recebido pela crítica como autêntica revelação. Nesse livro, em que reminiscências de infância lastreiam a invenção ficcional, patenteava B. A., já cristalizadas, as características de sua arte de contista: o gosto pelos climas de alucinação, loucura, brutalidade, hediondez, e um estilo de narrar cujo caráter poético é indicado pela freqüência da metáfora e do hipérbato. Nos livros subseqüentes, contentou-se em repetir temas e recursos de *João Urso,* sem nada acrescentar de novo, com o que lhes debilitou a força expressiva.

OBRAS DO A.: Contos: *Cogumelos,* 1949; *Maria Pudim,* 1955; *Os Cata-Ventos,* 1962. Romance: *Dunas,* 1955.

CONSULTAR: Renato Jobim, *Anotações de Leitura,* Rio, s. d.; Adonias Filho, *Modernos Ficcionistas Brasileiros,* 2.ª série, Rio, 1965; Tadeu Rocha, "A Aventura Terrestre de B. A.", *Diário de Notícias,* Rio, 20/3/1966.

[J. P. P.]

AÇÚCAR, CICLO DO — É a denominação que se dá, freqüentemente, a parte da produção literária brasileira, de 1926, ano da publicação do Manifesto Regionalista, de * Gilberto Freyre, até os dias atuais. Essas obras estão lastreadas em assuntos da agro-indústria canavieira, mas não é nisto que distinguimos a unidade cíclica, pois, desde os tempos coloniais, historiadores, poetas e oradores sacros se referiam aos engenhos com encantamento e orgulho. Eram intelectuais nascidos à sombra da cana, afazendados pelo fabrico e comércio do açúcar, amparados em suas realidades psicológicas e econômicas pela permanência da monocultura latifundiária. Filhos de senhores de engenho, ou dependentes, sob várias formas, a esses escritores anteriores a 1926 não faltavam outras características: ação de grupo, saudosismo em relação a um estado de coisas que reconhecem em vias de transformação, desejo de transformar (em diferentes escalas, conforme o escritor), técnica do verso ou romance baseada na linguagem popular e na maneira tradicional de contar histórias. A imitação de modelos europeus, a vergonha de não serem "civilizados", certa defesa psicológica que os impelia a esconderem suas origens, assim como a pobreza dos eitos, tudo isto — e mais a decadência do engenho bangüê, acentuada desde os fins do século passado — formou uma situação falsa entre os escritores do * Nordeste, que Gilberto Freyre rompeu corajosamente. Seus estudos sociológicos, de grande interesse literário, foram abrindo perspectivas novas, aproveitadas pelos artistas (pintores, escritores, escultores, músicos, etc.) e estudiosos de Antropologia, Sociologia, Economia, etc. O ciclo do açúcar se expande, assim, a campos não apenas literários, e poderá atingir os artistas de SP e RJ, onde a agro-indústria da cana se impôs com os melhores resultados. Ao lado de * Casa Grande & Senzala, Nordeste, Açúcar, Região e Tradição, surgiram os estudos de Manuel Diegues Júnior (O Engenho de Açúcar no Nordeste), Afonso Várzea (Geografia do Açúcar no Leste do Brasil), Antônio Figueira de Almeida (História Fluminense), Fernando de Azevedo (Canaviais e Engenhos na Vida Política do País), a documentadíssima História do Açúcar, de Edmundo O. von Lippmann — sendo que, em todas essas obras, principalmente nas do Nordeste, nota-se a presença pioneira de Pereira da Costa. Livros de memórias apareceram no ciclo, como as de Félix Cavalcanti, editadas por Gilberto Freyre, e as de Júlio Belo (Memórias de um Senhor de Engenho). No domínio mais exatamente literário, a poesia de * Ascenso Ferreira (Cana Caiana, Catimbó, Poesias) compreende numa unidade o vivente do campo e os que se transportaram para a cidade guardando a nostalgia das origens. É uma continuação do pioneirismo de * Olegário Mariano, no sentido novo de aproveitamento da gíria e emprego de versos livres. Poemas de *Jorge de Lima, *Manuel Bandeira seguiram esse roteiro, posteriormente alterado, seja no sentido da defesa política e social dos camponeses (Princípio Áspero de Uma Canção sem Terra, de Audálio Alves), seja no refinamento estético de * Joaquim Cardoso e * João Cabral de Melo Neto. Nestes últimos, o camponês toma para si as vezes dos poetas — é protagonista, como anúncio de uma possível literatura realizada pelos homens do campo, no futuro. Na novelística, o grande nome é o de * José Lins do Rego com seu Ciclo da Cana-de-Açúcar, *Fogo Morto, Pureza e suas memórias. Antes dele, * Mário Sete, no conto, na crônica, no romance e no teatro, havia, embora fosse predominantemente escritor urbano, do Recife, conseguido a unidade campo-cidade, ainda sem as implicações dramáticas e até polêmicas que Lins do Rego atingiria em Moleque Ricardo. Na dramaturgia, é dentro do ciclo do açúcar que vamos encontrar peças de Aristóteles Soares, José Carlos Cavalcanti Borges, * Antônio Calado e Hermilo Borba Filho. Devido ao caráter memorialista do ciclo (a esmagadora maioria dos escritores citados nasceram nos engenhos) e às transformações por que vem passando a sociedade agrária, o assunto está sendo cada vez mais elaborado — isto é, as pesquisas formais estão-se sobrepondo à narrativa linear. O ciclo está perdendo uma de suas características mais positivas como obra de grupo de escritores, como se outra coisa estivesse a nascer dele.

[J. P.]

ADONIAS Aguiar FILHO — (★ 27/11/1915, município de Itajuípe, BA) Passou parte da infância numa fazenda de cacau no sul da BA, região em que situaria a ação de seus três primeiros romances. Fez estudos primários em Ilhéus e secundários em Salvador, onde foi contemporâneo de *Jorge Amado no Ginásio Ipiranga. Fixou-se no Rio em 1936, ali se ligando ao grupo católico de *Tasso da Silveira e Andrade Murici. Tem colaborado regularmente em jornais e revistas do Rio e de S. Paulo com artigos de crítica literária. Dirigiu o Serviço Nacional de Teatro, o Instituto Nacional do Livro, a Agência Nacional e a Biblioteca Nacional. Pertence à Academia Brasileira de Letras (cadeira 21).

Somente por certos aspectos temáticos é que os romances de A. F. podem ser filiados ao regionalismo baiano (V. Bahia). Tanto na trilogia ambientada na zona cacaueira (*Os Servos da Morte*, 1946; *Memórias de Lázaro*, 1952; *Corpo Vivo*, 1963) quanto em *O Forte* (1965), que se passa em Salvador, interessa ao romancista, não registrar particularismos locais, mas fixar, em clave simultaneamente introspectiva e metafísica, o drama existencial de suas personagens. Estas são quase sempre seres rudes, primários, guiados pela força cega do instinto e em luta desesperançada contra a fatalidade. A narrativa se faz numa linguagem elíptica, de intensidade poética; a atmosfera constante de pesadelo, de violência sangrenta que chega por vezes às raias do *grand guignol*, recorda Dostoievski e Faulkner, autores em cuja linhagem ficcional a crítica tem enquadrado A. F.

Obras do A.: Ficção: *Léguas da Promissão*, 1968; *Luanda, Beira, Bahia*, 1971; *As Velhas*, 1975. Crítica e ensaio: *Modernos Ficcionistas Brasileiros*, 1.ª série, 1958, e 2.ª série, 1965; *Jornal de um Escritor*, 1954; *O Romance Brasileiro de 30*, Rio, 1969.

Consultar: Sérgio Milliet, *Diário Crítico*, vol. IV, S. Paulo, s.d.; Renard Perez, *Escritores Brasileiros Contemporâneos*, 1.ª série, Rio, 1960; Eduardo Portela, *Dimensões III*, Rio 1965; Haroldo Bruno, *Estudos de Literatura Brasileira*, Rio, 1966; Antônio Olinto, *A Verdade da Ficção*, Rio, 1966; Assis Brasil, *A Nova Literatura Brasileira. I O Romance*, Rio, 1973; Sônia Brayner, "Tempo e Destino na Ficção de A. F.", supl. lit. de *Minas Gerais*, Belo Horizonte, 11/9/1976.

[J.P.P.]

AIRES Ramos da Silva de Eça, MATIAS — (★ 27/3/1705, S. Paulo; † 1763, Lisboa) Um dos "clássicos esquecidos" reabilitados por Solidônio Leite, M. A. viveu em S. Paulo os 11 primeiros anos, em que estudou com os jesuítas as primeiras letras, continuadas depois no Colégio de Santo Antão de Lisboa, quando da transferência da família em 1717. Em 1722 vemo-lo matriculado na Universidade de Coimbra, onde se gradua em Artes no ano seguinte, não continuando a freqüentar a Faculdade. Em Bayonne (para outros em Paris), estudou Direito Civil e Canônico, língua hebraica com o orientalista Phourmond, Matemática, Física e Química, demorando-se na França até 1733. Dez anos depois, com a morte do pai, que lhe deixa considerável fortuna, M. A. abandona o seu retiro de Aldeia Galega para gerir os bens herdados, inclusive assumir o cargo do pai, o de Provedor da Casa da Moeda, cargo de que foi suspenso inexplicavelmente, em 1761. Em 1752, sai a lume em Lisboa a obra que o imortalizou, depois de longo convívio com a sociedade e com os homens da Corte, seguido de algumas decepções na vida sentimental: *Reflexões sobre a Vaidade dos Homens, ou Discursos Morais sobre os Efeitos da Vaidade*. Na terceira edição de sua obra saiu publicada a "Carta sobre a Fortuna", em que o A. esboça um perfil de seu temperamento, que tanto ajuda a compreender o pessimismo e a atmosfera misantrópica das *Reflexões*. Certa direção mental aproxima-o dos moralistas franceses em voga na sua época: Montaigne, Pascal, La Rochefoucauld, afora um halo de senequismo e jansenismo muito evidente na sua filosofia da condição humana. Na apologia que faz do monarca absoluto (já no reinado de D. José e seu êmulo, o Marquês de Pombal) vislumbrou-se certo oportunismo do A., de resto algumas vezes vítima da própria vaidade — como confessa no seu "Prólogo". Na análise da vaidade, que o leva a refletir sobre os inúmeros sentimentos afins (apontando sempre o erro, o vício, o pecado, sem apostolizar), M. A. revela contudo uma concepção idealista do amor, considera a importância do nosso comportamento irracional, põe em relevo a inanidade de nossas ilusões e revela outras facetas de sua sensibilidade, que já constituem, mais do que resíduos da estética barroca, antecipações da alma romântica. A melancolia que informa a sua obra, a nostalgia da infância, a visão heracliteana da vida ("em nada podemos estar firmes, pois vivemos no meio de mil revoluções diversas", os homens "são semelhantes aos rios que apressadamente correm para o mar", a relatividade dos nossos conceitos, a crítica que faz da nobreza hereditária pondo em evidência a "nobreza de alma"), são aspectos que denunciam certo parentesco entre as duas posições de espírito que extremizam o * Neoclassicismo do séc. XVIII: a barroca e a romântica.

OBRAS DO A.: *Problema de Arquitetura Civil*, 1770, ed. póstuma, a cargo do filho; *Lettres Bohèmiennes*, 1759, além de manuscritos inéditos, registrados por Diogo Barbosa Machado na *Biblioteca Lusitana*.

CONSULTAR: Ernesto Ennes, *Dois Paulistas Insignes*, 2 vols., S. Paulo, 1944; Alceu Amoroso Lima, introdução à ed. da Liv. Martins Edit., S. Paulo, 1942, das *Reflexões*, estudo que, com o de Jacinto do Prado Coelho, *À Margem das "Reflexões"* de M. A. (Coimbra, 1952), são os melhores trabalhos críticos a propósito do A.; Jamil Almansur Haddad, "M. A., Filósofo Barroco do Brasil", *Revista Brasileira de Filosofia*, S. Paulo, vol. IX, fasc. 4, 1959.

[S. Sp.]

ALBANO, JOSÉ D'ABREU — (★ 12/4/1882, Fortaleza, CE; † 11/7/1923, Montauban, França) Primeiros estudos na cidade natal. Em 1892, segue para a Europa, onde freqüenta colégios ingleses, franceses e austríacos. De regresso à Pátria, em 1902 está no Rio, tentando estudar Direiro, mas o ensino do Latim absorve-o. Em 1908, ingressa na carreira diplomática e vai servir na Europa, por pouco tempo. Viaja por vários países europeus e asiáticos, e em Barcelona publica suas *Rimas* (1912). Nessa mesma época, manifestam-se nele os primeiros sintomas de demência. De 1914 a 1918, vive no Brasil. Terminada a Primeira Grande Guerra, estabelece-se em Paris, mas a doença progride inexoravelmente; morre em 1923.

J. A. está hoje praticamente esquecido, não só por ter vivido muitos anos fora da Pátria como pela própria natureza da poesia que escreveu. Esta, fragmentária e de acentos líricos, épicos e dramáticos, caracteriza-se por seu tom arcaizante. Êmulo de Camões, apaixonado pela Língua Portuguesa, J. A. fez poesia à moda quinhentista, com uma ânsia de perfeição formal que nele substitui a falta de maior fôlego criador.

OBRAS DO A.: *Rimas* (ed. org. por Manuel Bandeira, Rio, 1948: *Rimas, Four Sonnets with Portuguese prose-translation, Comédia Angélica, Triunfo, Dez Sonetos Escolhidos Pelo Autor* e *Outros Sonetos*).

CONSULTAR: Luís Aníbal Falcão, *Do Meu Alforje*, Rio, 1945; Dolor Barreira, *História da Literatura Cearense*, vol. III, Fortaleza, 1954; Braga Montenegro, pref. a J. A., Rio, 1958; Otacílio Colares, *Lembrados e Esquecidos*, Fortaleza, 1975.

[D. D.]

ALBUQUERQUE, JOSÉ JOAQUIM DE CAMPOS DA COSTA MEDEIROS E — (★ 4/9/1867, Recife, PE; † 9/6/1934, Rio) Realizou estudos secundários no Colégio Pedro II e na Escola Acadêmica de Lisboa. Regressando de Portugal em 1884, tomou parte ativa no movimento abolicionista e republicano. Dedicou-se à política, à diplomacia, ao magistério e ao jornalismo. Viveu alguns anos na Europa (1910-1916). Ganhou prestígio como conferencista mundano. Em literatura, dedicou-se ao romance, conto, teatro e poesia. Nesta última faceta, tem importância meramente histórica, graças às suas *Canções da Decadência* (1889?) que, pela temática à Baudelaire, num erotismo desenfreado e "novo", serviram como obra introdutora do gosto decadente entre nós. Seus contos têm mais interesse intrínseco. Variando entre os temas citadinos e os rurais, acusam sempre o ecletismo que lhe plasmou o caráter de escritor e denunciam, na linha do * Realismo, a filiação a Maupassant. Deixou alguns contos de primeira grandeza, como "As Calças do Raposo", "Flor Seca" e outros. Seus romances têm menor relevo. Onde, contudo, M. e A. ganha força, é nas memórias. Um pouco pelo influxo duma vida aventuresca e boêmia, na Paris da *belle époque*, outro pouco pela graça maliciosa com que narra os episódios de conquista amorosa, o certo é que *Quando eu era vivo...* (obra póstuma, 1942) testemunha um talento disperso pela Vida e pela Arte, e documenta-nos sua visão do mundo numa fase crítica para a história da Humanidade. Irreverente confissão duma juventude estróina e irresponsável, tem ainda o viço e a marca dum espírito cheio de humor e alegria, não obstante o puritanismo pudesse ver ali tão-somente o estadear de luxúria e inconseqüência.

OBRAS DO A.: Poesia: *Pecados*, 1889; *Poesias*, 1905 (reúne *Canções da Decadência, Pecados* e *Últimos Versos*); *Fim*, 1922; *Poemas sem Versos*, 1924. Conto: *Um Homem Prático*, 1908; *Mãe Tapuia*, 1900; *Contos Escolhidos*, 1907; *O Assassinato do General*, 1926; *Se eu fosse Sherlock Holmes*, 1932; *O Umbigo de Adão*, 1934; *Surpresas*, 1934. Romance: *Marta*, 1920; *Laura*, 1923. Crítica: *Páginas de Crítica*, 1920.

CONSULTAR: Miguel Osório de Almeida, Discurso de Posse, *Revista da Academia Brasileira de Letras*, Rio, vol. 50, n.° 169, 1936; Maurício de Medeiros, "M. e A. Facetas de sua Personalidade", *Revista da Academia Fluminense de Letras*, III, outubro, 1950; Antônio Sales, *Retratos e Lembranças*, Fortaleza, s.d.

[M. M.]

ALBUQUERQUE, Mateus de — (★ 21/9/1880, Porto Calvo, AL; † 28/12/1967, Rio) Jornalista, trabalhou n*O País* e n*A Imprensa*, do Rio, e n*A Província*, de PE. Diplomata, deixou larga folha de serviços prestados ao Brasil, que representou em vários países, sobretudo europeus. Escritor, caracterizou-se por intensa produtividade que, entretanto, não chegou para lhe granjear prestígio entre nós; na Europa latina encontrou melhor acolhida. Escreveu poesia, romance, crônica ou reportagem ou diário de memórias e viagens. As diversas facetas do seu talento são unificadas por um temperamento literário que se caracteriza pelo denso lirismo espiritualista, a que não são estranhas notas românticas. A atmosfera da *belle époque*, em que viveu, deve os laivos de decadentismo e morbidez, o sentimento dândi, *blasé*, de fim de mundo e de raça, que lhe marcam a obra. Tudo, porém, vazado em estilo cuidado, poético, de cronista mundano fluente e elegante. Esquecido totalmente, pertence M. de A. a um mundo hoje perempto.

Obras do A.: *Obras Completas*, Rio, s. d., compostas do seguinte: Poesia: *Visionário*, 1908; *Anos de Aprendizagem*: I. *Sensações e Reflexões* 1.ª ed., 1908, II. *Cartas a um Voluntário*, s.d.; III. *As Belas Atitudes*, s.d. Romance: *Trilogia de Amorosas*: I. *Dora (ou O Desejo de Amar)* (1.ª ed. em francês, sob o título de *L'Homme entre deux Femmes*, 1931), II. *Margara (a que o amor salvou)*, 1.ª ed., 1923, III. *Nair (a que o amor perdeu)* (sob o título de *A Mulher entre Dois Homens*, 1928); *Musa Tácita*. Contos e Crônicas: I. *A Juventude de Anselmo Torres*, 1922; II. *Do Sentimento Estético da Vida*, s.d.; III. *Memorial de um Contemplativo*, s.d.; *Crônicas Contemporâneas*, 1913; *Da Arte e do Patriotismo*, 1919; *As Forças da Ilusão*, 1947; *Metamorfoses*, 1958.

Consultar: Sílvio Romero, *Provocações e Debates*, Porto, 1919; Ronald de Carvalho, *Estudos Brasileiros*, 2.ª série, Rio, 1931; Alceu Amoroso Lima, *Primeiros Estudos*, Rio, 1948.

[M. M.]

ALEGRE, APOLINÁRIO José Gomes PORTO — (★ 29/8/1844, Rio Grande, RS; † 23/3/1904, Porto Alegre, RS) A morte do pai fê-lo interromper o curso de Direito iniciado em S. Paulo e regressar definitivamente à província natal, onde se dedicou, a partir de então, ao magistério e ao jornalismo. Abolicionista e republicano de primeira hora, combateu depois o castilhismo, exilando-se durante a revolução de 1893. Teve atuação destacada à frente da Sociedade Partenon Literário (V. Sul, Rio Grande do), de cuja revista mensal, sob os pseudônimos de Iriema e Boccaccio, foi colaborador assíduo.

Não apenas como estudioso das tradições gauchescas, mas igualmente como poeta e ficcionista, bem merece A. P. A. o título de "precursor do regionalismo rio-grandense" que lhe foi conferido por João Pinto da Silva. Romântico algo retardatário, com laivos neoclássicos no arrevesamento do vocabulário, cultivou ele no seu livro de estréia, *Bromélias* (1874), a musa campeira, a par da musa lírico-social, e em meio às nênias das *Flores da Morte* (1904), seu último livro, não se esqueceu de evocar o tijupar do "gaúcho ditoso". Na prosa de ficção, além de contos (*Paisagens*, 1875), deixou uma novela, *O Vaqueano*, publicado na *Revista Mensal da Sociedade Partenon Literário*, em 1872 (e em livro, em 1927). Numa prosa enfeitada, em que é visível a influência de * Alencar e Herculano, versa *O Vaqueano* o tema romântico de uma *vendetta* familiar no quadro histórico da Revolução Farroupilha. À figura do vaqueano José de Avençal, herói da novela, deu A. P. A. dimensões épicas, fazendo-o arquétipo do campeiro rio-grandense, cujo viver, linguagem e costumes típicos são fixados, a cada passo, com amoroso cuidado.

OBRAS DO A.: *A Tapera*, 1876; *Epidemia Política*, comédia, 1882. Na *Revista do Partenon* (1869) publicou A. P. A. romances, poesias e peças de teatro que não chegaram a ser reunidos em volume.

CONSULTAR: João Pinto da Silva, *História Literária do Rio Grande do Sul*, Porto Alegre, 1930; Antônio Carlos Machado, *O Solitário da Casa Branca* (*A Vida, a Obra e a Época de A. P. A.*), Rio, 1945; Lúcia Miguel-Pereira, *Prosa de Ficção* (*De 1870 a 1920*), Rio, 1950; Guilhermino César, *História da Literatura do Rio Grande do Sul*, Porto Alegre, 1956.

[J. P. P.]

ALEGRE, MANUEL JOSÉ DE ARAÚJO PORTO — (★ 19/11/1806, Rio Pardo, RS; † 29/12/1879, Lisboa) No mesmo ano da instalação da Academia de Belas-Artes (1826), veio para o Rio a fim de estudar pintura com Debret. Acompanhou este à Europa em 1831; lá, tanto quanto seu amigo * Magalhães, foi um turista, o que não deixa de ser importante de assinalar num movimento essencialmente cosmopolita como o romântico. Em Paris, iniciou-se no * Romantismo através de Garrett, de quem se fez amigo. Deve-se possivelmente a P. A. o ter atraído para a nova estética o grupo de estudantes brasileiros em Paris (notadamente Magalhães), que se reuniria em torno de *Niterói* (1836), revista de grande significação no início da doutrinação romântica em nosso meio e da qual P. A. foi colaborador. De volta ao Rio, P. A. lecionou na Academia de Belas-Artes e colaborou na *Minerva Brasiliense* e na *Guanabara* (que fundou juntamente com * Gonçalves Dias e * Macedo), documentos interessantes a quem quiser pesquisar a história das idéias no Brasil do tempo. Em 1858, ingressou no serviço diplomático, tendo servido em Berlim, Dresden e Lisboa, onde faleceu. Foi agraciado em 1874 com o título de Barão de Santo Ângelo.

Além de pintor e arquiteto, P. A. foi jornalista, teatrólogo e poeta. Historicamente, pertence ao primeiro grupo do Romantismo brasileiro. Poeta marcado de nacionalismo, deve-se-lhe a criação do termo *brasiliana*, título do livro em que reuniu (*Brasilianas,* 1863) poesias líricas publicadas esparsamente na imprensa e nas quais deixa transparecer uma sentimentalidade entre doce e rebuscada, que já se pode caracterizar como romântica. Releva observar nesse livro, outrossim, a presença dos temas sertanejos e o abrasileiramento da balada romântica européia. Na linha do aproveitamento de material brasileiro, P. A. esteve bem na direção dos ensinamentos de Ferdinand Denis, que preconizava o abandono da mitologia clássica e do tradicional ranço europeu em favor de uma busca dos segredos mais essenciais da terra americana. Não obstante isso, a obra mais ambiciosa de P. A., *Colombo* (1866), longo e enfadonho poema épico cuja eloqüência balofa o torna por vezes risível, é obsoletamente neoclássica.

CONSULTAR: Machado de Assis, *Crítica Literária*, S. Paulo, 1936; Haroldo Paranhos, *História do Romantismo no Brasil*, vol. II, S. Paulo, 1938; De Paranhos Antunes, *O Pintor do Romantismo* (Vida e Obra de M. de A. P. A.), Rio, 1945; Guilhermino César, *História da Literatura do Rio Grande do Sul,* Porto Alegre, 1956; Antônio Cândido, *Formação da Literatura Brasileira,* vol. II, S. Paulo, 1959.

[J. A. H.]

ALENCAR, JOSÉ Martiniano DE — (★1.º/5/1829, Mecejana, CE; † 12/12/1877, Rio) Um dos mais fecundos escritores da literatura brasileira, J. de A. é o principal vulto da nossa ficção romântica. Bacharel em Direito pela Faculdade de S. Paulo, colaborou intensamente na imprensa do Rio, como encarregado do folhetim do *Correio Mercantil* e mais tarde como diretor do *Diário do Rio de Janeiro.* Político, foi deputado e ministro da Justiça, sendo apresentado para senador, em primeiro lugar, em lista da qual deveria o Imperador escolher dois candidatos. Não foi o escolhido, o que o magoou profundamente, fazendo-o recolher-se à vida privada.

Foi J. de A. romancista, dramaturgo, jurista, poeta, de todas essas atividades ressaltando-se a de romancista, na qual sua contribuição às letras do Brasil é incalculável. A vocação de contador de histórias veio-lhe muito cedo, quando ainda menino, pois aos treze anos rascunhou seu primeiro romance. Mais tarde, estudante na Paulicéia, devorou os livros de Balzac que encontrou, e mais Alexandre Dumas, Chateaubriand e Vítor Hugo, os grandes autores do tempo. Caracterizou-o, sempre, entretanto, um acendrado amor pelas coisas de sua terra, pela sua gente, e se existe obra que possa ser chamada de brasileira, é a dele. Não tinha somente o amor do Brasil, tinha também o orgulho, e na defesa do seu nacionalismo empenhou-se em polêmicas que se tornaram famosas. Se seus assuntos eram o homem e a terra do Brasil, apanhado no Norte, no Sul, no Centro, a forma por que os explorava era também brasileira, pela sintaxe que empregava e pelos modismos que introduzia. Livros como * O Guarani (1857) deram-lhe nomeada nacional, que a publicação posterior de seus outros romances, novelas e dramas justificou plenamente. O Brasil do campo e das cidades está presente em sua obra, assim como o homem da sociedade, o homem da rua e o trabalhador rural. Abarcou, em seus romances e novelas, os aspectos mais variados da nossa sensibilidade e da nossa formação, constituindo sua obra um painel a que nada falta, inclusive o índio, que nela tem participação considerável: A. foi o expoente máximo do * Indianismo na ficção brasileira. Nem foi por outra coisa que * Machado de Assis disse dele: "Nenhum escritor teve em mais alto grau a alma brasileira." Houve e há quem lhe aponte no estilo algo de pomposo e de declamatório, com a sua paixão pela Natureza, da qual sempre se utiliza em suas comparações e imagens. Não se esqueça, porém, a época em que escreveu, a romântica, e não se esqueça, também, que para o paisagista, o colorista que havia nele, tais recursos faziam parte intrínseca do estilo.

Obras do A.: Romances e Novelas: *Cinco Minutos* e *A Viuvinha,* 1860; *Luciola,* 1862; *Escabiosa (Sensitiva),* 1863 (publ. póstuma, *Rev. do Centro de Ciências, Artes e Letras de Campinas,* ano XIV, n.º 40, 1915); *Diva,* 1864; * *Iracema,* 1865; *As Minas de Prata,* 1862; *O Gaúcho,* 1870; *O Tronco do Ipê,* 1871; *Sonhos d'Ouro,* 1872; *Til,* 1872; *Alfarrábios,* 1873; *A Guerra dos Mascates,* 1873; *Ubirajara,* 1874; *Senhora,* 1875; *O Sertanejo,* 1875; *Encarnação,* 1893. Teatro: *Verso e Reverso,* 1857; *A Noite de S. João,* 1857; *O Demônio Familiar,* 1858; *As Asas de um Anjo,* 1860; *A Expiação,* 1867; *Mãe,* 1862; *O Jesuíta,* 1875. Poesia: *Os Filhos de Tupã,* 1863 (*Rev. da Academia Brasileira* *de Letras*, n.° 2, Rio, 1910). Crítica literária e política: *Cartas sobre a Confederação dos Tamoios*, 1856; *Ao Imperador — Cartas Políticas de Erasmo*, 1865; *Como e por que sou romancista*, 1893.

CONSULTAR: Araripe Jr., *J. de A.*, Rio, 1882; Artur Mota, *J. de A.*, Rio, 1921; José Veríssimo, *Estudos de Literatura Brasileira*, 3.ª série, Rio, 1903; Heron de Alencar, "J. de A. e a Ficção Romântica", *A Literatura no Brasil* (dir. por Afrânio Coutinho), vol. I, t. 2, Rio, 1956; Gilberto Freyre, *Reinterpretando J. de A.*, Rio, 1955; Antônio Cândido, *Formação da Literatura Brasileira*, vol. II, S. Paulo, 1959; Antônio Soares Amora, *O Romantismo*, vol. II d*A Literatura Brasileira*, S. Paulo, 1967; Fábio Freixeiro, *A.: Os Bastidores e a Posteridade*, Rio, 1977.

[F. G.]

ALEXANDRINO — Verso de 12 sílabas, formado (em modelo clássico, que exige cesura mediana) de 2 hemistíquios de 6 sílabas, dos quais o primeiro deve terminar em sílaba aguda; no caso de terminar em sílaba grave, deve existir sinalefa (isto é, fusão de vogais) entre essa sílaba e a inicial do segundo hemistíquio. Ou: "Asas, tontas de luz, / cortando o firmamento" ou "E o outono desfolhava / os roseirais vizinhos". O nome desse verso deve-se a ter sido usado no *Roman d'Alexandre*, poema francês da segunda metade do século XII, começado por Lambert li Tors e continuado por Alexandre de Bernay.

Inicialmente o alexandrino francês podia ter o primeiro hemistíquio terminado por palavra grave, sem margem para sinalefa na sétima sílaba: "Un jorn fu li reis Charles / al Saint Denis mostier" (*Le Pèlerinage de Charlemagne*, início do séc. XII). Com essa forma foi que o alexandrino entrou na Espanha, onde até hoje a conserva, desde as *cuadernas vías* de Berceo (1180?-1247?): o alexandrino era então um verso composto por 2 hemistíquios, dos quais o primeiro podia terminar indiferentemente em palavra aguda, grave ou esdrúxula, com hiato obrigatório no caso de o segundo hemistíquio iniciar-se por vogal. Também com essa forma o alexandrino figura na poesia galaico-portuguesa, p. ex. em C. A. n.° 429, de Rodrigo Eanes de Vasconcelos: "E dix'eu: — 'Senhor mia, tan gran pesar ei en, / porque filhastes orden, que morrerei por en.' / diss'end'ela logo: — 'Assi me venha ben', etc. Ao tempo dos nossos árcades e românticos, esse tipo de alexandrino, hoje conhecido em nosso meio como alexandrino espanhol ou alexandrino arcaico (*Alberto de Oliveira) foi o utilizado, p. ex., por *Basílio da Gama, *Silva Alvarenga, *Fagundes Varela ou *Castro Alves, sendo na época designado como *verso de 14 sílabas* (em virtude do sistema de contagem de sílabas então reinante).

O primeiro poeta conhecido a usar o alexandrino *clássico* em Portugal foi Bocage (nalguns apólogos); ficou praticamente sem seguidores até vir Castilho, que o usou nas *Escavações Poéticas* (1844) e depois deu regras sobre a sua formação, no *Tratado de Metrificação Portuguesa* (1851), considerando simples erro as formas que não coubessem nessas regras. Era compreensível, pois, que o alexandrino clássico surgisse em nossas letras, o que se deu, segundo Alberto de Oliveira, a partir de *Teixeira de Melo (*Sombras e Sonhos*, 1858). Seguiram-se, para citarmos alguns dos primeiros adeptos, *Bittencourt Sampaio, *Bruno Seabra, *Luís Delfino, *Machado de Assis, Castro Alves (nos anos finais de sua vida). O verso foi depois muito usado pelas correntes

25

que reagiram contra o *Romantismo, a ponto de *João Ribeiro, em 1885, acentuar que o *decassílabo parecia cair "diante do alexandrino retumbante e ruidoso". O *Parnasianismo valeu-se ostensivamente do alexandrino, ao lado do decassílabo, continuando esse emprego freqüente até o *Modernismo, que praticamente o aboliu, sendo sua utilização meramente esporádica em *Mário de Andrade, nalgumas peças de *O Losango Cáqui*, e em poetas posteriores. Ultimamente, tem ressurgido meio à socapa na poesia moderna.

Em sua evolução no Brasil, o alexandrino seguiu a que se observou em França: ao lado do modelo clássico, com sexta sílaba sonora e cesura após ela, usaram-se formas em que a sexta sílaba aparecia menos forte do que outras, notadamente do que a quarta e a oitava, ou mesmo sem nenhuma força, embora com a divisão em dois hemistíquios teoricamente preservada: ou "Em cujos galhos, no ar erguidos, a formosa", ou "As trepadeiras, em redouças balançando" (*Vicente de Carvalho). Depois, excepcionalmente, a divisão teórica chegou a desaparecer, como nos seguintes exemplos de *Francisca Júlia: "Eras em que, trêmula, a sós, sob as estrelas" / "Mas uma noite, o espaço todo ornado em festa" / "Sempre fiel, nunca te canses de chorar."

E a acentuação pode recair, também excepcionalmente, fora não só da sexta sílaba como da quarta ou da oitava, como se encontra em "Toante", de *Manuel Bandeira, e "Jorobabel", de Mário de Andrade, para citarmos apenas duas poesias.

A grande maioria dos alexandrinos usados no Brasil seguiu, contudo, a regra da divisibilidade real ou teórica em dois hexassílabos. De assinalar, contudo, que já *Medeiros e Albuquerque (antes de Eugênio de Castro, que todavia disso fazia praça) em 1889 usara alexandrinos golpeados na sexta sílaba, mas sem a sinalefa na sétima sílaba (sem cesura).

CONSULTAR: Alberto de Oliveira, "O Verso Alexandrino na Poesia Brasileira", *Almanaque Brasileiro Garnier*, Rio, 1914; Péricles Eugênio da Silva Ramos, *O Verso Romântico e Outros Ensaios*, S. Paulo, 1959; Rogério Chociay, *Teoria do Verso*, S. Paulo, 1974.

[P. E. S. R.]

ALITERAÇÃO — É a repetição de um fonema ou grupo de fonemas no início de palavras ou sílabas seguidas ou próximas umas das outras. A aliteração é um fato lingüístico, muito comum em provérbios e expressões, mas também se usa literariamente, por diversos motivos; entre estes figura o impulso (por vezes inconsciente) de retorno rítmico aos mesmos sons. O termo *aliteração* foi criado por Pontano (1426--1503) no seu diálogo *Actius*, e ab-rogou o usado pelos gramáticos latinos medievais, como Carísio, Diomedes, Donato, Pompéio, M. Cláudio: *paromeon*, de que davam exemplos de Ênio ou de Virgílio. No primitivo Latim, tanto no *carmen* como no verso saturnio, a aliteração era muito freqüente, talvez em razão da evidência que dava à primeira sílaba das palavras o acento de intensidade inicial. Na época clássica, continuou a ser usada, figurando entre os efeitos com ela alcançados a "harmonia imitativa", isto é, a circunstância de as letras iniciais reforçarem o sentido com sua aparência ou som, como "rapuit in fomite flammam", em que o *f* reforça a idéia de chama por sua esbelteza e por seu som, ou "stridunt siluae saeuitque" em que os *ss* sibilam como o vento. A poesia métrica médio-latina aproveitou-a, segundo Karl Strecker, como ornamento ocasional; na poesia rítmica, não é difícil encontrá-la.

Os exemplos de Ênio deram origem, pela imitação, ao que Ernst Robert Curtius denomina "versos pangramáticos", nos quais as palavras começam todas pelo mesmo fonema: assim Hucbald escreveu uma écloga em 146 linhas, nas quais todas as palavras se iniciam com *c*. Esse jogo passou para o provençal, francês (*vers lettrisés*), espanhol e português, como no famoso exemplo de Álvaro de Brito, em que as 8 estrofes são inteiramente em versos pangramáticos, obedientes às letras de "Fernando".

A aliteração surge tanto nas inscrições rúnicas do germânico do norte, como na poesia anglo-saxônica e alemã. Nestes idiomas, figurava como condição do verso: este se dividia, pela cesura, em dois hemistíquios; a aliteração se observava, normalmente, na primeira sílaba forte do segundo hemistíquio e nas duas sílabas fortes do primeiro hemistíquio, podendo esse esquema variar. Na Alemanha, essa métrica não prevaleceu além da segunda metade do século IX. O *Livro dos Evangelhos*, do monge Otfrid de Wissemburg, no qual pela primeira vez se usou a rima (*Endreim*) em frâncico-renano, data do terceiro quartel daquele século. A partir dessa data e das rimas leoninas desse livro, modifica-se o ritmo do verso e a aliteração (*Strabreim*) deixa de ser imperativo formal.

Na Inglaterra, a conquista normanda fez a aliteração ceder à rima, mas os poemas aliterados não desapareceram de todo: na segunda metade do século XIV, há uma reviviscência da aliteração no Lancashire e na fronteira escocesa, reviviscência representada pelo romance *Sir Gawain and the Green Knight*. Mesmo nos dias de hoje há poemas compostos em técnica aliterada, como *The Age of Anxiety*, de W. H. Auden.

Na poesia brasileira, a aliteração nunca foi base métrico-formal, mas surge ora como decorrência meramente rítmica, consciente ou inconsciente, ora para efeito de sugestão. Na poesia colonial, observa-se desde a *Prosopopéia*, de * Bento Teixeira, registrando-se exemplos em que será difícil não a presumirmos consciente, como em * Gregório de Matos ("A Fidalguia do Brasil", p. ex.), * Manuel Botelho de Oliveira ("Anarda Doente", romance II: "Anarda enferma flutua, / E quando flutua enferma, / Jaz doente a fermosura, / Está fermosa a doença", ou, algumas quadras depois: "Faltam flores, faltam luzes, / Pois ensina Anarda bela / Lições de flores ao maio, / E leis de luzes à esfera".), ou percebida; assim em * Basílio da Gama: "*D*uas *v*ezes a lua pratea*d*a / Curvou *n*o *c*éu sere*n*o os al*v*os cor*n*os." No * Romantismo também não é rara, como em * Álvares de Azevedo: "Como *b*andeira *b*ranca à *b*risa solta / floreada a correr *b*atendo alegre" ou "um *p*reto *b*eber*r*ão *s*o*b*re uma *p*ipa, / aos grossos *b*eiços *a* garrafa a*p*erta", ou no conhecido exemplo de * Castro Alves: "Auriverde pendão da minha terra / Que a *b*risa do *B*rasil *b*eija e *b*alança". Também nos parnasianos seria fácil apontar exemplos de aliteração, como em * Bilac: "As *f*lorestas sem *f*im de *f*lechas *e* acanguapes", "Adarvada de *a*ltíssimas *a*meias", ou em * Raimundo Correia: "Rápido o raio rútilo retalha", etc. A maior complicação aliterativa em nossa língua registra-se porém no *Simbolismo, com *Cruz e Sousa. Na obra desse poeta a aliteração lança uma verdadeira teia rítmica, na qual se chega a notar uma quadra pangramática: "Vozes veladas, veludosas vozes, / Volúpia dos violões, vozes veladas, / Vagam nos velhos vórtices velozes / Dos ventos, vivas, vãs, vulcanizadas."

No * Modernismo, a aliteração continua presente, em bem menor escala, com as duas funções: rítmica e de harmonia imitativa.

CONSULTAR: *Grammatici Latini* ex recensione Henrici Keilii, Lipsiae, vols. I a VI, 1857-1923; A. Cordier, *L'Allitération Latine,* Paris, 1939; Ernst Robert Curtius, *Europäische Literatur und lateinisches Mittelalter,* Berna, 1948 (tr. brasileira, Rio, 1957); Péricles Eugênio da Silva Ramos, "Cruz e Sousa e a aliteração", *Literatura e Arte (Jornal de S. Paulo),* ano I, n.º 4; Rogério Chociay, *Teoria do Verso,* S. Paulo, 1974.

[P. E. S. R.]

ALMEIDA, FRANCISCO FILINTO DE — (★ 5/12/1857, Porto, Portugal; † 28/1/1945, Rio) Veio criança para o Brasil. Colaborou em diversos jornais e revistas do Rio e de S. Paulo. Foi deputado e membro fundador da Academia Brasileira de Letras. Poeta e comediógrafo. Enquanto poeta, seus temas preferidos foram a Natureza e o Amor; de um certo pieguismo, perceptível nos primeiros versos, evoluiu para uma poesia mais madura, na qual avulta uma nota religiosa de fim de vida. Suas comédias fixam casos anedóticos contemporâneos com humorismo leve.

OBRAS DO A.: Poesia: *Lírica,* 1887; *Cantos e Cantigas,* 1914; *Dona Júlia,* 1938; *Harmonias da Noite Velha,* 1946. Comédias em verso: *Amostra de Sogra,* s. d.; *Os Mosquitos,* 1887; *O Defunto,* 1893; *O Beijo,* 1907; *A Entrevista,* s. d. Romance: *A Casa Verde,* 1896 (em parceria com sua esposa, * Júlia Lopes de Almeida).

CONSULTAR: Agripino Grieco, *Evolução da Poesia Brasileira,* Rio, 1932; J. Galante de Sousa, *O Teatro no Brasil,* t. II, Rio, 1960.

[J. C. G.]

ALMEIDA, GUILHERME DE ANDRADE E — (★ 24/7/1890, Campinas, SP; † 11/7/1969, S. Paulo) Estudou em Rio Claro, Campinas, Pouso Alegre e na capital do Estado, e a seguir na Faculdade de Direito, pela qual colou grau em 1912. Advogou com o pai (que era professor de Direito) até 1923, quando se consorciou no Rio. Dedicou-se então ao jornalismo e exerceu cargos públicos. Na primeira qualidade chegou a diretor de jornal e vinha assinando crônicas diárias n*O Estado de S. Paulo*; na segunda, ocupou a Secretaria Geral do Conselho Estadual de Bibliotecas e Museus. Dirigiu também a Comissão do IV Centenário da cidade de S. Paulo. Exilado em conseqüência da revolução constitucionalista, passou um ano na Europa: foi então recebido pela Academia de Ciências de Lisboa. Foi membro da Academia Brasileira de Letras (1930) e da Academia Paulista de Letras (1928).

Estreou em 1917, com o livro *Nós,* que desde logo chamou a atenção para ele, por sua expressão já pessoal; * Mário de Andrade acentuava essa inconfundibilidade ao referir-se a A Dança das Horas (1919). Reportando-se à poesia de G., Rodrigo Otávio Filho salienta o * impressionismo de suas imagens, bem como seu * penumbrismo e intimismo. *Messidor* (1919), *Livro de Horas de Sóror Dolorosa* (1920), *Era uma vez...* (1922) são os volumes da fase pré-modernista. Participou o poeta da * Semana de Arte Moderna, na qual * Graça Aranha falou na liberdade de suas "Canções Gregas", depois estampadas em *A frauta que eu perdi* (1924) (em linha idêntica, *A flor que foi um homem: Narciso, 1925*). Mas os livros tipicamente modernistas de G. são *Meu* (1925) e *Raça* (1925), nos quais se reflete a "precisão de nacionalidade" que se alastrava pelo Brasil. *Meu* é um "livro de estampas", no qual o poeta domina e organiza o mundo das imagens visíveis, dispondo-as no quadro que prefixa: trata-se pois de um livro em que a inteligência rege a sensibilidade.

G. de A. é um virtuoso da língua, cujos valores consegue explorar na direção que pretende, seja reproduzindo o clima dos romances populares de Portugal, seja usando o diapasão camoniano, seja dando impressão de poesia grega com os seus versos, seja ostentando numerosas outras direções (parnasiana, simbolista, moderna), no verso livre ou na composição medida. Versátil e hábil, todas essas diretrizes se observam em sua poesia. Assim, depois de silenciar sua lira tipicamente modernista (presente em *Meu, Raça*, e nalgumas poesias de *Encantamento, 1925*) — na qual em pleno período de destruição foi construtivo, segundo na própria ocasião assinalava * Sérgio Milliet — deu provas de sua acuidade vocabular em diversos rumos.

OBRAS DO A.: *Simplicidade*, 1929; *Carta à Minha Noiva*, 1931; *Você*, 1931; *Cartas que eu não mandei*, 1932; *Acaso*, 1938; *Cartas do meu Amor*, 1941; *Poesia Vária*, 1947; *O Anjo de Sal*, 1951; *Acalanto de Bartira*, 1954; *Camoniana*, 1956; *Pequeno Romanceiro*, 1957; *Toda a Poesia*, 1952 (reúne sua obra, acrescide de inéditos); *Rua*, 1961; *Rosamor*, 1965; *Os Sonetos de G. de A.*, 1968. G. de A. tem obras em prosa e traduções relacionadas em *A Literatura no Brasil*, vol. III, t. 1, pág. 363.

CONSULTAR: Rodrigo Otávio F.º, "Sincretismo e Transição: o Penumbrismo", *A Literatura no Brasil* (dir. de Afrânio Coutinho), vol. III, t. 1, Rio, 1959; Péricles Eugênio da Silva Ramos, "O Modernismo na Poesia", *ibidem*; Mário da Silva Brito, *Modernismo*, vol. VI do *Panorama da Poesia Brasileira*, Rio, 1959; Fernando Góes, *Simbolismo*, vol. IV do *Panorama da Poesia Brasileira*, Rio, 1960; Ledo Ivo, "O Principal do Príncipe", supl. lit. dO *Estado de S. Paulo*, 27/6/1971; Frederico Pessoa de Barros, *G. de A., Biografia e Bibliografia*, S. Paulo, 1972.

[P. E. S. R.]

ALMEIDA, JÚLIA VALENTINA DA SILVEIRA LOPES DE — (★ 24/9/1862, Rio; † 30/5/1934, *idem*) Esposa do escritor * Filinto de Almeida. Iniciou cedo sua carreira literária, a que consagrou quarenta anos de vida. Colaborou na imprensa do Rio e de S. Paulo, deixando obra extensa e desigual. Conquanto filiada ao * Realismo, e apresentando ocasionais notas naturalistas, a ficção de J. L. de A. exibe influências românticas. Escrita em linguagem simples, cujo purismo gramatical não alcança redimi-la da falta de vigor e originalidade, destinava-se à leitura em família. Nela se destacam os romances *A Família Medeiros* (1894), *A Falência* (1901) e o livro de contos *Ânsia Eterna* (1903): uns e outro retratam costumes da época e idéias políticas vinculadas à República e à Abolição. Faltou a J. L. de A., a despeito de seus méritos, maior penetração psicológica para criar obra significativa. Sua ficção se detém na superfície dos conflitos humanos e busca o efeito imediato, antes que as profundezas morais dos dramas e problemas focalizados.

OBRAS DA A.: Romance: *Memórias de Marta*, 1899; *A Intrusa*, 1908; *A Herança*, 1909; *A Silveirinha*, 1914; *Correio da Roça*, 1913. Contos: *Eles e Elas*, 1910. *Teatro*, 1917.

CONSULTAR: José Veríssimo, *Estudos de Literatura Brasileira*, 5.ª série, Rio, 1901; Lúcia Miguel-Pereira, *Prosa de Ficção (De 1870 a 1920)*, Rio, 1950.

[J. C. G.]

ALMEIDA, MANUEL ANTÔNIO DE — (★17/11/1831, Rio; †28/11/ 1861, costa do RJ) Filho de modesta família, e órfão de pai aos 10 anos, viveu infância e adolescência de pobre. Tirados os preparatórios e com um curso na Academia de Belas-Artes, ingressou, com 16 ou 17 anos (1848), na Faculdade de Medicina da Corte. Ainda estudante (1851) apareceu na imprensa carioca (*A Tribuna Católica*), com uma tradução do romance de Luís Friedel, *Gondicar ou o Amor de Cristão*, e em revistas do Rio, com as primeiras poesias. Com a morte da mãe (1851) e a responsabilidade de educação dos irmãos, empregou-se no *Correio Mercantil*, dirigido por * Francisco Otaviano de Almeida Rosa, e no ano seguinte (1852) começou a publicar aí, no suplemento dominical ("A Pacotilha"), e sob anonimato, os folhetos do romance que o celebrizou, * *Memórias de um Sargento de Milícias*. Promovido para o quinto ano do curso médico e já completada a publicação dos folhetins das *Memórias de um Sargento de Milícias* (1853), continuou no *Correio Mercantil*, a que deu cada dia mais assídua colaboração. Em 1854, publicou o primeiro volume das *Memórias de um Sargento de Milícias*, assinado com o pseudônimo "Um Brasileiro". No *Correio Mercantil* fez, ainda, e com talento, a crítica literária, na secção "Revista Bibliográfica". Em 1855, continuou sua atividade jornalística e publicou o segundo volume das *Memórias de um Sargento de Milícias* e concluiu seu curso médico. Dedicado exclusivamente à vida intelectual e jornalística, teve de procurar amparo econômico no serviço público, e foi nomeado administrador da Tipografia Nacional (1858), onde teve como aprendiz de tipógrafo um modesto jovem, * Machado de Assis. Já noutra função no Ministério da Fazenda (oficial de Secretaria, 1859), tentou a carreira política. Ao viajar para Campos, no vapor *Hermes*, desgraçadamente morreu, com mais 30 companheiros de viagem, no naufrágio do pequeno vapor, na altura da Ilha de Santana, a duas milhas da costa.

Apesar da colaboração que empenhadamente procurou dar ao jornalismo literário, à crítica e ao teatro (ver libreto da ópera *Os Dois Amores*, representada em 14/12/61), na realidade só se firmou, e com excepcional talento, no romance de costumes cariocas. *Memórias de um Sargento de Milícias* há de ser sempre, e merecidamente, a coroa de louros do escritor prematuramente falecido.

CONSULTAR: Mário de Andrade, pref. à 10.ª ed. das *Memórias de um Sargento de Milícias*, S. Paulo, 1941; Marques Rebelo, *Vida e Obra de M. A. de A.*, Rio, 1943; e *Bibliografia de M. A. de A.*, Rio, 1951; Josué Montelo, "Um Precursor — M. A. de A.", *A Literatura no Brasil* (dir. de Afrânio Coutinho), vol. II, Rio, 1955; Antônio Soares Amora, pref., cron. e bibl., em *Memórias de um Sargento de Milícias*, Lisboa; e *O Romantismo*, vol. II d*A Literatura Brasileira*, S. Paulo,

1967; Antônio Cândido, *Formação da Literatura Brasileira*, S. Paulo, 1959; Rolando Morel Pinto, pref. à ed. de *Memórias de um Sargento de Milícias*, S. Paulo, 1970.

[A. S. A.]

ALMEIDA, MOACIR GOMES DE — (★ 22/4/1902, Rio; † 30/4/1925, *idem*) Exerceu o jornalismo na capital da República, em funções que incluíram a crítica teatral. Pobre e carregado de trabalho, faleceu como os poetas românticos: de tuberculose, que em menos de três meses o fulminou.

Quando morreu, M. de A. não tinha livro publicado, mas deixara organizados os originais de seus *Gritos Bárbaros* (1925), que vieram a ser editados no mesmo ano de seu falecimento. Suas qualidades poéticas, tais como podem ser aferidas por seu livro, afiguram-se inegáveis: tinha grande capacidade de criar imagens, quase sempre hiperbólicas, mas formuladas com senso de novidade, nervoso brilho e gritante colorido. Capitulam-no, por isso, como "condoreiro", um sequaz, à distância, de * Castro Alves; mas também * Cruz e Sousa teve ardentes fulgurações verbais, podendo M. de A. figurar, nesse rastro, como simbolista. M. de A. foi menos adaptado à vida do que o poeta de *Espumas Flutuantes,* vivendo antes no mundo da idealização do que na realidade cotidiana. Suas mulheres, por exemplo, não são seres terrenos como as "formosas Consuelos" de Castro Alves, mas verdadeiras deusas intemporais como a "Ayesha" de Rider Haggard, a cujo aceno acalmam-se as ondas bravias e rasgam-se alvoradas no céu noturno. São também dignos de atenção, na obra de M. de A., os poemas de caráter social, em que exprime "sua preocupação e simpatia pelos oprimidos" (Fernando Góes).

OBRAS DO A.: *Poesias Completas*, 1948 (inclui *Gritos Bárbaros e Outros Poemas*).

CONSULTAR: Agripino Grieco, págs. em apêndice a *Gritos Bárbaros*; Fernando Góes, *O Pré-Modernismo*, vol. V do *Panorama da Poesia Brasileira*, S. Paulo, 1960, onde são citadas outras fontes para o estudo da poesia de M. de A.

[P. E. S. R.]

ALPHONSUS DE GUIMARAENS, JOÃO — (★ 6/4/1901, Conceição do Mato Dentro, MG; † 24/5/1944, Belo Horizonte, MG) Filho do Poeta * Alphonsus de Guimaraens. Fez os estudos primários em Mariana; ali cursou também até o terceiro ano, o Seminário Arquiepiscopal. Transferindo-se para Belo Horizonte em 1918, ingressou no serviço público como praticante. Como vigia fiscal, serviu alguns meses em Ponta d'Areia, sul da BA, que lhe inspirou o conto que dá título a um dos seus livros: *Pesca da Baleia* (1942). Bacharelou-se em 1930 pela Faculdade de Direito da U. M. G. Trabalhou na imprensa de Belo Horizonte até ser nomeado promotor de justiça e, mais tarde, auxiliar-jurídico da Procuradoria do Estado.

Jovem ainda, J. A. entusiasmou-se pela * Semana de Arte Moderna. Colaborou na revista *Verde,* de Cataguases, e enviou ao órgão modernista *Terra Roxa e Outras Terras* (1926) seu conto "Galinha Cega", que viria abrir, em 1931, o livro de contos do mesmo nome. Firmou-se como um dos maiores contistas brasileiros, quer por seu empenho profundamente humano, quer pela linguagem artisticamente coloquial e moderna que soube criar: prosa que se aproxima, em certo sentido, da de * Mário de Andrade. Também no romance patenteiam-se suas qualidades: radical simpatia pelos humildes (pequenos funcionários, gente dos bairros modestos e dos botequins), que se estende aos bichos, seres que povoam suas histórias ("Galinha Cega", "Sardanapalo"). Mas o lirismo com que envolve criaturas cotidianas não lhes oculta nenhum limite, nenhuma mediocridade; esta, ao contrário, vem exposta com tanta evidência, que cedo nos convencemos de ter pela frente um observador piedoso, mas irônico e cético, de substância machadiana.

Obras do A.: Romances: *Totônio Pacheco,* 1934; *Rola-Moça,* 1938. Contos: *Eis a Noite,* 1943; *Contos e Novelas,* 1977 (reúne os três livros de contos do A.).

Consultar: Mário de Andrade, *O Empalhador de Passarinho,* S. Paulo, 1946 (escrito em 1932); Manuel Anselmo, *Família Literária Luso-Brasileira,* Rio, 1943; Alphonsus de Guimaraens F.°, *Antologia da Poesia Mineira. Fase Modernista,* Belo Horizonte, 1946; Carlos Drummond de Andrade, *Passeio na Ilha,* Rio, 1952; Waltensir Dutra e Fausto Cunha, *Biografia Crítica das Letras Mineiras,* Rio, 1956; Fernando Correia Dias, *J. A.: Tempo e Modo,* Belo Horizonte, 1965 (com farta bibliografia).

[A. B.]

ALVARENGA, LUCAS JOSÉ DE — (★ 1768, Sabará, MG; † 7/6/1831, Rio) Formou-se em Direito pela Universidade de Coimbra. Depois de viajar pela Europa e pela Ásia, tornou-se governador de Macau. Ganhou fama como repentista. Publicou, no ano anterior à morte, um volume de *Poesias* (1830). Seu nome ficou, porém, como autor de uma narrativa intitulada *Statira e Zoroastes* (1826). Apesar de breve (58 páginas), a obra move-se no perímetro da * novela. Filiando-se ao gosto clássico pela alegoria, narra os amores de Zoroastes, príncipe tibetano, e Statira, vestal. Impossibilitados de casar, Statira, ao subir ao trono da Lícia, instala a república das mulheres, e modifica as leis, para poder casar-se com o namorado. Mas falece pouco depois. Entroncando-se numa voga que durou séculos, a novela é de nítido caráter didático, moralizante. O A., ao fazer alusões à política brasileira da época, tem por objetivo pregar suas idéias acerca da matéria. Recheada de citações eruditas, como pedia o gosto clássico, a narrativa não obedece a qualquer noção de tempo ou de lugar. A paisagem carioca aparece de mistura com referências às mais remotas paragens do planeta, no que talvez reflitisse o magistério de Fénelon ou de Voltaire, em seus contos e novelas de sabor satírico e fantástico. De escasso mérito intrínseco, só lhe cabe a importância histórica de ter sido a primeira tentativa de novela entre nós, numa altura em que predominava a poesia, e em que ainda mal se pronunciava o surgimento da prosa de ficção, ocorrido alguns anos mais tarde.

Obras do A.: *Memória sobre a Expedição do Governo de Macau em 1809 e 1810,* 1828; *Artigo Adicional à Memória,* 1828.

Consultar: Hélio Viana, "A Primeira Novela Brasileira *à clef",* *Anuário Brasileiro de Literatura,* n.° 7/8, Rio, 1943/1944; Heron de Alencar, "L. J. de A.", *A Literatura no Brasil* (dir. de Afrânio Coutinho), vol. I, t. 1, Rio, 1956.

[M. M.]

ALVARENGA, MANUEL INÁCIO DA SILVA — (★ 1749, Ouro Preto, MG; † 1/11/1814, Rio) Concluiu no Rio os estudos preparatórios; seguiu para Portugal e em 1773 matriculava-se na Universidade de Coimbra em Matemática, freqüentando ao mesmo tempo Cânones: formou-se nestes em 1776. Para justificar a reforma da Universidade empreendida por Pombal, escreveu *O Desertor*, poema herói-cômico no qual coloca a ociosidade e a rotina em posição incômoda, diante do renascimento das Ciências a que a reforma visava. O poema foi impresso por ordem do Ministro (1774). Formado em 1776, S. A. logo embarcava para o Brasil; em 1777 surgia como advogado em Rio das Mortes. Em 1782 passava-se de Minas para o Rio, a fim de ocupar cadeira de Retórica e Poética; abriu solenemente o primeiro curso em agosto. Foi um dos membros influentes da Sociedade Literária (1786), que continuou a antiga Sociedade Científica do Rio. Com o governo do Conde de Resende, viu-se envolvido em devassa aberta para descobrir os que conspiravam em favor das idéias da Revolução Francesa; preso em fins de 1794, permaneceu no cárcere até meados de 1797, quando foi solto por mercê de D. Maria I. S. A. prossegue ensinando e exercendo a advocacia, e com a criação da imprensa colabora n*O Patriota*. Diz-se que sempre se manteve abatido e acabrunhado depois de ter deixado o cárcere.

Na obra de S. A. têm sido prezados especialmente os rondós e os madrigais de *Glaura* (1799). Houve até críticos, como Costa e Silva e J. M. Pereira da Silva, que consideravam *Glaura* superior nalguns aspectos ou em tudo à própria *Marília*. Em meio à convenção arcádica, com suas róseas dríades, S. A. faz surgir aves, árvores, animais de nossa terra, abrasileirando o ambiente. Mas a forma que adotou para os rondós, com o seu esquema rítmico uniforme dos heptassílabos, sempre feridos na terceira sílaba, não lhes concede variedade; pelo contrário, essa mesmice métrica até que perturba, com sua batida, a percepção do sentido das poesias. S. A. foi buscar o modelo para os seus rondós em Metastásio, conforme indicou Costa e Silva. Os madrigais já são mais variados, com ritmo tranqüilo. Quanto aos versos anteriores a *Glaura*, saliente-se que têm brilho, colorido e limpidez, mesmo quando de assunto mitológico: seu * decassílabo, no qual se nota a influência de * Basílio da Gama (também presente no uso do * alexandrino arcaico), é um metro elaborado e plasticamente formoso, nos idílios, na heróide, na égloga.

OBRAS DO A.: Suas outras poesias, de publicação esparsa, foram coligidas por Joaquim Norberto, junto com os dois livros publicados em vida, im *Obras Poéticas de M. I. da S. A.* (Alcindo Palmireno), 2 vols., 1864.

CONSULTAR: Os estudos capitais sobre Silva Alvarenga são ainda o de Joaquim Norberto, em sua ed. cit. e o prefácio de Afonso Arinos na ed. de *Glaura* do I. N. L. (Rio, 1943). Rodolfo Garcia, em nota ao *Florilégio* de Varnhagen (ed. da A. B. L.), traz alguns acréscimos úteis a Norberto; Antônio Cândido, *Formação da Literatura Brasileira*, S. Paulo, 1959; José Aderaldo Castelo, *Manifestações Literárias da Era Colonial*, vol. I d*A Literatura Brasileira*, S. Paulo, 1962; Fritz Teixeira de Sales, *S. A.*, Brasília, 1973; Heitor Martins, "A Segunda Edição de *O Desertor*: S. A. e o *Malhão Velho*", supl. lit. de *Minas Gerais*, Belo Horizonte, 3/1/1976.

[P. E. S. R.]

ALVERNE, Frei Francisco de MONTE — (★ 9/8/1784, Rio; † 2/12/1859, Niterói, RJ) Chamou-se no século Francisco José de Carvalho. Filho de modesto ourives, ingressou na Ordem Franciscana aos dezesseis anos de idade. Ordenou-se sacerdote em 1808, em S. Paulo, onde foi, a seguir, pregador e lente de Filosofia. Nomeado pregador régio em 1816, regressou definitivamente ao Rio. Ali exerceu cargos de relevo na sua Ordem e lecionou Filosofia e Retórica no Seminário de S. José; * Porto Alegre e * Gonçalves de Magalhães foram seus alunos. Ficou cego por volta de 1837, pelo que abandonou o púlpito, dedicando-se, a partir de então, a compilar e publicar suas *Obras Oratórias* (4 vols., 1853). Em 1854, a instâncias de D. Pedro II, pronunciou o célebre "Sermão de S. Pedro de Alcântara".

M. A. foi o maior orador sacro do Império. Seus contemporâneos o tiveram na conta de "gigante" da eloqüência e o aclamaram "principal representante da Filosofia no Brasil", conquanto o seu *Compêndio de Filosofia* (1859) no-lo revele apenas como um verboso e medíocre divulgador do empirismo de Locke e Condillac e do ecletismo de Cousin. M. A. exerceu influência marcante na primeira geração romântica, não apenas pelo mestrado sobre Porto Alegre e Magalhães, como por alguns ingredientes românticos de sua parenética neoclássica. Tem cunho romântico o patriotismo com que celebrou os ideais da Independência, opondo-se, em nome da liberdade de opinião e de imprensa, aos excessos do autoritarismo monárquico, pelo que foi hostilizado por * Cairu. Romântico, igualmente, o desbordamento egocêntrico de vários passos de sua sermonística, quando, esquecido da impessoalidade de pregador, se compraz na auto-exaltação. Romântica, ainda, sua concepção da religião como "experiência pessoal e histórica, como filosofia superior às outras, como fonte das artes e letras, como alma da bravura cavalheiresca" (* Antônio Cândido). Romântico, enfim, certo caráter emotivo de seus panegíricos e sermões, nos quais há visível influência de Bossuet e, sobretudo, de Chateaubriand: a oratória de M. A. recorre amiúde aos valores sugestivos da linguagem, aos recursos cumulativos, procurando aliciar o ouvinte mais pelo apelo aos sentimentos que ao raciocínio.

Consultar: João Cruz Costa, *Contribuição à História das Idéias no Brasil*, Rio, 1956; Roberto Belarmino Lopes, *M. A., Pregador Imperial*, Petrópolis, 1958; Antônio Cândido, *Formação da Literatura Brasileira*, vol. I, S. Paulo, 1959.   [J. P. P.]

ALVES, Antônio Frederico de CASTRO — (★ 14/3/1847, fazenda Cabaceiras, Curralinho, hoje Castro Alves, BA; † 6/7/1871, Salvador, BA) Depois de estudos primários em Muritiba e Cachoeira, cursou Humanidades no Ginásio Baiano, de Abílio César Borges (o Aristarco * d*O Ateneu*), em cujos "outeiros" recitou seus primeiros versos. Em 1862, foi fazer os preparatórios de Direito no Recife. Não tardou a destacar-se, na capital pernambucana, como poeta empolgado pelas idéias liberais e abolicionistas da mocidade acadêmica do tempo. Entrou para a Faculdade em 1864; * Tobias Barreto foi seu colega de turma. Em 1867, deixou o Recife ao lado da atriz Eugênia Câmara, por quem se apaixonara, e, depois de fazer representar pela amante, em Salvador, o drama *Gonzaga ou a Revolução de Minas* (ed. póstuma, 1875), que para ela escrevera especialmente, veio em sua companhia para o Sul.

De passagem pelo Rio, visitou * Machado de Assis e * Alencar, que se impressionaram com o seu talento poético. Chegou a S. Paulo em março de 1868 e matriculou-se no terceiro ano do curso jurídico. Granjeou logo celebridade entre os colegas de Academia, a cujo número pertenciam * Joaquim Nabuco, * Rui Barbosa e Salvador de Mendonça. Pouco depois, rompeu definitivamente com Eugênia Câmara, rompimento que o mergulhou numa crise de profunda melancolia. Para distrair-se, dedicava-se a caçadas nos arredores da cidade. Numa delas, feriu acidentalmente o pé com um tiro de espingarda. O ferimento infeccionou, agravou-se uma enfermidade pulmonar latente e o poeta foi removido para o Rio, onde lhe amputaram o pé. Em 1869, regressou à BA para convalescer e tratar da edição de *Espumas Flutuantes,* o único de seus livros publicado em vida. O livro veio à luz em Salvador nos fins de 1870, meses antes de o poeta ali falecer vitimado pela tuberculose.

A vitalidade da obra de C. A., último grande poeta do nosso * Romantismo, é indicada, desde logo, pelos acidentes de sua fortuna crítica. Nesta, louvações de caráter puramente afetivo ou rasteiramente ideológico polarizam com empenhos de desmitificação de um rigor analítico que mal lhes esconde, amiúde, a parcialidade e as prevenções. Tal radicalização de posições críticas indica, por si só, o alto grau de representatividade de C. A., cuja obra enfeixa, numa espécie de *gran finale,* as linhas-de-força essenciais de nossa poesia romântica. Não tendo sido, a bem dizer, um "inventor" — no sentido restritamente brasileiro em que o foram * Gonçalves Dias, * Casimiro de Abreu, * Álvares de Azevedo, * Fagundes Varela, ou mesmo * Pedro Luís —, C. A. soube todavia transfigurar as influências que deles recebeu, de par com a decisiva influência de Vítor Hugo, numa dicção pessoal e inconfundível, afinada com o momento histórico que viveu e com as singularidades de seu temperamento de homem e de artista. Artista cuja fogosidade juvenil, responsável pelo calor humano de seus versos tanto quanto pelo verbalismo irrefreável que repetidamente os compromete, se fazia acompanhar de uma instintiva sabedoria artesanal, que lhe permitiu, em mais de um passo, alçar-se ao nível da grande poesia.

A vertente lírica de C. A., nas suas duas espécies principais, a amorosa e a naturista, está representada em *Espumas Flutuantes* e, secundariamente, nos *Hinos do Equador,* publicados pela primeira vez na edição das *Obras Completas de C. A.,* organizadas por Afrânio Peixoto (Rio, 1921). Nesses livros, ao lado de traduções e paráfrases de Byron, Hugo, Lamartine, Murger, Musset, Espronceda e outros, figuram também composições de caráter épico-social como "O Livro e a América", "Ode ao Dous de Julho", "Pedro Ivo", "Pesadelo de Humaitá", "Deusa Incruenta", as quais, embora paradigmáticas do * Condoreirismo do poeta, mostram-lhe, pelo abuso de antíteses e hipérboles levadas por vezes às raias do grotesco, a face mais perecível. Isso já não acontece nos poemas em que C. A. registrou, em clave autobiográfica, seus êxtases e desalentos amorosos: "Hebréia", "O Laço de Fita", "Os Três Amores", "Boa Noite", "Adormecida", bem como o ciclo inspirado por Eugênia Câmara, ao qual pertencem, entre outros, "O Gondoleiro do Amor", "Hino ao Sono", "O Tonel das Danaides", "É Tarde". Em tais poemas, aparado das demasias verbais, o verso se faz terso e sugestivo e as metáforas naturais, para expressarem a experiência amorosa em sua plenitude sentimental e carnal — plenitude que, entre os nossos

35

românticos, C. A. foi o único a ostentar. Destaquem-se ainda, na pauta lírica, os momentos introspectivos de dúvida e fatalismo em face da existência ("Mocidade e Morte", "Quando eu morrer", "Coup d'Étrier"), e, sobretudo, os de exaltação perante os espetáculos da Natureza, que, ajudado por uma sensibilidade eminentemente plástica e visual, o poeta fixou em belos quadros paisagísticos, que antecipam certa linha formal do * Parnasianismo ("Sub Tegmine Fagi", "Murmúrios da Tarde", "Aves de Arribação", *A Cachoeira de Paulo Afonso*).

Foi, porém, na poesia abolicionista que, fecundado pela adesão a uma causa social e humanitária de candente atualidade, o talento oratório de C. A. alcançou realizar-se superiormente. Define-se, então, aquele "melhor pragmatismo" que, em meio a severas restrições a outros aspectos da arte do Condor, * Mário de Andrade soube nela reconhecer. Conquanto não tivesse sido o introdutor do tema do escravo na poesia brasileira — precederam-no nesse campo, entre outros, Gonçalves Dias, * Trajano Galvão, * Luís Gama e Varela —, coube a C. A. aprofundar-lhe as implicações humanas. Numa adequação admiravelmente funcional das virtualidades amplificatórias e dramatizantes de sua eloqüência condoreira com as necessidades históricas da luta abolicionista, redimiu ele o escravo da anodinia cotidiana para impô-lo, como figura romanticamente trágica, à atenção de uma coletividade insensibilizada pelo hábito trissecular, para o que pudesse haver de desumano na escravidão. Tal promoção dramática do cativo ocorre n*A Cachoeira de Paulo Afonso* (1876), longo poema narrativo em que o amor de dois escravos, Lucas e Maria, é pintado com cores propositadamente trágicas, para acentuar as iniqüidades do regime servil, e n*Os Escravos* (1883), coletânea na qual, além de "O Navio Negreiro" e "Vozes d'África", seus mais famosos poemas abolicionistas, reuniu C. A. composições esparsas na mesma linha temática, como "A Visão dos Mortos", "A Cruz da Estrada", "O Vidente", "O Bandido Negro", "Saudação a Palmares", que, pela justeza do tom e pelo frêmito revolucionário que os anima, mostram-no no melhor de sua arte vibrantemente humana e libertária.

CONSULTAR: Pedro Calmon, *A Vida de C. A.,* 2.ª ed., rev. e aumentada, Rio, 1956; Jamil Almansur Haddad, *Revisão de C. A.,* 3 vols., S. Paulo, 1953; Mário de Andrade, *Aspectos da Literatura Brasileira,* 2.ª ed., S. Paulo, s. d.; Fausto Cunha, "C. A.", *A Literatura no Brasil* (dir. de Afrânio Coutinho), vol. I, t. 2, Rio, 1956; Raymond S. Sayers, *The Negro in Brazilian Literature,* Nova Iorque, 1956; Antônio Cândido, *Formação da Literatura Brasileira,* vol. II, S. Paulo, 1959; Domingos Carvalho da Silva, *A Presença do Condor,* Brasília, 1974; Eliane Zagury, *C. A. de Todos Nós,* Rio, 1976.

[J. P. P.]

AMADO, GILBERTO — (★ 7/5/1887, Estância, SE; † 27/8/1969, Rio) Formou-se pela Faculdade de Direito do Recife (1909), assumindo, pouco depois, as funções de professor da mesma escola (1911-1930). Entrou para a diplomacia em 1935 e, desde 1946, foi delegado do Brasil na O.N.U. Ainda estudante de Direito, iniciou-se no jornalismo, escrevendo para o *Diário de Pernambuco* (1907); no Rio de Janeiro, colaborou em *O País, A Imprensa, Jornal do Comércio, A Época,* entre outros periódicos. Grande parte dessa colaboração foi reunida em livros, como *A Chave de Salomão e Outros Escritos* (1914), coleção de artigos, alguns dos quais de apreciação literária sobre * Paulo Barreto, Eça de Queirós, * Afrânio Peixoto, * Félix Pacheco, * Alcides Maia, e de diversas crônicas do Rio. Estrutura semelhante têm outras obras suas como *Grão de Areia* (1919), *Aparências e Realidades* (1922) e *A Dança sobre o Abismo* (1932), em que, ao lado de pequenos ensaios sobre autores estrangeiros (Anatole France, Dickens, entre outros), encontram-se outros sobre a realidade brasileira, o que levou seu autor a dizer no "Prefácio" que no livro "se acha muito do que de melhor hei pensado e sentido no Brasil e pelo Brasil". A partir de 1954 começa G. A. a publicar suas memórias, das quais já saíram: *História de Minha Infância* (1954), *Minha Formação no Recife* (1955), *Mocidade no Rio e Primeira Viagem à Europa* (1956), *Presença na Política* (1960). Como escritor, G. A. distingue-se pelo volume da obra publicada (mais de quinze títulos), variedade de gêneros (poesia, ensaio, ficção e memórias) e, principalmente, pelo apuro do estilo, agradável e sóbrio, denunciando a erudição e a universalidade do seu espírito.

OBRAS DO A.: Ensaios: *Espírito do Nosso Tempo,* 2.ª ed., 1933. Romance: *Inocentes e Culpados,* 1941; *Os Interesses da Companhia,* 1942. Poesia: *A Suave Ascensão,* 1917; *Poesias,* 1954.

CONSULTAR: Rui Bloem, *Palmeiras no Litoral,* S. Paulo, 1945; Agripino Grieco, *Evolução da Prosa Brasileira,* 2.ª ed., Rio, 1947.

[R. M. P.]

AMADO, JORGE — (* 10/8/1912, Fazenda Auricídia, Ferradas, hoje município de Itabuna, BA) Fez o curso primário em Ilhéus, com uma professora particular, que é referida em * *Gabriela, Cravo e Canela* (1958): D. Guilhermina. O secundário foi iniciado em 1924, em Salvador, no Colégio Santo Antônio Vieira, de padres jesuítas, e concluído no Rio. Ainda estudante, freqüenta rodas literárias em Salvador, ligando-se ao grupo do Bar Brunswick, hostil ao *Modernismo, com Pinheiro Viegas, * Sosígenes Costa, Dias da Costa, Édison Carneiro e Clóvis Amorim. Morava, então, na Ladeira do Pelourinho, após ter passado alguns meses no interior da BA, em Itaporanga. Desses lugares retirou material para seus romances *Cacau* (1933) e *Suor* (1934). No Rio, formou-se em Direito. Mais uma vez ligado a grupos literários (Santiago Dantas, Almir de Andrade, Américo Jacobina Lacombe, * Otávio de Faria) começa a colaborar em jornais. Em 1932, aproximou-se dos grupos políticos de esquerda, apresentado por * Raquel de Queirós. Em 1935, fugindo a perseguições políticas, vai viver na Argentina, de onde se passa para o Uruguai, outros países da América Latina, Estados Unidos, Polônia, URSS, etc. Seus livros começam a ser traduzidos. Atualmente, existem quase 300 edições em língua estrangeira, algumas, como a alemã de *Capitães da Areia* (1937), de 250 000 exemplares. Voltando ao Brasil, é eleito deputado pelo Partido Comunista, perdendo o mandato quando o Partido é posto fora da lei, pelo Congresso Nacional.

A ascensão estética de J. A. foi uniforme até 1935, ano de * *Jubiabá*. Excluindo-se o romance de estréia (quase desconhecido e nunca reeditado), nota-se a fixação cada vez mais patente de uma linha filosófica, que faltava n*O País do Carnaval* (1932). Na "Explicação" que lhe serve de prefácio, diz o A.: "Este livro é como o Brasil de hoje.

37

Sem um princípio filosófico, sem se bater por um partido." A necessidade de bater-se, porém, está presente em todo o romance, na inquietação de Paulo Rigger, personagem considerado por muitos como autobiográfico. A primeira pessoa, em *Cacau,* já não esconde uma escolha política a presidir a manifestação estética. J. A., a partir de então, é um romancista engajado e um militante do Partido Comunista. Passa a escrever na terceira pessoa, agitando problemas sociais e tentando atingir a síntese de grupamentos humanos, acenando com a revolução como a única esperança dos pobres. Daí por diante avultam duas tônicas: a lírica e a épica, ambas melhor situadas quando o A. apresenta acontecimentos dos quais o leitor infere uma intenção. Frases ritmadas ou comparações assimilativas forçam o lirismo, sem o mesmo resultado positivo, e a grandiosidade da ação ressalta mais nas lutas de *Terras do Sem Fim* (1942) do que na pregação dos vários agitadores, presentes em numerosos romances. Essas tônicas estão ligadas à luta de classes e confluem na exaltação da liberdade — estado social e também de espírito que é a procura mais constante dos personagens de J. A. Os mais primitivos, identificam-se ou são identificados com a Natureza, enquanto ainda não politizados. Também o caráter naturista das práticas religiosas na * BA é assinalado como uma integração do homem na infra-estrutura social em que vive. Primitivos em seus costumes e crenças, os personagens mais importantes são produtos de uma observação da vida filtrada por uma ideologia que se experimenta a cada instante. O mesmo não se dá com os personagens burgueses, mais complexos em suas motivações e interesses. Nestes, J. A. usa da caricatura, trabalhando-os em traços rápidos e superficiais, fugindo de aprofundar-se em seus dramas e indecisões. Nega-lhes a compreensão humana, a menos que tenham decaído social e economicamente ou estejam em trânsito para esta decadência — casos em que o lirismo se acentua, como expressão de solidariedade. Assim acontece em relação aos coronéis do cacau, empobrecidos pelas manobras dos exportadores estrangeiros, e com o personagem da primeira novela d*Os Velhos Marinheiros* (1960) — Quincas Berro D'Água — exaltação máxima da liberdade na obra de J. A.: liberdade em relação às convenções sociais, contingências de saúde, etc., e disponibilidade total da vida, num sentido que chega a ser anarquista. Quincas é um identificado com o povo da cidade do Salvador, com a gente mais pobre e desvalida, homens do cais do porto, menores abandonados, pais-de-santo, prostitutas, mascates, biscateiros, capoeiristas, malandros, que, com os trabalhadores da roça, coronéis e cangaceiros, constituem a galeria amadiana. Essas vidas miseráveis têm seus sentimentos de revolta encaminhados para soluções marxistas, que o autor apresenta como exigências do povo. Nem sempre o faz de modo direto — e quando isto acontece, coaduna de modo perfeito o pensamento político e a realização literária.

Obras do A.: Romance: *Lenita,* 1929; *Mar Morto,* 1936; *Brandão Entre o Mar e o Amor,* 1941 (em col. com * José Lins do Rego, * Graciliano Ramos, * Aníbal Machado e Raquel de Queirós); *São Jorge dos Ilhéus,* 1944; *Seara Vermelha,* 1946; *Os Subterrâneos da Liberdade,* 1954; *Gabriela, Cravo e Canela,* 1958; *Os Pastores da Noite,* 1964; *Dona Flor e Seus Dois Maridos,* 1966; *Tenda dos Milagres,* 1970; *Teresa Batista Cansada de Guerra,* 1972; *Tieta do Agreste,* 1977. Teatro: *O Amor de Castro Alves,* 1958 (título depois mudado para *O Amor do Soldado*). Poesia: *A Estrada do Mar,* 1938. Biografia: *ABC* *de Castro Alves*, 1941; *Vida de Luís Carlos Prestes, o Cavaleiro da Esperança*, 1945. Viagens: *O Mundo da Paz*, 1951.

CONSULTAR: Olívio Montenegro, *O Romance Brasileiro*, Rio, 1938; Nelson Werneck Sodré, *Orientações do Pensamento Brasileiro*, Rio, 1942; Antônio Cândido, *Brigada Ligeira*, S. Paulo, 1945; Álvaro Lins, *Jornal de Crítica*, 5.ª série, Rio, 1947; Joel Pontes, *O Aprendiz de Crítica*, Rio, 1960; Miécio Táti, *Estudos e Notas Críticas*, Rio, 1958; e J. A., *Vida e Obra*, Belo Horizonte, 1961; Vários Autores, *J. A.: 30 Anos de Literatura*, S. Paulo, 1961; Wilson Martins, *O Modernismo*, vol. VI d*A Literatura Brasileira*, S. Paulo, 1965; *Jornal de Letras*, n.º especial, Rio, jul. 1967; Paulo Tavares, *Criaturas de J. A.*, S. Paulo, 1969; Adonias Filho, *O Romance Brasileiro de 30*, Rio, 1969.

[J. P.]

AMÁLIA DE OLIVEIRA CAMPOS, NARCISA — (★ 3/4/1852, S. João da Barra, RJ; † 24/6/1924, Rio) Original figura de mulher intelectual do século passado: professora primária, casou-se muito jovem, mas logo separou-se do marido; enviuvou e contraiu segundas núpcias, que tiveram igual fim. Temperamento fundamente individualista, exacerbado por ideais de emancipação feminina, revelam seus versos influência predominante de Hugo e de * Castro Alves. Anima-lhe a prosa jornalística o mesmo * condoreirismo liberal: editou, mesmo, um periódico literário exclusivamente feminino (*A Gazetinha de Resende*), apreciável como documento de uma mentalidade.

OBRA DA A.: *Nebulosas*, 1872.

CONSULTAR: Antônio Simões dos Reis, *N. A.*, Rio, 1949.

[A. B.]

AMARAL, JOSÉ MARIA DO — (★ 14/3/1812, Rio; † 23/9/1885, Niterói, RJ) Graduou-se em Medicina e Direito em Paris. Foi jornalista e chegou a Conselheiro do Império. Fez-se diplomata ao deixar, no Rio, o quinto ano médico; serviu em Paris, Washington e capitais sul-americanas.

* Sílvio Romero situa o poeta como figura de transição entre árcades e românticos, pois poetava anteriormente aos * *Suspiros Poéticos e Saudades* de * Gonçalves de Magalhães. Na verdade, porém, o poeta não se realizou nessa ocasião, e, sim, posteriormente, na velhice ou no mínimo na maturidade, legando-nos alguns sonetos dos melhores que o nosso * Romantismo produziu, com seu tom nostálgico e acabamento formal. É difícil estabelecer a carreira do poeta e sua evolução estilística, uma vez que sua obra está dormindo nos jornais do tempo do Romantismo. Os poucos trabalhos que dele se conhecem acham-se reproduzidos por Sílvio Romero em sua *História da Literatura Brasileira* ou figuram nas antologias nacionais ou seletas do Romantismo. Tanto Sílvio como * José Veríssimo aproximam seu lirismo do garrettiano. Nos últimos tempos, segundo Sílvio, a dúvida e o desespero o acometeram.

CONSULTAR: Melo Morais Filho, *Parnaso Brasileiro*, t. II, Rio, 1885 (fragmento do poema "Zeroni"); Sílvio Romero, *História da Literatura Brasileira*, 5.ª ed., vol. III, Rio, 1953 (vários sonetos de

J. M. do A.); José Veríssimo, *História da Literatura Brasileira*, 3.ª ed., Rio, 1954.

[P. E. S. R.]

AMARAL Leite Penteado, AMADEU Ataliba Arruda — (★ 6/11/ 1875, Capivari, SP; † 24/10/1929, S. Paulo) Jornalista (colaborou em jornais de S. Paulo e do Rio) e professor, alcançou nomeada no meio literário paulistano nas primeiras décadas do século. Pertenceu à Academia Brasileira de Letras como um de seus fundadores (1909), ocupando-lhe uma das cadeiras na sucessão de * Olavo Bilac (1919). Cultivou a prosa de ficção, a crítica, o folclore e a poesia, mas foi esta que lhe granjeou fama enquanto viveu. Depois de morto, caiu praticamente no esquecimento. Poeta menor, sua obra corresponde à fase agônica do * Parnasianismo, em que já não era possível manter o programa inicial de impassibilidade e rigoroso formalismo, nem evitar influxos da poesia simbolista. Do ideário parnasiano retirou o gosto pelo apuro formal; do simbolista, certo ar de efêmero e vago, numa aliança que só raramente satisfaz ao leitor mais exigente de hoje.

Obras do A.: Poesia: *Urzes*, 1899; *Névoa*, 1902; *Espumas*, 1917; *Lâmpada Antiga*, 1924. Novela: *A Pulseira de Ferro*, 1924. Conferências: *Letras Floridas*, 1920. Crítica: *O Elogio da Mediocridade*, 1924. Folclore: *O Dialeto Caipira*, 1920; *Tradições Populares*, 1948.

Consultar: Manuel Cerqueira Leite, introd. às *Poesias* de A. A., S. Paulo, 1946; Paulo Duarte, pref. ao vol. I das *Obras Completas de A. A.*, S. Paulo, 1948; João Pacheco, *A. A.*, sep. da *Revista do Arquivo Municipal*, n.º CXXVIII, S. Paulo, 1949; *Revista* da ABDE, n.º 1 (dedicado a A. A., com diversos estudos críticos), S. Paulo, maio-jun. 1956; Plínio Barreto, *Páginas Avulsas*, S. Paulo, 1958; Paulo Duarte, "A. A.", supl. do Centenário d*O Estado de S. Paulo*, 13 e 20/9/1975.

[D. D.]

AMAZÔNIA — As obras literárias inspiradas nas ricas sugestões do mundo amazônico, embora não muito numerosas, configuram um aspecto interessante no panorama da literatura brasileira, em função de seus traços de originalidade.

A grande região natural do extremo-norte do país — definida como área geográfica que a abundante pluviosidade e as elevadas temperaturas fizeram o domínio da imensa e espessa floresta e dos volumosos cursos dágua — condicionou um tipo de ocupação econômica e um suporte econômico que se desenvolvem dentro de condições bastante características e diferenciadas dentro do complexo que é a civilização brasileira. Sem as marcas históricas da grande exploração agrícola e sem a contribuição substancial do negro (como ocorreu no Nordeste, na BA, no Centro-Sul), caracterizou-se o grupo amazônico sobretudo pela repercussão, em sua sociedade e em seus costumes, das atividades extrativistas, e da presença e incorporação do índio (tapuio), que lhe imprimiram seus traços específicos.

Esses traços típicos do mundo amazônico — quer os da natureza, quer os da economia e da sociedade da região, condicionados pelos primeiros — depois de haverem sido focalizados, desde a época colonial e notadamente na primeira metade do século XIX, por vários cronistas (viajantes, naturalistas, ensaístas), serviram de tema de inspiração, desde fins do século passado, a alguns autores que de certa forma constituem (a despeito da diversidade de suas orientações estéticas) o grupo dos escritores amazônicos ou que, em escala maior ou menor, contribuíram para a formação de uma literatura regionalista da Amazônia.

Em síntese decerto imperfeita, poder-se-ia dizer que suas produções literárias representam ou refletem, de um lado, o sentimento de inferioridade ou de humilhação do Homem, como que esmagado pelas forças da Natureza, nessa terra amazônica que — no dizer de um observador — "amedronta e cansa pela monotonia invariável do grandioso", e de outro lado funcionam como documentário social e humano, enfocando situações e tipos ligados principalmente às indústrias básicas da região, como a pesca, a extração do cacau e a atividade nos seringais.

Os primeiros representantes dessa literatura de inspiração amazônica elaboraram e publicaram suas obras nos últimos decênios do século passado: * Inglês de Sousa, autor dO *Cacaulista* (1876), *Coronel Sangrado* (1877), * O *Missionário* (1888), *Contos Amazônicos* (1893); * José Veríssimo, em *Quadros Paraenses* (1878), *Cenas de Vida Amazônica* (1886); e até certo ponto * Rodolfo Teófilo, em O *Paroara* (1899) — a que se seguiriam no começo deste século, * Alberto Rangel, autor de *Inferno Verde* (1908) e * Euclides da Cunha, d*À Margem da História* (1909).

Ocorreu depois uma fase de recesso interrompida só no terceiro decênio deste século, quando alguns escritores se voltaram de novo para as sugestões do mundo amazônico: Carlos de Vasconcelos, em *Deserdados* (1921), Alfredo Ladislau, em *Terra Imatura* (1923) e * Gastão Cruls, autor d*A Amazônia Misteriosa* (1925).

Das proximidades de 1930 aos nossos dias, cresceu o número de bons intérpretes literários da Amazônia, anotando-se aqui os mais significativos: * Peregrino Júnior, autor de *Puçanga* (1929) e *Matupá* (1933); Ferreira de Castro, d*A Selva* (1930); Lauro Palhano, dO *Gororoba* (1931) e *Marupiara* (1935); Abguar Bastos, de *Amazônia que ninguém sabe* (1932) depois reeditado sob o título de *Terra de Icamiaba*) e de *Safra* (1937); Ramayana de Chevalier, autor de *No Circo sem Teto da Amazônia* (1935); Osvaldo Orico, de *Seiva* (1937); Aurélio Pinheiro, de *Gleba Tumultuária* (1937) e *Em Busca do Ouro* (1938); * Raimundo de Morais, de *Os Igaraúnas* (1938) e *Mirante do Baixo Amazonas* (1939); e * Dalcídio Jurandir, autor de *Chove nos Campos de Cachoeira* (1941) e *Marajó* (1947), etc.

Cumpre registrar ainda a repercussão do ambiente e do folclore amazônico em duas obras de ficção de destacada importância na moderna literatura brasileira, como * *Macunaíma* (1928), de * Mário de Andrade, e * *Cobra Norato* (1931), de * Raul Bopp.

CONSULTAR: Peregrino Jr., "Grupo Nortista", *A Literatura no Brasil* (dir. de Afrânio Coutinho), vol. II, Rio, 1955 (2.ª ed., com o título mudado para "Ciclo Nortista", vol. III, Rio, 1971).

[E. S. B.]

AMÉRICO DE ALMEIDA, JOSÉ — (★ 1/10/1887, Areia, PA) Formou-se em Direito pela Faculdade do Recife, num ano (1908) em que ainda estavam bem vivas as repercussões das idéias positivistas. O ambiente acadêmico continuava a * "poesia científica" de * Martins Júnior, cultuava o germanismo de * Sílvio Romero e de * Tobias Barreto, este representado por seus discípulos, alguns dos quais lentes da Faculdade. Interessando-se, desde cedo, pelos problemas sociais do * Nordeste, J. A. de A. associou a vocação política ao estudo do homem e suas relações com o meio. A leitura de * Os Sertões, de * Euclides da Cunha, das obras de * José de Alencar e dos clássicos deu-lhe formação literária, que empregaria, de início, em um livro de ensaios publicado em 1922: A Paraíba e seus Problemas. Já então era procurador geral do Estado, cargo que exerceu de 1911 a 1929. Sua carreira política condicionará, daí por diante, sua atividade literária. Tendo sido secretário do Interior e Justiça no governo João Pessoa, de 1928 a 1930, publicou, no primeiro destes anos, o romance que lhe daria ingresso na Literatura, * A Bagaceira, como produto de suas observações da vida sertaneja. O assassínio de João Pessoa, relembrou-o num ensaio publicado no volume Ocasos de Sangue (1954), sob o título de "Esta madrugada entrou na História". Com a Revolução, tornou-se governador da Paraíba, sendo logo chamado por Getúlio Vargas para ser ministro da Viação e Obras Públicas, cargo que exerceu de 1930 a 1934. Foi senador de 1935 a 1937, e, desde o primeiro destes anos, ministro do Tribunal de Contas. Seu segundo romance, O Boqueirão, é publicado em 1935 e o terceiro, Coiteiros, em 1936. Volta-se novamente para assuntos regionais, dos quais nunca se havia afastado, mesmo quando no exercício de cargos que exigiam sua presença na então capital do País. Coiteiros, por exemplo, refletia uma das preocupações máximas dos governos nordestinos — a extinção do cangaceirismo. Depois de 1936, a vida política absorveu quase por completo o escritor, dedicado, então, à propaganda de sua candidatura à Presidência da República. Seus discursos e conferências continuam esparsos, o que dificulta uma palavra definitiva da crítica sobre a supremacia do escritor que existe em J. A. de A. em relação ao romancista. A correção e elegância de sua linguagem foram qualidades inadequadas ao tipo de romance que escreveu e, no entanto, bastante próprias para o ensaio, para o discurso e a conferência. Os ensaios do volume Ocasos de Sangue, sobre João Pessoa, Virgílio de Melo Franco e Getúlio Vargas, assim como as memórias publicadas na revista O Cruzeiro, atestam o escritor consciente de suas possibilidades expressionais, de raciocínio e exposição claros, dono de uma experiência rara e de condições, enfim, para escrever a história política do Brasil, de 1930 até o suicídio de Vargas.

Obras do A.: *Antes que me esqueça*, memórias, 1976.

Consultar: Tristão de Ataíde, *Estudos*, 3.ª série, 1.ª parte, Rio, 1930; Nestor Vítor, *Os de Hoje*, S. Paulo, 1938; Olívio Montenegro, *O Romance Brasileiro*, Rio, 1938; Luís Pinto, *Antologia da Paraíba*, Rio, 1951; Wilson Martins, *O Modernismo*, vol. VI d*A Literatura Brasileira*, S. Paulo, 1965; Adonias Filho, *O Romance Brasileiro de 30*, Rio, 1969.

[J. P.]

ANCHIETA, José de — (★ 19/3/1534, São Cristóvão de la Laguna, Tenerife, Canárias; † 9/6/1597, Reritiba, hoje Anchieta, ES) Em 1547, inicia em Coimbra seus estudos no Colégio dos Jesuítas, três anos depois ingressa na Companhia de Jesus, e com o governo de Duarte da Costa chega ao Brasil em 1553. Enviado neste mesmo ano para S. Vicente, aí fundou o Colégio de Piratininga, onde exerceu o magistério como "mestre de Latim". Dez anos depois, A. e Nóbrega encontram-se como reféns dos tamoios em Iperoígue (1563), ocasião em que A. compõe o poema da Virgem, "De Beata Virgine Dei Matre Maria" (trad. por A. Cardoso, vol. XXXVII das publicações do Arquivo Nacional, Rio, 1940). Em 1569, foi nomeado reitor do Colégio de S. Vicente, em 1578 regressa à Bahia como provincial da Companhia de Jesus no Brasil, cargo que renuncia em 1585, para entregar-se, no RJ e ES, à fundação de várias aldeias de índios. Em seguida, recolheu-se para o seu retiro de Reritiba, onde, antes de falecer, escreveu a biografia de seus companheiros missionários — *Brasilica Societatis et vita clarorum Patrum qui in Brasilia vixerunt.* Desde logo, ao lado da catequese, A. dedicou-se ao estudo da língua nativa, compondo nela orações cristãs, o catecismo e os interrogatórios para as confissões, esboços dramáticos com que pudesse facilitar a pregação doutrinária, cantigas profanas e sacras, chegando a estabelecer, baseado na língua latina, as normas gramaticais do idioma gentio na *Arte de grammatica da lingoa mais vsada na costa do Brasil* (1595). A sua poesia, tanto aquela expressa em português e espanhol (cuja experiência se inspira na tradição poética da Península em metro redondilho), como a que escreveu em latim ou tupi, surge marcada por acentos fortes de melancolia e desencanto, quando não por uma unção religiosa que não chega a ser mística, num prolongamento da velha tradição européia do culto poético mariano. Duma pureza lírica que lembra os melhores momentos da poesia gilvicentina, são as trovas escritas para Santa Inês, em pentassílabos. O seu longo poema "O pelote domingueiro" documenta um raro instante de sátira no poeta cuja vocação ficou sacrificada pelo apostolado e cuja poesia comprometida, assim como o seu teatro incipiente, por objetivos extraliterários: a catequese religiosa e a moralização dos costumes. O julgamento desta poesia será precário, dadas as condições por que chegou até nós, através de cadernos manuscritos, onde o estabelecimento da autoria é quase impossível. O melhor da obra de A., do ponto de vista literário, ainda que tais intenções não estivessem no espírito do missionário, são as *Cartas Informativas* (V. *Cartas, Informações, Fragmentos Históricos e Sermões do P. J. de A.,* public. da ABL, 1931-1933), escritas aos provinciais da Companhia, ricas como documento histórico, etnográfico e até jurídico — pelo que informam da terra, da vida social dos aborígines e suas formas de parentesco, da fundação de aldeamentos, das igrejas levantadas, das lutas travadas na selva ingrata, dos catecúmenos batizados e dos convertidos, das epidemias e das belezas naturais. Do sermonário, restam-nos apenas duas peças, incompletas, uma pregada em S. Vicente (1567) e baseada na proposição bíblica *Domine descende priusquam moriatur filius meus*; e outra em Piratininga, no ano seguinte, à volta do versículo *Vas electtionis mihi est* (Sermão da Conversão de São Paulo). De sorte que temos em A., um quase polígrafo, escrevendo em vários idiomas e sobre matéria a mais diversa: didática, epistolográfica, poética, parenética, teatral e histórica.

OBRAS DO A.: Sua obra poética aparece publicada em: *Primeiras Letras,* 1923; Maria de Lourdes de Paula Martins, *A.: Poesia,* S. Paulo, s.d.; *De Rebus Gestis Mendi de Saa,* c/ trad. do P. Armando Cardoso, SJ., Rio, 1958.

CONSULTAR: Simão de Vasconcelos, *Vida do Venerável Pe. J. de A., da Companhia de Jesus,* Lisboa, 1673 (há edição do INL, 2 vols., Rio, 1943); Serafim Leite, *A Primeira Biografia Inédita de J. de A.,*

Lisboa, 1934; Serafim Leite, *História da Companhia de Jesus no Brasil*, vol. II, Rio, 1938; M. L. de Paula Martins, inúmeros trabalhos sobre a poesia tupi e o teatro de A., *Revista do Arquivo Municipal*, vol. LXXII, S. Paulo, 1940; vol. LXXIX, 1941; *Boletins da Fac. de Filosofia, Ciências e Letras da USP*, XXIV, S. Paulo, 1941; *ibidem*, LII, 1945; Domingos Carvalho da Silva, "As origens da poesia", *A Literatura no Brasil* (dir. de Afrânio Coutinho), vol. I, t. 1, Rio, 1956; Claude Henri-Frèches, "Le théâtre du P. A. Contenu et Structure", *Annali*, sezione romanza, Istituto Universitario Orientale, Nápoles, vol. III, n.º 1, 1961; Leodegário A. de Azevedo Filho, *A Poética de A.*, Rio, 1962; e A., *a Idade Média e o Barroco*, Rio, 1966.

[S. Sp.]

ANDRADE, CARLOS DRUMMOND DE — (★ 31/10/1902, Itabira, MG) Criou-se em fazenda. Estudou em Itabira, Friburgo e Belo Horizonte; diplomou-se em Farmácia e ensinou Geografia, exerceu o jornalismo e ocupou cargos públicos desde 1929. Desde 1933 reside no Rio, onde exerceu a chefia do gabinete do Ministro Capanema e serviu no Patrimônio Histórico e Artístico Nacional.

C. D. de A. é poeta dos inícios do nosso * Modernismo: fundou em 1925 *A Revista*, de Belo Horizonte, de que foi diretor. No primeiro número dessa revista, assim expunha a missão que entendia caber ao escritor: "O excesso de crítica, dominante nos anos anteriores a 1914, se resolveu no excesso contrário, de extrema passividade ante os fenômenos do mundo exterior. O paroxismo das doutrinas estéticas chegou a *Dada*; repetiu-se o descalabro da Torre de Babel. Agora, o escritor foge de teorias e construções abstratas para trabalhar a realidade com mãos puras." Essa volta à realidade, em editorial no segundo número explicava que se devia processar por meio da mais franca nacionalização do espírito, que não devia oferecer permeabilidade aos produtos e detritos das civilizações estrangeiras, a não ser que previamente assimilássemos os primeiros. O primitivismo era também elogiado.

D. desejava trabalhar a realidade com mãos puras: seu primeiro livro, *Alguma Poesia* (1930), tem portanto simples anotações, poemas de quem vê e registra o que vê, como vê, aıastado de preconceitos literários anteriores. As "fotografias" são numerosas; o poeta fala da lagoa que conhece, não do mar que não viu. Daí seus poemas serem espelhos da vida circunstante, "vida besta" embora, como no "seqüestro" assinalado por * Mário de Andrade. Às vezes, contudo, o registro do terra-a-terra mais elementar pode assumir elevações de símbolo, como se deu com o famoso "No Meio do Caminho". Noutras vezes, porém, a poesia transcende o campo do simples registro, e visa a determinado efeito, como a ironia, o humor, até a piada; ou transpira "temas" que denotam sensibilidade difícil, cheia de reserva, timidez, falta de jeito, desconfiança. De modo geral, o poeta é pessimista, mas o "Poema da Purificação", o último do livro, tem um vigor de catarse. Em *Brejo das Almas* (1934) evade-se o meramente descritivo, para acentuar-se o *humour*; também a "vida besta" se dilui, na sua condição externa, para interiorizar-se, fazer-se estado de espírito e emergir dos poemas abafada sensação de amargor, de falta de sentido da existência ou de solução para o destino do poeta. O desejo de rumo, então, se reparte por múltiplos convites. Em *Sentimento do Mundo* (1940) mudam os rumos do poeta, que, diante dos morticínios e da guerra, é tomado pelo desejo de solidarizar-se, de compreender os homens; sabe que a vida dói, até nas fotografias, e impõe-se a missão de construir o futuro, trabalhando o presente: um mundo melhor advirá. *José* sai pela primeira vez em *Poesias* (1942), e anuncia *A Rosa do Povo* (1945), pelo que encerra de condenação à vida de nossos dias, mecânica, estúpida, sem humanidade. *A Rosa do Povo* é um livro de condenação e de esperança, condenação do mundo errado, esperança de um mundo certo, cheio de beleza e justiça.

C. D. de A. é um dos raros poetas modernos do Brasil cuja nota político-social se alça ao nível de poesia cristalizada e expressa; sua emoção, quando coletiva, transfunde-se em poemas que ostentam peremptório "poder de palavra". Em *Novos Poemas,* surgidos em *Poesia Até Agora* (1948), a expressão drummondiana adensa-se; *A Mesa* (1951) é no mesmo ano de publicação incluída em *Claro Enigma* (1951), livro de caráter por vezes barroco, mas de forma sempre vigilante. *Fazendeiro do Ar* (1954), como *Claro Enigma,* são livros de suavização, nos quais o poeta se pacifica, faz-se compreensão e declara que o espetáculo do mundo merece ser visto e amado. "Os Bens e o Sangue" é um dos mais fortes poemas de D., que vai buscar poesia em velhas escrituras e procura explicação para si mesmo à luz de seus mortos. *Ciclo* (1957) é incluído depois em *A Vida Passada a Limpo* (1954--1958), livro que sai em *Poemas* (1959). *Lição de coisas* (1962) ratifica o interesse de D. pelas pesquisas vocabulares e semânticas. Isso aliás não constitui diretriz nova, pois D. sempre foi um escritor em poesia, isto é, um artesão consciente e lúcido. Daí o fato de ter influído nos poetas mais novos, não só pelo fundo, como em razão de vários pormenores de fatura do poema. D. é também contista e cronista.

Obras do A.: Poesia: *Viola de Bolso* (poesia de circunstância), 1952; *Viola de Bolso, Novamente Encordoada,* 1955; *Soneto de Buquinagem* (figura no livro anterior), 1955; *50 Poemas Escolhidos pelo Autor,* 1956; *Versiprosa,* 1967; *Boitempo,* 1968; *A falta que ama,* 1968; *Menino Antigo,* 1973; *As Impurezas do Branco,* 1973: Prosa: *Confissões de Minas,* 1944; *O Gerente,* 1945; *Contos de Aprendiz,* 1951; 2.ª ed., aumentada, 1958; *Passeios na Ilha,* 1952; *Fala, Amendoeira,* 1957; *Cadeira de Balanço,* 1966; *Os Dias Lindos,* 1977.

Consultar: *A Literatura no Brasil* (dir. de Afrânio Coutinho), Rio, vol. III, t. 1 Rio (amplo rol de fontes), 1959 (cf. 2.ª ed., vol. V, 1970); Silviano Santiago, *C. D. de A.,* Petrópolis, 1976; Sônia Brayner (org.), *C. D. de A.: Fortuna Crítica,* Rio, 1977.

[P. E. S. R.]

ANDRADE Franco, Aluísio JORGE — (★ 21/5/1922, Barretos, SP) Começou o curso de Direito em 1940, em S. Paulo, mas abandonou-o pela Escola de Arte Dramática (1951), na qual se formou. Antes desse período, contudo, residiu no interior, trabalhando na fazenda do pai. "Epopéia dramática monumental, desde logo garantida pela coerência interna do seu mundo" (Anatol Rosenfeld), o teatro de J. A. gravita em torno das mudanças operadas na realidade sócio-econômica brasileira, notadamente paulista, por volta de 1930, com a crise do café e a revolução. Focalizando a decadência da aristocracia rural e a sua ressonância nos trabalhadores do campo (*A Moratória,* "peça excepcional", no dizer

45

de Décio de Almeida Prado; *O Telescópio, Vereda da Salvação*), ou o declínio da aristocracia urbana, numa das peças mais amargas e cruéis da dramaturgia brasileira (*Senhora na Boca do Lixo*), o A. ora avança no tempo, registrando, com traços agora satíricos e cômicos, a deliqüescência dos velhos padrões aristocráticos (*A Escada*) e a inversão de papéis ante o progresso da imigração italiana (*Os Ossos do Barão*); ora regride no tempo, em busca das raízes históricas longínquas (*As Confrarias*, que se passa no século XVIII, durante a Inconfidência Mineira; e *Pedreira das Almas*, em 1842, em Minas). A. de obra "única na literatura teatral brasileira" (Anatol Rosenfeld), em que se focaliza todo um ciclo da história paulista, J. A. alia as qualidades de escritor às de dramaturgo propriamente dito, numa conjunção de forças que o situa entre os primeiros do moderno teatro brasileiro.

Obras do A.: *Marta, a Árvore e o Relógio*, S. Paulo, 1970 (reúne as seguintes peças: *As Confrarias, Pedreira das Almas, A Moratória, O Telescópio, Vereda da Salvação, Senhora na Boca do Lixo, A Escada, Os Ossos do Barão, Rasto Atrás, O Sumidouro*).

Consultar: Sábato Magaldi, *Panorama do Teatro Brasileiro*, S. Paulo, 1962; Décio de Almeida Prado, *Teatro em Progresso*, S. Paulo, 1964; e *Apresentação do Teatro Brasileiro Moderno*, S. Paulo, 1965; Vários Autores, estudos em *Marta, a Árvore e o Relógio*, ed. cit.

[V. A.]

ANDRADE, José Maria GOULART DE — (★ 6/4/1881, Maceió, AL; † 19/12/1936, Rio) Poeta, dramaturgo e romancista. Fez os primeiros estudos na cidade natal e aos dezesseis anos ingressou na Escola Naval, no Rio. Abandonando o curso, obteve um emprego na prefeitura do então Distrito Federal e cursou a Escola Politécnica do Rio, de onde saiu com o diploma de engenheiro-geógrafo. Dedicou-se ao jornalismo, à literatura e ao teatro. Como poeta, destacou-se entre os parnasianos pelo cultivo e renovação de numerosas formas fixas de pouco uso, como o gazel, o rondó, o vilancete, o canto real e o rondel. Foi membro da Academia Brasileira de Letras.

Obras do A.: *Poesias, 1.ª série*, 1907; *Poesias, 2.ª série* (*Névoas e Flamas*), 1911; *Poesias, 3.ª série* (*Ocaso*), 1934; *Teatro* (compreendendo as peças *Depois da Morte, Renúncia, Sonata ao Luar* e *Jesus*, esta última da autoria de Aristeu de Andrade, seu irmão, que a deixara inacabada), 1909; *Teatro, 2.ª série* (*Os Inconfidentes*), 1910; *Um dia a casa cai*, comédia, 1923; *Numa Nuvem*, s.d.; *Assunção*, romance, 1913.

Consultar: Elísio de Carvalho, *As Modernas Correntes Estéticas*, Rio, 1907; Artur Mota, *Vultos e Livros, 1.ª série*, S. Paulo, 1921; J. Galante de Sousa, *O Teatro no Brasil*, t. II, Rio, 1960.

[D. C. S.]

ANDRADE, MÁRIO Raul DE Morais — (★ 9/10/1893, S. Paulo; † 25/2/1945, *idem*) Fez os estudos iniciais no Ginásio N. S. do Carmo, cursando a seguir o Conservatório Dramático e Musical de S. Paulo, de que foi mais tarde professor. Fundou o Departamento de Cultura da Prefeitura de S. Paulo, de que organizou a Discoteca Pública. Criou o curso de Etnografia e Folclore e promoveu o Congresso de Língua Nacional Cantada. Fundou ainda a Sociedade de Etnografia e Folclore e o Serviço do Patrimônio Histórico e Artístico Nacional. Regeu a cadeira de Filosofia e História da Arte na Universidade do Distrito Federal, tendo dirigido o seu Instituto de Arte. Deu colaboração ao Instituto Nacional do Livro, elaborando o anteprojeto da futura Enciclopédia Nacional. Foi um dos chefes do Movimento Modernista, que realizou em S. Paulo a * Semana de Arte Moderna.

Dividiu a sua atividade em diversos campos: a poesia, a ficção, a crítica literária, a crítica de artes plásticas, a musicologia e o folclore. A sua obra como folclorista só agora começa a ser divulgada; prevê-se que terá funda repercussão em nossa metodologia do assunto, alargando consideravelmente, ao mesmo tempo, o conhecimento do nosso populário. Como musicólogo, escreveu uma história da música e numerosos ensaios em que analisa correntes de nossa música tanto popular como culta; abordou também temas da música universal. Examinou figuras e tendências das artes plásticas no Brasil.

A sua principal obra, entretanto, concentra-se na literatura, onde surge como uma das figuras capitais das letras brasileiras ao longo de toda a sua história. Aparece em 1917, com *Há uma gota de sangue em cada poema*, onde ainda se encontra sob a influência parnasiano-simbolista. Rompe com o passado em * *Paulicéia Desvairada* (1922), em que pratica uma poesia formalmente liberta da métrica e esteticamente baseada na livre associação de imagens, nascida do subconsciente e ao depois disciplinada pela inteligência. Persiste no mesmo processo em *Losango Cáqui* (1926) e *Clã do Jabuti* (1927). Em ambos os livros começa a abrasileirar a linguagem, transpondo para a literatura termos, modismos, torneios e construções de cunho popular. Em *Clã* procura embeber-se do modo de ser nacional, tornando-o consubstancial à sua poesia. Dá um passo à frente com *Remate de Males* (1930), no qual, servindo-se de linguagem e imagística populares, visa ao universal. Formalmente volta a usar a métrica, mas com liberdade de ritmo e de rima; não repudia as construções discursivas, sempre que ocorram naturalmente, e utiliza-se da analogia, para desprender a poesia da anedota e do circunstancial. Em 1941, publica *Poesias,* em que seleciona poemas anteriormente publicados e ajunta inéditos; nestes, o clima poético não diverge do que apresentara em *Remate.* Em *Lira Paulistana* (1946), editado postumamente, nota-se uma leve ressonância do cancioneiro arcaico.

Na ficção, produziu duas narrativas longas: *Amar, Verbo Intransitivo* (1927) e * *Macunaíma* (1928); incluiu os contos em *Primeiro Andar* (1926), *Belazarte* (1934) e *Contos Novos* (1956), póstumo. Na sua primeira narrativa, usa um processo livre, em que a cenas objetivas faz suceder digressões do A., concebidas dentro de um espírito entre jovial e zombeteiro, desenvolvendo-se caprichosamente o fio do entrecho; na segunda obra, utiliza-se de um mito ameríndio para elaborar uma história que participa ao mesmo tempo do caráter folclórico e da natureza literária. Quanto aos contos, após um começo hesitante, que se trai no *Primeiro Andar,* firma-se com qualidades próprias nos volumes posteriores, em que, na nota lírica, se alia a dispersão do enredo, ainda que este não desapareça.

Foi o doutrinador por excelência do * Modernismo (*A escrava que não é Isaura,* 1925), onde expôs a sua teoria sobre o predomínio do subconsciente na composição literária) e um dos seus críticos em

47

Aspectos da Literatura Brasileira (1943), *O Baile das Quatro Artes* (1943), e *O Empalhador de Passarinho* (s. d.), aparecido após a sua morte. Em sua concepção estética, evoluiu de uma preocupação com os fatores psicológicos da obra para uma consideração maior pela obra a realizar, pelo trabalho de artesanato. Em toda a sua obra, empregou um linguagem peculiar, em que buscou infundir raízes populares.

Obras do A.: A Liv. Martins Ed. de S. Paulo vem publicando a partir de 1944, as *Obras Completas de M. de A.*, que totalizam 19 vols.; *O Turista Aprendiz*, diário, 1977.

Consultar: Tristão de Ataíde, *Estudos*, 1.ª série, Rio, 1927, 2.ª série, Rio, 1928, 5.ª série, Rio, 1933; Fernando Góes, *História de "Paulicéia Desvairada"*, sep. da *Revista do Arquivo*, S. Paulo, 1946; Roger Bastide, *Poetas do Brasil*, Curitiba, 1947; Sérgio Milliet, *Panorama da Moderna Poesia Brasileira*, Rio, 1952; Luís Correia de Melo, *Dicionário de Autores Paulistas*, S. Paulo, 1954; M. Cavalcanti Proença, *Roteiro de Macunaíma*, S. Paulo, 1955; Manuel Bandeira, *Poesia e Prosa*, vol. II, Rio, 1958; Plínio Barreto, *Páginas Avulsas*, Rio, 1958; Mário da Silva Brito, *História do Modernismo Brasileiro* (I. Antecedentes da Semana de Arte Moderna), S. Paulo, 1958; Péricles Eugênio da Silva Ramos, "O Modernismo na Poesia", *A Literatura no Brasil* (dir. de Afrânio Coutinho), vol. III, t. 1, Rio, 1959; Álvaro Lins, *Os Mortos de Sobrecasaca*, Rio, 1963; Wilson Martins, *O Modernismo*, vol. VI d*A Literatura Brasileira*, S. Paulo, 1965; Vários Autores, "M. de A.", supl. lit. de *Minas Gerais*, Belo Horizonte, 28/2/1970; Telê Porto Ancona Lopez, *M. de A.: Ramais e Caminho*, S. Paulo, 1972; Haroldo de Campos, *Morfologia de Macunaíma*, S. Paulo, 1973.

[J. Pa.]

ANDRADE, José OSWALD DE Sousa — (★ 11/1/1890, S. Paulo; † 22/10/1954, *idem*) Poeta, prosador, teatrólogo — agitador, revolucionário e polêmico em todas as vertentes de sua obra —, O. de A. foi a figura mais dinâmica do Movimento Modernista. Descendente de família tradicional e abastada, fez os primeiros estudos no Ginásio de S. Bento, formando-se pela Faculdade de Direito de S. Paulo em 1917. Na viagem que faz à Europa, em 1912, trava contato com os germes da renovação poética que ali desponta com o * Futurismo. Em 1917, conhece * Mário de Andrade e Di Cavalcanti, articulando com eles o movimento literário e artístico deflagrado oficialmente na * Semana de Arte Moderna, de 22, da qual iria ser o grande animador. Através de freqüentes viagens à Europa, mantém ligação com escritores e artistas europeus. Em 1931 lança, de parceria com Patrícia Galvão, o jornal *O Homem do Povo*, que assinalaria a sua adesão ao Comunismo, do qual se afastou em 1945. Até os últimos anos de sua vida, agravados por dificuldades econômicas e longa enfermidade, permanece atuante e provocativo, defendendo a sobrevivência do espírito de 22.

Houve por muito tempo uma tendência para menosprezar as realizações de O. de A. e valorizar mais o perfil biográfico do poeta, com seu anedotário fértil de irreverências e *boutades,* do que a sua obra. Entretanto, a reedição que se começa a fazer de seus livros está levando a reconsiderar esses juízos superficiais, mostrando em O. de A. um dos mais originais produtos da cultura brasileira, autor de uma obra de grande penetração crítica, a qual se realiza sob a égide do humor e da sátira. A poesia de O. de A., definida programaticamente no "Manifesto da Poesia Pau-Brasil" (1925) e logo exemplificada em * *Pau-Brasil* (1925) e *1.º Caderno do Aluno de Poesia O. de A.* (1927), extrema-se radicalmente dos padrões parnaso-simbolistas, buscando redescobrir a experiência poética a partir da pureza primitiva do índio e da criança. São poemas brevíssimos, anti-retóricos e antimétricos, que combinam a extrema concisão a uma expressão totalmente livre de preconceitos "literários". O. de A. extrai poesia de textos aparentemente apoéticos; por exemplo, de fragmentos dos nossos primeiros cronistas, de enumerações de títulos de livros ou de paródias de poemas "antológicos". "Cântico dos Cânticos para Flauta e Violão", o mais importante de seus últimos poemas, funde os temas do amor e da participação numa seqüência de epigramas líricos. A prosa de O. de A. é também inovadora: *Memórias Sentimentais de João Miramar* (1924) e *Serafim Ponte Grande* (1933) são romances antinormativos, sátiras fragmentárias ao estilo literário e à sociedade burguesa; neles, O. de A. faz uso de uma técnica de montagem que corresponderia, em pintura, ao Cubismo. Suas peças de teatro, de problemática execução, pela agressividade do texto, têm sido consideradas recentemente como um dos marcos iniciais do teatro moderno brasileiro. A visão poética e cultural de O. de A. consolidou-se a partir de 1928, no movimento que ele batizou de * Antropofagia, lançando o "Manifesto Antropófago". Não se trata de uma volta ao * indianismo ufanista, mas de um indianismo às avessas, do "mau selvagem" canibal a exercer a sua crítica devoração contra as imposturas da civilização. Sob a invocação dos costumes primitivos, O. de A. quer reintegrar o homem na livre expansão dos seus instintos vitais. Essa tese é desenvolvida n*A Crise da Filosofia Messiânica* (1950), onde ele contrapõe ao que denomina a cultura messiânica, fundada na autoridade paterna, na propriedade privada e no Estado, a cultura antropofágica, correspondente à sociedade matriarcal e sem classes, que deverá ressurgir com o progresso tecnológico, devolvendo ao homem a liberdade primitiva, numa nova Idade de Ouro. A obra de O. de A., rica de instigações e de modernidade, prenuncia desenvolvimentos recentes da poesia brasileira, em particular a * Poesia Concreta, que o tem como um de seus precursores.

OBRAS DO A.: Poesia: *Poesias Reunidas O. Andrade,* 1945; 2.ª ed., aum., 1966. Prosa: *A Trilogia do Exílio,* I — *Os Condenados,* 1922; II — *A Estrela de Absinto,* 1927; III — *A Escada Vermelha,* 1934; *Marco Zero:* I — *A Revolução Melancólica,* 1943; II — *Chão,* 1945; *A Arcádia e a Inconfidência,* 1945; *Ponta de Lança* (crítica e polêmica), 1945; *Um Homem sem Profissão,* 1954. Teatro: *O Homem e o Cavalo,* 1934; *A Morta. O Rei da Vela,* 1937.

CONSULTAR: Antônio Cândido, *Brigada Ligeira,* S. Paulo, 1945; e *O Observador Literário,* S. Paulo, 1959; Mário da Silva Brito, *História do Modernismo Brasileiro,* S. Paulo, 1958; e "A Revolução Modernista", *A Literatura no Brasil* (dir. de Afrânio Coutinho), vol. III, Rio, 1959; Haroldo de Campos, "Miramar na Mira" introd. à 2.ª ed. das *Memórias Sentimentais de J. M.,* S. Paulo, 1966); "Uma Poética da Radicalidade", introd. à 2.ª ed. das *Poesias Reunidas;* e *O de A.,* Rio, 1967; Décio Pignatari, "Marco Zero de Andrade", *Alfa,* Marília, n.º 5, mar. 1964; Luís Washington Vita, *Tendências do Pensamento Estético Contemporâneo no Brasil,* Rio, 1967; Benedito Nunes, introd. a *Do Pau-Brasil à Antropofagia e às Utopias,* Rio, 1972; Luís Costa Lima, "O. de A.", *Poetas do Modernismo* (dir. de Leodegário A. de

Azevedo Filho), vol. I, Brasília, 1972; Heitor Martins, *O. de A. e Outros*, S. Paulo, 1973.

[A. C.]

ANGÚSTIA — Terceiro romance de * Graciliano Ramos, publicado em 1936, pouco depois, portanto, dos dois primeiros: *Caetés* (1933) e *S. Bernardo* (1934). Recorrendo a técnica diversa das anteriormente empregadas, o A. nos dá a história de Luís da Silva, descendente de uma família de fazendeiros arruinados, que vai tentar vida melhor na cidade grande, mas não consegue ultrapassar a ínfima condição de pequeno funcionário público. Suas aperturas econômicas e dissabores de toda espécie agravam-se com a frustração do rompimento do noivado e ele, presa de profundo desespero, chega ao crime e à loucura. É o próprio personagem central que relata os episódios do seu drama, ao emergir da séria crise nervosa em que se abatera depois de assassinar Julião Tavares, comerciante abastado, sedutor de sua noiva.

Nos capítulos iniciais delineia-se o perfil do protagonista e vagamente vão surgindo os motivos imediatos da depressão mental: suas idiossincrasias, obsessões, antagonismos. Depois, graças ao largo uso do monólogo interior, estrutura-se a história, marcada pelos estigmas da miséria física e moral. Fragmentariamente o narrador evoca suas origens, com muitas reminiscências da infância amargurada, sem carinhos, da adolescência cheia de privações econômicas, o fracasso de suas tentativas de vida no Rio de Janeiro e, finalmente, a fixação em Maceió, sofrendo toda sorte de humilhações, pois os restos de ideal e dignidade foram esmagados pelas necessidades de subsistência. O conhecimento de Marina, o conseqüente noivado que absorve as parcas economias, a decepção final, marcam o clímax de angústias que o leva ao desfecho trágico.

O pano de fundo é a sociedade burguesa, onde triunfam os espertos e os medíocres, e por isso cheia de desigualdades humanas, imoralidades, injustiças, que Luís da Silva considera responsável pela falta de maiores perspectivas na sua existência apagada. Na ânsia de libertar-se das barreiras asfixiantes, ele é dominado pela idéia fixa da vingança e mata o rival, o inimigo tangível, símbolo de tudo que ele odeia.

O relato decorre numa atmosfera de opressão criada com requintes de minúcias, capaz de envolver o próprio leitor no torvelinho caótico que é o mundo interior do protagonista. A precisão da técnica narrativa, com um jogo bem explorado de frases curtas, incisivas, e dos planos temporais, contribui para dar a máxima densidade ao drama humano de Luís da Silva, e se constitui num dos pontos altos do romance, excelente exemplo da arte literária do A., e uma das obras mais importantes e discutidas da moderna ficção brasileira.

[R. M. P.]

ANJOS, AUGUSTO DE CARVALHO RODRIGUES DOS — (★ 20/4/1884, Engenho Pau D'Arco, vila do Espírito Santo, PB; † 12/11/1914, Leopoldina, MG) Tanto nas matérias do curso primário e secundário como nas do curso de Direito, teve por mestre o pai, bacharel e homem de cultura, em cuja biblioteca leu precocemente os autores que lhe presidiram a formação intelectual: Darwin, Haeckel, Lamarck, Schopenhauer, e outros. Aluno brilhante, só saía do Pau D'Arco para prestar exames de fim de ano no Liceu Paraibano e na Faculdade de Direito do Recife, por que se bacharelou, com distinção, em 1907. Depois de formado, passou a lecionar na Paraíba (hoje João Pessoa). Casou-se em 1910, e nesse mesmo ano mudou-se para o Rio. Lá viveu, com esposa e dois filhos, durante quatro anos, dos magros proventos de professor no Ginásio Nacional e na Escola Normal. Em 1912, auxiliado financeiramente pelo irmão Odilon, publicou por conta própria seu único livro, *Eu* (2.ª ed. organizada por Orris Soares e acrescida de *Outras Poesias,* 1920). Em 1914, foi nomeado diretor do Grupo Escolar de Leopoldina, onde, vitimado por uma pneumonia dupla (e não por tuberculose, como habitualmente se supõe), faleceu quatro meses depois de assumir o cargo.

Sob mais de um aspecto, A. dos A. constitui um "caso" na literatura brasileira. Em primeiro lugar, pela intrigante popularidade do *Eu e Outras Poesias,* que, a despeito (ou por causa) da crueza dos temas e da rebarbativa linguagem científica, já alcançou mais de trinta edições, sendo de notar que só recentemente começou o livro a merecer a devida atenção da crítica. Depois, pela singularidade mesma da sua poesia, na qual o parnasianismo-simbolismo (residual no período sincrético a que historicamente pertence A. dos A.) se transfigura paroxisticamente, num expressionismo *sui generis,* que antecipa algumas das "descobertas" modernistas.

À poesia científico-filosófica da * Escola de Recife, que teve em * Sílvio Romero e * Martins Jr., na década de 1870, seus principais, posto que medíocres, representantes, infundiu A. dos A. insuspeitada dramaticidade, ao substituir-lhe o otimismo algo simplório por um pessimismo cósmico de índole materialista, com laivos de Schopenhauer e a que não era estranho o influxo de * Cruz e Sousa. Vislumbrando na matéria orgânica uma vocação fatal para o sofrimento, o poeta concebia o espetáculo da vida como um permanente encaminhar-se para a dissolução, para a reversão ao não-ser búdico, onde cessava, aparentemente, a dor de existir. A poesia de A. dos A. é, pois, uma poesia de inquietação filosófica, de quem se debruça sobre o enigma do Universo para indagar o sentido de sua própria vida. E mercê da generalização filosofante, o egocentrismo proclamado no título mesmo do livro, *Eu,* acaba por se converter numa sofrida adesão à dor de todos os seres — o tamarindo, o cão, o bêbado, a meretriz, o tísico.

Resta pôr em destaque o emprego eficaz que, malgrado certo verbalismo pedante, A. dos A. alcança fazer do vocabulário científico, sublinhado a cada passo por hábeis recursos formais: variedade rítmica, rimas inusitadas, aliterações e assonâncias, enumerações, uso sistemático de esdrúxulos e termos raros, adjetivação inventiva. O poeta se vale da linguagem da Ciência, não para inculcar, didaticamente, noções abstratas, mas para exprimir sua estranha subjetividade. E fá-lo de modo criativo, em imprevistas justaposições de conceitos que o tornam um expressionista *avant la lettre* e justificam o interesse atual pela sua obra.

CONSULTAR: Álvaro Lins, *Jornal de Crítica,* 6.ª série, Rio, 1951; João Pacheco, *O Mundo que José Lins do Rego Fingiu,* Rio, 1958; M. Cavalcanti Proença, *A. dos A. e Outros Ensaios,* Rio, 1959; Anatol Rosenfeld, *Doze Estudos,* S. Paulo, 1959; Antônio Houaiss, *A. dos A.: Poesia,* Rio, 1960; Humberto Nóbrega, *A. dos A. e sua Época,* João Pessoa, 1962; Vários Autores, *A. dos A. — Textos Crí-*

ticos, Brasília, 1973; Eudes Barros, *A Poesia de A. dos A.,* Rio, 1974; Ferreira Gular, pref. a *A. dos A., Toda a Poesia,* Rio, 1976; Raimundo Magalhães Jr., *A Poesia e a Vida de A. dos A.,* Rio, 1977; Lúcia Helena, *A Cosmo-Agonia de A. dos A.,* Rio, 1977.

[J.P.P.]

ANJOS, CIRO VERSIANI DOS — (★ 5/10/1906, Montes Claros, MG) Fez o curso secundário em sua cidade natal e bacharelou-se em Direito em Belo Horizonte (1932). Funcionário público e colaborador de diversos diários da capital mineira, ligou-se por amizade a * Carlos Drummond de Andrade, * Emílio Moura e * João Alphonsus. Exercendo funções várias na administração estadual, C. dos A. pôde observar de perto certo estilo político de compromisso e astúcia, que iria, mais tarde, evocar em um de seus romances. Em Belo Horizonte escreveu *O Amanuense Belmiro* (1937) e *Abdias* (1945), obras que o situaram de imediato no centro da moderna ficção brasileira. Transferindo-se em 1946 para o Rio, ocupou altos postos na administração e no ensino federal. Em 1952 foi convidado a reger a Cadeira de Estudos Brasileiros no México, tendo lá escrito o romance *Montanha* (1956), e o ensaio *A Criação Literária* (1954).

O romance de C. dos A. nasce de uma personalidade artística cujas notas dominantes são a memória, a introspecção e o sentimento da caducidade da vida humana. Temos assim, primeiramente, o evocador discreto de ambientes, cenas e tipos da vida urbana em uma cidade brasileira a um tempo provinciana e moderna. Essa camada do real social explica a atmosfea e a mentalidade dos tipos humanos "médios" que comparecem em seus dois primeiros romances e de certo modo se padronizam em *Montanha.* C. dos A. é, porém, mais do que um anotador ou mesmo um criador de atmosferas. É um ficcionista analítico, introspectivo, que não só contempla, mas contempla-se. Belmiro e Abdias são narradores em primeira pessoa das histórias que eles próprios apresentam na forma intimista por excelência, o diário. O tom reflexivo-sentimental, oscilando entre a melancolia e o humor, levou a crítica a aproximá-lo de * Machado de Assis, aproximação favorecida também pela compostura de linguagem do ficcionista mineiro. Em *Montanha* predominam os aspectos irônicos que a análise mais direta de nossa vida política haveria de suscitar em um espírito observador e desenganado.

CONSULTAR: Antônio Cândido, *Brigada Ligeira,* S. Paulo, 1945; Adolfo Casais Monteiro, *O Romance e seus Problemas,* Lisboa, 1950; Álvaro Lins, *Jornal de Crítica,* vol. V, Rio, 1947; Eduardo Frieiro, *Páginas de Críticas,* Belo Horizonte, 1955; Eduardo Portela, *Dimensões I,* Rio, 1958; Miécio Táti, *Estudos e Notas Críticas,* Rio, 1958; R. A. Lawton, "L'Espace Temporel dans *O Amanuense Belmiro"*, *Sillages,* Poitiers, n.° 1, 1972.

[A. B.]

ANTONIL, ANDRÉ JOÃO — Pseudônimo de João Antônio Andreoni (★ 1650, Lucca, Toscana, Itália; † 13/3/1716?, Salvador, BA) Entrou para a Companhia de Jesus aos 17 anos de idade, e pouco depois, na qualidade de visitador, embarcava para o Brasil, onde viveria o resto de seus dias. Aqui ocupou cargos de destaque na sua Ordem, da qual foi sucessivamente mestre de noviços, reitor do Colégio da Bahia e provincial na América Portuguesa. Ao tempo do seu reitorado em Salvador, conviveu com * Vieira, que o tinha em alta conta.

J. A. A. escreveu *Cultura e Opulência do Brasil,* publicada em Lisboa (1711) como de autoria de André João Antonil, criptônio no qual * Capistrano de Abreu identificou o anagrama de João Antônio Andreoni. Essa obra constitui inestimável fonte de informações acerca das atividades econômicas do Brasil dos séculos XVII-XVIII, notadamente no que concerne à produção açucareira, objeto da parte mais importante do livro, a primeira, sendo as três partes restantes consagradas à lavoura de tabaco, à mineração de ouro e à criação de gado. Com minúcia de repórter, A. anota todos os aspectos técnicos dessas "indústrias", inclusive o linguajar profissional dos que dela se ocupavam.

Conquanto a edição inicial de *Cultura e Opulência do Brasil* tivesse sido previamente aprovada pelo Santo Ofício e pelo Paço, foi toda apreendida e destruída logo após sua publicação, salvando-se apenas alguns exemplares, graças aos quais pôde o livro ser posteriormente reeditado. A explicação aventada por Afonso de E. Taunay e outros, de que a apreensão fora devida a informações sigilosas que a obra continha acerca das minas de ouro do Brasil, é pouco convincente. Talvez resultasse, antes, do fato curioso, lembrado por * Araripe Jr., de A. ter pretendido "ensinar aos fazendeiros do Brasil a governarem-se pelos princípios do Príncipe de Maquiavel".

Consultar: Afonso de E. Taunay, "Estudo Bibliográfico" na ed. Melhoramentos (S. Paulo, 1923) da *Cultura e Opulência do Brasil;* José Paulo Paes, *Mistério em Casa,* S. Paulo, 1961; Wilson Martins, *História da Inteligência Brasileira,* vol. I, S. Paulo, 1976.

[J. P. P.]

ANTROPOFAGIA — Subcorrente do * Modernismo, lançada em S. Paulo, em 1928, por * Oswald de Andrade, com a *Revista de Antropofagia,* publicada mensalmente, de maio daquele ano a janeiro do seguinte. * Antônio de Alcântara Machado foi diretor da *R. de A.* e * Raul Bopp, gerente. Os colaboradores mais expressivos (além dos diretores) foram Oswald de Andrade, * Guilherme de Almeida, * Mário de Andrade, Yan de Almeida Prado, Luís da Câmara Cascudo, * Carlos Drummond de Andrade, * Augusto Meyer, * Ascenso Ferreira, * Plínio Salgado, * Manuel Bandeira, * José Américo de Almeida, * Murilo Mendes e Rosário Fusco. No número inicial foi publicado o "Manifesto Antropófago", assinado por Oswald de Andrade, no qual, entre afirmativas e negativas extravagantes e incoerentes, dois fatos emergiam: a influência supra-realista e seu anti-racionalismo ("Nunca admitimos o nascimento da lógica entre nós", proclama o "Manifesto") e o apelo aos elementos de uma cultura primitiva através da louvação do indígena e da exaltação (com um sentido alegórico) dos festins canibais. *Tupi or not tupi that is the question,* proclama Oswald, e condena a Europa, a descoberta, a dinastia, a realidade social, Alencar e tudo enfim que tenha laivos de civilização européia. Mas Antropofagia é também contra o índio, como esclarece num tópico A. de Alcântara Machado: os índios se entredevoram e os sequazes da corrente antropofágica devorarão uns aos outros. A Antropofagia não tem propriamente uma bibliografia. Há livros de Oswald de Andrade e Antônio de Alcântara Machado considerados antropofágicos, mas o mais típico da "escola" é o poema * Cobra Norato, de Raul Bopp.

Em 1975 reeditou-se, em S. Paulo, com pref. de Augusto de Campos, a *Revista de Antropofagia.*

CONSULTAR: Wilson Martins, "50 anos de Literatura Brasileira", *Panorama das Literaturas das Américas,* vol. I, Angola, 1958; e *O Modernismo,* vol. VI d*A Literatura Brasileira,* S. Paulo, 1965; P. A. Jannini, *Storia della Letteratura Brasiliana,* Milão, 1959; Mário da Silva Brito, "A Revolução Modernista", *A Literatura no Brasil* (dir. de Afrânio Coutinho), vol. III, t. 1, Rio, 1959; Heitor Martins, *Oswald de Andrade e Outros,* S. Paulo, 1973; Raul Bopp, *Vida e Morte da Antropofagia,* Rio, 1977.

[D. C. S.]

ARANHA, BENTO DE FIGUEIREDO TENREIRO — (★ 4/9/1769, Barcelos, AM; † 11/5/1811, PA) Fez os estudos na terra natal. Exerceu vários cargos públicos. Poeta e teatrólogo, perdeu-se a maior parte de sua obra. Nos dramas versificados, de escasso mérito, toma às vezes o índio como tema e deixa transparecer espírito nativista. Tem composições líricas de algum valor, como o soneto a Maria Bárbara, que se destaca pela sua beleza, profundidade psicológica e verdade moral. As mais das vezes, porém, mostra-se demasiadamente preso ao esquema clássico do verso para que lhe possa correr, livre, a idéia.

OBRAS DO A.: *Obras Literárias,* 1850.

CONSULTAR: Sívio Romero, *História da Literatura Brasileira, 5.ª* ed., vol. II, Rio, 1953; J. de Azevedo, *Antologia Amazônica,* Pará-Belém, 1918.

[J. C. G.]

ARANHA, JOSÉ PEREIRA DA GRAÇA — (★ 21/6/1868, S. Luís, MA; † 26/1/1931, Rio) Formado em Direito pela Faculdade do Recife (1886), segue logo a magistratura. A República encontra-o juiz em Campos. Em 1890, é nomeado juiz municipal em Cachoeiro de Santa Leopoldina, no ES, onde colhe dados para o futuro romance * Canaã (1902). É de 1894 seu primeiro trabalho: o prefácio ao livro *Concepção Monística do Direito,* de Fausto Cardoso. A amizade de * Joaquim Nabuco e a publicação de um excerto do romance, ainda inédito, valem-lhe a eleição para a Academia Brasileira de Letras (1897), onde ocupa a cadeira cujo patrono foi seu mestre ideológico, * Tobias Barreto. Entra para o Itamarati, dividindo suas atividades entre a literatura e várias missões diplomáticas (1900-1920: Inglaterra, Itália, Suíça, Noruega, Dinamarca, França, Holanda). Regressando ao Brasil, procura vivificar a cultura nacional com as últimas correntes da arte e do pensamento europeu, que assimilara, particularmente em Paris. Eram múltiplas e às vezes contraditórias as fontes de sua posição filosófica: formado no monismo evolucionista da * Escola de Recife, fortemente impregnado do romantismo filosófico alemão, seu temperamento inquieto rejeitava as sínteses definitivas, procurando nas novas correntes da intuição e do inconsciente princípios dinâmicos que informassem, antes de tudo, uma filosofia de vida, uma cosmologia e uma estética (*Estética da Vida,* 1921). De tal sede de renovação profunda, nasce a sua participação na * Semana de Arte Moderna (1922) e o rompimento com a Academia, espetacularmente realizado após a conferência *O Espírito Moderno* (1924), em que reverbera a imobilidade do academismo. Nesse mesmo espírito revolucionário, agora voltado para os problemas políticos e sociais do Brasil, escreve *A Viagem Maravilhosa,* romance (1930), e adere à Revolução de outubro, de que fora, intelectual e sentimentalmente, um dos precursores. Talento vivo e original — mesmo quando confuso — G. A. procurou em vão uma conciliação harmoniosa entre as suas tendências filosofantes e a realização artística. Assim, as obras especificamente literárias que compôs — *Canaã, Malazarte* (teatro, 1911) e *A Viagem Maravilhosa* — ressentem-se profundamente de intenções polêmicas, de digressões teóricas. Disso resulta uma deficiente organicidade e verossimilhança na caracterização das personagens, estruturadas como arquétipos de determinados mitos ou ideais: Milkau (integração com o Cosmos), Lentz (imperialismo germânico), Maria (vitória do amor integral sobre as convenções) e, no "drama" *Malazarte,* em que a personagem-título e Dionísia são enfática e retoricamente simbólicas (a vida puramente natural, o ato gratuito). Se é verdade que as preocupações filosóficas ou sociais nele intervêm com insistência apoética, é necessário ressaltar, por outro lado, momentos de feliz cristalização artística: suas descrições da * Natureza, resolvidas em brilhante impressionismo (cf. a visão da queimada, o espetáculo dos vaga-lumes, em *Canaã*). Notável, também, certo dom de observação da paisagem social, na descrição de festas regionais, do carnaval (cf. o movimentado epílogo d*A Viagem Maravilhosa*), e nos diálogos que fixam a arbitrariedade da "justiça brasileira", nos centros coloniais. Nesses momentos nossa atenção é solicitada não só pelo documento histórico, mas também pela naturalidade e vivacidade com que foi estilizado. Mas, em última análise, G. A. não conseguiu ser nem um artista autêntico, nem um genuíno homem de pensamento: faltava-lhe tanto o íntimo e despojado lirismo que requer a criação, como a severa disciplina intelectual para a meditação filosófica; daí o manifesto hibridismo que se encontra em toda a sua obra. Era, na verdade, um *homem de letras,* muito culto e inteiramente aberto às realidades intelectuais e sociais: figura, por isso, ideal para o debate de idéias gerais, para a formulção e a livre dinamização de grande número de problemas de permanente interesse cultural. E suas contínuas inquietações pelo destino histórico da nacionalidade (desde o contato com a colonização estrangeira, fixado em *Canaã,* até sua participação no movimento de 30) são um seguro testemunho de que não se tratava de um simples diletante inteligente.

Obras do A.: *Correspondência de Machado de Assis e Joaquim Nabuco,* 1923; *Futurismo — Manifesto de Marinetti e seus Companheiros,* 1926; *O Meu Próprio Romance,* 1931. *Obra Completa,* Rio, 1969.

Consultar: Ronald de Carvalho, *Estudos Brasileiros,* 2.ª série, Rio, 1931; Tristão de Ataíde, *Estudos,* 5.ª série, Rio, 1933; Costa Filho, *G. A. e Outros Ensaios,* Rio, 1934; Olívio Montenegro, *O Romance Brasileiro,* Rio, 1938; Lúcia Miguel-Pereira, *Prosa de Ficção (De 1870 a 1920),* Rio, 1950; Otto Maria Carpeaux, *Presenças,* Rio, 1958; Xavier Placer, "O Impressionismo na Ficção", *A Literatura no Brasil* (dir. de Afrânio Coutinho), vol. III, t. 1, Rio, 1959; José Carlos Garbuglio, *O Universo Estético-Sensorial de G. A.,* Assis, 1966.

[A. B.]

ARARIPE JR., Tristão de Alencar — (★ 27/6/1848, Fortaleza, CE; † 29/10/1911, Rio) Descendente de ilustre família cearense. Estudos secundários e Direito em Recife. Exerceu a magistratura, ocupando, nos últimos anos, o posto de consultor geral da República. A formação de A. J. foi, predominantemente, evolucionista e taineana, haurida junto às figuras centrais da *Escola do Recife: *Tobias Barreto e *Sílvio Romero. Tentou inicialmente a ficção nativista (*Contos Brasileiros*, 1868) mas é pela obra de crítico literário e teatral que sobrevive. Sua produção nesse terreno distribuiu-se em numerosos artigos de jornais, recentemente compilados. Desse material destacam-se os ensaios intitulados: "Cartas sobre a Literatura Brasílica", "Juvenal Galeno", "A Poesia Sertaneja", "Artur de Oliveira", "*Casa de Pensão*" de A. Azevedo, "Germinal", "Vítor Hugo", "Enfermidades Estilísticas da Nova Geração", "Hamlet-Emanuel", "Nacionalismo e Pessimismo", "Literatura Brasileira", "Arte como Função", "*A Terra*, de Zola e *O Homem*, de Aluísio Azevedo", "Raul Pompéia, *O Ateneu* e o Romance Psicológico", "Raul Pompéia como Esteta". Obra fundamental escreveu sobre * José de Alencar. Apesar do interesse que revela pelo aspecto propriamente artístico da literatura, está muito preso à crítica externa do meio físico e dos fatores psicofisiológicos, além de se fundar freqüentemente em mitos nacionalistas e indianistas que, nos primeiros escritos, raramente supera. Entretanto, da tríade em que se convencionou incluí-lo, junto a Sílvio Romero e a * José Veríssimo é, por certo, o que apresenta mais vasto campo de interesses literários (não só adstritos aos vultos franceses), como o demonstram seus ensaios sobre Shakespeare (*Hamlet-Emanuel*) e Ibsen, e suas pertinentes alusões a Dostoievski, Tolstói, Heine, Schopenhauer, George Eliot, Byron, Baudelaire, Balzac, Flaubert, Leopardi, etc.

OBRAS DO A.: *José de Alencar, Perfil Literário*, 1882; *Gregório de Matos*, 1894; *Literatura Brasileira, Movimento de 1893*, 1896; *Ibsen*, 1911; *Obra Crítica* (ed. por Afrânio Coutinho), 5 vols, Rio, 1958, 1960, 1963, 1966, 1970.

CONSULTAR: José Veríssimo, *Estudos de Literatura Brasileira*, 1.ª série, Rio, 1901; J. A. Castelo, *Biografia Literária de A. Jr.*, Fortaleza, 1949; Afrânio Coutinho, *Euclides, Capistrano e A.*, Rio, 1959; Pedro Paulo Montenegro, *A Teoria Literária na Obra Crítica de A. Jr.*, Rio, 1974.

[A. B.]

ARAÚJO, MURILO — (★ 26/10/1894), Serro, MG) Poeta de raízes simbolistas, assimilou, desde seu primeiro livro (*Carrilhões*, 1917), processos novos de composição, em grande parte frutos do próprio * Simbolismo: associações imprevistas, estrutura polimétrica e até caligramas, a denunciar influências futuristas e modernistas em geral. No fundo, permaneceu impregnado de um lirismo decadentista e de uma atitude esteticista, reflexa e elaborada em sua *Arte do Poeta* (1956), em que revive as teorias da "sinestesia" (correspondências, particularmente plástico-musicais), tão caras ao Simbolismo francês.

OBRAS DO A.: *Arias de Muito Longe e A Cidade de Ouro*, 1921; *Estância à Quimera*, 1921; *A Iluminação da Vida*, 1927; *As Sete Cores do Céu*, 1941; *A Escadaria Acesa*, 1941; *A Luz Perdida*, 1952; *O Candelabro Eterno*, 1955.

CONSULTAR: Andrade Murici, *O Suave Convívio*, Rio, 1922; *Nestor Vítor, Os de Hoje*, S. Paulo, 1938; Péricles Eugênio da Silva Ramos, "O Modernismo na Poesia", *A Literatura no Brasil* (dir. de Afrânio

Coutinho), vol. III, t. 1, cap. 10, Rio, 1959; Leodegário A. de Azevedo Filho, *O Mundo Poético de M. A.*, Rio, 1964.

[A. B.]

ARCADISMO — O Arcadismo é um movimento de cunho neoclássico, originado na Itália, e destinado a combater o "mau gosto" barroco. A Arcádia Romana foi fundada em 1690, mas em Portugal só depois de seis decênios seria constituída a Arcádia Lusitana ou Arcádia Ulissiponense (1756-1757), em razão de cuja influência surgiu o Arcadismo brasileiro, na obra de * Cláudio Manuel da Costa, editada em 1768. A doutrina do Arcadismo brasileiro é a mesma do movimento português: os poetas assumiam o nome de pastores e comportavam-se em poesia como se fossem de fato pastores, principalmente nas églogas que escreviam. Assim, Cláudio Manuel da Costa era Glauceste Satúrnio; * Tomás Antônio Gonzaga, Dirceu; * Silva Alvarenga, Alcindo Palmireno; * Basílio da Gama, Termindo Sipílio. O Arcadismo visava a substituir o empolamento seiscentista pela simplicidade estilística e pela imitação da * Natureza. Como os clássicos gregos e latinos já haviam bem imitado a Natureza, a imitação desta pelos árcades podia-se fazer indiretamente, pela imitação daqueles autores que haviam bem imitado a Natureza: Teócrito, Virgílio, Camões, Sá de Miranda, Rodrigues Lobo. A mitologia não desaparece da obra dos árcades, senão como tema, ao menos como referência, para ilustrar um pouco a aridez do estilo, e em geral é esclarecida por Ovídio, Camões, Metastásio — este a maior influência italiana sobre os nossos árcades, que o tomaram por modelo em suas manifestações operísticas. Como a poesia, segundo Verney, visava a elevar o leitor ministrando-lhe exemplos, os árcades também exaltaram as ações dos homens ilustres. Dois árcades brasileiros teorizaram: Cláudio Manuel da Costa, que no "Prólogo ao Leitor" de suas *Obras* explica as razões por que preferiu as margens do Mondego aos ribeiros auríferos de Minas e escusa-se de sua propensão para o sublime e de seu muito uso das metáforas; em seus próprios versos, ataca a "frase inchada", a de muita gente "que julga que diz muito e não diz nada". Também Silva Alvarenga verbera as "alambicadas frases" do Cultismo e os "agudos epigramas" do Conceptismo, asseverando que muitos, procurando o belo, caem no extravagante. Vê ele na imitação da Natureza "toda a força da poesia". Os poetas mais notáveis de nosso Arcadismo foram Tomás Antônio Gonzaga com suas liras; Basílio da Gama com o seu poema épico *Uraguai*; Cláudio Manuel da Costa com os seus sonetos; * Alvarenga Peixoto, também sonetista de mérito; Silva Alvarenga com os seus rondós e * Santa Rita Durão com o poema épico *Caramuru*.

CONSULTAR: Carla Inama, *Metastasio ed i Poeti Arcadi Brasiliani*, S. Paulo, 1961; A. Soares Amora, "A Literatura do Setecentos", *A Literatura no Brasil* (dir. de Afrânio Coutinho), vol. I, t. 1, cap. 15, Rio, 1956; Waltensir Dutra, *ibidem*, cap. 15; Antônio Cândido, *Formação da Literatura Brasileira*, S. Paulo, 1959; José Aderaldo Castelo, *Manifestações Literárias da Era Colonial*, vol. I d*A Literatura Brasileira*, S. Paulo, 1962; Péricles Eugênio da Silva Ramos, *Poesia do Ouro*, S. Paulo, 1964.

[P. E. S. R.]

ARINOS DE MELO FRANCO, AFONSO — (★ 1.º/5/1868, Paracatu, MG; † 19/2/1916, Barcelona, Espanha) Até os 13 anos, viveu em pleno sertão no Estado natal e depois em GO. Fez estudos de Humanidades em S. João Del-Rei e no Rio; formou-se em Direito pela Faculdade de S. Paulo. Fixou-se em Ouro Preto, onde obteve por concurso a cadeira de História do Brasil do Liceu Mineiro, e colaborou na fundação da Faculdade Livre de Direito local. Em 1896, com a primeira viagem à Europa, abre-se, na sua existência, a fase nômade, que o levaria, até a morte, a repartir-se entre o * sertão e as grandes cidades.

Com os contos que integram * Pelo Sertão (1898), A. A. se orienta no sentido de fazer obra regionalista, tendo por temas principais a coragem, o amor bravio e o temor do mistério. Talvez por ter escrito pouco e sua obra ser produto da exaltação da mocidade, seu regionalismo carece de amadurecimento. Tem caráter ufanista, subjetivo, sentimental. Seus temas e personagens são coloridos pela admiração e simpatia. Apresentam-se algo artificiais, faltando-lhes profundidade psicológica. Por carência de maturidade, A. A. se limitou a temas que só primitivamente são comuns a todos os homens, não chegando a alcançar o universalismo, etapa mais avançada do * regionalismo. A admiração pela terra permitiu-lhe escrever, com suas peculiares qualidades de prosador, páginas estilisticamente modelares, embora discutíveis do ângulo da imaginação.

OBRAS DO A.: *Os Jagunços,* romance, 1898; *Notas do Dia,* artigos de jornal, 1900; *O Contratador de Diamantes,* drama, 1917; *A Unidade da Pátria,* conferência, 1917; *Lendas e Tradições Brasileiras, idem,* 1917; *O Mestre de Campo,* romance histórico, 1918; *Histórias e Paisagens,* contos, 1921; *Ouro, Ouro,* inédito e inacabado.

CONSULTAR: Augusto de Lima, "A. A.", *Revista do Brasil,* 1.ª fase, jan.-abril 1916; Tristão de Ataíde, *A. A.,* Rio, 1922; Mário Matos, *O Último Bandeirante,* Belo Horizonte, 1935; Eduardo Frieiro, *Letras Mineiras,* Belo Horizonte, 1937; Lúcia Miguel-Pereira, *Prosa de Ficção (De 1870 a 1920),* Rio, 1950; Wilson Lousada, "O Regionalismo na Prosa de Ficção. Grupo Central", *A Literatura no Brasil* (dir. de Afrânio Coutinho), vol. II, 1955; Vários Autores, "A. A.: Centenário", supl. lit. de *Minas Gerais,* Belo Horizonte, 27/4/1968; Afonso Arinos de Melo Franco, introd. à *Obra Completa* de A. A., Rio, 1969; ·Maria José de Queirós, "A. A.: O sertão e o Sertanejo", *Cultura,* Brasília, n.º 25, abr.-jun. 1977.

[L. D'A. F.]

ASSIS, JOAQUIM MARIA MACHADO DE — (★ 21/6/1839, Rio; † 29/9/ 1908, *idem*) Mestiço de origem humílima, filho de um mulato e de uma lavadeira portuguesa dos Açores, depois das primeiras letras tem de enfrentar a vida sozinho. Autodidata, ingressa na tipografia de Paula Brito, onde trava conhecimento com escritores do tempo, e a seguir está na Imprensa Nacional, época em que faz amizade com * Manuel Antônio de Almeida. Nessa altura, 1855, inicia sua carreira literária, publicando um poema em *A Marmota,* revista literária dirigida por Paula Brito. O emprego no Ministério de Comércio e Indústria e Viação, para onde vai pouco depois, dá-lhe, até o fim da vida, o desafogo, modesto embora, para levar a cabo seus planos intelectuais. Em 1864, com a publicação de *Crisálidas,* livro de poemas, alcança um grau de notoriedade que não deixará de crescer doravante. É, porém, com * *Memórias Póstumas de Brás Cubas* (1881) que se efetiva e se alarga o conceito em que já é tido. O casamento com Carolina Xavier de Novais acompanha essa fase de maturidade e prestígio. Foi o primeiro presidente e um dos fundadores da Academia Brasileira de Letras (1896). Faleceu em plena glória.

Sua obra literária, vasta e variada, abrange a poesia, a crônica, a crítica literária, a crítica teatral, o teatro, o conto, o romance. Começando a escrever na adolescência, numa época em que o * Romantismo ainda fazia adeptos, M. de A. também lhe sofreu a influência. A produção dessa fase se apresenta contaminada de tipismos românticos, o que não sufoca, contudo, o patente despertar daquilo tudo que acabou fazendo dele o grande escritor dos anos seguintes a 1881. Nessa primeira maneira situam-se *Crisálidas* (1884), *Contos Fluminenses* (1870), *Os Deuses de Casaca* (1866), *A Mão e a Luva* (1874), *Ressurreição* (1872), *Helena* (1876), *Iaiá Garcia* (1878).

A segunda fase ou maneira, depois das *Memórias Póstumas de Brás Cubas,* significa o relativo afeiçoamento ao credo realista. Encontrando a atmosfera propícia à exaltação e manifestação de seu talento, M. de A. amadurece as suas virtualidades. Recebendo do Realismo interior a influência que lhe correspondia às tendências de espírito, resumíveis no gosto da análise psicológica, pôs-se à margem de ortodoxias asfixiantes e criou, nesse período, a obra original e pessoal que lhe perpetua o nome. Pôs-se acima das estéticas, tornou-se por si só uma "ilha" estética, e procurou a compreensão do Homem como essência e não como existência. A sondagem psicológica, atingindo as profundezas do subconsciente e apelando para o auxílio da memória, aproxima-o do romance simbolista e faz dele um pré-proustiano. Alia-se a tudo isso forte pendor para as grandes abstrações, para as "situações" universais, realizadas com ironia e humor, que revelam transfiguradamente os aspectos tragicômicos da condição humana. Desse universalismo de fundas raízes na realidade brasileira decorre a posição de primeira plana que ocupa em nossa literatura, a que se junta o superior exemplo de intelectual que deixou para os vindouros.

O melhor de sua obra, produziu-o na segunda fase de sua carreira, muito embora as criações anteriores denotem um nítido aperfeiçoamento das matrizes românticas a que estavam filiadas. Em lugar de relevo, colocam-se seus contos e romances, em ordem descendente: M. de A. foi, antes de tudo, um contista, e contista modelar ainda hoje, apesar da metamorfose sofrida por essa fôrma desde os fins do século passado. Sua poesia padece de certa frieza, vinculada à contensão própria de seu caráter, traduzida no culto de formas métricas caras ao * Parnasianismo então vigente. Poesia rica de pensamento, mas pobre de sentimento. Não obstante, alguns poemas se salientam quando postos em paralelo com a poesia coeva ("Círculo Vicioso", "A Mosca Azul", "A Carolina", "Versos a Corina"). As crônicas, por seu turno, correspondem à maior parte da produção machadiana. Muitas delas envelheceram definitivamente, embora sempre continuem a interessar por suas qualidades estilísticas. Outras, continuam vivas até hoje, precisamente porque M. de A. lhes instilou as superiores qualidades literárias que concentrava nos contos e nos romances. Tornou-se, por isso, um verdadeiro mestre no gênero, ainda hoje exemplar, em que pese às modificações de gosto operadas desde então. A crítica, cultivou-a passageiramente, mas com peculiar sagacidade, segurança e agudeza nos conceitos; não é o melhor nem o mais relevante de sua obra, embora seja indispensável para o conhecimento de alguns ângulos de sua personalidade lite-

59

rária. Ainda em segundo plano se coloca o teatro: Machado conhecia as regras do jogo, mas não as praticava como era de esperar; além do mais, o teatro fora-lhe um prurido da mocidade, certamente em atenção do gosto público. Suas peças, mais para ler que representar, e notadamente moralizantes, contêm entretanto as qualidades que fizeram de M. de A. o superior prosador que é.

OBRAS DO A.: Poesia: *Falenas*, 1870; *Americanas*, 1875; *Poesias Completas*, 1901. Teatro: *Queda que as mulheres têm para os tolos*, 1861; *Teatro*, 1863; *Idem*, 1910. Romances: *Quincas Borba*, 1891, *D. Casmurro*, 1900; *Esaú e Jacó*, 1904; *Memorial de Aires*, 1908. Contos: *Histórias da Meia-Noite*, 1873; *Histórias sem Data*, 1884; *Várias Histórias*, 1896; *Páginas Recolhidas*, 1899; *Relíquias da Casa Velha*, 1906; *Outras Relíquias*, 1910; *Novas Relíquias*, 1922; *Casa Velha*, 1944. Crônica: *A Semana*, 1914; *Crônica*, 1936. Crítica Teatral e Literária: *Crítica*, 1910; *Crítica Teatral*, 1936; *Crítica Literária*, 1936. *Correspondência*, 1932. Vários vols. de esparsos publicados por R. Magalhães Jr. desde 1956; *Dispersos de M. de A.*, recolhidos por Jean-Michel Massa, Rio, 1965; *Obras Completas*, 31 vols., Rio, Ed. Jackson, 1955; *idem*, 3 vols., Rio, Aguilar, 1959; edições críticas, em 15 vols., Rio, Ed. Civilização Brasileira, 1975.

CONSULTAR: Mário Matos, *M. de A., o Homem e a Obra*, S. Paulo, 1939; Barreto Filho, *Introdução a M. de A.*, Rio, 1947; Eugênio Gomes, *Espelho contra Espelho*, S. Paulo, 1949; Lúcia Miguel-Pereira, *M. de A. (Ensaio Crítico e Biográfico)*, 5.ª ed., rev., Rio, 1955; J. Galante de Sousa, *Bibliografia de M. de A.*, Rio, 1955, e *Fontes para o Estudo de M. de A.*, Rio, 1958; Augusto Meyer, *M. de A.*, 3.ª ed., Rio, 1958; Raimundo Magalhães Jr., *M. de A. Desconhecido*, Rio, 1958; e *Ao Redor de M. de A.*, Rio, 1958; *Revista do Livro*, Rio, n.º dedicado a M. de A., set., 1958; Wilton Cardoso, *Tempo e Memória em M. de A.*, Belo Horizonte, 1958; Dirce Cortes Riedel, *O Tempo no Romance Machadiano*, Rio, 1959; Agripino Grieco, *M. de A.*, Rio, 1959; Miécio Táti, *O Mundo de M. de A.*, Rio, 1961; Jean-Michel Massa, *Bibliographie Descriptive, Analytique et Critique de M. de A.*, Rio, 1965; José Aderaldo Castelo, *Realidade e Ilusão em M. de A.*, S. Paulo, 1969; Raymundo Faoro, *M. de A.: A Pirâmide e o Trapézio*, S. Paulo, 1974.

[M. M.]

ATAÍDE, TRISTÃO DE — Pseudônimo de Alceu Amoroso Lima (★ 11/12/1893, Rio) Formou-se pela Faculdade de Direito do Rio. Em 1919, iniciou-se como crítico literário n*O Jornal*, ao mesmo tempo que travava amizade com *Jackson de Figueiredo, que exerceu importante papel em sua vida, levando-o ao Catolicismo e à ação evangelizadora à frente do Centro D. Vital. Foi professor de Literatura Brasileira na Faculdade de Filosofia da Universidade do Brasil e da Universidade Católica. Proferiu cursos de sua especialidade em várias universidades americanas e européias.

Nome de prestígio internacional, considerado um dos nossos maiores críticos deste século, T. de A. evoluiu através de três fases distintas, a primeira das quais, iniciada em 1919 e terminada em 1930, se caracteriza por um tipo de atividade crítica vincadamente estética, que julgava ter a literatura fim em si própria. Quando muito, essa concepção levava a uma filosofia da arte literária. Com a conversão religiosa, o módulo crítico de T. de A. sofre sensível mudança, pela aceitação de idéias doutrinárias coerentes com o pensamento católico. Certo moralismo, certo didaticismo marca a segunda fase, em conseqüência de que o ato crítico se subordina a uma filosofia de valores universais, que não mais procura o homem, e sim o Homem, no texto literário. A influência de T. de A. cresce nesses anos, mercê duma incansável atividade reformadora, mas seus trabalhos críticos ressentem-se da falta de autonomia. Não obstante, T. de A. confirmava e alargava suas qualidades de crítico de vasta cultura, gosto apurado e inteligência vigilante, qualidades que aplicou principalmente ao estudo da produção literária do *Modernismo, do qual é considerado, com justa razão, o crítico "oficial". Evoluindo segundo os imperativos da coerência ideológica, e mesmo da vocação inarredável para o exame dos grandes problemas humanos, T. de A. abandona, no terceiro estágio da sua carreira intelectual, que ocupa os anos mais recentes, a *crítica literária militante, e põe sua pena a serviço de causas mais gerais. Desponta, nessa altura, o pensador, o ensaísta, não menos importante que o crítico, preocupado com as magnas questões da atualidade, no campo das idéias filosóficas, políticas, morais, religiosas, pedagógicas, etc. Espírito alerta, servido por nítida propensão para o jogo das idéias e por um estilo que consegue ser sempre claro, simples e profundo, T. de A. é das presenças mais atuantes da vida intelectual brasileira de nossos dias, posição que lhe reconhecem mesmo os que discordam de sua orientação ideológica. Como crítico literário, ninguém depois dele ainda o igualou pela soma de vocação, sensibilidade e inteligência. Seus livros de ensaio figuram entre o que de mais significativo se produziu no gênero entre nós.

OBRAS DO A.: Crítica e História Literária: *Afonso Arinos*, 1922; *O Espírito e o Mundo*, 1936; *Estudos*, 5 séries, 1927-1935; *Contribuição à História do Modernismo*, 1939; *Poesia Brasileira Contemporânea*, 1940; *Primeiros Estudos*, 1948; *Três Ensaios sobre Machado de Assis*, 1941; *Estética Literária*, 1945; *O Crítico Literário*, 1945; *Introdução à Literatura Brasileira*, 1956; *Quadro Sintético da Literatura Brasileira*, 1956. *Obras Completas*, em 35 vols., publicadas, desde 1948, pela Liv. Agir (Rio); a reunião de seus *Estudos Literários*, em 2 vols., foi realizada pela Aguilar (Rio), em 1966.

CONSULTAR: Ronald de Carvalho, *Estudos Brasileiros*, 2.ª série, Rio, 1931; Carlos Dante de Morais, *T. de A. e Outros Ensaios*, Porto Alegre, 1937; Mário de Andrade, *Aspectos da Literatura Brasileira*, S. Paulo, s. d.; Álvaro Lins, *Jornal de Crítica*, 3.ª, 4.ª e 5.ª séries, Rio, 1944, 1946 e 1947; Roberto Alvim Correia, *Anteu e a Crítica*, Rio, 1948; João Ribeiro, *Crítica. Os Modernos*, Rio, 1952; Eduardo Frieiro, *Páginas de Crítica e Outros Escritos*, Belo Horizonte, 1955; Afrânio Coutinho, "Conceito da Crítica em A. A. L.", *Inter-American Review of Bibliography*, Washington (E.U.A.), vol. XVII, n.º 3, jul.-set. 1967.

[M. M.]

ATENEU, O (CRÔNICA DE SAUDADES)   De *Raul Pompéia, publicado em 1888. Primeiro romance brasileiro escrito sob o signo exclusivo da memória e da introspecção. Nele, o adolescente Sérgio narra a vida no internato que dá nome à obra: trata-se provavelmente do Colégio Abílio em que o A. estudou. Desde as primeiras páginas evidencia-se a crítica amarga na caracterização do ambiente e das personagens: o diretor, satirizado sob o nome de Aristarco, é monumento de presunção oculta e de auto-idolatria; o clima entre os alunos é de luta surda, perecendo os ingênuos e os fracos, sem o auxlio, em geral aviltante, dos mais experientes; as amizades parecem todas equívocas ou mórbidas (Sanches, Egbert); as festividades escolares, motivos ruidosos de bajulação e de aparência enganosa. Mas R. P. não se restringe à descrição de uma sociedade em miniatura; vai além, elaborando toda uma visão pessimista da vida social, necessariamente iníqua e corrupta, constituindo a vida do colégio apenas um reflexo daquela. Segundo *Mário de Andrade, é fundamental a intenção de vingança contra a educação que recebeu Pompéia na adolescência: o incêndio final do colégio e o abandono de Aristarco por parte de sua esposa, Ema, que encerram o romance, seriam os momentos mais agressivos de sua desforra. É interpretação muito plausível, na medida em que se aceita a identificação do protagonista-narrador (Sérgio) com o romancista. A obra apresenta duplo valor: de um lado, temos excelente documento psicológico da vida interior de um menino durante a puberdade, não obstante as naturais deformações que a interferência do artista adulto continuamente faz incidir sobre a matéria-prima da memória; por outro, uma construção literária apuradíssima, filiada à *écriture artiste* e ao *Parnasianismo estilístico, onde a plasticidade da metáfora, original até o preciosismo, casa-se à extrema musicalidade do período. Ambos os aspectos (densidade psicológica e "arte pela arte") vêm atenuar a classificação de "romance naturalista" que por tradição se lhe dá, reduzindo-se esse aspecto ao vago materialismo determinista que, como ingrediente de cultura coetâneo, entrou na formação mental de R. P.

Edição: Estabelecimento do texto e introdução crítica de Francisco Maciel Silveira, S. Paulo, 1976.

[A. B.]

AVENTURAS DE DIÓFANES — Primeira *novela brasileira, desde que se adote o discutível critério de considerar pertencentes a nossa literatura todas as obras de autores aqui nascidos.

Na primeira edição, de 1752, com o título de *Máximas de virtude e formosura com que Diófanes, Climenéia e Hemirena, príncipes de Tebas, venceram os mais apertados lances da desgraça*, a A., *Teresa Margarida da Silva e Orta, escondeu-se sob um anagrama (Dorothea Engrassia Tavareda Dalmira), do que decorreu o editor da terceira edição atribuir a novela a outro autor, o *P. Alexandre de Gusmão. A atribuição é insustentável, pois o estilo e algumas referências incidentais caracterizam a autoria feminina.

Inspirada no *Telêmaco*, de Fénelon, o que se declara explicitamente na segunda e na terceira edição, pertence ao ciclo de narrativas morais que produziria, pouco depois, em Portugal, o *Feliz Independente do Mundo e da Fortuna* (3 vols., 1779) do P. Teodoro de Almeida.

Pregando a resignação com a adversidade e louvando a vida simples, a A. se mostra impregnada de um racionalismo místico, didático e reformador, típico da atmosfera setecentista. O estilo, contudo, é pesado, afetado, confuso — em suma, um mau barroco.

[S. S.]

AZEREDO, Carlos MAGALHÃES DE — (★ 7/9/1872, Rio; † 4/11/1963, Roma) Estudou de 1879 a 1880 em Portugal, depois no Colégio São Luís (Itu, SP), até 1887, cursando a seguir a Faculdade de Direito de S. Paulo, onde colou grau em 1893. Diplomata de carreira, serviu no

Uruguai (1895-96), Cuba (1912), Grécia (1913-1914), Santa Sé (1896--1911; 1914-1919; 1919-1934), percorrendo todos os cargos, de segundo secretário a embaixador. Fundador da Academia Brasileira de Letras.

Tem posição marcada em nossa história da Literatura por haver introduzido no Pós-Parnasianismo, atendendo ao apelo parnasiano de "aperfeiçoar a métrica", os "metros bárbaros" de Carducci. Fez isso nas *Odes e Elegias* (1904), que trazem uma "Nota Necessária", explicativa da "novidade de forma". Os "metros bárbaros", elucida A., imitam os versos gregos e latinos no ritmo, não na prosódia, pois não se contam por pés ou quantidades, mas por sílabas com acentos predominantes. Uma análise rítmica dos "metros bárbaros" de A. pode ser encontrada n*A Literatura no Brasil* (Rio, vol. II, 1955, p. 343 e ss.). Houve antecessores de M. de A. em nossa língua, como José Anastácio da Cunha e Vicente Pedro Nolasco, citados por * Manuel Bandeira, e Domingos Tarroso, trazido à colação pelo próprio A., louvado em informação de * Alberto de Oliveira. As tentativas de transposição da métrica clássica às línguas modernas são antigas em França, Itália e Espanha, mas retomaram vigor com Carducci; os vários princípios segundo os quais pode ser feita essa transposição arrolam-se em E. Diez Echarri (*Teorías Métricas del Siglo de Oro*, Madri, 1949, cap. VIII).

Obras do A.: *A Portugal no Centenário das Índias*, 1898; *Procelárias*, 1898; *A Leão XIII, Poeta Latino*, 1901; *O Poema da Paz*, 1901; *Horas Sagradas*, 1903; *Álvaro*, poema, 1903; *O Hino de Púrpura*, 1906, etc. Tem muitos outros livros de poesia, prosa, contos, ensaios e conferências.

Consultar: G. Alpi, *C. M. de A., poeta e humanista americano*, Roma, 1931;*Anuário da Academia Brasileira de Letras*, Rio, 1943; Manuel Bandeira, *Antologia dos Poetas Brasileiros da Fase Parnasiana*, 3.ª ed., Rio, 1951; Péricles Eugênio da Silva Ramos, "A Renovação Parnasiana", *A Literatura no Brasil* (dir. de Afrânio Coutinho), vol. II, Rio, 1955.

[P. E. S. R.]

AZEVEDO, ALUÍSIO Tancredo Gonçalves (★ 14/4/1857, S. Luís, MA; † 21/1/1913, Buenos Aires) Desde menino revelou pendor para as artes. Nos bancos da escola primária, mostrou inclinação para o desenho, o que levou a família a matriculá-lo em um curso de artes plásticas. Adolescente, já desenhava bem e tentou o óleo, pintando alguns quadros. E quando, animado pelos sucessos que seu irmão * Artur Azevedo obtinha na Corte, partiu para lá, foi confiante no lápis e no êxito que com ele obteria que fez a viagem. Em pouco tempo impôs-se às redações de jornais como *O Mequetrefe, Fígaro, Zig-Zag*, fazendo "charges" bastante apreciadas pelo público. Sua carreira de caricaturista foi cortada, entretanto, com a morte do pai, o que o obrigou a regressar ao MA. Na terra natal passa a trabalhar na imprensa, fazendo crônicas e comentários, ao mesmo tempo que conclui um romance iniciado no Rio e que publica com o título de *Uma Lágrima de Mulher* (1890). Não é este livro, entretanto, vazado nos moldes de um romantismo piegas, nem os desenhos ou seus artigos de jornal, que lhe vão dar a nomeada com que sonhara. Continua a viver sua modesta vida de jovem intelectual provinciano, quando lhe vem a idéia, calcada em fatos da sociedade que o cerca, de escrever um romance sobre a vida e os costumes maranhenses. Esse romance, * *O Mulato* (1881), vai projetar seu nome por todo o País, ao mesmo tempo que, incompatibilizando-o com a gente maranhense, força-o a deixar S. Luís. Volta então para o Rio, e a fama de excelente romancista que o acompanha abre-lhe as portas dos jornais, onde passa a colaborar intensamente. São anos e anos de atividade ininterrupta, e da qual ele se queixa continuamente, dizendo-se um sacrificado, um escravo das Letras, que lhe davam nada, lhe proporcionavam apenas o bastante para não morrer de fome. Nesse trabalho, porém, construiu sua obra de romancista, uma das mais importantes da nossa literatura, obra da qual constam títulos como *Casa de Pensão* (1884) e * *O Cortiço* (1890), e na qual o introdutor do * Naturalismo entre nós que ele foi, revela-se em toda a sua força de criação e de observação. Escritor que encontra o seu melhor meio de expressão quando narra aspectos da vida coletiva, A. A. não foi, como seu mestre Eça de Queirós, um criador de tipos. Suas personagens, por isso mesmo, são muito mais o cortiço que seus moradores, a cidade do Maranhão que o mulato Raimundo, a casa de pensão muito mais que Amâncio. Com o tempo, A. A. conseguiu libertar-se da vida de escritor, que considerava um jugo, fazendo-se cônsul através de concurso. Serviu primeiro em Vigo, depois em Nápoles, em seguida no Japão, e por fim em Buenos Aires, onde faleceu. Assumiu seu primeiro posto aos 37 anos, e a morte levou-o 18 anos depois. E nesse interregno, caso dos mais curiosos da história literária, A. A. nunca mais cuidou de literatura, nunca mais publicou livro. Deu as costas, completamente, à arte que o tornou famoso e celebrado, e não apreciava muito que lhe recordassem a carreira vitoriosa de romancista. Além de romances, que constituem a parte definitiva de sua obra, publicou A. A. contos e ainda peças de teatro, em colaboração.

OBRAS DO A.: Romances: *Memórias de um Condenado,* 1882 (reed. com o título de *A Condessa Vésper*); *Mistérios da Tijuca,* 1882 (reed. com o título de *Girândola de Amores*); *Filomena Borges,* 1884; *O Homem,* 1887; *O Coruja,* 1890; *O Esqueleto* (em col. com Olavo Bilac), 1890; *A Mortalha de Alzira,* 1894; *O Livro de Uma Sogra,* 1895. Contos: *Demônios,* 1893. Vária: *O Touro Negro,* crônicas e cartas, 1938; inéditos, nos arquivos da Academia Brasileira de Letras, há os originais de um livro de impressões sobre o Japão. Teatro: comédias em col. com Artur Azevedo: *Os Doidos,* 1879; *Flor de Lis,* opereta, 1882; *Casa de Orates,* 1882; *Fritzmark,* revista, 1888; *A República,* revista, 1890; *Um Caso de Adultério,* 1891; *Em Flagrante,* 1891; em col. com Emílio Rouède: *Venenos que curam,* comédia, 1886; *O Caboclo,* drama, 1886.

CONSULTAR: Araripe Jr., *Obra Crítica* (org. por Afrânio Coutinho), vol. II, Rio, 1960; José Veríssimo, *Estudos Brasileiros,* 2.ª série, Rio, 1894; Alcides Maia, *Romantismo e Naturalismo através da Obra de A. A.,* Porto Alegre, 1926; Josué Montelo, *História da Vida Literária,* Rio, 1944; Lúcia Miguel-Pereira, *Prosa de Ficção* (*De 1870 a 1920*), Rio, 1950; Raimundo de Meneses, *A. A. Uma Vida de Romance,* S. Paulo, 1958; Eugênio Gomes, *Aspectos do Romance Brasileiro,* Bahia, 1958; Josué Montelo, *A. A.,* Rio, 1963.

[F. G.]

AZEVEDO, ARTUR Nabantino Gonçalves — (★ 7/7/1855, S. Luís, MA; † 22/10/1908, Rio) Em sua cidade natal iniciou-se nas letras e no jornalismo. Mudou-se posteriormente para o Rio, onde se entregou a uma intensa atividade na imprensa e no teatro. Ao mesmo tempo entrou na burocracia, ocupando cargo no Ministério da Agricultura, em cujos quadros fez carreira, de amanuense a diretor-geral da contabilidade, e onde foi subchefe de * Machado de Assis.

Embora tivesse cultivado a poesia, as mais das vezes humorística, A. A. granjeou notoriedade como comediógrafo e como contista. A característica de sua obra é a superficialidade e a graça, não lhe faltando comunicabilidade. Tanto nas peças teatrais como nos contos, caricaturou costumes e tipos, principalmente da vida carioca, não sem uma certa sentimentalidade, esparsa aqui e ali, volta e meia a travar o riso de ligeira emoção. Seu teatro entronca-se no filão costumbrista que dimana do criador da nossa dramaturgia, * Martins Pena, e que se ramificou nas gerações posteriores, formando uma corrente que se desenvolve ao longo de nossa evolução literária.

A. A. foi um dos fundadores da Academia Brasileira de Letras.

Obras do A.: *Contos Possíveis*, 1889; *Contos Fora da Moda*, 1893; *Contos Efêmeros*, 1897; *Contos em Verso*, 1909. No teatro, entre as peças principais, figuram: *Amor por Anexins*, s. d. (1872?); *A Jóia*, 1879; *A Almanjarra*, 1888; *O Badejo*, s. d. (1898?); *A Capital Federal*, 1897, etc. Ver bibliografia completa em: J. Galante de Sousa, *O Teatro no Brasil*, Rio, 1960.

Consultar: R. Seidl, *A. A., ensaio bibliográfico*, Rio, 1937; Lúcia Miguel-Pereira, *Prosa de Ficção (De 1870 a 1920)*, Rio, 1950; Raimundo Magalhães Jr., *A. A. e sua Época*, Rio, 1953; Décio de Almeida Prado, "Evolução da Literatura Dramática", *A Literatura no Brasil* (dir. de Afrânio Coutinho), vol. II, cap. 8, Rio, 1955; Josué Montelo, *A. A. e a Arte do Conto*, Rio, 1956; Gerald M. Moser, pref. a A. A., *Teatro a Vapor*, S. Paulo, 1977.

[J. Pa.]

AZEVEDO, Manuel Antônio ÁLVARES DE — (★ 12/9/1831, S. Paulo; † 25/4/1852, Rio) Estudou em Niterói e no Rio; bacharelou-se pelo Colégio Pedro II. Matriculou-se na Faculdade de Direito de S. Paulo em 1848; participou ativamente da vida literária e acadêmica de seu tempo, foi bom estudante, mas não concluiu o curso. Faleceu, de tuberculose, quando promovido para o 5.º ano.

A. de A. é um dos casos mais singulares de nosso * Romantismo e um de seus vultos capitais, apesar de ter morrido com menos de 21 anos. Em seus acertos, é poeta de alto nível, de expressão sugestiva e rica, como no soneto "Pálida à luz da lâmpada sombria". Sua prosa, de rasgos byronianos, ostenta-se por vezes floralmente opulenta e lírica; assim nalguns trechos do *Livro de Fra Gondicário*, que deixou incon-cluso. A. de A. é o poeta mais representativo da segunda geração romântica, nutrida da dúvida, do tédio, dos desregramentos de Byron (V. Byronismo): a sombra do poeta inglês insinua-se não apenas em seus versos, mas também em sua prosa, no *Macário* e na *Noite na Taverna*, por exemplo. A par de Byron, tem sido notada a influência de Hoffmann, Musset e outros autores. Aspirando intensamente aos amores virginais e sonhando com figuras femininas fantásticas, o poeta pairava entre nuvens; mas também, opostamente, fincava o pé na rea-

65

lidade. Ele próprio asseverava, no prefácio da segunda parte da *Lira dos Vinte Anos*, que se fundava numa binomia a unidade de seu livro, "verdadeira medalha de duas faces". A poesia, "sentindo exaustas as suas asas de oiro", caía do céu e acordava na terra, onde já não tinha visões abstratas, mas cercava-se de coisas concretas. Daí, por um lado, o seu * ultra-romantismo, cheio de brumas, visões, sonhos, sentimentalidade, e por outro lado o seu realismo humorístico, que se funda em Byron e talvez na tradição da poesia estudantil "pantagruélica". Em ambas as diretrizes A. de A. primou: na primeira, além do soneto já citado, são de evocar-se "Itália", "Lembrança de Morrer", "À Minha Mãe", "Teresa", "Se eu morresse amanhã", "Malva-Maçã", "Seio de Virgem"; no plano realístico, "Idéias Íntimas", que * Mário de Andrade julgava a composição poética mais importante de A. de A. Ficou conhecido, em nosso Romantismo, como o "Byron brasileiro", em razão do ar *blasé* que ostenta em várias de suas obras. Em seus versos evidencia-se a convicção de que o gênio é incompreendido e infeliz: por isso ele evoca Chatterton, Gilbert, Malfilâtre, Bocage, Filinto Elísio, todos criaturas talentosas e infelizes.

Obras do A.: *Obras de M. A. Á. de A.*, Rio, 1853-1855, 2 vols.; o "Poema do Frade" saiu pela primeira vez na segunda ed. dessas *Obras*. *O Conde Lopo* foi publicado individualmente em 1886. Alguns trechos do *Livro de Fra Gondicário* constam de Pires de Almeida, *A Escola Byroniana no Brasil*, S. Paulo, 1962, pertencendo o autógrafo à Biblioteca Nacional. Há poesias esparsas; a correspondência foi publicada por L. F. Vieira Souto, *Dous Românticos Brasileiros*, Rio, 1931.

Consultar: Almeida Nogueira, *Tradições e Reminiscências*, vol. III, S. Paulo, 1955; Vicente de Paulo Vicente de Azevedo, *Á. de A.*, S. Paulo, 1931; Homero Pires, *Á. de A.*, Rio, 1931; *Revista Nova*, S. Paulo, ano 1, n.º 3; Péricles Eugênio da Silva Ramos, introdução às *Poesias Completas de Á. de A.*, S. Paulo, 1957, 1962; Antônio Cândido, *Formação da Literatura Brasileira*, S. Paulo, vol. II, 1959; Raimundo Magalhães Júnior, *Poesia e Vida de Á. de A.*, S. Paulo, 1962; Antônio Soares Amora, *O Romantismo*, vol. II dA *Literatura Brasileira*, S. Paulo, 1967.

[P. E. S. R.]

B

BAGACEIRA, A — Romance de * José Américo de Almeida publicado em 1928 por uma editora paraibana. Considerado como o marco inicial do moderno romance do * Nordeste, pertence mais ao campo da história literária que ao da crítica. Os rumos que apontou afinavam com o idealismo e o nacionalismo vigorantes nas novas gerações políticas do Brasil, responsáveis pela Revolução de 1930. O A., sendo político e romancista, colocou o romance nordestino num terreno de clara oposição ao cosmopolitismo de alguns modernistas e publicou *A Bagaceira* no momento oportuno. Ao mesmo tempo em que previa manifestações hostis da crítica (e se defendia por antecipação nas palavras iniciais do livro), sentia um *background* de apoio no *Regionalismo e tradicionalismo de *Gilberto Freyre e seus companheiros. Certos círculos modernistas e a crítica independente reforçaram esse apoio, uns em nome do nacionalismo e outra salientando aspectos renovados da novelística das * secas, facilmente identificáveis no romance. O sucesso de público e de crítica abriu um caminho novo e cada vez mais diversificado, como seria o de * José Lins do Rego, * Graciliano Ramos, etc. A exaltação da terra, o orgulho de pertencer ao clã nordestino, o protesto contra as condições miseráveis de vida, a observação da realidade — tudo isto foi um ponto de partida que outros aproveitaram com novos meios literários, pois os de J. A. de A. ainda estavam bem próximos do * Simbolismo e do esteticismo. Um personagem como Lúcio — idealista aliteratado, inclinado a concentrar a vida em máximas e frases de efeito — não teria continuação no ciclo do * Nordeste. Um Pirunga, um Dagoberto, uma Soledade — esses de certo modo retornam, melhor caracterizados, depois. Também a linguagem do romancista não se repetirá. Não foi em vão que os críticos lembraram * Euclides da Cunha ao se defrontarem com a tortuosa escolha de palavras em J. A. de A. Certas descrições e narrações traem mesmo a vontade de impressionar, seja nas alusões clássicas, seja na construção muito polida. A mistura, porém, de tais traços com palavras e construções que, sendo clássicas, são castiçamente sertanejas ou brejeiras, deu à prosa de J. A. de A. um valor de sugestão que mais tarde foi largamente aproveitado. Tecnicamente, *A Bagaceira* não inova o romance nordestino. Encontramos excessos de coincidências, quadros que apenas se justificam por uma ou outra descrição de efeito "cenográfico", conclusões de romance de tese no capítulo "O Julgamento" — constantes observadas no romance brasileiro e europeu já no século XIX com larga profusão.

67

O lastro sociológico, a poetização de cenas e sentimentos, e principalmente a oportunidade do romance no momento de sua publicação — foram fatores responsáveis, mais do que os técnicos, pela sua importância dentro da literatura brasileira.

CONSULTAR: Tristão de Ataíde, *Estudos*, 3.ª série, t. 1, Rio, 1930; Olívio Montenegro, *O Romance Brasileiro*, Rio, 1938; Nestor Vítor, *Os de Hoje*, S. Paulo, 1938; Wilson Martins, *O Modernismo*, vol. VI d*A Literatura Brasileira*, S. Paulo, 1965; Vários Autores, estudos apensos à 15.º ed. d*A Bagaceira*, Rio, 1978. [J. P.]

BAHIA — Escolhida para sede dos primeiros governos gerais da América Portuguesa e sustentada pela riqueza açucareira do Recôncavo, alicerce econômico que possibilitou organizar-se em tempo relativamente curto o povoamento da região, a capital da BA se constituiu, desde fins do século XVI, no mais ativo centro de vida social da Colônia. Ali fundaram os jesuítas, em 1556, o primeiro de seus cursos de Letras, iniciando um mestrado intelectual que teria longa e profícua carreira entre nós. Pelos bancos do Colégio da Bahia passou, no último quartel do século XVI, * Bento Teixeira, cuja *Prosopopéia* inaugura cronologicamente a nossa literatura; por outro lado, coube a um baiano, * Frei Vicente do Salvador, dar começo à nossa historiografia com a sua *História do Brasil* (1627). Com os jesuítas de Salvador educou-se igualmente o * P. Antônio Vieira, que, embora tivesse nascido em Lisboa e vivido a parte mais importante de sua vida na Europa, nunca se desligou espiritualmente de sua pátria afetiva, vindo morrer na BA e consagrando, à defesa dos interesses brasileiros, alguns dos seus sermões mais eloqüentes. Assim como Vieira foi, na prosa, o mestre do * Barroco brasileiro, * Gregório de Matos o foi na poesia. Com o brilho de consumado artífice do verso, praticou ele variados gêneros poéticos, desde o "mea culpa" repassado de unção mística até a sátira desbragada, modalidade em que deixou, dos abusos da sociedade baiana de seu tempo, uma crônica tanto mais saborosa quão ferina. No chamado "grupo baiano" do século XVII, de que Vieira e Gregório foram os expoentes, se incluem figuras secundárias como * Bernardo Vieira Ravasco, poeta medíocre, e * Eusébio de Matos, orador sacro de algum interesse.

Em primórdios do século XVIII, a vida intelectual da BA vai conhecer um período de certo esplendor, ao qual se vinculam * Manuel Botelho de Oliveira — gongórico habilidoso em cuja *Música do Parnaso* (1705), de par com composições lírico-amorosas e comédias em verso, aparece um poemeto descritivo da Ilha da Maré, que abre o ciclo do nativismo literário — e * Nuno Marques Pereira, autor d*O Peregrino da América*, novela alegórica de intenções edificantes escrita na BA ao tempo do governo do primeiro Conde de Sabugosa. Coube a este vice-rei fundar, em 1724, a Academia Brasílica dos Esquecidos (V. ACADEMIAS), agremiação a que pertenceram poetas como Gonçalo Soares da Franca e João de Brito e Lima, e historiadores como Inácio Barbosa Machado e * Sebastião da Rocha Pita, de quem chegou até nós a *História da América Portuguesa* (1730), ditirambo, em prosa gongórica, das excelências da terra brasileira, e modelo acabado de exaltação ufanista.

A Academia Brasílica dos Esquecidos seguiu-se a dos Renascidos, fundada em 1759 pelo Desembargador José Mascarenhas Pacheco Pereira Coelho de Melo, magistrado a serviço de Pombal que, suspeito de idéias "francesas", acabou sendo preso, dissolvendo-se a agremiação por ele criada. Dos quarenta membros da Academia Brasílica dos Renascidos destacaram-se dois historiógrafos, * Frei Antônio de Santa Maria Jaboatão, autor do *Orbe Seráfico* (1761), e José Mirales, autor da *História Militar do Brasil* (publicada em 1900). Embora não tivessem participado diretamente do movimento academicista, são de mencionar-se também, nessa quadra, o licenciado Manuel Ribeiro Rocha, lisbonense que advogou na Bahia e escreveu o *Etíope Resgatado, Empenhado, Sustentado, Corrigido, Instruído e Libertado* (1758), primeira manifestação, em língua portuguesa, do ideal abolicionista, e * Frei Manuel de Santa Maria Itaparica, que exaltou as belezas de sua ilha natal na *Descrição da Ilha de Itaparica,* em versos a cujo empolamento não faltava certa habilidade descritiva.

O * Arcadismo não encontrou, nas letras baianas, representantes dignos de registro; é bem de ver que, a essa altura, nosso meridiano literário se deslocara para as * Minas Gerais, onde, sob a égide da opulência aurífera, iria florescer a hipotética * "Escola Mineira". Só com a vinda de D. João VI — o qual teve no baiano José da Silva Lisboa (1756-1835), autor dos *Princípios de Economia Política* (1804) e divulgador das doutrinas do liberalismo econômico, um conselheiro prudente e atilado — foi que se começou a esboçar na província um renascimento intelectual, com instalação de teatro e biblioteca em Salvador e permissão régia de ali se imprimirem livros e jornais. Entretanto, até o advento do * Romantismo, tal renascimento ficaria confinado ao jornalismo, à historiografia — em que se destacou * Inácio Acióli de Cerqueira e Silva (1808-1865) com as suas *Memórias Históricas e Políticas da Província da Bahia* — e à oratória sacra, de que foram expoentes Frei Raimundo da Madre de Deus Pontes e Frei Francisco Xavier de Santa Rita Bastos Baraúna. Na poesia, só merece citação o Visconde de Pedra Branca, * Domingos Borges de Barros, em cujo singelo arcadismo há notas pré-românticas estimáveis, embora o poemeto que lhe deu algum renome, *Os Túmulos* (1825), seja de um elegismo dessorado.

Precursor do Romantismo baiano, Francisco Muniz Barreto (1804--1868) gozou, na sua época, de grande prestígio como repentista, e o título do único livro de versos que publicou, *Clássicos e Românticos* (1855), bem o define como figura de transição. Já vincadamente romântico, na dúvida religiosa, no erotismo tortuoso e no ímpeto revolucionário, é * Junqueira Freire nas suas admiráveis *Inspirações do Claustro,* livro que o revela como poeta singular e como singular figura humana. Românticos, também, o patriotismo declamatório do teatro de * Agrário de Menezes, a sátira anti-racista de * Luís Gama, o lirismo nostálgico de * Franklin Dória e de Antônio Augusto de Mendonça (1830-1880), cujas *Poesias* (1861) mereceram um folhetim elogioso de * Castro Alves.

Em Castro Alves, a poesia brasileira tem uma de suas figuras capitais. Com o vigor da sua eloqüência poética, que, a despeito de ocasionais excessos, mantém quase sempre a eficácia expressiva, logrou ele insuflar vida nova no lirismo romântico e dar nobreza à poesia de inspiração social, notadamente a abolicionista, que nele teve o seu mais alto intérprete. A retórica fulgurante de Castro Alves vai-se diluir em verbalismo nos poetas menores de sua geração, a exemplo de

69

* Rosendo Muniz Barreto, filho do repentista, autor de vários livros de versos e de um romance, *Favos e Travos* (1872), ou de * Melo Morais Filho, cástrida de pouca força, mas de algum interesse pela inspiração folclórica de parte da sua obra.

Se o * Parnasianismo baiano não deu nenhum poeta de relevo, deu um famoso prosador, * Rui Barbosa, mestre da oratória castiça e campeão do idealismo liberal, que exerceu fascínio quase mítico sobre seu contemporâneos e pósteros. Já o * Simbolismo encontraria ambiente favorável em Salvador, onde floresceram, nos primeiros anos do século, agremiações simbolistas como a Tertúlia das Letras e a Nova Cruzada, e onde se impuseram poetas bem dotados como * Francisco Mangabeira, autor de um poemeto épico sobre a campanha de Canudos, * Pethion de Vilar, temperamento de esteta, e * Pedro Kilkerry, curiosa figura de vanguardeiro que só agora começa a ser devidamente valorizada.

Ao grupo da Nova Cruzada pertenceram * Xavier Marques e * Afrânio Peixoto, prosadores escorreitos, de um realismo discreto, que deram configuração decisiva ao *Regionalismo baiano, o primeiro com a novela praiana *Jana e Joel* (1899), o segundo com o romance *Fruta do Mato* (1920). Prosadores regionalistas de importância histórica foram também * Lindolfo Rocha, autor de *Maria Dusá* (1910), romance cuja ação decorre nas lavras diamantíferas, * Fábio Luz, ficcionista de preocupações doutrinárias, e J. Cardoso de Oliveira que, em *Dois Metros e Cinco* (1905), criou uma espécie de Pickwick baiano no pícaro Marcos Parreira. Todavia, foi só após o advento do * Modernismo (cujos primeiros porta-vozes na BA foram os grupos Arco e Flecha e Ala das Letras e das Artes, liderados por Carlos Chiacchio e reunindo poetas como Carvalho Filho, Godofredo Filho, Pinto de Aguiar, etc.), com a voga do romance nordestino de trinta, que a BA encontrou, na obra vigorosa de * Jorge Amado, internacionalmente conhecida, sua saga definitiva, e em livros como *Suor* (1934), * *Jubiabá* (1935), *Mar Morto* (1936), *Terras do Sem Fim* (1942), *Seara Vermelha* (1946), * *Gabriela, Cravo e Canela* (1958) e *Os Velhos Marinheiros* (1961), teve fixados, com poesia e verdade, seus aspectos sociais mais característicos, tanto urbanos — a miséria proletária de Salvador, a religiosidade de sua população negra, o pitoresco de sua vida boêmia — como rurais — os dramas do "ciclo do cacau" em Ilhéus, a odisséia dos retirantes do sertão. Na mesma linha de ficção documentária se entroncam *O Alambique* (1934), romance de Clóvis Amorim (1912) ambientado na zona do Recôncavo; os contos urbanos de Dias da Costa (1907) reunidos em *Canção do Beco* (1939) e *Mirante dos Aflitos* (1960); *Cascalho* (1944), de * Herberto Sales, painel da vida nos garimpos; e, em menor medida, a trilogia romanesca de * Adonias Filho (*Os Servos da Morte*, 1946; *Memórias de Lázaro*, 1952; *Corpo Vivo*, 1962), na qual o regional serve apenas de ponto de partida para uma sombria e atormentada visão metafísica do destino humano. No campo dos ensaios sociológicos, o enfoque regionalista se evidencia nos livros de Nina Rodrigues, Artur Ramos e Édison Carneiro, que estudaram com rigor científico o sincretismo religioso dos negros da BA, ao passo que, na poesia, esplende na obra de * Sosígenes Costa, só recentemente dada a conhecer ao grande público, obra em que os motivos folclóricos são transfigurados por um lirismo repassado de humor.

70

Na prosa de ficção e na poesia, o * Neomodernismo tem hoje na BA representantes de valor. Quer prolongando a diretriz localista que receberam de seus antecessores mais ou menos imediatos, quer ensaiando novas soluções formais e novas áreas temáticas, romancistas, contistas e poetas como James Amado, Jacinta Passos, Wilson Rocha, Elvira Foeppel, Hélio Pólvora, Vasconcelos Maia, Telmo Padilha, João Ubaldo Ribeiro, Fernando da Rocha Peres, Míriam Fraga, David Salles, Sônia Coutinho, Florisvaldo Matos, Guido Guerra, Carlos Cunha, Cid Seixas Fraga e outros afirmam a presença criativa da BA no quadro da Literatura brasileira de nossos dias.

CONSULTAR: Constâncio Alves, "A Literatura na Bahia", *Biblioteca Internacional de Obras Célebres*, S. Paulo, vol. XVII; Dias da Costa, "Literatura Baiana", *Anuário Brasileiro de Literatura*, Rio, 1942; Pedro Calmon, *História da Literatura Baiana*, 2.ª ed., Rio, 1949; Adonias Filho, "Grupo Baiano", *A Literatura no Brasil* (dir. de Afrânio Coutinho), vol. II, Rio, 1955; Adonias Filho e Jorge Amado, *A Nação Grapiúna*, Rio, 1965; David Salles, *Primeiras Manifestações da Ficção na Bahia*, "Estudos Baianos", U. F. Bahia, n.° 7, 1973.

[J. P. P.]

BANANÉRE, JUÓ — Pseudônimo de Alexandre Ribeiro Marcondes Machado (★ 11/4/1892, Pindamonhangaba, SP; † 22/8/1933, S. Paulo) Diplomado em 1917 pela Escola Politécnica de S. Paulo, exerceu a profissão de engenheiro. Jornalista desde a adolescência, criou, na revista *O Pirralho*, a secção "Cartas d'Abaixo Piques", usando o pseudônimo referido, que logo se transformou em autêntica personagem: Juó Bananére, tipo de imigrante italiano que participava da vida política de S. Paulo e simbolizava a classe dos chamados ítalo-paulistas, em ascensão financeira e social. Criou um saboroso dialeto macarrônico ítalo-português, no qual escreveu crônicas e paródias, notadamente do bilaquismo, o que de certo modo o vincula, a par de sua amizade com os corifeus do movimento e do seu empenho em fixar a vida popular da Paulicéia, ao * Modernismo paulista de 1922.

OBRAS DO A.: *Galabaro* (panfleto, de colaboração com Antônio Pais e Voltolino), 1917; *La Divina Increnca* (sátira), 1924.

CONSULTAR: Antônio de Alcântara Machado, *Cavaquinho e Saxofone*, Rio, 1940; Luís Correia de Melo, *Dicionário de Autores Paulistas*, S. Paulo, 1954; Otto Maria Carpeaux, *Presenças*, Rio, 1958; Brito Broca, *A Vida Literária no Brasil — 1900*, Rio, 1960.

[D. C. S.]

BANDEIRA, ANTÔNIO RANGEL DE TORRES — (★ 24/10/1917, Recife, PE) Diplomou-se em Direito pela Universidade do Recife, mas tem-se dedicado profissionalmente ao jornalismo e à publicidade. No Rio, onde morou vários anos, fez crítica musical n*O Cruzeiro*, e continuou a fazê-lo em jornais de S. Paulo, quando para ali se transferiu: parte dessa colaboração está reunida em *Caixa de Música* (1959). É também crítico e ensaísta literário (*Espírito e Forma*, 1957; *Jorge de Lima, o Roteiro de Uma Contradição*, 1959). Preocupado com problemas estéticos, publicou *Da Liberdade de Criação Artística* (1956), mas destacou-se sobretudo como poeta (V. NEOMODERNISMO: POESIA).

OBRAS DO A.: Poesia: *Poesias*, 1946; *O Retrato Fantasma*, 1953; *A Forma Nascente*, 1956; *Aurora Vocabular*, 1967.

CONSULTAR: Álvaro Lins, *Jornal de Crítica*, 5.ª série, Rio, 1947; Cassiano Ricardo, *O Homem Cordial*, Rio, 1959; Antônio D'Elia, *A Mágica Mão*, S. Paulo, 1963; Fernando Góes, *O Espelho Infiel*, S. Paulo, 1966; Domingos Carvalho da Silva, *Eros e Orfeu*, S. Paulo, 1966.

[J. P. P.]

BANDEIRA E SILVA, EUCLIDES DA MOTA — (★ 22/11/1877, Curitiba, PR; † 1948, PR) Depois dos estudos preparatórios, ingressou na Escola Militar da Praia Vermelha. A sedição de 1895, contudo, obrigou-o a dar baixa. Dedicou-se integralmente ao jornalismo como profissão. Foi dos primeiros cronistas do PR. Fundou várias revistas e jornais. Ligou-se ao * Simbolismo, mas não ficou de todo imune ao fascínio da poesia parnasiana. Seus versos, formalmente requintados, denotam o gosto pela beleza plástica do poema e uma sensibilidade que não se deixou contaminar pelo * Decadentismo em voga. Há certo sentido olímpico nos poemas de E. B.; neles, só de raro em raro alguma idéia depressiva ou melancólica toma corpo e impõe-se. É poesia dum esteta encantado com o espetáculo pictórico do mundo, vendo em tudo motivo de poesia, até mesmo num sapo.

OBRAS DO A.: *Heréticos*, 1901; *Ditirambos*, 1901; *Velhas Páginas*, 1903; *Versos Piegas*, 1930; *Ouropéis*, 1906; *Prediletos*, 1940.

CONSULTAR: Emiliano Perneta, *Obras Completas (Prosa)*, Curitiba, 1945; Andrade Murici, *Panorama do Movimento Simbolista Brasileiro*, vol. III, Rio, 1952.

[M. M.]

BANDEIRA FILHO, MANUEL CARNEIRO DE SOUSA — (★ 19/4/1886, Recife, PE; † 13/10/1968, Rio) Cursou o Colégio Pedro II, no Rio, e a seguir, desejando ser arquiteto, estudou por um período letivo na Escola Politécnica de S. Paulo. Adoecendo no fim do ano (1904), deixou os estudos e procurou estações de cura, em longa peregrinação. Em 1913, interna-se no sanatório de Clavadel, na Suíça, onde conhece Paul Eluard. Em 1917 está de volta ao Brasil. Em 1938 é nomeado professor de Literatura no Colégio Pedro II e em 1943 de Literatura Hispano-Americana na Faculdade Nacional de Filosofia. Aposenta-se em 1956. Da Academia Brasileira de Letras (1940). Exerceu o jornalismo, como crítico e cronista.

M. B. foi tomado por * Mário de Andrade como um "São João Batista da Nova Poesia", isto é, do * Modernismo, em razão da inconformidade manifestada em seu poema "Os Sapos" e também pelo fato de em *Carnaval* (1919) ter publicado o "Sonho de Uma Terça-Feira Gorda", em versos livres. Desde *A Cinza das Horas* (1917) B. procurara refugir à banalidade do ritmo estratificado e, pela expressão, já era poeta "moderno", isto é, portador de uma dicção prenunciadora da que iria despontar, no Brasil, passada a fase de ruptura. *Carnaval*, seu livro seguinte, tem algo de ainda mais definidamente moderno, tendendo sua coordenada sério-estética anterior para a coloquial-irônica, diretriz esta que foi e vem sendo um dos grandes legados do Simbolismo francês à poesia em geral, a partir de Corbière ou Laforgue. Acusam-se no livro pesquisas sobre o verso livre, ritmo, rima, assonância, diérese e hiatos. Em *O Ritmo Dissoluto*, livro pela primeira vez publicado em *Poesias* (1924), predomina o verso livre, já então completamente realizado; e dele já reponta o "espírito de 1922", em peças icásticas como "A Estrada", "Meninos Carvoeiros", "Balõezinhos", no ar popularesco de "Os Sinos", etc. *Libertinagem* (1930) é obra inteiramente modernista, que inclui os poemas publicados por M. B. nas revistas de vanguarda de S. Paulo, Rio, Belo Horizonte, de 22 a 30. Nesse livro, exuberante de caminhos, a linguagem do poeta alcança plenitude coloquial e irônica, às vezes portando um humor trágico, como em "Pneumotórax" ou "Poema Tirado de Uma Notícia de Jornal". Alguns dos poemas desse volume são dos mais altos de M. B. e de toda a fase de ruptura do Modernismo, como "O Boto", "Poética", "Andorinha", "Profundamente", "Irene no Céu", "Vou-me Embora pra Pasárgada", "O Último Poema". Em *Estrela da Manhã* (1936), M. B. prossegue nas diretrizes de *Libertinagem*, acrescidas com a exploração do folclore negro ("A Boca de Forno", "D. Janaína"), a tese social e o tema do "poeta sórdido". A esse livro pertencem outras poesias acuminais de M. B., a "Balada das Três Mulheres do Sabonete Araxá", "Oração a Nossa Senhora da Boa Morte", "Momento num Café", "Sacha e o Poeta", "Tragédia Brasileira", "Canto Cruel", "Rondó dos Cavalinhos", "A Estrela e o Anjo", "Marinheiro Triste" — todos poemas influentes a um ou outro título. *Lira dos Cinqüent'Anos* veio a lume em *Poesias Completas* (1940) e foi acrescida de 18 poemas na edição seguinte (1944): além de outras composições de mérito, como "Maçã", "Água-Forte", "Ubiqüidade", "Versos de Natal", "A Morte Absoluta", "Mozart no Céu", "Canção de Muitas Marias", há o "Poema Desentranhado de uma Prosa de Augusto Frederico Schmidt", que define toda a poesia de B. *Belo Belo* surgiu na edição de 1948 das *Poesias Completas*, acrescentando-se de alguns poemas na edição de 1951; *Opus 10* saiu em edição independente (1952), aumentada em 1954. Neste livro figura "Consoada", belo poema que encerra a certeza da missão cumprida. *Poesia e Prosa* (obra completa em 2 vols., 1958; reed. em 1967, sob o título *Poesia Completa e Prosa*), inclui o livro inédito *Estrela da Tarde,* que sai isoladamente em 1963. Traz o livro o sinete habitual de B., e, como exemplo de versatilidade, alguns exemplos de poesia concreta ("Composições"), que * Ledo Ivo considera uma "caça menor de sua curiosidade".

O clima geral da poesia de M. B. é de bondade triste. Sua posição em nosso Modernismo jamais foi abalada, sendo ele uma das maiores figuras do movimento.

Obras do A.: *Mafuá do Malungo,* 1948, poemas de circunstância. Alguns livros de B. em prosa têm interesse para o esclarecimento de sua obra; assim *Itinerário de Pasárgada,* 1954, e, acessoriamente, *Flauta de Papel,* 1957.

Consultar: Adolfo Casais Monteiro, *M. B.,* Lisboa, 1943 (2.ª ed., Rio, 1958); Péricles Eugênio da Silva Ramos, "O Modernismo na Poesia", *A Literatura no Brasil* (dir. de Afrânio Coutinho), vol III, t. 1, Rio, 1959; M. B., *Poesia e Prosa,* Rio, 1958; Fernando Góes, *O Pré-Modernismo,* vol. V do *Panorama da Poesia Brasileira,* Rio, 1960; Emanuel de Morais, *M. B.* (Análise e Interpretação Literária), Rio, 1962; Gilda e Antônio Cândido de Melo e Sousa, introd. a *Estrela da Vida Inteira,* Rio, 1966; Vários Autores, "M. B.", Publs. du Centre de Recherches Latino-Américaines de l'Université de Poitiers, Poitiers, fev. 1974.

[P. E. S. R.]

BÁRBAROS, Metros — V. AZEREDO, MAGALHÃES DE.

BARBOSA, Domingos CALDAS — (★ 1740, Rio?; † 9/11/1800, Lisboa, Portugal) Mestiço, filho de português e africana, estudou no Colégio dos Jesuítas do Rio. Queixas de vítimas do seu precoce estro satírico fizeram, porém, com que fosse desterrado para a Colônia do Sacramento, onde serviu como soldado até 1762. No ano seguinte embarcou para Portugal, mas a morte repentina do pai impediu que se matriculasse na Universidade de Coimbra. Recorreu então à generosidade dos Vasconcelos e Sousa, seus antigos condiscípulos, que o abrigaram e o introduziram na sociedade lisboeta, em cujas tertúlias não tardou a brilhar como cantador de modinhas e lundus. Com o nome de Lereno Selinuntino, pertenceu à Arcádia Romana e foi um dos fundadores da Nova Arcádia de Lisboa. O êxito mundano atraiu-lhe inimizades, notadamente de Bocage, que o apelidou "Caldas de Cobre", enquanto seu contemporâneo * Sousa Caldas era o "Caldas de Prata". Por intercessão de seus protetores, recebeu ordens sacras, oferecendo por esse lado testemunho de simbiose entre sagrado e profano, que era muito do Brasil-Colônia e de que o próprio * Gregório de Matos dava o exemplo.

Da obra de C. B. somente restou a *Viola de Lereno* (1.º vol., 1798; 2.º vol., 1826), coleção de lundus, modinhas e liras de um * arcadismo visivelmente de decadência, em que a frouxidão formal é compensada por certa espontaneidade de linguagem que, no adocicamento dos dengues e no sentimentalismo entre lascivo e servil, tanto quanto pelo uso freqüente de termos regionais, já se pode considerar diferencialmente brasileira. Daí muitas das trovas de C. B. se terem folclorizado, consoante o depoimento de * Sílvio Romero. Pelo marcado sabor autóctone de sua poesia crioula, C. B. foi, "entre os poetas do seu tempo, quem mais vivamente exprimiu a meiguice brasileira, antepassado dos atuais cantores populares" (Sérgio Buarque de Holanda).

Obras do A.: *Coleção de Poesias*, 1775; *Epitalâmio*, 1777; *Recompilação dos Sucessos Principais da Escritura Sagrada* (em versos), 1792; *A Saloia Namorada ou O Remédio é Casar* (farsa), 1793.

Consultar: Sílvio Romero, *História da Literatura Brasileira*, 5.ª ed., vol. II, Rio, 1953; Sérgio Buarque de Holanda, *Antologia dos Poetas Brasileiros da Fase Colonial*, 2 vols., Rio, 1952; Waltensir Dutra, "O Arcadismo na Poesia Lírica, Épica e Satírica", *A Literatura no Brasil* (dir. de Afrânio Coutinho), vol. I, t. 1, Rio, 1956; Francisco de Assis Barbosa, *Achados do Vento*, Rio, 1958.

[J. A. H.]

BARBOSA, FRANCISCO VILELA — (★ 20/11/1769, Rio; † 11/9/1846, *idem*) Órfão muito cedo, foi educado por uma tia. Feitos com distinção os preparatórios no Rio, seguiu, aos 18 anos, para Portugal e, em Coimbra, formou-se em Matemática (1796). Fez carreira como oficial e professor na Armada Portuguesa, jubilando-se em 1822. Deputado, pelo Rio, às Cortes de Lisboa, voltou para o Brasil em 1823 e foi feito conselheiro de Estado, ministro do Império, e Visconde (1824) e Marquês de Paranaguá (1826). Foi senador e um dos redatores da Constituição. Pertenceu à Academia Real de Ciências de Lisboa.

Na juventude, F. V. B. dedicou-se à poesia e publicou *Poemas* (1794) e alguns anos depois uma cantata *À Primavera* (1799). Publicou ainda livros didáticos. Como poeta, Paranaguá foi um arcádico disciplinado e correto, mas de pouca força lírica.

CONSULTAR: Fernandes Pinheiro, *Meandro Poético*, Rio, 1864; Ferdinand Wolf, *O Brasil Literário*, trad. de J. A. Haddad, S. Paulo, 1955; Varnhagen, *Florilégio*, t. I e II, Rio, 1946.

[D. C. S.]

BARBOSA, JANUÁRIO DA CUNHA — (★ 10/7/1780, Rio; † 22/2/1846, *idem*) Professou em 1803. Em 1808, tornou-se pregador da Capela Real. Participou ativamente do movimento da Independência. Jornalista, fundou e dirigiu a *Minerva Brasiliense* e o *Revérbero Constitucional Fluminense*. Atuou diretamente na política do Primeiro Império como cônego da Capela Imperial (1824) e como deputado por Minas (1826). Foi diretor do *Diário Fluminense* e da Imprensa Nacional e um dos fundadores do Instituto Histório e Geográfico Brasileiro.

Orador sacro, poeta, teatrólogo, antologista, biógrafo e jornalista, situa-se no * Pré-Romantismo, caracterizando-se pela preocupação pioneira em reivindicar autonomia para a nossa literatura. Sua atuação no púlpito e na imprensa foi de apostolado nacionalista. Este se faz notar também na sua atividade de antologista; procurou chamar a atenção para o caráter nativista da nossa literatura colonial, a fim de que este fosse continuado e ultrapassado. Com tal intuito, organizou e publicou o *Parnaso Brasileiro* (8 vols., 1829-1832), em que reuniu poemas, inclusive inéditos, de autores coloniais. Sua obra de criação literária tem mérito mais histórico do que propriamente estético. No poema *Niterói* (1823), palavroso e ufanista, funde mitologia e * Indianismo. Perdeu-se boa parte dos seus sermões e muitos dos seus escritos permanecem inéditos. Publicados, além dos livros, conhecem-se-lhe vinte e poucos sermões e as biografias reproduzidas na *Revista do Instituto Histórico e Geográfico*, das quais a mais importante é a de * Silva Alvarenga, de quem foi discípulo.

OBRAS DO A.: *Os Garimpeiros* (poema herói-cômico), 1837; *A Rusga da Praia Grande* (comédia política), 1831; *Sermão na Solenidade da Sagração do Exmo. e Revmo. Sr. D. Manuel do Monte Rodrigues*, 1840.

CONSULTAR: J. F. Sigaud, "Elogio do Secretário Perpétuo, Cônego J. da C. B.", *Jornal do Instituto Histórico e Geográfico Brasileiro*, 2.ª série, t. IV, Rio, 1848; Haroldo Paranhos, *História do Romantismo no Brasil*, vol. II, S. Paulo, 1937; Antônio Cândido, *Formação da Literatura Brasileira*, vol. I, S. Paulo, 1959.

[M. C. V.]

BARBOSA DE OLIVEIRA, RUI — (★ 5/11/1849, Salvador, BA; † 1.º/ 3/1923, Petrópolis, RJ) Cursou Direito em Recife, mas bacharelou-se pela Faculdade de S. Paulo. Da Bahia, onde se iniciara na vida pública, passou-se para o Rio. Foi Ministro da Fazenda no Governo Provisório (1889-1891). Atuou sempre vigorosamente no parlamento, mas a imprensa foi-lhe também excelente tribuna para as campanhas cívicas que encetou (a República, a Abolição, a democratização do País). Também no foro teve atuação notável. Exilado por razões políticas no governo de Floriano Peixoto, no estrangeiro redigiu as *Cartas de Inglaterra* (1896). De volta à Pátria, não mais abandonou a liça

75

política, especialmente na parte relativa à revisão constitucional. Na II Conferência da Paz, em Haia (1907), defendeu a causa das pequenas nações, fazendo-se respeitar pelos estadistas e diplomatas ali reunidos. No Brasil, sua campanha de maior vulto foi a civilista, em que enfrentou a candidatura do Marechal Hermes da Fonseca.

R. B. foi mais um campeão do liberalismo do que um artista das letras. Para apreciar-lhe devidamente a obra literária, cumpre, portanto, levar em conta as limitações dos gêneros em que foi vazada: a oratória e o jornalismo. O orador e o jornalista falam e escrevem para uma época histórica determinada, não se dirigindo à posteridade senão ocasionalmente; daí sua obra perder interesse e parte do valimento com o passar dos anos. Ademais, a oratória e o jornalismo são gêneros literariamente "impuros", a serviço sempre da moral e da política.

Nos seus discursos e escritos, R. versou de preferência os grandes temas políticos — a liberdade, a justiça, os deveres da cidadania democrática, a defesa da verdade, o patriotismo, a educação moral do povo, a fraternidade cristã. Fê-lo numa prosa barroca, a qual, a exemplo da de * Euclides e * Coelho Neto, poderíamos chamar de parnasiana. Deslumbrado pelo brilho candente da palavra, como * Vieira tinha a paixão da sinonímia, dos processos retóricos paralelísticos e anafóricos. Mas, diferentemente dele, malabarista das idéias e da palavra, R. B. é mais abstrato que imagético e tem o pensamento reto. Sua prosa vale principalmente como modelo de vernaculidade e de justeza estilística, já que R. foi dos maiores conhecedores do Idioma. Pelo brilho e pureza gramatical de seu estilo, pelo idealismo e coerência de sua atuação política, converteu-se em ídolo de toda uma geração de brasileiros que, confundindo valores humanos e valores estéticos, chegou a celebrá-lo como o maior escritor da língua.

Obras do A.: *O Papa e o Concílio*, 1877; *Réplica às Defesas da Redação do Projeto do Código Civil*, 1904; *Páginas Literárias*, 1918; *Cartas Políticas e Literárias*, 1919, etc. A Casa de Rui Barbosa (Rio) vem-lhe publicando, desde 1943, as *Obras Completas*.

Consultar: Além de numerosas publicações da Casa de Rui Barbosa: João Mangabeira, R., *Estadista da República*, Rio, 1943; Luís Delgado, *R. B., Tentativa de Compreensão e de Síntese*, Rio, 1945; Gladstone Chaves de Melo, *A Língua e o Estilo de R. B.*, Rio, 1950; Américo Jacobina Lacombe, *Formação Literária de R. B.*, Coimbra, 1954; Raimundo Magalhães Jr., *R., O Homem e o Mito*, Rio, 1954; Ernesto Leme, *R. e a Questão Social*, S. Paulo, 1965.

[M.T.C.B.]

BARRETO, Rosendo MUNIZ — (★ 1.º/3/1845, Bahia; † 17/2/1897, Rio) Era filho do repentista Francisco Muniz Barreto. Estudante de Medicina, alistou-se como voluntário durante a Guerra do Paraguai; serviu no Corpo de Saúde, formando-se na volta. Funcionário público, foi também professor de Filosofia do Colégio Pedro II. Romântico arraigado, logrou a inimizade literária dos realistas e primeiros parnasianos, como * Raimundo Correia, que lhe dirigiu uma "Epístola ao Bardo Muniz" e o soneto "No Sarau do Conde", versos com que o satirizou. Apesar desse choque de tendências, tinha notas sociais em suas poesias, nas quais pregava o abolicionismo e cantava os operários com enfunado * condoreirismo. * Sílvio Romero situa-o em posição inferior a * Pedro Luís e dá-o como "espírito meritório", embora se mostre pouco à vontade na análise de sua poesia. Em qualquer hipótese, R. M. B. é figura menor em nosso * Romantismo.

OBRAS DO A.: *Cantos da Aurora*, 1868; *Vôos Icários*, s. d. (1877); *Tributos e Crenças*, 1890.

CONSULTAR: Francisco Otaviano, "Neve a Descoalhar", introd. a *Vôos Icários;* Sílvio Romero, *História da Literatura Brasileira, 5.ª* ed., vol. IV, Rio, 1953; Antônio Cândido, *Formação da Literatura Brasileira*, S. Paulo, vol. II, 1959; Manuel Bandeira, introd. da *Antologia dos Poetas Brasileiros da Fase Parnasiana*, Rio, 3.ª ed., 1951.

[P. E. S. R.]

BARRETO DE MENESES, TOBIAS — (★ 7/6/1839, Campos, SE; † 26/6/1889, Recife, PE) Mestiço, de modesta origem, fez estudos secundários com particulares, até obter, aos 15 anos, o posto de professor de Latim em cidades do interior sergipano. Verseja então copiosamente, desde modinhas até elegias latinas. Direito, em Recife (1864-1869). Logo se afirmam as constantes de sua obra: total aversão ao tradicionalismo filosófico e jurídico reinante e, no terreno literário, afinamento com o hugoanismo, entendido como poesia de tese, lirismo "público" que se avizinha à épica (V. CONDOREIRISMO). Seus poemas (*Dias e Noites*, edição póstuma, 1893) foram compostos no período acadêmico, marcado pelas polêmicas com * Castro Alves: rivalidades de estudantes, sem maior significação. Formado, casa-se e parte para Escada, no interior de PE, onde vive como advogado e jornalista (1871-81), escrevendo para efêmeros periódicos liberais, vibrantes de idéias progressistas hauridas nos positivistas franceses e, especialmente, nos evolucionistas germânicos. Em 1882, vence concurso para lente da Faculdade de Direito de Recife: episódio central de uma luta entre o escolasticismo formalista de uma tradição jurídica imóvel e as últimas correntes laicizantes e revolucionárias que T. desejava encarnar. Foi o maior animador intelectual da época, mestre da chamada * "Escola do Recife", segundo seus discípulos * Sílvio Romero e * Graça Aranha. Poeta menor, assimilador entusiasta, embora não fosse pensador sistemático, T. B. é figura de valor histórico, tendo contribuído para difundir na incipiente cultura nacional o complexo de idéias que caracterizou a segunda metade do século XIX europeu, e que preparou o clima espiritual do * Realismo-Naturalismo brasileiro, bem como os moldes secularizantes da nossa Primeira República.

OBRAS DO A.: *Estudos de Filosofia e Crítica*, 1875; *Estudos Alemães*, 1881; *Questões Vigentes de Filosofia e de Direito*, 1888; *Vários Escritos*, 1900; *Obras Completas*, 5 vols., Rio, 1926.

CONSULTAR: Sílvio Romero, *História da Literatura Brasileira, 5.ª* ed., vol. V, Rio, 1953; José Veríssimo, *História da Literatura Brasileira*, Rio, 1916; Hermes Lima, *T. B.*, S. Paulo, 1943.

[A. B.]

BARRETO, FRANCISCO FERREIRA — (★ 5/4/1790, Recife, PE; † 25/2/1851, Vila das Flores, PE) Concluídos os estudos regulares, ingressou na Companhia de Jesus, onde se ordenou. Tomou parte na Assembléia Constituinte e Legislativa do Império. Desgostos políticos fizeram-no deixar o Brasil. Orador eloqüente, chegou a pregar na Capela Imperial de Lisboa. Foi poeta, pregador e jornalista. Sua poesia, formal e tematicamente, pertence ao * Arcadismo, mas traz certas notas, como a melancolia, que prenunciam o * Romantismo. Assim também os seus sermões, em que há certo exagero romântico nas censuras e nos louvores, embora a temática e o processo técnico-estrutural revelem influências arcádicas. O estilo da parenética de F.F.B., posto que castiço, é pesado, exageradamente retórico.

Obras do A.: *Obras Profanas e Religiosas,* Recife, 1874, colecionadas por Antônio Joaquim de Melo, com prefácio crítico.

[J.C.G.]

BARROCO — Denomina-se Barroco o estilo que sucedeu ao Renascentismo e antecedeu o * Neoclassicismo ou * Arcadismo. De modo geral, corresponde ao século XVII, valendo pois o mesmo que Seiscentismo. No Brasil foi além, atingindo mais da metade do século XVIII. A primeira obra de poeta brasileiro impressa, a *Música do Parnaso,* de * Manuel Botelho de Oliveira, já era barroca, e barrocos foram * Gregório de Matos e algumas academias que adentraram o século XVIII, como a Academia Brasílica dos Esquecidos, a Academia dos Renascidos (ambas na BA), e a Academia dos Seletos, no Rio. O Barroco, em nossa terra, estendeu-se até a publicação da obra de * Cláudio Manuel da Costa, definidamente neoclássica, em 1768. Barrocos são também prosadores de categoria como o *P. Antônio Vieira e * Matias Aires. Embora a origem do Barroco nas artes plásticas possa estar na Itália, em Portugal e no Brasil o grande influxo literário foi o de Gôngora (V. Gongorismo). O cordovês teve algumas edições em Portugal, naquela época, o que bem diz do seu prestígio. Há, porém, os que encontram origem autóctone no Barroco lusitano, achando traços dele em Camões e inteira definição na *Eufrósina,* de Jorge de Vasconcelos. Como quer que seja, o influxo de Gôngora foi inegável em Portugal e no Brasil, assim como inegável foi a influência de Quevedo. Basta ver, em Portugal, a *Fênix Renascida,* e no Brasil as poesias de Manuel Botelho de Oliveira e de Gregório de Matos, o primeiro gongórico, o segundo gongórico e quevediano. Na verdade, dois estilos coexistem no Barroco, por um lado, o Culteranismo ou Cultismo, e por outro o Conceptismo. O primeiro é o de Gôngora (e corresponde ao marinismo, na Itália, ao eufuísmo na Inglaterra, etc.); o segundo, o de Quevedo e Gracián (cuja *Agudeza y Arte de Ingenio* é considerada a "Bíblia do Conceptismo"). Os culteranos dirigem-se aos sentidos, os conceptistas à inteligência. A linguagem culterana é cheia de metáforas puras: nela, *cristal* significa água, orvalho, rio, pele branca, *diamantes* são dentes, *céu* pode ser o rosto, *neve* é a tez branca, o lírio, o linho, a pluma branca de uma ave, *cravo* ou *rubi* é a boca, etc. *Cristal,* como vimos, significa coisas brancas ou incolores, *neve* coisas também brancas, *ouro* todas as coisas de cor dourada, etc. Os culteranos adotaram ainda o jogo de palavras e de construção: o duplo sentido (como em *cura,* restabelecimento e padre) é neles freqüente, o hipérbato e mesmo a sínquise são procurados, à imitação de Gôngora. Assim é que o P. André de Figueiredo Mascarenhas, à Gôngora, inicia uma canção: "Vós, que às minhas humilde, senão culto, / Vozes apenas fostes sempre, ó montes, / Eco só, mais que aplausos ategora, / Ouvi...", com ordem reversa de palavras. As alusões e ilusões são constantes, usam-se perífrases, versos correlativos, lipogramáticos, poesias em várias línguas, técnica de "semeadura e colheita" (como a denomina Dámaso Alonso), latinismo como *inui* (por *mostra*), *auspicam* (por *pressagiam*), *eoos* (por *orientais*), *puela* (por *moça*), *proflúvio* (por *fluxo*), *tetérrimos* (por *horríveis*), *trusátil* (por *móvel*); helenismos (*estroma*, p. ex.); espanholismos como *marchitar, clavel, moçuela*; formas poéticas rebuscadas como o acróstico, o diacróstico e até o "quater acróstico", o centão, o labirinto. Já o Conceptismo se compraz nas antíteses, nos pensamentos e até nos paradoxos ou juízos contrários à opinião assente, como aquele "problema" vieirino que foi apresentado a uma sessão dos Esquecidos: "diz-se que amor com amor se paga, mas o certo é que amor com amor se apaga". Isso era um paradoxo, que um dos acadêmicos Esquecidos demonstrou estar certo: o amor se paga com o amor, mas um amor velho se apaga com um amor novo. Temos no problema, além do paradoxo, a agudeza do conceito, isto é, a boa percepção das relações entre os objetos, devidamente concentrada. O Conceptismo era às vezes falso em sua busca de profundidade ou de afigurar-se original. Procurava economizar palavras e imagens, não tendo a aparência brilhante do Culteranismo. Na época, afirmava-se que o Gongorismo era vazio, uma demonstração de niilismo poético que se ocultava sob pomposas aparências. A reabilitação do Culteranismo é coisa do nosso século, merecendo relevo, teoricamente, os estudos de Dámaso Alonso a respeito de Gôngora. Em nossa literatura foram por vezes aproveitadas as duas tendências do Barroco, p. ex., na poesia de Gregório de Matos, que às vezes é culterana, às vezes conceptista, mas de modo geral o nosso verso evoluiu do Cultismo (p. ex., de Botelho de Oliveira ou dos códices dos Esquecidos) para o Conceptismo, que domina os trabalhos da Academia dos Seletos, como se pode ver no volume em que se compaginam os trabalhos desse ato acadêmico panegírico, os *Júbilos da América* (1754). Preparou-se desse modo o caminho para a tranqüila chegada do Neoclassicismo.

Diz-se que a poesia culterana é artificial, uma "torre de marfim", mas os barrocos também foram capazes de interessar-se pelo ambiente no qual viviam: Manuel Botelho de Oliveira cantou com paixão nativista a sua Ilha da Maré, Frei * Santa Maria Itaparica fez o mesmo na ilha em que nasceu e Gregório é uma aterragem em plena vida, como já afirmou Hernâni Cidade.

CONSULTAR: Afrânio Coutinho, *Aspectos da Literatura Barroca*, Rio, 1950; Julio García Morejón, *Coordenadas do Barroco*, S. Paulo, 1965; Dámaso Alonso, *La Lengua Poética de Góngora*, Madri, 1950; Péricles Eugênio da Silva Ramos, *Poesia Barroca*, S. Paulo, 1967. Ampla bibliografia em Afrânio Coutinho, *Introdução à Literatura no Brasil*, Rio, 1959 (7.ª ed., 1975).

[P. E. S. R.]

BARROS, DOMINGOS BORGES DE — (★ 10/12/1779, Santo Amaro da Purificação, BA; † 21/3/1855, Rio) Nascido em família de grandes proprietários rurais, bacharelou-se em Filosofia por Coimbra (1804). Viajou por vários países europeus; em Paris, fez-se amigo de Filinto Elísio e conheceu Delille e Legouvé, de quem traduziu poemas. De volta à Pátria, colaborou nO *Patriota* e ingressou na política. Como encarregado de negócios do Brasil em Paris, sua contribuição foi relevante para o reconhecimento de nossa independência, pelo que recebeu o título de Visconde de Pedra Branca. Senador do Império, ocupou-se no fim da vida de obras filantrópicas.

Nas *Poesias Oferecidas às Senhoras Brasileiras por um Baiano* (1825), B. de B., embora ainda apegado aos temas e recursos formais do * Arcadismo, já apresenta notas que se podem considerar diferencialmente pré-românticas, em particular a saudade da pátria e o cultivo de um subjetivismo vago e melancólico, o "vago n'alma" de Chateaubriand que * Antônio Cândido relembrou a propósito dos pré-românticos brasileiros. *Os Túmulos* (1850), poemeto elegíaco em que B. de B. pranteia a morte de um filho menino, filia-se, pelo fúnebre e prolixo filosofismo, à poesia tumular pré-romântica de Young e imitadores.

CONSULTAR: Afrânio Peixoto, introd. a *Os Túmulos,* reed. da ABL, Rio, 1945; Antônio Cândido, *Formação da Literatura Brasileira,* vol. II, S. Paulo, 1959.

[J. A. H.]

BARROSO SOARES, MARIA ALICE GIUDICE — (★ 1926, Miracema, RJ) Do romance político de tese, em linhas mais ou menos convencionais (*Os Posseiros*, 1955), passou-se M.A.B. para a ficção introspectiva, com um sentido de experimentação formal que a coloca desde logo entre os introdutores do chamado "novo romance" em nossa literatura. Tanto na *História de um Casamento* (1960) quanto em *Um Simples Afeto Recíproco* (1962), com admirável propriedade e sem descair no maneirismo, vale-se ela do monólogo interior, da pluralidade de focos e de variados recursos tipográficos para fixar a luta do ser humano em busca de afirmar a própria autenticidade contra a ação deformadora dos preconceitos, hipocrisias, convenções e incompreensões da ordem estabelecida.

OBRAS DA A.: *Um Nome para Matar,* 1967; *Um dia vamos rir disso tudo,* 1976.

CONSULTAR: Wilson Martins, "O Novo Romance", supl. d*O Estado de S. Paulo,* 6/8/1960; Maria Antonieta Raymundo Moisés, "Um Simples Afeto Recíproco", *idem,* 30/5/1964; Adonias Filho, *Modernos Ficcionistas Brasileiros, 2.ª* série, Rio, 1965; Antônio Olinto, pref. a *Um Nome para Matar,* Otávio de Faria, "O Grande Romance de M.A.B", *Jornal do Comércio,* Rio, 17 e 24/3/1968; "M.A.B.: seu difícil caminho", supl. lit. de *Minas Gerais,* Belo Horizonte, 6/9/1969.

[J. P. P.]

BASTOS, AURELIANO CÂNDIDO TAVARES — (★ 20/4/1839, Alagoas, hoje Marechal Deodoro, AL; † 3/12/1875, Nice, França) Iniciou o curso de Direito em Olinda, vindo terminá-lo em S. Paulo. De grande militância política, foi deputado em duas legislaturas e participou da Missão Saraiva às Províncias do Prata. Empreendeu em 1865 uma viagem de estudos à * Amazônia, de que resultou o livro *O Vale do Amazonas* (1866), lúcido levantamento da problemática sócio-econômica da região. Publicista de mentalidade arejada, seu nome se inscreve com relevo no ensaísmo brasileiro mercê de obras como *Cartas do Solitário* (1862) e *A Província* (1870). Nelas, em meio aos exageros românticos da época, procurou equacionar objetivamente os problemas nacionais, embora não seja possível concordar hoje com muitas de suas conclusões, quando não premissas; assim, versou temas como a abolição gradativa da escravatura, o incremento da imigração, a defesa da iniciativa privada contra a intromissão do Estado, a descentralização administrativa, o livre comércio, a liberdade de cabotagem, a abertura do Amazonas à navegação mundial, a redução das tarifas alfandegárias, a missão exclusivamente agrícola do Brasil. De formação nitidamente liberal, considerava-se um britânico (o que, dentro das contradições do tempo, não o impedia de pesquisar caminhos nacionais) e um grande amigo dos Estados Unidos, podendo por esse lado ser considerado um anti-* Eduardo Prado, pelo menos o d*A Ilusão Americana.*

Consultar: Carlos Pontes, *T. B.,* S. Paulo, 1939.

[J. A. H.]

BESTIALÓGICO — V. GUIMARÃES, BERNARDO.

BEVILÁQUA, CLÓVIS — (★ 4/10/1859, Viçosa, CE; † 26/7/1944, Rio) Professor, jurista, codificador do Direito Civil Brasileiro, co--fundador da Academia Brasileira de Letras, onde ocupou a cadeira 14. Bacharelou-se na Faculdade de Direito do Recife, no tumultuado ano do concurso de * Tobias Barreto ao cargo de professor. Por influência deste, e já depois de formado, é que C. B. veio a se interessar pelo Direito. Foi bibliotecário e logo professor da Faculdade de Direito do Recife, antes de se transferir para o Rio. A convite do Ministro do Interior, Epitácio Pessoa, organizou o projeto do Código Civil, em 1899. Envolveu-se nas polêmicas sobre o assunto, inclusive contra * Rui Barbosa. Suas atividades literárias foram exíguas através dos anos, quase que limitadas a ensaios críticos. Em contrapartida, é vultosa sua bibliografia jurídica, marcada por várias e confessadas influências: Tobias Barreto, Von Ihering, Savigny, Blutschili, Roth, Comte, Spencer e Haeckel, entre outros.

Obras do A.: De interesse literário: *Vigílias Literárias,* de parceria com * Martins Júnior, 1879; *Épocas e Individualidades,* 1895; *Frases e Fantasias,* 1894; *Opúsculos,* 4 vols., 1939 a 1942; e *Revivendo o Passado,* 7 vols., publicados por suas filhas Floriza e Dóris Beviláqua, 1937 a 1943.

Consultar: Odilo Costa Filho, *Ensaio n.º 1 — C. B.,* Rio, 1933; Lauro Romero, *C. B.,* Rio, 1956; Agenor Veloso Dantas e outros, *C. B.,* Bahia, 1961; Araripe Júnior, *Obra Crítica,* vol. III, Rio, 1963.

[J. P.]

BILAC, OLAVO Brás Martins dos Guimarães — (★ 16/12/1865, Rio; † 28/12/1918, *idem*) Estudou Medicina, mas, interrompendo o curso, matriculou-se na Faculdade de Direito de S. Paulo, de cujo primeiro ano foi ouvinte. Em S. Paulo publicou seu primeiro livro, *Poesias* (1888). Entregou-se depois inteiramente, no Rio, ao jornalismo e à vida literária, usando por vezes pseudônimos como Fantásio, Flamínio, Puck. Em 1891, foi nomeado oficial da Secretaria do Interior do RJ e, em 1898, inspetor escolar do Distrito Federal, cargo que exerceu até a aposentadoria. Republicano e abolicionista, conheceu contudo a prisão política. Em conseqüência da revolta de 1893, refugiou-se em MG, onde escreveu *Crônicas e Novelas* (1894). Em 1902, acompanhou Campos Sales a Buenos Aires; em 1906, o Barão do Rio

Branco designou-o secretário da Terceira Conferência Pan-Americana que se reunia no Rio; em 1910, foi delegado à Quarta Conferência, em Buenos Aires. Em 1907, exerceu o cargo de secretário do Prefeito do Distrito Federal. Foi fundador da Academia Brasileira de Letras e membro da Academia de Ciências de Lisboa. Fez várias viagens à Europa. No fim de sua vida, desenvolveu ampla campanha em prol do serviço militar obrigatório, movido pelo ideal de que os quartéis também servissem de escola, que ensinassem primeiras letras aos analfabetos. Coroou-se de êxito essa campanha; os principais discursos de O. B., nela, figuram em *Últimas Conferências e Discursos* (1924).

Quando O. B. estreou, em 1888, já o * Parnasianismo estava inaugurado e vitorioso. Prestigiado por * Alberto de Oliveira e * Raimundo Correia, que anunciaram em artigo conjunto a aparição de seu livro, desde a estréia passou a figurar como corifeu parnasiano, ao lado daqueles dois mestres. *Poesias*, em sua primeira edição, continha *Panoplias, Via-Láctea* e *Sarças de Fogo,* livros formalmente bem acabados, embora de diretrizes díspares quanto à expressão, ora objetiva, ora subjetiva (esta em *Via-Láctea*). O. B. abriu o livro com uma "Profissão de Fé" na qual pregava minucioso trabalho formal, semelhante ao lavor do ourives, e o culto do estilo. Até o fim da vida preconizou a correção do verso e da língua, sendo sua última teoria formal a que manifestou em "A um Poeta" (de *Tarde,* 1919): não o lavor aparente, mas a simplicidade como resultado do lavor. Desde *Poesias,* também procurou corresponder à exigência parnasiana de enriquecer a métrica: assim é que ostenta, em *Sarças de Fogo,* duas formas fixas importadas, o rondel e o pantum, nas peças "Marinha" e "Pantum". Sua expressão é ao mesmo tempo fácil e elegante, sem tropos complicados mas com figuras de palavras que lhe conferem timbre retórico, por vezes.

O subjetivismo de O. B., na *Via-Láctea,* não se confunde com o romântico; o tom de seu decassílabo, nesse livro, é de um neoclassicismo bocagiano.

No volume de estréia de O. B. observa-se ainda a adoção de outros princípios parnasianos, como o uso do *mot juste,* a arte pela arte, a correção da língua e do verso e a firme economia dos poemas, com rigorosa adequação das partes ao todo.

Em 1898, O. B. publicou o poemeto *Sagres* e em 1902, a segunda edição de suas *Poesias,* acrescida de *Alma Inquieta, As Viagens e * O Caçador de Esmeraldas.* Por *Alma Inquieta,* embora o poeta continuasse a linha sensual de sua poesia, derivada do *realismo* brasileiro, já começava a perpassar um leve sopro de contemplação e de indulgência (em "Midsummer's Night's Dream" ou "Vanitas", p. ex.), diretriz essa que culminaria, em *Tarde,* com uma atitude filosófica diante da vida. Da mesma forma, começariam a insinuar-se nos versos de *Alma Inquieta* os temas da vida gasta, da velhice e da saudade, que se tornariam mais constantes em *Tarde.* Em *Tarde,* finalmente, O. B. preocupa-se com a morte e com o sentido da existência; a meditação nutre seus versos, sem que estes decaiam da poesia, e seus assuntos se ampliam.

O. B., considerada a sua poesia desde a estréia, é o mais uniforme e equilibrado dos parnasianos brasileiros, razão pela qual pode ser tomado como o mais representativo deles. É, igualmente, o mais popular. O. B. foi também orador, tendo deixado nome como conferencista; e como cronista revelou merecimento. Seu grande título, todavia, é o de poeta.

82

Obras do A.: Poesia: *Pimentões*, rimas d*O Filhote*, por Puff e Puck (Bilac e * Guimarães Passos), 1897; *Poesias Infantis*, 1904. Revendo trabalho de Guimarães Passos, O. B. deixou um *Dicionário de Rimas* (1913) e, em col. com o mesmo poeta, um *Tratado de Versificação* (2.ª ed., 1910), que teve várias edições posteriores. Prosa: *Crítica e Fantasia*, 1904; *Conferências Literárias*, 1906; *Ironia e Piedade*, 1916. O. B. deixou também vários livros didáticos, em col. com * Coelho Neto e Manuel Bonfim, dos quais *Através do Brasil* (2.ª ed., 1913) parece destinado a permanecer (em 1959, estava na 44.ª edição).

Consultar: *Letras e Artes*, supl. d*A Manhã*, Rio, vol. I, n.º 20; Amadeu Amaral, *Revista da Academia Brasileira de Letras*, n.º 21 (vários autores na mesma *Revista*, n.º 42); José Veríssimo, *Estudos de Literatura Brasileira*, 5.ª série, 2.ª ed., Rio, 1910; Eugênio Gomes, *Prata de Casa*, Rio, 1953; Elói Pontes, *A Vida Exuberante de O. B.*, 2 vols., Rio, 1944; Péricles Eugênio da Silva Ramos, "A Renovação Parnasiana na Poesia", *A Literatura no Brasil* (dir. de Afrânio Coutinho), vol. II, cap. 9, Rio, 1955; Fernando Jorge, *Vida e Poesia de O. B.*, S. Paulo, 1963.

[P. E. S. R.]

BOCAIÚVA, QUINTINO de Sousa Ferreira — (★ 4/12/1836, Itaguaí, RJ; † 11/7/1912, Rio) Nascido em família modesta, lutou com dificuldades para cursar Direito em S. Paulo. Dedicou-se desde a mocidade ao jornalismo, em que alcançou prestígio e notoriedade. De tipógrafo e revisor chegou a redator d*O Ipiranga*, de S. Paulo, e do *Diário do Rio de Janeiro* e *Correio Mercantil*, do Rio. Foi fundador d*O Globo* (1874) e d*O País* (1884). Na década de setenta, iniciou a pregação que o notabilizaria como um dos grandes propagandistas da República; redigiu o famoso Manifesto Republicano de 1870. No governo provisório (1889) ocupou a pasta do Exterior, mas não foi bem sucedido na tentativa de resolver a Questão das Missões com a Argentina. Elegeu-se senador em duas legislaturas e presidiu seu Estado natal.

Antes de ser totalmente absorvido pela política, Q. B. militou no teatro como crítico e autor. Nos *Estudos Críticos e Literários* (1856) defendeu a função moralizadora da obra teatral, função que procurou dar às suas próprias peças, das quais alcançou alguma repercussão na época *Os Mineiros da Desgraça* (1862), drama em quatro atos. Nele, verbera a usura como um verdadeiro cancro social, mas fá-lo sem brilho, com todos os cacoetes da nossa incipiente dramaturgia romântica: sentimentalidade exagerada, dialogação falsa, ação frouxa e mal conduzida. Daí serem possivelmente mais de amigo que de crítico as palavras elogiosas com que, no *Diário do Rio de Janeiro* de 24/7/1861, * Machado de Assis se referiu à peça do seu então colega de jornal.

Consultar: J. Galante de Sousa, *O Teatro no Brasil*, t. II, Rio, 1960 (com bibliografia de e sobre Q. B.).

[J. P. P.]

BONIFÁCIO de Andrada e Silva (O MOÇO), JOSÉ — (★ 8/11/1827, Bordéus, França; † 26/10/1886, S. Paulo) Filho de Martim Francisco e sobrinho do Patriarca da Independência. Diplomou-se pela Faculdade de Direito de S. Paulo, onde passou depois a lecionar. Orador brilhante, valeu-se da cátedra para difundir suas idéias liberais, pelo que exerceu larga ascendência sobre a mocidade acadêmica do tempo. Participou da campanha abolicionista e ocupou sucessivamente os cargos de deputado provincial, deputado geral, ministro de Estado e senador do Império. Sua carreira política se caracterizou pelo inflexível apego aos princípios liberais.

Além de uma *Memória Histórica da Faculdade de Direito de S. Paulo* (1859) e de um volume de *Discursos Parlamentares* (1880), J. B. publicou em vida uma coletânea de poemas, *Rosas e Goivos* (1848), a que se vieram juntar, em edições póstumas, versos que deixara esparsos em jornais. Poeta irremediavelmente secundário, J. B. prestou vassalagem ao * Ultra-Romantismo da geração de * Álvares de Azevedo na maior parte de sua produção lírica; tentou ainda o quadro sertanejista em "O Tropeiro" e o bestialógico satírico em "O Barão e o seu Cavalo". Entretanto, é nos temas cívicos, históricos e políticos, cantados em diapasão hugoano, que o seu temperamento essencialmente retórico se sente mais à vontade, e poemas como "Calabar", "Prometeu", "Liberdade", "Saudades do Escravo", "A Garibaldi", fazem dele, juntamente com * Pedro Luís, e outros, um dos precursores do * Condoreirismo.

CONSULTAR: Alfredo Bosi e Nilo Scalzo, *J. B., o Moço — Poesias*, S. Paulo, 1962. Além de toda a obra poética de J. B., traz estudo crítico, nota biográfica e indicações bibliográficas.

[J. P. P.]

BONIFÁCIO DE ANDRADA E SILVA (O VELHO), JOSÉ — (★ 13/6/1763, Santos, SP; † 6/4/1838, Niterói, RJ) Bacharelou-se em Coimbra, tanto em Direito Civil como em Ciências Naturais, e logo depois ingressou na Academia Real das Ciências, que o comissionou para viajar pela Europa, como naturalista e mineralogista. De volta, ocupou cargos administrativos, docentes e judiciais de relevo em Portugal, até recolher-se ao Brasil, onde exerceu papel de vulto na proclamação da Independência. Deportado para a França, lá publicou as *Poesias Avulsas de Américo Elísio* (1825), que lhe deram situação em nossa literatura, não tanto em razão de novidades estilísticas, como por certa inquietação formal que pode situá-lo como precursor do * Romantismo. Na dedicatória do livro, J. B. acentuava que às vezes se havia apartado da "monotônica regularidade das estâncias", usando da mesma liberdade que vira praticada na Inglaterra por Walter Scott e Byron. Assinalava também que era parco em rimas, porque a nossa língua não precisa delas para "deleitar o ouvido", bastando-lhe metro e ritmo. Opunha assim o caráter das línguas portuguesa e francesa, com discernimento que nem sempre foi depois imitado pelos nossos teóricos de versificação e poetas. As idéias de liberdade poética de J. B. tiveram influência em nosso Romantismo, por exemplo sobre * Gonçalves Dias. Quanto à diretriz fundamental de seus versos, é ainda a neoclássica, perseguindo J. B. moldes pindáricos e anacreônticos, mas sem faíscas de bom gosto.

OBRAS DO A.: A edição de 1861, Rio, *Poesias de Américo Elísio* inclui, além da matéria constante da anterior, a "Ode aos Gregos", a "Ode aos Baianos" e as "Cantigas Báquicas". J. B. deixou também outras obras, não-literárias, coligidas em 3 vols., por Edgard de Cerqueira Falcão, Santos, 1965.

CONSULTAR: Latino Coelho, "J. B.", *in Latino Coelho*, Rev. de Língua Portuguesa, Rio, 1922; Sérgio Buarque de Holanda, prefácio a *Poesias*, I.N.L., Rio, 1946; Varnhagen, *Florilégio da Poesia Brasileira*, Rio, 1946, vol. II (ed. da Academia Brasileira); Vários Autores, *Estudos Vários sobre J. B. de A. e S.*, Santos, 1963; José Aderaldo Castelo, *Manifestações Literárias da Era Colonial*, vol. I d*A Literatura Brasileira*, S. Paulo, 1962; Brenno Ferraz do Amaral, *J. B.*, S. Paulo, 1968.

[P. E. S. R.]

BOPP, RAUL — (★ 4/8/1898, Tupaceretã, RS). Graduou-se em Direito e exerceu profissões díspares, enquanto vagava pelo Brasil. Ingressou na diplomacia, depois da revolução de 30, e serviu em Kobe, Los Angeles, Zurique, Barcelona, Lisboa e outras cidades. Teve papel ativo na fase primitivista de nosso * Modernismo. A princípio integrou-se no grupo verde-amarelo, com * Menotti Del Picchia, * Plínio Salgado, * Cassiano Ricardo, mas passou-se depois para o movimento antropofágico (V. ANTROPOFAGIA), de que foi um dos criadores, ao lado de * Oswald de Andrade e de Tarsila do Amaral. Foi mesmo de um quadro desta, batizado "Abaporu" (ou antropófago) por Bopp e Oswald, que nasceu a doutrina antropofágica. A obra capital de R. B. é um documento dessa corrente: o poema * Cobra Norato (1931). No seu livro seguinte, *Urucungo* (1933), R. B. cultivou a poesia negra. As últimas edições de sua obra trazem, além de *Cobra Norato* e *Urucungo*, poemas de intenção satírica, que o poeta pretendia editar sob o título de *Diabolus*, e mais composições do período antropofágico.

CONSULTAR: Ademar Vidal, "A Propósito de *Cobra Norato*", *Boletim de Ariel*, Rio, jan. 1932; Álvaro Lins, *Jornal de Crítica*, 6.ª série, Rio, 1951; Carlos Drummond de Andrade, *Passeios na Ilha*, Rio, 1952; Manuel Bandeira, *Apresentação da Poesia Brasileira*, 2.ª ed., Rio, 1954; Othon Moacir Garcia, *Cobra Norato, o Poema e o Mito*, Rio, 1962; e "R. B.", *Poetas do Modernismo* (dir. de Leodegário A. de Azevedo Filho), vol. III, Brasília, 1972; Péricles Eugênio da Silva Ramos, *Poesia Moderna*, S. Paulo, 1966.

[P. E. S. R.]

BRAGA, GENTIL HOMEM DE ALMEIDA — (★ 1835, S. Luís do MA; † 25/7/1876, *idem*) Formou-se em Direito pela Faculdade do Recife (1857) e foi deputado, promotor público, juiz de órfãos, professor, jornalista. Granjeou fama, durante o * Romantismo, não só como poeta, sob o pseudônimo de Flávio Reimar, como de tradutor, com sua paráfrase da *Eloá*, de Vigny, e com a sua transposição, para o português, do *Tannhäuser*, de Heine. Colaborou no romance coletivo *A Casca da Caneleira*, composto por uma "boa dúzia de esperanças", e em *Três Liras* (s. d. [1862]), ao lado de * Trajano Galvão e Marques Rodrigues. * Sílvio Romero descortina em suas poesias o "doce sabor das criações líricas do povo", e isso é mesmo visível no "Cajueiro Pequenino", com que variou, antes de * Juvenal Galeno, os versos de conhecida canção popular. Em *Sonidos*, * Antônio Cândido percebe a tentativa de criação de uma atmosfera musical, e em *Clara Verbena*, conto em verso, um reflexo dos processos de composição do *Namouna*, de Musset. No fim de *Clara Verbena*, há notas de cunho realístico-social.

OBRAS DO A.: *Versos* de Flávio Reimar, contendo *Clara Verbena* e *Sonidos*, 1872.

CONSULTAR: Sílvio Romero, *História da Literatura Brasileira*, 5.ª ed., vol. IV, Rio, 1953; Antônio Cândido, *Formação da Literatura Brasileira*, vol. II, S. Paulo, 1959.

[P. E. S. R.]

BRAGA, RUBEM — (★ 12/1/1913, Cachoeiro do Itapemirim, ES) Completado o curso secundário em Niterói, iniciou estudos de Direito no Rio, indo continuá-los em Belo Horizonte. Ali ingressou na imprensa como repórter e cronista do *Diário da Tarde*. Uma vez formado (1932), preferiu continuar no jornalismo, que exerceu em S. Paulo, Recife, Porto Alegre e Rio. Seu primeiro livro de crônicas, *O Conde e o Passarinho*, saiu publicado no Rio, em 1936. Em 1944, como correspondente de jornais brasileiros, acompanhou a Força Expedicionária à Itália. Lá escreveu numerosas crônicas de guerra, que foram posteriormente reunidas em volume: *Com a FEB na Itália* (1945). De regresso ao Brasil, prosseguiu nas suas atividades de cronista, já a essa altura de renome nacional. Em missão jornalística, visitou vários países sul-americanos, os Estados Unidos e a Europa. Desempenhou também cargos diplomáticos no Exterior, tendo sido chefe do Escritório Comercial do Brasil no Chile e nosso embaixador em Marrocos.

No consenso geral da crítica, R. B. inovou a * crônica brasileira e, como inovador, seu magistério tem sido marcante no atual florescimento do gênero entre nós. Exclusivamente cronista — suas incursões no terreno do conto e da poesia são de todo bissextas —, logrou ele, nas suas melhores páginas, redimir a crônica da efemeridade do jornalismo para dar-lhe o sentido de permanência da literatura. Mestre no descobrir o lado significativo dos acontecimentos mais triviais, comunica suas descobertas ao leitor numa prosa de admirável simplicidade e precisão, cujo teor poético advém menos de recursos de *métier* que de visão essencialmente lírica das coisas. Com uma humanidade que se guarda sempre da efusão sentimental, e uma ironia que jamais descamba na caricatura, celebra R. B., nas suas crônicas, o gosto de viver em plenitude o momento que passa — plenitude a que as memórias de infância e mocidade e a recordação dos amores idos e vividos servem para dar leve e indispensável travo de melancolia — e de valorizar o que possa haver de autenticamente gratuito e lírico nos fatos miúdos do cotidiano, autenticidade essa que o cronista ama contrapor ao utilitarismo, às hipocrisias, às convenções e à desumanidade da vida moderna.

OBRAS DO A.: *O Morro do Isolamento*, 1944; *Um Pé de Milho*, 1948; *O Homem Rouco*, 1949; *Cinqüenta Crônicas Escolhidas*, 1951; *A Borboleta Amarela*, 1956; *A Cidade e a Roça*, 1957; *Cem Crônicas Escolhidas*, 1958; *Ai de Ti, Copacabana!*, 1960; *A Traição das Elegantes*, 1967; *200 Crônicas Escolhidas*, 1977.

CONSULTAR: Sérgio Milliet, *Diário Crítico*, 2.º vol., S. Paulo, 1944; Eduardo Portela, *Dimensões I*, 2.ª ed., rev., Rio, 1959; Renard Perez, *Escritores Brasileiros Contemporâneos*, 1.ª série, Rio, 1960; Joel Pontes, *O Aprendiz de Crítica (1955-1959)*, Rio, 1960; José Aderaldo Castelo, *Método e Interpretação*, S. Paulo, 1965.

[J. P. P.]

BRANDÃO, AMBRÓSIO FERNANDES — (Data e local de nascimento e morte ignorados) Presumivelmente português, cristão-novo, ter-se-ia radica`do no Brasil em 1583 como feitor ou arrecadador dos dízimos de açúcar de Pernambuco. Este é o testemunho de Rodolfo Garcia, completando estudos de *Capistrano de Abreu. É o provável autor dos *Diálogos das Grandezas do Brasil,* segundo estudos minuciosos dos referidos pesquisadores. Circunstâncias econômico-sociais dos interlocutores — Brandônio, criptograma de A. F. B. e Alviano, criptograma do cristão-novo Nuno Álvares — afastaram de vez a possibilidade de *Bento Teixeira ser o autor dos *Diálogos,* como inicialmente afirmou *Diogo Barbosa Machado. Escritos em 1618, permaneceram inéditos até o século passado, quando *Varnhagen descobriu em Leyde (Holanda) apógrafo de onde extraiu um manuscrito cuja publicação só se faria anos depois. Os seis diálogos são de grande importância para a História da Cultura ou Historiografia brasileiras, pelo que apresentam de inteligente observação de nossa incipiente sociedade colonial, catalogando e exaltando os recursos da terra. Esta postura de flagrante brasilidade, defendida por Brandônio, opõe-se à de Alviano, favorável aos europeus, e insere-se no mito do Ufanismo. A linguagem, fluente e simples, apesar de certa tendência à retórica e ao exagero, está presa ao *Barroco, ligando-se ao estilo de vida do século XVII, de que é vivo testemunho.

Edições: *Diálogos das Grandezas do Brasil,* 1.ª ed., pref. de Capistrano de Abreu, notas e texto de Rodolfo Garcia, Rio, 1930; 2.ª ed. cor. e aum., pref. de Jaime Cortesão, Rio, 1943; Recife, 1964 e 1966 (eds. integrais).

Consultar: José Veríssimo, *História da Literatura Brasileira,* Rio, 1916; Capistrano de Abreu e Jaime Cortesão, pref. às eds. cits.; Múcio Leão, "Notícia sobre os *Diálogos das Grandezas do Brasil",* Autores e Livros,* Rio, n.º 6 e 7, 15/3/1949 e 1/4/1949; José A. Gonsalves de Melo, *Estudos Pernambucanos,* Recife, 1960.

[D. C.]

BRASIL, ZEFERINO de Sousa — (★ 24/4/1870, Taquari, RS; † 3/10/1942, Porto Alegre, RS) Vivendo até o fim da vida como funcionário público, entregou-se à boêmia dourada que na altura fazia adeptos por todo o Brasil. Tornou-se, em conseqüência, muito popular. Com o tempo, suas obras vieram reforçar-lhe o prestígio: chegou a ser eleito "príncipe dos poetas do Rio Grande do Sul". Escreveu romance e teatro, mas foi a poesia que lhe deu nomeada. Nesta, enfileirou-se desde logo no *Simbolismo, um pouco pela semelhança entre o movimento novo e a tendência romântica que lhe era inata. E ao Simbolismo manteve-se fiel até o fim. Seu sentimentalismo, por vezes turbado de melancolia, pessimismo e ocasional humor satânico, equilibrado pela forte vocação ao "gracioso", explica que derivasse para atitudes lírico-amorosas parecidas com as de *Olavo Bilac, de quem, possivelmente, teria recebido influência e exemplo. Não lhe é estranha, igualmente, a atmosfera poética de Guerra Junqueiro, com quem se afinou em vários pontos. Deixou vasta obra inédita.

Obras do A.: Poesia: *Allegros e Surdinas,* 1891; *Traços Cor-de--Rosa,* 1893; *Comédia da Vida,* 1.ª série, 1897, 2.ª série, 1914; *Vovó Musa,* 1903; *Visão do Ópio,* 1906; *Na Torre de Marfim,* 1910; *Teias de Luar,* 1924; *Alma Gaúcha,* 1935.

Consultar: João Pinto da Silva, *Vultos do Meu Caminho,* Porto Alegre, 1918; Andrade Murici, *Panorama do Movimento Simbolista*

Brasileiro, vol. I, Rio, 1952; Massaud Moisés, *O Simbolismo,* vol. IV d*A Literatura Brasileira,* S. Paulo, 1966.

[M. M.]

BRITO, RAIMUNDO DE FARIAS — (★ 24/7/1862, S. Benedito, CE; † 16/1/1917, Rio) Formado em Direito (Recife), exerce a promotoria no seu Estado e no PA, onde também leciona Filosofia do Direito, até o concurso para a cadeira de Lógica no Colégio Pedro II, em que vence * Euclides da Cunha (1909). Dividiu sua obra em duas séries: "Finalidade do Mundo" e "Ensaios sobre a Filosofia do Espírito". De posição basicamente espiritualista, foi dos primeiros no Brasil a sentir os reflexos da crise do Positivismo europeu; daí, em grande parte, a sua solidão. É um espiritualismo de fonte espinosiana, expressa pelo pampsiquismo panteísta. Traço constante de seu pensamento é a ênfase na moralidade como "função prática" de toda filosofia e base de todo direito (*A Verdade Como Regra das Ações,* 1905). A influência de F. B. exerceu-se principalmente sobre * Jackson de Figueiredo e os demais corifeus da chamada "reação espiritualista".

OBRAS DO A.: *A Filosofia Como Atividade Permanente do Espírito Humano,* 1895; *A Filosofia Moderna,* 1899; *Evolução e Relatividade,* 1905; *A Base Física do Espírito,* 1912; *O Mundo Interior,* 1914; *Inéditos e Dispersos,* compil. e pref. de Carlos Lopes de Matos, S. Paulo, 1966 (com farta bibliografia).

CONSULTAR: Jônatas Serrano, *F. B., o Homem e a Obra,* S. Paulo, 1939; Sílvio Rabelo, *F. B. ou Uma Aventura do Espírito,* Rio, 1941; Laerte Ramos de Carvalho, *A Formação Filosófica de F. B.,* S. Paulo, 1951; *Anais do IV Congresso Nacional de Filosofia,* Fortaleza/S. Paulo, 1962; Djacir Meneses, *Evolucionismo e Positivismo na Crítica de F. B.,* 1962.

[A. B.]

BROQUÉIS — Obra poética, composta quase que inteiramente de sonetos, com a qual, e mais o *Missal,* * Cruz e Souza inicia, em 1893, o * Simbolismo entre nós. Ao mesmo tempo que ligado ao formalismo parnasiano, *Broquéis* pretende alcançar a abstração e a metaforização simbolistas (cf. o poema de abertura "Antífona", verdadeira profissão de fé da nova tendência). São seus temas preferidos a Mulher e o Amor, que conduzem o poeta a uma espécie de "espanto" cósmico nascido da eroticidade desperta. Dela decorre, ainda, o tom de exacerbação esteticista e sensual, limitada apenas pela transcendentalidade da descoberta, numa espiritualização da carne e carnalização do espírito que, além de lembrar a poesia barroca, evidencia a semelhança com o lirismo de Baudelaire. Histórica e esteticamente, *Broquéis* é um verdadeiro marco, pelos caminhos que abriu e pela força de sua expressão poética.

CONSULTAR: Maria Helena Camargo Regis, *Linguagem e Versificação em "Broquéis",* Florianópolis, 1976.

[M. M.]

BYRONISMO — Corrente de pensamento diante dos problemas da literatura e da vida humana, em consonância com as idéias, a vida e a obra literária do poeta George Gordon, sexto Lorde Byron, nascido em

Londres (1788) e falecido na Grécia quando se preparava para participar da guerra de libertação daquele país contra os turcos (1824). O Byronismo projetou-se na poesia brasileira em meados do século passado, e foi a face mais extremada e insólita do * Ultra-Romantismo dominante. Distinguiu-se o Byronismo literário pela temática do tédio e da morte, pelo ceticismo e o culto do funéreo, pela sobreposição da fantasia mais desgovernada à realidade. * Álvares de Azevedo é o representante, por excelência, do Byronismo no Brasil, distinguindo-se ainda, pela sua poesia e pela sua atitude byroniana, * Aureliano Lessa.

CONSULTAR: Pires de Almeida, *A Escola Byroniana no Brasil*, S. Paulo, 1962; Fausto Cunha, "O Individualismo Romântico", *A Literatura no Brasil* (dir de Afrânio Coutinho), vol. I, t. 2, Rio, 1956; Jamil Almansur Haddad, *Álvares de Azevedo, a Maçonaria e a Dança*, S. Paulo, 1960; Dante Moreira Leite, *O Amor Romântico e Outros Temas*, S. Paulo, 1964.

[D. C. S.]

C

CAÇADOR DE ESMERALDAS, O — Poemeto épico de * Olavo Bilac, que surgiu em livro, pela primeira vez, na edição das *Poesias* de 1902. Nesse poemeto, composto de 46 sextilhas de alexandrinos clássicos, com ordem de rimas AABCCB, O. B. narra como Fernão Dias Pais entra os sertões, em bandeira, buscando prata e esmeraldas; descreve a terra, na qual os índios recuavam ante a penetração dos brancos; fala da Serra Misteriosa e da Lagoa Vupabuçu; diz dos sete anos de marcha do Bandeirante, de seus trabalhos e sacrifícios, e imagina afinal a sua morte, com Fernão Dias segurando em febre falsas esmeraldas, à luz dos astros; mas abrira estradas e plantara povoados, e faria jus às celebrações e à gratidão futura da Pátria. O poemeto tem base histórica.

O Caçador de Esmeraldas tem sido tomado como o padrão da nota épica de B., e nessas condições eventualmente combatido por aqueles que dão prevalência ao lirismo do poeta, como surge na *Via--Láctea,* por exemplo.

CONSULTAR: João Ribeiro, *in Autores e Livros,* Rio, vol. 1, n.º 20; Euríalo Canabrava, "Crítica e Julgamento Estético", *Revista Brasileira de Poesia,* S. Paulo, jun. 1953.

[P. E. S. R.]

CALADO, ANTÔNIO CARLOS — (★ 26/1/1917, Niterói, RJ) Fez os estudos em Niterói, por cuja Faculdade de Direito se graduou. Iniciou sua carreira de jornalista em 1937, no *Correio da Manhã,* de que chegou a redator-chefe. Como funcionário da BBC de Londres, viveu na Inglaterra de 1941 a 1947.

Além de jornalista, A. C. é também teatrólogo e ficcionista. Seus dois primeiros romances, a par do gosto pela intriga linear arrematada por um *gran finale* simbólico, demonstram sua preocupação com a problemática católica do pecado e da graça, características que, segundo alguns críticos, o aproximariam da linha ficcional de Graham Greene. Em *Assunção de Salviano* (1954), cuja ação decorre numa cidade do interior baiano, os anseios de justiça social e o fanatismo religioso das populações sertanejas confluem no drama de Manuel Salviano, que, obrigado ao papel de taumaturgo por razões de tática política, se deixa empolgar por ele e acaba encontrando no martírio e na morte a plena realização de seus ardores místicos. De modo semelhante, em *A Ma-*

dona de Cedro (1957), vale-se o romancista do caso do roubo de uma imagem sacra na cidadezinha de Congonhas do Campo, MG, para, num tom entre irônico e piedoso, e em linguagem narrativa que combina elementos de ficção policial a sugestões joyceanas, tecer um estudo da mecânica psicológica do remorso e da expiação.

Obras do A.: Teatro: *A Cidade Assassinada*, 1954; *Frankel* (em inglês), 1955; *Pedro Mico*, repr. no Rio em 1957; *Forró no Engenho Cananéia*, 1964. Ensaio e reportagem: *Esqueleto na Lagoa Verde*, 1953. Romance: *Quarup*, 1967; *Bar Don Juan*, 1971; *Reflexos do Baile*, 1976.

Consultar: Adonias Filho, *Modernos Ficcionistas Brasileiros*, 1.ª série, Rio, 1958; Eduardo Portela, *Dimensões I*, 2.ª ed., Rio, 1959; Antônio Houaiss, *Crítica Avulsa*, Salvador, 1960; Nelson Werneck Sodré, "O Momento Literário", *Revista Brasileira*, Rio, ano III, n.º 15, set. 1967; Ferreira Gular, "*Quarup* ou Ensaio de Deseducação para Brasileiro Virar Gente", *idem;* Hélio Pelegrino, "*Quarup*, o Nascimento do Herói Novo", *Jornal do Brasil*, Rio, 26/8/1967; Hildon Rocha, *Entre Lógicos e Místicos*, Rio, 1968; Wilson Martins, "A Esquerda Festiva", supl. lit. d*O Estado de S. Paulo*, 29/8/1971; Malcolm Silverman, "A Prosa de Ficção do Brasileiro A. C.", *Brotéria*, Lisboa, vol. 97, jul.-dez. 1973.

[J. P. P.]

CALADO, Frei MANUEL — (★ 1584, Vila Viçosa, Portugal; † 12/7/1654, Portugal) Professou com 23 anos e pertenceu à Ordem de S. Paulo e à Congregação da Serra d'Ossa. Pouco depois veio para o Brasil, em missão, aqui ficando cerca de 30 anos. Assistiu de perto aos acontecimentos da guerra com os holandeses, até à restauração pernambucana de 15/7/1646. Em 1648, já de volta à terra natal, publicou a primeira parte d*O Valeroso Lucideno e Triunfo da Liberdade,* pouco depois proibida pela Censura. Suspensa a interdição em 1667, o livro tornou a circular, com novo frontispício e a data de 1668. A obra, escrita em prosa entremeada de verso, procura, epicamente, exaltar a figura de João Fernandes Vieira na luta contra os flamengos. De escasso valor literário, salvo pela linguagem fluente e desafetada, possui exclusivo interesse historiográfico, visto seu A. ter sido testemunha muito interessada nos acontecimentos que registra e comenta. O afã proselitista tira-lhe, porém, o equilíbrio: põe-se de frente contra os ocupantes de Pernambuco, numa atitude polêmica de todo inimiga da imparcialidade historiográfica. Apesar de tudo, *O Valeroso Lucideno* tem importância por ser dos contados relatos de acontecimentos tão decisivos na evolução histórica do Brasil.

Edições: *O Valeroso Lucideno e Triunfo da Liberdade,* 2 vols., Recife, 1943; S. Paulo, 1945 (reproduz só a primeira parte).

Consultar: Inocêncio Francisco da Silva, *Dicionário Bibliográfico Português, Estudos Aplicáveis a Portugal e ao Brasil,* vol. V, Lisboa, 1830; Olívio Montenegro, "O Valeroso Lucideno", *Diário de Pernambuco*, 6/6/1948; José Antônio Gonsalves de Melo, *Frei M. C. do Salvador,* Recife, 1954.

[M. M.]

CALASÃS, PEDRO Luziense DE Bittencourt — (★ 29/1/1837, município de Santa Luzia, província de SE; † 24/2/1874, a bordo, em viagem para Lisboa) Poeta e dramaturgo. Fez o curso de Direito na Faculdade do Recife (1855-1859). Foi promotor público em Estância.

SE, e eleito deputado geral (1861), transferiu-se para o Rio. Renunciando ao mandato, seguiu para a Alemanha, onde permaneceu algum tempo. De volta ao Brasil, ingressou na magistratura, servindo no RS e na BA. Doente, partiu para a Europa, mas morreu antes de chegar a Portugal.

Como poeta, P. de C. já foi relacionado entre os ultra-românticos. Em seu segundo livro, *Últimas Páginas* (1858), passou do * Ultra-Romantismo ao romantismo épico, precedendo * Castro Alves no vocabulário e em numerosas formas de expressão condoreira. A influência de Vítor Hugo, Lamartine e Musset é patente em P. de C. Sílvio Romero o considera precursor da "poesia realista" pela sua preocupação, notadamente em *Wiesbade* (1864), de pintar os vícios da civilização; é bem de ver, porém, que P. de C. o faz com tiradas retóricas e moralizantes tipicamente românticas.

Obras do A.: Poesia: *Páginas Soltas,* 1855; *Ofenísia,* 1864; *Camerino,* 1875; *A Cascata de Paulafonso,* 1906. Teatro: *Uma Cena de Nossos Dias,* 1864. Outros gêneros: *A Demagogia Entre Nós,* 1861 (com pseudônimo).

Consultar: Armindo Guaraná, *Dicionário Bibliográfico Sergipano,* Rio, 1925; Sílvio Romero, *História da Literatura Brasileira,* 5.ª ed., t. IV, Rio, 1953.

[D. C. S.]

CALDAS, Antônio Pereira de SOUSA — (★ 24/11/1762, Rio; † 12/3/1814, *idem*) Filho de portugueses, passou a infância e a mocidade em Portugal, estudando Matemáticas e Leis em Coimbra. Ainda estudante, teve de haver-se com o Santo Ofício que o prendeu sob a acusação de "deísta", o que indica as suas simpatias pelo Iluminismo francês. A sua "Ode ao Homem Natural" já trai, de resto, evidentes influências de Rousseau. Essa abertura às correntes modernas induziu-o a uma forma de religiosidade em que predominavam a natureza e o sentimento, postura, em parte, comum a outros poetas pré-românticos (V. Frei * Francisco de S. Carlos e * Elói Otôni). Já sacerdote, traduziu a primeira metade dos *Salmos.* É uma versão apreciável, pois, embora molde os versículos bíblicos em estrofes e ritmos neoclássicos, denunciando também no léxico uma formação acadêmica, preludia claramente o gosto da eloqüência religiosa que seria um dos traços definidores da primeira geração romântica.

Obras do A.: *Obras Poéticas,* vol. I, *Salmos de David, vertidos em ritmo português;* vol. II, *Poesias Sacras e Profanas,* 1820-1821.

Consultar: José Veríssimo, *História da Literatura Brasileira,* Rio, 1916; Antônio Cândido, *Formação da Literatura Brasileira,* vol. I, S. Paulo, 1959.

[A. B.]

CAMARGO, JORACI Schafflor — (★ 18/10/1898, Rio; † 12/3/1973, *idem*) Completados os estudos secundários no Ginásio Federal, cursou a Faculdade Livre de Direito e o Instituto Comercial do Rio. Bacharelou-se em Ciências Jurídicas e Comerciais em 1928, um ano depois de ter encerrado sua carreira de ator, na qual se iniciara aos 14 anos da idade. Exerceu sucessivamente os cargos de professor, oficial aduaneiro, escriturário do Tesouro Nacional, redator d*A Pátria* e d*A*

Manhã, e diretor dos teatros Recreio, Trianon, João Caetano e Cassino Beira-Mar. A partir de 1931, dedicou-se exclusivamente a escrever peças teatrais e radiofônicas (V. Teatro). Pertenceu à A.B.L.

Obras do A.: Comédias: *Mania de Grandeza,* 1943 (repr. 1929); *O Bobo do Rei* (repr. 1930); *Boneco de Trapo,* 1931; *Deus lhe pague,* 1932; *Maria Cachucha,* 1940 (repr. 1933); *Sindicato dos Mendigos,* 1939; *Bagaço,* 1946; e numerosas outras, que vêm referidas em J. Galante de Sousa, *O Teatro no Brasil,* t. II, Rio, 1960; *Teatro de J. C.,* 1961 (reúne três de suas peças).

Consultar: Erwin Hischowicz, *Contemporâneos Interamericanos,* 2.ª ed., Rio, 1949; Sábato Magaldi, *Panorama do Teatro Brasileiro,* S. Paulo, 1962; Décio de Almeida Prado, *Apresentação do Teatro Brasileiro Moderno,* S. Paulo, 1965.

[J. P. P.]

CAMINHA, ADOLFO Ferreira — (★ 29/5/1867, Aracati, CE; † 1.º/1/1897, Rio) Criança enfermiça, esteve às portas da morte por três vezes. Em 1877, em meio a uma das mais intensas secas jamais vistas no Nordeste, fica órfão, juntamente com mais cinco irmãos. Vai para o Rio, onde é criado por um tio. Aos treze anos, ingressa na Escola Naval, de onde sai segundo-tenente. Em 1888, regressa a Fortaleza e envolve-se em rumoroso escândalo, ao raptar a esposa de um alferes. O Ministro da Marinha interfere, baldadamente, para pôr cobro à situação. A. C., pressionado de todos os lados, dá baixa e com a mulher e duas filhas segue para o Rio, onde vive como funcionário público. Acossado pelas dificuldades econômicas e debilitado pela tuberculose, morre precocemente.

Vocação excepcional para a literatura, A. C. só não produziu mais e melhor em razão das adversidades. Dedicou-se à crítica literária (*Cartas Literárias,* 1895), filiando-se ao pensamento filosófico de Taine e de Zola, a quem considerava verdadeiro mestre. Foi um crítico imparcial, de grande poder de análise e percepção dos valores estéticos, que lhe permitiu reconhecer, a despeito das limitações da época, o talento de ＊Cruz e Sousa. Como romancista, ocupa lugar de relevo no ＊Naturalismo, ao lado de ＊Aluísio Azevedo, malgrado o descaso da crítica pela sua obra. Além de trabalhos inéditos ou inacabados (*Versos, Pequenos Contos, Cartas, Ângelo, O Emigrado,* estes dois últimos romances), deixou três romances publicados: *A Normalista* (1893), *Bom Crioulo* (1895) e *Tentação* (1896). Naturalista convicto, faz, na primeira dessas obras, amarga crítica à sociedade do CE, corrompida pela hipocrisia e pela frouxidão dos princípios morais e religiosos. Maria do Carmo, a principal protagonista, é uma jovem desavisada que se deixa seduzir pela padrinho inescrupuloso, João da Mata. Ao lado de forte influência da "maneira" de Eça de Queirós, quer na linguagem, quer na estrutura da narrativa, é de observar certa falsidade no enredo, fruto da ortodoxia naturalista. Tecnicamente, o livro deixa a desejar, não obstante já evidencie os méritos do romancista. No *Bom Crioulo,* superando em certa medida a influência de Eça e aproveitando as experiências de embarcadiço, A. C. deixou-nos o melhor de sua obra. O entrecho focaliza o problema da pederastia entre marinheiros, através da ligação de um rapaz branco, meio bisonho, com um crioulo escolado, mas de bons sentimentos, como o título sugere. A interferência de uma personagem feminina, em terra, atraindo a atenção do moço,

93

faz que o crioulo o mate sob o acicate do ciúme. A ação progride com força e tensa verossimilhança até o desfecho. É dos melhores romances da nossa literatura; nele, A. C. soube desenvolver com sóbria mestria tema dos mais escabrosos. *Tentação*, romance no qual, aproveitando experiência própria e alheia, retrata a desilusão de um casal cearense no Rio, não alcança o nível do anterior.

Em que pese ao influxo de Eça de Queirós, A. C. realizou obra pessoal, de sentido permanente. Dono de prosa incisiva, vigorosa e fluente, atentou mais para a pintura de personagens e cenas psicológicas do que para os pormenores de ambiente, com isso superando a estreiteza do Naturalismo.

Obra do A.: *No País dos Ianques*, 1894.

Consultar: Valdemar Cavalcanti, "O Enjeitado A. C.", *O Romance Brasileiro de 1752 a 1930* (org. de Aurélio Buarque de Holanda Ferreira), Rio, 1952; *Autores e Livros* (supl. lit. d*A Manhã*), vol. IV, n.º 14, Rio, 1943; Lúcia Miguel-Pereira, *Prosa de Ficção 1870-1920*), Rio, 1950; Sabóia Ribeiro, *Roteiro de A. C.*, Rio, 1957.

[M. M.]

CAMPOS Veras, HUMBERTO DE (★ 25/10/1886, Miritiba, MA; † 5/12/1934, Rio) De infância pobre, emigrou de sua cidadezinha para S. Luís, capital do Estado, onde labutou no comércio; ainda no exercício dessa atividade, residiu no PA e chegou a gerente de seringal no AM. Estudando nas horas vagas, hauriu conhecimentos que lhe abriram as portas da imprensa, no Norte. Transferindo-se para o Rio, continuou no jornalismo e ingressou na política, vindo a representar o seu Estado na Câmara Federal. Com a revodução de 1930, perdeu a posição política, tendo enfrentado sérias dificuldades de ordem material, a que se juntáram os males de grave moléstia que o acometeu e em conseqüência da qual veio a sucumbir. Foi membro da Academia Brasileira de Letras.

Poeta de formação parnasiana, pertenceu a uma geração em que as normas da escola perderam a rigidez, deixando-se influenciar da fluidez simbolista. Ficou, entretanto, mais parnasiano do que simbolista; em sua poesia, em que evocou o mundo amazônico e pela qual também perpassou o combusto Nordeste, predomina o senso do objetivo sobre o sentimento do subjetivo, a nitidez dos objetos externos sobre o esfumado das reflexões internas.

Foi, contudo, entre os nossos prosadores, um dos que granjearam maior notoriedade, mais atenção impôs e melhor lugar conquistou nas letras. No campo da prosa, extensa é a sua obra. Foi memorialista, cronista, contista e crítico literário. Nos livros de memórias estão vívidas evocações de seres e ambientes, coisas e acontecimentos, através de linguagem tersa e precisa. Nas crônicas, há riqueza de emoção, não de todo expurgada de alguma concessão ao sentimentalismo fácil, com endereço ao leitor de jornal, a que se destinavam originariamente. Os contos ora fixam aspectos sertanejos, ora põem em movimento personagens citadinos; a alguns não faltam toques mórbidos e outros não carecem de características de apólogos: todos se banham de técnica e concepção realistas. A sua crítica literária tem uma forma mista, impressões de leituras se misturam com reminiscências do A., considerações sobre a obra se alternam com conceitos de ordem geral, às vezes entremeados de digressões eruditas, nunca, porém, a ponto de pesarem sobre o texto.

Obras do A.: Poesia: *Poeira...*, 1.ª série 1911; *Poeira...*, 2.ª série, 1917; *Poesias Completas*, 1933. Crônica: *Da Seara de Booz*, 1918; *Mealheiro de Agripa*, 1920; *Os Párias*, 1933; *Lagartas e Libélulas*, 1933; *Sombras que sofrem*, 1934; *Destinos*, 1935; *Notas de um Diarista*, 1.ª e 2.ª séries, 1935 e 1936; *Um Sonho de Pobre*, 1935; *Contrastes*, 1936; *Perfis*, 1.ª e 2.ª séries, 1936. Memorialismo: *Memórias*, 1933; *Memórias Inacabadas*, 1935. Contos: *O Monstro e Outros Contos*, 1932; *A Sombra das Tamareiras*, 1934; *Vale de Josafá*, 1919; *Tonel de Diógenes*, 1920; *A Bacia de Pilatos*, 1923. Crítica: *Carvalhos e Roseiras*, 1923; *Crítica*, 1.ª e 2.ª séries, 1933; 3.ª série, 1935; 4.ª série, 1936.

Consultar: Andrade Murici, *Alguns Poetas Novos*, Rio, 1918; Medeiros e Albuquerque, *Páginas de Crítica*, Rio, 1920; João Ribeiro, *Crítica*, II, Rio, 1957; Elói Pontes, *Obra Alheia*, Rio, s.d.; Macário de Lemos Picanço, *H. de C.*, Rio, 1937; Hermes Vieira, *H. de C. e sua Expressão Literária*, S. Paulo, s. d.; Fernando Góes, *Pré-Modernismo*, vol. V do *Panorama da Poesia Brasileira*, Rio, 1960.

[J. Pa.]

CAMPOS, GEIR Nuffer — (★ 28/2/1924, S. José do Calçado, ES) Terminou o curso secundário no Colégio Pedro II, do Rio. Após cursar a Escola de Marinha Mercante, obteve carta de piloto e navegou em navios do Lóide até o término da Segunda Guerra. Fixando-se no Rio, fez estudos incompletos de Direito e Letras Anglo-Germânicas. Dedicou-se profissionalmente ao jornalismo e à literatura; manteve programas literários na Rádio Ministério da Educação, foi cronista e articulista d*A Noite*, do *Diário de Notícias* e de *Paratodos*, traduziu vários autores, entre os quais Kafka, Whitman, Rilke e Brecht. Como poeta, estreou em livro com *Rosa dos Rumos* (1950). Desde então, tem publicado outras coletâneas de poemas. V. Neomodernismo: Poesia.

Obras do A.: *Arquipélago*, 1952; *Coroa de Sonetos*, 1953; *Canto Claro e Poemas Anteriores*, 1957; *Operários do Canto*, 1959; *Canto Provisório*, 1960; *Cantigas de acordar mulher*, 1964; *Metanáutica*, 1970; *Canto de Peixe & Outros Cantos*, 1977. Crítica e teoria literária: *Alberto de Oliveira* (ensaio e antologia), 1959; *Pequeno Dicionário de Arte Poética*, 1960.

Consultar: Sérgio Milliet, *Diário Crítico*, vol. II, S. Paulo, 1953; Eduardo Portela, *Dimensões I*, 2.ª ed., Rio, 1959; Péricles Eugênio da Silva Ramos, "O Modernismo na Poesia", *A Literatura no Brasil* (dir de Afrânio Coutinho), vol. III, t. 1, Rio, 1959; Eliseu Maia, "Trajetória Poética de G. C.", *Jornal de Letras*, Rio, maio 1959; Álvaro Lins, "G. C.: Piloto e Poeta", *Diário de Notícias*, Rio, 7/10/1962; Juvenille Pereira, "G. C. — Um Trabalhador Intelectual", *Tribuna*, Niterói, 28 e 29 ago. 1977.

[J. P. P.]

CAMPOS, José Maria MOREIRA (★ 6/1/1914, Senador Pompeu, CE) Viveu a infância e parte da adolescência em Labras da Mangabeira, lugar com o qual afetivamente se identifica. É formado em Direito pela Universidade Federal do Ceará e professor de Literatura Portuguesa na mesma instituição. Pertence à Academia Cearense de Letras. Participou do grupo da revista *Clã*.

A ficção de M. C. caracteriza-se, no plano temático, pela fixação de tipos e situações: o puxador de terço, os meninos que assistem à morte da mulher, o malandro que ludibria a moça incauta, o traído que se acomoda à vida imposta pela adúltera, indo do patético à descrição naturalista vigorosa e tensa. Começando inseguro na criação da situação-ambiente, na síntese e no desenvolvimento da narração, o A. descobre o melhor de sua ficção, quando entrou a cultivar a narrativa que deflagra no episódio mínimo referto de implicações: os humildes descritos no drama existencial, os anormais, a falsa moralidade, a abjeção mediante a contemplação da miséria e dos defeitos físicos, num estilo que, traindo o pendor naturalista de M. C., evita o termo ambíguo ou a imprecisão.

OBRAS DO A.: *Vidas Marginais*, 1949; *Portas Fechadas*, 1957; *As Vozes do Morto*, 1963; *O Puxador de Terço*, 1969; *Contos Escolhidos*, 1971; *Os Doze Parafusos*, 1978. Poesia: *Momentos*, 1976.

CONSULTAR: Braga Montenegro, *Correio Retardado*, Fortaleza, 1966; Raquel de Queirós, pref. a *O Puxador de terço*, ed. cit.; Temístocles Linhares, *22 Diálogos sobre o Conto Brasileiro Atual*, Rio, 1973.

[V. A.]

CAMPOS, PAULO MENDES — (★ 28/2/1922, Belo Horizonte, MG) Poeta e cronista, começou sua atividade literária em Belo Horizonte, quando participou de um grupo jovem de escritores (* Oto Lara Rezende, * Fernando Sabino, Hélio Pelegrino, João Etienne), depois, juntou-se a * João Alphonsus, * Carlos Drummond de Andrade, * Emílio Moura, * Murilo Rubião, rebeldes ao academismo e à convenção. Quando adolescente, cursou a Escola Preparatória de Cadetes (Porto Alegre), mas a vida militar não se coadunava com seu temperamento. Estudou Odontologia, Direito e Veterinária. Em 1945, veio para o Rio onde tem exercido várias atividades.

A poesia de P. M. C., que muitos críticos colocam na "Geração de 45", é intimista, com uma pungente saudade da infância e do tempo perdido. Embora participasse de um grupo cuja preocupação é o verso escandido com perfeição, o melhor de seu lirismo reside nos versos que, escritos "ao correr da pena", transbordam de emoção e sentimento. Mas o prestígio que desfruta vem da qualidade ímpar de suas crônicas, tendo como assunto o tipo humano ingênuo, suas glórias e aventuras, suas miudezas que fazem ainda suportável a vida: a criança e seu universo, o homem bom e amorável, a jovem ou o adolescente, eis a matéria de um dos mestres da crônica em nossa literatura.

OBRAS DO A.: *A Palavra Escrita*, poesia, 1955; *O Domingo Azul do Mar*, poesia, 1958; *O Cego de Ipanema*, crônicas, 1960; *Homenzinho na Ventania*, crônicas, 1962; *O Anjo Bêbado*, crônicas, 1969; *Supermercado*, crônicas, 1976; *Páginas de Humor e Humorismo*, antologia, 1976.

CONSULTAR: Milton de Godoy Campos, *Antologia Poética da Geração de 45*, S. Paulo, 1966; Renard Perez, *Escritores Brasileiros Contemporâneos*, 2.ª série, Rio, 1970.

[V. A.]

CANAÃ — Romance de * Graça Aranha, publicado em 1902. Teria o A., quando juiz em Cachoeiro de Santa Leopoldina, no ES, colhido ali os dados ambientais da obra, nosso primeiro romance sobre a vida dos imigrantes europeus. Com efeito, o enredo de *Canaã* gira em torno da vida social em uma colônia alemã em Porto do Cachoeiro. A ela chegam dois imigrantes, Milkau e Lentz, que simbolizam concepções opostas da existência: um, a solidariedade universal fortemente impregnada de panteísmo; outro, a exaltação do mais forte, particularizada no imperialismo racista germânico. Para o primeiro, é o Brasil a terra prometida, Canaã, onde a fusão pacífica das raças, livre dos preconceitos europeus, suscitará uma humanidade renovada. Em repetidos diálogos com o amigo, a propósito do trabalho rural ou das cerimônias e festas da colônia, vai expondo suas teorias, misto de Rousseau e dos evolucionistas alemães, naturalista e romântico. A trama amorosa desenvolve-se entre Milkau e Maria, filha de imigrantes. A jovem, seduzida pelo filho do casal a quem serve de criada, é expulsa de casa e erra pela colônia, repelida e maltratada, até que vem dar à luz, junto a um rio, sendo o recém-nascido devorado pelos porcos. Prendem-na como assassina da criança. Mas Milkau prepara-lhe a fuga e o romance termina descrevendo a impetuosa corrida de ambos em busca de uma Canaã, generosa e perfeita, mas que, reconhece-o Milkau, só as futuras gerações poderão criar. A obra, marcada por intenções sociais e filosóficas, ressente-se de certo caráter artificioso, condicionando-se o comportamento das personagens à estruturação de símbolos, o que lhes restringe, *ipso facto,* a espontaneidade. É romance *ideológico* (conflito de doutrinas: evolucionismo progressista contra racismo beligerante) e *documental* (vida social de uma colônia, resistências xenófobas, corrupção da burocracia judiciária nacional). Na predominância desses dois aspectos consiste seu principal limite como obra de arte. Estilisticamente, oscila entre o * Naturalismo, nas pitorescas descrições do meio social ou nas cenas cruas e violentas, e o * Impressionismo para-simbolista, enquanto espiritualiza e transfigura a natureza física. Em virtude de sua temática reflexamente nacional, tem sido valorizada, talvez excessivamente, a significação de *Canaã* como romance pré-modernista, para o que contribuiu a adesão de Graça Aranha à * Semana de Arte Moderna, em 1922.

[A. B.]

CÂNDIDO DE MELO E SOUSA, ANTÔNIO — (★ 24/7/1918, Rio) Diplomou-se em Ciências Sociais e Políticas pela Faculdade de Filosofia da Universidade de S. Paulo (1941), onde lecionou Sociologia e, posteriormente, Teoria da Literatura. Foi docente de Literatura Brasileira na Faculdade de Filosofia de Assis, SP, e deu cursos dessa matéria na Sorbonne.

Como de hábito entre nós, A. C. começou pela chamada "crítica de rodapé", que, a partir de 1941, exerceu com seriedade e profundeza ensaística em revistas como *Clima,* de que foi um dos fundadores, e jornais como a *Folha da Manhã,* de S. Paulo. Dedicando-se posteriormente à investigação literária de caráter universitário, escreveu, além de outros trabalhos de menor vulto, um alentado ensaio, em dois volumes, acerca da *Formação da Literatura Brasileira* (1959). Verdadeiramente modelar pela propriedade com que situa a análise e avaliação propriamente estéticas do fato literário no contexto histórico-social em que ele ocorre, essa obra estuda os autores, obras e aspectos gerais mais relevantes daqueles momentos que o A. reputa "decisivos" na nossa * história literária, a saber: o * Neoclassicismo, quando a literatura brasileira se organiza num sistema "orgânico", e o * Romantismo, quando se define uma consciência literária efetivamente nacional.

OBRAS DO A.: Ensaios Literários: *Introdução ao Método Crítico de Sílvio Romero*, 1945; *Brigada Ligeira*, s. d.; *Ficção e Confissão* (estudo sobre a obra de * Graciliano Ramos), 1956; *O Observador Literário*, 1959; *Tese e Antítese*, 1964; *Literatura e Sociedade*, 1965; *Vários Escritos*, 1970. Antologia: *Presença da Literatura Brasileira*, 1964, 3 vols., em col. com J. Aderaldo Castelo. Sociologia: *Os Parceiros do Rio Bonito*, 1964.

CONSULTAR: Sérgio Milliet, *Diário Crítico*, vol. III, S. Paulo, s. d.; Haroldo Bruno, "Por Uma Crítica Integral", *Correio da Manhã*, Rio, 27/11/1965; Afrânio Coutinho, "Conceito de Literatura Brasileira", *Diário de Notícias*, Rio, 13/12/1959; Wilson Chagas, *Conhecimento do Brasil (E Outros Ensaios)*, Rio, 1972.

[J. P. P.]

CANECA, FREI JOAQUIM DO AMOR DIVINO (★ 1774?, Recife, PE; † 13/1/1825, *idem*) Professou na Ordem do Carmo, em Recife (1796). Esteve quatro anos preso na Bahia por ter participado da revolução de 1817. De volta a Recife, combateu, através de seu jornal, *O Tífis Pernambucano*, a política autocrática de Pedro I. Morreu fuzilado após o malogro da Confederação do Equador (1824), de que foi um dos cabeças.

As *Obras Políticas e Literárias de Frei J. do A. D. C.*, compiladas por Antônio Joaquim de Melo (2 vols., 1875-1876), reúnem cartas, poemas, sermões, obras didáticas e escritos políticos. Nestes, revela-se F. C. admirador de Montesquieu, cujas idéias acerca da liberdade política e da separação de poderes perfilhou na sua ardente pregação constitucionalista. Panfletário erudito e impetuoso, ufano, até o separatismo, das tradições revolucionárias de Pernambuco, é das figuras mais características da nossa * Ilustração.

CONSULTAR: Lemos Brito, *A Gloriosa Sotaina do Primeiro Império*, S. Paulo, 1937; Antônio Cândido, *Formação da Literatura Brasileira*, vol. I, S. Paulo, 1959.

[J. P. P.]

CAPITU — Personagem de * *D. Casmurro*, romance de * Machado de Assis. Privilegiada por natureza, em contraste com o acanhado ambiente fluminense dos fins do século XIX, Capitu desde tenra idade vai desenvolvendo aspectos caracterológicos de perigosas conseqüências. Dissimulada, com "olhos de ressaca", "de cigana oblíqua", consegue esconder de todos a perfidiosa, embora involuntária, visão da realidade e das pessoas. Finalmente, casa-se com Bentinho, cujo nome parece designar-lhe a imanente ingenuidade. Com inalterável frieza, trai o marido com seu melhor amigo e consegue manter secreto o delito até que seu filho Ezequiel e a morte de Escobar a denunciassem: o primeiro, porque parecido com o verdadeiro pai; o segundo, porque, no ataúde, provoca em Capitu reações muito flagrantes e comprometedoras. Com igual indiferença, ou fleuma, deixa-se anular e morrer. É a mais forte das personagens femininas de Machado de Assis, pela singular verossimilhança psicológica, e das mais acabadas figuras-símbolo da nossa literatura.

[M. M.]

CARDIM, P. FERNÃO — (★ 1540? 1548?, Viana de Alvito, Portugal; † 27/1/1625, Aldeia do Espírito Santo, Abrantes, BA) Veio para o Brasil em 1583 e aqui exerceu importantes cargos na Companhia de Jesus (para que entrara em 1566), inclusive o de Provincial do Brasil. Fez longa peregrinação pelas capitanias da Bahia, Ilhéus, Porto Seguro, Pernambuco, Espírito Santo, Rio e S. Vicente, e das observações feitas durante esse jornadear nasceria a sua obra, distribuída em três tratados: *Do Clima e Terra do Brasil, Do Princípio e Origem dos Índios do Brasil e Informação da Missão do Padre Cristóvão de Gouvea às Partes do Brasil.* Coube a *Capistrano de Abreu a identificação da autoria dos dois primeiros, divulgados originalmente em inglês, e a *Varnhagen, em português, a edição identificada do último (ed. completa: *Tratados da Terra e Gente do Brasil,* S. Paulo, 1939). Registro coetâneo enriquecido de reflexões, os tratados de F. C. são de inegável valor descritivo para a história econômica e social do Brasil.

CONSULTAR: Capistrano de Abreu, "F. C.", *O Jornal,* Rio, 27/1/1925; Serafim Leite, *História da Companhia de Jesus no Brasil,* t. VIII, Rio, 1949; Varnhagen, *História Geral do Brasil,* 5 vols., S. Paulo, 1956.

[J. R. A. L.]

CARDOSO FILHO, JOAQUIM LÚCIO — (★ 14/8/1913, Curvelo, MG; † 24/9/1968, Rio) Passou a infância em Belo Horizonte, onde iniciou os estudos secundários, que veio a completar no Rio. Recebeu educação católica, notável em toda a sua obra. Leitor precoce de Dostoievski e de Ibsen, aos 20 anos escreveu um romance excepcional pela criação de atmosfera (*Maleita,* 1933), no qual fixava comunidades míseras e doentes do sertão baiano. Na mesma esteira de *Maleita,* compõe seu segundo romance, *Salgueiro* (1935), de forte poder descritivo, sentido introspectivo e acentuada inclinação pelos aspectos mórbidos da existência, quer coletiva, quer individual. Seu romance seguinte, *A Luz no Subsolo* (1936), já se revelou decisivamente introspectivo. Encontrado seu verdadeiro módulo como ficcionista, L. C. produziu copiosamente entre romances e novelas, tentando também a experiência teatral, com menor felicidade. As forças componentes de sua obra são vigor descritivo, introspecção, morbidez e inclusão da perspectiva sobrenatural. Tais características encontram-se superiormente sintetizadas na *Crônica da Casa Assassinada* (1959), em que são levadas ao alucinatório as tendências subterrâneas e demoníacas da alma, dentro de uma concepção híbrida e decadente entre freudiana e católica. Quanto à situação literária do A. no quadro da ficção brasileira pós-modernista, aproxima-o a crítica de *Otávio de Faria; tal relação porém, só deve estabelecer-se no plano geral do conteúdo psicológico e ideológico (obsessões da infância e da adolescência e problemática religiosa), não no da realização formal, superior em L. C.

OBRAS DO A.: *Mãos Vazias,* 1938; *O Desconhecido,* 1941; *Dias Perdidos,* 1943; *Novas Poesias,* 1944; *Inácio,* 1944; *O Escravo,* teatro, 1945; *A Professora Hilda,* 1945; *Anfiteatro,* 1946; *O Enfeitiçado,* 1954.

CONSULTAR: Agripino Grieco, *Gente Nova do Brasil,* Rio, 1935; Otávio de Faria, *Dois Poetas,* Rio, 1935; Álvaro Lins, *Jornal de Crí-*

tica, 1.ª série, Rio, 1941; Nelson Werneck Sodré, *Orientações do Pensamento Brasileiro*, Rio, 1942; Roberto Alvim Correia, *O Mito de Prometeu*, Rio, 1951; Renard Perez, *Escritores Brasileiros Contemporâneos*, 2.ª série, Rio, 1964; Marcos Konder Reis, "A Terceira Pessoa", *in Três Histórias da Cidade* (reed. de *Inácio, Anfiteatro, O Enfeitiçado*), Rio, 1969; Maria Alice Barroso, "L. C. e o Mito", *in Três Histórias de Província* (reed. de *Mãos Vazias, O Desconhecido, A Professora Hilda*), Rio, 1969.

[A. B.]

CARDOSO, JOAQUIM MARIA MOREIRA — (★ 26/8/1897, Recife, PE; † 4/11/1978, Olinda, PE) Por volta de 1923, aproximou-se dos modernistas do Recife, em cujas revistas e suplementos literários colaborou. Formou-se em 1930 pela Faculdade de Engenharia de sua cidade natal. Dez anos depois transferiu-se para o Rio, onde trabalhou no Serviço do Patrimônio Histórico e Artístico Nacional e participou dos principais projetos arquitetônicos de Oscar Niemeyer: Pampulha, Brasília, etc.

Publicados tardiamente, os *Poemas* (1947) de J. C. reuniram-lhe a produção poética, de 1925 àquela data. Nos versos mais antigos, o gosto com que o poeta registrava os aspectos pitorescos do Recife — alvarengas, mangues, pontes, velhas ruas — evidenciava sua adesão, discreta embora, ao nacionalismo programático de 22. Em poemas mais recentes, sobretudo nos de *Signo Estrelado* (1960), tais notas localistas, transfiguradas em metáforas, se integram numa dicção poética cujo sentido abstrato e intelectualista levou * Carlos Drummond de Andrade a aproximá-la, com razão, da de Valéry. Em *O Coronel de Macambira* (1963), prolongando a linha participante de certas peças do seu livro de estréia, aproveitou J. C. sugestões folclóricas do Bumba-meu-Boi para compor um poema dramático de refinada simplicidade formal, em que fixa, satiricamente, a exploração do sertanejo nordestino pelos grandes proprietários rurais.

OBRAS DO A.: *Prelúdio e Elegia de Uma Despedida*, 1952; *De uma Noite de Festa*, 1971; *Poesias Completas*, 1971; *Os Anjos e os Demônios de Deus*, 1973; *Antônio Conselheiro*, 1975.

CONSULTAR: Carlos Drummond de Andrade, *Passeios na Ilha*, Rio, 1952; Renard Perez, *Escritores Brasileiros Contemporâneos*, 2.ª série, Rio, 1964; José Guilherme Merquior, *Razão do Poema*, Rio, 1965; Sebastião Uchoa Leite, *Participação da Palavra Poética*, Rio, 1966; Fernando Py, "J. C.", *Poetas do Modernismo* (dir. de Leodegário A. de Azevedo Filho), vol. IV, Brasília, 1972.

[J. P. P.]

CARLOS, FREI FRANCISCO DE SÃO — (★ 13/8/1768, Rio; † 6/5/1829, *idem*) Chamou-se no século Francisco Carlos da Silva. Ingressou no Convento da Imaculada Conceição, do Rio, aos 13 anos de idade, tendo sido ordenado no convento da extinta Vila de Santo Antônio do Macacu. De volta ao Rio, granjeou fama de orador sacro, a ponto de ser nomeado por D. João VI pregador da Capela Real. A serviço de sua Ordem, a franciscana, viajou por SP, MG e ES. Teria participado com destaque numa Arcádia Franciscana Fluminense que, segundo tradição recolhida por * Melo Morais Filho, se reunia no Convento de Santo Antônio, no Rio

Além de alguns sermões esparsos, F. de S. C. deixou *A Assunção* (1819), "arremedo ou sombra de poema épico", conforme suas próprias palavras. Nele celebra, em cerca de 7 000 decassílabos, ao longo de oito cantos ordenados dentro do esquema épico tradicional de invocação, narração e episódios, a assunção da Virgem Maria e sua glorificação no Paraíso, que aparece patrioticamente enfeitado com as galas da natureza brasileira. A unção religiosa do A. não basta para compensar a pobreza de ação dramática e monotonia formal do poema. Embora se tenha querido ver em F. de S. C. notas pré-românticas, ele se mostra nitidamente neoclássico na impregnação camoniana e sannazaresca.

CONSULTAR: Melo Morais Filho, *Parnaso Brasileiro*, vol. I, Rio, 1885; Haroldo Paranhos, *História do Romantismo no Brasil*, vol. I, S. Paulo, 1937; Ferdinand Wolf, *O Brasil Literário*, trad. de Jamil Almansur Haddad, S. Paulo, 1955; Antônio Cândido, *Formação da Literatura Brasileira*, vol. I, S. Paulo, 1959; José Aderaldo Castelo, *Manifestações Literárias da Era Colonial*, vol. I d*A Literatura Brasileira*, S. Paulo, 1962.

[J. A. H.]

CARTAS — V. EPISTOLOGRAFIA.

CARVALHO JR., FRANCISCO ANTÔNIO DE — (★ 6/5/1855, Rio; † 2/5/1879, *idem*) Matriculou-se em 1873 na Faculdade de Direito de S. Paulo; em 1875, inscreveu-se no 3.º ano da Faculdade do Recife; em 1877, voltou para São Paulo, onde se diplomou. Foi promotor público em Angra dos Reis (1878-1879).

Figura das principais — a despeito da exigüidade de sua obra — da poesia brasileira da fase realista, foi autor, também, de uma peça de teatro, *Parisina,* inspirada no poema de Byron, do mesmo nome. Destacou-se ainda no tempo de estudante pelos artigos de crítica à poesia romântica.

OBRAS DO A.: *Parisina* (1879), livro póstumo contendo a peça do mesmo nome, as poesias, os folhetins, a crítica literária e os escritos políticos do A., além do seu retrato e um prefácio de Artur Barreiros.

CONSULTAR: Machado de Assis, *Crítica Literária*, Rio, 1910; Péricles Eugênio da Silva Ramos, "A Renovação Parnasiana na Poesia", *A Literatura no Brasil* (dir. de Afrânio Coutinho), vol. II, Rio, 1957; Domingos Carvalho da Silva, "O Autor de *Parisina*", supl. lit. d*O Estado de S. Paulo*, de 18/7/1959.

[D. C. S.]

CARVALHO, JOSÉ CÂNDIDO DE — (★ 1914, Campos, RJ) Jornalista, escreveu um romance em 1939 (*Olha para o céu, Frederico*), de pouca ou nenhuma repercussão. Teve que esperar até 1964, com *O Coronel e o Lobisomem,* para se impor como um dos mais importantes ficcionistas brasileiros, pelo estilo e pela temática. Um olhar superficial sobre o romance, que se passa na região açucareira do Rio, situa-o entre os regionais brasileiros, mas a obra ultrapassa esse limite ao aproveitar uma tradição mágica brasileira e mitos antigos: a sereia, o lobisomem, o demônio. Com esse material produz uma ficção que se assemelha à de * Guimarães Rosa, * Ariano Suassuna. O romance propõe dois cosmos em oposição: o do Sobradinho (região original, onde a vida se constitui e se fixam as raízes do Coronel Ponciano de

Azeredo Furtado, herói da narrativa) e a de Campos de Goitacases (região estranha e perigosa, habitada por homens inescrupulosos, mercantilistas). Ali a paz, o mundo mágico benigno, onde a sereia teve um caso com o Coronel, o lobisomem existe de fato, o mágico expande-se, a palavra do Coronel é a verdade instaurada ao passo que em Campos é glosada e ridicularizada. O jogo tensivo entre dois espaços (a sacralidade do Sobradinho contra a profanidade de Campos), duas cosmovisões, termina pela opção em favor de Sobradinho, que proclama o reino do mágico representado pela "morte", a qual permite ao herói a grande luta contra "o senhor de todas as escuridades" montado no cavalo de São Jorge. Transcrito numa esfera mítica, *O Coronel e o Lobisomem* é um romance radical pela linguagem, que foge ao comum ou convencional, à semelhança da transgressão operada em *Grande Sertão: Veredas*, de Guimarães Rosa.

OBRAS DO A.: *Por que Lulu Bergantim não Atravessou o Rubicon*, 1971; *Um Ninho de Mafagafes Cheio de Mafagafinhos*, 1972; *Manequinho e o Anjo de Procissão*, 1974.

CONSULTAR: M. Cavalcanti Proença, *Estudos Literários*, Rio, 1971; José Hildebrando Dacanal, *Nova Narrativa Épica no Brasil*, Porto Alegre, 1973. Ver estudos de Raquel de Queirós, Wilson Martins, Antônio Olinto e Eduardo Portela, apensos às obras do A.

[V. A.]

CARVALHO, RONALD DE — (★ 16/5/1893, Rio; † 15/2/1935, *idem*) Fez seus estudos na então Capital da República, inclusive os de Direito. Estudou também na Europa e ingressou em 1914 na carreira diplomática. Quando faleceu, de um desastre de automóvel, era ministro plenipotenciário e ocupava a Secretaria da Presidência da República.

R. de C. foi das figuras mais importantes dos primórdios de nosso * Modernismo. Ligara-se aos futuristas portugueses desde 1915, fundando com Luís de Montalvor a revista *Orpheu*. Já havia a essa altura dado a lume um livro de tendências simbolistas, na linha Rodenbach-Samain (*Luz Gloriosa*, 1913), e ainda depois de fundar *Orpheu* publicaria *Poemas e Sonetos* (1919), de feição nada renovadora. Participa contudo da * Semana de Arte Moderna, na qual declama poemas seus, bem como de * Manuel Bandeira e * Ribeiro Couto; já antes, vinha sendo uma das figuras de ligação dos novos de S. Paulo com os do Rio (em sua casa foi que * Mário de Andrade leu a * *Paulicéia Desvairada*, em 1921). Depois da Semana, publica os *Epigramas Irônicos e Sentimentais* (1922), de expressão "selvagemente ática", e que já traz poemas que fariam adeptos, como "Interior". Em *Jogos Pueris* (1926), sua expressão se fez ainda mais de vanguarda, pois contém até um poema "cubista": "Épura"; nesse mesmo ano de 1926, publicava seu livro mais famoso de poesia: *Toda a América*, no qual louva o continente em ritmos largos, whitmanianos. A poesia de R. de C. mostra-se ordenada mesmo no verso livre da fase de ruptura.

Crítico literário, R. de C., que havia sido eleito "príncipe dos prosadores brasileiros" pouco antes de morrer, em concurso promovido no Rio, legou-nos uma *Pequena História da Literatura Brasileira* (1919), imbuída de "sentimento nativista", e que, apesar de suas limitações, constitui em muitos capítulos um ensaio cheio de penetração.

Obras do A.: Em ensaio, crítica e história literária, além da obra já citada, deixou vários volumes, arrolados n*A Literatura no Brasil* (dir. de Afrânio Coutinho), vol. III, t. 1 (2.ª ed., t. V).

Consultar: Manuel Bandeira, *Apresentação da Poesia Brasileira,* 2.ª ed., Rio, 1954; e, além da bibliografia citada n*A Literatura no Brasil, Panorama da Poesia Brasileira,* vol. IV (Fernando Góes) e VI (Mário da Silva Brito), Rio, 1959; Júlio Carvalho, "R. de C.", *Poetas do Modernismo* (dir. de Leodegário A. de Azevedo Filho), vol. III, Brasília, 1972.

[P. E. S. R.]

CARVALHO, VICENTE Augusto DE — (★ 5/4/1866, Santos, SP; † 22/4/1924, SP) Feitos os primeiros estudos em sua terra natal, vem para S. Paulo cursar a Faculdade de Direito e encontra um grupo de poetas entusiasmados com as novas idéias parnasianas, de importação francesa. Ainda estudante, escreve dois livros de versos, dos quais publica o primeiro, *Ardentias* (1885). Formado, dedica-se ao jornalismo e, de passagem, à política e ao comércio de café, graças a uma fazenda que comprara em Franca, SP. Depois de duas viagens à Europa, em tratamento de saúde, uma das quais de quatro anos, e de residir em S. Paulo, refugia-se em Santos, à espera do fim.

Não obstante a série de atividades práticas e dispersivas, V. de C. manteve-se até os últimos dias fiel aos sentimentos líricos que lhe presidiram à juventude. Foi essencialmente poeta, e só em raras ocasiões usou a prosa como meio de expressão. Sua carreira começa numa altura em que o *Parnasianismo, há pouco introduzido por *Raimundo Correia e * Alberto de Oliveira, se dispunha a liquidar a sentimentalidade romântica. *Ardentias,* obra dessa fase, ao mesmo tempo que evidencia um poeta ainda imaturo, contém a revelação da dualidade íntima que o caracterizará dali por diante. As demais obras só farão exaltar a tendência inata que a cultura acoroçoou. De um lado, certa desafeição ao marmóreo e ao formalismo parnasiano; de outro, semelhante desapreço às vaguidades simbolistas, que ganhavam a praça na década de 90. Paradoxalmente, sua poesia, ainda que não por influxo externo, acaba por afinar-se com essas duas tendências estéticas do fim do século XIX. O culto a Camões, modelo de poesia lírica e do soneto de recorte preciso e discursivo, o gosto do lirismo tradicional, a projeção para o mar e os temas histórico-épicos, — tudo isto denuncia um poeta formalmente apegado ao ideário parnasiano. Doutro prisma, a melancolia, a emotividade profunda, às vezes mesclada de ironia bonacheirona, a limpidez do sentimento voltado para o espetáculo das belezas do mundo, — fazem dele um poeta afinado com o * Simbolismo. A rigor, era um romântico autêntico que nem o formalismo parnasiano, nem o transcendentalismo simbolista haviam conseguido demover. O afeiçoamento às tradições poéticas portuguesas ajuda a compreender-lhe o caráter e a condição de "ilha" de sua trajetória literária. As obras da maturidade, *Rosa, Rosa de Amor* (1902) e *Poemas e Canções* (1908), atestam-nos já em definitivo seu perfil poético. Nela, mais do que antes, impõe-se-lhe ao espírito, de modo quase absoluto, o tema dileto: o mar. E como "poeta do mar", de que fez motivo constante e repositório inesgotável de metáforas para expressar o embate espiritualista do amor, V. de C. ficou na primeira fila dos poetas brasileiros do tempo.

Obras do A.: *Relicário,* 1888; *Verso e Prosa,* 1909; *Páginas Soltas,* 1911.

CONSULTAR: Euclides da Cunha, pref. à 1.ª ed. de *Poemas e Canções*, reproduzido nas eds. restantes; Rodrigo Otávio Filho, *Velhos Amigos*, Rio, 1938; Maria da Conceição Vicente de Carvalho e Arnaldo Vicente de Carvalho, *V. de C.*, Rio, 1943; Hermes Vieira, *V. de C., o sabiá da ilha do Sol*, 2.ª ed., S. Paulo, 1943.

[M. M.]

CASA-GRANDE & SENZALA — Obra de Sociologia escrita por *Gilberto Freyre e publicada por Schmidt-Editor, no Rio, em 1933. Originou-se da tese que o A. apresentara na Universidade de Colúmbia ao diplomar-se como *Magister Artium*; foi elogiada naquele mesmo ano de 1922 pelos professores e escritores Haring, Shepherd, Robertson, Martin, * Oliveira Lima e H. L. Mencken, tendo partido deste a sugestão para que *Social Life in Brazil in the Middle of the XIX Century* fosse transformada num livro básico para os estudos brasileiros. Em 1930, G. F. já acrescentara em muito sua documentação, colhida em fontes novas, e até mesmo desprezadas, quando lhe aconteceu o que chamou de a "aventura do exílio". Obrigado a viajar para a Europa, após a revolução de outubro, reencontrou-se em bibliotecas e arquivos portugueses, passou-se aos Estados Unidos, em cuja região sulina descobriu traços de semelhança com o * Nordeste do Brasil — e todas essas pesquisas e conhecimentos completaram o ensaio projetado. *Casa-Grande & Senzala* tem o subtítulo de "Formação da família brasileira sob o regime de economia patriarcal". Contém prefácios, ilustrações, índices e os seguintes capítulos: Características gerais da colonização portuguesa no Brasil: formação de uma sociedade agrária, escravocrata e híbrida; O indígena na formação da família brasileira; O colonizador português — antecedentes e predisposições; finalmente, dividido em duas partes: O escravo negro na vida sexual e de família do brasileiro. O autor assume uma posição de orgulho de suas origens, sem perder de vista a posição de crítico nem enveredar pela "selva selvagem" do cientificismo. Orgulha-se do povo mestiço, pesquisando as causas e o desenvolvimento da mestiçagem — base da formação étnica e psicológica do brasileiro. No plano literário, isto traduziu-se numa linguagem elegante, que se aproxima do português falado em regiões cultas do Brasil, onde cabem, lado a lado, brasileirismos de origem africana (ou indígena) e arcaísmos que se conservaram nas regiões menos afetadas por influências outras que não a portuguesa. De tal modo sua frase é aliciante que muitos escritores nordestinos podem ser apontados com seus imitadores, à revelia; outros, como * José Lins do Rego, chegaram à humildade (ou grandeza) de confessar que, em algum tempo, fizeram verdadeiros pastichos. De fato, os processos sintáticos de G. F., inusitados na década de 30, encantavam pela plasticidade com que se adaptavam às idéias. Tudo se dizia sem desperício e sem prejuízo de ritmo. A substantivação de verbos e advérbios, o cuidado em não adjetivar em excesso, os esforços pela sinonímia, a subordinação por meio de hífens de períodos às vezes longos — tudo isto criou uma arquitetura em que alguns críticos chegaram a encontrar vestígios de influências do inglês. No que diz respeito ao assunto, o mundo dos engenhos entrou para a literatura com todo o seu potencial humano. Não somente através do A., mas de escritores e artistas plásticos, e até músicos, que a ele se juntaram na grande obra regionalista. *Casa-Grande & Senzala*, nascida de uma tese, foi a madre de toda a bibliografia posterior de G. F. Do

104

mesmo modo, a ação orientadora do escritor só transparece na plenitude depois da publicação desse livro que, além de ter várias edições no Brasil e em Portugal, foi traduzido para o espanhol, o inglês e o francês.

[J. P.]

CASMURRO, D. — Terceiro romance da melhor fase da carreira de * Machado de Assis, publicado no Rio, em 1899. É um romance *sui generis*: nele, o talento do A. logrou alcançar o máximo de seu potencial expressivo. Constitui o apogeu de sua trajetória literária: um estilo depurado às raias do classicismo serve perfeitamente para expressar o produto duma imaginação no limite de suas possibilidades. Harmonizam-se o escritor e o romancista, antes disso colocados em níveis diferentes. Doravante, nos demais romances, o estilista volta a predominar sobre o ficcionista. O grande retratista da alma humana aqui se realiza plenamente, na penetração do recesso das personagens, à procura das causas ocultas para os atos aparentes. Em conseqüência, *D. Casmurro* se torna um romance habitado por seres vivos e não apenas personificações metafóricas de idéias, a modo de títeres guiados por um senhor onipotente. A estrutura simplifica-se, despe-se de truques técnicos, a narrativa flui com naturalidade, segundo um ritmo linear na superfície: os grandes dramas escondem-se por trás da aparência cinzenta da vida diária; a questão é saber encontrá-los. Por isso, são os dramas vividos por gente como os leitores que ali se escondem. A fabulação do romance torna-se igualmente simples: duas crianças, * Capitu e Bentinho, crescem juntas, e casam-se ao fim de várias peripécias. Nasce-lhes um filho, Ezequiel, que aos poucos se revela careteiro e imitador, sobretudo de Escobar, amigo do casal. Bentinho, esmagado por um ciúme doentio, acaba expulsando de casa a mulher e o filho, que morrem anos depois em lugares diferentes.

Teria havido delito? É voz corrente que sim, mas há quem diga que tudo não passou de invenção do despeito à Otelo nutrido por Bentinho (cf. Helen Caldwell, *The Brazilian Othello of Machado de Assis*, Los Angeles, 1960), e por último há quem acredite que ter havido ou não adultério é desimportante, pois o que o escritor desejava era precisamente mostrar as duas facetas contrastantes do fato. A psicologia do adultério, a da infância e a da adolescência são analisadas independentemente dos postulados realistas e naturalistas. Para Machado, a causa do procedimento de Capitu reside fora do campo patológico. Tanto assim que mal nos damos conta de que algo aconteceu naquela noite fatídica (Cap. CXIII — Embargos de Terceiros). Mais: Capitu comete o delito com inusitada segurança, conduzida por um desígnio superior às conveniências e à própria vontade, sem sombra de vício ou capricho. Dir-se-ia que a comete em obediência a um inarredável determinismo, como arremate simbólico dum sentimento trágico da existência: a inevitável desgraça da condição humana. Daí o ceticismo machadiano, o humor negro, inclusive em torno da infância e da adolescência. Tudo isso faz de *D. Casmurro* uma espécie de "tragédia carioca" sempre viva, e um dos maiores romances da literatura brasileira.

[M. M.]

CEARENSE, CATULO DA PAIXÃO — (★ 8/10/1863, Lavardière, MA; † 10/5/1946, Rio) Poeta e compositor de modinhas populares, tornou-se conhecido desde fins do século passado em todo o País com suas criações que, de um lado, quanto aos temas e por certas características típicas da poesia e da música nossas, são populares mesmo, mas que de outro, em vista das concessões feitas aos gostos urbanos, das suas veleidades literárias e de uma espécie de falsa erudição, são apenas popularescas. Boêmio, C. viveu durante muitos anos no Rio e notabilizou-se com seus "poemas bravios" e suas serestas. Seus poemas "O Marrueiro", "O Cangaceiro" e "Terra Caída", assim como suas canções *Luar do Sertão* e *Cabocla do Caxangá*, tornaram-se popularíssimos.

OBRAS DO A.: *Meu Sertão*, 1918; *Sertão em Flor*, 1919; *Poemas Bravios*, 1921; *Mata Iluminada; Meu Brasil*, 2.ª ed., s. d.; *Um Boêmio no Céu; Alma do Sertão*, 1928.

CONSULTAR: Tristão de Ataíde, *Primeiros Estudos*, Rio, 1949; Murilo Araújo, *Ontem ao Luar*, Rio, 1951.
[O. E. X.]

CELSO DE ASSIS FIGUEIREDO JR., AFONSO — (★ 31/3/1860, Ouro Preto, MG; † 11/7/1938, Rio) Filho do Visconde de Ouro Preto, A. C. bacharelou-se na Faculdade de Direito de S. Paulo, em 1880, e doutorou-se no ano seguinte. Por essa ocasião, já tinha alguns livros de poesia publicados. Em 1882, representou o vigésimo distrito de MG na Câmara dos Deputados, sendo então abolicionista e republicano, embora filho de um político de prestígio no Império. Em 1889, com a proclamação da República, deixa a política e acompanha o pai no exílio. Exerce depois o jornalismo, a advocacia e o magistério, tendo ensinado na Faculdade de Direito do Rio, por 40 anos. Foi fundador da Academia Brasileira de Letras, cadeira n.º 36. Desde 1905, era conde romano, título concedido por Pio X.

A poesia de A. C., como a de seus contemporâneos na Faculdade de Direito de S. Paulo, era portadora da Idéia Nova. Assim, acreditava no progresso, no trabalho, no bem, e verberava o clericalismo e a opressão, como se pode ver em *Telas Sonantes* (1879), que ostenta diretrizes socialistas, às quais se aliam historietas de cunho realista, indiretamente moralizante.

A. C. experimentou a influência de * Gonçalves Crespo não só em *Telas Sonantes* como no livro anterior, *Devaneios* (s. d. [1887]), neste a propósito da vida na roça. *Telas Sonantes* foram tomadas como o primeiro ensaio do * Parnasianismo brasileiro por * José Veríssimo, sem grande razão todavia, porque "o motivo objetivo e impessoal dos poemas" ainda não indicava o nosso Parnasianismo, mas pura e simplesmente a reação ao subjetivismo romântico.

A. C. foi ainda ficcionista, embora nesse campo não ombreasse com os contistas e romancistas mais expressivos de seu tempo; o mais que se pode afirmar de livros como *Lupe* (1894) é que são de agradável leitura. Fora da ficção, seu livro de maior êxito foi *Por que me ufano do meu país* (1900), que satisfez à vaidade nacional.

OBRAS DO A.: Poesia: *Prelúdios*, 1875; *Poemetos*, 1880; *Rimas de Outrora*, s.d.; *Poesias Escolhidas*, 1904; *Da Imitação de Cristo*, 1898, e *Trovas de Espanha*, 1904, são traduções em verso. Ficção: *Um Invejado*, 1895; *Notas e Ficções*, 1894; *Giovanina*, 1896; etc. Deixou também editadas numerosas obras de teatro, crítica, história, bem como conferências e discursos, além de trabalhos jurídicos e poesia religiosa.

Romances de parceria, nos quais colaborou, são *Mãos de Náufrago* (rodapés no *Jornal do Comércio,* 1920) e *Segredo Conjugal* (1932).

CONSULTAR: Machado de Assis, *Crítica Literária,* ed. Jackson; José Veríssimo, *Estudos de Literatura Brasileira,* 2.ª série, Rio, 1901; *Letras e Artes,* vol. V, n.º 15; Péricles Eugênio da Silva Ramos, "A Renovação Parnasiana", *A Literatura no Brasil* (dir. de Afrânio Coutinho), vol. II, Rio, 1955.

[P. E. S. R.]

CEPELOS, MANUEL BATISTA — (★ 10/12/1872, Cotia, SP; † 8/5/1915, Rio) Passou a infância na cidade natal, onde o pai era professor; moço, entrou no Corpo Policial Permanente, na capital de S. Paulo, como praça de pré; logo foi elevado a alferes e em 1891 ao oficialato, no mesmo ano em que o Corpo Policial foi extinto e substituído pela Força Pública do Estado. Como tenente, serviu na capital e em Santa Rita do Passa Quatro; seguiu para o Sul em 1894, comandando um batalhão na Campanha do Paraná. Em 1895, foi promovido a capitão. Em 1896, estréia em livro e segue para a BA, na Campanha de Canudos. Ingressa na Faculdade de Direito de S. Paulo, colando grau em 1902. Pede reforma como militar e entra no ministério público, servindo como promotor em Apiaí, Sarapuí e Itapetininga. Noivo, sua prometida, Sofia, foi morta pelo pai, o Senador Peixoto Gomide, que se suicida a seguir. Redator-chefe do *Diário da Manhã,* em S. Paulo, muda-se para o Rio, onde ganha a vida como secretário particular de Martim Francisco, então deputado, e como jornalista. Nomeado promotor público de Cantagalo, no Estado do Rio, aparece morto na pedreira Bento Lisboa, na capital da República: suicídio ou crime? O caso até hoje permanece envolto em mistério.

B. C. tornou-se bastante conhecido e apreciado com *Os Bandeirantes* (1906), livro de versos no qual * Olavo Bilac discerniu a presença de "um legítimo, original e excelente poeta", que não resolvia os temas da moda, mas procurava penetrar a alma da terra paulista, praticando assim o nacionalismo literário. *Vaidades* (1908), todavia, ostenta padrão literário superior e originalidade não inferior. Vincada pelo pessimismo schopenhaueriano, explicável também pela desgraça que marcou a vida de B. C., a poesia de *Vaidades* — decadente ou simbolista — revela por vezes um tom, certa música e características que prenunciam a de * Augusto dos Anjos. Filosófica e social, essa poesia — bastante estimável em seus pontos mais altos — só ultimamente, e aos poucos, vem adquirindo o relevo que merece.

OBRAS DO A.: Poesia: *A Derrubada,* 1896; *O Cisne Encantado,* 1902 (2.ª ed., sob o título de *O Cisne,* 1912); "Maria Madalena", drama bíblico, *Revista da Academia Paulista de Letras,* ano 3, n.º 10. Prosa: *Os Corvos,* 1907; *O Vil Metal,* 1910.

CONSULTAR: Maria Isabel Germano, *Batalhas da Vida* (Biografia de B. C.), S. Paulo, 1957; René Thiollier, *Episódios de Minha Vida,* S. Paulo, 1956; Arruda Dantas, *B. C.,* S. Paulo, s. d.; Fernando Góes, *O Pré-Modernismo,* vol. V do *Panorama da Poesia Brasileira,* Rio, 1960.

[P. E. S. R.]

CIENTÍFICA, POESIA — Uma das correntes que combateram o * Romantismo, no Brasil, foi a chamada "poesia científica". Declara * Sílvio

Romero que em 1870 publicara no periódico *Crença,* do Recife, um artigo no qual "apresentava pela primeira vez (no Brasil) a idéia da poesia fundada no criticismo contemporâneo"; queria uma poesia fundada no pensamento filosófico e científico da época, e não meramente didática. Tentou aplicar suas idéias em *Cantos do Fim do Século* (1878), mas sem êxito. O mais característico dos adeptos da poesia científica foi * Martins Jr.: em *Visões de Hoje* (1881; 2.ª ed., 1888), o Positivismo comanda e fala-se em lei de seleção, luta pela existência, monismo, a Musa é comparada à "luz elétrica", a Pátria deve ter uma aurora que "seja como a pilha de Volta, que a eletrize", etc. O ideal de Martins Jr. era pôr no lugar da imaginação romântica a verdade científica. Outros adeptos da poesia científica foram Teixeira de Sousa e Prado Sampaio.

Embora não fosse adepto da "poesia científica", quem melhor soube utilizar no Brasil os termos científicos foi * Augusto dos Anjos (*Eu,* 1912; *Eu e Outras Poesias,* 1919). Não só o poeta explora a sonoridade desses termos, como os perturba devidamente no contexto, de modo a tirar deles notável proveito.

O * Modernismo usou noções científicas em poesia, p. ex. Luís Aranha, e nela explorou a máquina e o avião, como já os adeptos da "Idéia Nova" haviam no século XIX usado o trem de ferro. Mas essa utilização esparsa acha-se hoje superada com a "ficção científica", que imagina vida noutros planetas e no futuro, partindo de conhecimentos real ou presumidamente científicos, mas que pelo menos dão a impressão de tais.

CONSULTAR: *A Literatura no Brasil* (dir. de Afrânio Coutinho), vol. II, Rio, 1955; e vol. III, t. 1, Rio, 1959; Péricles Eugênio da Silva Ramos, *O Parnasianismo,* vol. III do *Panorama da Poesia Brasileira,* Rio, 1959; e *O Amador de Poemas,* S. Paulo, 1956; Antônio Cândido, *Formação da Literatura Brasileira,* vol. II, S. Paulo, 1959.

[P. E. S. R.]

CLASSICISMO — Na periodização da literatura brasileira, há duas inteligências possíveis do vocábulo: para a primeira, o Classicismo abrangeria os séculos XVI, XVII e XVIII, vale dizer, os períodos do Renascimento (ou Quinhentismo), do * Barroco (ou Seiscentismo) e do * Arcadismo, todos eles clássicos. Para o segundo modo de entender, o Classicismo limita-se ao primeiro período, o do Quinhentismo, vindo a seguir o Barroco e o Neoclassicismo ou Arcadismo. Autor do período clássico no Brasil é *Bento Teixeira, com sua imitação camoniana da *Prosopopéia* (1601). De * Gregório de Matos até a Academia dos Renascidos (1759), estende-se o Barroco, surgindo o Neoclassicismo ou Arcadismo, pela primeira vez, nas *Obras* de * Cláudio Manuel da Costa (1768). Este segundo modo de entender o Classicismo é de * Afrânio Coutinho, e tem utilidade para a * periodização literária e o exame estilístico dos autores.

Outra acepção usual de Classicismo, em teoria literária, é a adoção do termo para indicar certas qualidades que distinguiam as literaturas grega e latina nos períodos áureos: seu humanismo, amor à razão, objetividade, ausência de pormenores insignificantes, equilíbrio de metáforas, adequação das partes ao todo, etc. Essa contenção é tomada como uma das tendências pendulares da literatura, refletindo-se o Classicismo, ou imitação da Antiguidade, não só no período que teve o seu nome em nossa literatura e principalmente na portuguesa, mas no Neoclassicismo arcádico e no * Parnasianismo. No outro pólo, estaria a arte de libertação, que passa por cima de muitas regras clássicas, e essa arte, o * Romantismo, permearia também o * Simbolismo e o * Modernismo. Essa concepção binária é a do crítico norte-americano Edmund Wilson e envolve outros traços distintivos além dos já citados.

CONSULTAR: Edmund Wilson, *Axel's Castle*, Nova Iorque, 1948; J. A. K. Thomson, *The Classical Background of English Literature*, Londres, 1948; G. Highet, *The Classical Tradition*, Oxford, 1949; Afrânio Coutinho, *Aspectos da Literatura Barroca*, Rio, 1950; e *Introdução à Literatura no Brasil*, Rio, 1959; Vítor Manuel de Aguiar e Silva, *Para uma Interpretação do Classicismo*, Coimbra, 1962; Segismundo Spina, *Introdução à Poética Clássica*, S. Paulo, 1967.

[P. E. S. R.]

COBRA NORATO — Título de um poema de * Raul Bopp, com várias edições em livro. A primeira foi impressa em fins de 1931, em S .Paulo (Estabelecimentos Gráficos Irmãos Ferraz), e traz a indicação de que o texto foi escrito em abril de 1928. A Cobra Norato — informa o A. — é um *nheengatu* da margem esquerda do Amazonas; *nheengatu*, em tupi, segundo A. Nascentes, significa "língua boa", isto é, compreensível. O texto da obra tem sido alterado de edição para edição, com algum sacrifício da espontaneidade da linguagem, mas com vantagem para a unidade estrutural do poema.

Cobra Norato, concebido inicialmente como história para crianças, é um estudo do folclore, das lendas e da paisagem da * Amazônia e do seu regionalismo léxico e sintático. O herói da narrativa mata, logo no começo do poema, a Cobra Norato, mete-se na pele do réptil e sai "a correr mundo" para casar com a filha da Rainha Luzia. Depois de algumas peripécias na "floresta de hálito podre", entre "águas inchadas e resignadas", onde o "charco desdentado rumina lama", o herói encontra a moça, que está prestes a casar com a Cobra Grande. Rapta-a, então; a Cobra Grande acorda e persegue-o, mas é enganada pelo Pajé-Pato e vai para Belém; o herói foge para as terras altas e prepara a festa do casamento, mas nesse momento acorda, pois o poema é um sonho.

Cobra Norato é uma composição escrita em versos brancos e de medida irregular, ricos porém em ritmo e vicejantes de imagens inesperadas e bizarras. É a obra mais típica da * Antropofagia e um dos livros mais representativos da poesia modernista.

CONSULTAR: Othon Moacir Garcia, *Cobra Norato: o Poema e o Mito*, Rio, 1963; Wilson Martins, *O Modernismo*, vol. VI d*A Literatura Brasileira*, S. Paulo, 1965.

[D. C. S.]

COELHO NETO, HENRIQUE MAXIMILIANO — (★ 21/2/1864, Caxias, MA; † 28/11/1934, Rio) Filho de pai português e mãe indígena amazonense, aos seis anos abandonou a terra natal e seguiu para o Rio. Cursou o Colégio Pedro II, e depois de tentar Medicina e Direito, no Rio, S. Paulo e Recife, dedicou-se ao jornalismo e ao magistério. O casamento, em 1890, trouxe-lhe compromissos que o forçaram a contínuo e ininterrupto trabalho literário, até o fim da vida. Por momentos, deixou-se fascinar pela glória política, tornando-se deputado federal. Foi presidente da Academia Brasileira de Letras, e aclamado "Príncipe dos Prosadores Brasileiros".

Prestigiadíssimo enquanto viveu, mercê das qualidades de escritor, jornalista e conferencista, a estrela de C. N. apagou-se com o * Modernismo, em conseqüência de ter sido daqueles que mais acirradamente combateram o movimento renovador de 1922. Recentes tentativas de lhe fazer justiça, dando-lhe o merecido lugar nos quadros de nossa evolução literária, não têm sido coroadas de êxito. Sua bagagem de A., composta de mais de 120 volumes, coloca-o desde logo como um dos mais fecundos polígrafos da língua portuguesa e suscita juízos contraditórios. Obrigado a viver da pena, num afã que não conhecia a pausa retemperadora da imaginação, nem o vagar para o polimento final do estilo, C. N. escreveu obras de mérito desigual. Por outro lado, não se deixou prender exclusiva nem diretamente por qualquer das estéticas em moda no tempo; de todas podem ser encontrados rastos em sua obra, num ecletismo que dá azo a opiniões antagônicas. Em certa medida, C. N. foi vítima da sua poderosa imaginação transfiguradora, que nem sempre o guiava para o melhor porto. O estilo, a linguagem, é outro aspecto peculiar seu. Dono de riquíssimo vocabulário (cerca de vinte mil palavras), procurou sempre usar o termo preciso, exato, para determinadas sensações, num frenesi verbal que não conhecia fronteira. O culto da forma traduzia um espírito de esteta puro, e o esteticismo fazia-o frágil diante de tudo quanto fosse motivo de beleza ou nela pudesse transformar-se. Temas orientais, clássicos e europeus misturam-se com outros reveladores de entranhado amor à terra natal, seja o sertão, o mato fechado, seja a cidade crepitante e moderna. Nesse panorama heteróclito, avultam os temas sertanejos, por corresponder a tendências arraigadas fundo em sua sensibilidade e memória.

De toda a numerosa e variada obra de C. N. — formada de romances, contos, fábulas, crônicas, lendas, narrativas, apólogos, reminiscências, baladas, confissões, teatro, poesia, livros didáticos e críticos —, ocupam situação proeminente os romances e os contos. Os romances, focalizando temas urbanos ou rurais, revelam uma visão, às vezes pessimista, às vezes épica, da realidade brasileira, em que o dramatismo das cenas é suportado por um estilo de raro fulgor. Sempre, porém, é flagrante o sentido de brasilidade. De entre os romances citadinos, relevam-se *A Conquista* (1898), *A Capital Federal* (1893), *Fogo-Fátuo* (1928), *Miragem* (1895), *O Morto* (1898), nos quais, em meio à reconstituição histórica com base imaginativa, se insinuam as reminiscências da vida boêmia da geração a que pertenceu o A., juntamente com * Olavo Bilac, * Emílio de Meneses, * Guimarães Passos e outros. Dentre os demais, convém ressaltar *Rei Negro* (1914), onde a candente imaginação do escritor alcança comunicar ao leitor um sentimento épico da existência. Alguns dos contos de * *Sertão* (1896), *Banzo* (1913), *O Jardim das Confidências* (1908), especialmente os do primeiro, constituem peças únicas do gênero em nossa literatura, pela mestria que evidenciam, mestria desenvolvida à luz do magistério de Maupassant. Nesses contos está o melhor e o mais perdurável da obra de C. N. Tudo o mais encerra interesse secundário.

C. N. representa, nas suas qualidades e nos seus defeitos, toda uma época da nossa história literária. Num balanço imparcial, nem é o ficcionista glorificado do primeiro quartel do século XX, nem o escriba abominado pela geração modernista, mas um escritor de méritos inegáveis, em que pese aos altos e baixos de sua obra, com lugar definido em nossa história literária.

OBRAS DO A.: Romance: *O Rei Fantasma*, 1895; *Inverno em Flor*, 1897; *O Paraíso*, 1898; *O Rajá de Pendjab*, 2 vols., 1898; *A Tormenta*, 1901; *Turbilhão*, 1906; *A Esfinje*, 1908. Contos: *Rapsódias*, 1891; *Baladilhas*, 1894; *Fruto Proibido*, 1895; *Álbum de Calibã*, 6 fasc., 1897; *Romanceiro*, 1898; *Seara de Rute*, 1894; *A Bico de Pena*, 1904; *Água de Juventa*, 1904; *A Cidade Maravilhosa*, 1928; *Vencidos*, 1928. Crônicas: *O Meio*, 1889; *Bilhetes Postais*, 1894; *Lanterna Mágica*, 1898; *Por Montes e Vales*, 1899; *Frutos do Tempo*, 1920; *Frechas*, 1923; *Às Quintas*, 1924; *Bazar*, 1928. Reminiscências: *Mano*, 1924; *Canteiro de Saudades*, 1927. Teatro: *Teatro*, II e III, 1907; *Teatro*, IV, 1908; *Teatro*, I, 1911; *Teatro*, V, 1918; *Teatro*, VI, 1926. Conferências e Discursos: *Conferências Literárias*, 1909; *Palestras da Tarde*, 1912. Didáticos: *Compêndio de Literatura Brasileira*, 1905; *Breviário Cívico*, 1921.

CONSULTAR: José Veríssimo, *Estudos de Literatura Brasileira*, 4.ª série, Rio, 1910; Péricles de Morais, *C. N. e sua Obra*, Porto, 1926; Paulo Coelho Neto, *C. N.*, Rio, 1942; e *Bibliografia de C. N.*, Rio, 1956; Brito Broca, "C. N., Romancista", *O Romance Brasileiro* (coord. de Aurélio Buarque de Holanda), Rio, 1952; Artur Mota, *Vultos e Livros*, 1.ª série, S. Paulo, 1921; Lúcia Miguel-Pereira, *Prosa de Ficção (De 1870 a 1920)*, Rio, 1950; Otávio de Faria, "C. N.", *A Literatura no Brasil* (dir. de Afrânio Coutinho), vol. II, Rio, 1955; Herman Lima, introd. a *Obra Seleta* de C. N., Rio, 1958.

[M. M.]

COLONIAL, ERA — Pondo de parte o problema de o Brasil ter sido ou não colônia de Portugal, considera-se *grosso modo* como era colonial de nossa história literária o lapso de tempo decorrido entre a primeira obra escrita (ou publicada) com olhos diretamente voltados para o Brasil, e os *Suspiros Poéticos e Saudades* (1836), de *Gonçalves de Magalhães, que inauguram a moda romântica, início da chamada era nacional, ao ver de * José Veríssimo. Restaria ainda examinar uma questão intercorrente, que desde os primeiros historiadores de nossas letras tem estado presente, ora pelo simples gosto de discutir amenidades, ora por defeito de óptica interpretativa: quando começou, historicamente, a literatura brasileira? Não cabendo para aqui retomar a discussão, visto que pouca luz poderia lançar sobre a visão literária global dos séculos XVI, XVII e XVIII, podia-se adotar a *Carta de Pêro Vaz de Caminha* como marco inicial, ou a chegada do P. Manoel da Nóbrega ao Brasil, em 1549, ou a publicação da *Prosopopéia*, em 1601.

Durante o século XVI, toda a nossa atividade cultural, incluindo a literária, sofre as vicissitudes inerentes à exploração e colonização do solo recém-descoberto. Na verdade, Portugal não reunia condições, especialmente materiais, para enfrentar e resolver os problemas criados pela conjuntura histórico-geográfica das terras de Santa Cruz. Por isso, todos os esforços despendidos visavam a garantir a posse da terra, entrevista desde a missiva de Caminha como um eldorado de vida fácil e luxuriosa. É época de imediatismo pragmático, nascido da convicção, por parte do colonizador, de que a luta seria desigual contra a natureza diversificada, a larga extensão do solo e a cobiça de outras nações, talvez mais aguerridas e preparadas para a empreitada desbravadora. Vem desse espírito prático o caráter "dirigido" da nossa cultura quinhentista: uma atividade com exclusivos objetivos imediatistas e utilitários, centrados, de um lado, na catequização do indígena, a fim de conduzi-lo, pelo adestramento manual, ao trabalho rendoso e planificado da lavoura, num regime de para-escravidão; e, de outro, na educação do colono, quase sempre de baixa estirpe social, a fim de vinculá-lo aos desígnios da Metrópole, por meio da canalização de toda a sua energia para as tarefas produtivas.

A Companhia de Jesus, fundada em conseqüência do movimento da Contra-Reforma, monopolizava e orientava, com sua disciplina de caserna, as atividades intelectuais da nova colônia. Com o primeiro governador geral, Tomé de Sousa, chega, em 1549, o grupo pioneiro de sacerdotes jesuítas. Instalam colégios, missionam pelo interior e transmitem à Metrópole, em relatórios, ânuas, cartas, etc., impressões acerca de seu trabalho catequético. Manuel da Nóbrega, * José de Anchieta, *Fernão Cardim. *Simão de Vasconcelos, Aspilcueta Navarro, e outros, contam-se como dos mais importantes dessa época de nossa evolução histórica.

Ao mesmo tempo, desenvolvia-se o capítulo da * literatura de viagens e de * informação sobre a terra nova, ligada diretamente à literatura portuguesa da Expansão. De reduzido valor estético, constitui-se todavia em rico repositório de informações acerca da terra e gente do Brasil, nos primeiros passos da colonização. Além de jesuítas, cultivam-na estrangeiros (Hans Staden, André Thévet, Jean de Lery, André Knivet e outros) e portugueses (* Pêro de Magalhães de Gândavo, * Gabriel Soares de Sousa, * Pêro Lopes de Sousa, Simão Ferreira, e outros). Ainda nos séculos seguintes, quando já ia adiantado o processo colonizador, se escrevem obras importantes como informação da terra: entre outras, os *Diálogos das Grandezas do Brasil* (1618), presumivelmente de * Ambrósio Fernandes Brandão, e *Cultura e Opulência do Brasil* (1716), de * André João Antonil.

Em 1601, com a publicação da *Prosopopéia,* de * Bento Teixeira, começa uma época propriamente literária — a do * Barroco — em que as obras eram produzidas sem imediato objetivo pragmático. É sobretudo a * Bahia que se vai tornar, ao longo dos séculos XVII e XVIII, um centro de atividade literária com significação menos provisória, suficiente para permitir que se suponha a existência dum "grupo baiano", tendo por principal figura * Gregório de Matos, seguido por * Manuel Botelho de Oliveira, * Nuno Marques Pereira, * Sebastião da Rocha Pita, * Frei Manuel de Santa Maria Itaparica, e outros. É ainda uma atividade incipiente, à mercê de todos os males que infestavam a Colônia: o analfabetismo, a falta de escolas, a ausência de imprensa, as coerções inquisitoriais e administrativas, etc. Oscilando entre o influxo espanhol (Gôngora e Quevedo) e o português (Camões, especialmente), o Barroco brasileiro só alcançou criar obras de valia com Gregório de Matos. A historiografia padece de ainda maiores limitações, por focalizar acontecimentos muito recentes e escassos. É o caso de * Frei Vicente do Salvador, * Frei Manuel Calado, Frei Rafael de Jesus, P. Simão Estaço Vieira, e outros.

112

No século XVIII, conseqüentemente à fundação das * academias, de início por inspiração barroca, opera-se uma viragem que vai introduzir na Colônia o * Neoclassicismo vigente na Metrópole. A fundação da presuntiva Arcádia Ultramarina e a publicação de *Obras Poéticas* em 1768, por * Cláudio Manuel da Costa, marcam o momento em que se trocam os figurinos barrocos pelos neoclássicos. O eixo literário desloca-se para * Minas, em virtude do surto minerador e da congregação, naquele Estado, duma plêiade de homens talentosos e esclarecidos, alguns deles intimamente envolvidos na Inconfidência Mineira: Cláudio Manuel da Costa, * Tomás Antônio Gonzaga, * Silva Alvarenga, * Alvarenga Peixoto, * Basílio da Gama, * Santa Rita Durão. Cultivam exclusivamente a poesia, num grau antes apenas alcançado com Gregório de Matos, e que só com o advento do * Romantismo será novamente atingido. Estudiosos da literatura greco-latina e da portuguesa quinhentista, notadamente de Camões, enriquecidos com uma tumultuosa experiência de vida, revelam pronunciado interesse pela nossa realidade histórico-cultural.

Paralelamente ao desenvolvimento da poesia, verifica-se progresso na historiografia, como reflexo do que ia pela Metrópole, a despeito da estreiteza de vistas imposta pelos padrões "oficiais" da cultura do tempo. A tendência para o ufanismo e para a retórica, ou inversamente, para a rigidez ou o descritivismo enfadonho, mostra que, em nossa historiografia, não logrou refletir-se o movimento renovador da historiografia européia coeva. É o que se pode verificar nas obras de * Sebastião da Rocha Pita, José Mirales, * Pedro Taques, * Frei Gaspar da Madre de Deus, * Frei Antônio de Santa Maria Jaboatão, P. Gonçalo Soares da Franca, *Domingos do Loreto Couto, e outros.

Nos fins do século XVIII e princípios do XIX, o Neoclassicismo entra em crise, com os novos ares que sopram de França, após a Grande Revolução que, em substituição ao absolutismo, postula o relativismo, em todas as formas de pensar e agir. Os escritores então aparecidos manifestam a dualidade própria de espectadores de um mundo que morre e doutro que nasce. Ainda afetos ao * Arcadismo, mas aceitando espontaneamente novos padrões estéticos, enquadram-se numa área historico-literária que se pode rotular de * Pré-Romantismo. Especialmente dedicados à poesia, não chegaram a criar obra de maior valimento estético, salvo num ou noutro caso. Numerosos, como se de repente a Colônia despertasse de trissecular letargia, raros deles alcançaram permanecer na história da literatura brasileira por outro motivo que não o meramente circunstancial. Podem ser citados os seguintes: * José Bonifácio, * Domingos Caldas Barbosa, * José Elói Otôni, * Maciel Monteiro, * Domingos Borges de Barros, * Francisco Vilela Barbosa, *José da Natividade Saldanha, *Frei Francisco de São Carlos, Luís Paulino, e outros.

Com a vinda de D. João VI para o Brasil, em 1808, e, mais tarde, com a ação pessoal e a obra de Gonçalves de Magalhães, muda, a partir de 1836, a direção fundamental de nossas letras, e implanta-se o * Romantismo. No entanto, forças de inércia, desenvolvidas durante a Colônia, tentam permanecer ao longo da nova era da cultura brasileira: nossa literatura testemunha hábitos e tendências característicos de nossa formação histórica, compondo um legado contra o qual se debate ainda hoje o pensamento brasileiro moderno.

CONSULTAR: Eduardo Perié, *A Literatura Brasileira nos Tempos Coloniais*, Buenos Aires, 1885; M. de Oliveira Lima, *Aspectos da Literatura Colonial*, Leipzig, 1896; Artur Mota, *História da Literatura Brasileira*, 2 vols., S. Paulo, 1930; *A Literatura no Brasil* (dir. de Afrânio Coutinho), vol. I, t. 2, Rio, 1955; José Aderaldo Castelo, *Manifestações Literárias da Era Colonial*, vol. I d*A Literatura Brasileira*, S. Paulo, 1962; Rubens Borba de Morais, *Bibliografia Brasileira do Período Colonial*, S. Paulo, 1969; Wilson Martins, *História da Inteligência Brasileira*, vol. I, S. Paulo, 1976.

[M. M.]

CONCEPTISMO — V. BARROCO.

CONCRETA, POESIA — Movimento literário lançado oficialmente em 1956, em S. Paulo, no Museu de Arte Moderna, com uma exposição de poemas-cartazes, ao lado de quadros e esculturas "concretistas". A expressão "concreta", que já era utilizada em artes plásticas para definir as composições não-figurativas, de tendências geométrica e racionalista, foi transposta para a poesia pelos poetas paulistas Augusto e Haroldo de Campos, e Décio Pignatari. Dando por encerrado o ciclo histórico do "verso", propõem-se os poetas concretos substituí-lo por novas estruturas, baseadas na associação formal dos vocábulos e em sua disposição "espacial" na página, em alinhamentos geométricos; em lugar da sintaxe convencional, "discursiva", adotam uma sintaxe analógica, "ideogrâmica", que permite a justaposição direta de conceitos; em contraposição a uma poesia subjetiva, de expressão, aspiram a uma poesia objetiva, exata, sintética, capaz de comunicação imediata das manchetes de jornal e das histórias em quadrinhos; buscam também extrair a poesia de um contexto puramente "literário", propugnando pela sua interligação com as demais artes — a música, a pintura, a arquitetura — e com as artes gráficas e publicitárias em geral, no quadro do desenvolvimento industrial e tecnológico do mundo moderno. Os poetas concretos apontam como seus precursores: no Brasil, * Sousândrade, * Oswald de Andrade e * João Cabral de Melo Neto; no exterior, Mallarmé, considerado o limiar da nova poesia, com o poema-constelação "Un Coup de Dés" (1897); Apollinaire, com os poemas figurados de seus *Calligrammes*; os norte-americanos Ezra Pound, que aplicou o método ideogrâmico ao seu poema *The Cantos*, e E. E. Cummings, que praticou a atomização visual da palavra em sua poesia; o irlandês James Joyce (a palavra-montagem e a estrutura aberta de seus romances). A matriz do movimento foi o grupo "Noigandres", constituído originalmente pelos três poetas paulistas, em 1952, com o lançamento da revista-livro do mesmo nome, que chegou a ter 5 números (o último dos quais, uma antologia de poemas do grupo, "do verso à poesia concreta"). O contato com o poeta Eugen Gomringer, em Ulm, Alemanha, 1955, deu ao movimento, desde logo, um caráter internacional. A poesia concreta passou a ser exercitada em vários países, principalmente na Alemanha (onde foi estudada pelo crítico e filósofo Max Bense), na Grã-Bretanha e no Japão. Além dos poetas paulistas, participaram da exposição de 1956 poetas radicados no Rio: Ferreira Gular, Wlademir Dias Pino e Ronaldo Azeredo (este último mais tarde integrado no grupo "Noigandres" com o poeta carioca José Lino Grünewald). A exposição foi transportada no ano seguinte para o saguão do Ministério da Educação no Rio, conseguindo repercussão nacional. O poeta Reinaldo Jardim, que então dirigia o Suplemento Literário do *Jornal do Brasil,* aderiu ao movimento, franqueando aos concretos as páginas daquele periódico. Ainda em 1957, Ferreira Gular e Reinaldo Jardim separaram-se da equipe original, constituindo um grupo dissidente, o dos "neoconcretos". Rebelavam-se contra o racionalismo, a "matemática da composição" dos paulistas, e defendiam o primado do subjetivismo em suas composições. Mais adiante, ambos renunciam à experiência concreta, dedicando-se à poesia social, de cunho popularesco, inspirada nos "romances de cordel". Em 1958, os poetas paulistas lançam o "Plano Piloto para Poesia Concreta", manifesto que sintetiza as idéias do movimento. A partir de 1961, a poesia concreta passou a incorporar decisivamente uma temática de preocupações participantes, sem abdicar porém do seu caráter experimental, sob a invocação de Maiacóvski ("sem forma revolucionária não pode haver poesia revolucionária"). Mais recentemente, a sua produção veio a abranger novos aspectos, destacando-se os poemas, sem palavras (poemas-código) feitos com símbolos gráficos e os "popcretos", compostos de montagens de recortes. Reagindo contra a reação precedente (de "45"), a poesia concreta remonta à fase heróica do movimento de 22, reafirmando o seu espírito de vanguarda e experimentação e proclamando uma espécie de revolução permanente em poesia. Talvez por isso, muitos poetas ligados a 22, ou pelo menos contemporâneos à geração modernista, se interessaram pela poesia concreta e nela fizeram incursões passageiras ou duradouras: entre outros, * Manuel Bandeira, * Cassiano Ricardo, * Carlos Drummond de Andrade, e ainda Edgar Braga e Pedro Xisto (estes últimos, integrados na equipe concreta). A importância internacional do movimento foi reconhecida pelo Suplemento Literário do *Times* de Londres, nos dois números especiais que editou em agosto e setembro de 1964 sobre a vanguarda ("The Changing Guard"), em grande parte dedicados à poesia concreta. O órgão literário do grupo é a revista *Invenção,* onde vêm sendo publicadas periodicamente as criações dos poetas concretos.

CONSULTAR: Manuel Bandeira, *Apresentação da Poesia Brasileira,* Rio, 1957; Afrânio Coutinho, *Introdução à Literatura no Brasil,* Rio, 1959; J. L. Grünewald, "Poesia Concreta", *Rev. do Livro,* n.º 10; Rio, 1958; Pedro Xisto, *Poesia em Situação,* Fortaleza, 1960; *Noigandres 5,* antologia de poemas de A. e H. de Campos, D. Pignatari, R. Azeredo e J. L. Grünewald, S. Paulo, 1962; *Invenção,* n.º 1 a 5, S. Paulo, 1962-64; A. e H. de Campos e D. Pignatari, *Teoria da Poesia Concreta,* S. Paulo, 1965; Mário Faustino, "Concretismo e Poesia Brasileira", *Coletânea,* n.º 2 (5 ensaios), Rio, 1964. [A. C.]

CONCRETISMO — V. CONCRETA, POESIA.

CONDÉ, JOSÉ FERREIRA — (★ 23/10/1918, Caruaru, PE; † 27/9/1971, Rio) Formou-se pela Faculdade de Direito de Niterói. Exerceu funções de procurador no Instituto dos Bancários e manteve uma coluna literária no *Correio da Manhã.* Com seus irmãos João e Elísio Condé, fundou o *Jornal de Letras,* de que foi um dos diretores.

J. C. se afirmou como ficcionista com a publicação de *Histórias da Cidade Morta* (1951), coletânea de contos em que focaliza flagrantes humanos de uma imaginária cidadezinha do interior, Santa Rita, condenada à decadência pelo advento da Abolição. Santa Rita reaparece, com sua atmosfera de desalento e ruína, em *Os Dias Antigos* (1955), cujas novelas aprofundam a linha temática de *Histórias da Cidade Morta*. Nessa linha também se insere, de certo modo, o romance *Terra de Caruaru* (1960), que evoca os tempos agitados do coronelismo e da vindita política naquela cidade pernambucana. Em *Um Ramo Para Luísa*, novela (1959), e *Noite Contra Noite*, romance (1965), tentou J. C. explorar, com inegável desenvoltura, mas sem o mesmo vigor expressivo das obras já citadas, uma nova área temática: o mundo noturno de Copacabana, com sua vacuidade e suas frustrações, e a dissolução moral da alta burguesia carioca.

OBRAS DO A.: *Vento do Amanhecer em Macambira*, novela, 1962; *Pensão Riso da Noite: Rua das Mágoas* (*Cerveja, Sanfona e Amor*), novela, 1966; *Como uma Tarde em Dezembro*, 1969; *Tempo Vida Solidão*, 1971.

CONSULTAR: Renard Perez, *Escritores Brasileiros Contemporâneos*, 1.ª série, Rio, 1960; Brito Broca, "Santa Rita", *A Gazeta*, S. Paulo, 17/8/1961; Otto Maria Carpeaux, "Terra de Caruaru", *O Globo*, Rio, 26/11/1960; Eduardo Portela, "O Tenor e a Nota Musical", *Jornal do Comércio*, Rio, 20/12/1959; Nelly Novais Coelho, "Noite Contra Noite", supl. lit. d*O Estado de S. Paulo*, 18/12/1965; Haroldo Bruno, *Estudos de Literatura Brasileira*, 2.ª série, Rio, 1966; Antônio Olinto, *A Verdade da Ficção*, Rio, 1966; Haroldo Bruno, "Pensão Riso da Noite", *Jornal do Comércio*, Rio, 18/2/1968; Franklin de Oliveira, "Homens e Bichos", *Correio da Manhã*, Rio, 26/6/1971.

[J. P. P.]

CONDOREIRISMO — Denominação dada, na poesia brasileira, à tendência dominante na fase que medeia de 1850 a 1870, mais ou menos, e que se distingue pelo excesso das antíteses, pelos tropos hiperbólicos e por uma retórica altaneira, a serviço de temas sociais e políticos. A emancipação dos escravos, a exaltação das virtudes do povo, a apologia de Bonaparte, a libertação da Polônia e mesmo a guerra contra Solano López são temas prediletos dessa tendência. Entre os seus símbolos preferidos está o condor dos Andes, o que sugeriu a * Capistrano de Abreu o epíteto de "condoreira" dado a tal poesia, que antes se dizia "épica". Os "condoreiros" foram influenciados diretamente por Lamennais, Lamartine e Hugo (o Condoreirismo é o hugoanismo brasileiro). A forma mais típica da poesia condoreira é a décima composta de uma quadra (*a, b, a, b*, ou *a, b, c, b*,) e uma sextilha (*d, d, e, f, f, e*) de versos heptassílabos (como no caso de "O Século", de * Castro Alves). Tal décima, usada por Lamartine, é freqüente na poesia francesa desde o século XVII. O poeta mais representativo do Condoreirismo é Castro Alves, mas a retórica condoreira já está presente em páginas de poetas anteriores como * Tobias Barreto, * Bittencourt Sampaio, * Franklin Dória, * Pedro de Calasãs, * Barão de Paranapiacaba e * José Bonifácio o Moço.

CONSULTAR: Sílvio Romero, *História da Literatura Brasileira, 5.ª* ed., t. IV, Rio, 1953; Jamil Almansur Haddad, "A Linguagem de *Espumas Flutuantes", in Castro Alves — Poesias Completas*, S. Paulo, 1961.

[D. C. S.]

CONTO — O conto, enquanto narrativa escrita, começou a ser cultivado entre nós na primeira metade do século XIX. Uma data, que coincide com o início histórico do * Romantismo no Brasil, pode ser escolhida para assinalar o fato — 1836 —, quando se publica *O Cronista*, jornal dirigido por Justiniano José da Rocha, em companhia de Firmino Rodrigues Silva e Josino Nascimento Silva. Os três jornalistas publicam, ali, alguns contos, inicialmente segundo o modelo europeu, que auxiliaram a divulgar em nosso meio. Daí por diante, vários periódicos trazem contos, para atender ao gosto do público. Além dos três precursores, podemos alinhar outros, da mesma época: João Manuel Pereira da Silva, Francisco de Paula Brito, Miguel do Sacramento Lopes Gama, * Luís Carlos Martins Pena, Carlos Emílio Adet, João José de Sousa e Silva Rio, Vicente Pereira de Carvalho Guimarães. São, porém, salvo Martins Pena, figuras secundárias. Com a definição e predomínio do espírito romântico, mais e mais se acendeu a febre do conto, que chegou a atrair a atenção de certos poetas e prosadores de maior categoria, a par de outros menores: * Joaquim Norberto de Sousa e Silva (*Romances e Novelas,* 1852), *Álvares de Azevedo (*Noite na Taberna,* 1855), * Bernardo Guimarães (*Lendas e Romances,* 1871), * Fagundes Varela, * Casimiro de Abreu, Teodomiro Alves Pereira, Ferreira Meneses, Antônio Manuel dos Reis e outros. O conto dessa fase é ainda uma forma literária indefinida, mescla de relato oral e de folhetim de "terror grosso" ou reportagem de acontecimentos do tempo. Aliás, correspondia a uma tendência generalizada noutras literaturas.

Com o movimento realista, surgem os primeiros contistas de real talento narrativo, à medida que a fôrma vai constituindo sua autonomia. O conto abandona as ligações com o folclore ou o relato oral para se transformar em "escrita artística", merecedora da mesma atenção antes dispensada apenas ao romance e à poesia. Alguns mestres do gênero aparecem nessa quadra, entre 1870 e 1900, ainda em consonância com o que ia lá fora, sobretudo na França. * Machado de Assis, talento singularmente vocacionado para o conto, é das mais altas expressões, se não a mais alta, do gênero na literatura brasileira. Com ele, o conto atingiu estrutura, andamento e linguagem verdadeiramente modelares. E ainda hoje, não obstante a evolução operada no interior do gênero, permanece mestre indiscutível. Deixou exemplares de primeira grandeza, como "O Alienista", certamente sua obra-prima, "Teoria do Medalhão", "A Chinela Turca", "Igreja do Diabo", "Cantiga de Esponsais", "A Cartomante", "Um Apólogo", "Missa do Galo", "Uns Braços", "O Caso da Vara", entre outros. E transferiu para o romance a técnica peculiar do conto. Suas narrativas curtas identificam-se pelo corte vertical das personagens, cuja psicologia, sempre vária e rica apesar do exterior prosaico, lhe suscita finas observações acerca da alma humana. A ação física substitui-se pelo fluxo dramático no interior das criaturas, que permite ao contista utilizar seu humor e ironia característicos e impelir a narrativa para desenlaces enigmáticos, adiados até os últimos instantes.

Além de Machado de Assis, podemos alinhar, na altura do * Realismo, alguns contistas dignos de registro: * Aluísio Azevedo (*Demônios,* 1893), *Coelho Neto (*Sertão,* 1896; *Apólogos,* 1904; *Água de Juventa,* 1905; *Treva,* 1906; *O Jardim das Oliveiras,* 1908; *Banzo,* 1913), * Artur Azevedo (*Contos Possíveis,* 1889; *Contos Fora de Moda,* 1894; *Contos Efêmeros,* 1897; *Contos Cariocas,* 1928), * Virgílio

Várzea (*Mares e Campos*, 1894; *Nas Ondas*, 1910), * Júlia Lopes de Almeida, * Domício Gama, * Pedro Rabelo e tantos outros. Malgrado a valia de sua contribuição, estão longe de apresentar as qualidades de Machado de Assis. Os temas que focalizam, notadamente citadinos, acusam o influxo de Machado e Maupassant. Quando não-citadinos, caem no âmbito de Pierre Loti, como é o caso de Virgílio Várzea, ou derivam para o * regionalismo. E os temas regionalistas, seja em razão da estética realista, ou da simbolista, que se lhe seguiu e com a qual se interpenetrou, ocupam extensa área de interesse nas primeiras décadas do século XX. Certos contistas no gênero merecem referência especial: * Valdomiro Silveira (*Caboclos*, 1920; *Nas Serras e nas Furnas*, 1931; *Mixuangos*, 1937; *Leréias*, 1945), * Afonso Arinos (* *Pelo Sertão*, 1898), * Alberto Rangel (*Inferno Verde*, 1908), * Simões Lopes Neto (*Lendas do Sul*, 1913; *Contos Gauchescos*, 1912), * Alcides Maia (*Tapera*, 1911; *Alma Bárbara*, 1922), * Hugo de Carvalho Ramos (*Tropas e Boiadas*, 1917), * Monteiro Lobato (* *Urupês*, 1918; *Cidades Mortas*, 1919; *Negrinha*, 1920; *O macaco que se fez homem*, 1923). Este último tornou-se um dos mestres do conto brasileiro, graças sobretudo a *Urupês*. Mais ou menos nessa época, outros contistas se inclinam em direção oposta: * Lima Barreto (*Histórias e Sonhos*, 1920), * João do Rio (*Dentro da Noite*, 1910), * Adelino Magalhães (*Casos e Impressões*, 1916; *Visões, Cenas e Perfis*, 1918; *Tumulto da Vida*, 1920) e outros.

No * Modernismo, a despeito das transformações operadas em sua estrutura, o conto ganhou crescente importância, que parece culminar em nossos dias. De entre os primeiros contistas do movimento, salientam-se: * Mário de Andrade (*Os Contos de Belazarte*, 1934; *Contos Novos*, 1947), preocupado em fazer do conto uma narrativa quase oral, despretensiosa, desataviada, com ingredientes oferecidos pela vida cotidiana das classes menos favorecidas (*Piá sofre? Sofre"; "O Ladrão"); * Antônio de Alcântara Machado (*Brás, Bexiga e Barra Funda*, 1927; *Laranja da China*, 1928), que se destaca pela atenção dada a aspectos pitorescos de S. Paulo, notadamente os bairros em que a concentração de imigrantes, sobretudo italianos, confere perfil especial e curioso à Cidade, tudo numa linguagem fluente e despojada, sem embargo de sua riqueza plástica, que o tornam um dos expoentes da nossa prosa dos anos 20; * João Alphonsus (*Galinha Cega*, 1931; *Pesca da Baleia*, 1941), que cultiva narrativas em torno de animais, com uma rara penetração entre nós. Mais recentemente, merecem relevo * João Guimarães Rosa (*Sagarana*, 1946), que, numa linguagem mesclada de tipismos mineiros, eruditismos e arcaísmos, trouxe para a literatura regionalista um sopro renovador, um sentido de epicidade e profundo conhecimento da alma humana, que fizeram dele um escritor de lugar definitivamente marcado; e * Clarice Lispector (*Laços de Família*, 1960), que deu ao conto sem ou quase sem enredo, uma dimensão nova, graças à singular capacidade introspectiva, que lhe permite extrair de cada situação psicológica um mundo de ilações e de descobertas, numa linguagem que não teme invadir o domínio da poesia e que se vale de uma série de imprevistos recursos estilísticos para aliciar a imaginação do leitor. Além destes, outros contistas contemporâneos merecem destaque, como: * Ribeiro Couto, Rodrigo de Melo Franco, * Graciliano Ramos, * Marques Rebelo, * Aníbal Machado, * Dalton Trevisan, Homero Homem, * Lígia Fagundes Teles, * Osman

Lins, * Ricardo Ramos, * Samuel Rawet, João Antônio, * Luís Vilela, *Rubem Fonseca, *Moacyr Scliar, *Murilo Rubião, Edilberto Coutinho, Sérgio Sant'Ana e muitos outros.

CONSULTAR: Edgar Cavalheiro, *Evolução do Conto Brasileiro*, Rio, 1954; Herman Lima, "O Conto, do Realismo aos Nossos Dias", *A Literatura no Brasil* (dir. de Afrânio Coutinho), vol. II, Rio, 1955 (vol. VI, Rio, 1971, com atualização); Temístocles Linhares, *22 Diálogos sobre o Conto Brasileiro Atual*, Rio, 1973; Pavla Lidmilová, "O Conto Brasileiro: A Crítica e o Sonho", *Ibero-Americana Pragensia*, Praga, ano IX, 1975; Alfredo Bosi, pref. a *O Conto Brasileiro Contemporâneo*, S. Paulo, 1975; Maria Consuelo Cunha Campos, *Sobre o Conto Brasileiro*, Rio, 1977; Celuta Moreira Gomes, *O Conto Brasileiro e sua Crítica*, 2 vols., Rio, 1977 (bibl.).

[M. M.]

CONY, CARLOS HEITOR — (★ 14/3/1926, Rio)   Estudou durante sete anos no Seminário de S. José. Abandonou-o para matricular-se na Faculdade Nacional de Filosofia, de que cursou apenas o primeiro ano. Em 1947, foi nomeado funcionário da Câmara Municipal do então Distrito Federal. Tem-se dedicado também ao jornalismo, notadamente como cronista (*Da Arte de Falar Mal* e *O Ato e o Fato*, 1964; *Posto Seis*, 1965).

Com exceção de *Informação ao Crucificado* (1961), novela em cujo herói, um jovem seminarista que perdeu a fé, pôs C. H. C. muito de autobiográfico, no restante de sua obra de ficção preocupou-se ele em abordar os desajustes, frustrações e ridículos da classe média carioca. Tal abordagem se faz comumente através da narrativa na primeira pessoa: no afã de descobrir-se a si próprio, o protagonista principal acaba por desmascarar a hipocrisia dos laços familiares em que, malgrado seu, se vê inevitavelmente enredado. Na precariedade desses laços encarna o romancista sua visão da decadência do mundo burguês, quando não da própria insolubilidade da condição humana.

À linguagem crua dos seus primeiros livros, nos quais fazia praça de um cinismo algo sentencioso, à Pitigrilli, contrapôs C. H. C., em romances mais recentes, sobretudo em *Antes, o Verão* (1964), talvez o mais realizado deles, um estilo de maior sobriedade, que busca convencer antes pela justeza com que registra a vida interior das personagens do que pelo desembaraço com que utiliza os destemperos de vocabulário.

OBRAS DO A.: *O Ventre*, 1958; *A Verdade de Cada Dia*, 1959; *Tijolo de Segurança*, 1960; *Matéria de Memória*, 1962; *Balé Branco*, 1966; *Pessach: a Travessia*, 1967; *Sobre Todas as Coisas*, 1968.

CONSULTAR: Paulo Rónai, pref à 2.ª ed. d*A Verdade de Cada Dia*; Otto Maria Carpeaux, pref. à 1.ª ed. de *Antes, o Verão*; Antônio Houaiss, "Tijolo de Segurança", *Jornal do Brasil*, Rio, 17/12/1960; Renard Perez, *Escritores Brasileiros Contemporâneos*, Rio, 1964; Otto Maria Carpeaux, "C. e o Realismo", *Leitura*, Rio, jan, 1964; José Augusto de Carvalho, "O Submundo de C.", *Revista Civilização Brasileira*, Rio, n.º 9-10, 1967; Paulo Francis, "A Travessia de C.", *idem*, n.º 13, 1967; John M. Parker, "The Novels of C. H. C.", *Luzo-Brazilian Review*, Madison (E.U.A.), vol. X, 1973.

[J. P. P.]

CORREIA, RAIMUNDO DA MOTA AZEVEDO — (★ 13/5/1859, costa do MA; † 13/9/1911, Paris) Iniciou os estudos secundários no Colégio Pedro II, em 1872. Estudante de Direito em S. Paulo, estréia poeticamente com os *Primeiros Sonhos* (1879). Bacharel em 1882, no ano seguinte inicia-se na magistratura, em S. João da Barra. Casa-se em 1884, e continua a ocupar cargos judiciários. Em 1892, encontramo-lo sucessivamente diretor da Secretaria de Finanças de Ouro Preto (então capital de MG) e professor da Faculdade de Direito. Passa em seguida para a diplomacia, servindo como secretário de legação em Lisboa. Voltando à Pátria, fixa residência no Rio, onde é consecutivamente pretor da 2.ª Vara, juiz criminal e juiz no cível. Morreu em Paris, para onde seguira em tratamento de saúde, e foi sepultado no Père Lachaise. Seus ossos foram trasladados em 1920 pela Academia Brasileira de Letras, de que foi um dos fundadores (cadeira n.º 5).

Juntamente com ★ Olavo Bilac e ★ Alberto de Oliveira, R. C. forma a famosa "trindade parnasiana". Entretanto, nem sempre incensou a musa impassível do Parnaso. Sofreu uma evolução espiritual e estética bastante sensível. De certo idealismo social, herdado do ★ Romantismo e da Geração Coimbrã de 1870, derivou para uma descrença pessimista, para um ceticismo niilista. Esteticamente, progrediu do Romantismo balbuciante do livro de estréia para o ★ Parnasianismo que lhe domina toda a obra (desde *Sinfonias,* 1883, até *Aleluias* (1891), embora tenha composto peças do mais acabado ★ Simbolismo ("Plenilúnio"). Tem-se censurado em R. C. a reduzida originalidade; alguns contemporâneos (★ Luís Murat, p. ex.) acusavam-no de plagiário. É verdade que poucos poetas devem tão manifestamente à poesia de seus antecessores nacionais e estrangeiros: encontramos em R. C. rastros visíveis de Lecomte de Lisle, Gautier, Vítor Hugo, Baudelaire, Ackermann, Heine, Lenau, Bocage, Antero, quer na temática, quer nos recursos expressivos, quer na técnica de composição. Poeta de notável capacidade de assimilação, entretanto, incorporou as influências recebidas em acabadas obras-primas, de feição nitidamente pessoal, que superam por vezes os modelos.

A melhor produção de R. C. (excetuado o belo poemeto simbolista já citado) é constituída pelos seus sonetos parnasianos, muitos deles antológicos e de acabado lavor ("O Anoitecer", "A Cavalgada"). Do ponto de vista formal, insere-se na linha dos grandes sonetistas da Língua. Nas minúcias formais, R. C. realizou bem o ideal de Gautier da "arte pela arte", burilando cuidadosamente suas composições, mas sem incorrer em preciosismo: a sua linguagem poética é clara, precisa, encantatória ("A Cavalgada", "Mal Secreto", "Às Pombas", "Banzo"). Em composições de menor fôlego, porém, seu verso por vezes se torna duro, barroco, inçado de vocábulos preciosos ("Ode Parnasiana"). Sua poesia social (2.ª parte das *Sinfonias*) rende tributo à moda da época, particularmente à poesia de Antero de Quental. Aliás, tem-se aproximado com freqüência a poesia de R. C. da de Antero: ambos exploram temas metafísicos e exibem certo desencanto, em R. C. mais amargo e superficial, do Homem e do Universo. Mas em Antero há uma vocação de apóstolo, inexistente no outro, natureza essencialmente extrovertida, sensibilidade continuamente solicitada pelo mundo físico, pelo prazer dos sentidos, ao contrário de Antero. Daí a importância, na obra de R. C., dos temas ligados à apreensão sensível: a Natureza, a Mulher. É sobretudo na expressão de estados d'alma provocados por um crepúsculo ou uma madrugada que R. C. se realiza como poeta. Nesse campo, consegue realizar magnificamente o ideal parnasiano do escultório, da serena beleza das linhas gregas.

OBRAS DO A.: *Versos e Versões*, 1887; *Poesias*, 1898; *Poesias Completas* (org., pref. e notas de Múcio Leão), 2 vols., S. Paulo, 1948.

CONSULTAR: José Veríssimo, *Estudos Brasileiros*, 2.ª série, Rio, 1894; Alberto de Oliveira, "O Culto da Forma na Poesia Brasileira", *Anais da Biblioteca Nacional*, vol. XXXV, 1913; João Ribeiro, *Notas de um Estudante*, S. Paulo, 1921; Constâncio Álves, *Figuras*, Rio, 1923; Augusto Linhares, *R. C.*, Rio, 1949; Péricles Eugênio da Silva Ramos, "A Renovação Parnasiana na Poesia", *A Literatura no Brasil* (dir. de Afrânio Coutinho), vol. II, Rio, 1955; Waldir Ribeiro do Val, *Vida e Obra de R. C.*, Rio, 1960; João Pacheco, *O Realismo*, vol. III d*A Literatura Brasileira*, S. Paulo, 1963.

[M.T.C.B.]

CORTIÇO, O — Romance de * Aluísio Azevedo, forma com * O Mulato e Casa de Pensão, a tríade das melhores obras do escritor maranhense. Publicou-se pela primeira vez em 1890, no Rio. Seu enredo gira em torno de uma das chagas sociais típicas da vida carioca dos fins do século passado: a habitação coletiva, o "cortiço". A promiscuidade, a falta de travas morais, a sedução amolecedora do caráter que o ambiente exerce, tudo isso acaba por engolfar quantos se acercam do "cortiço", seja o português Jerônimo, pleno de força física e moral ao chegar da terra, seja a pobre e ingênua Pombinha, arrastada à prostituição. A habitação promíscua, com os seus moradores bestializados pela exaltação do sexo e cinicamente explorados em sua inexperiência, serve de sombrio pano de fundo para a ascensão econômica e social do lusitano João Romão, em concorrência com o patrício Miranda, ambicioso e matreiro. Com isso, dois pólos dramáticos se formam: um, representado pelo sobrado e a tasca do Romão, simbolizando o progresso financeiro e social; outro, representado pelo cortiço, refúgio de marginais e derrotados. O diálogo por vezes trágico entre os dois pólos constitui o fulcro da obra. Os problemas, os atritos, as "situações" são oriundos do sexo e do dinheiro, e ao fascínio desse binômio todos cedem, indiferentemente. O dramatismo ininterrupto, da primeira à última página, típico de grande romancista jogando à vontade com massas humanas, culmina com o suicídio de Bertoleza, amante e companheira de infortúnio de João Romão na luta pelo enriquecimento. Constitui, tal desfecho, franco libelo contra a discriminação racial e a exploração do homem pelo homem. Apesar do indisfarçável idealismo romântico com que é pintada a cena, é dos pontos mais altos do romance, que é uma das obras-primas da ficção brasileira de todos os tempos.

[M.M.]

COSTA, CLÁUDIO MANUEL DA — (★ 5/6/1729, Vargem do Itacolomi, nas cercanias de Mariana, MG; † 4/7/1789, Ouro Preto, MG) Estudou em Vila Rica e no Rio; em Coimbra cursou a Faculdade de Cânones e publicou seus primeiros trabalhos. Em 1753, regressou à Pátria. Foi almotacé em Mariana e exerceu funções na Câmara de Vila Rica, localidade onde estabeleceu banca de advogado. Procurador substituto da Coroa e Fazenda, ocupou depois o posto de secretário do Governo da Capitania e o de juiz das Demarcações de

Sesmarias de Vila Rica. Em 1768, organizou no Palácio do Governo uma academia (4 de setembro), na qual fez o discurso de abertura e recitou onze poemas encomiásticos; no discurso de encerramento, preconizou a fundação de uma "Colônia Ultramarina" em Vila Rica, como prolongamento da Arcádia Romana, e pediu para ela a proteção de Valadares, já nomeado "Pastor Daliso" da Colônia. No dia 5 de dezembro houve uma nova sessão da Colônia Ultramarina, ainda em Palácio, dedicada à comemoração do aniversário do jovem conde: C. fez representar seu drama (musicado) *O Parnaso Obsequioso*, de linhas metastasianas. Envolvido na Conjuração Mineira, foi posto em segredo na Casa dos Contos, e suicidou-se na cela.

Foi C. M. C. — cujo nome arcádico era Glauceste Satúrnio — o primeiro poeta que externou idéias neoclássicas (V. ARCADISMO) no Brasil; isso no "Prólogo ao Leitor" de suas *Obras* (1768). Nesse prólogo asseverava que, embora nutrisse por sua terra "a maior paixão", não podia para ela transplantar as delícias do Tejo, do Lima e do Mondego, por causa da "grossaria" dos habitantes; assim, deslocava-se de seu ambiente pelos mesmos motivos por que os "pastores" lusos se figuravam no Monte Mênalo: a busca de um cenário cuja beleza fosse ditada pela razão. Apesar dessa fuga, fala no "Epicédio I" da queda da produção do ouro, e alude freqüentemente ao precioso metal e às penhas de sua zona, o que leva * Antônio Cândido a considerá-lo, de todos os poetas do grupo mineiro, o mais preso às emoções e valores da terra. Formalmente, C. M. C. condenou o sublime seiscentista e a inchação da frase.

Sua melhor produção é a lírica, tal como consubstanciada nos sonetos. Não haverá risco em afirmar que cultivou a forma com perícia, distinção e excelência, sendo um dos grandes sonetistas da língua. Sua força foi tal — e sua técnica, às vezes, tão apurada — que os reflexos de seus versos alcançaram e marcaram o nosso * Parnasianismo; assim, * Alberto de Oliveira tem sonetos que espelham o módulo de Glauceste.

Sua poesia bucólica — obediente como é às normas arcádicas — sofre as peias naturais do gênero, e não atinge a mesma posição dos sonetos. Isso nada tem de excepcional, pois ainda hoje o mais ilustre representante da poesia pastoril é o seu próprio criador, Teócrito. A despeito disso, a Égloga VIII de C. é um formoso poema — embora não comparável com o do poeta grego.

Deixou-nos C. também um poema de caráter épico — o *Vila Rica* — sobre a fundação da cidade. A diretriz neoclássica então observada a rigor pelo poeta, conjugada à perda do entusiasmo juvenil, não lhe permitiram igualar o viço do *Uraguai*. O *Vila Rica* é um poema que revela descanso e cansaço; apesar disso, ostenta alguns trechos formosos, e é mais uma confessada demonstração de amor do poeta à sua terra natal.

OBRAS DO A.: *Munúsculo Métrico*, romance heróico, 1751; *Epicédio em Memória de Fr. Gaspar da Encarnação*, 1753; *Labirinto de Amor*, 1753; *Números Harmônicos*, 1753. Vários de seus inéditos foram sendo publicados depois, como o poema *Vila Rica*, 1839. Em 1903, João Ribeiro reuniu em 2 vols. tudo o que antes se editara: *Obras Poéticas*. É ainda hoje a edição mais completa, com boa introdução e documentos valiosos, embora tivessem ficado esquecidas algumas poesias; em *O Incon-*

fidente Cláudio Manual da Costa (Rio, 1931), Caio de Melo Franco deu à estampa as composições de C. no ato acadêmico de 4/9/1768, e *O Parnaso Obsequioso,* drama para se recitar em música no dia 5/12/1768. CONSULTAR: Carta de João Ribeiro a José Veríssimo nas *Obras Poéticas,* Rio, vol. I, e documentos anexos; Alberto Lamego, "Autobiografia e Inéditos" (de C.), *Revista da Academia Brasileira de Letras,* 1914, vol. IV, n.º 7; e *Academia Brasílica dos Renascidos,* Bruxelas-Paris, 1923; Caio de Melo Franco, *op. cit.;* M. Rodrigues Lapa, "Subsídios para a Biografia de C. M. da C", *Revista do Livro,* Rio, n.º 9; A. Soares Amora, introd. e cronologia das *Obras,* Lisboa, s. d.; Hélio Lopes, *C., o Lírico de Nise,* S. Paulo, 1975.

[P. E. S. R.]

COSTA PEREIRA FURTADO DE MENDONÇA, HIPÓLITO JOSÉ DA — (★ 25/3/1774, Sacramento, Rio da Prata; † 11/9/1823, Kensington, Inglaterra) Formado em Direito e Filosofia pela Universidade de Coimbra, depois de breve permanência nos E.U.A. (1798-1800), segue para Lisboa, e de lá para a Inglaterra, em abril de 1802. Passados dois meses, regressa a Portugal e é preso como livre-pensador e maçom. Em 1805 evade-se para a Inglaterra, onde se conservará até o fim dos dias, entregue ao ensino de línguas, traduções e jornalismo. Lá publica, de 1802 a 1822, o *Correio Brasiliense ou Armazém Literário,* periódico mensal. Espírito brilhante, aderiu prontamente às idéias liberais em voga na Grã-Bretanha, e, através do jornal, divulgou-as na comunidade de língua portuguesa. A empresa tornou-o famoso dentro e fora do país em que se exilara. Proibido de circular em Portugal e no Brasil, tal o arrojo e virulência das idéias, nem por isso o *Correio Brasiliense* interrompeu a sua trajetória. Publicação de intuitos patrioticamente polêmicos, ventilava questões de ordem econômica, literária e científica, e criticava sem piedade os atos do governo luso-brasileiro. Antiabsolutista ferrenho, embora pregasse a unidade plena entre Portugal e Brasil, H. da C. contribuiu grandemente para o estabelecimento da consciência política da Colônia. Sentindo, com a Independência (1822), que o seu papel doutrinário havia sido realizado, encerrou o periódico, e ingressou na diplomacia, mas faleceu antes de conhecer o ato que o nomeava cônsul geral na Inglaterra. Ainda publicou outras obras, nas quais recolheu a experiência acumulada no fio dos anos. Ostentam, porém, escasso interesse, salvo do prisma historiográfico e biográfico: *Descrição da Árvore Açucareira e da sua Utilidade e Cultura* (1801), *Cartas sobre a Framaçoneria* (1805, de autoria duvidosa, cujo êxito na época se deveu ao fato de ser, conforme Carlos Rizzini, "a primeira obra de divulgação e defesa da Maçonaria em vernáculo"), *Narrativa da Perseguição de H. J. da C. P. F. M.* (1811), *Sketch for the History of the Dionysian Artificers* (1820), *Diário de Minha Viagem para Filadélfia* (1955).

CONSULTAR: Carlos Rizzini, *H. da C. e o Correio Brasiliense,* S. Paulo, 1957; Mecenas Dourado, *H. da C. e o Correio Brasiliense,* 2 vols., Rio, 1957; Vários Autores, *Índice do Correio Brasiliense,* Rio, 1977.

[M. M.]

COSTA, SOSÍGENES MARINHO DA — (★ 14/11/1901, Belmonte, BA; † 5/11/1968, Rio) Foi professor público em sua cidade natal, onde viveu até 1926, quando se transferiu para Ilhéus. Ali exerceu os cargos de secretário da Associação Comercial, redator do *Diário da Tarde* e telegrafista do D.C.T. Aposentou-se em 1954, passando a residir no Rio. Viajou pela Europa e pela Ásia (1955).

Poemas de S. C. começaram a aparecer ocasionalmente em jornais e revistas a partir de 1928, época em que seu A. se ligou ao grupo modernista de Pinheiro Viegas e à Academia dos Rebeldes, de Salvador. Mas, arredio à publicidade, só recentemente consentiu ele, a instâncias de amigos, fosse reunida em livro parte de sua produção. Malgrado a publicação tardia e a escassa repercussão crítica que alcançou, a *Obra Poética de S. C.* (1959; 2.ª ed. ampliada, 1978) merece figurar, pelo vigor e, sobretudo, pela vincada originalidade que ostenta, entre as realizações mais significativas de nossa poesia modernista. Nos "Sonetos Pavônicos", que constituem a seção inicial da coletânea, o poeta tira curiosos efeitos metafóricos de certas reminiscências formais parnasianas e simbolistas. Nas demais partes do volume, utiliza o verso livre e o redondilho para, numa dicção que estiliza habilmente recursos da linguagem coloquial, versar motivos do folclore afro-brasileiro da BA, de mistura com temas bíblicos e históricos, tratados, as mais das vezes, em termos de um "humor" muito pessoal. Sua expressão ora é puramente lírica e descritiva, como em "O Dourado Papiro" ou "Nego Sereio", ora se faz acompanhar, mas sem descair no demagógico e no discursivo, de preocupações de crítica social, como em "A Marcha do Menino Soldado" ou no antológico "Duas Festas no Mar".

CONSULTAR: Péricles Eugênio da Silva Ramos, "O Modernismo na Poesia", *A Literatura no Brasil* (dir. de Afrânio Coutinho), vol. III, t. 1, Rio, 1959; Wilson Martins, "No Monte Parnaso", supl. lit. d*O Estado de S. Paulo*, 4/6/1960; Walmir Ayala, "A Obra Poética de S. C.", *Anuário da Literatura Brasileira — 1960*, Rio, 1961; José Paulo Paes, *Pavão, Parlenda, Paraíso: Uma Tentativa de Descrição Crítica da Poesia de S. C.*, S. Paulo, 1977.

[J. P. P.]

COUTINHO, AFRÂNIO — (★ 15/3/1911, Salvador, BA) Formou-se em Medicina pela Faculdade da Bahia, mas preferiu dedicar-se ao jornalismo e ao magistério. Fez cursos de especialização em crítica literária na Universidade de Colúmbia, E.U.A. Lecionou Literatura no Colégio Pedro II, de que chegou a catedrático com uma tese sobre *Aspectos da Literatura Barroca* (1950), trabalho pioneiro entre nós. Rege atualmente a disciplina de Literatura Brasileira da Faculdade Nacional de Filosofia. Pertence à Academia Brasileira de Letras (cadeira n.° 33).

A. C. notabilizou-se pela campanha que empreendeu, através da imprensa e do livro, em prol da adoção, no Brasil, dos métodos da "nova crítica" anglo-norte-americana. Com defender, no campo dos estudos literários, a primazia da crítica intrínseca, propriamente estética, sobre a crítica extrínseca, história, biográfica, sociológica ou psicológica — ao mesmo tempo em que insistia na necessidade de, nos julgamentos de valor, complementar os juízos impressionistas com a análise estrutural da obra literária —, exerceu A. C. inegável influência sobre a nova geração de críticos brasileiros. Na *Introdução à Literatura no Brasil* (1959), livro em que reuniu as introduções gerais que escreveu para os quatro volumes d*A Literatura no Brasil* (1955-1959; 2.ª ed., 6 vols., 1970-1971) — obra de autoria múltipla por ele planejada e dirigida —, teve A. C. ensejo de aplicar, à periodologia estilística de nossa * história literária, o seu vasto cabedal de informação teórica.

124

Obras do A.: *A Filosofia de Machado de Assis*, 1940; *Correntes Cruzadas*, 1952; *Da Crítica e da Nova Crítica*, 1957; *Euclides, Capistrano e Araripe*, 1959; *Machado de Assis na Literatura Brasileira*, 1960; *Conceito de Literatura Brasileira*, 1960; *No Hospital das Letras*, 1963; *Crítica e Poética*, 1968; *A Tradição Afortunada*, 1968; *Crítica e Críticos*, 1969.

Consultar: *Anuário (1960/1964)* da Academia Brasileira de Letras, Rio, s. d.; Eduardo Portela, *Dimensões I*, Rio, 1959; Fausto Cunha, *A Luta Literária*, Rio, 1964; Fábio Lucas, *Compromisso Literário*, Rio, 1964; Antônio Houaiss, *Crítica Avulsa*, Salvador, 1960; Leodegário A. de Azevedo Filho, *Introdução ao Estudo da Nova Crítica no Brasil*, Rio, 1965; Jean Roche, "A. C.", *Cahiers du Monde Hispanique*, Toulouse, n.º 11, 1968; Wilson Martins, "A Crítica Modernista", *A Literatura no Brasil* (dir de A. C.), vol. V, Rio, 1970.

[J. P. P.]

COUTO, Domingos do LORETO — Nascido no Recife, no século XVIII, sabe-se desse A. que foi presbítero confesso da Ordem de S. Bento e visitador geral do Bispado de Pernambuco. Sócio supranumerário da Academia Brasílica dos Renascidos (1759), vinculou aos trabalhos do sodalício um estudo que já havia escrito dois anos antes e que permaneceu inédito até 1902, *Desagravos do Brasil e Glórias de Pernambuco,* de que sobreviveu apenas a primeira parte (publicada nos *Anais* da Biblioteca Nacional do Rio, vols. XXIV e XXV, 1902 e 1903). Esse trabalho, que se insere na nossa prosa barroca, é, na definição de José Aderaldo Castelo, um misto de crônica histórica, de casos exemplares e, portanto, de prosa moralista, de panegíricos e dados bibliográficos. * Capistrano de Abreu prezou a obra do beneditino, na qual salientou a defesa do elemento indígena.

Consultar: Capistrano de Abreu, notícia em *Desagravos,* ed. cit.; José Aderaldo Castelo, "A Obra de L. C.", supl. lit. d*O Estado de S. Paulo,* 19/3/1960; e *Manifestações Literárias da Era Colonial,* vol. I d*A Literatura Brasileira,* S. Paulo, 1962.

[P. E. S. R.]

COUTO, Rui RIBEIRO — (★ 12/3/1898, Santos, SP; † 30/5/1963, Paris) Em sua cidade natal, cursou a Escola de Comércio José Bonifácio; matriculou-se depois na Faculdade de Direito de S. Paulo, onde permaneceu até o quarto ano. Bacharelou-se em 1919, na Faculdade de Ciências Jurídicas e Sociais do Rio. Exerceu o jornalismo em S. Paulo (1915-1918) e no Rio (1919-1922). Promotor Público do Estado de S. Paulo (1924-1925) e em Minas Gerais (1926-1928). Entrou no Itamarati logo depois, servindo em Marselha, Paris, Holanda, Portugal, Belgrado. Da Academia Brasileira de Letras (1934).

R. C. estreou com o livro — *O Jardim das Confidências* (1921) — que mereceu as honras de ser considerado portador de uma poesia nova pelo crítico * Ronald de Carvalho — a poesia da penumbra, donde falar-se em * Penumbrismo, derivação do * Simbolismo, cheia de meios-tons e suavidade. Esse livro, mais *Poemetos de Ternura e de Melancolia* (1924), não desprezam, antes procuram os assuntos do terra-a-terra diário; neles, a poesia se humaniza e desce às coisas simples, com muita tristeza, simpatia, ausência de pompa. Ao tempo da

125

* Semana de Arte Moderna, de que participou por meio de poemas declamados, o desejo de R. C. era "matar a hidra baiana", isto é, a eloqüência, para praticar uma poesia verlaineana ("les sanglots longs"), de temas humildes e dicção suave e simples. Esse desejo, expresso em versos livres, reflete-se em *Um Homem na Multidão* (1926) escrito em 1921-1922, que traz poemas melancólicos e por vezes descritivos; prega R. C., nesse livro, a necessidade da "experiência vivida". Daí falar nos lugares que conheceu, Campos do Jordão — onde andou fraco do pulmão — ou S. José do Barreiro, "cidade morta"; desses sítios há traços ainda em *Província* (1933), e antiteticamente viriam as cidades novas e tumultuárias de São Paulo em *Noroeste e Outros Poemas do Brasil* (1933). Em *Correspondência de Família* (1933), *Cancioneiro de Dom Afonso* (1939), *Cancioneiro do Ausente* (1943), seus temas, formas e expressão ampliam-se e alteram-se; vai buscar o lirismo popular das modinhas, sofre a nostalgia do exílio, versa o temas da infância, do amor e da vida gasta, faz-se mais veemente e apaixonado, por vezes. Em *Entre Mar e Rio* (1952), sua forma atinge clara ordenação e equilíbrio, tanto que nesse livro e em *Longe* (1961) R. C. nos oferece alguns dos mais altos e perfeitos sonetos da língua. R. C. foi também contista e romancista de mérito.

OBRAS DO A.: *Poesia*, 1934, reúne os dois primeiros livros de R. C.; *Dia Longo*, 1944, são poesias escolhidas; *Poesias Reunidas*, 1960, traz todos os livros do poeta, d*O Jardim das Confidências* a *Entre Mar e Rio*. R. C. tem livros de poesia em francês: *Rive Étrangère*, 1951; *Jeux de l'Apprenti Animalier*, 1955; e muitos livros de prosa, relacionados no *Anuário* da Academia Brasileira de Letras, 1943, aos quais outros se acrescentaram, como *Barro do Município*, 1956, e *Sentimento Lusitano*, 1961.

CONSULTAR: Adolfo Casais Monteiro, *A Poesia de R. C.*, Lisboa, 1935; Tristão de Ataíde, *Poesia Brasileira Contemporânea*, Belo Horizonte, 1941; Rodrigo Otávio F.º, "Sincretismo e Transição: o Penumbrismo", *A Literatura no Brasil* (dir. de Afrânio Coutinho), vol. III, t. 1, Rio, 1959; Péricles Eugênio da Silva Ramos "O Modernismo na Poesia", *ibidem*; Mário da Silva Brito, *Modernismo*, vol. VI do *Panorama da Poesia Brasileira*, Rio, 1959; Fernando Góes, *Pré-Modernismo*, vol. V do *Panorama da Poesia Brasileira*, Rio, 1960; João Alexandre Barbosa, "R. C.", *A Literatura no Brasil*, cit., vol. V, Rio, 1970; Luís Cesar Saraiva Feijó, "R. C.", *Poetas do Modernismo* (dir. de Leodegário A. de Azevedo Filho), vol. III, Brasília, 1972.

[P. E. S. R.]

CRESPO, ANTÔNIO CÂNDIDO GONÇALVES — (★ 11/3/1846, Rio; † 11/6/1883, Lisboa) Seguiu para Portugal com catorze anos, e lá permaneceu até a morte. Depois de formado em Direito por Coimbra, teve acesso, graças à sua personalidade insinuante, ao meio cultural e social português (como poeta, declamador e deputado), para o que colaborou seu casamento com a escritora Maria Amália Vaz de Carvalho. Talvez o êxito alcançado por G. C. ainda em vida advenha mais da força da personalidade do que do talento poético; por outro lado, a morte o apanhou em plena popularidade, no ano seguinte ao da publicação da sua segunda e última obra, *Noturnos* (1882). Os historiadores literários brasileiros e portugueses disputam-lhe a nacionalidade. Na literatura brasileira, é focalizado sobretudo pelo fato de a publicação de sua obra *Miniaturas* (1870) incluir-se entre nossas primeiras e mais influentes manifestações parnasianas. Nela, certo tom narrativo ampara a emoção poética, objetivando-a através de variados pormenores descritivos, como em "A Bordo". Enquadra-se, por isso, na "poesia realista", pela sua preocupação de retratar aspectos da vida doméstica e cotidiana. Nesse particular. G. C. sofre a influência de * Casimiro de Abreu (v. "Canção" e outros poemas de tema brasileiro) e, sem o querer, regressa ao * Romantismo e caminha na direção do folclore. O fato é explicável pela permanência, em seu espírito, de lembranças infantis da vida brasileira; seu tema predominante, todavia, é a Mulher, especialmente a enternecida pela maternidade ("Alguém", "Mater Dolorosa"). Em *Noturnos, G. C.* continua a mesma linha do livro de estréia, alcançando talvez um rebuscamento mais exótico com a mudança de espaço físico (como em "O Juramento do Árabe" e as versões de Heine, "Números de Intermezzo"). Só motivos circunstanciais, e o ter apontado certos rumos, explicam o êxito coevo da poesia de G. C.

CONSULTAR: Afrânio Peixoto, pref. às *Obras Completas* de G. C., Rio, 1942; Péricles Eugênio da Silva Ramos, "A Renovação Parnasiana na Poesia", *A Literatura no Brasil* (dir. de Afrânio Coutinho), vol. II, Rio, 1955; Antônio José Saraiva e Oscar Lopes, *História da Literatura Portuguesa,* Porto, s. d.; José Carlos Garbuglio, *Literatura e Realidade Brasileira,* S. Paulo, 1970.

[M.A.R.M.]

CRÍTICA LITERÁRIA — Embora a crítica literária, como gênero definido, date apenas do século XIX, pode-se afirmar que, no Brasil como em outros países, existe, anteriormente, uma "atividade crítica" inorgânica, uma reflexão ocasional sobre a natureza e os caracteres da Literatura. No Brasil, essa reflexão começou, segundo observava * José Veríssimo, com as * academias do século XVIII. Ainda que refletindo as concepções literárias do *maneirismo,* essas instituições deram, pela primeira vez entre nós, um "corpus" por assim dizer social aos exercícios intelectuais e concorreram para consolidar as tentativas iniciais de consideração da Literatura como uma atividade autônoma. Foi, mesmo, o poeta * Manuel Inácio da Silva Alvarenga, membro da última, em data, dessas agremiações, a Sociedade Literária do Rio de Janeiro (1786-1794), que nos deixou, com a epístola crítica "A Basílio da Gama", qualquer coisa de comparável à *Arte Poética* de Boileau. Comparável não apenas em sua natureza e finalidades, mas, ainda, nos conceitos emitidos, já que Silva Alvarenga decalca Boileau e Horácio, assim como Boileau, por sua vez, havia decalcado o poeta latino. Outras obras de Silva Alvarenga que podem ter um lugar na pré-história da nossa crítica são os poemas "O Desertor" (1774) e "Às Artes" (1788).

Contudo, é preciso reconhecer que, tanto as academias setecentistas quanto os escritores que, na primeira parte do século XIX, consagraram os seus trabalhos à história literária (que é, como, entre nós, começa a crítica) não têm outro valor senão o histórico. * Januário da Cunha Barbosa, José Inácio de Abreu e Lima (1796-1869), * J. D. Gonçalves de Magalhães e Francisco de Sales Torres Homem (1812--1876), se deixaram páginas incidentais ou acidentais na especialidade, não concorreram esteticamente para a criação ou para o estabelecimento do gênero. A crítica brasileira deveria iniciar-se muito modestamente, não só, como ficou dito, pelo caminho da Historiografia, mas, ainda, sob a forma de livros didáticos. Com efeito, são o *Curso Elementar de Literatura Nacional* (1862), o *Resumo de História Literária* (1872) e as *Postilas de Retórica e Poética* (1885), destinados pelo * Cônego Joaquim Caetano Fernandes Pinheiro (1825-1876) aos seus alunos do Colégio Pedro II, que inauguraram o que se pode ter como as primeiras manifestações especializadas de crítica literária. Pouco importa, no caso, que Fernandes Pinheiro esposasse as idéias de um classicismo convencional e, já àquela altura, superado, nem que, como escritor, tivesse mais defeitos do que qualidades; o que importa é que, do ponto de vista histórico, os seus livros iniciam, realmente, uma estante especializada em nossa literatura. O mito de um Classicismo imutável, que domina o espírito de Fernandes Pinheiro, daria nascimento a duas outras fortes correntes da crítica brasileira: os "gramáticos" e os "humanistas". Entre os primeiros, que reduzem o estilo aos limites da simples correção lingüística, conferida pelos padrões, denominados "clássicos", poderíamos colocar Joaquim Osório Duque Estrada (1870--1927), que foi o mais célebre e o mais execrado de todos; entre os segundos, que fundam os seus critérios literários não num classicismo de imitação mas no conhecimento direto das literaturas "humanísticas" (grega e latina), poderíamos citar * Odorico Mendes, * Machado de Assis e, nos tempos modernos, Fernando de Azevedo, que, depois de haver exercido a crítica hebdomadária, encaminhou-se para outras atividades.

Nascendo como história literária, a crítica brasileira sofreria, por muito tempo, da nostalgia histórica propriamente dita, isto é, da tendência a ser mais descritiva do que interpretativa. * Francisco Adolfo de Varnhagen, o conhecido autor da *História Geral do Brasil,* introduziu no País essa concepção da crítica literária, adotada por numerosos outros escritores. A importância dessa corrente está menos nos trabalhos que deixou do que na influência que, por contraste, exerceu. Sabe-se, nesse particular, que, para reagir contra Varnhagen, * Sílvio Romero daria uma orientação sociológica à sua crítica, concebida, aliás, em termos predominantemente historicistas. Ele será, contudo, ao lado de * José Veríssimo e de * Araripe Jr., um dos "três grandes" da crítica brasileira no século XIX. A crítica de Romero não é outra coisa senão a preparação para a sua *História da Literatura Brasileira* (1888): os capítulos deste livro constituem-se dos ensaios críticos anteriormente publicados e assim será até à edição moderna, que elevou para cinco, por esse sistema, os primitivos dois volumes da obra. Em José Veríssimo, ao contrário, a *História da Literatura Brasileira* (1916), de publicação póstuma, destina-se a ser uma síntese crítica, reunindo-se à parte os artigos de julgamento ocasional, sobretudo nos seis volumes dos *Estudos de Literatura Brasileira* (1901-1907), reeditados em 1976--1977. Se Romero via a literatura numa atitude historicista de espírito, e se Veríssimo a via através de critérios estéticos, Araripe Júnior foi o impressionista, no sentido exato da palavra. Sob o título de *Obra Crítica*, seus trabalhos foram modernamente recolhidos em edição da Casa de Rui Barbosa, a cargo de Afrânio Coutinho (5 vols., 1958-1970); a rigor, as suas grandes contribuições para a literatura especializada não se encontram nos artigos de apreciação crítica, mas nas três biografias literárias, de * José de Alencar (1882), de * Tomás Antônio Gonzaga (1890) e de * Gregório de Matos (1894).

128

Araripe Júnior foi o primeiro crítico do *Simbolismo, assim como * Nestor Vítor seria o seu crítico por assim dizer oficial; herdeiro, ao mesmo tempo, dos "três grandes", *Ronald de Carvalho estabeleceria, com a *Pequena História da Literatura Brasileira* (1919), com os *Estudos Brasileiros* (1924-1931) e com *O Espelho de Ariel* (1922), não somente a síntese de todos os esforços anteriores, mas, ainda, o que é importante, a transição mais inteligente e sensível para a crítica moderna, posterior ao Movimento de 1922. O *Modernismo lançou, de longe, sem saber, as bases da crítica contemporânea: movimento, como já foi dito, essencialmente crítico, favoreceu um reexame das concepções literárias e preparou a definitiva implantação da crítica como gênero autônomo. A passagem é tão natural de Romero, Veríssimo e Araripe para Ronald de Carvalho, quanto deste último para Alceu Amoroso Lima (*Tristão de Ataíde); nascido em 1893, o autor dos *Estudos* (1927-1933) teria trinta anos na *Semana de Arte Moderna, tendo iniciado pouco antes a sua vida literária e destinando-se a ser, por uma década, o crítico brasileiro mais influente. É preciso, contudo, não cometer o engano de tomá-lo por crítico "modernista"; nem por temperamento, nem por formação, ele seria um revolucionário, mesmo em literatura. Além disso, seu espírito já estava definido no momento em que surge o Modernismo; a vantagem e a desvantagem de Tristão de Ataíde consistiram, precisamente, nessa contraditória "participação independente" que caracterizou as suas relações com o movimento.

Se muitos modernistas propriamente ditos, como *Mário de Andrade, por exemplo, praticaram a crítica, isso só ocorreu de maneira sistemática nos anos 30, isto é, na segunda fase revolucionária; os primeiros críticos já nascidos intelectualmente em ambiente modernista surgiriam mais tarde, nos anos 40, destacando-se desde logo * Álvaro Lins e * Antônio Cândido. Na década seguinte, a "nova crítica" e outras correntes contemporâneas fariam a sua entrada no País. Sua contribuição mais importante foi propor uma concepção rigorosamente estética do fenômeno literário, isto é, a literatura como "literariedade"; é curioso assinalar que a sua contribuição característica tenha sido uma... história da literatura brasileira, volume coletivo que, sob a direção de Afrânio Coutinho e com o título de *A Literatura no Brasil,* destina-se, no fundo, a ser uma "revisão de Sílvio Romero" (1.ª ed., 4 vols., 1956-1959; 2.ª ed., 6 vols., 1968-1971).

A "nova crítica", como era inevitável, abriu caminho para as teorias ultraformalistas que deviam superá-la na década de 60 (estruturalismo, formalismo russo, semiologia, etc.), cujos resultados é ainda cedo para avaliar; registre-se, contudo, na década de 70, o crescente desencanto com os exercícios mais ou menos mecânicos em que acabaram por se transformar.

CONSULTAR: Wilson Martins, *A Crítica Literária no Brasil*, S. Paulo, 1952; Afrânio Coutinho, *Da Crítica e da Nova Crítica*, Rio, 1957; Otto Maria Carpeaux, *Pequena Bibliografia Crítica da Literatura Brasileira*, 4.ª ed., Rio, 1968; *A Literatura no Brasil*, caps. sobre a crítica literária introduzidos na 2.ª ed.

[W. M.]

CRÔNICA — Em língua portuguesa, a palavra "crônica" tem duas acepções principais. Tanto pode significar relato, em ordem cronológica, de acontecimentos de interesse histórico, como pequeno comentário, publicado em jornal ou revista, acerca de fatos reais ou imaginários. Nesta última acepção, que é a propriamente literária, e exclusiva, ao que parece, de nosso idioma, a crônica se confunde com aquilo que, nas literaturas de língua inglesa, se conhece pelo nome de ensaio pessoal, informal, familiar, ou *sketch*. Gênero menor, cujas fronteiras imprecisas confinam com as do ensaio de idéias, do * memorialismo, do * conto e do * poema em prosa, a crônica se caracteriza pela expressão limitada. Focaliza, via de regra, um tema restrito, em prosa amena, quase coloquial, onde repontam amiúde notas discretas de humor e sentimentalismo; o tom é predominantemente impressionista e as idéias se encadeiam menos por nexos lógicos que imaginativos. Graças a isso, estabelece-se uma atmosfera de intimidade entre o leitor e o cronista, que refere experiências pessoais ou expende juízos originais acerca dos fatos versados. E é na exata medida de sua cota de originalidade nas idéias e no estilo que o "cronismo" (para usar o termo cunhado por * Tristão de Ataíde) alcança superar em parte a circunstância jornalística em que se origina.

A crônica começou a se popularizar no Brasil por volta da segunda metade do século passado, quando a imprensa da Corte, até então voltada quase que exclusivamente para o trato das questões de ordem político-doutrinária, foi descobrir, na vida mundana da cidade — que, perdendo aos poucos o acanhamento de burgo colonial, principiava a se comprazer nos requintes da civilização —, matéria de interesse jornalístico. Nos folhetins ou rodapés semanais, a crônica maliciosa dos últimos sucessos políticos e sociais alterna com o tradicional romance em série. São crônicas de tal espécie os folhetins que * José de Alencar publicou em 1854 no *Correio Mercantil*, sob o título geral de *Ao Correr da Pena*: neles, comentava fatos e figuras do Rio elegante da época — as festas, as modas, os espetáculos teatrais, as intrigas políticas, as negociatas —, coligindo um precioso cabedal de anotações, que lhe iriam valer na feitura de seus romances urbanos (*Diva, Senhora, Lucíola,* etc.). Dois outros cronistas do * Romantismo entremeariam a crítica bem-humorada dos costumes contemporâneos com evocações pitorescas do velho Rio: * Joaquim Manuel de Macedo, que, em *Um Passeio Pela Cidade do Rio de Janeiro* (1862-1863) e *Memórias da Rua do Ouvidor* (1878), fez a história sentimental e picaresca da cidade, e * França Júnior, cujos *Folhetins,* publicados inicialmente em jornal e mais tarde (1878) reunidos em livro como os de Macedo, conheceram grande popularidade, pela agudeza com que satirizavam a vida cotidiana da pequena burguesia fluminense. Mas o mestre inconteste do gênero no século XIX foi * Machado de Assis, que o cultivou desde a mocidade até o fim da vida, deixando numerosos volumes de crônicas, nas quais, com a finura que lhe era característica, discreteou sobre pequenos e grandes acontecimentos do tempo, numa "fusão admirável do útil e do fútil", conforme ele próprio definiu certa feita a arte do folhetinista. O longo tirocínio de cronista permitiu-lhe apurar o estilo, fazê-lo despojado e nítido, adestrando-lhe, ao mesmo tempo, os dons de observador irônico e desapaixonado da comédia social.

A exemplo de Machado de Assis, muitos outros escritores da época iriam encontrar no jornalismo seu ganha-pão, quer como encarregados das tarefas anônimas de redação, quer como cronistas titulares de seções fixas. Tal foi o caso de * Artur Azevedo, de * Olavo Bilac (*Crônicas e Novelas,* 1894; *Ironia e Piedade,* 1916), de * Medeiros e

130

Albuquerque, de *Coelho Neto (*Bilhetes Postais*, 1892-1893; *A Bico de Pena*, 1902-1903; etc.), entre tantos outros. E, vencendo o preconceito contra as mulheres escritoras, *Júlia Lopes de Almeida (*Correio da Roça*, 1913) e Carmem Dolores conseguiram se impor também como cronistas de mérito nessa quadra.

A partir do último decênio do século passado, com o seu talento eminentemente jornalístico, *João do Rio encetou a renovação da crônica brasileira, levando-a dos gabinetes para as ruas e convertendo-a freqüentemente em reportagem viva e movimentada. Se muitas das suas crônicas, notadamente as que celebram a fatuidade da *belle époque* carioca, são hoje quase ilegíveis, outras conservam-se atuais pelo interesse documental e pelo brilho do estilo, como acontece com as reunidas em *As Religiões do Rio* (1906) e *A Alma Encantadora das Ruas* (1918). Sucedeu a João do Rio, no favor do público, *Humberto de Campos, cronista cuja atividade se estendeu por mais de três decênios e que, tanto na graça apimentada das historietas do "Conselheiro XX" quanto no sentimentalismo algo fácil d*Os Párias* (1933) e *Sombras que sofrem,* soube falar de perto à sensibilidade do leitor menos exigente. Nos primeiros anos do *Modernismo, além de *Menotti del Picchia, que, sob o pseudônimo de Hélios, valeu-se de sua crônica regular no *Correio Paulistano* (1922-1923) para divulgar e defender os ideais da *Semana de Arte Moderna, e de *Álvaro Moreira, que trouxe do *Simbolismo gaúcho o gosto pelo poema em prosa, é de lembrar o nome de *Antônio de Alcântara Machado, autor de crônicas cheias de pitoresco e humor, que foram reunidas postumamente em volume (*Cavaquinho e Saxofone*, 1940), embora tivessem sido escritas entre 1926 e 1935. De 1936 é *O Conde e o Passarinho*, o primeiro livro de crônicas de *Rubem Braga, caso único de autor que entrou para a nossa história literária exclusivamente pela sua obra de cronista. Com uma visão entre lírica e irônica da vida, e um estilo admiravelmente dúctil e pessoal, logrou ele, como ninguém, dar nobreza literária ao gênero, que escritores de renome não desdenham hoje de cultivar profissionalmente, como é o caso, entre numerosos outros, de *Raquel de Queirós (*A Donzela e a Moura Torta*, 1948), *Carlos Drummond de Andrade (*Fala, Amendoeira*, 1957), *Manuel Bandeira (*Flauta de Papel*, 1956), *Fernando Sabino (*A Cidade Vazia*, 1950), *Paulo Mendes Campos (*O Cego de Ipanema*, 1960), *Ledo Ivo (*A Cidade e os Dias*, 1957), *Carlos Heitor Cony (*Da Arte de Falar Mal*, 1964), Henrique Pongetti, Vivaldo Coaracy, Luís Martins, Fernando Góes e outros.

CONSULTAR: Joseph T. Shipley (org.), *Dictionary of World Literary Terms*, Londres, 1955; Brito Broca. *A Vida Literária no Brasil*, Rio, 1956; Afrânio Coutinho, *Da Crítica e da Nova Crítica*, Rio, 1957; Mário da Silva Brito, *História do Modernismo Brasileiro*, I, S. Paulo, 1958; Eduardo Portela, *Dimensões I*, 2.ª ed., rev., Rio, 1959; Massaud Moisés, verbete "Crônica na Literatura Brasileira", *Dicionário das Literaturas Portuguesa, Brasileira e Galega* (dir. de Jacinto do Prado Coelho), Porto, 1960; e "Da Crônica", supl. cultural d*O Estado de S. Paulo*, 12/1/1977; Gerald M. Moser, "The Crônica: A New Genre in Brazilian Literature?", *Studies in Short Fiction*, Newberry College, South Carolina, vol. VIII, n.º 1, 1971; Antônio Dimas, "Ambigüidade da Crônica: Literatura ou Jornalismo?", *Littera*, Rio, n.º 12, set.-dez., 1974.

[J. P. P.]

CRULS, GASTÃO Luís — (★ 4/5/1888, Rio † 7/6/1959, *idem*) Diplomou-se pela Faculdade de Medicina do Rio, exercendo posteriormente funções de médico sanitarista no Ministério da Educação e Saúde. Publicou seus primeiros contos na *Revista do Brasil* (fase *Monteiro Lobato) e por volta de 1917 freqüentou o círculo de * Antônio Torres, cuja correspondência editaria mais tarde (*Antônio Torres e seus Amigos*, 1950). Em 1928, acompanhou a expedição do General Rondon à * Amazônia; dessa viagem resultou *A Amazônia que eu vi* (1930), livro de impressões em forma de diário. Dirigiu a revista *Boletim de Ariel*, de 1931 a 1938. Neste último ano, voltou à Amazônia, recolhendo material para *Hiléia Amazônica* (1944), estudo sobre a flora, a fauna, a arqueologia e a etnografia da região.

Com exceção de *Coivara* (1920), os demais livros de G. C. foram publicados já na vigência do * Modernismo; trata-se, porém, de escritor pré-modernista, segundo Otto Maria Carpeaux. Na sua obra de ficção, vazada numa prosa sóbria a que não falta certo laivo de purismo, coexistem o empenho regionalista, que se contenta com a cor local, e o gosto da análise psicológica, conduzida linearmente, de par com a pintura de costumes. A primeira tendência se exemplifica em vários contos de *Coivara, Ao Embalo da Rede* (1923) e *História puxa história* (1938), bem como n*A Amazônia Misteriosa* (1925), romance de ficção científica no qual a natureza amazônica é descrita com luxo de pormenores, embora, até então, o A. só a conhecesse de leituras. A segunda tendência transparece em contos como o antológico "O Abcesso de Fixação", de *Ao Embalo da Rede,* e em romances como *Elza e Helena* (1927), que focaliza um drama de dissociação de personalidade, *Vertigem* (1934), estudo psicológico de uma paixão senil, e *De Pai a Filho* (1954), romance de costumes cariocas. À parte, de certo modo, situam-se as histórias de temas bizarros ou macabros, dos vários livros de contos já citados, e o romance *A Criação e o Criador*, narrativa fantástica acerca de um escritor que vê personagens de sua imaginação convertidos em seres reais.

OBRAS DO A.: *Contos Reunidos* (contém: *Coivara, Ao Embalo da Rede, Quatuor* e *História puxa história*), 1951.

CONSULTAR: Astrogildo Pereira, *Interpretações*, Rio, 1944; Olívio Montenegro, *O Romance Brasileiro*, 2.ª ed. Rio, 1953; "Nota da Editora", *in 4 Romances de G. C.*, Rio, 1958; Joel Pontes, *O Aprendiz de Crítica*, Rio, 1960; Fernando Góes, *O Espelho Infiel*, S. Paulo, 1966.

[J. P. P.]

CULTERANISMO — V. BARROCO.

CULTISMO — V. BARROCO.

CUNHA, EUCLIDES RODRIGUES PIMENTA DA — (★ 20/1/1866, Cantagalo, Santa Rita do Rio Negro, RJ; † 15/8/1909, Rio) Descendente de portugueses e de sertanejos baianos. Cedo órfão de mãe, passou por vários colégios (RJ, BA, Rio) sob o cuidado de parentes. Em composições de adolescente já revela pendores democráticos e abolicionistas: tendências liberais que se consolidariam com o ingresso na Escola Militar (1886), depois de um ano na Escola Central Politécnica. A transferência, motivada pela falta de recursos, foi fecunda: o ambiente da classe média, em oposição à aristocracia dos meios poli-

132

técnicos, e um Positivismo militante, antimonárquico e abolicionista, deram a E. da C. elementos para interessar-se mais maduramente pela nossa realidade econômica e política. Dos mestres, é sobretudo a Benjamim Constant que deve o entusiasmo pelo comtismo e uma visão progressista da História; mas seu temperamento trágico acentuaria, antes, o fatalismo imanente no evolucionismo pós-comteano. Em virtude de um incidente na Escola Militar, em que desfeiteou o Ministro da Guerra (1888), é desligado do Exército. Vai a S. Paulo, onde escreve artigos oposicionistas e para-socialistas n*A Província de S. Paulo.* Advindo a República, readmitem-no e promovem-no a alferes-aluno. Casa-se em 1900. Sua carreira é rápida: segue a Escola Superior de Guerra e bacharela-se em Matemática e Ciências. Floriano o nomeia engenheiro da E. F. Central do Brasil e, logo depois, diretor das obras militares.

Mas, em 1898, E. da C. pede baixa das forças armadas e passa a viver como engenheiro e jornalista. Nessa função acompanha, como repórter, a fase final da Campanha de Canudos (1897). As reportagens que então escreve constituirão o núcleo narrativo d*Os Sertões (Canudos, diário de uma expedição,* ed. póstuma, 1939). Funcionário do governo paulista, reconstrói uma ponte em S. José do Rio Pardo (1898-1901), escrevendo então sua obra gigantesca. Depois da publicação desta (1902), cresce-lhe a reputação nos meios culturais: entra para a Academia Brasileira de Letras e para o Instituto Histórico e Geográfico. Rio Branco chama-o para o Itamarati: integra a comissão de limites do Alto Purus (1904) e escreve *Peru versus Bolívia* (1907). No mesmo ano, publica obra de caráter ensaístico — *Contrastes e Confrontos.* Concorre (1909) à cadeira de Lógica no Colégio Pedro II, onde leciona até a morte (assassínio) em agosto do mesmo ano. Póstumo saiu *À Margem da História,* ensaios (1909). Vida breve, mas dramaticamente vivida. A essência mesma de sua obra principal, * *Os Sertões,* é de caráter dramático: denuncia-se um crime à nação. Nas coleções de ensaios, a paixão do liberal, do defensor de teses democráticas e progressistas, anima vigorosamente qualquer estudo, mesmo o que versa a mais árida matéria, como a série de artigos sobre a controvérsia de limites entre o Peru e a Bolívia, onde defende os direitos desta. Extenso foi o campo de seus interesses culturais: política européia e americana, industrialização, evolução histórica nacional, problemas antropológicos, sócio-econômicos, racismo, doutrinas morais e religiosas, além de questões técnicas inerentes à sua profissão de engenheiro (cf. os ensaios de *Contrastes e Confrontos* e *À Margem da História*). Suas análises da vida do seringueiro na Amazônia e do panorama político do Império são exemplos de um espírito simultaneamente laborioso na pesquisa do particular ilustrativo e ardente na reivindicação de um futuro mais humano para o homem brasileiro. É natural que no tratamento de muitos desses problemas se reflita certa filosofia — no caso, o Positivismo — e certa incipiente sociologia, comteana ou taineana, inspirando interpretações hoje antiquadas. Permanecem, contudo, não só o valor histórico, mas também o fervor humano e o estilo dramático e incisivo que o traduzia.

Consultar: Elói Pontes. *A Vida Dramática de E. da C.,* Rio, 1938; Gilberto Freyre, *Perfil de E. e Outros Perfis,* Rio, 1944; Umberto Peregrino, *Os Sertões como História Militar,* Rio, 1956; Herbert Parentes Fortes, *E. da C., o Estilizador da Nossa História,* Rio, 1958;

Afrânio Coutinho, E., *Capistrano e Araripe*, Rio, 1959; Franklin de Oliveira, *A Fantasia Exata*, Rio, 1959; *Revista do Livro*, n.° 15, MEC, Rio, set. 1959; Olímpio de Sousa Andrade, *História e Interpretação de Os Sertões*, S. Paulo, 1960; e *E. da C.*, S. Paulo, 1966; Modesto de Abreu, *Estilo e Personalidade de E. da C.*, Rio, 1963; Clóvis Moura, *Introdução ao Pensamento de E. da C.*, Rio, 1964; Dante Moreira Leite, *O Caráter Nacional Brasileiro*, 2.ª ed., S. Paulo, 1969; Walnice Nogueira Galvão, *No Calor da Hora*, S. Paulo, 1972 (tese).

[A. B.]

CUNHA, TRISTÃO DA — Pseudônimo de José Maria Leitão da Cunha Filho (★ 13/4/1878, Rio; † 29/6/1942, *idem*) Advogado, poeta e prosador, redigiu (1910 a 1928) a seção brasileira da revista simbolista *Mercure de France*. Espírito requintado, de esteta nato, apegou-se ao ★ Simbolismo mais por imposição das circunstâncias que do temperamento. Sua prosa, oscilando entre a utilização de recursos simbolistas e certa tendência ao humor, natural num espírito sem angústias existenciais, marca-se pelo apuro da forma e o gosto de encarar com bonomia a sociedade do tempo. A poesia, que cultivou ocasionalmente, reflete igual refinamento de linguagem; tem espontaneidade e fluência, a que se liga certa melancolia de caráter artístico, talvez nascida do contato com Guerra Junqueiro, cuja obra simbolista (*Os Simples*) deve ter-lhe fascinado a sensibilidade.

OBRAS DO A.: Crônica e Crítica: *Coisas do Tempo*, 1922; *À Beira do Styx*, 1927. Contos: *Histórias do Bem e do Mal*, 1936. Poesia: *Torre de Marfim*, 1901.

CONSULTAR: Lúcia Miguel-Pereira, *Prosa de Ficção (de 1870 a 1920)*, Rio, 1950; Andrade Murici, *Panorama do Movimento Simbolista Brasileiro*, vol. II, Rio, 1952.

[M. M.]

D

DAMASCENO DOS SANTOS, DARCI — (★ 2/8/1922, Niterói, RJ) Diplomou-se em letras neolatinas pela Universidade Católica do Rio. Em 1948, como bolsista, viajou à Espanha, onde fez curso de especialização em literatura espanhola. Pertenceu ao grupo da revista *Orfeu* e foi um dos diretores da revista *Ensaio*. É chefe da seção de manuscritos da Biblioteca Nacional.

Como poeta, D. D. se enquadra no * Neomodernismo. Tem-se dedicado também à tradução de poesia — verteu para o português *O Cemitério Marinho*, de Valéry, e sonetos de Góngora —, à investigação literária e à organização de edições críticas, como a que fez do *Teatro* de * Martins Pena (1956).

OBRAS DO A.: *Poemas*, 1946; *Fábula Serena*, 1949; *A Vida Breve e o Pajem Constante*, 1951; *Jogral Caçurro e Outros Poemas*, 1958; *Trigésimas*, 1967; *Poesia*, 1967.

CONSULTAR: Wilson Acióli, "Um Livro de Estréia", *Orfeu*, n.º 6, Rio, 1949; Sérgio Milliet, *Diário Crítico*, S. Paulo, 1953; Domingos Carvalho da Silva, *Eros & Orfeu*, S. Paulo, 1966; Pizarro Drummond, *Quadrante 45* [Rio?], s. d.; Stela Leonardos, "Poesia de D. D.", *Jornal do Comércio*, Rio, 1967.

[J. P. P.]

DECADENTISMO — Apelativo empregado em França para designar o movimento precursor do * Simbolismo. Deriva de "decadente", termo posto em voga a partir de 1882, graças a um artigo de Paul Bourget publicado em *La Nouvelle Revue* (XII, 15/11/1881), em que procurava chamar a atenção para a idéia de decadência perceptível na poesia de Baudelaire, e num soneto de Verlaine ("Langueur"), que evoca imagens da decadência romana. Os "decadentes", seguindo os passos de Baudelaire, pregavam a anarquia, o satanismo, as perversões, as morbidezas, o pessimismo, a histeria, o horror da realidade banal, ao mesmo tempo que cultuavam os neologismos e os vocábulos raros ("abscôndito", "adamantino", "flavescente", "lactescente", "hiemal", "marcescente", etc.). Com o manifesto de Jean Moréas, publicado no *Figaro* (18/9/1886), definindo a nova tendência, o rótulo revelou-se ineficiente para abonar todas as ambições poéticas das jovens gerações. Após 1890, o termo Simbolismo generalizou-se.

135

No Brasil, o espírito decadente foi introduzido pelas *Canções da Decadência* (1889?), de * Medeiros e Albuquerque, * Araripe Júnior, um dos primeiros críticos do movimento, atribui a * Cruz e Sousa e seus *Broquéis* e *Missal* a responsabilidade "de adaptação do decadismo à poesia brasileira". Apesar do prestígio do crítico, a designação não vingou e acabou sendo substituída pela outra, certamente porque com o Decadentismo recebêramos de mistura manifestações da poesia parnasiana e simbolista, que impossibilitavam, e impossibilitam até hoje, apontar com rigor os limites entre o Decadentismo e o Simbolismo.

CONSULTAR: Massaud Moisés, *O Simbolismo,* vol. IV d*A Literatura Brasileira*, S. Paulo, 1966.

DECADISMO — V. DECADENTISMO.

DECASSÍLABO — O verso de dez sílabas remonta em Portugal à Idade Média: era muitíssimo usado nas cantigas de amor e bem menos nas cantigas de amigo. Tratava-se de verso silábico, em regra cesurado na quarta sílaba, embora também se achem cesuras fora dessa sílaba, por exemplo na quinta ou na terceira. Na poesia médio-latina, segundo Rodrigues Lapa, baseado em Meyer e Brinkmann, o decassílabo foi posto em voga pelas seqüências de São Marçal de Limoges, onde a nova poesia litúrgica já no século X florescia. Em França figura nas mais antigas canções de gesta, como na *Chanson de Roland* (fins do século XI — início do século XII) ou na *Chanson de Guillaume* (por volta de 1180). Esse velho decassílabo da língua *d'oil* podia ter então a "cesura épica": depois da quarta sílaba, forte, era lícito vir uma sílaba átona que não se computava na medida do verso: ou "Carles li reis, nostre emperere magnes" ou "Branches d'olives en voz mains porterez". Na poesia ocitânica o decassílabo surge nalguns dos mais velhos trovadores conhecidos, da primeira metade do século XII, como Marcabru ou Cercamon (cesurado na quarta sílaba, como norma, embora também se achem cesuras excepcionais, p. ex. na terceira).

Na Itália o decassílabo deslocou seu acento principal interno para a sexta sílaba, como regra, embora, a par dessa forma, conservasse a primitiva, acentuada na quarta sílaba. Sá de Miranda foi o introdutor do decassílabo italiano em Portugal, junto com o soneto e outras formas do *dolce stil nuovo*. Explica-se, por isso, que nos sonetos de Sá de Miranda ou de Camões se encontrem ao lado dos decassílabos heróicos (*i. e.,* acentuados na sexta sílaba) alguns cesurados na quarta, donde haver variantes acentuadas na sétima em ambos os poetas (e a mesma coisa, de início, sucedeu na Espanha). Esse decassílabo acentuado na quarta e sétima confunde-se com uma das formas do verso de arte maior, que surgia em meio das séries de versos de 11 sílabas no *Cancioneiro Geral* de Garcia de Resende: "Mas nos que nos caem aqui d'entr'as mãos, / vistos de nós e de nós conhecidos".

A partir daí o decassílabo fixou-se em nossa língua com as formas *heróica* (acento principal na sexta sílaba) ou *sáfica* (acentos na quarta, oitava e décima sílabas). No Brasil, através dos tempos, vem sendo talvez o verso mais usado, com essas duas formas. Na *Prosopopéia*, de * Bento Teixeira, a regra é o verso heróico, embora vez por outra passe algum sáfico, e assim se usou também na poesia lírica, até o * Romantismo. Na vigência deste, apareceram composições inteiras em

136

decassílabos sáficos, monótonos em razão da invariabilidade da posição dos acentos: "Ai! não maldigas minha fronte pálida, / E o peito gasto ao referver de amores. / Vegetam louros — na caveira esquálida / E a sepultura se reveste em flores." Com o * Parnasianismo volta a prevalecer o decassílabo heróico, entremeado de eventuais sáficos, e essa prática se observa até hoje nos sonetos modernos.

Excepcionalmente, têm sido usados no Brasil decassílabos acentuados de outras formas: 1) na quarta sílaba (versos isolados; * Basílio da Gama: "Visionária, supersticiosa"; * Raimundo Correia: "E convertidas e cristalizadas"), não sendo raros os exemplos nos árcades, parnasianos e modernos; na quarta e sétima, esporadicamente (em * Cassiano Ricardo, *Geir Campos) ou em composições inteiras: * Machado de Assis, "Guitarra Fim-de-Século"; * Guilherme de Almeida, "Soneto sem Nada"; 2) na quinta sílaba, em versos isolados ("Co bordão apalpa e aos que vêm pergunta", * Gonzaga) ou em poesias inteiras: * Martins Fontes, "Decassílabos Franceses", * Manuel Bandeira, "Rondó de Colombina", * Péricles Eugênio da Silva Ramos, "Sob as Árvores"; 3) cesurados na terceira sílaba: Basílio da Gama, "Que combatem desordenadamente"; Tomas Antônio Gonzaga, "Sim, me queixo de que má cega seja." Castilho cita decassílabos acentuados na segunda e sétima sílabas, como "A férrea precipitada bigorna"; mas estes e os cesurados na terceira sílaba são muitíssimos mais difíceis de encontrar na história de nossa poesia, onde predominam, largamente, os decassílabos heróicos.

Consultar: A. F. de Castilho, *Tratado de Metrificação Portuguesa,* Lisboa, 1889; M. Rodrigues Lapa, *Das Origens da Poesia Lírica em Portugal na Idade Média,* Lisboa, 1930; Manuel Bandeira, *Antologia dos Poetas Brasileiros da Fase Parnasiana,* Rio, 3.ª ed., 1951; Péricles Eugênio da Silva Ramos, *O Verso Romântico,* S. Paulo, 1959; Rogério Chociay, *Teoria do Verso,* S. Paulo, 1974.

[P. E. S. R.]

DELFINO dos Santos, LUÍS — (★ 25/9/1834, Florianópolis, SC; † 31/1/1910, Rio) Diplomado em Medicina pela Faculdade do Rio, dedicou-se à profissão até o fim da vida. Foi senador da República pelo seu Estado natal. Não editou em vida nenhuma coletânea de seus poemas. A publicação póstuma dos versos dispersos por jornais e revistas deve-se ao filho do poeta, Tomás Delfino, que, a partir de 1927, reuniu-os em diversos volumes. Como tais versos não vêm datados, é impossível acompanhar devidamente a evolução espiritual e estética de L. D., pois faltam a seleção e ordenação necessárias de seu espólio poético.

A produção poética de L. D. participa das três principais orientações da poesia no século XIX: * Romantismo, * Parnasianismo, * Simbolismo. Talvez pelo fato de ter sabido assimilar as doutrinas poéticas do momento foi que L. D. mereceu a consagração dos contemporâneos: muitos chegaram a tê-lo pelo maior poeta da época, juízo que a posteridade não ratificou. L. D. cultivou mais a temática romântica (a idealização da mulher e do amor) que a parnasiana (a mulher escultória e sensualmente considerada, o exotismo). Seus recursos expressivos também se distribuem pelas duas estéticas. Dono de imaginação exuberante, falta-lhe contudo o pleno domínio da expressão, conquanto * Veríssimo o considere um "insigne virtuose do verso". O fato é

137

que seus sonetos de feitura parnasiana jamais poderão competir com os da trindade famosa, em que pese às afirmações de alguns simbolistas, que contrapunham L. D. aos três grandes do Parnasianismo. A versatilidade de L. D. revelou-se igualmente na diversidade de gêneros poéticos que cultivou. A par da lírica amorosa, escreveu hinos e poesias cívicas e políticas; nestas, o sentido humanitário do Romantismo se alia a implicações de caráter realista (*A Angústia do Infinito*, 1936).

OBRAS DO A.: *Algas e Musgos*, 1927; *Poesias Líricas*, 1934; *Intimas e Aspásias*, 1935; *Atlante Esmagado*, 1936; *Rosas Negras*, 1938; *Arcos de Triunfo*, 1939; *Esboço da Epopéia Americana*, 1940; *Imortalidades*, 1941; *Posse Absoluta*, 1941.

CONSULTAR: Sílvio Romero, *Estudos de Literatura Contemporânea*, Rio, 1885; Luís Murat, "L. D. e a Poesia Nacional", *A Semana*, I/9, I/20, I/22, I/24, I/25; Tristão de Ataíde, *Poesia Brasileira Contemporânea*, Belo Horizonte, 1941; Vários Autores, *Autores e Livros*, Rio, vol. 2, n.º 16, 17/5/1942; Nereu Correia, *Temas de Nosso Tempo*, Rio, 1953.

[M. T. C. B.]

DESVAIRISMO — Teoria elaborada por * Mário de Andrade para explicar e justificar esteticamente o seu livro * *Paulicéia Desvairada*. Sua denominação deriva da do livro e seus princípios vêm expostos no "Prefácio Interessantíssimo" que o precede, e no qual o A. se defende da pecha de "futurista" e faz a apologia do lirismo subconsciente que cria versos sem preocupar-se com a medida e os acentos. Defende as imagens ousadas, os "exageros coloridos" e combate a teoria do "belo horrível". Em oposição à tese aristotélica da Arte como imitação da Natureza, bate-se pela deformação, pois o "belo artístico" deve ser subjetivo e afastar-se do "belo natural".

[D. C. S.]

DEUS, FREI GASPAR DA MADRE DE — (★ 9/2/1715, S. Vicente, SP; † 28/1/1800, Santos, SP) Chamou-se no século Gaspar Teixeira de Azevedo. De velha cepa paulista, estudou com os jesuítas, fez-se monge beneditino e serviu brilhantemente à Ordem na qualidade de professor, historiador e pregador. Pertenceu à Academia dos Renascidos (V. ACADEMIAS). Em 1769, resolveu encerrar sua carreira prelacial (em que chegou a abade provincial), e fixar-se em Santos, para dedicar-se à pesquisa historiográfica. Conviveu com * Pedro Taques, de quem era primo e de cujos trabalhos originais se beneficiou. Sua obra, publicada a partir de 1797, embora revele meritório esforço de levantamento de documentos e arquivos, é inferior à de Pedro Taques.

OBRAS DO A.: *Memórias para a História da Capitania de S. Vicente*, 1797; *Catálogo dos Capitães-Mores, Generais e Vice-Reis que Governaram a Capitania do Rio de Janeiro* (in *Documentos Interessantes*, t. 44, S. Paulo, 1915).

CONSULTAR: Afonso de E. Taunay, introd. às *Memórias da Capitania de S. Vicente*, S. Paulo, 1954.

[O. E. X.]

DIAS, ANTÔNIO GONÇALVES — (★ 10/8/1823, sítio Boa Vista, Caxias, MA; † 3/11/1864, MA) Corria em suas veias sangue branco, índio e negro. Seguiu para Coimbra em 1838 para cursar Direito, e a

138

esse tempo não só leu extensamente os portugueses clássicos e os autores europeus, como fez seus primeiros versos. Participou dos grupos medievistas da *Gazeta Literária* e d*O Trovador*. Bacharelou-se em 1844, e nesse ano, ainda em Portugal, escreveu suas primeiras composições indianistas. Em 1845, esteve em S. Luís do MA e Caxias. No ano seguinte conheceu o grande amor de sua vida, em S. Luís: Ana Amélia Ferreira do Vale, então com 14 anos; não se casaria com ela. Em 1846, transladou-se para o Rio; em janeiro de 1847 publica os *Primeiros Cantos,* que o celebrizaram aqui e além-mar. Fez-se professor e jornalista; publicou os *Segundos Cantos* (1848). Fundou a revista *Guanabara* (1849) com * Porto Alegre e * Joaquim Manuel de Macedo. *Últimos Cantos* vieram a lume em 1861, e nesse mesmo ano seguiu para o Norte a fim de estudar a introdução e pesquisar documentos históricos em arquivos.

Em 1852, casou-se no Rio, sendo nessa altura professor do Colégio Pedro II e oficial da Secretaria dos Negócios Estrangeiros. Em 1854 rumou para a Europa, para finalidades idênticas às da viagem ao Norte. Em 1857 saíram os *Cantos* em Leipzig, publicando o mesmo editor, depois, os quatro primeiros cantos de * *Os Timbiras* e o *Dicionário de Tupi.*

Chegando ao Rio, partiu em nova missão para o Norte, para estudo dos indígenas e colher informações várias. Regressou à Corte, mas, doente, quis voltar ao MA; de Recife, a conselho médico, seguiu para a Europa, onde se tratou. Com a proximidade do inverno, embarcou no Ville de Boulogne para o MA; morreu em naufrágio no baixio dos Atins. Era então considerado o maior poeta do Brasil.

Cem anos passados de sua morte, muitos ainda assim o consideram. É que ele foi não apenas o primeiro poeta, em nosso * Romantismo, que aproveitou em nível deveras e constantemente artístico, as sugestões do ambiente brasileiro e as tradições indígenas, como ainda revelou notável talento na exploração da "balada", quer dando-lhe caráter indígena ("I-Juca-Pirama"), quer cunho medieval lusitano ("Sextilhas de Frei Antão"). E não só isso: cultivou a poesia de amor num lirismo impulsivo e veemente que se equipara ao das peças consagradas por Garrett, no fim de sua vida, à Viscondessa da Luz.

G. D. exerceu larga influência em nosso Romantismo, cujas ambições de nacionalismo literário soube encarnar em seu * Indianismo, foi estimado no * Parnasianismo (* Bilac o considerava o maior poeta nacional) e em nosso * Modernismo também deixou suas marcas: * Manuel Bandeira, por exemplo, preza-o especialmente, e * Mário de Andrade situava-o acima dos outros poetas do Brasil. Seu prestígio foi e é tal que alguns de seus versos se encaixam no próprio *Hino Nacional.*

Quando G. D. surgiu como poeta, siderou literalmente seus contemporâneos com seu ritmo enérgico e martelado, a "medida velha" que retirou do *Cancioneiro* de Resende; e, como o Brasil não tinha Idade Média, voltou-se para os índios, com os quais pensava realizar a "poesia americana" a que se aspirava na ocasião. Embora já houvesse prenúncios indianistas no Brasil, como os de Firmino Rodrigues Silva e * Joaquim Norberto, os versos de G. D. corresponderam ao desejo de afirmação nacional também na poesia. Ficou ele, então, com

139

o facho inovador, deslocando * Gonçalves de Magalhães para plano inferior. E isso mesmo na poesia épica, não podendo a *Confederação dos Tamoios*, de Magalhães, suportar confronto com *Os Timbiras*, malgrado este poema tenha ficado incompleto.

OBRAS DO A.: Para os inéditos, *Obras Póstumas*, S. Luís do MA, 1868-1869. Entre as muitas edições posteriores, digna de citação é a de Manuel Bandeira: *Obras Poéticas*, 2 vols., S. Paulo, 1944. Sobre a bibliografia das edições há pormenorizado estudo: *Bibliografia de Gonçalves Dias*, por M. Nogueira da Silva, Rio, 1942.

CONSULTAR: Antônio Henrique Leal, *Panteon Maranhense*, vol. III, Lisboa, 1874; Josué Montelo, *G. D., Esboço Biobibliográfico*, Rio, 1942; Lúcia Miguel-Pereira, *A Vida de G. D.*, Rio, 1943; Manuel Bandeira, *Poesia e Vida de G. D.*, S. Paulo, 1962; e *G. D. — Poesia*, Rio, 1958; Fritz Ackermann, *A Obra Poética de A. G. D.*, S. Paulo, 1964. Os artigos de M. Nogueira da Silva são de compulsar; relação deles pode ser colhida nos *Anais* da Biblioteca Nacional, vol. 72.

[P. E. S. R.]

DIAS DE MESQUITA, TEÓFILO ODORICO — (★ 8/11/1854, Caxias, MA; † 29/3/1889, S. Paulo) Iniciou os estudos em S. Luís do MA. Desistindo da carreira militar, tentou o comércio em Belém do PA. Já então seguindo as pegadas do tio, * Gonçalves Dias, iniciava-se em poesia, tendo publicado, talvez, um livro de versos — *Flores e Amores*. Em 1874, instala-se no Rio, fazendo-se consecutivamente funcionário público e estudante. Em 1876, está estudando Direito em S. Paulo; liga-se a um grupo de jovens poetas que figurarão nas lides da Batalha do Parnaso, travada em 1878. Casa-se em 1880, diplomando-se no ano seguinte. Militou na política (foi deputado provincial), no magistério e no jornalismo.

Inicia-se como poeta romântico, aliás pouco original, na *Lira dos Verdes Anos* (1878). Nos *Cantos Tropicais* (1878), continuam os temas românticos, a par de novos temas inspirados na poesia social de então, sob nítida influência dos ideais da Geração Coimbrã de 1870. Sua realização como poeta só se verificará na obra seguinte, *Fanfarras* (1882). Sua técnica e seus temas serão doravante parnasianos. Na realidade, desde o livro anterior, T. D. já se lançara nos caminhos abertos por Baudelaire, cuja influência ali é marcante. O talento de T. D. para assimilar as descobertas alheias era notável; assim, utilizando com mestria a idéia das "correspondências" de Baudelaire, além de muitos dos seus temas (o do erotismo amoroso, p. ex.) e imagens, consegue criar belos poemas, como "O Elixir", "A Estátua", "Frêmitos", "Saudade", "A Nuvem". Às vezes, chega ao pasticho, como em "O Sino". O poema que melhor lhe realizou as virtualidades poéticas ("A Matilha"), embora de concepção original, tem ainda muitas dívidas com a poesia baudelairiana.

OBRAS DO A.: *A Comédia dos Deuses*, 1887.

CONSULTAR: Machado de Assis, "A Nova Geração", *Crítica Literária*, Rio, 1910; Teixeira Bastos, *Poetas Brasileiros*, Porto, 1895; Artur de Oliveira, *Dispersos*, Rio, 1936; Péricles Eugênio da Silva Ramos, "A Renovação Parnasiana na Poesia", *A Literatura no Brasil* (dir. de Afrânio Coutinho), vol. II, Rio, 1955; Antônio Cândido, pref. a *Poesias Escolhidas de T. D.*, S. Paulo 1960.

[M. T. C. B.]

DÓRIA, FRANKLIN AMÉRICO DE MENESES — (★ 12/7/1836, Ilha dos Frades, BA; † 28/10/1906, Rio) Poeta e ensaísta. Cursou a Faculdade do Recife, exerceu a advocacia e o magistério e ingressou na política. Foi presidente de três províncias, ministro titular da Guerra, interino do Exterior e deputado geral. Pedro II concedeu-lhe o título de Barão de Loreto. Era ministro do Império ao ser proclamada a República. Na fundação da Academia Brasileira de Letras, figurou entre seus membros.

A poesia de F. D. é, para * Sílvio Romero, "plácida, religiosa, contemplativa" e há quem considere o seu lirismo "irmão do de * Casimiro de Abreu". Mas a verdade é que, mesmo antes do seu *Cântico Comemorativo da Guerra do Paraguai* (1870), há em *Enlevos* (1859) versos condoreiros, como os da poesia "O Povo", próprios de um seguidor de Hugo e Lamennais.

OBRAS DO A.: *Estudos sobre Luís José Junqueira Freire,* 1869; *Evangelina,* de Longfellow (tradução), 1874; além de outros escritos literários e jurídicos.

CONSULTAR: Sílvio Romero, *História da Literatura Brasileira,* 5.ª ed., vol. IV, Rio, 1953; Pedro Calmon, *História da Literatura Baiana,* Rio, 1949; Antônio Cândido, *Formação da Literatura Brasileira,* vol. II, S. Paulo, 1959.

[D. C. S.]

DOURADO, VALDOMIRO FREITAS AUTRAN — (★ 18/1/1926, Patos, MG) Bacharelou-se pela Faculdade de Direito de Belo Horizonte. Ali trabalhou n*O Estado de Minas* e nos *Diários Associados* e se ligou ao grupo neomodernista da revista *Edifício* (1947). Mudou-se para o Rio em 1954, onde exerce atualmente o cargo de serventuário da Justiça.

Em *Nove Histórias em Grupos de Três* (1957) revelou-se A. D. um contista versátil que, com igual nitidez de estilo, sabe alternar notações líricas ("Três Histórias na Praia") com notas de humor machadiano ("A Glória do Ofício") e gosto pela prospecção psicológica ("Carta ao Dr. Cincinato"). Como romancista, alcançou seu ponto mais alto até agora n*A Barca dos Homens* (1961), livro de intenções simbólicas, cuja ação dramática progride, em contraponto, através da óptica individual de múltiplas personagens, o que levou o crítico Fábio Lucas a chamá-lo, numa fórmula feliz, de "romance de um bom ventríloquo".

[As obras mais recentes de A. D. evidenciam, com acentuar o gosto das polaridades sonho/realidade, mito/cotidiano, poesia/erotismo, sanidade/loucura, um prosador cada vez mais seguro de sua linguagem expressionista e de sua mestria artesanal.]

OBRAS DO A.: Novela: *Teia,* 1947; *Uma Vida em Segredo,* 1964; *Armas e Corações,* 1978. Romance: *Sombra e Estilo,* 1950; *Tempo de Amar,* 1952; *Ópera dos Mortos,* 1970; *O Risco do Bordado,* 1973; *Os Sinos da Agonia,* 1974; *Novelário de Donga Novais,* 1976. Conto: *Solidão Solitude,* 1972 (reed. ampliada de *Nove Histórias em Grupos de Três*). Ensaio: *Uma Poética do Romance,* 1973.

CONSULTAR: Fábio Lucas, *Temas Literários e Juízos Críticos,* Belo Horizonte, 1963; *Horizontes da Crítica,* Belo Horizonte, 1965; e *A Face Visível,* S. Paulo, 1973; Eduardo Portela, *Dimensões II,* Rio, 1959; Maria Stela Camargo, *Linguagem e Silêncio na Obra de A. D.,*

Rio, 1973 (tese); Assis Brasil, *A Nova Literatura. O Romance*, Rio, 1973; Maria Lúcia Lepecki, *A. D. Uma Leitura Mítica*, S. Paulo, 1976.

[J. P. P.]

DUQUE ESTRADA, Luís GONZAGA — (★ 21/6/1863, Rio; † 8/3/1911, *idem*) Crítico de arte, em que foi dos pioneiros entre nós, romancista e contista, teve atuação destacada em prol do * Simbolismo, através de algumas revistas, que fundou, ou em que colaborou (*Rio Revista, Galáxia, Mercúrio, Fon-Fon, Rosa-Cruz, Vera-Cruz*, etc.). Sua prosa, quer a ensaística, quer a narrativa, caracteriza-se pela riqueza imagética própria da corrente literária que abraçou. Prosa poética marcada pelo pictórico, certamente oriundo de sua condição de crítico de arte e da provável influência de Fialho de Almeida, toda ela se explica pelo * Decadentismo, de que foi, enquanto prosador, dos mais fiéis e importantes. Seu romance, *Mocidade Morta* (1899), que recentemente (1971) mereceu nova edição com prefácio de * Afrânio Coutinho, ainda vale como retrato fidedigno da mocidade boêmia do tempo. A morbidez comum aos seus escritos era muito de origem estética e de caráter lírico, e nesse caráter se completava, sem jamais chegar às raias do inconveniente ou do nauseante.

OBRAS DO A.: *Arte Brasileira*, 1887; *Graves e Frívolos*, 1910; *Contemporâneos*, 1929. Prosa Poética: *Horto de Mágoas*, 1914.

CONSULTAR: Rodrigo Otávio F.º, *Velhos Amigos*, Rio, 1938; Andrade Murici, *Panorama do Movimento Simbolista Brasileiro*, vol. I, Rio, 1952; Massaud Moisés, *O Simbolismo*, vol. IV d*A Literatura Brasileira*, S. Paulo, 1966.

[M. M.]

DURÃO, FREI JOSÉ DE SANTA RITA — (★ 1722, Cata Preta, MG; † 24/1/1784, Lisboa) Doutor em Filosofia e Teologia, agostiniano, ensinou em Braga e Coimbra. Sua vida foi agitada e confusa; para agradar o futuro Cardeal da Cunha, atacou os jesuítas, mas acabou brigando com o antigo protetor, obrigando-se a retratar-se das acusações aos jesuítas. Em 1761, fugiu de Portugal, andou pela Espanha, França e Itália. Na Itália, ficou nove anos na Biblioteca Lancisiana e treze em Roma. Voltou a Portugal com a "viradeira" e tomou posse de uma cadeira de Teologia. As estâncias de seu famoso "poema épico do descobrimento da Bahia", *Caramuru*, foram por ele ditadas a José Agostinho de Macedo, no Convento da Graça, em Lisboa. Publicado em 1781, o poema foi recebido com indiferença, o que D. não podia tolerar; muito esperava de sua obra, na qual queria corrigir os "equívocos" camonianos, como o maravilhoso pagão, em lugar do qual pôs o maravilhoso cristão. Desgostoso, afirma-se que destruiu nessa ocasião todas as suas poesias líricas, que mantinha inéditas. Escreveu o *Caramuru* por amor à pátria, conforme declarou, consignando que encontrou as fontes de seu poema na *Crônica da Companhia de Jesus*, do * P. Simão de Vasconcelos, na *Nova Lusitânia*, de Brito Freire, e na *História da América Portuguesa*, de * Rocha Pita. Achava que os acontecimentos do Brasil "não mereciam menos um poema que os da Índia": escolheu por isso as aventuras de Diogo Álvares Correia na BA (e França), adotou a oitava camoniana e floriu a narração dos feitos do seu herói com episódios da história do Brasil, ritos, tradições, milícias dos seus indígenas, com a história natural e política das colônias, como ele mesmo acentuou. O verso de D., obediente ao modelo camoniano, ostenta por vezes algum desalinho, explicável pelo fato de ter sido ditado, e também certo arcaísmo e embaralhamento que o deixam longe da nitidez de * Basílio da Gama; esse representava um progresso em estilo, ao passo que D. não se revelou inovador. Mesmo em seu rol de animais, flores e frutos, repete o procedimento barroco de * Manuel Botelho de Oliveira ou * Santa Maria Itaparica. De qualquer modo, seu poema demonstra aproveitamento das fontes, embora parte do que ele acreditava verdadeiro ou histórico não passe de fantasia, como a etimologia de Caramuru, que adota, ou a viagem do vianês à França. O poema ostenta alguns trechos sugestivos, como a morte de Moema, a aparição da Virgem, a descrição da vida futura do indígena, a fala do prisioneiro torturado. O decalque estilístico quinhentista, que praticou, deixa-o em situação inferior, como estilo, a Basílio da Gama e aos árcades mineiros, em geral. Sua obra, contudo, não está mal planejada e repercutiu com o tempo: chegou até a inspirar uma ópera, *Paraguaçu* (1855), de Villeneuve e O'Kelly.

CONSULTAR: Artur Viegas, *O Poeta S. R. D.,* Bruxelas-Paris, 1914; Mendes dos Remédios, "Alguma Coisa de Novo sobre S. R. D.", *Revista de Língua Portuguesa,* ano I, n.º 6, Rio, 1920; Eugênio Vilhena de Morais, "Segundo Centenário de Nascimento de Frei J. de S. R. D.", *Revista do Instituto Histórico e Geográfico Brasileiro,* 99, 1928; Georges Raeders, "Le Caramuru et son traducteur français", *Revista do Livro,* n.º 23-24; José Aderaldo Castelo, *Manifestações Literárias da Era Colonial,* vol. I d*A Literatura Brasileira,* S. Paulo, 1962; Antônio Cândido, *Literatura e Sociedade,* S. Paulo, 1965.

[P. E. S. R.]

DUVAL, ADALBERTO GUERRA — (★ 31/5/1872, Porto Alegre, RS; † 15/1/1947, Petrópolis, RJ) Advogado e diplomata, serviu o Brasil em vários países, terminando sua carreira diplomática como embaixador em Roma. Sua poesia, ao menos a que está publicada, embora escrita antes da viagem à Europa, já revela nítida afinidade com poetas europeus, sobretudo portugueses e belgas. Simbolista por temperamento e tendência, não pertenceu G. D. a qualquer grupo literário. Poeta da melancolia e da tristeza, simbolizadas em seus versos pela imagem da chuva a cair ininterruptamente, não tem maior interesse, salvo pelo fato de cultivar, antes de * Mário Pederneiras, o verso livre, o que faz dele um dos introdutores dessa novidade formal na poesia brasileira.

OBRAS DO A.: *Palavras que o vento leva...,* 1900.

CONSULTAR: José Veríssimo, *Estudos de Literatura Brasileira,* 4.ª série, Rio, 1901; Andrade Murici, *Panorama do Movimento Simbolista Brasileiro,* vol. II, Rio, 1952.

[M. M.]

143

E

EIRÓ, PAULO FRANCISCO DE SALES CHAGAS — (★ 15/4/1836, Vila de Sto. Amaro, SP; † 27/6/1871, S. Paulo) Fez os primeiros estudos com o pai, a quem sucedeu como mestre-escola em Sto. Amaro, logo após concluir o curso da Escola Normal. Matriculou-se na Academia de Direito, mas abandonou-a ao sentir os primeiros sintomas de desequilíbrio mental. Pouco depois, uma crise mística levou-o a ingressar num seminário, do qual foi afastado por suas idéias políticas extremadas. Passou os cinco últimos anos de vida no Hospício de Alienados.

Da extensa produção poética de P. E., que quase nada publicou em vida, só chegaram até nós 190 poemas, parte dos quais foi divulgada por José A. Gonçalves, sobrinho-neto do poeta, em apêndice ao livro de * Afonso Schmidt, *A Vida de Paulo Eiró* (1940). Neles, P. E. se revela epígono da segunda geração romântica; é facilmente rastreável a influência de * Álvares de Azevedo no tom de desalento e pessimismo de numerosos poemas. Já não o é, porém, nos versos de inspiração religiosa, ou nos de tema histórico e político, cuja eloqüência cantante, de raiz hugoana (notadamente em "Verdades e Mentiras", poema republicano datado de 1854), antecipa o * Condoreirismo. Precursor da pregação abolicionista de * Castro Alves é o drama em três atos e um prólogo *Sangue Limpo*, publicado em vida do A. (1863) e representado por uma companhia em que figurava como atriz Eugênia Câmara. Com certa habilidade cênica, P. E. verbera em *Sangue Limpo* "a nódoa negra da escravidão" a inquinar a Independência proclamada em 1822, acontecimento histórico que escolheu para enquadrar a ação de sua peça.

CONSULTAR: Jamil Almansur Haddad, pref. à 2.ª ed. de *Sangue Limpo*, S. Paulo, 1949; José A. Gonçalves, "Escritos sobre P. E.", *in* ob. cit. de Afonso Schmidt. [J. P. P.]

ÉLIS FLEURY DE CAMPOS CURADO, BERNARDO — (★ 15/11/1915, Corumbá de Goiás, GO) Estudou em Goiás; esteve durante algum tempo no Rio. Desde 1939 reside em Goiânia. Fez experiências com a poesia, mas dedicou-se por completo à ficção, produzindo contos e romances. Em outubro de 1975 foi eleito para a Academia Brasileira de Letras.

A narrativa de B. É. preocupa-se menos com a paisagem, a cor local, do que com o homem instalado nos "ermos e gerais" e sua problemática. O regional vem-lhe da vida, e na descrição desta, não raro a denúncia social, a humilhação dos pobres contra a prepotência dos donos do poder, o regime feudal de vida e suas conseqüências. A narrativa é vista sempre pelo ângulo daqueles que sofrem e não raro há um travo de amargura e pessimismo por detrás do mundo inventado (descoberto ou revelado). Donde o dramático da ficção de B. É. Dramático que mais se acentua graças à informação direta, objetiva, precisa. A linguagem do A. atende ao neo-realismo em que se engaja. Documental na medida em que fixa a fala regional, até o romance *O Tronco* (1956). B. É. desenvolve sua temática com liberdade e novidade, embora repita situações e problemas, num aperfeiçoamento de técnica e linguagem que, ao invés de comprometer, vinca o traço realista, cruel, feroz que o caracteriza: suas personagens constituem seres abjetos e asquerosos, vistos de maneira implacável, como se o Universo fosse habitado por doentes, aleijados, loucos, miseráveis, em conflito com os bem colocados — patrões, soldados da polícia, coronéis, no qual se estampa a denúncia social do A.

OBRAS DO A.: *Ermos e Gerais*, 1944; *Primeira Chuva*, 1955; *O Tronco*, 1956; *Caminhos e Descaminhos*, 1965; *Veranico de Janeiro*, 1966; *Seleta de B. É.* (org. de Gilberto Mendonça Teles e notas e estudo de Evanildo Bechara), 1974.

CONSULTAR: Ercília Macedo, *Um Contista Goiano*, Faculdade de Letras de Anápolis, 1968; Nelly Alves de Almeida, *Estudo sobre Quatro Regionalistas*, Goiânia, 1968; Moema de Castro e Silva, *Os Sintagmas na Obra de B. É.*, Goiânia (prelo); Gilberto Mendonça Teles, *O Conto Brasileiro em Goiás*, Goiânia, 1969; Amphilophio de Alencar, *Aspectos Sociais da Linguagem de B. É.*, S. Paulo (prelo).

[V. A.]

ENCICLOPEDISMO — V. ILUSTRAÇÃO.

ENSAIO — Uma das características essenciais da literatura brasileira é a posição central que nela ocupa a prosa de idéias, o que poderíamos chamar de *ensaísmo*, no sentido amplo. Deixando de lado a crítica literária, tratada em verbete próprio, lembremos aqui a importância dos chamados "estudos brasileiros", que começaram, sintomaticamente, com a *Carta,* de Pêro Vaz de Caminha, prolongando-se até aos nossos dias e fazendo-se objeto de abundantes coleções editoriais, como a "Brasiliana" e a "Documentos Brasileiros". Na interpretação do Brasil, esse gênero é paralelo à História e à Sociologia: assim, os *Diálogos das Grandezas do Brasil* (1618), de * Ambrósio Fernandes Brandão, ou a *Cultura e Opulência do Brasil* (1711), de * Antonil. Nos tempos modernos, essa galeria contaria com títulos ilustres, como o * *Retrato do Brasil* (1928), de * Paulo Prado, e a *Interpretação do Brasil* (1947), de * Gilberto Freyre. Em plano mais amplo, abordando a história e os caracteres da nossa vida intelectual e artística, situa-se o livro, hoje clássico, de Fernando de Azevedo, *A Cultura Brasileira* (1943). Alguns anos antes, Sérgio Buarque de Holanda havia publicado *Raízes do Brasil* (1936), que é outra tentativa ensaística de análise do caráter nacional. Exatamente no começo do século, em 1900, o Conde de * Afonso Celso havia publicado um livro famoso, *Por que me ufano*

145

do meu país, intensamente ridicularizado pela ingênua satisfação com que celebrava as maravilhas nacionais, mas significativo por se integrar na tradição que nascera com a *Carta,* de Pêro Vaz de Caminha, repercutindo no primeiro capítulo da *História da América Portuguesa,* de * Sebastião da Rocha Pita e por haver (enfim!) encontrado nome para essa tendência do nosso espírito (o *ufanismo*).

Se o ensaio moral, representado pelas máximas e reflexões, não produziu entre nós obras significativas, a * Filosofia, que lhe é aparentada, também não revelou, até agora, qualquer nome que merecesse a atenção universal. Na primeira rubrica, os títulos mais conhecidos são as *Reflexões sobre a Vaidade dos Homens,* de * Matias Aires, as *Máximas, Pensamentos e Reflexões,* de Mariano José Pereira da Fonseca, Marquês de *Maricá, e o livro que *Joaquim Nabuco publicaria em francês, ao fim da sua vida, *Pensées Détachées et Souvenirs* (1906). Mas é o mesmo Nabuco quem escreve um dos livros centrais de nossa literatura ensaística e moral, * *Minha Formação* (1900), justamente considerado como um dos clássicos indiscutíveis das letras brasileiras. Na Filosofia, o nome de maior destaque é o de * Farias Brito, autor pouco original de uma obra fragmentária e inconclusa, mas significativo pela influência que exerceu no grupo denominado de "espiritualista". Seu volume *O Mundo Interior* (1914) é também um dos clássicos da nossa filosofia, concebido e escrito como um ensaio mais do que como um tratado técnico.

Farias Brito procedia da * Escola do Recife, nome por que se designa, em nossa história intelectual, o movimento que, em torno de * Tobias Barreto e * Sílvio Romero, contribuiu de maneira decisiva, nas décadas de 70-80, para a atualização do pensamento brasileiro. Sílvio Romero, embora se encaminhasse predominantemente para os estudos literários, jamais abandonou por completo o ensaio sociológico e político; Tobias Barreto, da mesma forma, procurou integrar a sua atividade jurídica num contexto mais largo de Filosofia, de Sociologia e de Ciência. Foi, indiscutivelmente, a Escola do Recife, mais por suas repercussões do que por suas obras, que criou no País o clima propício à enorme expansão da filosofia positivista, cujos adeptos incluíram-se, como se sabe, entre os partidários mais ardorosos da República. Vê-se que o nosso ensaísmo está longe de ser gratuito e teórico: dos "estudos brasileiros" à reflexão filosófica, passando pelo Direito, pela Sociologia, pela oratória, pelo jornalismo, pela Economia e pela política, os autores acabam por exercer papel decisivo nas transformações de mentalidade que, de época para época, provocam reformas profundas nas instituições.

Ainda uma vez, encontramos o Movimento Modernista na fonte de uma atividade essencial no campo do pensamento brasileiro contemporâneo, pois o * Modernismo exerceu, em nossos dias, papel semelhante ao da Escola do Recife nos fins do século passado, provocando enorme desenvolvimento da literatura ensaística. Se Alceu Amoroso Lima (* Tristão de Ataíde) passou da crítica literária para a crítica de idéias e da disponibilidade de espírito para a doutrinação religiosa, outros autores, como Caio Prado Jr., introduziram no País o ensaísmo de fundo marxista, da mesma forma por que será com um ensaio sobre a história política da Primeira República que Afonso Arinos de Melo Franco escreverá a biografia de seu pai (*Um Estadista* *da República,* 1955). É, ainda, em estilo ensaístico que * Antônio Cândido publica, em 1959, os dois volumes fundamentais da sua *Formação da Literatura Brasileira.* Da mesma forma, é como um ensaio sobre a família patriarcal no Brasil que Gilberto Freyre define a série mais significativa dos seus livros, iniciada, em 1933, com *Casa-Grande & Senzala,* cabendo com justeza a mesma classificação aos livros de * Alberto Torres, *O Problema Nacional Brasileiro* (1914), e de * Oliveira Viana, *Populações Meridionais do Brasil,* entre outros.

Essa tendência à análise crítica dos problemas, característica do ensaio como gênero literário, parece contradizer as fundações nitidamente emocionais e líricas do povo brasileiro, o que torna tanto mais lamentável a inexistência de um... ensaio que a tivesse estudado e esclarecido.

Consultar: Otto Maria Carpeaux, *Pequena Bibliografia Crítica da Literatura Brasileira,* 4.ª ed., Rio, 1968; Astrojildo Pereira, "Pensadores, Críticos e Ensaístas", *Manual Bibliográfico de Estudos Brasileiros* (dir. de Rubens Borba de Moraes e William Berrien), Rio, 1949.

[W. M.]

ÉPICA — A poesia épica é aquela que narra ações humanas ou divinas, heróicas, fabulosas ou lendárias, de modo mais ou menos extenso. Ao tempo do *Romantismo distinguiu-se a poesia épica produzida na infância dos povos (como a *Ilíada* e a *Odisséia,* que são contudo, hoje o sabemos, frutos da maturidade da cultura aqueana, os *Nibelungos,* a *Canção de Roland,* etc.) da poesia épica escrita pelos poetas em épocas menos ingênuas; as primeiras eram reputadas mais autênticas e valiosas. A *Ilíada* canta ações heróicas, e assim boa parte da épica ocidental canta canções do mesmo tipo; a *Odisséia* já não canta guerras, mas narra as viagens de Ulisses. Hoje se toma a epopéia como uma das espécies da ficção literária, ao lado do romance e do conto: a espécie em verso.

A literatura brasileira nasceu praticamente com um poemeto épico, a *Prosopopéia* de * Bento Teixeira (1601). Do período * barroco chegaram-nos os *Eustáquidos,* que todavia o autor, * Santa Maria Itaparica, julgava um poema "sacro e tragicômico", mas se perderam poemas de cunho definidamente épico, como a *Brasília,* de Gonçalo Soares da Franca e a *Cesárea,* de Brito e Lima; ou a *Brasileida,* do P. Domingos da Silva Teles, de que se sabe que, pelo menos, foi feito o esboço. O * Neoclassicismo veria o topo de nossa poesia épica, com o *Uraguai,* de *Basílio da Gama, o *Vila Rica,* de *Cláudio Manuel da Costa, e o *Caramuru,* de * Santa Rita Durão, este superior ao poema de Cláudio, embora inferior, como estilo, ao *Uraguai.* O * Romantismo não produziu obras épicas de mérito igual à lírica; tentaram o gênero * Gonçalves de Magalhães, cuja descorada *Confederação dos Tamoios* provocou polêmica iniciada por * José de Alencar e de que participou o próprio Imperador, e * Gonçalves Dias, que contudo não terminou * Os Timbiras, muito superior à "reforma épica" de Magalhães. No * Parnasianismo houve simples poemetos épicos, como o * *Caçador de Esmeraldas,* de * Bilac; no * Simbolismo o gênero passou em branco, e no * Modernismo surgiram poemas que talvez se possam acomodar na epopéia por certos aspectos, como o *Martim Cererê,* de * Cassiano Ricardo, que segue porém em sua estrutura a técnica de poesias avulsas, embora coordenadas; e a *Invenção de Orfeu,* de * Jorge de Lima, vasto poema, superior em tamanho a *Os Lusíadas,* mas cujo assunto é muito rarefeito. Jorge de Lima, não obstante, considerava-o epopéia.

[P. E. S. R.]

EPIGRAMA — Pequena composição poética em que predomina a expressão de um pensamento incisivo. Etimologicamente, a palavra epigrama (do grego *epigrama,* através do latim), significa *inscrição.* Os epigramas eram, na Grécia clássica, inscrições gravadas em túmulos ou monumentos. Em Roma adquiriram um sentido satírico e essa tendência chegou ao auge com Marcial e Juvenal. Boileau defendeu, em *L'Art Poétique,* dos excessos satíricos, o epigrama; e, cultivando essa forma sintética, deu substância à tese que expôs. Em Portugal, Midosi reivindicou para o epigrama um pensamento engenhoso e delicado e às vezes crítico e mordente. No Brasil, * Bilac classificou o epigrama no gênero satírico e Manuel do Carmo definiu-o como "pequena composição satírica incisiva", sem forma apropriada, provida de um final que "deve resumir o conceito ferino e causticante". * Geir Campos considera o epigrama uma "composição poética breve e satírica". Entre os poetas brasileiros que cultivaram o epigrama podem ser mencionados: na época clássica, * Gregório de Matos; e, posteriormente, * Gonçalves de Magalhães, * Fontoura Xavier, o P. Correia de Almeida e * Alberto Ramos. *Ronald de Carvalho, em seus *Epigramas Irônicos e Sentimentais* (1922), cultivou a forma sem sátira. Boa parte da obra poética de *Oswald de Andrade é formada por autênticos epigramas. *Péricles Eugênio da Silva Ramos tem cultivado, em seus três livros de poesia, a forma epigramática restituída ao seu sentido helênico.

(E José Paulo Paes mantém, com seus epigramas ferinos, impregnados dum agudo senso de participação irreverente (*Poemas Reunidos,* 1961; *Anatomias,* 1972), a presença e o vigor satírico dessa forma poética em nossa literatura.]

[D. C. S.]

EPISTOLOGRAFIA — A troca de cartas entre escritores não é dos capítulos mais ricos da literatura brasileira. É até dos mais pobres, em decorrência duma série de fatores histórico-culturais. Durante os séculos coloniais, não há nada que mereça atenção, salvo as cartas do * P. Antônio Vieira, de fundamental importância para a compreensão dos conflitos históricos que presenciou e de que foi partícipe. Mas tocam questões nem sempre ligadas à nossa evolução histórica, e nem sempre ostentam interesse literário, exceto como estilo. Ao longo do * Romantismo, o panorama não muda: não há correspondências literárias merecedoras de registro, salvo a de * Francisco Otaviano, publicada em 1977. É preciso aguardar o aparecimento do espírito realista para que a velha "mania" epistolar (na Europa moderna, data, pelo menos, do século XVII) se instale entre nós com alguma força. E é * Machado de Assis seu mais significativo representante, como que pretendendo dar o exemplo também nesse terreno de atividade literária. Sua volumosa epistolografia, nem toda ela publicada, trocou-a com algumas das figuras mais proeminentes do tempo: * José de Alencar, * Quintino Bocaiúva, * José Veríssimo, Salvador de Mendonça, * Lúcio de Mendonça, * Afrânio Peixoto, * Oliveira Lima, * Joaquim Nabuco e outros. As cartas machadianas, além de serem padrões de linguagem, e de prestarem informações de caráter pessoal, indispensáveis para lhe erguer a psicologia e a biografia, valem muito pelos elementos informa-

148

tivos acerca da vida literária do tempo, especialmente no que se refere à Academia Brasileira de Letras. Em posição semelhante está a epistolografia de Joaquim Nabuco, numerosa e variada, coligida por sua filha Carolina Nabuco (2 vols., 1949): auxilia-nos a compreender o escritor e alguns fatos da época, ligados à literatura, à política, à diplomacia. As cartas de * Aluísio Azevedo, reunidas em *Touro Negro*, não obstante serem poucas, constituem material insubstituível para o conhecimento da tragédia íntima do romancista: a impossibilidade de se dedicar exclusivamente a compor as obras "sérias" que tinha em plano, em razão de seus compromissos consulares e da luta pela vida. Ainda nos fins do século passado, pode-se indicar a epistolografia de * Capistrano de Abreu (publicada em 1955, 2 vols., excluídas as cartas dirigidas a Lino de Assunção, dadas a lume em 1938 e reeditadas em 1977). São cartas de caráter particular, mas com informações acerca de suas diligências e perplexidades de historiador, dirigidas a João Lúcio de Azevedo, * Paulo Prado, Rodolfo Garcia, Pandiá Calógeras, Mário de Alencar, Afonso Taunay, Assis Brasil e outros. Já no século XX, podemos apontar significativas coleções de cartas, a começar pelas que *Jackson de Figueiredo trocou com * Tristão de Ataíde, valiosas pelas revelações pessoais, sobretudo naquilo que tange à sua conversão ao Catolicismo e aos problemas daí nascidos. São valiosas, por isso mesmo, para o entendimento de uma das direções do pensamento moderno, de que J. de F. foi guia entre nós até a morte, quando seu correspondente o sucedeu. Podiam-se ainda lembrar outras breves e menos importantes epistolografias, como a trocada entre * Lima Barreto e * Monteiro Lobato, e a de * Euclides da Cunha. Modernamente duas coleções de cartas avultam de importância. De um lado, as de * Mário de Andrade que, em centenas e centenas de cartas enviadas a diversas pessoas (dentre as quais * Manuel Bandeira, * Augusto Meyer, Tristão de Ataíde, Tarsila do Amaral), põe a marca de seu temperamento cordial e fraterno, aliado a um gosto extremado pela Arte em geral. Valem muito para reconstituir certos aspectos da história do * Modernismo. De outro lado, a correspondência entre Monteiro Lobato e *Godofredo Rangel (*A Barca de Gleyre*, 2 vols., 1948, na qual estão reunidas apenas as cartas de Lobato). Sugestiva e curiosa, além dos dados relativos a quarenta anos de vida íntima dos correspondentes, essa epistolografia foi escrita com olhos voltados para a Literatura. Importam, pois, como documentário para conhecer o pensamento de Lobato, notadamente suas idéias literárias. De então para cá, não se publicou nada no gênero que merecesse registro especial.

[M. M.]

ESTROFE — Grupo de versos (em geral rimados) que regularmente deve repetir-se com a mesma disposição até o fim do poema. Também se chama *estância*, e, nas canções populares, *copla*. Em geral as estrofes têm sentido completo, mas encontram-se as que transbordam para a seguinte, mantendo-se a forma por simples simetria; assim estas quadras: "Meu sonoro passarinho, / se sabes do meu tormento, / e buscas dar-me, cantando, / um doce contentamento, // Ah! não cantes mais, não cantes, / se me queres ser propício; / eu te dou em que me faças / muito maior benefício.' / (* Tomás Antônio Gonzaga, 63).

Por vezes, até o transbordamento pode dar-se em todas as estrofes do poema, de início a fim, sem interrupção do pensamento, como nas velhas cantigas galaico-portuguesas de "atafinda" (CV n.ᵒˢ 2, 88, 89, p. ex.), ou modernamente no soneto "Esta pavana é para uma defunta" do *Livro de Sonetos* de * Jorge de Lima. Imensamente mais constante, porém, é ter cada estrofe sentido completo.

As estrofes podem ser *isométricas*, se todos os seus versos têm o mesmo número de sílabas, ou *heterométricas*, se os versos variam em extensão.

Também as composições podem ser *isostróficas*, quando as mesmas estrofes se registram nelas, de começo a fim, ou *alostróficas*, quando as estrofes variam no poema, quanto ao número de versos, ou número de sílabas dos versos, de modo irregular ou segundo um padrão. Em certas *formas* fixas as estrofes variam segundo um padrão, como no * soneto, que tem duas quadras e dois tercetos.

As estrofes se denominam segundo o seu número de versos: as de dois versos chamam-se *dísticos* ou *parelhas*; as de três, *tercetos*; as de 4, *quadras* ou *quartetos;* as de 5, *quintilhas;* as de 6, *sextilhas;* as de 7, *septilhas* ou *septenas;* as de 8, *oitavas,* as de 9, *nonas* ou *novenas;* as de 10, *décimas*.

Os dísticos não são estrofes muito usadas, no Brasil. No período colonial, e mesmo depois, costumavam integrar-se em estrofes maiores, como no poema "A Ilha da Maré", de * Manuel Botelho de Oliveira. Na geração parnasiana, encontram-se ainda desses dísticos agrupados, como em "O Inquisidor" de * Augusto de Lima, ou então isolados como estrofes: é o caso de vários poemas de * Gonçalves Crespo, como "Transfiguração", ou "A Flor do Laranjal", de Silva Ramos.

Os tercetos vêm sendo empregados em nossa terra desde o período colonial, p. ex. com * Gregório de Matos, na sátira "Aos Vícios", * Cláudio Manuel da Costa ("Lísia", Égloga IV), * Tomás Antônio Gonzaga (93); no * Romantismo, * Álvares de Azevedo utilizou-os ("Terza Rima") e no * Parnasianismo vários poetas, como * Bilac e * Machado de Assis, chegando * Alberto de Oliveira a compor com eles um livro inteiro, *Natália* (*Poesias, 3.ª* série). Os tercetos originam uma forma fixa, a "terza rima", e figuram no soneto e na vilanela.

As quadras revelam-se, de longe, as estrofes mais freqüentes na poesia brasileira, de * Anchieta aos nossos dias. São totalmente rimadas, segundo as fórmulas *a b a b* ou *a b b a,* ou (mais raro) *a b a c* ou *a b b c.* Neste último padrão, às vezes se encadeavam, como em Anchieta: *a b b c / c d d e / e f f g* ("Ao Santíssimo Sacramento") ou * Alexandre de Gusmão ("A Liberdade a Nize"): *a b b c / d e e c,* esquema que se repete em * Domingos Caldas Barbosa ("A uns Lindos Olhos"). Na poesia colonial, usavam-se por vezes quadras heptassilábicas assonantadas de modelo *a b c b,* conhecidas como "romances", p. ex. em Gregório de Matos ("Despede-se o Autor da Cidade da Bahia", "A Cidade da Bahia", "Retirado o Autor" etc.) ou Manuel Botelho de Oliveira (Romances I a VIII). Raras antes do * Modernismo são as quadras brancas, mas encontram-se: "José Bonifácio", de Machado de Assis, p. ex. Entra a quadra em várias formas fixas como o soneto, o rondel, o pantum, ou pode ser isolada, uma forma fixa, a "quadrinha" ou "trova". Outros tipos de quadra, como a *"cuaderna vía" (a a a a)* ou de certos vilancetes, como o de Pêro de Sousa Ribeiro ("Quando El-Rei veio de Santiago"), *a a a b* — rimando *b* com o mote, um dístico — têm importância histórica, em Espanha ou Portugal.

150

A quintilha, em nosso país, remonta a Anchieta, com as formas *a b b a b* ou *a b a a b* ("Carta da Companhia de Jesus para o Seráfico S. Francisco") ou *a b a b b* ("Vaidade das Cousas do Mundo"). As rimas são às vezes mais escassas, como em Gonzaga (*a b c d b* ou *a b c c b*), ou * Gonçalves Dias (*a b c c b*, "O Sono"; * Casimiro de Abreu, "Juriti"), que chegou a usar quintilhas brancas ("O Cometa"). Na reação ao Romantismo, *Teófilo Dias usou quintilhas com duas ordens de rimas (*a b a a b* ou *a a b a b*); o mesmo, aliás, já havia feito Machado de Assis (*a b a b a* na parte V de "Versos a Corina"). Também a quintilha entra em formas fixas como no rondó (francês). Não é das estrofes mais usadas.

A sextilha mostra-se presente nos madrigais e canções de Manuel Botelho de Oliveira, nos árcades (Cláudio Manuel da Costa, "Fábula do Ribeirão do Carmo"; Tomás Antônio Gonzaga, n.ᵒˢ 38, 40, 67, 77), nos românticos (Gonçalves Dias, "Sextilhas de Frei Antão", "Solau do Senhor Rey Don João", "Solau de Gonçalo Hermínguez"; Casimiro de Abreu, "Canção do Exílio"), nos parnasianos (Machado de Assis, "Antônio José", poema constituído por uma única sextilha *a a b c b c*; Alberto de Oliveira, "Imortal", "Ode ao Sol", etc.; Olavo Bilac, *O Caçador de Esmeraldas,* etc.). Permite várias disposições de rima, é estrofe relativamente comum e dá origem a uma forma fixa, a sextina.

Não muito usada é a septilha, presente em nossa poesia desde Anchieta ("O Moleiro"), os árcades (Gonzaga, n.ᵒˢ 20, 26, 39, etc.), e continuada pelos românticos (Gonçalves Dias, "A Mangueira", "Estâncias") e parnasianos (Alberto de Oliveira, "Olhos Glaucos"; * Vicente de Carvalho, "Pequenino Morto"). Admite várias colocações de rimas.

Bem mais usada é a oitava, de que se têm valido em nosso meio as poesias épica e lírica, a começar pela *Prosopopéia* de *Bento Teixeira ou por * Bernardo Vieira Ravasco. Em sua forma canônica, que é a camoniana, tem a ordem de rimas *a b a b a b c c,* com a qual se cristalizou a forma fixa de seu mesmo nome. Admite outras colocações de rimas, e figura em formas fixas como o rondó (português) e o triolé. É das estrofes mais comuns.

Muito mais rara é a nona, todavia usada em várias canções de Manuel Botelho de Oliveira, em Gonzaga (n.ᵒˢ 39, 55, 79, etc.) e esporadicamente em outros poetas, como Machado de Assis ("Visão"). É das estrofes menos utilizadas — talvez a menos — em nossa língua.

A décima é encontradiça em Gregório de Matos, Manuel Botelho de Oliveira, nos árcades (Gonzaga: n.ᵒˢ 32, 61), nos românticos (Gonçalves Dias, "O Gigante de Pedra", II; * Castro Alves, "O Livro e a América", "O Fantasma e a Canção"), nos parnasianos (Machado de Assis, "Sinhá", "O Corvo"; Alberto de Oliveira, "Fantasma Irônico"). Isolada, constitui uma forma fixa, usada como a oitava para efeitos satíricos (Gregório de Matos, "A Sé da Bahia") ou mesmo líricos (Alberto de Oliveira, "Previsão").

Há estrofes maiores em português (Gonzaga usa de 11 versos, n.ᵒˢ 37, 49, e até de 12 versos, n.º 87), mas são raríssimas em composições isométricas. No Modernismo, a estrofe mais usada continua sendo a quadra, branca em certos poetas; mas em geral a estrofe é irregular, visando antes que a efeitos de simetria à expressão do pensamento, sem outras considerações.

[P. E. S. R.]

151

F

FACÓ, AMÉRICO — (★ 21/10/1885, Beberibe, CE; † 3/1/1953, Rio) Dedicou-se em Fortaleza ao jornalismo, e, muito jovem ainda, transladou-se para o Rio, onde continuou na profissão iniciada no CE. Durante alguns anos dirigiu a parte literária da revista Fon-Fon; trabalhou em jornais e foi funcionário do Instituto Nacional do Livro, bem como no Senado Federal. Tendo iniciado sua carreira literária ainda no CE, já em 1911, na capital do País, gozava de prestígio literário suficiente para ser convidado a figurar entre os eleitores de uma planejada "Academia dos Novos" que imitaria a Goncourt francesa. ★ Manuel Bandeira incluiu-o, muitos anos depois, em sua Antologia de Poetas Brasileiros Bissextos Contemporâneos (1946), dizendo-o assíduo leitor dos clássicos portugueses. O apreço à forma e à língua explicam alguns dos característicos de Poesia Perdida (1951), saudado, logo ao surgir, como grande texto por ★ Carlos Drummond de Andrade. Frisou este que a poesia de F. era "vivida e meditada, ao mesmo tempo voluptuosa e depurada pelo filtro da inteligência".

Quando escapa à tendência, com certeza explicável pelo já referido amor do poeta aos clássicos da língua, de usar vocábulos raros, F. tem composições apreciáveis, como p. ex. a "Sextina da Véspera". Nessa forma fixa, o poeta soube vencer as resistências do gênero e os desvios de gosto, legando-nos a mais significativa e equilibrada, talvez, de suas composições.

CONSULTAR: Péricles Eugênio da Silva Ramos, "Palavras Poéticas", Correio Paulistano, 28/10/1951; Carlos Drummond de Andrade, Passeios na Ilha, Rio, 1952; Fernando Góes, O Pré-Modernismo, vol. V do Panorama da Poesia Brasileira, Rio, 1960.

[P. E. S. R.]

FARIA, OTÁVIO DE — (★ 15/10/1908, Rio) Filho do historiador Alberto de Faria. Bacharelou-se em Direito, no Rio, em 1931. É um dos principais vultos da geração pós-modernista, com a qual conviveu desde os tempos acadêmicos: um dos seus primeiros escritos importantes (Dois Poetas, 1935) é, mesmo, um estudo sobre ★ Vinicius de Morais e ★ Augusto Frederico Schmidt. Sua formação católica, aliada a uma pronunciada sensibilidade pelos problemas ético-políticos de nosso tempo, levou-o a criar um ensaísmo denso e radical: Maquiavel e o

Brasil (1931), *Destino do Socialismo* (1933), *Cristo e César* (1937) refletem uma orientação autoritarista no tratamento de temas políticos. Cultivou também a crítica cinematográfica. Mas é, sem dúvida, como romancista que seu nome se impõe: escreveu, desde 1937, uma obra cíclica, sob o título geral de *Tragédia Burguesa*, o último dos quais apareceu em 1977. As características dos romances publicados são: predominância do documento e da análise psicológica, com a conseqüente pobreza de descrições quer de paisagem, quer de ambientes; problemática da adolescência e da juventude, mormente no que tange às angústias sexuais e religiosas; visão católica da existência, centrada nos conflitos entre a virtude e o pecado, a Graça e o Demônio, na esteira do romance religioso francês (Bloy, Bernanos, Green, Mauriac); configuração de tais problemas em termos indiretamente sociais, na medida em que os desajustes e as frustrações ético-religiosas emergem de um fundo cultural burguês (de onde o nome do ciclo): contudo, romancista de almas, o A. não se atém a esses pressupostos, debruçando-se de preferência sobre os dramas espirituais de suas criaturas. Do ponto de vista formal, a par do caráter cíclico da obra, têm-se visto nela desleixos estilísticos, monotonia e, em conseqüência, falta de vigor expressivo. Por vezes, o A. atribui às suas personagens profundidades que não se coadunam com a realidade psicológica manifestada pelo texto. Tal descompasso nota-se menos na caracterização da adolescência (nos primeiros romances do ciclo), período cujas crises e intuições morais e religiosas encontram plena ressonância no espírito do narrador. De qualquer forma, é O. de F. um dos ficcionistas mais originais do Pós--Modernismo.

OBRAS DO A.: Romance: *Tragédia Burguesa*: *Mundos Mortos*, 1937; *Os Caminhos da Vida*, 1939; *O Lodo das Ruas*, 1942; *O Anjo de Pedra*, 1944; *Os Renegados*, 1947; *Os Loucos*, 1952; *O Senhor do Mundo*, 1957; *O Retrato da Morte*, 1961; *Ângela ou As Areias do Mundo*, 1963; *A Sombra de Deus*, 1966; *O Cavaleiro da Virgem*, 1970; *O Indigno*, 1973; *O Pássaro Oculto*, 1977. Novelas: *Novelas da Masmorra*, 1966. Teatro: *Três Tragédias à Sombra das Cruz*, 1939. Ensaio: *Fronteiras da Santidade*, 1940; *Significação do Far-West*, 1952; *Coelho Neto*, 1958; *Pequena Introdução à História do Cinema*, 1964.

CONSULTAR: Álvaro Lins, *Jornal de Crítica*, 1.ª e 2.ª séries, Rio, 1941, 1943; Mário de Andrade, *O Empalhador de Passarinho*, S. Paulo, 1946; Paulo Hecker Filho, *A Alguma Verdade*, Porto Alegre, 1952; Olívio Montenegro, *O Romance Brasileiro*, Rio, 1953; Joel Pontes, *O Aprendiz de Crítica*, Recife, 1955; Adonias Filho, *Modernos Ficcionistas Brasileiros*, Rio, 1958; Eduardo Portela, *Dimensões II*, Rio, 1959; Leo Gilson Ribeiro, "40 Anos de Tragédia Burguesa", *Jornal da Tarde*, S. Paulo, 2/7/1977.

[A. B.]

FERNANDES, CARLOS D. (DIAS) — (★ 20/9/1875, Mamanguape, PA; † 9/12/1942, Rio) Menino ainda, segue para o Rio, mas é no Recife que se forma em Direito. Impulsionado pelo seu temperamento polêmico e violento, dedica-se ao jornalismo, em S. Paulo, inicialmente, e no Rio, PE e PA, mais adiante. Colabora numa série de jornais e revistas, notadamente os relacionados com o grupo simbolista, ao qual aderiu de corpo e alma. Ao mesmo tempo, seu caráter temperamental e sensitivo, de romântico retardatário, impele-o para as idéias naturalistas e realistas, sobretudo aquelas de que Zola se fazia arauto. Sua obra, a poética e a em prosa, reflete nitidamente o ecletismo de base. Apesar de tudo, granjeou largo prestígio enquanto viveu. Seus poemas enquadram-se predominantemente no * Simbolismo, sob a égide confessa de * Cruz e Sousa, venerado como a um mestre. Malgrado tal influência, C. D. F. não dissimula sua personalidade revoltada e litigante, oscilando entre notas panteísticas, místicas, sentimentais, pessimistas, helenizantes, prosaicas e metafísicas, numa permanente volubilidade de espírito. A prosa, representada em especial por alguns romances, corresponde à aceitação do gosto naturalista, como se pode ver em *Renegada* (2.ª ed. 1921) e *Os Cangaceiros* (3.ª ed., 1922), onde se nota a clara presença de Zola. *Fretana* (1936), romance de fundo autobiográfico, foge desta trilha para aderir à tendência simbolista. Espécie de réquiem permeado de humor e melancolia, na obra desfilam seus companheiros de mocidade boêmia e literária, personagens dum mundo extinto; salienta-se de modo todo particular a página dedicada a Cruz e Sousa, cujos funerais são narrados com magoada lembrança.

OBRAS DO A.: Poesia: *Vanitas Vanitatum*, 1906; *Palmas de Acantos*, 1917; *Canção de Vesta*, 1908; *Sansão e Dalila*: *poema dramático dos tempos da Independência*, 1921; *Solaus*, 1902; *Livro das Parcas*: *cantos e sonetos*, 1921. Prosa: *Vindicta*, 1936.

CONSULTAR: Andrade Murici, *Panorama do Movimento Simbolista Brasileiro*, vol. II, Rio, 1952; Aderbal Jurema, "Grupo Nordestino", *A Literatura no Brasil* (dir. de Afrânio Coutinho), vol. II, Rio, 1955.

[M. M.]

FERREIRA, ASCENSO — (★ 9/5/1895, Palmares, PE; † 5/5/1965, Recife, PE) Interrompeu seus estudos primários para trabalhar como caixeiro de loja. De 1911 a 1922, embora poeta parnasiano com sonetos publicados nos periódicos de Palmares e Recife, torna-se assíduo freqüentador dos folguedos tradicionais, como o bumba-meu-boi, o pastoril e outros autos e danças que mais tarde mostraria a * Mário de Andrade. Levado por um tio senador, vai para o Recife, onde se torna escriturário do Tesouro do Estado, em 1919. No ano da * Semana de Arte Moderna, adere ao grupo paulista e, em 1925, conhece Luís da Câmara Cascudo, a quem chama de mestre. Está ligado, então, à *Revista do Norte* (* Joaquim Cardoso, Luís Jardim, Osório Borba e outros) e, desde 1922, escrevia poemas de acentuada vinculação com o folclore. Tornou-se uma espécie de trovador: sua pequena obra popularizou-se em breve, especialmente por causa da declamação personalíssima. Voz e canto — porque os poemas são intercalados de cantos populares — foram gravados mais de uma vez e vendidos com os livros a partir de 1959. A. F. canta com saudade o mundo que morre nos engenhos, substituído pela algidez da usina moderna. As assombrações fazem parte de seu lirismo, assim como o anseio pela proteção materna e os aspectos da vida rural. A lembrança da meninice junta-se ao sensualismo do branco senhor em relação às mulatas e ao senso de humor que surpreende no povo e transmite no poema breve, quase sempre dialogado. Em tudo isto, perpassa o orgulho de nascer e viver na região nordestina, que haveria de prevalecer sobre as influências dos modernistas e remeter o poeta ao * regionalismo do grupo pernambucano.

Obras do A.: *Catimbó*, 1927; *Cana Caiana*, 1939; *Poemas* (volume contendo os livros anteriores e uma parte nova intitulada *Xenhenhém*, acompanhado de um disco e com pref. de * Manuel Bandeira), 1951.

Consultar: Edgar Cavalheiro, *Testamento de Uma Geração*, Porto Alegre, 1944; Sérgio Milliet, *Diário Crítico*, vol. IV, S. Paulo, 1947; João Ribeiro, *Crítica* — *Os Modernos*, Rio, 1952; Veríssimo de Melo, "O Sentido Popular da Poesia de A. F.", *Crítica, Política & Letras*, Recife, ano VIII, n.º 1, 1964.

[J. P.]

FERREIRA, CARLOS Augusto — (★ 24/10/1844, Porto Alegre, RS; † 12/2/1913, Rio) (Há divergências quanto à data natalícia e ao local da morte.) Poeta, comediógrafo e jornalista. Na sua cidade natal fez o curso primário e iniciou os preparatórios. Aprendeu a profissão de ourives e começou a dedicar-se à literatura. Tornou-se noivo da poetisa Amália dos Passos Figueiroa e em 1865 publicou em Porto Alegre o seu livro de estréia, *Cânticos Juvenis*. Pouco tempo depois, o Imperador visitava o Sul e ouvia C. F. recitar, num teatro de Porto Alegre, uma poesia cívica de sua autoria. Pedro II ofereceu-lhe então uma bolsa para que viesse estudar em S. Paulo. C. F. veio, mas não chegou a matricular-se na Faculdade. Em 1866 já estava no Rio, onde residiu alguns anos. Deve ser dessa época o rompimento do noivado com Amália Figueiroa, a *Penserosa*. Em 1871, veio o poeta para S. Paulo, onde exerceu o jornalismo e onde teve, entre seus amigos, * Castro Alves, * Carvalho Júnior e Felizardo Jr. De parceria com Felizardo, escreveu uma peça de teatro, que foi logo levada à cena. Em 1875 passou a residir em Campinas, SP, onde se dedicou ao jornalismo. Daí por diante a sua atividade divide-se pelas cidades de Campinas, Pedreira e Amparo, onde residiu longo tempo. Como poeta, C. F. foi um romântico com acentos hugoanos e condoreiros. Não faltam, porém, à sua poesia, ecos byronianos e — posteriormente — influências da tendência realista e socialista e da escola parnasiana. Como comediógrafo, é autor de peças marcadas por um * Ultra-Romantismo declamatório.

Obras do A.: *Rosas Loucas*, poesia, 1871; *Alcíones*, poesias, 1872; *Histórias Cambiantes*, contos, 1874; *Redivivas*, poesias, 1881; *O Marido da Doida*, drama, 1874; *A Primeira Culpa*, romance, 1890; *Feituras e Feições*, prosa, 1905; *Plumas ao Vento*, poesias, 1808; *Rimas e Prosa*, coletânea escolar, 1911. Escreveu ainda numerosas comédias, representadas mas não impressas.

Consultar: F. Quirino dos Santos, "Prólogo", e Júlio Ribeiro, "Carta", *in Redivivas*; Guilhermino César, *História da Literatura do Rio Grande do Sul (1737-1902)*, Porto Alegre, 1956; J. Galante de Sousa, *O Teatro no Brasil*, t. II, Rio, 1960; Aristides Monteiro, *Panorama da Poesia em Campinas*, Campinas, 1976.

[D. C. S.]

FIGUEIREDO, GUILHERME Oliveira de — (★ 13/2/1915, Campinas, SP) Cedo foi para o Rio, onde fez os estudos preliminares e por cuja Faculdade Nacional de Direito se bacharelou. Jornalista, crítico de literatura, música e teatro, poeta, romancista, ensaísta e tradutor,

155

encontrou no teatro sua melhor forma de expressão, e adquiriu renome como teatrólogo.

Em que pese à sua modernidade, o teatro de G. F. é de teor classicizante, inspirando-se amiúde na tradição greco-latina. Nele, predomina o cômico e é sensível uma nota burguesa de moral. A despeito de seus ocasionais desníveis, vem merecendo o favor do público, não apenas no Brasil como também no exterior, notadamente *A Raposa e as Uvas*, peça alegórica sobre a liberdade, que tem Esopo como personagem principal.

OBRAS DO A.: *Um Violino na Sombra*, poesia, 1936; *Trinta Anos sem Paisagem*, romance, 1939; *Viagem*, romance, 1955; *Rondinella e Outras Histórias*, contos, 1943; *Miniatura da História da Música*, 1942; *Xântias*, ensaio, 1957; *Um deus dormiu lá em casa*, comédia, 1949; *Greve Geral*, comédia, 1949; *Don Juan*, 1950; *Pantomima Trágica*, 1953; *Os Fantasmas*, 1956; *A Pluma e o Vento*, crônica, 1977.

CONSULTAR: Luís Correia de Melo, *Dicionário de Autores Paulistas*, S. Paulo, 1954; Décio de Almeida Prado, *Apresentação do Teatro Brasileiro Moderno*, S. Paulo, 1956.

[J. C. G.]

FIGUEIREDO, JUVÊNCIO DE ARAÚJO — (★ 27/9/1865, Desterro, atual Florianópolis, SC; † 6/4/1927, *idem*) Iniciando-se como humilde tipógrafo, conseguiu ser promotor público, professor e jornalista. Tentando mais adiante a indústria, perdeu tudo, e retornou à tipografia. Mas recompôs sua vida, como alto funcionário público. Amigo e discípulo de * Cruz e Sousa, dele sofreu acentuada influência, patente no culto sistemático do *soneto e na angústia cósmica de quem contempla os espaços à procura de luz e só encontra o mistério infindável. Não obstante, alcançou escrever sonetos simbolistas de magnífico efeito, como tensão dramática e segura organização das estrofes. Foi eleito "príncipe dos poetas catarinenses".

OBRAS DO A.: *Madrigais*, 1888; *Ascetério*, 1904; *Praias de Minha Terra* e *Novenas de Maio*, inéditos.

CONSULTAR: Andrade Murici, *Panorama do Movimento Simbolista Brasileiro*, vol. I, Rio, 1952.

[M. M.]

FIGUEIREDO MARTINS, JACKSON DE — (★ 9/10/1891, Aracaju, SE; † 4/11/1928, Rio) Estudos secundários em SE e Direito na BA. No Rio (1915), a amizade de * Farias Brito e de católicos como * Tasso da Silveira, J. Serrano e, depois, * Amoroso Lima, amadurece nele germes religiosos já lançados pela leitura de Pascal. À conversão (1919), segue-se uma fase combativa, dinamizando na cultura e na política a orientação católica: funda *A Ordem*, revista (1921), e o Centro Dom Vital (1922); combate o espírito revolucionário tenentista, em nome do civismo (*A Reação do Bom Senso*, 1923; *A Coluna de Fogo*, 1925; *Afirmações*, 1924). Corifeu da renovação cristã, seu espírito polêmico e, em certa medida, reacionário, influiu em algumas linhas políticas: reivindicam-no como precursor, paradoxalmente, a direita e a centro--esquerda católicas. De qualquer forma, a humanidade e o estilo vigorosos garantem-lhe um lugar entre nossos grandes prosadores participantes.

156

OBRAS DO A.: *Algumas Reflexões sobre a Filosofia de Farias Brito,* 1916; *Pascal e a Inquietação Moderna,* 1922; *Aevum,* 1930; *Correspondência,* 1938.

CONSULTAR: Tasso da Silveira, *J. de F.,* Rio, 1945; Leite Fontes, *J. de F. — Sentido de sua Obra,* Aracaju, 1952 (tese); Jorge Abrantes, *O Pensamento Político de J. de F.,* Recife, 1954; Francisco Igrésias, "Estudo sobre o Pensamento Reacionário. J. de F.", *Revista Brasileira de Ciências Sociais,* ano II, n.º 2, julho 1962; Luís Washington Vita, *Antologia do Pensamento Social e Político no Brasil,* S. Paulo, 1968.

[A. B.]

FILOSOFIA — O pensamento filosófico no Brasil revelou-se até agora apenas como consumidor de idéias e doutrinas européias, embora através destas venha procurando esforçar-se por compreender a curiosa experiência que é a nossa vida. Submissos à ortodoxia do pensamento reinante em Portugal durante o período colonial, já no século XVIII procurávamos nos libertar da tutela portuguesa tomando, como aconselhava * Santa Rita Durão, a "França por madrinha". A partir daí não se interromperia mais a curiosa história de nossas importações intelectuais. Essa história constitui a história da filosofia no Brasil até quase os nossos dias. Já se percebe, no entanto, em virtude da crescente complexidade de nosso desenvolvimento, o despertar de um outro espírito em relação aos valores intelectuais e o sentido da Filosofia.

Do século XVII aos meados do século XVIII, a Escolástica foi a filosofia ensinada nos colégios religiosos aqui estabelecidos. Doutrina didática e militante, correspondia aos ideais e interesses da época. No século XIX ressoariam em nosso país as lutas travadas entre o pensamento católico tradicional e as idéias da filosofia dos séculos XVII e XVIII. Novas perspectivas abriram-se então e o Ecletismo seria a doutrina que preponderaria no momento da Independência e durante o período imperial. Representantes dessa doutrina são: * Frei Francisco de Monte Alverne; Eduardo Ferreira França (1809-1857); o poeta * Domingos José Gonçalves de Magalhães; Antônio Pedro de Figueiredo (1814?-1859), cognominado "Cousin Fusco", que editou no Recife uma revista. *O Progresso* (1846), em que já apareciam as idéias socialistas de Owen, Fourier e Saint-Simon.

Na segunda metade do século XIX, em que se dão as "mais fundas comoções da alma brasileira" (* Sílvio Romero), aparecem novas correntes do pensamento filosófico: o Materialismo, o Positivismo e o Evolucionismo, todas opostas à diretriz católica que também se renova, seguindo o Neotomismo. De todas as novas correntes de pensamento, a mais importante foi o Positivismo. Suas primeiras manifestações datam de 1850. De 1874 é a publicação do primeiro volume (*Filosofia Teológica*) da obra *As Três Filosofias,* de Luís Pereira Barreto (1840- -1923). No mesmo ano, Miguel Lemos (1854-1917) e, logo depois, Raimundo Teixeira Mendes (1855-1927) tornam-se discípulos da filosofia positiva. Em 1880, Miguel Lemos recebia em Paris, de Pierre Laffitte (com o qual se desentenderia mais tarde), o grau de aspirante ao sacerdócio da Humanidade, iniciando-se aí na curiosa aventura do "positivismo religioso" entre nós. Desde 1874, porém, houve no Brasil dois grupos positivistas: um que aceitava a totalidade da obra de Comte, e outro que apenas recomendava sua filosofia científica.

Foi ainda o caráter "cientificista" e naturalista da filosofia da época que atraiu muitos bacharéis e doutores em Medicina para a filosofia evolucionista. Na corrente evolucionista destaca-se o "germanismo", que teve em * Tobias Barreto (V. Recife, Escola do) o seu corifeu. Não seria, porém, a filosofia de Kant nem a de Hegel que empolgaria os nossos "germanistas". Todo o nosso germanismo foi um "germanismo de segunda ordem" (João Ribeiro), haurido na doutrina de um obscuro professor do ginásio de Maiença, Ludwig Noiré, que assumiu aqui "ares de oráculo da filosofia coeva" (idem).

A obra filosófica de Sílvio Romero, amigo e conterrâneo de Tobias, nada tem de original. Seu trabalho de investigador, de crítico (nem sempre imparcial e exato), abre todavia novos caminhos para uma nova interpretação do Brasil. Nos seus livros dá-se a perceber um traço que, por vezes, parece constante no pensamento brasileiro: a desconfiança pelas doutrinas rígidas, o que levaria * Clóvis Beviláqua a dizer por isso que o "ecletismo foi a doutrina que maior alcance teve no Brasil". À Escola do Recife pertenceu, pela sua formação, * Raimundo de Farias Brito, que nela tem, no entanto, uma posição independente. Farias Brito tem sido considerado como um dos nossos pensadores originais. Tal juízo afigura-se-me exagerado. Farias Brito foi, como outros filosofantes brasileiros do seu tempo, apenas um glosador do pensamento europeu. Ao Evolucionismo e à influência da Escola do Recife deveríamos talvez ligar o nome de Clóvis Beviláqua, o "santo leigo do evolucionismo" (Antônio Gomes Robledo). Mas, desde cedo, Clóvis Beviláqua também manteve independência em relação a grupos e doutrinas.

Poderíamos talvez afirmar que até a * Semana de Arte Moderna tiveram vigência em nosso país as tendências ou orientações de idéias que acabamos de resenhar para o século XIX. A partir de 1922 e, sobretudo, depois da Revolução de 1930, o pensamento brasileiro, sob a pressão das novas condições históricas internacionais e nacionais, encaminha-se para novos destinos. O intelectual brasileiro já não "namora as ideologias pelo telégrafo" (* Mário de Andrade); procura abandonar os seus velhos hábitos de glosador erudito. O mundo transformara-se depois de 1914 e impunha-se a remodelação de nossa inteligência. Com esse propósito foram criados, a partir de 1934, novos centros de estudos: as Faculdades de Filosofia, Ciências e Letras, as escolas de Economia, os institutos técnicos. Em função dessa remodelação, o nosso pensamento tende a criar mais rigor e vigor e, dia a dia, a indagação filosófica apresenta maior interesse. Creio poder afirmar, ao concluir este rápido verbete, que as correntes do pensamento filosófico no Brasil oscilam hoje entre dois pólos: o Neotomismo e o Marxismo.

Consultar: Leonel Franca, *Noções de História da Filosofia*, 9.ª ed., S. Paulo, 1943; Renato Cirell Czerna, "Panorama Filosófico Brasileiro", *Anais do 1.º Congresso Brasileiro de Filosofia*, S. Paulo, 1950; Fernando de Azevedo, *A Cultura Brasileira*, 3.ª ed., S. Paulo, 1958; Cruz Costa, *Contribuição à História das Idéias no Brasil*, Rio, 1956; e *Panorama da História da Filosofia no Brasil*, S. Paulo, 1960; Antônio Paim, *História das Idéias Filosóficas no Brasil*, S. Paulo, 1967.

[J. C. C.]

FOGO MORTO — Romance de * José Lins do Rego publicado pela primeira vez em 1943. É considerado pela crítica a obra-prima do A., tanto do ponto de vista da composição e do estilo como da intensidade por assim dizer lapidar com que desenvolve certos temas de decadência individual e social já versados anteriormente em romances do "Ciclo da Cana-de-Açúcar".

Construído sob a forma de tríptico, *Fogo Morto* tem, por força da sua condição de "romance de grandes personagens" (* Antônio Cândido), cada uma de suas três partes constitutivas centrada num protagonista principal. A primeira parte é dominada pela individualidade sombria do celeiro José Amaro, que, ferido no seu orgulho doentio por repetidas adversidades — a loucura da filha, a fuga da mulher, o espancamento que ele próprio sofre às mãos da polícia por ter ajudado o bandoleiro Antônio Silvino —, acaba se suicidando. Na segunda parte avulta o drama do Coronel Luís César de Holanda Chacon, dono de um arruinado engenho de fogo morto que, igualmente obsessionado pelo orgulho de clã, se apega aos farrapos de seu antigo fausto, numa tentativa tanto mais desesperada quanto vã de manter o prestígio aos olhos dos camumbembes que o desprezam e dos parentes ricos que o deploram. A esses dois seres frustrados, que vivem sempre fechados em si mesmos, furtando-se à realidade adversa, contrapõe-se a excêntrica e amalucada figura de idealista do Capitão Vitorino Carneiro da Cunha, a maior criação romanesca de J. L. do R. e uma das grandes personagens da ficção brasileira. Sem se deixar abater pela sua situação de decaído social nem pelas chufas dos moleques que o apelidam de "papa-rabo", o Capitão se insurge, grotesca mas heroicamente, contra a prepotência dos senhores rurais, os desmandos da polícia, as violências dos cangaceiros, pondo-se ao lado dos humilhados e ofendidos. Menos que o Quixote nordestino, perdido num mundo de ilusões, que nele já se quis ver, Vitorino Carneiro da Cunha é, na observação arguta de Fausto Cunha, "um homem de pés fincados na terra, consciente do seu destino, ainda que de forma nebulosa", um libertário cujo ridículo aparente não basta para fazer-nos esquecer a sua fundamental grandeza humana.

CONSULTAR: Antônio Cândido, *Brigada Ligeira*, S. Paulo, s.d.; Fausto Cunha, *A Luta Literária*, Rio, 1964; Rolando Morel Pinto, *Estudos de Romance*, S. Paulo, 1965.

[J. P. P.]

FOLHETIM — V. CRÔNICA.

FONSECA, JOSÉ PAULO MOREIRA DA — (★ 13/6/1922, Rio) Cursou Direito e Filosofia na Universidade Católica do Rio. Exerce a advocacia e leciona na Fundação Brasileira de Teatro. É um dos fundadores da revista *Tempo Brasileiro*. Estreou com *Elegia Diurna* (1947), livro que o colocou desde logo entre os poetas mais característicos do * Neomodernismo. A partir de 1957, quando participou do Salão Nacional de Arte Moderna, vem-se destacando como pintor. Realizou várias exposições individuais no país e no exterior (Londres, 1964; Viena, 1966). J. P. M. da F. é também autor dramático e ensaísta.

OBRAS DO A.: Poesia: *Poesias*, 1949; *Concerto* (*in Poemata*, 1950, em col. com Oscar Lorenzo Fernandes e Israel Klabin); *Dois Poemas*, 1951; *A Tempestade e Outros Poemas*, 1956; *Raízes*, 1957; *Três Livros*, 1958; *Seqüência*, 1962; *Uma Cidade*, 1965; *A Simples Vida*, 1973; *A Noite O Mar O Sol*, 1975. Prosa: *Breves Memórias de Alexandro*

Apollonius, 1960; *Exposição de Arte*, ensaios, 1965. Teatro: *Dido e Enéias*, 1953; *O Mágico*, 1963.

CONSULTAR: Péricles Eugênio da Silva Ramos, "O Modernismo na Poesia", *A Literatura no Brasil* (dir. de Afrânio Coutinho), vol. III, t. 1, Rio, 1959; Eduardo Portela, *Dimensões I, 2.ª* ed., Rio, 1959; Sérgio Milliet, *Diário Crítico*, vol. VI, S. Paulo, 1950, e vol. VII, S. Paulo, 1953; Ruggero Jacobbi, "Evolução de Uma Poesia", *Correio da Manhã*, Rio, 13/2 e 19/3/1960; Antônio Carlos Vilaça, "O Poeta da Convivência", *Jornal do Brasil*, Rio, 29/11/1972; Eduardo Portela, "A Sinfonia do Homem em meio à Noite o Mar o Sol", supl. lit. de *Minas Gerais*, Belo Horizonte, 10/4/1976.   [J. P. P.]

FONSECA, JOSÉ RUBEM — (★ 1925, Juiz de Fora, MG) Desde criança residindo no Rio, tornou-se autêntico escritor carioca. É alto funcionário da Light. Formado em Direito, com mestrado em Administração nos E.U.A. Ao vencer o II Concurso Nacional de Contos, do Paraná, em 1968, projetou-se imediatamente nos meios críticos nacionais.

Numa tradição carioca da Literatura Brasileira, marcada por * Machado de Assis, * Lima Barreto, * Marques Rebelo, poderíamos situar R. F. como seu sucessor e ampliador. Sua temática aproveita o mundo urbano da Zona Sul, onde se digladiam o homem classe média, o proletário, o favelado necessariamente marginal, o doidivanas, o lutador de box, o policial tão criminoso quanto o bandido procurado, o músico que vive em função do instrumento, o ladrão vulgar e miserável. O verdadeiro herói (anti-herói) de sua narrativa é o burguês que explora a mulher, que mata com luxuosos automóveis pelo simples prazer de matar, e se consome numa existência vazia. Por esse lado, R. F. é um escritor "maldito" que representa o trânsito entre o Rio provinciano (de Lima Barreto ou Marques Rebelo) e a metrópole internacional.

Tecnicamente, o autor recebe influência do cinema (produziu, inclusive, roteiros cinematográficos), evidente nas tomadas anacolúticas, ao mesmo tempo que desliga a linguagem das convenções acadêmicas e busca a inovação formal que, não se confundindo com a de * Guimarães Rosa ou * Osman Lins, decorre do processo narrativo empregado. Utilizada com força incomum, a palavra objetiva exprimir a própria agressividade social (o Comissário Vilela, Lúcia McCartney). R. B. abandona a linearidade orgânica, como já abandonara o discurso convencional: o texto tenta ser, no seu caos, o espelho da realidade circundante. O resultado é um conjunto aparentemente insólito, mas que guarda uma unidade compacta, na medida em que pretende registrar a vida e o homem típicos de um mundo à parte: a Zona Sul carioca.

OBRAS DO A.: *Os Prisioneiros*, 1963; *A Coleira do Cão*, 1965; *Lúcia McCartney*, 1969; *O Homem de Fevereiro ou Março*, 1973; *O Caso Morel*, 1973; *Feliz Ano Novo*, 1975.

CONSULTAR: José Edson Gomes, "R. F., o conto subterrâneo", *O Globo*, Rio, 13/12/69; Sérgio Sant'Anna, "A propósito de Lúcia McCartney", supl. lit. de *Minas Gerais*, Belo Horizonte, dez. 1969; Fábio Lucas, *Fronteiras Imaginárias*, Rio, 1971; Hélio Pólvora, *A Força da Ficção*, Petrópolis, 1971.   [V. A.]

FONTES, AMANDO — (★ 15/5/1899, Santos, SP; † 1/12/1967, Rio) Passou a infância e a adolescência em Aracaju, SE, de onde provinha sua família, ali fazendo os estudos primários e secundários. Diplomou-se pela Faculdade de Direito da Bahia. Fixou-se no Rio a partir de 1930. Era funcionário do Ministério da Fazenda e elegeu-se deputado por SE em duas legislaturas.

Cabe a A. F. a primazia de haver introduzido a nota urbana no romance nordestino de trinta (V. NORDESTE), com *Os Corumbas* (1933), sua obra de estréia. Nela, fixou a odisséia de um casal de camponeses que, atraído pelos melhores salários da indústria de fiação, emigra para Aracaju, onde a miséria, a tuberculose e a prostituição acabam por levar-lhe os filhos, obrigando-o a regressar, derrotado, à gleba. A despeito de o livro ser algo tosco na estrutura, na linguagem, na caracterização das personagens e no empenho de crítica social, não lhe falta força expressiva e interesse humano. O mesmo já não se poderá dizer de *Rua do Siriri* (1937), romance em que, ao retratar o drama social do meretrício em Aracaju, descamba A. F. repetidas vezes na monotonia das situações e no lugar-comum.

CONSULTAR: João Ribeiro, *Crítica. Os Modernos*, Rio, 1952; Agripino Grieco, *Gente Nova do Brasil*, 2.ª ed., Rio, 1948; Olívio Montenegro, *O Romance Brasileiro*, 2.ª ed., Rio, 1953; "Nota da Editora", in *Dois Romances*, de A. F., Rio, 1961; Valdemar Cavalcanti, "A. F.", *Revista do Livro*, Rio, n.º 34, 1968.

[J.P.P.]

FONTES, HERMES FLORO BARTOLOMEU MARTINS DE ARAÚJO — (★ 28/8/1888, Buquim, SE; † 25/12/1930, Rio) Impressionando desde criança pela sua inteligência, Martinho Garcez, governador do Estado, o traz para o Rio, onde H. F. estuda, até graduar-se em Direito (1911). Seguiu, porém, o jornalismo e foi funcionário público. Separara-se da esposa havia pouco, quando, vitoriosa a Revolução de 30, chamaram-no em grosseira sindicância; isso, mais suas desventuras físicas (H. F. ouvia pouco), agravaram-lhe a sensação de isolamento, abandono e perseguição, que o levou a suicidar-se, com um tiro no peito.

H. F. publicou em 1908 seu primeiro livro, *Apoteoses,* numa estréia clamorosa que o celebrizou: tratava-se de uma coleção de poesias com reflexos parnasianos e simbolistas e nutridas de verbalismo, mas nem sempre capazes de vencer os escolhos da rima rara sem o uso de *chevilles.* De qualquer modo, o Poeta sofria a sedução da forma, a qual o leva a exibir, nesse livro, um poema em figura de taça. Com o tempo, H. M. foi perdendo os excessos verbais, para atingir uma poesia simples, sofrida, às vezes cortada de negros presságios, mas triste e resignada. *A Lâmpada Velada* (1922) é um marco nesse itinerário, que atinge o ponto mais alto n*A Fonte da Mata,* seu último livro (1930).

O enquadramento de H. F. nas correntes de nossa poesia não é muito difícil de fazer: a despeito de suas ambições formais, no início, e com a intimização crescente de sua poesia, predomina em sua catalogação a ficha de "simbolista". Tal o considera Andrade Murici, a nosso ver com razão.

OBRAS DO A.: *Gênese*, 1913; *Ciclo da Perfeição*, 1914; *O Mundo em Chamas*, 1914; *Juízos Efêmeros*, prosa, 1916; *Miragem do Deserto*, 1917; *Epopéia da Vida*, 1917; *Microcosmo*, 1919; *Despertar!*, conto brasileiro, 1922. Há inéditos referidos em "Letras e Artes", supl. lit. d*A Manhã*, Rio, 3/10/1943.

CONSULTAR: "Letras e Artes", cit.; Andrade Murici, *Panorama do Movimento Simbolista Brasileiro*, Rio, 1952; Darci Damasceno, "Sincretismo e Transição: o Neoparnasianismo", *A Literatura no Brasil* (dir. de Afrânio Coutinho), vol. III, t. 1, Rio, 1959; Fernando Góes, *O Simbolismo*, vol. IV do *Panorama da Poesia Brasileira*, Rio, 1959; Povina Cavalcanti, *H. F.*, Rio, 1964; Alfredo Bosi, *O Pré-Modernismo*, vol. V d*A Literatura Brasileira*, S. Paulo, 1966.

[P. E. S. R.]

FONTES, JOSÉ MARTINS — (★ 23/6/1884, Santos, SP; † 25/6/1937, *idem*) Aprendeu as primeiras letras com a própria mãe; com o pai, médico e jornalista, começou a freqüentar desde menino o Centro Socialista de Santos. Depois de estudar em alguns colégios da mesma cidade, passou a cursar o Ginásio Nogueira da Gama, de Jacareí (SP). Em 1901, matriculou-se na Faculdade de Medicina do Rio e, ingressando no jornalismo, trabalhou na *Gazeta de Notícias*, n*O País*, n*A Careta* e outros jornais e revistas. Diplomado em Medicina em 1906, trabalhou inicialmente no Hospital dos Alienados, no Rio. Em 1908, participou, como médico, da Comissão de Obras do Acre e publicou um estudo sobre a higiene rural do novo território da República. Em 1910, foi designado para a chefia da Assistência Escolar da Prefeitura do Rio. Amigo de * Bilac, fundou com ele, em 1914, uma agência para propaganda, no exterior, de produtos brasileiros. Em 1915, voltou a residir em Santos onde, durante vinte e dois anos, se dedicou à medicina e à literatura, distinguindo-se como poeta e conferencista. Em 1924, foi eleito sócio-correspondente da Academia de Ciências de Lisboa e em 1930 acompanhou Júlio Prestes — que fora eleito presidente da República — em viagem à Europa e aos Estados Unidos.

Espírito exuberante e retórico, M. F. escapou, por isso, à condição de caudatário do * Parnasianismo, embora fosse admirador incondicional de Bilac. Voz tropical, vibrante, e a seu modo literária, não poderiam contê-la, também, os murmúrios do * Simbolismo claustral e de má aclimação no Brasil. No anseio de conquistar uma expressão pessoal, e de inovar, cultivou as mais variadas formas e inventou grande cópia de palavras. A facilidade de versejar e a sedução da retórica verbal enfraquecem, porém, boa parte de sua obra, típica de uma época de transição. Nas suas incursões pelo teatro, mantém-se submisso à poesia. Nas conferências e reminiscências, revela-se cronista de muitos méritos.

OBRAS DO A.: Poesia: *Verão*, 1917; *Granada*, 1919; *Pastoral*, 1921; *Marabá*, 1922; *As Cidades Eternas*, 1923; *Prometeu*, 1924; *Boêmia Galante*, 1924; *Volúpia*, 1925; *Vulcão*, 1926; *A Fada Bombom*, 1927; *Escarlate*, 1928; *Poesias*, 1928, *Schaharazade*, 1929; *Sombra, Silêncio e Sonho*, 1933; *Poesias Completas*, 1936; além de numerosos outros, inclusive inéditos, a par de peças de teatro e conferências literárias.

CONSULTAR: Agripino Grieco, *Evolução da Poesia Brasileira*, Rio, 1932; Ivan Lins, *M. F.*, S. Paulo, 1938; *In Memoriam* de M. F., S. Paulo, 1938; Cassiano Ricardo, *M. F.*, Rio, 1961.

[D. C. S.]

FONTOURA Chaves, ADELINO — (★ 3/3/1859, Axixá, MA; † 2/5/1884, Lisboa) Destinado pelo pai ao comércio, abandonou a carreira mercantil para ingressar no teatro. Mudou-se para o Rio, em cuja imprensa colaborou ao lado de * Artur Azevedo e José do Patrocínio, que o enviou a Paris como correspondente da *Gazeta da Tarde*. Adquiriu certa notoriedade pelos sonetos que publicou esparsamente na imprensa carioca, entre 1878 e 1881, e que não chegou a reunir em livro. Alguns, como "Celeste", "Atração e Repulsão", "Beatriz" e "Despedida", foram reproduzidos em várias antologias. Embora fosse poeta essencialmente lírico-amoroso, exercitou-se também no triolé satírico. O culto exagerado do soneto filia-o desde logo ao * Parnasianismo.

OBRA DO A.: *Dispersos* (org., apres. e notas de Múcio Leão), 1955.

CONSULTAR: Artur Mota, *Vultos e Livros*, 1.ª série, S. Paulo, 1921; Agripino Grieco, *Evolução da Poesia Brasileira*, Rio, 1932; Mário M. Meireles, *Panorama da Literatura Maranhense*, S. Luís, 1955; Jerônimo de Viveiros, *A Ficha Literária de A. F. na Academia*, S. Luís, 1967; Jomar Morais, *Apontamentos de Literatura Maranhense*, 2.ª ed., S. Luís, 1977.

[J. C. G.]

FÓSCOLO, Antônio AVELINO — (★ 14/11/1864, Sabará, MG; † 29/8/1944, Belo Horizonte, MG) Enfrentou árduos misteres na infância, inclusive trabalhador na mina de Morro Velho. Como empregado de um artista norte-americano, que exibia museu de cera, percorreu o Brasil e repúblicas do Sul, aprendendo então o inglês; posteriormente, aperfeiçoou os seus estudos. Fazendo-se jornalista, fundou periódicos no interior de MG e colaborou na imprensa de Belo Horizonte. Fixou-se mais tarde com a família em Paraopeba, onde instalou farmácia e animou representações teatrais. Afinal trasladou-se para a capital do Estado. Pertenceu à Academia Mineira de Letras.

Escreveu sob a inspiração da acracia e do zolaísmo; em seus livros, por isso, se refletem as violências naturalistas e os ideais do comunitarismo utópico. Em *O Caboclo* (1902) faz a trama repousar nas impulsões do sexo; n*A Capital* descreve os pródromos de Belo Horizonte; n*O Mestiço,* romance pelo qual demonstrava predileção, pinta a vida numa fazenda sob o regime escravo; n*O Jubileu,* focaliza a crendice popular.

OBRAS DO A.: *A Mulher* (de parceria com Luís Cassiano Martins Pereira), 1890; *Vulcões,* 1920? (ambos romances); *O Semeador,* drama, 1921. Inéditos: *No Circo, Indesejáveis, Morro Velho,* romances; *O Demônio Materno,* drama; *Cá e lá... águias há,* comédia.

CONSULTAR: Waltensir Dutra e Fausto Cunha, *Biografia Crítica das Letras Mineiras*, Rio, 1955; Martins de Oliveira, *História da Literatura Mineira*, Belo Horizonte, 1958; Eduardo Frieiro, *O Romancista A. F.,* Belo Horizonte, 1960; Oneyr Baranha, "A. F. e o Nascimento de Belo Horizonte", supl. lit. de *Minas Gerais,* Belo Horizonte, 14 e 21/7/1967.

[J. Pa.]

FRANÇA JR., Joaquim José DA — (★ 18/3/1838, Rio; † 27/11/1890, Caldas, MG) Bacharel em Direito pela Faculdade de S. Paulo, promotor e curador da Vara de Órfãos no Rio. Como jornalista, brilhou com suas crônicas que espelham os costumes cariocas durante o Segundo Império: os "Folhetins", publicados inicialmente n*O País, O Globo Ilustrado* e *Correio Mercantil* e mais tarde reunidos em volume (1878) — satisfaziam inteiramente o gosto do leitor médio que, ainda hoje, pode seguir com prazer sua linguagem fácil, fluente, em algumas de suas melhores crônicas: "A Rua do Ouvidor", "Bailes", "Enterros", "A Luz Doutora". Comediógrafo, reflete sua produção teatral o mesmo espírito das crônicas: são cenas ao gosto de * Martins Pena, em que se exploram patuscamente os vários tipos humanos do Brasil imperial, especialmente o fazendeiro paulista, o comerciante português, o político loquaz e matreiro, o estrangeiro espertalhão. Em *As Doutoras* (1889), sua melhor comédia, aborda o tema do feminismo, então em voga, mas não foge ao tom convencional que domina todo o seu teatro.

Obras do A.: Teatro: *Meia Hora de Cinismo*, 1861; *A República Modelo*, 1861; *Tipos da Atualidade*, 1862; *Ingleses na Costa*, 1864; *Os Candidatos*, 1881; *Amor com amor se paga*, 1882; *O Defeito de Família*, 1882; *Direito por Linhas Tortas*, 1882; *Um Tipo Brasileiro*, 1882; *O Beijo de Judas*, 1882; *Benedito Chapéu*, 1882; *Caiu o ministério*, 1882; *O Carnaval no Rio*, 1882; *Como se fazia um deputado*, 1882; *De Petrópolis a Paris*, 1884; *Duas Pragas Familiares*, 1890; *Entrei para o clube*, 1890; *A Lotação dos Bondes*, 1890; *A Maldita Parentela*, 1890; *Portugueses às Direitas*, 1890.

Consultar: Décio de Almeida Prado, "A Evolução da Literatura Dramática", *A Literatura no Brasil* (dir. de Afrânio Coutinho), vol. II, Rio, 1955; Luís Martins, *Homens e Livros*, S. Paulo, 1962.

[A. B.]

FRANCO, Francisco de MELO — (★ 7/9/1757, Paracatu, MG; † 22/7/1823, Ubatuba, SP) Completou em Coimbra os estudos de Humanidades iniciados no Rio. Preso pela Inquisição como livre-pensador, só em 1785 pôde terminar o curso de Medicina em que se matriculara dez anos antes. Dedicou-se, a partir de então, à clínica, tendo chegado a médico do Paço. Regressou ao Brasil em 1817, na comitiva de D. Leopoldo da Áustria.

M. F. é representante típico do iluminismo pombalino (V. Ilustração), conforme o demonstra n*O Reino da Estupidez* (1818), poema herói-cômico visivelmente influenciado pelo *Hissope* de Cruz e Silva e para cuja elaboração teria recebido ajuda de * José Bonifácio, seu contemporâneo em Coimbra. Escrito em decassílabos prosaicos, o poema satiriza o reacionarismo da Universidade de Coimbra, que, a despeito da reforma intentada por Pombal em 1772, continuava a ser ninho do Fanatismo, da Estupidez, da Hipocrisia e da Superstição, entidades alegóricas cuja fuga de países mais esclarecidos e festiva acolhida em Portugal são sarcasticamente celebradas por M. F.

Consultar: Teófilo Braga, *Filinto Elísio e os Dissidentes da Arcádia*, Porto, 1901; Haroldo Paranhos, *História do Romantismo no Brasil*, vol. I, S. Paulo, 1937; Antônio Cândido, *Formação da Literatura Brasileira*, vol. I, S. Paulo, 1959.

[J. A. H.]

FREIRE, EZEQUIEL — (★ 10/4/1850, Rezende, RJ; † 14/11/1891, Caçapava, SP) Após frustes tentativas de abraçar a carreira das armas ou seguir curso de Engenharia, vem para S. Paulo estudar Direito, o que, afinal, correspondia mais de perto às suas inclinações. A litera-

164

tura e o jornalismo constituem, porém, o caminho adequado, que não duvidou seguir. Ainda estudante, publica, em 1874, um volume de versos (*Flores do Campo*) e colabora assiduamente no *Correio Paulistano, Gazeta do Povo, Gazeta de Notícias* e *A Província de S. Paulo.* A formatura, em 1880, não veio interromper nem atenuar-lhe o gosto pelas duas atividades correlatas. Sua poesia, em que ainda ecoam nítidas vozes românticas, contém, embora difusamente, notas de "arte pela arte" caras ao * Parnasianismo nascente. Temas amorosos, tratados sem derramamento sentimental, dividem o terreno com motivos humorísticos, nacionalistas e abolicionistas. Por vezes, repentes de indignação ante o drama do escravo, à semelhança de * Castro Alves, que lhe deve ter servido de mestre no gênero, fazem dele um poeta social. Cultivou ainda prosa, especialmente representada por contos de feição regionalista e abolicionista, capazes de colocá-lo entre os nossos primeiros cultores da narrativa curta, como se pode ver em "Pedro Gobá" e "Gosto de Sangue". Após sua morte, em 1920, publicou-se-lhe *Livro Póstumo,* onde se recolheram composições esparsas, poemas, crônicas e contos, que representam as direções fundamentais de sua vocação literária. É dos poucos escritores dignos de nota numa quadra menos rica para a atividade criadora em S. Paulo.

CONSULTAR: *Revista do Arquivo Municipal,* S. Paulo, n.º 121, ano XVI, jan. 1950 (número comemorativo do centenário do nascimento de E. F., contém estudos de Hilário Freire, Venceslau de Queirós, José Pedro Leite Cordeiro, Zalina Rolim, Valentim Magalhães, e escritos em prosa e *Flores do Campo*); Edgar Cavalheiro, "Grupo Paulista", *A Literatura no Brasil* (dir. de Afrânio Coutinho), vol. II, Rio, 1955.

[M. M.]

FREYRE, GILBERTO DE MELO — (★ 15/3/1900, Recife, PE) Após estudos de Humanidades no Colégio Americano Gilreath (hoje Americano Batista) do Recife, ingressou na Universidade de Baylor (E.U.A.), onde se bacharelou em 1920. Passou-se para Colúmbia, por dois anos, até a defesa de tese e aprovação como *Magister Artium.* Seu trabalho intitulou-se *Social Life in Brazil in the Middle of the 19th Century.* Antes de retornar ao Brasil (1923), viaja pela Europa freqüentando cursos, visitando museus e bibliotecas. Ao chegar, inicia uma intensa atividade intelectual cuja sede era o Recife, não obstante viagens ao Rio, BA e outras partes do país. Organiza o Livro comemorativo do primeiro centenário do *Diário de Pernambuco,* em 1925, e o I Congresso Brasileiro de Regionalismo, em fevereiro de 1926, primeiro do gênero, aliás, em toda a América, "um movimento de reabilitação de valores regionais e tradicionais desta parte do Brasil", conforme dizia, referindo-se ao * Nordeste. No chamado *Manifesto de 1926* (1952), diz que os promotores do Congresso "desejam ver se desenvolver no país outros regionalismos que se juntem ao do Nordeste, dando ao movimento o sentido organicamente brasileiro e até americano, quando não mais amplo, que ele deve ter". De 1930 a 32, demora-se na Europa, num exílio voluntário causado pela revolução. Ao retornar, publica seu primeiro livro, * *Casa-Grande & Senzala* (1933), organiza no Recife o I Congresso de Estudos Afro-Brasileiros e firma um círculo de influência bastante vasto, atingindo poetas, ficcionistas, artistas plásticos, economistas, sociólogos, etc. A valorização do regional — não

165

apenas, mas principalmente no Nordeste, cuja expressão literária parecia estagnada ou desaparecida desde a * Padaria Espiritual — ressurge em bases de estudo (e não apenas de sensibilidade) pelo jornalismo e pelo livro. * José Lins do Rego confessa dever sua carreira de romancista a G. F.; salta à vista o quanto lhe deve o * Jorge de Lima dos poemas regionais e o mesmo pode-se dizer de * Manuel Bandeira, e de outros escritores diretamente ligados ao movimento do Recife. O homem ligado ao meio e ao seu passado; o Brasil em suas raízes trirraciais; a procura do conhecimento através de meios até então desprezados, como anúncios de jornais, diários íntimos, atas de clubes populares, depoimentos de antigos escravos, pais-de-santo, senhores de engenho, etc. — tudo isto representou novidade. E mais: o cientista diplomado por instituições estrangeiras a misturar-se como igual com a gente mais humilde (o que lhe valeu acusações de ser comunista); o interesse pelas coisas mais relegadas, como a arte de fazer rendas ou o modo de construir um mocambo; a amizade com artistas; o inacademismo das atitudes — foram motivos de agregação da vanguarda artística da região, e até de outras regiões, em torno de idéias e comportamentos novos. Como político, G. F. foi deputado e constituinte, em 1946, abandonando logo após a legislatura estas atividades, pelo mesmo motivo que o fizera abandonar a carreira de professor de cursos comuns: para dedicar-se exclusivamente à profissão de escritor. Só interrompe este propósito por pequenos períodos, atendendo a convites de universidades brasileiras e estrangeiras para dar cursos rápidos. Em muitas delas é doutor *honoris causa*. Sua vasta bibliografia está sendo publicada pela Livraria José Olímpio Editora num plano de Obras Reunidas.

OBRAS DO A.: *Guia Prático, Histórico e Sentimental da Cidade do Recife*, 1934; *Sobrados e Mocambos*, 1936; *Nordeste*, 1937; *O mundo que o português criou*, 1940; *Região e Tradição*, 1941; *Problemas Brasileiros de Antropologia*, 1943; *Perfil de Euclides e Outros Perfis*, 1944; *Sociologia*, 1945; *Brazil: An Interpretation*, 1945; *Aventura e Rotina*, 1953; *Ordem e Progresso*, 1959; *Vida, Forma e Cor*, 1962; *Dona Sinhá e o Filho Padre*, "seminovela", 1964; *O Outro Amor do Dr. Paulo*, "seminovela", 1977.

CONSULTAR: Agripino Grieco, *Gente Nova do Brasil*, Rio, 1936; Carlos Malheiro Dias, *Pensadores Brasileiros*, Lisboa, 1936; Almir de Andrade, *Aspectos da Cultura Brasileira*, Rio, 1940; Álvaro Lins, *Jornal de Crítica*, 1.ª série, Rio, 1941, 2.ª série, Rio, 1943, e 4.ª série, Rio, 1946; Diogo de Melo Meneses, *G. F.*, Rio, 1944; Wilson Martins, *Interpretações*, Rio, 1946; e *O Modernismo*, vol. VI d*A Literatura Brasileira*, S. Paulo, 1965; Roberto Alvim Correia, *Anteu e a Crítica*, Rio, 1948; e *O Mito de Prometeu*, Rio, 1951; Joel Pontes, *O Aprendiz de Crítica*, Recife, 1955; Renato Carneiro Campos, *Arte, Sociedade e Região*, Bahia, 1960; Mauro Mota, *Geografia Literária*, Rio, 1961; Vários Autores, *G. F.*, Rio, 1962.

[J. P.]

FREIRE, Luís José JUNQUEIRA — (★ 31/12/1832, Salvador, BA; † 24/6/1855, *idem*) Os vinte e três anos da existência do poeta foram dolorosos e sombrios. Aos 19 anos, depois de ter cursado o Liceu Provincial de sua cidade, ingressou na Ordem dos Beneditinos, fazendo-se frade e adotando o nome religioso de Frei Luís de Santa Escolástica

Junqueira Freire. Até 1854, permanece no convento, quando pede o breve de secularização perpétua. Do que foi a sua vida religiosa, di-lo mais tarde, quando confessa: "Creio que o estado de solidão monástica, por espaço de três anos, me fez algum mal..." Mas, sobretudo, esses anos de clausura religiosa marcaram-lhe fortemente a poesia com um pessimismo e um amargor profundos.

Nas suas *Inspirações do Claustro*, que publica um ano depois de deixar a Ordem Beneditina e pouco antes de morrer (1855), descreve impiedosamente o ambiente que o cerca e o mundo, tendo os homens como inimigos e Deus como indiferente ao destino de suas criaturas. Na prisão que lhe foi o claustro, fez da poesia o seu instrumento de libertação, ao mesmo tempo que instrumento vingador, pois seus versos condenam a disciplina a que são submetidos os religiosos, verberam a liberdade que lhes tiram, revoltam-se contra a obediência aos votos jurados, tudo isso transformando o religioso num sub-homem, num ser passivo e sem vida, sem dignidade e sem vontade. Ao lado desse aspecto da poesia de J. F., há o outro, o do jovem de sexualidade exacerbada, que povoava suas noites de solidão, na cela do frade, de sonhos lúbricos, de desejos indomináveis, cuja não-realização o fazia explodir em revolta contra a existência. Mais do que o amor — que o infelicitou — é a luxúria que domina os versos que escreve no claustro: "Aqui — oh! quantas vezes! ... eu a tive / Em acessos de amor desfalecida! / Lasciva e nua, a me exigir mais gozos / Por sobre mim caída!"

Há que acentuar, ainda, na poesia de J. F. — que, apesar de nem sempre ter sido lembrado com justiça, é um dos nossos grandes poetas românticos —, há que acentuar o aspecto brasileiro e antilusitano de muitos de seus versos — não fora ele um romântico. Antimonárquico, liberal, deu conteúdo social a muitos de seus poemas.

Obras do A.: *Obras Poéticas* (a já citada e mais *Contradições Poéticas*), s. d.

Consultar: Homero Pires, *J. F.*, Rio, 1931; Roberto Alvim Correia, pref. às *Poesias Completas* de J. F., 2 vols., Rio, 1944; e *O Mito de Prometeu*, Rio, 1951; Eugênio Gomes, "O Individualismo Romântico", *A Literatura no Brasil* (dir. de Afrânio Coutinho), vol. I, t. 2, Rio, 1957; Judith Grossmann, "Atualidade de J. F., O Olvidado Rimbaud do Lugar", *in Obra Poética* de J. F., 2 vols., Bahia, 1970.

[F. G.]

FUTURISMO — Com esse nome, Filippo Tommaso Marinetti fundou no início do século um movimento literário e artístico cujos manifestos foram em sua maior parte divulgados em *Le Figaro*, de Paris. Desejava ele o culto do presente, a "modernolatria", pregando o antipassadismo sistemático, "a destruição da biblioteca e do museu". Louvava a velocidade, as cidades tentaculares, exaltava a guerra e condenava o sentimentalismo romântico (sob a fórmula "uccidiamo il chiaro di luna"). Postulava a destruição da sintaxe, a dissolução do ritmo, o uso da "palavra em liberdade", a "immaginazione senza fili". Exerceu grande influência nos movimentos de vanguarda que o sucederam na Europa.

No começo do nosso movimento modernista, os "novos" de São Paulo não se preocupavam muito com distinguir-se dos futuristas. Aceitavam-se como tais, se não ortodoxamente, ao menos no sentido de "quem destrilha da arte acadêmica". Eles mesmos falavam no "futurismo paulista", e de "bandeira futurista" foi que * Menotti del Picchia chamou o grupo que seguiu para o Rio em 20/10/1921 (* Mário e * Oswald de Andrade, Osvaldo Pamplona) com o fito de estabelecer contato com os novos da Guanabara. A essa altura, Mário de Andrade já havia repelido o qualificativo que Oswald lhe aplicara ("O Meu Poeta Futurista", *Jornal do Comércio*, S. Paulo, 27/5/21; "Futurista?" *ibidem*, 6/6/21), mas Oswald se justificava citando Balilla Pratella no manifesto técnico sobre a música futurista: "todos os inovadores foram logicamente futuristas em relação ao seu tempo". Assim, "futurista", para os novos de São Paulo, queria dizer simplesmente "renovador". No discurso da * Semana de Arte Moderna (segunda noite), Menotti declara expressamente: "A nossa estética é de reação. O termo *futurista*, com que erradamente a etiquetaram, aceitamo-lo porque era um cartel de desafio. (...) Não somos, nem nunca fomos *futuristas*." Alguns anos mais tarde, * Graça Aranha, acentuando que Marinetti fora o libertador do "terror estético", assinalaria a propósito da atitude do grupo inovador paulista: "Quando aqui chegou (o Futurismo), já tarde, o seu nome desacreditado foi repelido e mudado em outro menos expressivo, mais acomodatício e tão efêmero, em * Modernismo". O Futurismo, realmente, já havia sido abandonado na Europa em 1919, depois de 10 anos da divulgação do primeiro manifesto (20/2/1909, em *Le Figaro*). Lá, teria conseqüências, e teve-as aqui, em muitos pontos de contato com o * Modernismo. Esses pontos de contato acham-se discriminados n*A Literatura no Brasil*, vol. III, t. 1, Rio, 1959, onde podem ser vistos por miúdo.

CONSULTAR: Graça Aranha, pref. a *Futurismo — Manifestos de Marinetti e seus companheiros*, Rio, 1926; *Klaxon*, n.º 3; Péricles Eugênio da Silva Ramos, "O Correio Paulistano e o Movimento Modernista", *Correio Paulistano*, 26/6/1949; Mário da Silva Brito, *História do Modernismo Brasileiro*, S. Paulo, 1958; Wilson Martins, *O Modernismo*, vol. VI d*A Literatura Brasileira*, S. Paulo, 1965.

[P. E. S. R.]

G

GABRIELA, CRAVO E CANELA — Romance de * Jorge Amado cuja primeira edição data de 1958. É o seu livro de maior êxito popular: em 1977, estava na qüinquagésima segunda edição.

Conquanto retome temas e figurantes de *Terras do Sem Fim* e *São Jorge dos Ilhéus*, conservando outrossim a mesma preocupação documental, *Gabriela, Cravo e Canela* inaugura uma nova fase na obra de ficção de seu A. Fase caracterizada pelo alargamento do conceito de crítica social, que passa a ser feita sob a égide do humor * picaresco, recaindo a ênfase mais na personagem individual considerada que no quadro social em que se insere.

De conformidade com o anunciado em seu subtítulo, "crônica de uma cidade do interior", *Gabriela, Cravo e Canela* retrata a vida cotidiana de Ilhéus por volta de 1925, época em que a prosperidade cacaueira, trazendo para a cidade o progresso e a lei, põe em crise a hegemonia dos coronéis, tanto na esfera da prática política quanto no palco dos costumes morais. É nessa época de transição que se desenrola a tragicômica história de amor do comerciante Nacib, a qual, melhor que a crônica geral da cidade, constitui o núcleo de interesse dramático do livro. Apaixonado pela sua nova cozinheira, a bela mulata Gabriela, Nacib a toma, primeiro por amante, depois por esposa. Gabriela, porém, dado o seu temperamento de livre, espontânea e sensual filha do povo (ou de símbolo do próprio povo, segundo inculca o A. em certo passo), não se compadece muito tempo com as convenções burguesas do casamento e acaba se deixando arrastar a uma aventura extraconjugal. Nacib, em vez de lavar com sangue a honra ofendida, como era de rigor e de direito no código já anacrônico dos coronéis, resolve a situação de maneira mais consentânea com os novos tempos e com os seus interesses erótico-comerciais: aceita a adúltera de volta, não como esposa, bem entendido, mas outra vez como cozinheira e amante...

Sátira à moralidade burguesa — rico filão que o A. continuará a explorar em livros subseqüentes —, *Gabriela, Cravo e Canela* vale sobretudo pelo vigor e mestria com que o romancista soube criar, na Gabriela de "corpo formoso e alma de passarinho", a mais convincente de suas personagens femininas.

[J. P. P.]

GALENO DA COSTA E SILVA, JUVENAL — (★ 27/9/1836, Fortaleza, CE; † 7/3/1931, *idem*) Filho de modesto lavrador, cursou apenas escola pública, em Aracati, CE. Esteve algum tempo no Rio, onde travou conhecimento com * Machado de Assis, * Macedo, * Melo Morais Filho, * Quintino Bocaiúva e Paula Brito, que, na sua *Marmota Fluminense*, lhe publicou vários poemas. Regressando à terra natal, ali viveu até a morte. Foi um dos fundadores da * Padaria Espiritual.

Poeta espontâneo, de pouca cultura literária, J. G. alcançou a consagração com *Lendas e Canções Populares* (1865). Na linha lírico-descritiva do "sertanejismo" de * Bruno Seabra e * Bittencourt Sampaio, fixou, em versos singelos, de fatura popularesca, lugares-comuns da vida campestre e provinciana: as mágoas e alegrias do caboclo, do jangadeiro, do paroara, do escravo; os namoricos roceiros; as festas populares, etc. Uma de suas canções, baseada em motivo folclórico, "Cajueiro Pequenino", conheceu grande difusão na época.

OBRAS DO A.: *Prelúdios Poéticos*, 1856; *A Machadada*, 1860; *Quem com ferro fere com ferro será ferido*, teatro, 1861; *Canções da Escola*, 1871; *Lira Cearense*, 1872; *Cenas Populares*, contos, 1871; *Folhetins de Silvanus*, 1891.

CONSULTAR: "Juízos Críticos", *in Lendas e Canções Populares*, Fortaleza, 1892; Freitas Nobre, *J. G.*, S. Paulo, 1956; Araripe Jr., *Obra Crítica*, vol. I, Rio, 1958; Sânzio de Azevedo, *Literatura Cearense*, Fortaleza, 1976.

[L. A.]

GALVÃO DE CARVALHO, TRAJANO — (★ 19/1/1830, Barcelos, MA; † 14/7/1864, MA) Após estudos preparatórios em Lisboa (1838-1845), veio para S. Paulo, onde se demorou três anos sem chegar a prestar exames para o curso de Direito, que iria fazer em Olinda, PE (1849-1854). Formado, foi ser fazendeiro no interior do MA.

T. G. reuniu sua pequena obra poética no volume *Tres Liras* (1863), que enfeixava também poesias de * Gentil Homem de Almeida Braga e Antônio Marques Rodrigues. Postumamente, apareceram as *Sertanejas* (1898), com prefácio de * Raimundo Correia, coleção que recolhia, além dos versos de *Três Liras*, outros esparsos. A par de temas patrióticos, líricos e satíricos, T. G. cultivou temas regionais, o que permitiu a * Sílvio Romero incluí-lo no grupo dos "sertanejistas do Norte", do "quarto momento" do * Romantismo, ao lado de * Bruno Seabra, * Juvenal Galeno e outros. O mesmo Sílvio considerou-o "o primeiro a dar ingresso à raça negra e cativos dessa raça em nossa poesia". Conquanto não seja defensável tal primazia absoluta, T. G. é certamente um dos precursores da literatura abolicionista em poemas como "O Calhambola", "Nuranjan", "Solao" e notadamente "A Crioula", o mais conhecido e o melhor deles. Pintando o modo de vida do cativo, suas desventuras e aspirações, T. G. deixa transparecer indisfarçável nota de protesto contra as "algemas servis" da escravidão.

CONSULTAR: Antônio Henriques Leal, *Panteon Maranhense*, vol. II, Lisboa, 1873-1875; Sílvio Romero, *História da Literatura Brasileira*, t. IV, 5.ª ed., Rio, 1953; Raymond S. Sayers, *The Negro in Brazilian Literature*, Nova Iorque, 1956; Jomar Morais, *Apontamentos de Literatura Maranhense*, S. Luís, 1976.

[J. P. P.]

GAMA, DOMÍCIO DA — (★ 23/10/1862, Maricá, RJ; † 8/11/1925, Rio) Seu verdadeiro nome civil era Domício Afonso Forneiro; Gama é adotado do padrinho a quem deveu a sua formação. Abraçou a carreira diplomática, na qual penetrou pela mão do Barão do Rio Branco, de quem foi auxiliar nas questões de limites com as Missões e com o Amapá. Representou o Brasil em diversos países, alçando-se ao posto de embaixador nos Estados Unidos. Exerceu o Ministério das Relações Exteriores na presidência interina de Delfim Moreira, em 1919. Fez parte do grupo fundador da Academia Brasileira de Letras.

Dedicou-se ao *conto, assinalando-se pela sobriedade de tintas, pela nota psicológica, pelo cuidado do estilo. A vigilância constante na emoção e a contensão inflexível na linguagem por vezes lhe embaraçaram o vôo. Pelos seus relatos, perpassam expatriados, uns europeizados, outros conservando o fundo indígena, outros ainda a reencontrar o torrão ou a desiludir-se dele, ao entrar em novo contato, de regresso do estrangeiro.

OBRAS DO A.: *Contos a Meia Tinta,* 1891; *Histórias Curtas* (em que reuniu contos aparecidos no volume anterior, e inéditos), 1901.

CONSULTAR: José Veríssimo, *Estudos de Literatura Brasileira,* 4.ª série, Rio, 1910; Lúcia Miguel-Pereira, *Prosa de Ficção (De 1870 a 1920),* Rio, 1950; Herman Lima, "O Conto, do Realismo aos Nossos Dias", *A Literatura no Brasil* (dir. de Afrânio Coutinho), vol. II, Rio, 1955; João Pacheco, *O Realismo,* vol. III d*A Literatura Brasileira,* S. Paulo, 1964.

[J. Pa.]

GAMA, José BASÍLIO DA — (★ 8/4/1741, S. José d'El-Rei, atual Tiradentes, MG; † 31/7/1795, Lisboa) Órfão de pai, ainda na infância, graças a um protetor, segue para o Rio e ingressa no Colégio dos Jesuítas. Expulsos estes em 1759, B. da G. termina os estudos no Seminário de S. José e embarca para a Itália, onde adere à Arcádia Romana, e adota o pseudônimo de Termindo Sipílio. Teria concebido nessa altura o entrecho dO Uraguai. Depois de breve passagem pelo Rio, segue para Lisboa, onde é preso e condenado ao degredo em Angola, sob suspeita de jesuitismo. Na prisão, escreve um epitalâmio, dirigido à filha do Marquês de Pombal, e alcança com isso comutação de pena. Mais ainda, torna-se membro da Secretaria do Reino. É ali que vai compor *O Uraguai,* publicado em 1769 pela Régia Oficina Tipográfica de Lisboa. A mudança de governante, em 1777, não lhe alterou a situação, mas daí por diante nada merecedor de relevo lhe ocorreu.

O Uraguai, sua única obra de importância, gira em torno das lutas entre espanhóis e portugueses, dum lado, e jesuítas e indígenas, de outro. Os acontecimentos se passam em Sete Povos de Missões, no Uruguai. Composto em 5 cantos, de estrofação livre e versos brancos, é um poema épico (V. ÉPICA) que procura fugir do modelo camoniano, o qual ainda no tempo granjeava adeptos. Apesar das novidades formais que introduziu no *Arcadismo brasileiro, O Uraguai possui especialmente valor histórico. Do ângulo estético, deixa muito a desejar. A pobreza do tema, incapaz de sustentar um poema épico, é a primeira causa. O deliberado intuito de apologia do governo pombalino, tendo por contrapartida o ataque direto aos jesuítas, é outra causa que merece lembrada. A falta de maior "sopro" épico é, certamente, o fator

171

mais significativo da frouxidão do poema. Apenas uma cena consegue salientar-se, por seu contorno lírico: a morte de Lindóia. Perpassa-a uma aura de comovido sentimento amoroso, e mesmo humanitário, que logo a destaca da trivialidade geral. Entretanto, além do influxo de Camões (episódio da morte de Inês de Castro), falseia a cena qualquer coisa como remota influência da morte de Cleópatra. A paradoxal visão idealista do índio, dentro da concepção rousseauniana, de larga voga no século seguinte; a liberdade criadora e reformadora; o propósito de inovar a tradição épica em língua portuguesa — são algumas qualidades, histórico-literárias, que enobrecem *O Uraguai* e lhe dão o prestígio, relativo embora, de que goza até hoje.

OBRAS DO A.: *Declamação Trágica, Poema Dedicado às Belas-Artes*, 1772; *Quitúbia*, poemeto épico, 1791.

CONSULTAR: Teófilo Braga, *Filinto Elísio e os Dissidentes da Arcádia*, Porto, 1901; José Veríssimo, pref. às *Obras Poéticas de J. B. da G.*, Rio, 1902; Artur Mota, *História da Literatura Brasileira*, vol. II, S. Paulo, 1930; Afrânio Peixoto, Nota Preliminar à ed. facs. d*O Uraguai*, Rio, 1941; Antônio Cândido, *Formação da Literatura Brasileira*, vol. I, S. Paulo, 1959.

[M. M.]

GAMA, LUÍS GONZAGA PINTO DA — (★ 21/6/1830, Salvador, BA; † 24/8/1882, S. Paulo) Filho de africana livre e branco fidalgo, aos dez anos de idade foi vendido pelo pai como escravo. Em S. Paulo, para onde veio embarcado, conseguiu, após oito anos de cativeiro, obter provas de sua condição livre. Serviu na Força Pública e estudou Direito sozinho, para poder ajudar seus irmãos de cor. Alcançou libertar, nos tribunais, mais de quinhentos escravos foragidos, convertendo-se em líder da mocidade abolicionista e republicana do tempo, à qual pertenciam, entre outros, * Raul Pompéia, * Lúcio de Mendonça, Silva Jardim, * Valentim Magalhães e * Raimundo Correia.

L. G. foi um dos fundadores da imprensa humorística em S. Paulo. Pequenos jornais de existência efêmera, como o *Diabo Coxo*, o *Cabrião*, e *O Polichinelo*, divulgaram-lhe os versos satíricos, que reuniria mais tarde em volume (*Primeiras Trovas Burlescas*, de Getulino, 1859, 2.ª ed. aumentada: *Novas Trovas Burlescas*, 1861). Influenciado por * Gregório de Matos e F. Xavier de Novais, zombou L. G., nas suas *Trovas*, dos ridículos provincianos, sobretudo das pretensões de pureza de sangue dos barões escravocratas, como no célebre "A Bodarrada", título por que se tornou conhecido o poema "Quem sou eu?". Satirizou também os costumes políticos do Segundo Império e combateu a escravidão em versos de expressão lírico-elegíaca, cujo despojamento contrasta significativamente com as hipérboles hugoanas da poesia dita abolicionista.

CONSULTAR: Elói Pontes, *A Vida Inquieta de Raul Pompéia*, Rio, 1935; Sud Mennucci, *O Precursor do Abolicionismo no Brasil*, S. Paulo, 1938; Raymond S. Sayers, *The Negro in Brazilian Literature*, Nova Iorque, 1956.

[J. P. P.]

GAMA, MARCELO — Pseudônimo de Possidônio Machado. (★ 3/3/1878, Mostardas, RS; † 7/3/1915, Rio) Apesar de ter-se dedicado ao jornalismo, e contar com um emprego, ainda que modesto, em escritório comercial, levou sempre vida irregular e boêmia, de onde tirou os motivos para sua poesia. Morreu de modo insólito: foi atirado fora do bonde em que viajava, dormindo, alta madrugada, sobre os trilhos da estrada de ferro, na altura do Engenho Novo. Hipersensível, dotado de acentuada imaginação plástica, sua poesia se destaca acima de tudo pela originalidade. Norteia o poeta um senso das realidades que logo faz lembrar o realismo cotidiano de Cesário Verde, mas dele difere substancialmente no modo colérico e angustiado como encara o próprio "eu" e o mundo exterior. A afinidade com o poeta português guarda um acentuado sentimento de lusofilia que alcança seu ponto máximo em *Avatar* (1904). Oscilante entre posições extremas (odeia e ama o burguês ao mesmo tempo, despreza e anseia a vida, etc.), impregnado dum socialismo utópico, bebido porventura em ficcionistas portugueses coetâneos (Raul Brandão e João Grave), M. G. fez jus, mercê duma cosmovisão muito pessoal, esculpida em versos cortantes e másculos, a um lugar marcante entre os epígonos do * Simbolismo.

Obras do A.: *Via-Sacra,* 1902; *Noite de Insônia,* 1907; suas obras completas, incluindo os *Dispersos,* foram reunidas sob o título de *Via--Sacra e Outros Poemas,* 1944.

Consultar: João Pinto da Silva, *Vultos do Meu Caminho,* Porto Alegre, 1918; Andrade Murici, *Panorama do Movimento Simbolista Brasileiro,* vol. II, Rio, 1952; Massaud Moisés, *O Simbolismo,* vol. IV d*A Literatura Brasileira,* S. Paulo, 1966.

[M. M.]

GANDAVO, Pêro de Magalhães de — (* Braga, Portugal; † ?) O que se sabe desse prosador quinhentista é que a sua progênie era flamenga e que exerceu o magistério de Latim em Portugal. Cronologicamente, segundo sua própria confissão, é quem primeiro se abalança, inclusive com pretensões de fazer obra histórica, a escrever sobre o Brasil, onde viveu durante certo tempo. Dos trabalhos que compôs, a *História da Província de Santa Cruz, que vulgarmente chamamos Brasil* (1858), que data de 1576, é o mais conhecido. A sua obra, com exceção do título sobre a língua, é de intuito revelador da terra brasileira. Nela faz ligeira crônica histórica do descobrimento, das capitanias e da administração central. O restante é descrição das plantas, cereais, frutas, mamíferos, aves, répteis, peixes, etc. Descreve, também, os costumes dos índios, não deixando de fazer a apologia da obra missionária jesuítica. Sobre os metais e pedras preciosas faz sempre entusiásticas alusões, inferidas de relatos indígenas.

Obras do A.: *Tratado da Terra do Brasil, no qual se contém a informação das coisas que há nestas partes,* 1826 (reed. com *História da Província de Santa Cruz,* 1924).

Consultar: Capistrano de Abreu, *Ensaios e Estudos,* 2.ᵃ série, Rio, 1932; Emanuel Pereira F.°, "As Duas Versões do 'Tratado' de P. de M. de G.", *Revista do Livro,* Rio, n.° 21-22, março-jun. 1961; e introd. a P. de M. de G., *Tratado da Província do Brasil,* Rio, 1965 (com farta bibliografia).

[J. R. A. L.]

GERAÇÃO DE 45 — V. NEOMODERNISMO: Poesia.

GOMES, Alfredo de Freitas DIAS — (* 19/10/1922, Salvador, BA) Aos quinze anos ganhou o primeiro prêmio do Serviço Nacional de Teatro. Voltou a produzir, em 1942, a comédia *Pé-de-Cabra,* a que se seguiram *Doutor Ninguém, Amanhã será outro dia* e *Zeca Diabo.* Depois abandonou o palco, dedicando-se por longos anos ao rádio e à televisão, fazendo uma experiência sem sucesso, em 1954, com *Os Fugitivos do Juízo Final.* Só em 1959 vai firmar-se como um dos maiores dramaturgos brasileiros: *O Pagador de Promessas* lhe deu vários prêmios e, filmado, trouxe para o Brasil a Palma de Ouro de Cannes pela única vez até agora.

As personagens centrais de D. G. vivem ingenuamente a alegria da existência: cheias de natureza, pássaros e sol, terra e água, gozam de paz quebrada por uma falha — a traição da linguagem, o erro de perspectiva, a colisão de mundos opostos. Assim se estabelece a tragédia irremissível: a astúcia maliciosa do opressor destrói as defesas do herói, que não tem palavras às palavras, e cede à obstinada pressão de outros seres, instituições ou classes. D. G. consegue descobrir, como * Graciliano Ramos no romance, ou * João Cabral de Melo Neto na poesia, a verdade do homem simples e primitivo esmagado pelos padrões da civilização. Zé do Burro (*O Pagador de Promessas*) ou Branca Dias (*O Santo Inquérito*) não tomam resolução a partir de uma tese ou idéia, mas seguem um destino que se impuseram como dever: pagar a promessa ou empregar a palavra correta, sem olhar as conseqüências, já que *pagar* ou *empregar* é a forma que têm de ser, sem recuos. Daí o humanismo do A., a crítica à intolerância, à hipocrisia social.

Obras do A.: *Teatro Completo,* 2 vols., Rio, 1971 (compreende: *O Pagador de Promessas, A Revolução dos Beatos, A Invasão, O Berço do Herói, O Santo Inquérito, Dr. Getúlio, Odorico Bem Amado*); *Primícias,* 1978.

Consultar: Sábato Magaldi, *Panorama do Teatro Brasileiro,* S. Paulo, 1962; Décio de Almeida Prado, *Teatro em Progresso,* S. Paulo, 1964; Vários Autores, pref. a *Teatro Completo,* ed. cit.

[V. A.]

GONGORISMO — Denominação do * Barroco literário e, mais propriamente, das tendências dominantes na poesia do século XVII, e em parte do seguinte. Há autores que fixam o século gongórico entre os anos de 1580 e 1680. A linguagem "culta" — substrato do Barroco literário — procede dos autores renascentistas e principalmente de Tasso. "Gongorismo" (de D. Luís de Góngora y Argote, 1561-1627), "Cultismo", "Culteranismo" e "Conceptismo" são hoje palavras praticamente sinônimas. O Gongorismo relaciona-se com o "Marinismo" italiano (de Giovan Battista Marino, 1569-1625) e tem sido relacionado também com o "Eufuísmo" inglês do século XVI, tese que Otto Maria Carpeaux impugna, apontando como expoentes do Cultismo na Inglaterra os poetas metafísicos do séc. XVII (Donne, Herbert e outros). De acordo com as teorias expostas por Baltazar Gracián em seu *Tratado de Agudeza y Arte de Ingenio* — publicado tardiamente em Lisboa em 1659 — o poeta deveria escrever apenas para leitores inteligentes e cultos (donde o Cultismo ou Culteranismo). E, buscando a realidade escondida e recôndita, deveria ainda esmerar-se na agudeza dos conceitos (e por isso o Gongorismo era conceptista). O Gongorismo é ainda hoje acusado de afastar a literatura para muito longe da vida real e de a tudo sobrepor os requintes do engenho agudo e a acrobacia das sutilezas. A obra poética de Góngora teve em Portugal três edições no século XVII (1646, 1647 e 1667). Quando, em 1654, aportou à BA o Capitão Antônio da Fonseca Soares — poeta português dos mais notáveis do seu tempo e que foi mais tarde o famoso Frei Antônio das Chagas — já encontrou naquela cidade um pequeno grupo de poetas, entre os quais se destacava * Bernardo Vieira Ravasco. Desse irmão do * P. Antônio Vieira há páginas na *Fênix Renascida*, principal repositório da poesia gongórica portuguesa, editado a partir de 1725. Fonseca Soares era um culterano e a poesia que nascia no Brasil vicejava à sombra barroca das *Soledades* e da *Fábula de Polifemo y Galatea*, de Gôngora. Em 1655 chegava à Bahia, onde ficou três anos e deve ter exercido grande influência, D. Francisco Manuel de Melo. O maior poeta brasileiro do século XVII foi * Gregório de Matos, a quem Hernâni Cidade, num ensaio, procura "absolver" da pecha de gongórico, insistindo em que o famoso satírico se revolvia na agitação da vida. Entretanto, os próprios coevos de Matos o acusaram de gongorismo e um deles — o P. Lourenço Ribeiro — imputou-lhe, numa sátira, o "furto" de um soneto de Gôngora. Contemporâneo de Gregório foi outro cultista importante, * Manuel Botelho de Oliveira, mas o gongórico mais típico foi * Sebastião da Rocha Pita, que viveu o suficiente para pertencer à Academia Brasílica dos Esquecidos (1724-1725). Sua vida prolongou-se até 1738. Outros "esquecidos" de importância no Gongorismo brasileiro são: João Brito e Lima (1661--1747), João Álvares Soares (1676-?), Gonçalo Soares da França (1668-?) e José de Oliveira Serpa (1696-?). O Gongorismo brasileiro viveu principalmente das sessões acadêmicas e das comemorações festivas ou fúnebres. As *academias foram organizadas segundo o modelo das de Lisboa, entre as quais se destacou a dos Singulares que, numa das suas sessões, desagravando ataques feitos à memória de Gôngora, defendeu o primado da poesia culta em relação à poesia clara. Entretanto, modernamente, Dámaso Alonso defendeu a "Claridad y Belleza de las Soledades", num ensaio famoso. A segunda metade do século XVIII já pertence, na poesia brasileira, a * Cláudio Manuel da Costa e outros seguidores de Metastásio e do iluminismo árcade (V. ILUSTRAÇÃO).

CONSULTAR: Dámaso Alonso, *Ensayos sobre Poesía Española*, Buenos Aires, 1946; Francisco Flora, *Le Stagioni e le Muse*, Florença, 1952; José Ares Montes, *Góngora y la Poesía Portuguesa del Siglo XVII*, Madri, 1956; Hernâni Cidade, *O Conceito de Poesia Como Expressão da Cultura*, 2.ª ed., Lisboa, 1957; Afrânio Coutinho, *Aspectos da Literatura Barroca*, Rio, 1950; e "Do Barroco ao Rococó", *A Literatura no Brasil* (dir. de...), vol. I, t. 1, Rio, 1956; Domingos Carvalho da Silva, "As Origens da Poesia", *ibidem*; Péricles Eugênio da Silva Ramos, *Poesia Barroca*, S. Paulo, 1967.

[D. C. S.]

GONZAGA, TOMÁS ANTÔNIO — (★ 11/8/1744, Porto, Portugal; † Moçambique, provavelmente em 1810) Filho de pai brasileiro, o magistrado João Bernardo Gonzaga, que foi ouvidor geral de Pernambuco. T. A. G., que viera com ele para o Brasil, foi enviado à BA a fim de estudar no Colégio dos Jesuítas; fechado este em fins de 1759, assim mesmo concluiu os estudos. Em 1762, matriculou-se em Coimbra e colou grau em 1768. Preparou uma tese sobre Direito Natural, pois aspirava a uma cátedra na Universidade, mas terminou seguindo a magistratura. Foi juiz de fora em Beja por um triênio, e já

175

em 1782 estava em Vila Rica, como ouvidor e procurador dos defuntos e ausentes. Em 1786, foi promovido a desembargador da Relação da Bahia, para servir seis anos, findos os quais já ficava nomeado para tomar posse na Relação do Porto. Ao saber da promoção (meados de 1787) tratou casamento com D. Maria Joaquina Dorotéia de Seixas — a famosa Marília —, solicitando licença real para o enlace. Enquanto esperava, foi denunciado como o principal cabeça da Conjuração Mineira. Preso, jazeu por três anos nas masmorras da Ilha das Cobras. Defendeu-se com extraordinária nobreza, sem acusar ninguém, e também com senso jurídico e claro raciocínio. Impressionam sua serenidade e firmeza, e ainda o fato de ter escrito no cárcere 'talvez as mais notáveis de suas liras. Condenado a degredo perpétuo em Angola, mas com a pena comutada para dez anos de degredo em Moçambique, lá se casou com Juliana Mascarenhas de Sousa, filha de opulento comerciante de escravos (1793). Em 1809, era provido no cargo de juiz da alfândega, mas em fevereiro de 1810 já tinha falecido.

G. celebrizou-se com seu livro *Marília de Dirceu,* sendo Dirceu o seu nome arcádico. São liras de amor, mas também provocadas por sua situação de "réu de majestade": nelas, embora se queixe de que a Fortuna seja "má cega", o poeta confia na Providência e na própria conduta, isenta de mancha. Embora reflita as odes anacreônticas e traia outras influências, alcançou expressão própria, com um boleio estilístico peculiar, que se percebe nitidamente no jogo rítmico do * decassílabo heróico e de seu quebrado, o verso de seis sílabas. Outro ponto que merece relevo é o de que, sendo árcade, à medida que foi abandonando a convenção para espelhar diretamente em sua poesia as circunstâncias de sua vida, sem figurações, adquiriu importância tal, que pode ser considerado um dos grandes poetas de nossa literatura. Há em seus versos, ainda, a presença da terra, como sua famosa lira "Tu não verás, Marília, cem cativos", que eleva as atividades da mineração ou da agricultura ao nível da poesia realizada; outras de suas liras, como a iniciada com o verso "Muito embora, Marília, muito embora", podem equiparar-se, em espírito e expressão, às próprias obras-primas de Horácio. O drama de amor de G., sua prisão, seu desterro, comoveram gerações de enamorados. *Marília* é livro editadíssimo.

G. foi também poeta satírico de merecimento, como demonstram as *Cartas Chilenas,* cuja autoria lhe é deferida pela tradição. A análise estilística ultimamente tem reforçado a tese da autoria gonzaguiana. É um poema escrito com vivacidade, força e estilo cristalino, que tem por tema os desacertos, arbitrariedades e prevaricações do Governador Cunha Meneses, o Fanfarrão Minésio.

O * Romantismo sofreu a sedução de G., com * Castro Alves a dramatizar a figura do poeta ou * Casimiro de Abreu a distingui-lo especialmente, e até no * Modernismo há alusões à obra de Dirceu em poetas de relevo.

Obras do A.: A Parte I de *Marília* foi pela primeira vez editada em Lisboa, 1792, Tipografia Nunesiana (23 liras); a Parte II saiu em 1799, também na Tip. Nunesiana (32 liras). Teve a Parte II nova edição em 1802, ainda na Nunesiana (com 37 liras). Postumamente, em 1811, saiu a edição da Tipografia Lacerdina, que contém 37 liras na Parte I, 38 na Parte II e em 1.ª edição o soneto "Obrei quanto o discurso me guiava". Quanto à Parte III, Rodrigues Lapa considera autêntica a edição de 1812, da Impressão Régia. A melhor edição, atual, das *Obras Completas* de T. A. G. é a de M. Rodrigues Lapa, em 2 vols.; o 1.º contém as *Poesias* e as *Cartas Chilenas*; o 2.º o *Tratado de Direito Natural*, a *Carta sobre a Usura*, minutas, correspondência e documentos (1957).

CONSULTAR: Araripe Jr., *Dirceu*, Rio, 1890; Alberto Faria, *Aérides*, Rio, 1918; e *Acendalhas*, Rio, 1920, bem como a introdução e notas à sua edição de liras selecionadas de *Marília*, Rio, 1922; Tomás Brandão, *Marília de Dirceu*, Belo Horizonte, 1932; Eduardo Frieiro, *Como era Gonzaga?*, Belo Horizonte, 1950; M. Rodrigues Lapa, introd. às *Obras Completas*, cit.; e As *"Cartas Chilenas" um problema Histórico e Filológico*, Rio, 1958; Antônio Cândido, *Formação da Literatura Brasileira*, vol. I, S. Paulo, 1959; Fábio Lucas, *Poesia e Prosa no Brasil*, Belo Horizonte, 1976; Domingos Carvalho da Silva, "Introdução a *Marília de Dirceu*", *Revista de Poesia e Crítica*, Brasília, ano II, n.º 3, jul. 1977.

[P. E. S. R.]

GRANDE SERTÃO: VEREDAS — Publicado pela primeira vez em 1956 e reeditado em 1958 (texto definitivo), este é o único *romance de *Guimarães Rosa, a sua prosa mais longa (571 pp.) e a sua mais importante realização. O ex-jagunço Riobaldo, já envelhecido, um simples barranqueiro à margem do Rio S. Francisco, narra a um presumível interlocutor a sua vida de aventuras pelos *campos gerais*, tendo como tônica o seu amor impossível por Diadorim e a sua ânsia de absoluto, a sua necessidade de explicar a razão dos sucessos e desencontros de uma existência que o coloca na encruzilhada entre Deus e o Demo, o Bem e o Mal, o ser e o não-ser. A narrativa tem muito do épico e dos romances de cavalaria, mas refoge ao naturalismo dos livros de ficção que têm como tema as peripécias do cangaço. Segundo Cavalcanti Proença, a obra possuiria fundamentalmente três planos, que, por vezes, se interpenetram: o primeiro, individual, subjetivo, as marchas e contramarchas de um espírito estranhamente místico, oscilando entre Deus e o Diabo; o segundo, coletivo, subjacente, influenciado pela literatura popular, que faz do cangaceiro Riobaldo um símile de herói medievo, retirado do romance de cavalaria e aculturado nos sertões do Brasil Central; o terceiro, telúrico, mítico, em que os elementos naturais — *sertão, vento, rios (o S. Francisco e o Urucuia, principalmente), buritis — se tornam personagens vivos e atuantes. A essas dimensões semânticas dever-se-ia acrescentar uma quarta, não menos importante: a da linguagem, ela própria tema e personagem, grande sertão esquadrinhado em suas múltiplas veredas pela pena criadora do A. A narrativa escapa aos padrões realistas. O livro não é dividido em capítulos. O personagem-narrador vai relembrando num fluxo contínuo, aparentemente desordenado, da memória, os vários momentos da ação, à revelia da ordem cronológica. Estilisticamente, *Grande Sertão: Veredas* já tem sido definido como barroco e comparado à obra de James Joyce. Eis algumas de suas características mais marcantes: estrutura não-linear da narração; tematização de frases ou palavras, usadas como *Leitmotiv* ("O diabo na rua no meio de redemoinho", "Viver é perigoso", "Travessia", "Sertão", "Nonada"); sintaxe pontilhista, entrecortada de frases curtas, incorporando o tumultuamento e a inversão da ordem das palavras; livre manipulação da linguagem, plasmada segundo as necessidades expressivas do A. Quanto

177

ao léxico, são utilizados recursos os mais variados, como a afixação, justaposição e aglutinação de palavras, a arcaização e o hibridismo dos vocábulos. E ainda, toda uma orquestração sonora (aliterações, paranomásias, onomatopéias, rimas) pouco usual em prosa. A par de sua importância como obra realizada, *Grande Sertão: Veredas* retoma, à sua maneira, a linha interrompida de alguns romances de exceção do * Modernismo, escritos, por sinal, por poetas: *Memórias Sentimentais de João Miramar* e *Serafim Ponte Grande* de * Oswald de Andrade, * *Macunaíma,* de * Mário de Andrade. Trata-se, pois, de uma dessas obras perturbadoras, que desafiam as classificações, e, pela acentuada elaboração formal, restauram a dignidade estilística da prosa, ao mesmo tempo que convergem para o rompimento das convenções da linguagem rotineira e para a abertura de novos e insuspeitados caminhos na Literatura.

[A. C.]

GRIECO, AGRIPINO — (★ 5/10/1888, Paraíba do Sul, RJ; † 24/8/1973, Rio) Jornalista e crítico dos mais atuantes desde o * Pré-Modernismo, orientou o melhor periódico do Pós-Modernismo, *Boletim de Ariel* (Rio, 1931-1939). Prosador fluente, o impressionismo de A. G. se apóia sempre numa erudição segura. Na medida em que é possível precisar um critério que guia seus julgamentos, este deve procurar-se no culto da expressividade. Para G., espírito mediterrâneo, o belo é, acima de tudo, o expressivo, o plenamente caracterizado: de onde resulta a sua admiração sem reservas por estilistas brilhantes como Eça de Queirós e por poetas entusiastas e imagéticos como * Castro Alves. O limite desse tipo de sensibilidade revela-se na pouca simpatia que lhe inspira, p. ex., o estilo de * Machado de Assis. Outra disposição constante de seu espírito é a ironia, que o celebrizou na vida literária brasileira como iconoclasta dos medalhões acadêmicos, tornando-o colaborador independente do antiparnasianismo dos modernistas. Como intelectual católico, valoriza também o conteúdo religioso da obra literária, sem cair em qualquer dogmatismo fechado, nem abandonar suas tendências estéticas.

OBRAS DO A.: *Obras Completas,* Rio, 1947-1957: 1. *Vivos e Mortos;* 2. *Evolução da Poesia Brasileira;* 3. *Evolução da Prosa Brasileira;* 4. *São Francisco e a Poesia Cristã;* 5. *Estrangeiros;* 6. *Gente Nova do Brasil;* 7. *Carcaças Gloriosas;* 8. *Recordações de um Mundo Perdido;* 9. *Amigos e Inimigos do Brasil;* 10. *Zeros à Esquerda;* 11. *O Sol dos Mortos.*

CONSULTAR: Jônatas Serrano, *Homens e Idéias,* Rio, 1930; Tomás Murat, *O Sentido das Máscaras,* Rio, 1939; Wilson Martins, *A Crítica Literária no Brasil,* S. Paulo, 1952; Donatelo Grieco e Fernando Sales (org.), *Bibliografia e Crítica de A. G.,* Rio, 1977 (recolhe páginas críticas de autores brasileiros acerca de A. G.).

[A. B.]

GUARANI, O — Romance de * José de Alencar. Publicado primeiro em folhetins no *Diário do Rio de Janeiro* (1857), no mesmo ano apareceu em volume. No plano geral de sua obra de ficção (cf. "Bênção Paterna", prefácio de *Sonhos d'Ouro*), o A. o incluiu na segunda fase do período orgânico da literatura nacional, "que representa o consórcio do povo invasor com a terra americana, que dele recebia a cultura e lhe retribuía nos eflúvios de sua natureza virgem e nas reverberações de um solo esplêndido". A crítica, porém, o considera a maior realização do nosso * Indianismo. Na realidade, se episódios da colonização do Brasil nos albores do século XVII constituem o entrecho da obra, o protagonista é um índio, Peri, elevado à categoria de autêntico herói romântico. Senão vejamos: logo depois que Filipe II da Espanha ocupa o trono de Portugal, D. Antônio de Mariz, fidalgo de velha estirpe portuguesa, fiel à sua pátria, prefere instalar-se no interior do Brasil a servir à Coroa estrangeira. Com sua família e alguns homens de armas inicia a formação de uma fazenda à margem do Rio Paquequer, afluente do Paraíba. De um acidente resulta a morte de uma índia de uma tribo aimoré, que passa por isso a hostilizar os brancos colonizadores. D. Antônio de Mariz conta com a amizade de Peri, jovem guerreiro goitacá, de nobres instintos e extrema bravura. O selvagem devotava a Cecília, filha do fidalgo, uma adoração quase religiosa e por isso estendia sua proteção providencial a toda a família. Depois de inúmeros incidentes e peripécias, em que se destaca a ação de Peri, conjurando perigos advindos não só dos indígenas inimigos, mas também do vilão Loredano e seus asseclas, dissimulados entre os "aventureiros" que serviam a D. Antônio, este, esgotadas as possibilidades de resistência, pede a Peri que salve Cecília, levando-a para a Corte, enquanto faz explodir sua casa, a fim de evitar o trucidamento de todos pelos selvagens. O final do romance, com a palmeira arrastada pelas águas da enchente e abrigando na sua copa os dois seres de raças diferentes, é um símbolo feliz da futura população do Brasil. A pena de Alencar nunca esteve mais inspirada do que no desfilar desta história, onde apurou descrições dignas de pintor exímio e a narração de lances épicos contrastantes com as cenas ternas de delicado lirismo. Na caracterização dos personagens, as arestas da alma selvagem se suavizam no convívio com a feminilidade gentil da heroína civilizada e ambos se identificam — tanto pode o nacionalismo de Alencar.

[R. M. P.]

GUIMARAENS, ALPHONSUS DE — Pseudônimo de Afonso Henriques da Costa Guimarães. (★ 24/7/1870, Ouro Preto, MG; † 15/7/1921, Mariana, MG) A. de G. tem uma biografia pobre. Cursou em MG um ano de Engenharia, que abandonou pelos estudos de Direito realizados em S. Paulo e em sua província. Formado, foi para o interior mineiro como promotor (Conceição do Serro) e depois juiz. Em 1904, transferiu-se para Mariana, onde foi juiz municipal até a morte. Daí só saiu uma vez, em 1915, para receber uma homenagem de seus amigos em Belo Horizonte. Da cidade em que viveu sempre isolado, mandava seus versos para os jornais das cidades vizinhas ou para as revistas da capital, que os acolhiam com discrição. O último livro que publicou em vida foi em 1902, só voltando às livrarias com um volume póstumo, organizado por seu filho * João Alphonsus, contista e poeta. A essa vida recolhida, na montanha mineira, deve ele não ter tido, em vida, a glória que lhe veio depois da morte, o que o coloca não somente ao lado de *Cruz e Sousa, como um dos nossos grandes simbolistas, mas junto dos maiores poetas que já tivemos, em qualquer tempo e de qualquer escola. Assim o reconhece a crítica atual, que resgatou essa dívida que todos tínhamos para com ele.

A poesia de A. de G. é uma poesia de tons velados, poesia de música de câmara, que o ambiente em que viveu marcou profundamente, com as procissões, as igrejas, a vida devota, os sinos tocando de manhã à noite. Poesia elegíaca, em que a lembrança da noiva que ele perdeu na mocidade está presente dando um tom de amargurada tristeza. O vocabulário utilizado casa-se bem a essa sensibilidade e são freqüentes as referências a flores roxas, a violetas, a virgens mortas, a fins de tarde. Tinha também o gosto de criar vocábulos, tão em voga entre os simbolistas, ao mesmo tempo que a influência da língua arcaica, o que o fez arcaizar o próprio nome. A redondilha foi um dos metros que preferiu, e o soneto decassílabo o que mais utilizou, dando-lhe, entretanto, uma característica própria, um módulo todo pessoal. Verlaine e Mallarmé foram seus mestres, do primeiro traduzindo belamente alguns poemas, ao segundo dedicando um dos seus sonetos em francês, em que confessa o que lhe deve. Poesia pouco descritiva, que consegue muito mais sugerir do que dizer, a música tem, nela, grande importância: os versos de A. de G. são finamente melodiosos. Para alcançar isso, inovou ele os metros consagrados, alterando e deslocando acentos, conferindo-lhes o tom musical que, juntamente com o vocabulário tão peculiar, criam a nota que é dele e só dele na poesia brasileira.

OBRAS DO A.: *Setenário das Dores de Nossa Senhora, Câmara Ardente, Dona Mística*, 1899; *Kiryale*, 1902; *Pauvre Lyre*, 1921; *Pastoral aos Crentes do Amor e da Morte*, 1923 (póstuma). Todos esses livros e mais poemas inéditos foram reunidos em 1938 num volume intitulado *Poesias*, organizado por Manuel Bandeira e João Alphonsus; *Obra Completa*, com pref. de Eduardo Portela, Rio, 1960.

CONSULTAR: José Veríssimo, *Estudos de Literatura Brasileira*, 2.ª série, Rio, 1903; Tristão de Ataíde, *Poesia Brasileira Contemporânea*, Belo Horizonte, 1941; Henriqueta Lisboa, *A. de G.*, Rio, 1945; Massaud Moisés, *O Simbolismo*, vol. IV d*A Literatura Brasileira*, S. Paulo, 1966.

[F.G.]

GUIMARAENS FILHO, ALPHONSUS DE — Nome literário de Afonso Henrique de Guimaraens (★ 3/6/1918, Mariana, MG) Fez todos os estudos em Belo Horizonte, onde se bacharelou em Direito (1940). Ingressou no serviço público em 1936, tendo sido auxiliar direto de Juscelino Kubitschek tanto no governo de MG como na presidência da República. Dedicou-se também ao jornalismo em Belo Horizonte: foi redator do *Diário da Tarde* e d*O Diário* e diretor da Rádio Inconfidência. Pertence à Academia Mineira de Letras. Além de poeta (V. NEOMODERNISMO: POESIA), A. de G. F. é autor de uma antologia da poesia modernista mineira e organizador de edições anotadas das poesias de seu tio-avô, * Bernardo Guimarães, e de seu pai, * Alphonsus de Guimaraens.

OBRAS DO A.: Poesia: *Lume de Estrelas*, 1940; *Poesias*, 1946; *A Cidade do Sul*, 1949; *O Irmão*, 1950; *O Mito e o Criador*, 1954; *Sonetos com Dedicatória*, 1956; *Poemas Reunidos*, 1960; *Antologia Poética*, 1963; *Novos Poemas*, 1968; *Poemas da Ante-Hora*, 1971; *Absurda Fábula*, 1973; *Agua do Tempo*, 1977 (antologia seguida de um livro inédito: *Só a noite é que amanhece*).

CONSULTAR: Mário de Andrade, *Aspectos da Literatura Brasileira*, 2.ª ed., S. Paulo, s. d.; Carlos Drummond de Andrade, *Passeios na*

180

Ilha, Rio, 1952; Sérgio Milliet, *Diário Crítico*, vol. III, S. Paulo, s. d.; e *Panorama da Moderna Poesia Brasileira*, Rio, 1952.

[J. P. P.]

GUIMARAENS, ARCHANGELUS DE — Pseudônimo de Arcanjo Augusto da Costa Guimarães. (★ 25/12/1872, Ouro Preto, MG; † 29/10/1934, Belo Horizonte, MG) Advogado, ingressou cedo na magistratura, para exercer, já no fim da vida, o cargo de auditor da Força Pública em Belo Horizonte. Irmão de * Alphonsus de Guimaraens, a quem considerava como mestre, a ponto de também arcaizar o nome e aderir, através dele, às mesmas influências ou revelar análogas inclinações. Ocasionalmente simbolista, sua poesia enquadra-se melhor em tardias manifestações românticas mescladas de notas líricas em voga no * Simbolismo. Filho de portugueses, foi educado na leitura de escritores lusitanos, o que explica certos torneios de frases estranhos à nossa tendência lingüística, e a singeleza e suavidade de sua poesia, que lembra o intimismo de Antônio Nobre.

OBRA DO A.: *Coroa de Espinhos*, 1955.

CONSULTAR: Andrade Murici, *Panorama do Movimento Simbolista Brasileiro*, vol. II, Rio, 1952; Alphonsus de Guimaraens Filho, pref. a *Coroa de Espinhos*.

[M. M.]

GUIMARAENS, EDUARDO — (★30/3/1892, Porto Alegre, RS; † 13/12/1928, Rio) Talento precoce (*Caminho da Vida*, 1908, aos 16 anos), colaborou na imprensa gaúcha e carioca, integrando nesta o grupo dos simbolistas da *Fon-Fon*. Exerceu o cargo de bibliotecário na Biblioteca Pública do Estado. Das mais refinadas foram a sua cultura e arte literárias: *A Divina Quimera* (1916) contém não poucas reminiscências de Dante, Baudelaire, D'Annunzio e de simbolistas franceses em geral. Escreveu, mesmo, em francês (*La gerbe sans fleurs*), idioma do qual traduziu Baudelaire, Verlaine e menores. Do italiano, o Canto V do *Inferno*. A leitura de sua poesia é fonte indispensável para a compreensão de toda uma poética, já chamada "penumbrista" (V. PENUMBRISMO), que cederia lugar (legando, porém, o antiparnasianismo) à modernista.

CONSULTAR: Mansueto Bernardi, pref. à edição definitiva d*A Divina Quimera*, Porto Alegre, 1944; Rodrigo Otávio Filho, "Sincretismo e Transição: o Penumbrismo", *A Literatura no Brasil* (dir de Afrânio Coutinho), vol. III, t. 1, Rio, 1959; Massaud Moisés, *O Simbolismo*, vol. IV d*A Literatura Brasileira*, S. Paulo, 1966.

[A. B.]

GUIMARÃES, BERNARDO JOAQUIM DA SILVA — (★ 15/8/1825, Ouro Preto, MG; † 10/3/1884, *idem*) É o primeiro nome de relevo numa família que deu à literatura brasileira vários escritores, entre outros o poeta * Alphonsus de Guimaraens e o contista * João Alphonsus.

Fez os estudos primários em Uberaba, os secundários em Campo Belo e Ouro Preto. Formou-se em 1852 pela Academia de Direito de S. Paulo. * Aureliano Lessa e * Álvares de Azevedo foram-lhe companheiros inseparáveis durante o curso. Com eles fundou a Sociedade Epicuréia, cujas reuniões alegrava com os seus "bestialógicos", curiosos disparates rimados de humor algo surrealista, posto que de fatura me-

181

cânica, que tiveram certa voga na segunda geração romântica. Depois de formado, exerceu o cargo de juiz em Catalão, por duas vezes. Seus hábitos boêmios e seu gênio folgazão, perpetuados num rico anedotário, adequavam-se melhor, todavia, ao jornalismo, que praticou no Rio. Em 1867, fixou-se em Ouro Preto, onde se casou e passou e lecionar Retórica e Poética. Em 1873, foi nomeado professor de Latim e Francês em Queluz. Entrementes, ia publicando sua obra numerosa pela Garnier, do Rio, e firmando reputação de um dos mais populares romancistas da época.

A popularidade alcançada por B. G. como prosador fez com que ficasse esquecida sua obra de poeta, que seus contemporâneos estimaram e para a qual * Manuel Bandeira voltou a chamar, em nossos dias, a atenção da crítica. Poesia de sabor pré-romântico, pelas ocasionais alusões mitológicas, pelo gosto do verso branco de timbre nobre (que lembra o de * Basílio da Gama e * Gonçalves Dias), pelo tom meditativo de vaga melancolia, pelo discreto subjetivismo que colore as descrições de paisagens ermas, tão do pendor do poeta — apresenta-se contudo vincadamente romântica no satanismo de composições como "A Orgia dos Duendes" ou na eloqüência hugoana das odes que celebram feitos das armas brasileiras na Guerra do Paraguai. Já de menor interesse são os versos humorísticos, que * José Veríssimo considerava, no entanto, superiores aos de * Gregório de Matos. Salvo contadas exceções, como "Dilúvio de Papel" e *O Elixir do Pajé* — sátira fescenina inspirada n*Os *Timbiras,* que teve várias edições clandestinas depois da primeira de 1875 —, o humorismo dos demais soa algo dessaborido ao gosto atual.

Na sua obra de ficção, B. G. versou exclusivamente assuntos nacionais, o que lhe dá um lugar, ao lado de * Macedo, * Manuel Antônio de Almeida e * Alencar, entre os fundadores do * romance brasileiro. Em *Maurício ou Os Paulistas em S. João D'El-Rei* (2 vols., 1877) está focalizado o episódio histórico da Guerra dos Emboadas. O tema indianista surge n*O Índio Afonso* (1873) e *Jupira* (incluída em *Histórias e Tradições da Província de Minas Gerais,* 1872), com a singularidade de o aborígine ser ali encarado, com certa dose de realismo, mais como "mau selvagem" do que como o herói idealizado do * Indianismo romântico. A nota abolicionista soa n*A Escrava Isaura* (1875), considerado, na época, uma espécie de réplica brasileira do *Uncle Tom's Cabin.* É o mais célebre dos romances de B. G., conquanto não seja o melhor. Tem por enredo as desditas de uma bela escrava que, fugindo à luxúria de seu senhor, encontra um jovem de idéias igualitárias, que a liberta do cativeiro e com ela se casa. Malgrado sua importância histórica como libelo antiescravista, *A Escrava Isaura* se ressente da excessiva idealização romântica. Obra predominantemente de imaginação, dela está ausente o cuidado regionalista de fixar a ambiência física e social em que se desenrola a ação dramática. Tal cuidado se faz notar, como elemento característico, nos melhores romances de B. G., particularmente n*O Ermitão de Muquém* (1864) e n*O Seminarista* (1872), o mais bem realizado deles. Focalizando o tema do celibato clerical, posto em moda por Herculano no *Eurico, O Seminarista* narra o drama de Eugênio que, mesmo depois de ordenado padre, continua apaixonado por Margarida, sua namorada de infância. As exigências da carne acabam levando de vencida as proibições religiosas; consuma-se a união física dos amantes, e o romance termina com a loucura de Eugênio

182

e a morte de Margarida. A par da justeza com que é fixado o conflito psicológico entre misticismo e sensualidade, avulta n*O Seminarista* a convincente adequação do comportamento das personagens com o quadro social em que se situa.

A crítica romântica e naturalista louvou, em B. G., a preocupação de registrar modismos e crendices sertanejas, considerando-o, nesse particular, o fundador do nosso sertanejismo literário. Louvou, outrossim, a espontaneidade oral, popularesca, de sua linguagem de contador de histórias. O estilo narrativo de B. G., porém, se nos afigura hoje desleixado, trivial, inçado de lugares-comuns, notadamente no tocante à caracterização psicológica das personagens, via de regra meros estereótipos românticos. Nem por isso será justo negar-lhe foros de precursor da nossa ficção regionalista, pelo empenho com que procurou pintar costumes e paisagens do Planalto Central, onde ambientou a ação de seus melhores romances.

Obras do A.: Poesia: *Cantos da Solidão,* 1852; *Poesias* (inclui *Cantos da Solidão, Inspirações da Tarde, Poesias Diversas, Evocações* e *A Baía de Botafogo*), 1865; *Novas Poesias,* 1876; *Folhas de Outono,* 1883. Prosa de Ficção: *Lendas e Romances,* 1871; *O Garimpeiro,* 1872; *A Ilha Maldita e O Pão de Ouro,* 1879; *Rosaura, a Enjeitada,* 1883.

Consultar: José Veríssimo, *História da Literatura Brasileira,* Rio, 1916; Basílio de Magalhães, *B. G. (Esboço Biográfico e Crítico),* Rio, 1926; João Alphonsus, "B. G., Romancista Regionalista", *O Romance Brasileiro* (org. por Aurélio Buarque de Holanda), Rio, 1952; Waltensir Dutra e Fausto Cunha, *Biografia Crítica das Letras Mineiras,* Rio, 1956; Antônio Cândido, *Formação da Literatura Brasileira,* vol. II, S. Paulo, 1959; Antônio Soares Amora, *O Romantismo,* vol. II d*A Literatura Brasileira,* S. Paulo, 1967.

[J. P. P.]

GUIMARÃES JR., LUÍS Caetano Pereira — (★ 17/2/1845, Rio; † 19/5/1898, Lisboa) Cursou o Colégio Pedro II e a seguir estudou Direito em S. Paulo e no Recife, por onde se formou em 1869. Exerceu o jornalismo e ingressou na diplomacia, servindo no Chile, Londres, Roma, Lisboa e Venezuela, neste último país já como enviado extraordinário e ministro plenipotenciário. Eleito para a Academia Brasileira de Letras em 1897.

Ao tempo em que estreou, L. G. J. era romântico; suas ambições, tais como prefiguradas na epígrafe de *Corimbos* (1869), eram "amar, chorar, cantar". Chegava a ser ultra-romântico, p. ex. em "A Sepultura Dela". Com os *Sonetos e Rimas* (1880), todavia, sua dicção muda, bem como seus centros de interesse: L. G. J. não mais desborda em sentimentalismo, mas, valendo-se de pinceladas descritivas, externa sentimentos comedidos e nuançados, que, em largo círculo, vão do vigoroso e selvagem até ao simplesmente gracioso. Essa graciosidade informa sonetos como "A Noite de São João" ou "A Borralheira", havendo ainda indefinível nostalgia em "Soneto Romântico", "Paisagem", "Idade Média" e outras de suas composições. De qualquer modo, já não se tratava de sentimento derramado e clamoroso, mas de "temas" dosados, que poderiam parecer inexistentes aos acostumados com o clamor sentimental dos românticos. L. G. J. tinha notável capacidade descritiva, o que sugeriu a Fialho de Almeida capitulá-lo como "parnasiano", num tempo (1882) em que no Brasil não se falava em "parnasianismo", mas simplesmente em Idéia Nova, realismo, socialismo. O estudo de Fialho passou a figurar como prefácio na 2.ª edição dos *Sonetos e Rimas* (1886) e desse ano em diante vulgarizou-se em nosso meio o vocábulo *parnasiano*, que começou a aplicar-se aos nossos poetas. Embora não se possa afirmar que L. G. J. tenha sido puramente parnasiano, pois manchas românticas ainda lhe pintalgam os *Sonetos e Rimas*, em boa parte das poesias desse livro o * Parnasianismo de fato impera, como é visível em sua forma, trabalhada e cuidadosa.

L. G. J. cultivou também a prosa de ficção, o drama e a biografia, mas o seu título de notoriedade foi-lhe dado por sua obra poética.

OBRAS DO A.: Prosa: *Lírio Branco*, 1862; *Perfil Biográfico de A. Carlos Gomes*, 1870; *Perfil Biográfico de Pedro Américo*, 1871; *Noturnos*, 1872; *Curvas e Zig-Zags*, 1872; *Filigranas*, 1872; *A Família Agulha*, s. d.

CONSULTAR: José Veríssimo, *Estudos de Literatura Brasileira*, 1.ª série, Rio, 1901; Iracema Guimarães Vilela, *L. G. J.*, Rio, 1934; Cassiano Ricardo, "A Presença de L. G.", *Revista da Academia Paulista de Letras*, vol. XI, n.º 43, set. 1948; Péricles Eugênio da Silva Ramos, "A Renovação Parnasiana na Poesia", *A Literatura no Brasil* (dir. de Afrânio Coutinho), vol. II, Rio, 1955; e *Panorama da Poesia Brasileira*, vol. III, Rio, 1959.

[P. E. S. R.]

GUSMÃO [1], P. ALEXANDRE DE — (★ 14/8/1629, Lisboa; † 15/3/1724, Bahia) Veio para o Brasil aos dez anos. Fez seus estudos no Rio e entrou para a Companhia de Jesus, onde exerceu vários e importantes cargos. Fundou o Colégio de Belém, na BA, em que teve intensa atividade docente; desentendeu-se com o * P. Vieira no tocante à educação dos indígenas. Escreveu em latim e português, deixando, além das obras inframencionadas, vasta correspondência.

As obras de A. de G. nasceram de uma longa atividade e experiência pedagógicas e evidenciam preocupação moral e religiosa. A principal delas, *História do Predestinado Peregrino e seu Irmão Precito* (1682), é a primeira novela escrita no Brasil e alcançou grande popularidade coeva. Nela correm os conceitos paulinianos e augustinianos da existência: a vida como provação e passagem pela Terra, idéia que se toma ao Salmo 137 da *Bíblia*. Em que pese ao caráter barroco de seu estilo, a exposição é clara, simples e correta.

OBRAS DO A.: *Escola de Belém, Jesus Nascido no Presépio*, 1678; *Arte de Criar Bem os Filhos*, 1685; *Menino Cristão*, 1695; *Maria, Rosa de Nazaré*, 1715; *Eleição entre o Bem e o Mal Eterno*, 1720; *Árvore da Vida e Jesus Crucificado*, 1734; *O Corvo e a Pomba na Arca de Noé*, 1734.

CONSULTAR: *História de Portugal* (dir. de Damião Peres e Eleutério Cerdeira), Barcelos, 1934; Serafim Leite, *História da Companhia de Jesus no Brasil*, vol. VIII, Rio, 1949; Mário Martins, "História do Predestinado Peregrino e seu Irmão Precito", *Brotéria*, Lisboa, t. 78, 1964.

[J. C. G.]

GUSMÃO [2], ALEXANDRE DE — (★ 1695, Santos, SP; † 30/12/1753, Lisboa) Criança ainda, foi mandado pelos pais à Bahia, onde o * P.

184

Alexandre de Gusmão [1] cuidou da sua educação e crismou-o com o próprio nome (o sobrenome de família do menino era Rodrigues). Em 1710, a chamado do irmão Bartolomeu, o "padre voador", A. de G. seguiu para Portugal. Ali prosseguiu os estudos e conquistou as boas graças de D. João V, que o enviou à França e à Itália em missões diplomáticas, concedeu-lhe o título de fidalgo, nomeou-o seu secretário e, posteriormente, conselheiro ultramarino. Revelou-se A. de G. estadista notável; iniciou a colonização sistemática de SC e RS e desempenhou papel relevante na elaboração do tratado de limites entre Espanha e Portugal na América (1750). Com a morte do Rei e a subida de Pombal —— que, embora o hostilizasse, aproveitou-lhe muitas das idéias reformistas —, A. de G. teve de recolher-se ao ostracismo.

A *Coleção de Vários Escritos Inéditos, Políticos e Literários*, de A. de G., é de publicação póstuma (1841). Reúne, além de quatro poemas medíocres, de dicção camoniana e arcádica, e de uma comédia traduzida do francês e adaptada aos costumes portugueses, cartas e pareceres político-administrativos, que revelam no A. um espírito lúcido, em que as idéias da * Ilustração — que foi dos primeiros a ostentar em Portugal — deixaram sua marca. Demonstram-no as cartas em que zomba da beatice e atraso da Corte portuguesa, o "Juízo" em que satiriza o anti-semitismo dos cristãos-velhos, e a "Dissertação" contra os abusos do clero.

CONSULTAR: Sílvio Romero, *História da Literatura Brasileira*, 5.ª ed., t. II, Rio, 1953; Miguel Paranhos de Rio Branco, *A. de G. e o Tratado de 1750*, Rio, 1953; João Gualberto de Oliveira, *A. de G., sua Vida e sua Obra*, S. Paulo, 1957.

[J. P. P.]

H

HISTÓRIA LITERÁRIA — Foram estrangeiros os primeiros historiadores da literatura brasileira, tratada, até um momento avançado do século XIX, como simples capítulo da literatura portuguesa. A aparente identidade lingüística conduziu muitos especialistas a supor uma identidade literária; contudo, mesmo estudadas como apêndice nas histórias da literatura portuguesa, as letras brasileiras manifestavam, por isso mesmo, o seu começo de autonomia, afinal consolidada e reconhesida por todas as autoridades de outros países (a exceção recente da *Encyclopédie de La Pléiade,* Paris, 1956, representa, apenas, carência de informação). Cronologicamente, é em 1805 e em alemão que pela primeira vez a literatura brasileira comparece numa história literária, o livro de Friedrich Bouterwek, *Geschichte der portugiesischen Poesie und Beredsamkeit.* Poucos anos depois, Simonde de Sismondi publicava um livro célebre sobre as literaturas da Europa meridional, cujo quarto volume reserva cerca de trezentas páginas à literatura portuguase dos dois lados do Atlântico (1812). Ainda entre os estrangeiros, conservando um valor maior que o simplesmente histórico, devem-se mencionar os livros de Ferdinand Denis, *Résumé de l'Histoire Littéraire du Portugal et du Brésil* (1826), e de Ferdinand Wolf, *Le Brésil Littéraire* (1863), este último traduzido há poucos anos em português (1955) por Jamil Almansur Haddad e publicado na coleção "Brasiliana". Dentre os modernos, destaca-se, como mais recente, mais atualizada e mais completa a *Storia della Letteratura Brasiliana,* de P. A. Jannini (1959).

É bem evidente, entretanto, que foram escritas pelos grandes especialistas do nosso país as histórias da literatura brasileira tendo um valor crítico e documental. Nessa estante, as obras fundamentais são, em ordem cronológica, a de * Sílvio Romero (1888, ampliada, com trabalhos dispersos, em 1943), a de * José Veríssimo (1916), a de * Ronald de Carvalho (1919) e a que se publicou, entre 1955 e 1971, em 6 vols., dirigida por * Afrânio Coutinho, sob o título de *A Literatura no Brasil.* Pode-se dizer que esta última e a de Sílvio Romero ambicionam a categoria de verdadeiros *tratados* historiográficos, não sendo estranha ao empreendimento de Afrânio Coutinho a intenção de revisar aquele clássico historiador da nossa literatura. As demais classificam-se melhor como tentativas de síntese crítica, sendo que, em nossos dias,

186

a de Ronald de Carvalho pode ser substituída com vantagem, sob esse aspecto, pela *História da Literatura Brasileira,* de Antônio Soares Amora (1955): na edição original, o A. havia adotado a divisão em duas grandes eras; a partir da 8.ª edição, em 1974, a periodização passou a ser a seguinte: Quinhentismo, Barroco, Academismo, Arcadismo, Pré--Romantismo, Romantismo, Realismo, Simbolismo, Modernismo e Neomodernismo. Todos os outros livros existentes na especialidade, o de Artur Mota (1930), aliás inconcluso, o de * Afrânio Peixoto (1931--1947) ou o de Nelson Werneck Sodré (1938), têm o caráter de estudos subsidiários, que não dispensam, quanto aos aspectos críticos e documentais, o conhecimento dos que se citaram anteriormente.

Cada uma dessas grandes histórias da literatura brasileira reflete, como seria de esperar, a concepção que os respectivos autores se faziam da criação literária. Sílvio Romero, embora a palavra não existisse no seu tempo, via a Literatura em perspectivas *culturalistas,* isto é, como uma dentre as demais manifestações sociológicas da vida nacional. Isso explica que consagrasse tanto espaço à análise da literatura chamada "popular" ou "folclórica" e às explicações de ordem antropogeográfica. A idéia de que o fenômeno artístico se explica antes de mais nada pelo meio passou aos historiadores subseqüentes, até ao aparecimento d*A Literatura no Brasil,* que rompeu decididamente com essa orientação. Na obra coletiva a que o escritor Afrânio Cautinho ligou definitivamente o seu nome, procura-se compreender a Literatura através de conceitos exclusivamente estéticos: por esse lado, ocorre uma valorização da herança de Ronald de Carvalho que, impossibilitado, ainda, de desfazer-se do predomínio intelectual de Sílvio Romero, já havia, entretanto, escrito o primeiro livro em que a literatura brasileira se incluía no circuito das grandes idéias estéticas universais. A *História,* de José Veríssimo, tem menos interesse que a série dos seus estudos esparsos sobre a literatura brasileira. Subjugado, mais do que Ronald de Carvalho, pela opressiva presença de Sílvio Romero, seu livro tem, apesar disso, o valor que falta, justamente, à *História* deste último: os julgamentos críticos que resistem ao tempo e o estabelecimento de perspectivas exatas na hierarquia literária. Nessa ordem de idéias, não será temerário afirmar que o livro de Ronald de Carvalho só pôde existir porque Veríssimo havia escrito o seu, da mesma forma por que ambos prepararam a lenta germinação de idéias que culminaria n*A Literatura no Brasil.*

A parte verdadeiramente original deste livro não está nos juízos críticos, nem, a rigor, na sua realização, mas na concepção inflexível de que nasceu. É a única das histórias da literatura brasileira e, com certeza, a única das histórias literárias no mundo inteiro, que provocou todo um volume de teoria literária, constituído pelas seis introduções escritas por Afrânio Coutinho e por ele posteriormente editadas à parte (*Introdução à Literatura no Brasil,* 1959). Para lembrar as suas próprias palavras, o critério diretor d*A Literatura no Brasil* é a * *periodização estilística,* sendo a evolução das nossas letras "descrita nos grandes estilos em que se corporificou: Barroquismo, * Arcadismo, * Romantismo, * Realismo, * Naturalismo, * Parnasianismo, * Simbolismo, * Impressionismo, * Modernismo". Estudando esses "estilos" ou escolas na ordem cronológica do seu aparecimento, *A Literatura no Brasil* não eliminou a periodização por séculos contra a qual se insurge

187

expressamente, da mesma forma por que o número necessariamente elevado de colaboradores introduziu certa desigualdade no tratamento dos capítulos. Apesar, contudo, dessas deficiências, o tratado tomou, modernamente, o lugar até então ocupado pelo livro de Sílvio Romero, acrescentando-lhe o mérito de uma terminologia mais rigorosa e de pontos de vista sensivelmente mais objetivos.

Outro aspecto de rigor metodológico manifestado n*A Literatura no Brasil* é o exaustivo levantamento bibliográfico, considerado, muito justamente, por Afrânio Coutinho como a "base essencial desses estudos". Todas as histórias anteriores da literatura brasileira negligenciavam essa parte fundamental das pesquisas literárias, hoje, ao contrário, extremamente valorizada. Por isso mesmo, instrumento de trabalho indispensável, a ser incluído em qualquer análise da nossa historiografia literária, é a *Pequena Bibliografia Crítica da Literatura Brasileira*, de Otto Maria Carpeaux (4.ª ed., 1968), síntese de numerosas bibliografias parciais, enumeradas em sete dos seus itens iniciais. Outras bibliografias especializadas continuam a aparecer, o que exigirá, periodicamente, a atualização sintética de manuais bibliográficos que ofereçam de imediato, sobre cada assunto, uma visão crítica de conjunto.

O que *A Literatura no Brasil* possa ter, ao mesmo tempo, de excessivamente sistemático e de insatisfatório na realização do seu próprio programa será corrigido pelos meios habituais, isto é, pela publicação de outros livros, inspirados em pontos de vista diferentes ou formulando perspectivas diversas. Um desses livros já apareceu, e é a indispensável *Formação da Literatura Brasileira*, de *Antônio Cândido (1959). Ao contrário daquele, que analisa ou quer analisar a evolução das nossas letras à luz de princípios estéticos abstratos ou fixados em outras literaturas, o autor adota como ponto de partida a idéia de que "cada literatura requer tratamento peculiar, em virtude dos seus problemas específicos ou da relação que mantém com outras". Isso é particularmente verdadeiro em nosso país, cuja formação literária tem "caracteres próprios e não pode ser estudada como as demais, mormente numa perspectiva histórica (...) que procura definir ao mesmo tempo o valor e a função das obras". A literatura sendo "um conjunto de obras, não de fatores nem de autores", cada uma delas e todas juntas situam-se, simultaneamente, no plano da *qualidade* e no plano da *significação*, isto é, numa hierarquia propriamente literária e num plano intelectual. Na identificação rigorosa e sutil de tais elementos, não somente o livro de Antônio Cândido mas, ainda, a história literária em geral poderão configurar com maior fidelidade a fisionomia peculiar da literatura brasileira.

[W. M.]

I

ILUMINISMO — V. ILUSTRAÇÃO.

ILUSTRAÇÃO — Movimento de renovação intelectual surgido na Europa durante o século XVIII, também conhecido por Iluminismo, Época das Luzes e, algo impropriamente, Enciclopedismo. Conquanto o centro irradiador do movimento tivesse sido a França, parte das doutrinas que o inspiraram procediam da Inglaterra, cujas instituições políticas liberais e cujas tendências progressistas eram altamente prezadas pelos iluministas franceses, ao número dos quais pertenceram, entre outros, Montesquieu, Voltaire, Diderot, Rousseau e Helvétius. Em fontes inglesas (Bacon, Locke, Newton), bem como na tradição humanista de Rabelais e Montaigne, foi o Iluminismo francês buscar suas principais idéias-força: confiança absoluta na Razão e horror ao preconceito, sobretudo o preconceito religioso; crença no progresso indefinido e na constante melhoria da sociedade pela disseminação das "luzes" do saber; culto da Natureza e convicção da bondade "natural" do ser humano; espírito de tolerância religiosa, relativismo moral e indagação científica.

Deixando de lado, por irrelevantes num contexto propriamente brasileiro, antecipações encontráveis na obra de * Alexandre de Gusmão [2], as idéias iluministas começaram a ter curso entre nós durante a época de Pombal (1750-1777), cujas reformas pedagógicas e administrativas — restauração e modernização da Universidade de Coimbra, extinção do Santo Ofício, reação contra o domínio intelectual do clero, adoção de uma política colonial mais arejada — granjearam, malgrado o caráter despótico de seu promotor, a simpatia dos letrados brasileiros, particularmente dos poetas da hipotética * Escola Mineira, alguns dos quais se envolveriam mais tarde na Inconfidência, tentativa revolucionária em que foi sensível a influência das idéias "francesas". Nesses poetas, o "ciclo do pombalismo literário" (* Antônio Cândido) encontrou seus intérpretes mais significativos. Através da poesia didática e satírica, de pendor filosófico e ético, característica de certa vertente do *Neoclassicismo, celebraram eles, num misto de aulicismo e ardor nativista, a obra reformadora de Pombal e de seus prepostos na América Portuguesa. Incluem-se no referido ciclo obras como *O Uraguai*, de * Basílio da Gama, pelo seu sentido de libelo antijesuítico;

189

As *Artes*, e sobretudo *O Desertor das Letras*, de * Silva Alvarenga, que profligava a rotina escolástica e exaltava o renascimento das Ciências trazido pela reforma universitária de Pombal; *O Reino da Estupidez*, de * Francisco de Melo Franco, sátira à reação da época de D. Maria I; as *Cartas Chilenas*, de * Gonzaga, inspiradas no modelo das *Cartas Persas*, de Montesquieu; a ode a Pombal, de * Alvarenga Peixoto; o "Epicédio I" e certos poemas encomiásticos de * Cláudio Manuel da Costa. Tendências ilustradas mostraram igualmente as associações literárias desse tempo, como a Academia dos Renascidos (1759), da Bahia, e a Sociedade Literária (1786-1794), do Rio, que acabaram sendo extintas pelo governo por subversivas.

A vinda de D. João VI para o Brasil em 1808, pondo fim à * era colonial e criando condições favoráveis à independência do País, possibilitou a plena afirmação dos ideais iluministas, timidamente manifestados na época anterior. Nesse momento de intensa fermentação patriótica, tais ideais se expressaram melhor nos gêneros extraliterários: oratória, jornalismo, ensaio de doutrinação político-econômica. Avultam nessa quadra figuras de publicistas e panfletários como * Hipólito José da Costa (*Correio Brasiliense*), * Frei Caneca (*Tifis Pernambucano*) e Evaristo da Veiga (*Aurora Fluminense*); de economistas liberais como José da Silva Lisboa e Azeredo Coutinho; de oradores como * Monte Alverne, a cuja religiosidade não era estranha uma nota ilustrada. O sentido dominantemente pragmático do Iluminismo da época, todo ele voltado para as tarefas imediatas da emancipação e desenvolvimento do País, ressalta no interesse que os brasileiros de então mostravam pelas carreiras científicas: é o caso de naturalistas, botânicos e mineralogistas como Alexandre Rodrigues Ferreira, Conceição Veloso e * José Bonifácio, entre tantos outros. Semelhante utilitarismo não favorecia o cultivo das chamadas belas-letras: daí o escasso relevo com que traços ilustrados aparecem nas odes cívicas de José Bonifácio, nos versos patrióticos de * Natividade Saldanha e na rousseauniana "Ode ao Homem Selvagem", de * Sousa Caldas.

CONSULTAR: Afonso Arinos de Melo Franco, *Mar de Sargaços*, S. Paulo, 1944; V.-L. Saulnier, *La Littérature du Siècle Philosophique*, Paris, 1948; Antônio Cândido, *Formação da Literatura Brasileira*, vol. I, S. Paulo, 1959; e *Literatura e Sociedade*, S. Paulo, 1965; Fernand Vial, verbete "Enlightment, Age of", *Dictionary of French Literature* (dir. de B. Braun), Nova Iorque, 1964; Nelson Werneck Sodré, *A Ideologia do Colonialismo*, 2.ª ed., Rio, 1965; Vários Autores, *Brasil em Perspectiva*, S. Paulo, 1968.   [J. P. P.]

IMPRESSIONISMO — Mais atitude ou técnica literária que tendência ou corrente, corresponde à aplicação, na prosa de ficção, de alguns recursos plásticos utilizados pela pintura impressionista. Seus adeptos podem pertencer indiferentemente ao * Naturalismo e ao * Simbolismo; as mais das vezes, opera-se uma inextricável fusão desses dois movimentos. Em princípio, caracteriza-se o Impressionismo pela reconstituição de atmosferas fugidias, compostas da incidência fugaz da luz sobre objetos ou pessoas. Hipersubjetivista, o processo diligencia fixar a "impressão" provocada pelo ambiente na mente do escritor. Na essência, revela o anseio de realizar uma escrita automática, obediente ao sabor de impactos vários, em busca dum realismo tão autêntico

190

quanto possível, conseguido pela soma de apontamentos rápidos, tomados de realidades em frenética mutação.

Na literatura brasileira, a técnica impressionista não teve clima favorável: além de aparecer ocasionalmente em * Raul Pompéia e * Graça Aranha, é em * Adelino de Magalhães que encontrou um ortodoxo e apaixonado cultor, sem continuadores, em que pese à existência de manchas impressionistas na prosa modernista de * Antônio de Alcântara Machado, * Mário de Andrade, * Oswald de Andrade, * Plínio Salgado, * José Américo de Almeida, * Clarice Lispector, e outros.

CONSULTAR: Xavier Placer, "O Impressionismo na Ficção", *A Literatura no Brasil* (dir. de Afrânio Coutinho), vol. III, t. 1, Rio, 1959.

[M. M.]

INDIANISMO — É a adoção do índio como tema literário. No Brasil, o processo começou a ter relevo com os árcades, notadamente * Basílio da Gama e * Santa Rita Durão, embora o primeiro visse o nosso aborígine como o "homem natural", ao passo que o segundo nele descortinava apenas o indivíduo comedor de carne humana, que só o Cristianismo salvaria. Durante o * Romantismo, o culto do passado e o nacionalismo literário imporiam o cultivo da chamada "poesia americana", que não só aproveitava os recursos naturais de fauna e flora, como também se socorria de cenas da História, de costumes nacionais. O tipo "americano" de poesia, com suas várias modalidades, pode ser visto nas *Americanas* de * Machado de Assis. É óbvio que o Indianismo se incluía nessa fórmula geral. Tinham os românticos como certo que a sua primeira poesia americana, isto é, o primeiro poema que conjugara paisagem e índio nacionais com dicção nova, diferente da arcádia, havia sido a "Nênia", de Firmino Rodrigues Silva, escrita em 1837, por morte de Francisco Bernardino Ribeiro e publicada em 1841. * José de Alencar e * João Cardoso de Meneses são expressos quanto a isso, e não se enganavam. Vinham depois * Joaquim Norberto, que tem muçuranas, inúbias e tacapes em balada como "O Prisioneiro" e figuras menos expressivas, contemporaneamente com as quais poetou * Gonçalves Dias. Desde 1844, ainda em Portugal, escreveu ele poesias indianistas; e iria legar-nos, com o tempo, o que de melhor produziu em verso o nosso Romantismo, em poesias tais como "I Juca-Pirama", "Marabá", "Leito de Folhas Verdes". Em prosa, o Romantismo legou-nos pelo menos três outras obras-primas indianistas, os romances * O *Guarani*, * *Iracema* e *Ubirajara* de José de Alencar, verdadeiros poemas em prosa que em verso têm sido traduzidos para outras línguas. Alencar também escreveu indianista no poema inconcluso *Os Filhos de Tupã*.

O prestígio da corrente foi tal que até mesmo * Gonçalves de Magalhães tentou o seu poema longo, *A Confederação dos Tamoios*, cuja publicação suscitou rumorosa polêmica (da qual o Imperador participou). O poema, contudo, não atingiu o nível a que aspirava chegar, sendo bastante inferior às poesias de Gonçalves Dias. Na fase parnasiana, o índio surgiu como simples rescaldo, em * Bilac por exemplo ("A Morte de Tapir"), e foi uma ausência no * Simbolismo. No * Modernismo, tem sido tomado por vezes como ponto de referência para diretrizes estéticas; assim na Poesia * "Pau-Brasil" e na * Antropofagia de * Oswald de Andrade, que impunha a alternativa "tupi or not tupi",

191

e mesmo na corrente Verde-Amarela. A fase heróica legou-nos algumas obras de importância como aproveitamento primitivista do índio ou suas lendas, por exemplo o * Macunaíma, de * Mário de Andrade, a * Cobra Norato, de * Raul Bopp ou o Martim Cererê, de * Cassiano Ricardo.

CONSULTAR: Maria Celeste Ferreira, O Indianismo na Literatura Romântica Brasileira, Rio, 1949; José Aderaldo Castelo, A Polêmica sobre a "Confederação dos Tamoios", S. Paulo, 1953; e Manifestações Literárias da Era Colonial, vol. I dA Literatura Brasileira, S. Paulo, 1962; Antônio Cândido, Formação da Literatura Brasileira, 2 vols., S. Paulo, 1959; Maria José de Queirós, Do Indianismo ao Indigenismo nas Letras Hispano-Americanas, Belo Horizonte, 1962; Péricles Eugênio da Silva Ramos, Poesia do Ouro, S. Paulo, 1964; e Poesia Romântica, S. Paulo, 1965.

[P. E. S. R.]

INFANTIL, LITERATURA — Os antecedentes históricos da Literatura infantil brasileira exibem três raízes, confluenciadas na própria formação social, racial e cultural do País: a européia, a africana e a autóctone. A primeira é representada por portugueses, espanhóis e outros povos, com sua experiência européia; a segunda, pelo contingente africano e sua original literatura, revelada no começo do século ao mundo culto; a terceira, finalmente, pelos naturais do País, isto é, as numerosas tribos que ocupavam a terra e que, embora num estágio de cultura material pouco avançado em relação aos colonizadores, possuíam uma teogonia e uma mitologia complexas e desenvolvidas. Essa soma de valores necessariamente se refletiu na cultura brasileira, inclusive na nossa literatura infantil, cujos antecedentes se encontram hoje estudados, sob seus vários aspectos, em vasta bibliografia. Para a compreensão da literatura infantil propriamente dita — sua gênese, condicionamento e independência de gênero no Brasil — deve-se levar em conta a seguinte ordenação esquemática: I — a literatura oral; II — a literatura traduzida; III — a literatura escolar; IV — a imprensa infantil; V — os precursores; e VI — a literatura infantil.

A literatura oral está na base de todo o conhecimento humano. Trouxeram-na para o Brasil os primeiros marinheiros. O saber ler, na época das grandes descobertas, era ainda privilégio de classe, contentando-se o povo com a * literatura oral, que teve florescimento extraordinário, inclusive com a criação de verdadeiras obras-primas. No período colonial, a primeira instituição literária que se destacou no Brasil foi a dos akpalos negros, exercida com alta seriedade por velhas escravas e escravos. Conforme a região, em seu país de origem, chamavam-se eles também dialis, personagens semelhantes aos trovadores medievais e que sofreram transformações com o correr dos anos. A literatura memorialística registrou tal instituição, constituída de negras principalmente, que andavam de engenho em engenho, ou por velhas fazendas, contando histórias aos meninos brancos, como é o caso da Velha Totônia, de * José Lins do Rego; da Mãe Filipa, do mesmo autor; da negra Margarida, de Francisco de Paula Ferreira Resende, no sul de Minas; da Iaiá, do menino * Gilberto Amado. José Maria Belo registrou, do seu tempo de menino, a figura de um negro contador de histórias, cuja descrição o colocava dentro do instituto dos akpalos. Verificou-se, pois,

192

legítimo processo de aculturação africana no Brasil. Segundo se observou, histórias africanas cujos personagens principais eram bichos foram acrescentadas às de Trancoso, "contadas aos netinhos pelas avós coloniais", ou melhor, "quase todas histórias de madrastas, de príncipes, gigantes, princesas, pequenos polegares, mouras encantadas, mouras--tortas" (* Gilberto Freyre). Tal processo de interação cultural ainda hoje, tantos anos decorridos, se reflete na temática da nossa moderna literatura infantil, que encontrou nessa simbiose de elementos uma inesgotável fonte de motivos.

Aos poucos, porém, o panorama iria modificar-se com o aparecimento do livro, que ainda não seria o diretamente indicado para a infância, como hoje o entendemos. Distingue-se, aliás, na literatura infantil, uma espécie *a priori* e outra *a posteriori*. Esta última, que mereceria a consagração da infância de todo o mundo, através de autores como Fénelon, Perrault, Andersen, os irmãos Grimm, Swift, Defoe e tantos outros, se constituiria na chamada biblioteca clássica, e influiria no Brasil, como não podia deixar de ser, principalmente através de livros em francês, o que refletiria o nosso sistema de educação na época, em que predominavam as escolas francesas (numerosas), inglesas e norte-americanas. O depoimento de várias personalidades cuja infância se passou entre o fim da segunda metade do século XIX e os princípios do século XX revela como se liam numerosos autores no original: Júlio Verne, Swift, Mark Twain, Defoe, Edmundo D'Amicis, Fenimore Cooper. Principalmente em francês, "pois o francês aprendem até dormindo", diria a educadora alemã Ina Von Binzer dos jovens brasileiros entre 1881 e 1883. Já nessa época se distinguia, como introdutora dessa literatura no Brasil, a Casa Editora David Corazzi, de Lisboa. Foi ela também responsável pela tradução de numerosas obras de Júlio Verne e talvez tenha sido mesmo a lançadora da primeira tradução de *Juca e Chico,* de W. Busch, registrada numa carta daquela educadora alemã, em 1882. As traduções brasileiras foram feitas principalmente pelas editoras Garnier, Laemmert, Gennoux, Garraux e Livraria Clássica Alves & Cia., que em 1891 lança a primeira tradução do *Cuore,* assinada por * João Ribeiro. Entre os volumes traduzidos citam-se *Robinson Crusoé, Contos de Schmidt, O Bravo,* de Fenimore Cooper, *O Dote de Susaninha,* de J. Fiévée, a *Biblioteca Juvenil* (vários volumes), a *Enciclopédia da Infância,* o *Coração, Simplicidades de Bertoldinho* e tantos outros.

Mas já a literatura escolar começava a aparecer no Brasil como reação a essas traduções e originais, ao mesmo tempo que o primeiro jornal juvenil surgia em S. Paulo, em 1864, com o título de *Ensaio Juvenil,* dirigido por acadêmicos paulistas. Tanto a literatura escolar representava uma reação às traduções, que no prefácio de seu livro *Pátria,* lançado em 1891 em S. Paulo, João Vieira de Almeida assinalava, referindo-se ao *Coração,* de Edmundo D'Amicis, ter pretendido escrever "um livro eminentemente brasileiro". Depoimentos colhidos em leituras revelam-nos que os livros representativos dessa então literatura escolar (que não excluía os objetivos de uma literatura infantil) eram o *D. Jaime,* de Tomás Ribeiro, e *O Tesouro de Leitura,* do Dr. Abílio César Borges. O Barão de Macaúbas, por incumbência do Conselho de Instrução Pública, chegou a "modernizar" o poema *Os Lusíadas* para as crianças brasileiras, volume que, aliás, inaugurou a Bi-

193

blioteca Escolar daquele Conselho. Nessa coleção, publicou-se também a sua tradução das *Fábulas,* de La Fontaine, que redimiu o barão de sua extravagante adaptação do livro de Camões. Caracterizou-se tal período por farta literatura dedicada à infância, mas comprometida com o sistema pedagógico então vigorante, sem o descompromisso que caracteriza a literatura infantil de hoje, no campo da pura ficção. Sendo a escola o centro de educação, de aprimoramento intelectual, do cultivo da literatura infantil da época, natural seria que nela surgissem os primeiros jornais dedicados à infância. E foi justamente o que ocorreu, representando o fenômeno — dentro da nossa esquematização inicial — importante fator na história da literatura infantil brasileira. Embora tivesse havido publicações anteriores, o primeiro jornal, com preocupações literárias, para a infância e a juventude, em S. Paulo, foi *O Adolescente* (cujo número inicial é de 3/5/1887), dirigido por Virgílio R. Batista e A. C. Rivera. Aí se viam, em folhetim, um romance de Paulo de Koch, bem como charadas, poesias e adivinhas. Em 1892, circula a *Aurora Juvenil,* dirigida por Pedro Ismael Forster, Antônio Hermógenes e Diogo R. de Morais. Em 1898, Anália Emília Franco dirigia o *Álbum das Meninas,* revista literária e educativa exclusivamente para meninas. Foram numerosos tais jornais e revistas mas todos eles de curta duração. Seriam os antecessores da mais famosa revista brasileira dedicada à infância — *O Tico-Tico,* fundada por Luís Bartolomeu de Sousa e Silva, cujo primeiro número apareceu em 11/10/1905, no Rio.

Mais uma vez, dentro do nosso esquema de gênese, condicionamento e independência da literatura infantil no Brasil, surgiria uma reação, aquela dirigida contra a literatura escolar, de que nos ficaram livros importantes. Alberto Figueiredo Pimentel publica em 1894 os *Contos da Carochinha,* que já eram, segundo depoimento registrado, conhecidos em 1878, em Pernambuco. Do mesmo autor é também a coletânea *Histórias da Baratinha,* lançada em 1896, e *Histórias da Avozinha.* Arnaldo de Oliveira Barreto, utilizando-se do material imenso da literatura oral (e muitas vezes até impressa), dá início à famosa *Biblioteca Infantil,* com uma série enorme de volumes para crianças. Em 1905, Charles W. Armstrong publica *Contos para meus Discípulos.* Em 1909, surgem os primeiros livros de Alexina de Magalhães Pinto, com notável contribuição para a literatura infantil. Além de traduções, * Olavo Bilac, * Coelho Neto, M. Bonfim, Zalina Rolim, * Alberto de Oliveira, Meneses Vieira, * Francisca Júlia da Silva, * Júlia Lopes de Almeida, Álvaro Guerra, João Köpke, Jansen Müller, A. Müller, Inês Sabino, Tales de Andrade e muitos outros publicaram livros para crianças, de prosa, teatro e poesia. Deste período data enorme e dispersa literatura para crianças, abordando variadíssima temática; um livro, todavia, permaneceu e cresceu em toda a sua beleza: *Saudade,* de Tales de Andrade. Ao mesmo tempo, as editoras da época começaram a apresentar traduções e adaptações de clássicos da literatura infantil, em edições já então ilustradas. Foi todo um período, por assim dizer, de amadurecimento da nossa verdadeira literatura infantil.

Esta só se realizou integralmente com o aparecimento de * Monteiro Lobato, que definiu o gênero, deu-lhe independência e verdadeiras obras-primas. Em 1912, Lobato revela o nascimento de toda sua literatura infantil quando assinala, em carta, "o livro que nos falta",

194

isto é, "um romance infantil", que ele considerava um "campo vasto e nunca tentado". Em 1916, refere o projeto que realizaria três anos depois — "vestir à nacional as velhas fábulas de Esopo e La Fontaine" — enquanto reclama contra a pobreza de nossa literatura para crianças. Lobato caminhou conscientemente para a realização da literatura infantil brasileira. Depois dele, e com ele, é que ela atinge a maturidade. É assim que, em 1917, escreve *O Saci,* após inquérito que realizou para o jornal *O Estado de S. Paulo. O Saci* era um livro que, na sua forma primitiva, se endereçava às crianças, "um livro *sui generis* — para crianças, para gente grande, fina ou burra, para sábios folclóricos", conforme escrevia o A. Em 1919, Lobato fez o que pretendia três anos antes, isto é, vestir La Fontaine à moda brasileira. Contudo, não publicou o trabalho. É que já amadurecia o *Narizinho Arrebitado* e, realmente, em 1921 enviava os originais para um amigo experimentar entre crianças. O livro venceu a prova e foi publicado numa edição inicial de 50 500 exemplares. Vieram depois *O Saci,* na forma em que ainda hoje o conhecemos, as *Fábulas* e o *Marquês de Rabicó.*

Atualmente, a literatura infantil é cultivada, no Brasil, por grande número de escritores, verdadeiros mestres no gênero. Não sendo possível arrolá-los todos aqui, a título de ilustração poderíamos citar, entre outros, Viriato Correia, Francisco Marins, Maria José Dupré, Nina Salvi, Lúcia Machado de Almeida, Malba Tahan, Elos Sand, etc. As técnicas modernas do livro, o desenvolvimento cultural do País, propiciaram o aparecimento entre nós de uma variada e rica literatura infantil, que se aproveita particularmente, com grandes efeitos, dos temas nacionais, nos quais avultam a enorme contribuição africana, a indígena e, modernamente, a das grandes correntes de imigração.

Consultar: Fernando de Azevedo, *A Educação e seus Problemas,* S. Paulo, 1937; Gilberto Freyre, *Casa-Grande & Senzala,* 5.ª ed., Rio, 1946; Lourenço Filho, "Literatura Infantil", *Revista Brasileira,* n.° 7, Rio; Lenira C. Fracaroli, *Bibliografia de Literatura Infantil em Língua Portuguesa,* S. Paulo, 1955; Cecília Meireles, *Problemas da Literatura Infantil,* Belo Horizonte, 1951; Bárbara Vasconcelos de Carvalho, *Compêndio de Literatura Infantil,* S. Paulo; Nazira Salem, *Literatura Infantil,* S. Paulo, 1959; Leonardo Arroyo, *Literatura Infantil Brasileira,* S. Paulo, 1968; Vários Autores, "Literatura Infantil, Hoje", *Correio do Povo,* Porto Alegre, 3/12/1977; Vários Autores, *Bibliografia Analítica da Literatura Infantil e Juvenil Publicada no Brasil* (1965-1974), S. Paulo/Brasília, 1977.

[L.A.]

INFLUÊNCIAS — A Literatura Comparada já deixou, há muito, de estudar as "influências" individuais, de determinado escritor estrangeiro sobre determinado escritor nacional, por tratar-se, quando não de imitação consciente, só de reminiscências de leituras. O verdadeiro objetivo daquela disciplina científica é o enquadramento das literaturas nacionais na história dos movimentos literários universais e a demonstração das analogias e diferenças. Ainda não existe, a esse respeito, trabalho monográfico sobre a literatura brasileira que, no entanto, sempre esteve enquadrada naqueles movimentos, acompanhando-os e fornecendo-lhes contribuições, ora menos, ora mais originais.

195

Assim, a poesia de * Gregório de Matos, no século XVII, enquadra-se no * Barroco literário definido pelos nomes de Gôngora e Quevedo. Os poetas da Inconfidência Mineira conhecem a Arcádia portuguesa (Correia Garção, Reis Quita) e também a italiana (Metastásio); mas tampouco deixam de ser contemporâneos atentos da * Ilustração francesa (Montesquieu, Voltaire, Abbé Raynal, Rousseau). Mas o relativo isolamento do Brasil-Colônia excluiu sua literatura do contato direto com o * Pré-Romantismo do século XVIII. Também o Classicismo do início do século XIX (Goethe, Schiller, Alfieri, Chénier) foi ignorado pelos classicistas fradescos dos últimos tempos do regime colonial.

Com a Independência, inicia-se a preponderância da influência francesa nas letras brasileiras. O * Romantismo que entra pela porta da revista *Niterói*, de * Gonçalves de Magalhães, é o primeiro romantismo francês, de Lamartine (da fase conservadora e católica desse poeta); e só secundariamente se notam outras influências, de românticos não-franceses, tardiamente aceitos na França (Ossian, Manzoni). Mas o romancista romântico mais lido, em traduções, na França, foi Walter Scott; e nele se filia o romance histórico de * Alencar e * Bernardo Guimarães, ao passo que a sempre afirmada influência de Cooper no * indianismo de José de Alencar carece de verificação. Mas é certa a influência de Chateaubriand no estilo da prosa romântica brasileira, assim como a do romance "social" francês (Georges Sand, Feuillet) na ficção de enredo contemporâneo.

A preponderante influência francesa é o fato mais importante entre as relações internacionais da literatura brasileira no século XIX. Há, porém, exceções. A grande exceção é * Gonçalves Dias, discípulo de Schiller e da poesia romântica alemã (Heine, Lenau), sem desconhecer o Romantismo português e o Romantismo espanhol (Espronceda, Zorrilla); é o único romântico brasileiro que foi à Europa em vez de ler, em casa, livros franceses ou traduzidos para o francês. Os jovens poetas da geração de 1850 (* Álvares de Azevedo, * Junqueira Freire, * Fagundes Varela) beberam seu lirismo em Musset e em traduções francesas de Byron; só em * Casimiro de Abreu se nota, secundariamente, a influência do chamado Ultra-Romantismo português (João de Lemos, Soares de Passos). Enfim venceu, como em todos os países de línguas neolatinas, a influência avassaladora de Vítor Hugo: no Brasil, em * Castro Alves e na poesia condoreira.

Entre 1870 e 1880, nota-se, enfim, também no Brasil, que o movimento romântico na Europa já acabara. Certos grupos (ou indivíduos) tentam libertar-se da monopolizadora influência francesa. * Machado de Assis, embora também imbuído de leituras francesas, deve a libertação do seu gênio criador, em parte, ao estudo de modelos ingleses; mas é um caso isolado. A * Escola do Recife (* Tobias Barreto, * Sílvio Romero) quis substituir a influência francesa pela alemã; teve papel renovador, mas sua época era a do mais baixo nível em toda a história da literatura alemã, de modo que seus modelos e exemplos envelheceram rapidamente.

Desse modo, o campo ficou novamente livre para influências provenientes da França. Na cultura filosófica: o Positivismo de Augusto Comte. No romance o * Naturalismo de Zola, sobretudo em * Aluísio Azevedo, notando-se também leituras de Ibsen. Na poesia: o * Parnasianismo de Gautier, Leconte de Lisle e Herédia (também em grau menor, de Victoire Ackermann, Coppée e Sully Prudhomme), os modelos (até imitados) de * Raimundo Correia, * Bilac, * Alberto de Oliveira e * Vicente de Carvalho. Mas este último também conheceu Maeterlinck, que será uma das grandes influências do * Simbolismo brasileiro.

A maior, porém, é Verlaine: seja o Verlaine musical, em * Cruz e Sousa, seja o Verlaine católico, em * Alphonsus de Guimaraens. Na prosa, os simbolistas brasileiros adoram o italiano semi-afrancesado D'Annunzio. E todos eles veneram Baudelaire, embora as mais das vezes o compreendam mal, como "satanista"; o único baudelairiano autêntico no Brasil será * Augusto dos Anjos.

O Parnasianismo sobreviveu no Brasil de maneira anormal, assim como na prosa um * Naturalismo moderado, modificado pela influência de Eça de Queirós. Durante cerca de 20 anos, o País esteve novamente isolado dos movimentos literários lá fora. Acumularam-se os atrasos e o desconhecimento. Quando, em 1922, o * Modernismo paulista rompeu as barreiras, entrou quase simultaneamente, pela ação de escritores como * Mário e * Oswald de Andrade e * Sérgio Milliet, uma massa enorme de influências de toda espécie: o * Futurismo italiano (poesia de Palazzeschi, prosa de Soffici); a poesia de Whitman (imitada por * Ronald de Carvalho); o Pós-simbolismo de Samain (sensível em * Ribeiro Couto); a "poesia do cotidiano" de Apollinaire e Guy-Charles Cros (influências admitidas por * Manuel Bandeira); a Psicanálise de Freud; a primeira onda de * Surrealismo; o "renouveau catholique" francês, junto com as idéias políticas de Maurras; e leituras marxistas de escritores russos.

As influências marxistas e russas foram, porém, mais fortes no movimento nordestino, depois de 1930. Contudo, os modelos imediatos dos romancistas do * Nordeste antes são norte-americanos, inclusive um romance de Michael Gold (*Jews Without Money*), que nos próprios Estados Unidos passara despercebido. O romance nordestino pertence ao movimento universal do Neonaturalismo.

Na literatura brasileira contemporânea, as influências estrangeiras tornam-se mais raras ou menos reconhecíveis. Mas nota-se a sobrevivência da mentalidade surrealista (em * João Cabral de Melo Neto) e a influência nova de Pound (na * poesia concreta).

CONSULTAR: Paul Hazard, "Les Origines du Romantisme au Brésil", *Revue de Littérature Comparée*, VII/1, 1927; Georges Le Gentil, "L'Influence Parnassienne au Brésil", *Revue de Littérature Comparée*, vol. XI, n.º 1, 1931; D. Driver, *The Indian in Brazilian Literature*, Nova Iorque, 1942; Mário da Silva Brito, *História do Modernismo Brasileiro*, I, S. Paulo, 1958; e estudos monográficos de Agripino Grieco, Eduardo Frieiro, Eugênio Gomes, Otto Maria Carpeaux, Paulo Rónai, Sílvio Júlio.

[O. M. C.]

INFORMAÇÃO, LITERATURA DE — A literatura que aqui se convencionou chamar de informação tem tido no Brasil cultores nacionais e estrangeiros, que encontram na vastidão do País, na exuberância da * natureza e nos contrastes do povo, numerosos temas que versar. De modo geral, os estrangeiros se manifestaram em termos mais imparciais, muitas vezes, do que aqueles da comprometida literatura luso-brasileira, de predileção ufanista. Esta e aqueles, na maioria das vezes, ofereceram testemunho de valor muito mais histórico que literário. O acervo da literatura de informação sobre o Brasil é variado. Enriquecem-no a literatura epistolográfica dos jesuítas; as memórias, autênticos repositórios de conhecimentos geográficos, históricos e econômicos; os diários de bordo; as biografias; as relações de viagem, etc. Na *Carta* de Pêro Vaz de Caminha, minucioso e atraente registro do inicial reconhecimento da terra, podemos apontar a balizagem primeira dessas copiosas letras, que se estendem, praticamente, até o século XIX. Entre os vários depoimentos e relatos, do primeiro século, destacam-se o *Llyuro da naoo bertoa que vay para a terra do brazull...* (Diário da Nau Bretoa — 1511), a *Zeitung aus Bresilig Landt* (Nova Gazeta da Terra do Brasil — 1514), o *Diário de Navegação* (1930-32), de * Pêro Lopes de Sousa, etc. Mas é no tocante às obras, tanto de portugueses como brasileiros, que vamos encontrar os exemplos mais expressivos dessa literatura. Ela se estende por todo o período colonial e, dentro da conceituação que aqui é aceita para defini-la, poderíamos convir mesmo que se torna impossível a sua delimitação no tempo. Nos autores cujas obras datam dos três primeiros séculos e se enquadram ou se valorizam mais por servirem a um documentário histórico, o estilo que predomina é o *barroco. Como não poderia deixar de ser, essa literatura colonial está situada dentro do seu momento histórico, tanto pelo estilo quanto pelas ambições. Apresenta instantes seqüentes no que diz respeito à curiosidade e ao conhecimento da terra e dos habitantes, ao deslumbramento imaginativo pelo que se vai conhecendo e à crítica realista ao que se lhe deve ou ao que se lhe pode aproveitar. No primeiro século, entre os brasileiros, destacam-se, * Pêro de Magalhães de Gândavo, cujos primeiros textos parecem datar de 1570, sendo sua obra mais conhecida a *História da Província de Santa Cruz*; o P. * Fernão Cardim, do qual nos ficaram três tratados, escritos, provavelmente, em 1583, de grande valor histórico; e *Gabriel Soares de Sousa, com o *Tratado Descritivo do Brasil,* que parece ter sido escrito antes de 1587, e que é, em seu gênero, a obra de maior importância desse século. Na centúria seiscentista, o *Livro que dá razão do Estado do Brasil* (1612), de Diogo de Campos Moreno, e os *Diálogos das Grandezas do Brasil,* que datam de 1618, de * Ambrósio Fernandes Brandão (para Capistrano, português de origem), ambos representando muito, particularmente para a história da economia colonial. Com a *História do Brasil,* de Frei * Vicente do Salvador, escrita em 1627, tenta-se, pela primeira vez, um esforço de narração cronológica dos fatos históricos gerais das capitanias. No século XVIII, * André João Antonil, pseudônimo de João Antônio Andreoni, oferece com sua obra *Cultura e Opulência do Brasil* (1711), verdadeiro tratado sobre a indústria açucareira da época, discorrendo, também, em torno de outras atividades econômicas. Em 1728, * Nuno Marques Pereira, de cuja vida pouco se sabe, sendo discutível a sua nacionalidade, escreve o *Peregrino da América* (1733?), cujas descrições de valia histórica são limitadas pelas demoradas alegorias dialogais e apologéticas. Sob o estímulo, ainda que muitas vezes indireto, do movimento academicista do século, surgem várias obras, das quais destacaríamos a *História da América Portuguesa* (1730), de * Sebastião da Rocha Pita e

198

a *História Militar do Brasil* (1762) de José Mirales, ambos acadêmicos. Ainda no mesmo século temos trabalhos de âmbito regional, mas de grande interesse informativo, como é o caso dos *Anais Históricos do Estado do Maranhão* (1749), de Bernardo Pereira de Berredo, além de outros autores, muito dos quais religiosos, que nos legaram títulos menos ambiciosos. A literatura de informação continua até os nossos dias e continuará ainda, recebendo, para isso, os mais diversos incentivos, inclusive o do público leitor. Os gêneros em que ela aparece não diferem muito daqueles que apontamos. Registramo-la apenas no século de formação de nossa literatura, porque nesse período a sua presença e contribuição são ponderáveis. Hoje a metodologia científica e o processo artístico dão-na como superada ou de sentido apenas divulgador.

CONSULTAR: Capistrano de Abreu, *Ensaios e Estudos*, 3 vols., Rio, 1931-1938; Vários Autores, *A Literatura no Brasil* (dir de Afrânio Coutinho), vol. I, t. 1, Rio, 1956; José Honório Rodrigues, *Teoria da História do Brasil*, 2 vols., S. Paulo, 1957; José Aderaldo Castelo, *Manifestações Literárias da Era Colonial,* Vol. I d'*A Literatura Brasileira*, Rio, 1962; Wilson Martins, *História da Inteligência Brasileira,* S. Paulo, vol. I, 1976.

[J. R. A. L.]

INOCÊNCIA — Romance romântico, escrito pelo * Visconde de Taunay e publicado em 1872. De enredo singelo, narra os amores castos de Inocência, jovem pura e incauta, e Cirino, manhoso e vivido, em triângulo amoroso com o noivo prometido a Inocência: Manecão, déspota e autoritário, antítese do adamado que há em Cirino. Antagonista cruel do idílio, Manecão é escolhido noivo pelo pai da moça, Pereira. O anão Tico, o guardião fiel das decisões de Pereira, representa um alter-ego de Manecão. A presença do alemão Meyer desvia a atenção de Pereira do médico que curava sua filha, pois em sua espontaneidade Meyer não escondia o entusiasmo que a beleza de Inocência lhe provocara. Cirino cura a moça, mas por ela se apaixona. O livro decorre com os obstáculos criados a este amor, até a morte dos seus protagonistas.

As personagens são constituídas segundo modelos buscados na realidade, ainda que Inocência, em sua beleza angelical e pureza incontaminada, soe um tanto falsa. Cirino, mais bem tratado, desponta com uma personalidade de acordo com as circunstâncias: maneiroso e hábil no trato com terceiros, sabe convencer o pai de Inocência. A força do romance reside nas personagens secundárias, tipos representativos de certa camada social do interior: o pai de família, que resguarda a honra do lar, duro e intransigente quando vê uma ameaça, mas bonachão, alegre, bem humorado, eventualmente turrão; Manecão, personagem estática como todas as demais, que representa o homem disposto à conquista do meio agreste e inóspito. Uma das mais relevantes figuras do livro é o cientista alemão Meyer: Taunay consegue captar-lhe com muita acuidade o fluxo interior.

De enredo linear, conforme o modelo romântico, *Inocência* é uma narrativa em que a paisagem desempenha função importante: mais do que pano de fundo, espelha a intimidade das personagens e, a um só tempo, a determina, num jogo de reflexos que, mostrando ao vivo a

rudeza do *sertão, é marca registrada da obra e prenúncio da estética realista.
[V. A.]

IRACEMA (Lenda do Ceará) — Romance de * José de Alencar. Publicado em 1865, passa logo a gozar de grande aceitação do público e a ser distinguido pela opinião crítica, a começar por * Machado de Assis. Numa atmosfera lendária, de exótica e delicada poesia, desenrola-se a história triste dos amores de Martim, primeiro colonizador português do Ceará, e Iracema, jovem e bela índia tabajara, filha de Araquém, pajé da tribo. Martim saíra à caça com seu amigo Poti, guerreiro pitiguara, e perdera-se do companheiro, indo ter aos campos dos inimigos tabajaras. Encontra Iracema, que o acolhe na cabana de Araquém, enquanto volta Caubi, seu irmão, que reconduziria o guerreiro branco, são e salvo, às terras pitiguaras. Iracema, porém, apaixona-se por Martim, traindo o "segredo da jurema", que guardava como "virgem de Tupã". Acompanha o esposo, deixando na sua tribo um ambiente de revolta, acirrado pelos ciúmes de Irapuã, destemido chefe tabajara. Desencadeia-se a guerra da vingança, e os tabajaras são derrotados; Iracema confunde as venturas do amor com as amargas tristezas que despertam os campos juncados de cadáveres de seus irmãos. Ao remorso e saudade outra dor se lhe acrescenta: o arrefecimento do amor de Martim que, para amenizar a nostalgia da pátria distante, ausentava-se em longas e demoradas jornadas. Num dos seus regressos, encontra Iracema às portas da morte, exausta pelo esforço que fizera para alimentar o filhinho recém-nascido, a quem dera o nome de Moacir, literalmente na sua língua, "filho da dor". Martim enterra o corpo da esposa e parte, levando o filho e a saudade da fiel companheira.

Saga primitiva dos albores da nacionalidade, é das obras mais significativas do * Indianismo brasileiro, sendo digno de nota o lirismo da prosa em que foi escrita, que levou alguns a considerá-la um verdadeiro "poema em prosa".

Consultar: Cândido Jucá Filho, *Uma Obra Clássica Brasileira*: *"Iracema"*, Rio, 1949; Antônio Soares Amora, *Classicismo e Romantismo no Brasil*, S. Paulo, 1966.
[R. M. P.]

ITAPARICA, Frei Manuel de Santa Maria — (★ 1704, Itaparica, BA; † 1770?) Fez seus estudos na Ordem de S. Francisco, onde professou mais tarde. Poeta e pregador. Deixou *Eustáquidos* (ed. ancípite, 1769?), poema épico sacro-tragicômico, em seis cantos, em decassílabo heróico e oitava-rima, que narra a vida de Santo Eustáquio. Tirante a correção do verso, dentro dos cânones do * Classicismo, o resto pouco vale: o poema é vazio de vida. Acresce que a influência de Camões é tão vincada que a obra se reduz, em essência, a um pálido eco d*Os Lusíadas,* de que repete idéias, situações e versos inteiros. Maior interesse da crítica mereceu a *Descrição da Ilha de Itaparica* (1841), que apareceu como apêndice a *Eustáquidos*. Poemeto de tom épico, em sessenta e cinco estrofes e igualmente oitava-rima, nele o A. faz a apologia de sua terra natal, animada de forte sentimento nativista. A descrição da ilha é documentalmente valiosa pela minúcia com que lhe retrata as atividades, os recursos materiais, os tipos humanos e as belezas naturais; o trecho que descreve a pesca da baleia é dos mais interessantes do poemeto.

A despeito do seu epigonismo camoniano, I. merece atenção como um dos precursores do nativismo literário. Suas outras obras são panegíricos de circunstância, destituídos de merecimento.

CONSULTAR: Varnhagen, *Florilégio da Poesia Brasileira*, ed. da A. B. L., vol. I, Rio, 1946; Artur Mota, *História da Literatura Brasileira*, 2 vols., S. Paulo, 1930; Domingos Carvalho da Silva, "As Origens da Poesia", *A Literatura no Brasil* (dir. de Afrânio Coutinho), vol. I, t. 1, Rio, 1956.

[J. C. G.]

IVO, LEDO — (★ 18/2/1924, Maceió, AL) Fez os estudos primários e secundários na cidade natal e no Recife. Na capital pernambucana, iniciou-se literariamente, tendo participado do I Congresso de Poesia (1941). Em 1943, fixou-se no Rio, onde passou a dedicar-se ao jornalismo e ao serviço público, como funcionário federal autárquico. Fez parte do conselho consultivo da revista *Orfeu*, órgão da fase polêmica do * Neomodernismo. Bacharelou-se em 1949 pela Faculdade Nacional de Direito.

A par de ser um dos principais poetas da chamada "geração de 45" (V. NEOMODERNISMO: POESIA), L. I. é também cronista, ensaísta, romancista e contista de valor. Entre os prêmios com que foi distinguido, estão o Olavo Bilac, da Academia Brasileira de Letras, e o prêmio de romance da Fundação Graça Aranha.

OBRAS DO A.: Poesia: *As Imaginações*, 1944; *Ode e Elegia*, 1945; *Acontecimento do Soneto*, 1948; *Ode ao Crepúsculo*, 1948; *Cântico*, 1949; *Linguagem*, 1951; *Um Brasileiro em Paris*, 1951; *Magias*, 1960; *Estação Central*, 1964; *Antologia Poética*, 1965; *Finisterra*, 1972; *O Sinal Semafórico*, 1974 (reúne as obras anteriores menos *Finisterra*); *Central Poética*, 1976 (poemas escolhidos). Romance: *As Alianças*, 1947; *O Caminho sem Aventura*, 1948; *Ninho de Cobras*, 1973. Ensaio: *Lição de Mário de Andrade*. 1952; *O Preto no Branco*, 1955; *Paraísos de Papel*, 1961; *Poesia Observada*, 1967; *Modernismo e Modernidade*, 1972; *Teoria e Celebração*, 1976. Crônica: *A Cidade e os Dias*, 1957. Contos: *Use a passagem subterrânea*, 1961; *O Flautim*, 1966. Novela: *O Sobrinho do General*, 1961.

CONSULTAR: Álvaro Lins, *Jornal de Crítica*, 5.ª série, Rio, 1947; Aluísio Medeiros, *Crítica*, 1.ª série, Fortaleza, 1947; Aderbal Jurema, *Poetas e Romancistas de Nosso Tempo*, Recife, 1953; Dante Costa, *Os Olhos nas Mãos*, Rio, 1960; Armindo Pereira, *A Esfera Iluminada*, Rio, 1966; Fausto Cunha, "L. I.", *Jornal do Brasil*, Rio, 1 e 29/3/1969; Temístocles Linhares, *Diálogos sobre a Poesia Brasileira*, S. Paulo, 1976; Bibliografia, apensa a *Central Poética*, ed. cit.; Malcolm Silverman, "Ficção e Poesia em L. I.", supl. lit. de *Minas Gerais*, Belo Horizonte, 28/1 e 4/2/1978.

[J.P.P.]

J

JABOATÃO, Frei Antônio de Santa Maria — (★ 1695, Santo Amaro, PE; † entre 1763 e 1765) Na sua Ordem, a Franciscana, teve vários encargos. Integrou também, a Academia Brasílica dos Esquecidos, na * Bahia (V. Academias), sob cujo estímulo, possivelmente, escreveu parte de sua obra. Nela há títulos de História e Genealogia, além de numeroso sermonário. Da incumbência que recebeu de redigir a crônica histórica da Província de Santo Antônio do Brasil, desde a chegada dos primeiros missionários franciscanos, resultou o *Novo Orbe Seráfico Brasílico* (1761), seu trabalho mais apreciado. Trata-se de circunstanciada narração de fatos ligados àquela Ordem, oferecendo valiosos subsídios para a história religiosa do período colonial.

Edição: *Instituto Histórico e Geográfico Brasileiro*, Rio, 5 vols., 1858-1862.

[J. R. A. L.]

JANEIRO, Rio de — V. RIO DE JANEIRO.

JECA TATU — Personagem criada por * Monteiro Lobato, símbolo do caboclo atrasado, ignorante e preguiçoso do interior do Brasil. Publicou-se o nome pela primeira vez no artigo que o escritor enviou para *O Estado de S. Paulo* (1914), sob o título de "Urupês". Opondo-se à idealização lírica do caboclo, oriunda da exaltação indianista dos primeiros românticos, M. L. retrata o Jeca em traços e cores realistas, talvez até excessivas, conforme ponderou mais tarde o escritor (cf. pref. da 4.ª ed. de *Urupês*), quando se convenceu de que o estado de apatia do pobre caipira, responsável também pelos outros defeitos, tinha fundo patológico. A popularidade do nome foi tão rápida que seu criador volta a usá-lo no título de nova obra, *Idéias de Jeca Tatu* (1949). Na sua significação conceitual, o termo está hoje dicionarizado, inclusive seu derivado *jequice*: "atos ou maneiras próprias de jeca" (cf. Aurélio Buarque de Holanda Ferreira, *Novo Dicionário da Língua Portuguesa*).

[R. M. P.]

JESUÍTICA, Literatura — Nas circunstâncias em que aspirou a ser simplesmente literatura — e elas não foram muitas — como naquelas em que a criação literária se comprometia, por sua finalidade catequé-

202

tica ou informativa, com a ação prática dos missionários, a literatura jesuítica dos três primeiros séculos de nossa história representa valioso depoimento, encarecido e utilizado por todos aqueles que se debruçam sobre ele, no esforço de compreensão de nossa realidade pretérita. Tanto no dialogar como na correspondência ânua, nos autos cênicos como nos sermonários e biografias, e em todo o mais, atendeu tal atividade literária às necessidades do processo catequético-educativo. Mais dirigida para informar do que folgar, convencer na fé do que ser diletante, não deixou ela, entretanto, de comprazer-se no rendilhado barroco, em busca de efeitos puramente artísticos, de que, em especial, os sermões do P. * Antônio Vieira constituem o mais alto exemplo. Se desenvoltura maior não houve em suas manifestações estéticas, dois motivos, sobretudo, por isso se responsabilizariam: as requisições de trabalho, que a empresa de catequese e educação exigiu de maneira incondicional, e a ausência de estímulo na Colônia, onde, quando muito, uma que outra celebração religiosa ou civil, antes das * "academias", lograva agitar uma vida social quase ausente, e que em poucos momentos tolerava a recitação de versos ou as representações cênicas. Plurilíngüe por fatores circunstanciais, já que expressa em português, latim, castelhano e tupi, essa literatura atendeu aos mais diversos gêneros — crônicas, tratados, peças teatrais, sermões, poemas, roteiros, catálogos, etc. —, compreendendo questões morais, religiosas, filosóficas e jurídicas, sempre voltadas para a crítica de costumes, a defesa do índio e a contemplação da terra, como na importante série das *Annuae Litterae Provinciae Brasilicae.* A considerar, também, está o seu cometimento educativo, em nível secundário, uma vez que ele pode explicar-nos atitudes literárias de várias gerações de brasileiros que passaram pelos bancos escolares dos inacianos. Dando margem a uma série de reparos, o ensino jesuítico previsto na *ratio studiorum* desenvolveu-se, entretanto, através de limitações vernáculas, compreensíveis na época, e que não lograram estiolar a aparição de prosadores e poetas como * Bento Teixeira, * Frei Vicente do Salvador, * Rocha Pita, * Silva Alvarenga, * Cláudio Manuel da Costa, * Alvarenga Peixoto, * Basílio da Gama, * Pedro Taques, *Alexandre e Bartolomeu de Gusmão e outros muitos. Expulsos os jesuítas do Brasil em 1759, por influência do Marquês de Pombal, ser-lhes-ia permitido o retorno em 1841, mas já agora diminuídos na sua força educacional e colonizadora, pelos mais complexos sistemas que foram aparecendo em face de uma outra realidade histórica. A rigor, a literatura jesuítica, cujo acervo foi levantado graças, sobretudo, às pesquisas do P. Serafim Leite, é comumente confinada ao período colonial, embora, na verdade, prossiga o trabalho intelectual dos jesuítas até os nossos dias. Será realmente nos três primeiros séculos que veremos surgir nomes representando expressivo conjunto de pregadores, geógrafos, professores, humanistas, moralistas, pedagogos, lingüistas, cronistas, poetas, cuja obra, em razoável parte em latim, repousa em arquivos de difícil acesso e cuja análise não cabe neste registro. Dois nomes, porém, sobretudo pela sua precedência, merecem consignação: o do P. Manuel da Nóbrega, primeiro superior da província jesuítica na América, cujo *Diálogo sobre a Conversão do Gentio* (1557 ou 1558) é, cronologicamente, a nossa primeira obra literária, possuindo ele ainda todo um acervo de exortações e cartas, no qual destacaríamos ainda a *Informação das Terras do Brasil* (1550); e o do

203

* P. José de Anchieta, a quem devemos as mais antigas peças (autos) e diálogos do teatro brasileiro, além de poesias, cartas, sermões, etc. CONSULTAR: Serafim Leite, *História da Companhia de Jesus no Brasil*, 10 t., Rio, 1938-1950; José Veríssimo, "Estímulos Literários no Brasil Colonial", *Rev. do C. C. L. A.*, Campinas, vol. XXV, 1910; P. J. de Castro Nery, "Seriam consistentes as acusações contra os jesuítas em matéria literária?", *Revista da Academia Paulista de Letras*, S. Paulo, vol. XIV, junho 1941; P. Leonel Franca, *O Método Pedagógico dos Jesuítas*, Rio, 1952; Armando de Carvalho, "A Literatura Jesuítica", *A Literatura no Brasil* (dir. de Afrânio Coutinho), vol. I, t. 1, Rio, 1955; José Aderaldo Castelo, *Manifestações Literárias da Era Colonial*, vol. I d*A Literatura Brasileira*, S. Paulo, 1962.

[J. R. A. L.]

JUBIABÁ — Romance de * Jorge Amado, publicado no Rio, em 1935. Em 1964, estava traduzido para sete idiomas. É a primeira obra afirmativa do talento do romancista, porque mais bem acabada do que as anteriores e sobretudo por ser a primeira a levantar a figura de um herói. J. A. abandona o romance de coletividades, inaugurando sua galeria de protagonistas. O negro Antônio Balduíno é moleque de morro em Salvador, depois capitão de areia, lutador de boxe, trabalhador na lavoura, artista de circo e estivador. No fundo, um instintivo cuja vida interior o romancista não chega a penetrar. Os espaços destinados às repercussões psicológicas são preenchidos por divagações regressivas e repetições em excesso, de reduzida expressão humana e literária. Balduíno, por ser herói popular, é um elemento de exceção na sociedade, interiorizado, participaria do complexo místico-degradado-revoltado do negro, numa fase ainda não ultrapassada de sua integração na sociedade brasileira; teria que ser síntese. Como protagonista, é uma individualidade; e como herói, individualista. No fim do romance, aponta a compreensão do social, mas ainda como uma imposição da enorme vitalidade do personagem, todo voltado para a ação, sem maiores indagações. O romance é um hino à valentia, ao amor, à amizade. O personagem-título, o pai-de-santo Jubiabá, representa um poder superior, durante quase toda a ação. É o sacerdote, no apogeu do seu prestígio de guia espiritual, e, para Balduíno, o substituto do pai que não conheceu. A simbologia das páginas finais é transparente. Embora não nos pareça que o negro tenha atingido verdadeira maturidade mental, para o A. ele a atinge, ao reparar que Jubiabá não lhe havia ensinado o valor da greve. Torna-se dono do seu destino, a lutar não mais por si mas pela classe social à qual pertence. Descobre uma dupla finalidade na vida — afinal, uma síntese: lutar pelo seu filho adotivo e pelos operários seus iguais.

[J. P.]

JUBIM, João MAURÍCIO DA COSTA — (★ 19/6/1875, Rio; † 14/9/1923, *idem*) Pintor, escultor, ilustrador e poeta. Amigo de vários simbolistas, pôs, em mais de um passo, seu talento pictórico a serviço dos ideais de grupo. Sua poesia, escassa e ocasional, talvez nascida do influxo de * Cruz e Sousa, a quem admirava extremamente, está dispersa em jornais e revistas. Um volumezinho se publicou graças ao empenho de * Félix Pacheco desapareceu completamente. Poesia dum visualista e sonhador, dum esteta sem grandes dramas íntimos.

O * soneto foi-lhe a forma predileta, que cultivava como artista exigente e insatisfeito. Uma que outra nota mais trágica, enquanto visão da * Natureza, talvez se possa atribuir à influência de Cruz e Sousa.

OBRAS DO A.: Na primeira obra referida a seguir, são encontrados alguns poemas.

CONSULTAR: Andrade Murici, *Panorama do Movimento Simbolista Brasileiro*, vol. II, Rio, 1952; Carlos D. Fernandes, "Um dos Pintores Dissidentes", *Autores e Livros*, supl. lit. d*A Manhã*, Rio, vol. III, n.° 17, 6/12/1942.

[M. M.]

JÚLIA DA SILVA MUNSTER, FRANCISCA — (★ 31/8/1871, Xiririca, atual Eldorado, SP; † 1.°/11/1920, S. Paulo) Ainda menina, veio residir na capital do Estado, em companhia dos pais, e já aos 20 anos começou a colaborar na imprensa paulistana, bem como na do Rio; com sua colaboração n*A Semana*, de * Valentim Magalhães, conquistou rápido prestígio literário; ao estrear com *Mármores* (1895), * João Ribeiro afirmava que poeta algum surgido depois de * Raimundo Correia, *Alberto de Oliveira ou *Olavo Bilac, se lhe avantajava ou sequer a igualava. O apreço à sua poesia alastrou-se pelos círculos literários do País, confirmando-se essa consideração com *Esfinges* (1903), que é, em grande parte, uma reedição de *Mármores*. F. J. casou-se em 1909, recolhendo-se de então em diante à sua vida particular, com desprezo quase total de sua obra e da atividade literária. Já antes do casamento se fizera crente de doutrinas esotéricas, compenetrando-se gradativamente de um pensamento que denominava "místico". Em vida, nenhum outro livro seu foi publicado, a não ser *Alma Infantil* (1899), trabalho didático que escrevera em colaboração com seu irmão, Júlio César da Silva. F. J. faleceu em circunstâncias pouco claras, no próprio dia em que deveria ser enterrado seu marido; voluntariamente ou por erro, tomara excessiva dose de narcótico (segundo se presume), tendo em vão o médico tentado reanimá-la.

A poesia de F. J. pode ser dividida em duas partes: a parnasiana, com a qual obteve pronta celebridade, e a simbolista, nesta incluídos também os poemas de finalidade mística e moral. No seu parnasianismo, F. J. seguiu rigorosamente os padrões franceses de impessoalidade e impassibilidade, que proclamou, de resto, nos dois sonetos de "Musa Impassível"; sua poesia é plástica e sonora, confessou a "arte pela arte", procurou o *mot juste* e apreciou a austeridade formal, condições que, em conjunto, talvez só ela tenha sistematicamente atingido no *Parnasianismo brasileiro. Em virtude da sedução que teve pela escola francesa, fez dois ou três sonetos em que decididamente costeou os de Herédia antes para mostrar que podia fazer sonetos que ombreassem com os dos mestres europeus do que por espírito de imitação. F. J. tentou aclimatar o *lied* no Brasil, usou rimas com consoantes de apoio (desde *Mármores*) e na poesia "Ao Luar" (1895) usou * alexandrinos sem cesura mediana.

Já em *Mármores*, contudo, publicava duas poesias claramente simbolistas, "De Joelhos" e "Prece", tendo João Ribeiro chamado a atenção para o fato. Adotando doutrinas esotéricas, com o tempo deixou os princípios parnasianos (embora não à correção formal) e quis fazer uma poesia de ensinamento moral e místico, em que elevava o espírito

205

sobre a matéria e a morte sobre a vida. Seus sonetos finais seguem essa diretriz, penetrados de grave melancolia.

OBRAS DA A.: *Poesias* (reunião dos livros anteriores e de dispersos, por Péricles Eugênio da Silva Ramos), S. Paulo, 1962. Poesia Infantil: *Livro da Infância*, 1899.

CONSULTAR: Péricles Eugênio da Silva Ramos, introd. a *Poesias*, ed. cit. Extensa bibliografia acha-se publicada por Milton de Godoy Campos, *Correio Paulistano*, S. Paulo, 7/2/1960.

[P. E. S. R.]

JURANDIR RAMOS PEREIRA, DALCÍDIO — (★ 10/1/1909, Vila de Ponta de Pedras, Marajó, PA) Passou a infância em Cachoeira, na Ilha de Marajó. Fez o curso primário e estudos secundários incompletos em Belém. Ocupou diversos empregos públicos no PA e viajou extensivamente pelo Baixo Amazonas antes de vir para o Rio em 1941, onde se tem dedicado à literatura e ao jornalismo, notadamente ao jornalismo político de esquerda.

Com exceção de *Linha do Parque* (1958), os demais romances de D. J. integram a série "Extremo Norte", que se deverá compor de dez volumes, dos quais nove já estão publicados (*Ribanceira*, concluído em 1970, ainda está inédito). Nessa série cíclica, propõe-se o romancista a fixar, em termos de ficção, a vida ribeirinha de Marajó e aspectos sociais de Belém nas últimas décadas. À base de reminiscências autobiográficas, tal fixação se faz, com preocupações ora de análise introspectiva, ora de levantamento sociológico, numa prosa algo difusa, a que o linguajar pitoresco da região empresta cor local.

OBRAS DO A.: *Chove nos campos de Cachoeira*, 1941; *Marajó*, 1947; *Três Casas e um Rio*, 1958; *Belém do Grão-Pará*, 1960; *Passagem dos Inocentes*, 1963; *Primeira Manhã*, 1968; *Ponte do Galo*, 1971; *Chão dos Lobos*, 1976; *Os Habitantes*, 1976.

CONSULTAR: Álvaro Lins, *Jornal de Crítica*, 2.ª série, Rio, 1947; Eneida, *Romancistas Também Personagens*, S. Paulo, 1962; Renard Perez, *Escritores Brasileiros Contemporâneos*, 2.ª série, Rio, 1964; Adonias Filho, *Modernos Ficcionistas Brasileiros*, 2.ª série, Rio, 1965; Antônio Olinto, *A Verdade da Ficção*, Rio, 1966; "Um Escritor no Purgatório", entrevista a *Escrita*, S. Paulo, n.º 6, 1976.

[J. P. P.]

K

KILKERRY, PEDRO Militão — (★ 25/3/1885, Santo Antônio de Jesus, BA; † 25/3/1917, Salvador, BA) Filho de um irlandês e de uma mestiça baiana, formou-se em Direito pela Faculdade da Bahia. Boêmio, pobre, tuberculoso, com todas as características de um "poeta maldito", faleceu durante uma operação de traqueotomia.

P. K. não tem obra editada. Seus poemas foram impressos em jornais e revistas da época, especialmente nas publicações simbolistas *Os Anais* e *Nova Cruzada*. Apesar da pouca produção que deixou, P. K., que liderou o movimento simbolista baiano, constitui um caso à parte em nossa poesia. Seus poemas, de acentuado teor hermético, têm vislumbres de * Surrealismo. É o mais radical, o mais "moderno" dos nossos simbolistas. Realmente, se o * Simbolismo brasileiro, como já se tem observado, permaneceu em geral formalmente vinculado à estrutura parnasiana, mantendo a sintaxe tradicional e inovando quase que somente na temática, P. K. é aquele poeta que radicaliza, entre nós, a experiência simbolista, complicando e adensando a sintaxe, aplicando uma metafórica arrojada e despojando a linguagem de adjetivações fáceis. A sua sondagem do subconsciente não parece ser produto de simples imprecisão de pensamento, pelo gosto da reticência mística ou onírica, mas autêntica e consciente incursão num universo intelectivo até então timidamente aflorado pelos nossos poetas. Para K. o "Inconsciente" era "um poeta simbolista", "um Rimbaud admirável". Os nomes dos mais revolucionários poetas do Simbolismo francês, como Mallarmé e Rimbaud, têm sido justamente invocados para caracterizar a arte elíptica, despida de sentimentalismos, altamente intelectualizada de P. K., até há pouco um "estranho poeta ignorado". Como o francês Gérard de Nerval, ou o português Camilo Pessanha e tantos outros grandes "poetas menores" do passado, redescobertos pela crítica moderna, P. K., que espera ainda sejam coligidos em livro seus poemas dispersos, vem tendo reconhecida uma posição ímpar e precursora dentro do Simbolismo brasileiro.

Obras do A.: Poemas *in*: Jackson de Figueiredo, *Humilhados e Luminosos*, Rio, 1921; Andrade Murici, *Panorama do Movimento Simbolista Brasileiro*, Rio, 1952.

CONSULTAR: Carlos Chiacchio, "P. K.", *Revista da Academia de Letras da Bahia*, n.ᵒˢ 2/3, 1931, 4/5, 1932 e 6/7, 1933, e no jornal *A Tarde*, da Bahia, 19/5/31; Andrade Murici, "O Movimento da Bahia. P. K.", *A Literatura no Brasil* (dir. de Afrânio Coutinho), vol. III, t. I, Rio, 1959; Augusto de Campos, *Re-visão de K.*, S. Paulo, 1970 (reúne o espólio, em verso e prosa, de P. K.).

[A. C.]

L

LAET, CARLOS Maximiliano Pimenta DE — (★ 3/10/1847, Rio; † 7/12/1927, *idem*) Aluno brilhante, cursou com distinção o Colégio Pedro II e a Escola Central, por onde se formou engenheiro geógrafo. Lecionou no Colégio Pedro II e, na última legislatura do Império, foi eleito deputado, mas não chegou a tomar posse. Depois de nomeado relator dos debates do Senado, iniciou intensa colaboração na imprensa, avaliada em mais de três mil artigos; colaborou no *Jornal do Comércio,* na *Revista Literária,* no *Diário do Rio,* na *Tribuna Liberal,* nO *País,* etc. Monarquista e católico fervoroso, era dotado de espírito combativo, celebrizou-se como polemista. Combateu o Protestantismo e a República e sustentou contra Camilo Castelo Branco acesa polêmica a propósito do "dialeto brasileiro". Proclamada a República, refugiou-se por dez anos em Minas, donde resultou o volume de artigos e estudos *Em Minas* (1894). Versou também assuntos de educação e língua e, de parceria com Fausto Barreto, publicou a *Antologia Nacional* (1895), obra didática que já mereceu dezenas de tiragens.

Obras do A.: *Poesias,* 1873; *Os Bacharéis em Letras pelo Imperial Colégio de Pedro II e Ginásio Nacional,* 1897; *O Estado e a Religião; precedência obrigatória do casamento civil,* 1901; *A Imprensa* (conf.), 1902; *Heresia Protestante,* 1907; *Duas Pérolas Literárias,* 1909; *Discursos,* 1920 (recepção a D. Silvério Gomes Pimenta).

Consultar: Ramiz Galvão, *Discurso,* S. Paulo, 1928; Antônio José Chediak, *Mobilidade do Léxico de C. de L.,* Rio, 1941; e *C. de L., o Polemista,* 1.ª série, S. Paulo, 1942, e 2.ª série, Rio, 1943; e "C. de L.", *Verbum,* Rio, t. IV, fasc. 4, dez 1947 (n.º comemorativo do centenário do A.), Ataliba Nogueira, "Centenário de C. de L.", *Revista da Academia Brasileira de Letras,* vol. 74; João Ribeiro, *Crítica,* vol. V (Filólogos), Rio, 1961.

[A. T. C.]

LEONI Ramos, RAUL DE — (★ 30/10/1895, Petrópolis, RJ; † 21/11/ 1926, Itaipava, RJ) Seu pai, que foi ministro do Supremo, era amigo íntimo de Nilo Peçanha, de quem R. de L. foi afilhado. Fez o poeta os estudos primários e secundários no Rio e viajou pela Europa na adolescência. De volta, ingressou na Faculdade Livre de Direito, do Rio, onde se bacharelou em 1916. Era conhecido nessa época como desportista, tendo inclusive conquistado títulos e medalhas. Outro setor que começara a freqüentar era o da boêmia literária, distinguindo-se no grupo presente aos cafés da Lapa. Em 1917, Nilo Peçanha ascende ao posto de ministro do Exterior e, pouco tempo depois, R. de L. ingressa na carreira diplomática. Em 1918, é designado para servir em Havana, mas interrompe a viagem na BA. De regresso ao Rio, é designado para servir em Montevidéu, onde fica três meses apenas. Transferido para o Vaticano, prefere abandonar a carreira, e aceita o emprego de inspetor numa companhia de seguros. Em 1919, publica a *Ode a um Poeta Morto* e o seu nome adquire notoriedade nos meios literários. Mais uma vez intervém nos rumos de sua vida o padrinho Nilo Peçanha que, com o seu incentivo e apoio, o faz eleger-se deputado à Assembléia Legislativa do Estado do Rio. Não quer, porém, o destino que R. de L. se distinga na política: a moléstia dos românticos assedia o mais anti-romântico dos poetas brasileiros. No começo, ele se mostra humilhado e revoltado. Retirando-se para Itaipava, forma em torno de si um novo ambiente e mostra-se, mesmo nos últimos dias de vida, resignado e sereno.

Tendo embora escrito o seu opúsculo de estréia mais de quarenta anos depois da publicação das *Canções Românticas,* de *Alberto de Oliveira, R. de L., que nasceu depois do aparecimento do *Missal* e dos *Broquéis* de *Cruz e Sousa, é, pela posição estético-filosófica e pela exígua obra deixada, um poeta parnasiano, muito embora seja a sua poesia bem distinta da de *Bilac, *Raimundo Correia, *Alberto de Oliveira e *Vicente de Carvalho. É que, nele, o pensamento filosófico antecede o literário; em sua poesia, a demonstração de verdades filosóficas sobrepõe-se à busca da beleza da expressão e à altanaria da forma. Procurou L. de tal modo identificar-se com Bilac, que a *Ode a um Poeta Morto,* escrita em homenagem a ele, pode ser confundida com o "Pórtico", espécie de manifesto em verso com que o A. busca definir-se na abertura da *Luz Mediterânea* (1922). Mas a verdade é que L. — ao contrário dos parnasianos secundários — não é um "bilaquiano", e em seus versos, entre alguns ecos de Herédia e Leconte, reluz a claridade das inscrições epigramáticas da idade clássica. O conhecimento de Sócrates, Platão e outros filósofos do mundo antigo e das idéias de Leconte sobre a impersonalidade e a neutralidade da arte, e da necessidade (para o poeta) de refúgio na vida contemplativa e sábia, completa a paisagem cética e irônica, mas definida, do pensamento ético e estético de R. de L. Não é, portanto, um acaso o fato de — ao contrário de quase todos os poetas brasileiros de todas as épocas — não ter trasladado para o temário de sua poesia a moléstia de que morreu. L. situa-se, assim, entre os poucos poetas brasileiros que colocaram suas convicções filosóficas e seu ideal estético acima dos sentimentos pessoais e dos acidentes da vida humana.

CONSULTAR: Rodrigo M. F. de Andrade, pref. à 2.ª ed. de *Luz Mediterânea,* Rio, 1928; Nestor Vítor, *Os de Hoje,* S. Paulo, 1938; Múcio Leão, "R. de L.", *Autores e Livros,* Rio, n.º 15, 23/11/1941; Germano Novais, *R. de L., Fisionomia do Poeta,* Porto Alegre, 1956; Walter Benevides, *R. de L.,* Rio, 1973; Carlos Felipe Moisés, *Poesia e Realidade,* S. Paulo, 1977.

[D. C. S.]

LESSA, AURELIANO José — (★ 1828, Diamantina, MG; † 21/2/1861, Conceição do Serro, MG) Seria um dos companheiros de *Álvares de Azevedo, ao lado de *Bernardo Guimarães, na publicação de *Três Liras*, volume conjunto que não passou de projeto. Em toda a sua vida, aliás, A. L. não publicou livro, ficando sua obra dispersa pelas folhas de S. Paulo e MG. Tendo cursado preparatórios no Seminário de Congonhas, ingressou na Faculdade de Direito de S. Paulo (1847), da qual se transferiu para a de Olinda, onde se bacharelou (1851); de início procurador-fiscal em Ouro Preto, depois advogou e afinal foi promotor público e juiz municipal, sempre em MG. A seu renome em vida não correspondeu apreço igual depois de passado o *Romantismo: seu prestígio literário decaiu enormemente. Sua poesia cultiva o amor, a tristeza, bem como "metafísica mais simplista que confusa, e que tende para um deísmo mecanicista, perturbado e talvez agônico, de nota bastante pessoal", como a vê Alexandre Eulálio.

A. L. figura no grupo byroniano de S. Paulo, tendo chegado a traduzir, segundo Pires de Almeida, algumas das "Melodias Hebraicas" do poeta britânico. Era capaz de imagens coloridas, p. ex. ao ver o Sol como um "anjo revel incendiado / pelo sopro de Deus".

Obras do A.: *Poesias Póstumas* (coligidas e editadas pelo irmão do poeta, Francisco José Pedro Lessa), Rio, 1873; 2.ª ed., Belo Horizonte, 1909. Há esparsos.

Consultar: Bernardo Guimarães, pref. a *Poesias Póstumas*; Alexandre Eulálio, "A. L.", *Anuário da Literatura Brasileira*, Rio, 1962-1963.

[P. E. S. R.]

LESSA, ORÍGENES — (★ 12/7/1903, Lençóis Paulista, SP) Passou a infância em S. Luís do MA. Ainda menino regressou ao Sul, vindo residir com a família na capital de seu Estado natal. Na juventude viveu alguns anos no Rio, de onde voltou a S. Paulo, fixando-se por fim na Guanabara. Em 1942, esteve nos Estados Unidos, escrevendo, ao voltar, um livro de "notas de viagem", *O. K., América* (1945). Tentou o magistério, exerceu o jornalismo, fixou-se no ramo publicitário. Publicou seu primeiro livro, de contos, em 1929: *O Escritor Proibido*. Conquistou, em 1938, com o romance *O Feijão e o Sonho* (1938), prêmio da Academia Paulista de Letras; foi também laureado em 1955 com outro romance, *Rua do Sol*. Entrementes, lança numerosos volumes de histórias curtas, gênero que constitui o principal de sua atividade literária. Narra em linguagem direta, despojada, objetiva, pondo o leitor em contato imediato com cenas e figuras. Dedica-se ainda à *literatura infantil (*Aventuras e Desventuras de um Cavalo de Pau*, 1931) e ao teatro. Escreveu dois livros de reportagem sobre a Revolução Constitucionalista, em que tomou parte.

Obras do A.: Contos: *Garçon, Garçonete, Garçonnière*, 1930; *A cidade que o diabo esqueceu*, S. Paulo, 1931; *Omelete em Bombaim*, 1946; *A Desintegração da Morte*, 1948; *Balbino, Homem do Mar*, 1960; *Zona Sul*, 1963; *Nove Mulheres*, 1968; *Beco da Fome*, 1972; *As Letras Falantes*, 1973. Novelas: *O Joguete*, 1937; *João Simões continua*, 1959.

Consultar: Luís Correia de Melo, *Dicionário de Autores Paulistas*, S. Paulo, 1954; José Paulo Paes, "O Cachimbo de O. L.", *Diário de S. Paulo,* 18/3/1956; Oswaldino Marques, *A Seta e o Alvo,* Rio, 1957; Renard Perez, *Escritores Brasileiros Contemporâneos,* Rio, 1960; Ricardo Ramos, introd. a *Histórias Urbanas,* contos escolhidos de O. L., S. Paulo, 1963; Gilberto Mendonça Teles, estudo em *Seleta* de O. L., Rio, 1973.

[J. Pa.]

LIMA, ANTÔNIO AUGUSTO DE — (★ 5/4/1859, Engenho Califórnia, Congonhas de Sabará, atual Nova Lima, MG; † 22/4/1934, Rio) Estudou na Faculdade de Direito de S. Paulo, tendo-se graduado em 1882 e deixando nome, nos círculos estudantis, como poeta, abolicionista e republicano. Foi promotor, juiz municipal, juiz de Direito, chefe de Polícia, governador provisório de MG — posto no qual tomou a iniciativa de mudar a capital, de Ouro Preto, para Belo Horizonte, propondo-a ao Congresso Constituinte de Minas —, diretor do Arquivo Público Mineiro e deputado federal por seu Estado. Ocupou a cátedra de Filosofia do Direito, da Faculdade Livre de Direito de Minas Gerais, da qual foi fundador, e pertenceu à Academia Brasileira de Letras, desde 1903.

* Sílvio Romero incluiu a poesia de A. L. na corrente realístico-social, que reagiu ao * Romantismo e antecedeu o * Parnasianismo; o crítico divisou-lhe na obra, ainda, certa "nota filosófica, desprendida da eiva da escola"; nessa corrente predecessora do Parnasianismo inclui-o, também, *Ronald de Carvalho; *José Veríssimo, por outro lado, considera A. L. corifeu do Parnasianismo; Otto Maria Carpeaux, finalmente, acentua que depois de "uma ou várias fases de parnasianismo 'ortodoxo' e poesia científica, o poeta mineiro chegou a representar uma variante raríssima entre as expressões do grupo: a religiosa" (*Pequena Bibliografia Crítica da Literatura Brasileira,* 4.ª ed., 1968).

O pensamento de A. L. era cético, mas seu anticlericalismo e ceticismo gradativamente se abrandaram com o tempo, até que nos últimos dois decênios de vida mergulhou nos estudos franciscanos, tornando-se religioso e místico, como deixou patente no seu último livro publicado *São Francisco de Assis* (1930). A evolução de A. L. se processou pois da corrente realístico-social para uma religiosidade final inteiramente oposta; no caminho, cultivou o Parnasianismo, embora com singularizador matiz filosófico, e teve até, por vezes, leves tintas simbolistas, como no formoso soneto "A Serenata" (de *Poesias,* 1909).

A obra oratória e jornalística de A. L. — dispersa por periódicos — é também digna de apreço.

OBRAS DO A.: *Contemporâneas,* 1887; *Símbolos,* 1892; "Tiradentes" (libreto de ópera), *Revista da Academia Mineira de Letras,* vol. XVI, 1935; *Coletânea de Poesias* (1880-1934), 1959.

CONSULTAR: *Autores e Livros,* supl. lit. d*A Manhã,* Rio, vol. VII, n.º 11; Agripino Grieco, *Evolução da Poesia Brasileira,* Rio, 1937; Eduardo Frieiro, *Letras Mineiras,* Belo Horizonte, 1937; Waltensir Dutra e Fausto Cunha, *Biografia Crítica das Letras Mineiras,* Rio, 1956; Maria Mercê Moreira Lopes, *A. de L.,* Belo Horizonte, 1959.

[P. E. S. R.]

LIMA, JORGE MATEUS DE — (★ 23/4/1893, União, AL; † 16/11/1953, Rio) Estudou Humanidades em Maceió, começou a cursar Medicina em Salvador, e diplomou-se na Faculdade do Rio. Exerceu a profissão inicialmente em AL, onde foi deputado estadual, professor do Instituto de Educação, diretor da Instrução. Mudou-se em 1930 para o Rio, onde exerceu a medicina, o magistério (na Universidade do Distrito Federal e depois na Universidade do Brasil) e desenvolveu atividades políticas, chegando a Presidente da Câmara de Vereadores do Distrito Federal.

J. de L. se fez conhecido com um soneto, "O Acendedor de Lampiões", de claro epigonismo parnasiano (*XIV Alexandrinos*, 1914). Foi a seguir poeta de múltiplos caminhos: praticou o modernismo descritivo, de cunho regional; a poesia negra; a poesia religiosa; e afinal uma poesia abstrata, tirante a escrita automática. Começou com o verso medido; passou para o verso livre, no * Modernismo; e terminou com o verso medido, em seus livros finais. "Essa Negra Fulô" (1928), o mais difundido de seus poemas da "fase de ruptura", é também um dos mais representativos dessa própria fase: trata-se de "uma história da escravidão sem querer ser", na observação de * Antônio de Alcântara Machado. Depois da exploração dos temas da ambiência regional, da infância, da poesia negra e folclórica em seus livros iniciais (*Poemas,* 1927; *Novos Poemas,* 1929; *Poemas Escolhidos,* 1932), dedica-se à poesia religiosa em *Tempo e Eternidade* (1935), em colaboração com * Murilo Mendes. Nesse livro, cujo lema é "restauremos a poesia em Cristo", pertencem a J. de L. 45 poemas, que adquirem por vezes penetrante lirismo e sensualismo de ressonâncias bíblicas. De assinalar em *Tempo e Eternidade,* tecnicamente, é a adoção do versículo em dois poemas, "Eu vos anuncio a consolação", e "Os vôos eram fora do tempo". Embora não numerados, há versículos também n*A Túnica Inconsútil* (1938), de diretriz igualmente confessional; e, além de versículos, um poema em prosa ("O Grande Desastre Aéreo de Ontem") e uma prosimetria ("Ode da Comunhão dos Santos"). Em *Poemas Negros* (1947), J. de L. retoma a diretriz interrompida pela "poesia em Cristo", reunindo 16 poesias já editadas nos volumes anteriores e 23 novas. Em *Livro de Sonetos* (1949), o poeta volta ao metro; tumultuário, babélico, noturno, esse volume traz em si as trevas e neblinas de um mundo em formação. Vara-o, contudo, denso lirismo, que erige muitos de seus sonetos em peças dignas de nota. Depois de livro de cunho religioso que sai pela primeira vez em *Obra Poética* (1951) e de ter publicado um fragmento (*As Ilhas,* 1952) de *Invenção de Orfeu* (1952), dá a lume esse vasto canto de sentido cifrado, no qual o poeta funda uma ilha e se funda como ilha. Apesar de sua extensão e de sua intenção "obscura e secreta", o poema impressiona em muitos de seus trechos; a expressão é sempre de alto nível e fluente, transcendendo suas próprias barreiras de metro e rima. O livro, de qualquer modo, ficará como representativo das correntes herméticas da poesia moderna: é o seu mais amplo documento.

Escreveu também ensaios, biografias, livros infantis, crítica de arte, etc., bem como romances, um dos quais Otto Maria Carpeaux vê como neonaturalista, regional e social (*Calunga,* 1935) e outro como surrealista (*O Anjo,* 1934).

Obras do A.: *Poema do Cristão,* 1953; *Antologia de Sonetos,* 1953. Sua *Obra Completa* (Poesia e Prosa), 2 vols., foi publicada em 1959.

Consultar: Péricles Eugênio da Silva Ramos, "O Modernismo na Poesia", *A Literatura no Brasil* (dir. de Afrânio Coutinho), vol. III, t. 1, Rio, 1959; estudos em *Obra Completa*; Antônio Rangel Bandeira,

J. de L. — *O Roteiro de uma Contradição*, Rio, 1959; José Fernando Carneiro, *Apresentação de J. de L.*, Rio, 1958; João Gaspar Simões, *Interpretações Literárias*, Lisboa, 1961; Povina Cavalcanti, *Vida e Obra de J. de L.*, Rio, 1969; Sônia Brayner, "J. de L. e a *Invenção de Orfeu*", supl. lit. de *Minas Gerais*, 13/9/1975.

[P. E. S. R.]

LIMA, Manuel de OLIVEIRA — (★ 25/12/1867, Recife, PE; † 24/3/1928, Washington) Estudou no Curso Superior de Letras (Lisboa). Seguiu a carreira diplomática, dela retirando-se para dedicar-se à pesquisa e ao ensino de História, em Washington, a cuja universidade católica legou sua biblioteca, sob a condição de lá se fundar uma cadeira de estudos brasileiros. Deixou, como obra fundamental, *D. João VI no Brasil* (1909), o melhor estudo sobre a transição entre o Brasil-Colônia e a Independência, explorada também n*O Reconhecimento do Império* (1901), *O Movimento da Independência* (1922) e na introdução à *História da Revolução de Pernambuco em 1817*, de F. M. Tavares (1917). Na *História da Civilização* (1921), nega-se a ver na História uma ciência "positiva". De seus interesses literários, são prova os *Aspectos da Literatura Colonial Brasileira* (1896) e um estudo em francês sobre *Machado de Assis (1909).

Obras do A.: *Nos Estados Unidos*, 1899; *Pan-Americanismo, Bolívar-Monroe-Roosevelt*, 1908; *Evolução Histórica da América Latina, Comparada com a da América Inglesa*, 1914.

Consultar: Alberto Faria, *Discursos Acadêmicos*, Rio, 1937; Gilberto Freyre, *Perfil de Euclides e Outros Perfis*, Rio, 1944.

[A. B.]

LIMA BARRETO, Afonso Henriques de (★ 13/5/1881, Rio; † 1.º/11/1922, *idem*) Teve vida infeliz e desgraçada. Na infância, teve como cenário um asilo de loucos, em que o pai trabalhava como zelador. Na adolescência, querendo dedicar-se à Engenharia, foi impedido pelas condições econômicas da família, não indo além da matrícula e de poucos meses de estudo. Arranjou-se então como amanuense no Arsenal de Guerra, ao mesmo tempo que escrevia artigos e contos para os jornais. A bebida dominou-o completamente, e houve épocas em que foi obrigado a recolher-se ao hospital de alienados da Praia Vermelha, então dirigido pelo cientista Juliano Moreira, de quem era amigo. Não obstante, lia muito, era homem culto, dono de biblioteca regular. Em seus artigos, a nota social é sempre viva, e o homem mestiço, os problemas de relações de raça estão sempre presentes. Os romances que escreveu e que no tempo não alcançaram a repercussão merecida porque o A., como homem, vivia como que à margem da sociedade, mostram um escritor dos mais característicos que tivemos, um artista que tinha a paixão da sua cidade, dos bairros distantes, dos subúrbios de funcionários, num tempo em que as serenatas e o violão eram a nota pitoresca dos arrabaldes cariocas. Os dramas humildes, as tragédias da classe média encontraram nele um grande, fiel e enternecido intérprete. Mas também soube retratar, com agudeza e sarcasmo, os meios políticos e as redações dos jornais, mostrando aspectos curiosos e dolorosos. Seus personagens enriquecem hoje em dia a galeria dos nossos tipos literários, e não há quem não conheça *Clara dos Anjos* (1923-1924), ou o Major Quaresma, herói de um de seus livros mais significativos, ou ainda aquele seresteiro de subúrbio chamado Ricardo Coração dos

Outros. Em seu tempo, poucos lhe reconheceram os méritos de grande romancista, e * Monteiro Lobato, que lhe publicou um dos últimos livros — *Vida e Morte de M. J. Gonzaga de Sá* (1919) — contou as dificuldades que teve para vender a edição. Insere-se L. B., entretanto, entre os grandes romancistas da cidade do Rio, que tiveram como precursor * Manuel Antônio de Almeida, e atingiram o ponto mais elevado com * Machado de Assis. Recente edição de toda a sua obra, incluindo a parte inédita, as cartas, o diário íntimo, os artigos e crônicas de jornal, mostraram esse artista de corpo inteiro. Um artista que se afogou no álcool e que, se perdeu a estima dos seus contemporâneos, conquistou a admiração dos pósteros, que lhe deram, em definitivo, um dos principais lugares entre os melhores romancistas e contistas brasileiros.

OBRAS DO A.: *Recordações do Escrivão Isaías Caminha*, 1909; * *Triste Fim de Policarpo Quaresma*, 1915; *Numa e a Ninfa*, 1915; *Histórias e Sonhos*, 1920; *Bagatelas*, 1923.

CONSULTAR: Agripino Grieco, *Vivos e Mortos*, Rio, 1932; Osório Borba, *A Comédia Literária*, Rio, 1935; Francisco de Assis Barbosa, *A Vida de L. B.*, Rio, 1954; pref. de Francisco de Assis Barbosa, Lúcia Miguel-Pereira, Osmar Pimentel, Astrogildo Pereira e outros a vários vols. das *Obras Completas de L. B.*, publicadas pela Ed. Brasiliense, S. Paulo, 1956; Lúcia Miguel-Pereira, *Prosa de Ficção (De 1870 a 1920)*, Rio, 1950; Luís Martins, *Homens e Livros*, S. Paulo, 1962; Robert D. Herron, *The Individual Society, and Nature in the Novels of L. B.*, Ann Arbor, Michigan (E.U.A.), 1968 (tese); Osman Lins, *L. B. e o Espaço Romanesco*, S. Paulo, 1976; H. Pereira da Silva, *L. B.: Escritor Maldito*, Rio, 1976; Antônio Arnoni Prado, *L. B.: o Crítico e a Crise*, Rio, 1976.   [F. G.]

LÍNGUA PORTUGUESA NO BRASIL — O assunto constitui a pedra de toque dos estudos lingüísticos no Brasil, e tem sido tratado dentro de um amplo leque de critérios, que vão do nacionalismo exacerbado ao mais neutro cientificismo.

Os trabalhos de conjunto (bastante precoces, em geral) preencheram fartamente as décadas de 40 e 50 deste século; os anos de 60 e 70 voltaram-se para a pesquisa universitária de aspectos particulares do tema. Pelo menos cinco tópicos comparecem em regularidade nesses escritos: a implantação do português no Brasil, hipóteses interpretativas do português do Brasil em face do europeu, a formação da língua literária, Português do Brasil e sociedade nacional, o papel do Brasil no peso internacional da língua portuguesa.

1. Serafim da Silva Neto escreveu a mais ampla história do Português do Brasil (1951), na qual considera as condições de sua implantação (o colono português, os índios, os africanos e os imigrantes), dividindo-a em três fases: a) de 1533 a 1654 há uma situação de bilingüismo: a maior parte da população concentra-se na Bahia e em Pernambuco, falando predominantemente a língua geral ou língua brasílica, denominação então dada ao tupinambá ou tupi antigo; b) de 1654 a 1808 a língua geral perde terreno, "limita-se às povoações do interior e aos aldeamentos dos jesuítas", disseminando-se o português na costa, e praticando-se falares crioulos índios e africanos no interior; c) de 1808 em diante difunde-se o português e surgem as grandes ci-

dades, distinguindo-se os falares rurais dos falares urbanos. Os contatos estabelecidos entre os contingentes populacionais do Brasil-Colônia geraram dois fenômenos opostos, ainda segundo S. da S. Neto: de um lado, acelerou-se a mudança lingüística, surgindo na linguagem popular a partir da segunda metade do séc. XVII diferenças em relação ao português europeu, devidas à sua base crioula; de outro lado, manifestou-se a tendência ao conservadorismo lingüístico, sobretudo nos falares rurais. Inovadorismo e conservadorismo explicariam as características atuais da língua; pelo menos, forneceram argumentos para correntes opostas de interpretação de nossa realidade lingüística.

2. As hipóteses interpretativas do português do Brasil se organizaram em duas correntes contrárias: uma, a proclamar o surgimento de uma nova língua românica, o "brasileiro", e outra, a salientar a identidade fundamental entre as duas modalidades de português.

A questão da "língua brasileira" se pôs no * Romantismo, caracterizado pelos sentimentos políticos vigentes de antilusitanismo e auto--afirmação, e pelas idéias lingüísticas da época (naturalismo lingüístico de Max Müller, A. Hovelacque e Whitney). Supunha-se que, assim como do latim saíra o português, assim deste surgiria o brasileiro. O primeiro trabalho teórico a respeito se deve a * Domingos Borges de Barros, Visconde de Pedra Branca, que o publicou num atlas francês de 1826. Seguiram-se José Jorge Paranhos da Silva (1879) e outros; Gladstone Chaves de Melo demonstrou que * José de Alencar não pode ser incluído entre estes, pois opinava que língua brasileira é o mesmo que uso brasileiro do português. As evidências oferecidas pelos defensores desta posição eram as seguintes: na fonética, o fechamento do -e átono final para -i (gênti, fônti), a redução dos ditongos ei e ou para e e o (cadera, oro), a iodização da palatal lh (muié, fiyo), a substituição de l no declive silábico por r (marvado), etc.; na morfologia, a supressão de -s e -r finais (as casa, falá), a simplificação das flexões verbais, o uso da forma impessoal hai ("Hai tempo que não chove"), etc.; na sintaxe, o uso do pronome pessoal reto em função objetiva ("vi ele"), o emprego de ter por haver nas expressões impessoais ("Hoje tem aula"), a construção de verbos de movimento com a preposição em ("Vou na feira"), o uso do indicativo pelo subjuntivo, nas ordens ("Faz/não faz isso"), a colocação do pronome pessoal oblíquo diversa da européia, etc.; no léxico, a presença de 10.000 indianismos e de 250 africanismos, designativos de pessoas, lugares, vegetais, animais, comidas, objetos de uso diário. Esses fenômenos caracterizariam a nova língua, e eram atribuídos às condições aqui encontradas pelo português, notadamente as influências do substrato indígena e do superstrato africano. Curiosamente, os autores que deram essa explicação declaravam conhecer pouco as línguas indígenas e africanas invocadas.

A reação ao reconhecimento de uma "língua brasileira" levou muitos estudiosos a insistir no conservadorismo do português brasileiro, que se aproximaria do português europeu seiscentista. Graças ao avanço dos nossos conhecimentos das variedades do português europeu, muitas das supostas "diferenças" puderam ser explicadas como manutenção de traços lusitanos. Acrescente-se que a busca de "diferenças" se transformou num jogo arriscado, pois partia do falso pressuposto de que as línguas são organismos homogêneos; como demonstrou Manuel de Paiva Boléo (1946), a comparação de uma variedade culta com uma variedade popular leva à constatação de diferenças dentro de uma mesma língua nacional. Assim, os fatos fonéticos acima relacionados são encontrados também em regiões portuguesas, como Algarve, Beira Baixa, Minho e distritos de Arrifes e Olivença; textos arcaicos atestam os fenômenos sintáticos indicados e particularmente com respeito à sínclise pronominal a questão resume-se num problema de acentuação: os pronomes que são átonos em Portugal tornaram-se tônicos no Brasil, e assim podem iniciar oração ("Me dá o livro"), uma das colocações incriminadas. Restam como autenticamente brasileiros os indianismos e africanismos, mas não é o léxico que tipifica uma língua. Pertencem ainda ao arsenal ideológico dos autores ligados a esta corrente afirmações como "nossa cultura é ibérica, logo nossa língua é a portuguesa", "falamos a língua portuguesa com estilo brasileiro", "toda língua esgalhada de seu tronco se arcaíza", etc.

Uma terceira posição transparece em escritos mais recentes, e consiste em buscar no próprio sistema lingüístico a explicação para as peculiaridades do português do Brasil, renunciando-se ao apelo a substratos e a superstratos. Assim, J. Matoso Câmara Jr. (1957) estuda em bases sincrônicas o uso do pronome *ele* como objeto direto, concluindo tratar-se de forma invariável do ponto de vista sintático, o que constitui uma inovação de estrutura. Isso porque a próclise habitual no português brasileiro levaria a forma átona correspondente a figurar no começo da oração, realizando-se como uma vogal átona inicial. Como as vogais nessa posição tendem a cair (cf. *magina, tá*), impediu-se o uso dos pronomes *o, a* e se abriu caminho à utilização de *ele* e *lhe* como objeto direto ("Vi ele", "Não lhe viu"). I. S. Révah (1963) rememora inicialmente os estudos sobre a linguagem popular brasileira e as hipóteses construídas para explicar sua extraordinária unidade no País: tratar-se-ia de crioulos ou semicrioulos formados na costa e levados para o interior (Serafim da Silva Neto, 1951), ou difundidos graças às bandeiras paulistas (Gladstone Chaves de Melo, 1948). A tais explicações Révah opõe sérias objeções: é difícil explicar o amálgama de crioulos necessariamente distintos, a ponto de se poder aceitá-los como a base para uma variedade lingüística uniforme como o português popular do Brasil. E opina que essa variedade representa a continuação de evoluções ibero-romances, ativadas nas camadas baixas da população metropolitana e entre os colonos vindos ao Brasil dada a inexistência de escolas, de imprensa e das demais forças que freiam a evolução lingüística. Entre as inovações, destaca a tendência fonética ibero-românica de favorecer as sílabas abertas (o que explica a perda de certas flexões, mantidas embora pelos determinantes — o que perpetua o sistema —), bem como a iodização da palatal *lh*.

3. O destinatário exerceu grande influência na evolução de nossa língua literária. Durante o período colonial nossos escritores produziam suas obras de olhos postos em Portugal. Não havia em nosso país público para eles, o analfabetismo era extensivo, as escolas eram poucas e apenas elementares, o curso superior só deu seus primeiros passos em 1808. Em Portugal iam buscar sua formação, e com isso sua linguagem representava o padrão de Lisboa ou de Coimbra. Apenas o * Modernismo contaria com autores integralmente no Brasil, escrevendo para brasileiros, ficando definitivamente à parte a preocupação com os críticos portugueses. Entretanto, mesmo posteriormente à * Época

217

Colonial houve momentos de reação, caracterizando-se a oscilação entre uso canônico e uso popular surpreendida por A. Houaiss (1948), a qual aparentemente só se estancou em nosso século. O Romantismo promoveu a primeira afirmação de brasilidade de nossa linguagem, contra a qual reagiram o * Parnasianismo e o * Simbolismo, que cultivaram um português classicizante. São dessa época as coleções "Clássicos Esquecidos", de Solidônio Leite, e "Estante Clássica", de Laudelino Freire. Além disso, fundou-se a Academia Brasileira de Letras, que deveria zelar pela pureza do idioma e reagir contra os fatores de diversificação. Em torno dela, agremiaram-se diversos escritores lusitanizantes: * Joaquim Nabuco, * Olavo Bilac, * Alberto de Oliveira, * Carlos de Laet, Silva Ramos, * Rui Barbosa, * Euclides da Cunha, * Coelho Neto. O Modernismo retomou o problema. * Graça Aranha rompe com a Academia, após haver proposto a elaboração de um dicionário isento de portuguesismos e que acolhesse vocábulos e expressões da linguagem corrente brasileira. A partir daqui, lançam-se os modernistas à busca do sentido brasileiro da língua portuguesa, de que resultou, sobretudo no estrato da personagem: a) a diminuição da distância entre língua falada e língua literária, notória durante o período anterior; b) a elevação à categoria de estilo nacional do que era antes considerado erro, ignorância de brasileiros. Aparentemente os escritores contemporâneos ampliaram essas tendências, estendendo-as também ao estrato do narrador, com o que a linguagem coloquial entra mais fundo na língua literária, desembaraçando-a dos impedimentos impostos pela gramática tradicional.

4. A sociedade nacional não é uniforme, embora persistam alguns fatores de coesão bastante notáveis. Extremam-se as classes, e o processo de estratificação parece ter-se acentuado. Contingentes rurais têm sido incorporados nas comunidades urbanas, e daqui poderá resultar uma série de alterações lingüísticas. A pesquisa tem considerado o espaço geográfico e social em que se move o falante brasileiro da língua portuguesa, ocupando-se das variedades geográficas (falares), das variedades sócio-culturais (em particular o problema da norma) e das situações de bilingüismo vigente em certas regiões do País.

O estudo dos falares brasileiros têm seu divisor de águas no período compreendido entre 1953 (fundação do Centro de Estudos de Dialetologia Brasileira, no Rio) e 1958 (I Congresso Brasileiro de Dialetologia e Etnografia, em Porto Alegre). Na primeira fase, à semelhança do que ocorreu em Portugal, em idêntico período, não se aplicava o método conhecido por Geografia Lingüística, apesar do projeto de inquérito por correspondência preparado por Cândido Jucá Filho, em 1937. Essa fase foi aberta por * Amadeu Amaral, em *O Dialeto Caipira* (1920). Seguiram-se: Antenor Nascentes, *O Linguajar Carioca* (1922); Clóvis Monteiro, *A Linguagem dos Cantadores* (1933); Mário Marroquim, *A Língua do Nordeste* (1934); Pereira da Costa, *Vocabulário Pernambucano* (1937); José D'Aparecida Teixeira, "O falar mineiro", *Revista do Arquivo Municipal*, n.º 45 (1938) e *Estudos de Dialetologia Portuguesa: A Linguagem de Goiás* (1944); Artur Neiva, *Estudos da Língua Nacional* (1940); Édison Carneiro, *A Linguagem Popular da Bahia* (1951); Florival Seraine, *Dicionário de Termos Populares* (1958). Em 1964 sai o *Vocabulário Sul-Riograndense*, incorporando os glossários de Pereira Coruja (1851), Romaguera Correia

(1897), Roque Callage (1926) e Luís Carlos de Morais (1935). A segunda fase corresponde à intensa pregação de Serafim da Silva Neto, que tudo fez para criar no País uma "mentalidade dialetológica". Para tal, fundou em 1955 a *Revista Brasileira de Filologia*, que dirigiu até a morte. A melhor resposta aos apelos de Serafim da Silva Neto foi dada por Nelson Rossi, que publicou em 1963 o *Atlas Prévio dos Falares Baianos*, com 154 cartas relativas a palavras e expressões recolhidas em 50 localidades, e mais 44 cartas-resumo em que se indicam as diferentes denominações da mesma coisa. Nelson Rossi preparou ainda o *Atlas de Sergipe*, ora no prelo. Além dos Atlas, estudos monográficos com indicações léxico-gramaticais têm sido publicados, entre outros por A. J. Chediak (1958), Áttico Vilas-Boas da Mota (1964), Miguel Wouk (1965), Heinrich Bunse (1969), Ramiro Correa Azevedo (1973), Ada Natal Rodrigues (1974), José Ariel Castro (1974) e Hamilton C. de Andrade (1975). Uma classificação dos falares brasileiros, tentada precocemente por Antenor Nascentes, prevê dois grandes grupos, o do Norte e o do Sul, cada qual com seus subfalares. O do Norte compreende o amazônico e o nordestino; o do Sul compreende o baiano, o mineiro, o fluminense e o sulista.

A busca da norma brasileira do português tem sido prejudicada por uma série de incompreensões do que seja a norma e pelo conhecimento fragmentário de nosso panorama lingüístico. Do ponto de vista metodológico, a par da geral indistinção entre norma objetiva, norma subjetiva e norma prescritiva, tem-se entendido a matéria de um modo rígido, unitarista, pouco nuançado, de que resultou mais de um equívoco: valorização da norma escrita, mais estável, com prejuízo da norma oral, sem unidade no País, como se só aquela existisse; valorização da norma de épocas passadas em detrimento do uso contemporâneo, com prejuízo da autenticidade; valorização de determinada norma regional com prejuízo das demais, como se o policentrismo cultural do Brasil hodierno não tivesse gerado uma pluralidade de normas. Muito ilustrativas neste particular foram as conclusões do Primeiro Congresso da Língua Nacional Cantada (S. Paulo, 1937) e do Primeiro Congresso Brasileiro da Língua Falada no Teatro (Salvador, 1957), que elegeram o falar carioca para uso do canto erudito e do teatro. O pressuposto aí assumido decorre de uma visão européia da norma culta, assimilada à manifestação lingüística de determinada classe social, localizada em determinada região. Tal assimilação justifica-se por fatores históricos próprios daquele continente e estranhos a um país como o nosso: é que a implantação dos estados nacionais na Europa se fez acompanhar de severas medidas de controle lingüístico, dada a diversidade dialetal existente. Em decorrência de tudo isso, a fala culta européia é bastante uniforme, nivelada, e coincide com o "ideal de língua" da comunidade, localizando-se fragmentações unicamente na fala popular. Na América, em contrapartida, a fala culta não é uniforme, não coincide com o ideal de língua, e a fragmentação dialetal atinge os dois estratos lingüísticos, o culto e o popular, como ensina José Pedro Rona (1958). Não foi sem razão que ao ser convidado a estudar a execução do "Proyecto de Estudio del Habla Culta" no Brasil, tivesse Nelson Rossi proposto que se pesquisassem "as normas cultas de São Paulo, Rio de Janeiro, Recife, Porto Alegre e Salvador" (1969, pág. 250). E é precisamente para melhorar nossos conhecimentos sobre o assunto que se desenvolve entre nós desde 1969 o "Projeto da Norma Urbana Lingüística Culta" a que se refere a citação acima de Nelson Rossi. A norma objetiva que esse estudo vai descrever servirá de fundamento para a norma prescritiva, ajudando-nos a sair da "perplexidade doutrinária em matéria de língua" a que alude J. Mattoso Câmara Jr. (1963), que identificou existência de duas propostas de solução: uma, a de "separar a língua do conjunto dos elementos culturais da nova nacionalidade e tentar manter para ela a norma metropolitana"; outra, "foi o esforço por estabelecer uma norma lingüística nova, fundamentada no uso geral do Brasil".

Como problemas brasileiros de caráter sociolingüístico, caberia ainda referir as relações entre fatores sociais e variantes lingüísticas vividas no País (Brian F. Head, 1973), as situações decorrentes do contato fronteiriço com o castelhano (José Pedro Rona, 1963; Fritz Hensey, 1968; Adolfo Elizaincín, 1976) e as conseqüências da aculturação de índios e imigrantes no seio da comunidade nacional (Jurn Philipson, 1953; Mário Bonatti, 1968).

5. O papel do Brasil na configuração da importância do português no cenário internacional foi causa de muita tensão entre intelectuais brasileiros e portugueses no passado. Após a tentativa de imposição de uma norma comum e da conseqüente fiscalização que se exerceria sobre os brasileiros (v. a atitude de um Cândido de Figueiredo, por exemplo), passou-se a aceitar como uma "política do idioma" mais sensata o reconhecimento da existência da duplicidade de normas, ao mesmo tempo em que se estudou a possibilidade de instituir mecanismos de defesa da "unidade superior da língua portuguesa dentro de sua natural diversidade" (Celso Cunha, 1964). Objeto de várias propostas em congressos, a matéria não seria explicitada cabalmente, limitando-se a advertências contra o risco de uma diglossia no interior da sociedade nacional, caso houvesse insistência na imposição de uma norma afastada da realidade. Não foram porém os gramáticos que exorcizaram esse mal, antes a mobilidade da sociedade brasileira contemporânea, o surgimento de novos valores e o conseqüente enfraquecimento da norma tradicional, fatos esses que apontam para as novas configurações e para a importância que o português do Brasil assumirá no mundo.

CONSULTAR: Clóvis Monteiro, *Português da Europa e Português da América*, Rio, 1931; Sílvio Elia, *O Problema da Língua Brasileira*, Rio, 1940; Artur Neiva, *Estudos da Língua Nacional*, S. Paulo, 1940; Jacques Raimundo, *A Língua Portuguesa no Brasil*, 1942; M. de Paiva Boléo, "Brasileirismos", *Brasília*, Coimbra, n.º 3, 1946; Gladstone Chaves de Melo, *A Língua do Brasil*, Rio, 1948; Serafim da Silva Neto, *Introdução à Língua Portuguesa no Brasil*, Rio, 1951; Homero Senna, *O Problema da Língua Brasileira*, Rio, 1953; Luís Viana Filho, *A Língua do Brasil*, Bahia, 1954; Barbosa Lima Sobrinho, *A Língua Portuguesa e a Unidade do Brasil*, Rio, 1958; Joaquim Ribeiro, *História da Romanização da América*, Rio, 1959; Arlindo de Souza, *A Língua Portuguesa no Brasil*, Rio, 1960; J. Mattoso Câmara Jr., *Dispersos*, Rio, 1972 (conf. de 1963); Earl Thomas, "Emerging Patterns of the Brazilian Language", *in* E. Baklanoff (ed.), *New Perspectives of Brazil*, Nashville, 1966. Sobre o caráter arcaizante do português do Brasil:

220

Herbert Palhano, *Estudos da Linguagem,* Lisboa, 1952; Walter Spaulding, "A Linguagem Popular Brasileira, especialmente do Rio Grande do Sul e o *Cancioneiro Geral de Garcia de Resende"*, *Anais do Congresso Brasileiro de Língua Vernácula,* Rio, Casa de Rui Barbosa, vol. I, 1956; João Alves P. Penha, *Arcaicidade da Língua Portuguesa do Brasil,* Franca, 1970 (tese mimeografada). Sobre a influência de índios e africanos: Plínio Ayrosa, "Subsídios para o Estudo da Influência do Tupi na Fonologia Portuguesa", *Anais do Primeiro Congresso da Língua Nacional Cantada,* S. Paulo, Dep. de Cultura, 1938; F. da Silveira Bueno, "Influências do Tupi no Português do Brasil", *Jornal de Filologia,* vol. I, n.º 2, 1953; Renato de Mendonça, *A Influência Africana no Português do Brasil, 3.ª* ed., Porto, 1948; Aires da Mata Machado Filho, *O Negro e o Garimpo em Minas Gerais,* 1939-1940. Para uma revisão dessas hipóteses, v. J. Mattoso Câmara Jr., *Dispersos,* ed. cit; I. S. Révah., "La question des substrats et superstrats dans le domaine linguistique brésilien: les parlers populaires brésiliens doivent-ils être considérés comme des parlers 'créoles' ou 'semi-créoles'?", *Romania,* n.º 84, 1963. Sobre a língua literária brasileira: Gladstone Chaves de Melo, "A Língua de José de Alencar", na ed. de *Iracema,* Rio, 1948; A. Houaiss, "Poesia e estilo de Carlos Drummond de Andrade", *Cultura,* Rio, n.º 1, 1948 e "Sobre a linguagem de Vila dos Confins", *Revista do Livro,* Rio, n.º 9, 1957 e n.º 10, 1958; J. Mattoso Câmara Jr., "A língua literária", *A Literatura no Brasil* (dir. de Afrânio Coutinho), Rio, vol. 1, n.º 1, 1955; Luís Carlos Lessa, *O Modernismo Brasileiro e a Língua Portuguesa,* Rio, 1966; Dino Preti, *Sociolingüística. Os Níveis da Fala,* S. Paulo, 1974. Sobre língua portuguesa e sociedade nacional: Nelson Rossi, *Atlas Prévio dos Falares Baianos,* Rio, 2 vols., 1963 e 1965; Sílvio Elia, *Ensaios de Filologia,* Rio, 1963; José Pedro Rona, *Algunos Aspectos Metodológicos de la Dialectología Hispano-Americana,* Montevidéu, 1958; Nelson Rossi, "El Proyecto de Estudio del Habla Culta y su ejecución en el dominio de la lengua portuguesa", *El Simposio de México,* México, 1969; Celso Cunha, *Língua Portuguesa e Realidade Brasileira,* Rio, 1968; Ataliba T. de Castilho, "Rumos da Dialetologia Portuguesa", *Alfa,* Marília, n.º 18/19, 1972-1973; Brian F. Head, "O estudo do 'r caipira' no contexto social", *Vozes,* Petrópolis, vol. 67, n.º 9, 1973; José Pedro Rona, *La Frontera Lingüística entre el Portugués y el Español en el Norte de Uruguay,* Porto Alegre, 1963; Adolfo Elizaincín, "The emergence of bilingual dialects on the Brazil-Uruguayan border", *Linguistics,* n.º 117, 1976; Jurn Philipson, La enseñanza del guaraní como problema de bilingüismo", *Jornal de Filologia,* S. Paulo, n.º 7, 1953; Mário Bonatti, *Aculturação Lingüística,* Lorena, 1974 (texto de 1968); Celso Cunha, *Uma Política do Idioma,* Rio, 1964.

[A.T.C.]

LINGUÍSTICA NO BRASIL — A década de 30 divide a história da Lingüística no Brasil em duas fases distintas, pois principiam então o ensino e a pesquisa em nível universitário, cessando paulatinamente o autodidatismo. A fundação da Faculdade de Filosofia, Ciências e Letras da Universidade de S. Paulo em 1934 e a da Universidade do Distrito Federal no Rio de Janeiro, em 1939, constituem o marco divisório dessas fases.

Antes de 1930, os estudos da língua cobriam as seguintes direções: Gramática Descritiva e Normativa, Gramática Histórica, Lexicografia, Línguas Indígenas.

Entre os autores de gramáticas descritivas e normativas destacaram-se Antônio Álvares Coruja (1835), * Francisco Sotero dos Reis (1862), Charles Grivet (1881), José de N. N. Massa (1888), Maximino Maciel (1894), Ernesto Carneiro Ribeiro (1902), Heráclito Graça (1904), Mário Barreto (1914), Carlos Góis (1916), Firmino Costa (1920) e Pedro Júlio Barbuda (1926). É a época dos "consultórios gramaticais" e das grandes polêmicas, travadas a propósito de questões tais como o programa do ensino de Português formulado em 1887 por Fausto Barreto, a Reforma Ortográfica elaborada em 1912 por Gonçalves Viana e defendida por Mário Barreto e Silva Ramos, o problema do purismo gramatical e a criação de neologismos (* J. Norberto de Sousa e Silva, Castro Lopes), a questão da língua brasileira. Esses e outros tópicos, fundados na atribuição aos autores clássicos de um grande rigor lógico e de um purismo gramatical inexistentes, deram matéria para as polêmicas, que eram travadas nas páginas de jornais do Rio de Janeiro como o *Jornal do Comércio* e o *Correio da Manhã*. A mais famosa foi a de Ernesto Carneiro Ribeiro e * Rui Barbosa, a propósito do texto do Projeto do Código Civil, tendo-se estendido de 1902 (*Parecer* de R. B.) a 1905 (*Tréplica* de E. C. R.); lembre-se ainda a de Heráclito Graça, Cândido de Figueiredo e Mário Barreto, o último dos quais reuniu em diversos volumes suas respostas a consulentes, de interesse para o estudo da sintaxe clássica. As primeiras gramáticas históricas surgem nessa fase: Carlos Hoefer (1865) divulga entre nós a obra de F. Diez, e aparecem os livros de M. Pacheco da Silva Jr. (1878), A. Estêvão da Costa e Cunha (1883) e Manuel de Melo (1889).

A Lexicografia foi grandemente versada, começando por Antônio Morais Silva, cujo *Dicionário da Língua Portuguesa* (1789) explorou cuidadosamente o período clássico. Seguem-se os dicionários e vocabulários regionalistas de Guilherme de A. Bellegarde (1887), Antônio J. de Macedo Soares (1888), Visconde de Beaurepaire Rohan (1889), Romaguera Correa (1889), o de raízes gregas do Barão de Ramiz Galvão (1907), Rodolfo Garcia (1915), Pereira da Costa (1937), Laudelino Freire (1939-1944), em que foram recolhidos muitos africanismos, indianismos, neologismos e termos de gíria.

Começa-se o estudo das línguas indígenas com as obras do *P. Anchieta, Batista Caetano, Almeida Nogueira, Barbosa Rodrigues, Teodoro Sampaio, Stradelli, Plínio Ayrosa (1933), etc.

No final dessa fase, abre-se um período de transição, tomado por autores também autodidatas, porém melhor informados da ciência de sua época, alguns dos quais marcaram decisivamente o período seguinte: Júlio Ribeiro, que se opôs aos forjadores de regras e renovou o estudo da língua com sua *Gramática Portuguesa* (1881); * João Ribeiro, influenciado pelo Idealismo Lingüístico notadamente de Vossler, estudou a fraseologia brasileira; Eduardo Carlos Pereira, cuja *Gramática Expositiva* (1907) alcançou quase cem edições; Oskar Nobiling, suíço radicado em São Paulo, estudou textos medievais portugueses; Manuel Said Ali Ida, que se ocupou da sintaxe e da semântica, cujos aspectos descreveu e interpretou de um ponto de vista psicológico; Mário Pe-

222

reira de Sousa ·Lima, cuja gramática (1937) adotou um ritmo diferente de exposição, privilegiando a sintaxe; Otoniel Mota; Filipe Franco de Sá (1915), que estudou em seu *A Língua Portuguesa* a fonética portuguesa; Antenor Nascentes, com seu *Dicionário Etimológico da Língua Portuguesa* (1932-1952); * Amadeu Amaral, pioneiro da dialetologia no Brasil, com o seu *O Dialeto Caipira* (1920) a que se seguiram Antenor Nascentes (1922), Mário Marroquim (1934), José D'Aparecida Teixeira (1944), Artur Neiva (1940), etc.

Cumpre assinalar, por fim, que aos autores deste período esteve afeta, durante largos anos, também a crítica literária. Reduzindo a literatura a uma questão de "estilo" e o estilo a uma questão de gramática, como bem o disse Wilson Martins, insistiram exageradamente em que o escritor devia conhecer bem a língua, e nisto fundavam seu método de avaliação crítico-literária. Destacaremos dentre eles Osório Duque Estrada, *Carlos de Laet, *Carlos D. Fernandes e Liberato Bittencourt.

A fundação das Faculdades de Filosofia de S. Paulo e do Rio de Janeiro facilitou a vinda de alguns mestres estrangeiros, como Rebelo Gonçalves em S. Paulo, J. Bourciez e G. Millardet no Rio de Janeiro. Pela mesma época, mestres europeus se fixaram no Uruguai, na Argentina e no Chile, criando ali importantes centros de estudos lingüísticos ainda hoje ativos. Uma série de fatores impediu que seus colegas enviados ao Brasil tivessem o mesmo sucesso: de um lado, a guerra na Europa, que determinou a volta de muitos deles, de outro, e principalmente, as dificuldades que desde logo cercaram as atividades das novas Faculdades de Filosofia, guerreadas e incompreendidas pelas faculdades mais antigas. Mesmo assim, alguma formação lingüística pôde ser ministrada, sendo de destacar-se o pioneirismo de J. Mattoso Câmara Jr., que fundou em 1938 a disciplina de Lingüística Geral na Universidade do Distrito Federal, e ainda em outros ambientes, como a Universidade de S. Paulo, as Cadeiras de Língua Portuguesa, Filologia Românica (desde 1939) e Glotologia Clássica (desde 1946, para alunos de Letras Clássicas). Em 1958, o Primeiro Simpósio de Filologia Românica, reunido no Rio de Janeiro, aprovou a criação da disciplina de Lingüística Geral (*Anais,* 1970, pág. 45), e a partir de 1960 o Prof. Aryon Dall'Igna Rodrigues passou a lecionar essa matéria na Universidade Federal do Paraná. O ensino então ministrado era em geral predominantemente histórico, seguindo-se uma orientação vincadamente européia e neogramática, com influências, também, de grandes mestres europeus como José Leite de Vasconcelos, José Joaquim Nunes e outros. Mattoso Câmara Jr. divulgava o estruturalismo europeu da Escola de Praga, e mais tarde introduziu os conceitos da Lingüística Descritiva americana. Foi preciso aguardar até 1962, quando o Conselho Federal de Educação reviu o currículo mínimo de Letras, para que o ensino da Lingüística se tornasse obrigatório em todo o ensino superior brasileiro. Já na década seguinte o ensino da Lingüística como disciplina autônoma estava implantado em todas as universidades e faculdades isoladas do País. De seus programas letivos (2 a 4 semestres em média) constavam basicamente a História da Lingüística, Fonética e Fonologia Geral e Portuguesa, Morfologia Geral e Portuguesa. Com extensão menor, lecionava-se também Teoria da Linguagem (conceito de signo e de língua, variação e evolução lingüísticas, funções e aquisição da linguagem), Sintaxe Transformacional, Semântica e Lexicologia. Mas é nos cursos de língua estrangeira, notadamente nos de inglês, que se encontra a maior soma de abordagens mais recentes. Departamentos de Lingüística de desigual estrutura e prestígio tinham sido organizados na Universidade de São Paulo, na Universidade Estadual de Campinas (desde 1969), na Pontifícia Universidade Católica de S. Paulo, na Universidade do Vale dos Sinos (RS) e na Universidade Nacional de Brasília.

Uma série de fatores acarretou a diversificação da pesquisa lingüística nas décadas de 60 e 70: a fundação da Associação Brasileira de Lingüística por Joaquim Mattoso Câmara Jr. em 1959; no âmbito do Estado de S. Paulo, a organização no mesmo ano do Grupo de Estudos Lingüísticos, que tem realizado seminários semestrais ininterruptamente; a promoção em várias partes do País de seminários, simpósios, congressos e institutos de Lingüística; a implantação de programas de Pós-Graduação, alguns instáveis, mas de qualquer forma importantes para a revelação de novos valores; o envio de um número crescente de bolsistas ao Exterior; o empreendimento de pesquisas de âmbito nacional, como o Projeto de Estudo da Norma Urbana Lingüística Culta das cidades de Porto Alegre, Rio de Janeiro, S. Paulo, Salvador e Recife; finalmente, a criação de novas revistas, total ou parcialmente dedicadas à Lingüística, as quais substituiriam as extintas *Revista de Língua Portuguesa* (1919), *Boletim de Estudos Filológicos* (1943), *Revista Brasileira de Filologia* (1952), *Jornal de Filologia* (1953), *Ibérida* (1959), a saber: *Revista de Letras* da Faculdade de Filosofia de Assis (1960), *Alfa,* da Faculdade de Filosofia de Marília (1962), *Tempo Brasileiro* (1962; n.° especial dedicado ao Estruturalismo: 15/16, 1968); *Estudos Leopoldenses* (1964); *Letras de Hoje* (1965); *Estudos Lingüísticos* (1966); *Bacab* (1970); *Littera* (1971); *Construtura* (1973); *Revista Brasileira de Lingüística* (1974); *Significação*/Revista Brasileira de Semiótica (1974); *Acta Semiotica et Linguistica* (1977). Continua a sair a veneranda *Vozes* / Revista de Cultura (1907) com importantes números monográficos, e *Letras,* revista da Universidade Federal do Paraná (1958).

Enumeram-se a seguir os estudiosos que compõem esta segunda fase da Lingüística no Brasil. São indicados tanto os autores publicados quanto os inéditos, entre estes os de teses de mestrado e de doutorado, cujo volume, bastante expressivo, caracteriza particularmente esta fase. Omitem-se os estudos não estritamente lingüísticos, e que caem no domínio da Filologia e da Estilística. O critério de ordenação transparece claramente, pois as diferentes secções vão enumeradas.

1. *Obras de iniciação e de referência*

1.1 — Manuais de introdução à Lingüística Geral e Portuguesa: o mais extraordinário foi o de J. Mattoso Câmara Jr., que o refez continuamente, desde a primeira edição, 1942; do mesmo Autor são outros trabalhos de 1956 e 1965; seguem-se Gladstone Chaves de Melo (1949), Serafim da Silva Neto (1952, 1956) e Francisco da Silva Borba (1967 e 1971). 1.2 — Histórias da Lingüística: Sílvio Elia (1955) e J. Mattoso Câmara Jr. (1975). 1.3 — Terminologia: em 1959 o Ministério da Educação e Cultura recomenda a adoção da Nova Nomenclatura Gramatical Brasileira, publicada nesse ano. Muitas discussões assinalaram a preparação e a edição do texto respectivo: Antenor Nascentes (1959), Adriano da Gama Kury (1959), Reynaldo Canevari (1959), Antônio J. Chediak (1960), R. F. Mansur Guérios (1960), J. Mattoso Câmara Jr. (1960), Novir Sebastião dos Santos Barbosa (1964), Ataliba T. de Castilho e Enzo Del Carratore (1965), Jairo Dias de Carvalho (1967). 1.4 — Gramáticas Portuguesas e Dicionários Gramaticais: Francisco da Silveira Bueno (1944), Sílvio Elia (1953), J. Mattoso Câmara Jr. (1956 e 1972), Rocha Lima (1957), Evanildo Bechara (1958), Domingos Paschoal Cegalla (1962), Celso Cunha (1970 e 1972), Tassilo O. Spalding (1971), Leodegário A. de Azevedo (1971), Geraldo Matos e Eurico Back (1972). 1.5 — Obras de conjunto sobre o Português do Brasil, estudado em sua implantação, características diferenciadoras do Português de Portugal, especificidade da língua literária brasileira: Sílvio Elia (1940 e 1961), Gladstone C. de Melo (1946), Serafim da Silva Neto (1951), Clóvis Monteiro (1959) Luís Carlos Lessa (1966), Celso Cunha (1968 e 1969), J. Mattoso Câmara Jr. (1969 e 1970), João Alves Pereira Penha (1970).

2. *Fonética e Fonologia*: continuam escassos os trabalhos de Fonética Experimental; os estudos propriamente fonológicos retomaram o impulso nos anos 70, após o trabalho pioneiro de J. Mattoso Câmara Jr. (1953 e 1957). Autores: Sousa da Silveira (1953), Antônio Houaiss (1958), Nelson Rossi (1965 e 1969), Eurico Back (1973), Yonne Leite (1974), Luís Carlos Cagliari (1974), Francis H. Aubert (1975).

3. *Morfologia*: seguem em geral uma linha estruturalista, em alguns casos mal assimilada: Osvaldo Arns (1953), A. Marques de Oliveira Filho (1961), Paulo A. A. Froehlich (1965 e 1967), Eunice Pontes (1965), Geraldo Lapenda (1968), J. Mattoso Câmara Jr. (1969 e 1970), José Rebouças Macambira (1970), Albert Audubert (1972), Miriam Lemle (1974), Clóvis B. de Moraes (1974).

4. *Sintaxe*: conheceu um impulso extraordinário, indo das pesquisas mais empiristas que interpretativas, ou mesmo das tentativas de sintaxe estruturalista (tudo o que vem aqui denominado Sintaxe Pré--Transformacional), à Gramática dos Casos, passando pelos estudos inspirados em Bernard Pottier, pela Tagmêmica e pela Gramática Transformacional. 4.1 — Sintaxe Pré-Transformacional: Theodoro Henrique Maurer Jr. (1951, 1957 e 1968), Jesus Belo Galvão (1954), Evanildo Bechara (1954, 1960 e 1972), Ângela Vaz Leão (1961), Cláudio Brandão (1963), Clóvis B. de Moraes (1966 e 1970), Ataliba T. de Castilho (1967 e 1968), Francisco da Silva Borba (1967 e 1971), Cléa Rameh (1970). 4.2 — Estudos sintático-semânticos segundo a orientação de B. Pottier: Lúcia Maria Pinheiro Lobato (1971 e 1975). 4.3 — Tagmêmica: aparentemente não exerceu maior influência no País, registrando-se um artigo de divulgação de Paulo A. A. Froehlich (1968). 4.4 — Sintaxe Transformacional: abordagem que tipifica os anos 70, aplicando-se a chamada "teoria padrão" de Noam Chomsky (1965) e seguidores; muitos dos pesquisadores limitaram-se a testar as hipóteses levantadas originalmente para o inglês. Destacam-se Antônio Carlos Quícoli (1971 e 1972), o qual orientou vários trabalhos nessa direção, tanto no Rio de Janeiro quanto em Campinas, Leila Bárbara (1971), Eunice Pontes (1973), Milton M. Azevedo (1973 e 1976), Mário A. Perini (1974 e 1976), Eni P. Orlandi (1976). 4.5 — A Gramática dos Casos, que surgiu no bojo da Gramática Transformacional, trans-

parece nos estudos de Telmo C. Arrais (1974) e Maria Ângela Russo Abbud (1976).

5. *Semântica*: ao lado da Sintaxe, absorveu o melhor das atenções da década de 70, cobrindo as seguintes direções: 5.1 — Semântica da Palavra; Cília Coelho Pereira Leite [Madre Olívia] (1970). 5.2 — Semântica Estrutural, basicamente na linha de A. J. Greimas, que esteve algumas vezes no País: Mílton José Pinto (1970 e 1971), Ignácio Assis Silva (1972), Alceu Dias Lima (1972), Eduardo Peñuela Cañizal (1972), Tieko Yamaguchi (1972), Edward Lopes (1972) e Mônica Paula Rector (1973). 5.3 — Semântica Argumentativa ou Contexto-Situacional, sob a inspiração de Oswald Ducrot, que esteve igualmente no País: Carlos A. Vogt (1973 e 1974). 5.4 — Semântica Gerativa: Mary A. Kato (1972), Maria Helena Duarte Marques (1976).

6. *Lexicologia e Lexicografia*: a pesquisa lexicográfica não foi interrompida, conquanto se exercesse mais discretamente que os estudos de sintaxe e semântica. Há trabalhos de lexicografia latina, estudos de regionalismos do Português do Brasil, arcaísmos, estatística léxica e uma edição refundida do *Novo Dicionário Aurélio*. Enumerando: Aída Costa (1952), Carlos Drummond (1953 e 1965), Heinrich Bunse (1957), Florival Seraine (1958), J. Mattoso Câmara Jr. (1959), Enzo Del Carratore (1965), Clemente Segundo Pinho (1966), Max Boudin (1966), Augusto Magne (1967), Maria Tereza Camargo Biderman (1968), Erasmo D'Almeida Magalhães (1968), Antenor Nascentes (1969), R. F. Mansur Guérios (1973), Joel Pontes (1974) e Aurélio Buarque de Holanda (1974).

7. *Análise do Discurso*, também denominada Sintaxe Transfrástica, é uma modalidade que conta com poucos cultores. Isaac Nicolau Salum tem trabalhado na decomposição do texto de forma a revelar sua estrutura e propriedades estilísticas (1971 e 1972); Haquira Ozakabe estudou o discurso político (1975) e Rodolfo Ilari as propriedades de sentenças e contextos discursivos (1976).

8. *Lingüística Histórica*: há estudos da constituição histórica da língua portuguesa, uma excelente gramática do latim vulgar escrita por Theodoro Henrique Maurer Jr., e algumas tentativas de fonologia diacrônica: Serafim da Silva Neto (1938, 1952 e 1957); Ismael de Lima Coutinho (1938), Francisco da Silveira Bueno (1946, 1955), Theodoro Henrique Maurer Jr. (1951 e 1959), Isaac Nicolau Salum (1954, 1967 e 1968), Ernesto Faria (1955), A. Marques de Oliveira Filho (1955), Augusto Magne (1955), Miguel Wouk (1959), Eurico Back (1964 e 1967), Paulo A. A. Froehlich (1967), Evanildo Bechara (1969), Anthony Naro, numa coletânea de artigos anteriormente publicados nos Estados Unidos (1972).

9. *Dialetologia e Sociolingüística*: na Dialetologia, o maior acontecimento foi a publicação do *Atlas Prévio dos Falares Baianos,* de Nelson Rossi, estando no prelo o Atlas de Sergipe; fizeram-se alguns estudos sobre o falar de pequenas regiões, mas continuam a faltar novos atlas lingüísticos como os enumerados: Serafim da Silva Neto foi um grande divulgador dos métodos de recolha das variedades espaciais do Português do Brasil (1955), tendo contribuído para a formação de uma "mentalidade dialetológica"; A. Nascentes (1958 e 1961) escreveu guias para a pesquisa dialetal; outros autores: A. J. Chediak (1958), Nelson Rossi (1963 e 1965), Áttico Vilas-Boas da Mota (1964), Miguel

Wouk (1965), Heinrich Bunse (1969) e Ada Natal Rodrigues (1974). Na Sociolingüística, destacaram-se Jurn Philipson (1946 e 1953), Mário Bonatti (1968), Brian F. Head (1973), Paulino Vandresen (1973), Dino Preti (1974).

10. *Psicolingüística*: é representada no Brasil por uma linha behaviorista e outra cognitivista: Geraldine Porto Witter (1972), Leonor Scliar Cabral (1974), Cláudia Lemos (1975). Um amplo projeto de pesquisa a respeito da aquisição da linguagem desenvolve-se presentemente na Universidade Estadual de Campinas, sob a direção de Cláudia Lemos. Na Universidade de S. Paulo, Geraldine P. Witter tem orientado diversas pesquisas, lidando basicamente com colegiais e adultos.

11. *Lingüística Aplicada*: compreende as seguintes direções: 11.1 — Lingüística Contrastiva: Augustinus Staub (1956, 1966 e 1969), Mário Mascherpe (1970), Wanda E. Vagones (1974), Sônia V. Rodrigues (1974) e Celina de A. Scheinowitz (1975). 11.2 — Lingüística Aplicada ao ensino do Português: Jamil El-Jaick (1968), Albino de Bem Veiga (1958), Judith Brito de Paiva e Souza (1969), Elvo Clemente (1969), Brian F. Head (1973), John Schmitz (1975). 11.3 — Lingüística Aplicada ao ensino de línguas estrangeiras e clássicas: A. Carneiro Leão (1935), Maria Junqueira Schmidt (1935), Valnir Chagas (1957), Sílvio Elia (1957), Vandick Londres da Nóbrega (1962), Maria das Dores Wouk (1965), Solange Ribeiro de Oliveira (1970), Francisco Gomes de Matos (1970, 1972 e 1973), Márcia A. M. Carvalho (1976).

12. *Teoria da Linguagem e Semiologia*: Ignácio Assis Silva (1970) e 1973), Marcelo Dascal (1973) e Carlos A. Franchi (1976).

CONSULTAR: Maximino Maciel, *Gramática Descritiva*, Rio, 1917; J. Leite de Vasconcelos, *Opúsculos*, vol. IV, parte II, Coimbra, 1929; A. Nascentes, *Estudos Filológicos*, 1.ª série, Rio, 1939; e "A Filologia Românica no Brasil", *Letras*, n.º 12, 1951; J. Mattoso Câmara Jr., "Filologia", *Manual Bibliográfico de Estudos Brasileiros* (org. por Rubens Borba de Moraes e William Berrien), Rio, 1949; e "Brazilian Linguistics", *Current Trends in Linguistics*, 4, Ibero-American and Caribbean Linguistics, The Hague, 1968; e "Os Estudos de Português no Brasil", *Letras*, n.º 17, 1969; Giacinto Manuppella, *Os Estudos de Filologia Portuguesa de 1930 a 1949*, Lisboa, 1950; Theodoro Henrique Maurer Jr., "Os Estudos Lingüísticos em S. Paulo", *O Estado de S. Paulo*, Edição do IV Centenário, 25/1/1954; Serafim da Silva Neto, "A Filologia Portuguesa no Brasil", *Os Estudos da Lingüística Românica na Europa e na América desde 1939 a 1948* (org. por Manuel de Paiva Boléo), Coimbra, vol. I, 1959; Sílvio Elia, *Ensaios de Filologia*, Rio, 1963; Aryon Dall'Igna Rodrigues, "Relato sobre a Lingüística e o Ensino de Línguas no Brasil", *El Simposio de Cartagena*, Bogotá, 1965; Henry Hoge, *A Selective Bibliography of Luso-Brazilian Linguistics*, Milwaukee, The University of Wisconsin, 1966 (exemplar mimeografado); Ataliba T. de Castilho, "Perspectivas da Lingüística na América Latina e no Brasil", supl. lit. d*O Estado de S. Paulo*, 29/8/1971, 5 e 19/9/1971; e "Rumos da Dialetologia Portuguesa", *Alfa*, n.º 18/19, 1972-1973; Anthony Naro, *Tendências Atuais da Lingüística e da Filologia no Brasil*, Rio, 1976.

[A. T. C.]

LINS, ÁLVARO de Barros — (★ 14/12/1912, Caruaru, PE; † 4/6/1970, Rio) Formado em Direito em seu Estado natal (1935), dedicou-se, porém, ao jornalismo e ao magistério. Ingressando na política, alcançou ser secretário de Estado em PE. Em 1939, publicou a *História Literária de Eça de Queirós*, cujo êxito repentino, revelando-o como crítico literário, lhe decidiu o rumo a seguir. Em 1941, transferiu-se para o Rio, onde passou a se responsabilizar, por dez anos, pelo rodapé de crítica do *Correio da Manhã*. Em 1951, candidatou-se a uma das cadeiras de Literatura do Colégio Pedro II, e venceu, com a tese acerca d*A Técnica do Romance em Marcel Proust* (1956). Entre 1952 e 1954, atendendo a convite do Itamarati, ocupou a cadeira de Estudos Brasileiros da Faculdade de Letras de Lisboa. Pouco depois, trocou a atividade crítica pela diplomática, chegando a ser nosso embaixador em Lisboa (1956-1959). Renunciando à diplomacia voltou às antigas funções. Pertenceu à Academia Brasileira de Letras.

De sua atividade intelectual, ostenta lugar de especial relevo a parte referente à * crítica literária. Como crítico, enfileira-se numa linhagem que, passando por * Tristão de Ataíde, remonta a * José Veríssimo, * Araripe Júnior e * Sílvio Romero. Busca de valores essenciais e universais; reflexões acerca dos problemas de relação entre a literatura e a cultura; preocupação constante pelos temas de teoria e filosofia da literatura; serenidade no exercício de julgar, em que pese a certo pendor para a polêmica; gosto acendrado pelo jogo das idéias; inconformismo; intuição reveladora; imaginação criadora; policiamento da inteligência — eis algumas das marcas de seu processo crítico, visíveis desde a primeira hora. Tem exercido, por tudo isso, considerável influência orientadora e estimuladora. Sua peculiar independência de juízos, evidente nos rodapés críticos que veio enfeixando em volumes sob o título de *Jornal de Crítica* (8 séries, 1941-1963), e que posteriormente reagrupou por semelhança de temas sob outros títulos (*Literatura e Vida Literária*, 1963, etc.), explica que por vezes radicalizasse as posições assumidas, ou enfatizasse seu ponto de vista a respeito das questões de momento. Entretanto, constitui a seção mais válida e mais viva de sua vasta bagagem intelectual. Não obstante, sua militância crítica veio sempre acompanhada da elaboração de estudos mais longos e segundo uma sistemática menos comprometida com o dia-a-dia jornalístico. Aliás, foi assim que teve início sua carreira de escritor, continuada com seu estudo em torno da obra de Proust, o qual, posto que escrito com os olhos voltados para um concurso docente, revela igual inclinação do crítico para a erudição e a análise das questões universais da literatura.

Obras do A.: *Alguns Aspectos da Decadência do Império*, 1939; *Rio Branco*, 2 vols., 1945; *Roteiro Literário do Brasil e Portugal — Antologia da Língua Portuguesa*, co-autoria de Aurélio Buarque de Holanda, 2 vols., 1956; *Discurso sobre Camões e Portugal* (Ensaio histórico-literário), 1956; *A Glória de César e o Punhal de Brutus*, 1962; *Os Mortos de Sobrecasaca*, 1963; *O Relógio e o Quadrante*, 1963; *Girassol em Vermelho e Azul*, 1963; *Dionísios nos Trópicos*, 1963; *Poesia Moderna no Brasil*, 1967; *O Romance Brasileiro*, 1967; *Teoria Literária*, 1967.

Consultar: Tristão de Ataíde, "Críticos", *in* Á. L., *Jornal de Crítica*, 4.ª série, Rio, 1946; Antônio Cândido, "Um Crítico", *in* Á. L., *Jornal de Crítica*, 5.ª série, Rio, 1947; João Neves da Fontoura, *Dis-*

cursos de Resposta a Á. L. em nome da Academia Brasileira de Letras, Rio, 1956.

[M. M.]

LINS, OSMAN DA COSTA — (★ 5/7/1924, Vitória de Santo Antão, PE; † 8/7/1978, S. Paulo) Aprendidas as primeiras letras na cidade natal, foi para o Recife em 1941, onde fez estudos secundários, cursou a Faculdade de Ciências Econômicas e publicou seus primeiros contos no *Diário de Pernambuco.* Entrou em 1943 para o quadro de funcionários do Banco do Brasil. Aposentando-se dessas funções em S. Paulo, derivou para o ensino universitário (1970), de que se afastou em 1976 para dedicar-se exclusivamente aos seus livros.

O romance de estréia de O. L., *O Visitante* (1955), já lhe deixava entrever a vocação introspectiva, o tenso despojamento de linguagem, e a procupação com as opções morais, que, em suas personagens, se fundam menos na obediência passiva a um código que na lucidez, quase sempre dolorosa, da autoconsciência. Tais características reaparecem nas histórias d*Os Gestos* (1957), em que, com arte sutil, logra o contista sugerir ao leitor o que possa haver de inexprimivelmente significativo em certas situações humanas fundamentais e se acentuam ainda mais n*O Fiel e a Pedra* (1961), romance de ambiência pernambucana e de intenções éticas e épicas, em cujo protagonista central, "macho de coragem" que não se deixa vencer nem pelo suborno nem pelo medo, pôs o A., propositadamente, muito de heróico. Entre as mais importantes realizações ficcionais de O. L. estão as narrativas de *Nove Novena* (1966). Nelas, vários planos de narração e múltiplas personagens se entrecruzam amiúde em trama cerrada; sinais gráficos são usados para identificar os figurantes, e ornamentos verbais intervêm para ressaltar, barrocamente, determinadas linhas temáticas. Em alguns desses micro-romances, alcança O. L. grande intensidade de expressão, como no admirável "Retábulo de Sta. Joana Carolina", que enquadra o destino humano numa perspectiva cosmogônica, à maneira dos mistérios medievais em que se inspirou o escritor.

[Com os romances *Avalovara* (1973), traduzido para vários idiomas, e *A Rainha dos Cárceres da Grécia* (1976), O. L. enveredou pelo experimentalismo na técnica romanesca, fundindo os reptos da imaginação criadora com a aguda consciência do ofício de escritor.]

O. L., que fez um curso de Dramaturgia na Universidade do Recife, destacou-se também como autor teatral. Peças suas foram encenadas no Rio e em S. Paulo pelas companhias Tônia-Celi-Autran e Nídia Lícia.

OBRAS DO A.: Teatro: *Lisbela e o Prisioneiro,* 1964; *Guerra do "Cansa Cavalo",* 1967; *"Capa Verde" e o Natal* 1967; *Santa, Automóvel e Soldado,* 1975. Viagens: *Marinheiro de Primeira Viagem,* 1961; *La Paz existe?* (de parceria com Julieta de Godói Ladeira), 1977. Ensaio: *Guerra sem Testemunha,* 1969; *Lima Barreto e o Espaço Romanesco,* 1975; *Do Ideal e da Glória: Problemas Inculturais Brasileiros,* 1977. Textos para TV: *Casos Especiais,* 1978.

CONSULTAR: Adonias Filho, *Modernos Ficcionistas Brasileiros,* 1.ª série. Rio, 1958; Eduardo Portela, *Dimensões II,* Rio, 1959; Joel Pontes, *O Aprendiz de Crítica,* Rio, 1960; Antônio Houaiss, *Crítica Avulsa,* Salvador, 1960; João Alexandre Barbosa, "Nove, Novena, Novidade", supl. lit. d*O Estado de S. Paulo,* 12/11/1966; Anatol Rosenfeld, "The Creative Narrative Processes of O. L.", *Studies in Short Fiction*, Newberry, South Carolina, vol. VIII, n.º 1, 1971; Fábio Lucas, *A Face Visível*, S. Paulo, 1973; Esdras do Nascimento, *Teoria da Comunicação e Literatura*, Rio, 1975.

[J. P. P.]

LISBOA, HENRIQUETA — (★ 1903, Lambari, MG) Fez o curso secundário em Campanha. Residiu alguns anos no Rio, onde estudou literatura e línguas. Professora universitária em Belo Horizonte, leciona Literatura Hispano-Americana e Literatura Universal, além de ser inspetora federal do ensino secundário. Sua obra poética tem sido distinguida com várias láureas.

Em sua fase inicial, H. L. ainda se acha presa à estética simbolista; é a fase de *Enternecimento* (1929), *Fogo Fátuo* (1925), *Velário* (1936). Neste livro começa a transitar da poesia de feição tradicionalista para a moderna, razão por que integra, no * Modernismo, a geração de 30. Em *Prisioneira da Noite* (1941), sua poesia tinha em parte ressaibos didáticos, como frisou * Mário de Andrade, mas a contensão expressiva já lhe dava raridade no panorama da poesia vigente. *O Menino Poeta* (1943) é feito para a compreensão infantil, continuando a expressão simples, recatada, por vezes terna, confessional e moralizante da poetisa n*A Face Lívida* (1945) e *Flor da Morte* (1949). Em *Madrinha Lua* (1952), H. L. cuida de figuras históricas, lendas e cidades antigas de MG. Com *Marinha Lua* e com *Azul Profundo* (1956), H. é poetisa plenamente realizada. Sua sensibilidade afirma-se e aprofunda-se, de modo a transformar o que era adquirido por sugestão literária em visão pessoal e penetrante. *Lírica* (1958) reúne poemas selecionados pela própria autora em toda a sua obra.

OBRAS DA A.: *Poemas*, 1951; *Além da Imagem*, 1963; *O Alvo Humano*, 1973; *Miradouro e Outros Poemas*, 1976; *Reverberações*, 1976. Tem publicados, em prosa, alguns ensaios.

CONSULTAR: Mário de Andrade, *O Empalhador de Passarinho*, S. Paulo, s. d.; Carlos Drummond de Andrade, *Passeios na Ilha*, Rio, 1952; Sérgio Milliet, *Diário Crítico*, vols. 2.º, 3.º e 7.º, S. Paulo, 1945-1953; Waltensir Dutra e Fausto Cunha, *Biografia Crítica das Letras Mineiras*, Rio, 1956; Mário da Silva Brito, *O Modernismo*, vol. VI do *Panorama da Poesia Brasileira*, Rio, 1959; Vários Autores, "H. L.", supl. lit. de *Minas Gerais*, Belo Horizonte, 21 e 28/2/1970; Carlos Durval, "H. L.", *Poetas do Modernismo* (dir. de Leodegário A. de Azevedo Filho), vol. V, Brasília, 1972.

[P. E. S. R.]

LISBOA, JOÃO FRANCISCO — (★ 22/3/1812, Itapicuru-Mirim, MA; † 26/4/1863, Lisboa) Fez apenas os estudos primários, mas, autodidata aplicado, alcançou formar sólida cultura histórica e humanística, que transparece na sua obra literária. Ingressou no jornalismo aos vinte e dois anos de idade, e a ele se consagrou desde então, colaborando em diversos jornais e adquirindo renome como publicista. Por ordem do governo brasileiro, esteve em Portugal e outros países europeus colhendo documentos para uma história do Brasil; morreu em Lisboa, antes de concluir a missão.

Político, jornalista, advogado, orador e historiador, liberal intransigente e idealista, combateu o oportunismo político em artigos de inteligente análise e pugnou pela escola pública e pela universalização do ensino. O ponto alto de sua produção doutrinária é o *Jornal de Timon* (publicado em fascículos, no Maranhão e Lisboa, entre 1852 e 1858), em que sua vasta erudição histórica se aplica no estudo sócio-político-econômico da Antiguidade greco-romana e da Idade Média, com vistas à realidade histórica de seu tempo. Trata-se, em verdade, de uma sátira violenta, mas fundamentada, aos homens públicos da época, que aparecem sob o disfarce de conhecidas figuras históricas. O objetivo do A. era o de mostrar que o processo de corrupção, as lutas e paixões políticas são os mesmos em todos os tempos, que a História se repete e que os homens não aprendem com os erros alheios. Vazado em estilo claro, preciso, castiço, o *Jornal* se constitui num documento primacial para o estudo dos três primeiros séculos de nossa formação histórica. Pelo caráter clássico da sua obra, pelo seu humanismo lúcido, pelo seu domínio do Idioma, J. F. L. foi, indubitavelmente, um dos espíritos mais brilhantes do seu tempo, no Brasil.

Obras do A.: *Obras,* edit. por Antônio Henriques Leal, 4 vols., S. Luís do Maranhão, 1864-1865 (o 4.º vol. inclui a *Vida do Padre Antônio Vieira,* que o A. deixara inédita); *idem,* 2 vols., Lisboa, 1901.

Consultar: Antônio Henriques Leal, *Panteon Maranhense,* vol. IV, Lisboa, 1875; Sílvio Romero, *História da Literatura Brasileira,* 5.ª ed., vol. V, Rio, 1953; José Veríssimo, *Estudos de Literatura Brasileira,* 2.ª série, Rio, 1901; Maria de Lourdes M. Janotti, *J. F. L.: Jornalista e Historiador,* S. Paulo, 1977.

[J. C. G.]

LISPECTOR, CLARICE — (★ 10/12/1925, Tchetchelnik, Ucrânia, URSS; † 9/12/1977, Rio) Tinha dois meses de idade quando chegou ao Brasil com os pais, imigrantes russos. Até os doze anos, viveu em Recife, onde fez os estudos primários e iniciou os secundários, concluídos no Rio. Cursou a Faculdade Nacional de Direito ao mesmo tempo em que trabalhava como redatora, primeiro da Agência Nacional, depois d*A Noite,* e escrevia seu primeiro romance, *Perto do Coração Selvagem* (1944). Bacharelou-se em 1944 e nesse mesmo ano se casou com um colega de curso. Em 1945, acompanhou à Europa o marido, diplomata de carreira, só regressando ao Brasil em 1949. De 1952 a 1960, viveu nos Estados Unidos.

Quando apareceu *Perto do Coração Selvagem,* a crítica o recebeu com entusiasmo incomum. Saudou-o * Sérgio Milliet como "a mais séria tentativa de romance introspectivo" até então feita entre nós, ao passo que * Antônio Cândido anteviu na jovem romancista, dada "a intensidade com que sabe escrever e a rara capacidade de vida interior", a afirmação de "um dos valores mais sólidos, e sobretudo, mais originais de nossa literatura". Os quatro romances e as duas coletâneas de contos que se seguiram a esse livro de estréia, pelo que traziam de aprofundamento de uma singular visão do mundo e de aprimoramento de uma técnica narrativa vincadamente pessoal, confirmaram as expectativas da crítica, revelando em C. L. uma escritora de incomum coerência, cuja obra se define pelo enriquecimento progressivo de certa motivação nuclear, a que se manteve fiel desde o começo.

Com razão se tem chamado de poética a ficção de C. L. Poética é tanto pela riqueza metafórica da linguagem como pelo fato de se constituir, toda ela, numa vasta metáfora do real, a que busca captar, não em termos de verossimilhança mais ou menos realista, mas ao nível de uma abordagem por assim dizer fenomenológica. Daí o sentido muito especial que a introspecção nela assume: ao se debruçar sobre a vida interior de suas personagens, preocupa-se a ficcionista menos em desvendar-lhes o mecanismo psicológico dos atos que a própria razão metafísica do seu "estar no mundo". Tal "estar no mundo" se caracteriza, primordialmente, pela tensa e iniludível solidão em que, ao humano da consciência reflexiva — que, por se saber existindo, estabelece uma angustiosa dualidade na inteireza do ser — se opõe o inumano das coisas, cuja existência é sólida e insciente plenitude. Essa *conscience malheureuse*, essa noção da problematicidade da existênica humana em face do universo, aflora, nas personagens de C. L., por via de um momento de iluminação intuitiva, por vezes de um incidente aparentemente trivial. A partir de então, o iluminado se desprende dos laços convencionais da vida comunitária para viver, na nudez da autoconsciência, o seu drama existencial. Em *A Paixão Segundo G. H.* (1964), o esmagamento fortuito de uma barata suscita na heroína do romance todo um processo de desvendamento, que a leva a entrever Deus na própria neutralidade do cotidiano, nessa "matéria que é a explosão indiferente de si mesma". Já em *A Maçã no Escuro* (1961), através de um crime quase gratuito, Martim se liberta de todos os nexos familiares e sociais para, na soledade de uma longínqua fazenda em que se emprega como trabalhador braçal, tentar, baldadamente embora, se reinventar como homem. Nos contos de *Laços de Família* (1960) e d*A Legião Estrangeira* (1964), em cuja concisão a arte de C. L. atinge o máximo de intensidade expressiva, tais momentos de iluminação ressaltam com particular nitidez: sirva de exemplo "O Crime do Professor de Matemática", de *Laços de Família*, em que, ao enterrar um cão morto, o protagonista da narrativa se dá conta do que em si havia de culpa metafisicamente irresgatável.

Não é difícil perceber, nisso tudo, a marca do Existencialismo contemporâneo, com sua ênfase na angustiosa liberdade com que o Homem se tem de escolher a si mesmo em meio a um universo absurdo, cuja indiferença lhe provoca náusea. Acentue-se, porém, que na obra de C. L., tais implicações filosóficas não se colocam *a priori*, mas resultam, inextricável e organicamente, da própria matéria verbal e ficcional com que a escritora figura a sua estranha experiência do mundo.

Obras da A.: Romance: *O Lustre*, 1946; *A Cidade Sitiada*, 1949; *Uma Aprendizagem ou O Livro dos Prazeres*, 1969; *Água Viva*, 1973; *A Hora da Estrela*, 1977. Contos: *A Via Crucis do Corpo*, 1974. Crônicas: *Onde estivestes de noite*, 1974. Entrevistas: *De Corpo Inteiro*, 1975. Literatura Infantil: *O Mistério do Coelhinho Pensante*, 1967.

Consultar: Sérgio Milliet, *Diário Crítico*, vol. II, S. Paulo, 1945; Antônio Cândido, *Brigada Ligeira*, S. Paulo, s.d.; Massaud Moisés, *Temas Brasileiros*, S. Paulo, 1964; Renard Perez, *Escritores Brasileiros Contemporâneos*, 2.ª série, Rio, 1964; Luís Costa Lima *Por Que Literatura*, Rio, 1966; Benedito Nunes, *O Mundo de C. L.* Manaus, 1966; e *Leitura de C. L.*, S. Paulo, 1973; Assis Brasil, *C. L.*, Rio, 1969; Fábio Lucas, *Poesia e Prosa no Brasil*, Belo Horizonte, 1976.

[J.P.P.]

LIVRE, VERSO — Quando se fala em *verso livre clássico,* entende-se que as estrofes são heterométricas, isto é, embora nelas os versos sejam medidos, não possuem igual medida. Assim as fábulas de La Fontaine, em francês, assim "Lembrança de Minas", de * Alberto de Oliveira, para citarmos um exemplo em nossa poesia. Essa acepção já não é a corrente. Hoje *verso livre* significa verso que não obedece aos padrões regulares, seja no número de sílabas, seja na fixação dos acentos internos; assim, o verso livre segue as conveniências da expressão do pensamento, e não regras prefixadas.

Historicamente, o verso livre nasceu em França, com Rimbaud, que escreveu em maio de 1873 os poemas "Marine" e "Mouvement" (publicados em *Les Illuminations,* 1886). Seguem-se Marie Krysinska, que deu a lume em 1882 "Chanson d'Automne" e "Symphonie en Gris", e em 1886, nos n.ᵒˢ 10 e 11 da revista *La Vogue,* traduções de Jules Laforgue (de dois poemas de Walt Whitman — que, influenciado pela prosa da Bíblia "King James", escrevera versos livres em *Leaves of Grass* [a partir de 1855], referindo-se a esses versos, contudo, como "prosa"), bem como composições versilibristas de Gustave Kahn. Deste, é o primeiro livro em versos livres, com teoria e tudo, *Les Palais Nomades* (1887), donde ter sido considerado "o criador do verso livre" pelos futuristas. No volume, Kahn dá as regras essenciais de seu verso livre, das quais a principal ainda é válida: o comprimento do verso e seu ritmo interno devem decorrer da idéia exprimida. A proscrição do *enjambement,* recomendada por Kahn, já hoje nada tem de obrigatório.

No Brasil, como em Portugal, o verso livre surgiu algo timidamente com os simbolistas, podendo citar-se a propósito * Adalberto Guerra Duval (*Palavras que o vento leva...,* 1900), que foi, entre nós, o seu introdutor. Não têm razão os que pretendem despojá-lo em favor de * Mário Pederneiras. Acentua Andrade Murici, corretamente, que o verso livre era mais inquieto, mais aventuroso em Guerra Duval do que em Mário Pederneiras e frisa que neste, segundo * Nestor Vítor, o verso não era propriamente livre, mas assimétrico. Segundo nosso modo de ver, Nestor Vítor tinha razão.

Precursores ilustres do verso livre podem citar-se em nossa poesia: * Álvares de Azevedo, p. ex., que tem — talvez por inexperiência — um "Soneto oferecido ao meu amigo Luís Antônio da Silva no dia 2/6/1847, seu aniversário natalício", em versos que ele próprio denomina "rudes, não cadentes". De qualquer modo, o verso livre só viria a adquirir real importância, em nossa poesia, com o movimento modernista, que o incorporou e pelo menos até 1945 quase que só dele se valeu. * Mário de Andrade recomendou-o n*A escrava que não é Isaura* (1925), acentuando que "continuar no verso medido é converter-se na melodia quadrada e preferi-la à melodia infinita de que a música se utiliza sistematicamente desde a moda Wagner sem que ninguém a discuta mais".

O verso livre está hoje incorporado à poética do * Modernismo, embora sem exclusão do verso medido; seu caráter e técnica, diferentes dos do verso medido, tornam-no um instrumento indispensável à expressão de numerosos "temas", isto é, estados de espírito e sentimentos.

Liberto dos acentos internos, como tradicionalmente se colocam, não significa isso que o verso livre não tenha ritmo. Esse ritmo, freqüentemente perceptível, deve-se à presença de alternâncias e segmentos que se repetem no meio da irregularidade geral. Analisemos, p. ex., as três primeiras estrofes do poema "Estrela", de * Cecília Meireles: "Quem viu aquele que se inclinou sobre palavras trêmulas, / de relevo partido e de contorno perturbado, / querendo achar lá dentro o rosto que dirige os sonhos, / para ver se era o seu que lhe tivessem arrancado? // Quem foi que o viu passar com seus ímãs insones, / buscando o pólo que girava sempre no vento? / — Seus olhos iam nos pés, destruindo todas as raízes líricas, / e em suas mãos sangrava o pensamento. // E era o seu rosto, sim, que estava entre versos andróginos, / preso em círculos de ar, sobre um instante de festa / Boca fechada sob flores venenosas, / e uma estrela de cinza na testa".

Certamente, a irregularidade, aqui, não é total: as estrofes são quadras, a entonação interrogativa se repete da primeira estrofe para a segunda, há rimas em meio a finais brancos, terminações esdrúxulas que se repetem, aliterações; mas nenhum desses elementos nos informa quanto ao ritmo dos acentos, que se percebe, embora se perceba também que não se trata de versos regulares. Se formos procurar os segmentos dos versos, guiando-nos pelas pausas, acharemos pouco mais ou menos os seguintes:

1.º) verso: 4 (com final grave) + 10; 2.º) 6 + 8; 3.º) 6 + 8; 4.º) 6 + 8; 5.º) 6 + 6; 6.º) 4 (com final grave) + 8; 7.º) 7 + 10; 8.º) 4 + 6; 9.º) 6 + 8; 10.º) 6 + 7; 11.º) 4 (com final grave) + 6; 12.º) 6 grave + 2. Para começar, os segmentos quase que todos são pares e se repetem: o mais insistente é o de 6 sílabas, que se mostra 10 vezes; seguem-se o de 8 sílabas (5 vezes), o de 4 (4 vezes), o de 7 e o de 10 sílabas (2 vezes).

E o que é mais: sendo predominante no poema a alternância binária, a derrogação ternária volta dentro de segmentos cuja estrutura se repete, o que acontece 5 vezes nos de 6 sílabas, com o esquema anapesto + anapesto: no segundo verso, no quarto, no quinto (segundo hemistíquio), no décimo e no décimo segundo. Em dois dos segmentos de 8 sílabas, e nos dois de 7, os esquemas não são iguais, mas há alternância ternária. O que deve firmar o ritmo do poema, quanto aos acentos de intensidade, são pois: 1.º) a alternância binária na maioria dos segmentos; 2.º) a repetição insistente dos segmentos de 6 sílabas, 8 e 4; 3.º) a volta da derrogação ternária dentro de segmentos cuja estrutura é em todo igual, ou ao menos semelhante quanto à derrogação. Tudo isso combinado, faz que o ritmo de poema seja perceptível, embora não mecânico.

A análise rítmica acusará diferenças para os poemas em versos livres, apresentando muitos autores particularidades próprias na distribuição dos segmentos, alternância, extensão dos versos, sistema de conjugá-los, etc., que nos fazem falar em ritmo individual. O que sucede é que em grupos de poemas desses autores se reiteram os tiques ou particularidades, podendo-se por isso dizer, assim como Buffon do estilo, que "o ritmo é o homem". E isso acontece até nos poetas obedientes à métrica tradicional, pois a distribuição dos segmentos, o sistema de conjugar os versos, a distribuição dos sinais de pontuação, em suma, tombam sob o domínio da personalidade.

Consultar: Mário de Andrade, *A escrava que não é Isaura*, S. Paulo, 1925; Guy Michaud, *Méssage Poétique du Symbolisme*, 4 vols.,

Paris, 1947; Marie Jeanne Durry, *Jules Laforgue*, Paris, 1952; Wolfgang Kaiser, *Análise e Interpretação da Obra Literária*, 2.ª ed., Coimbra, 1958; Rémy de Gourmont, *Esthétique de la Langue Française*, Paris, 1955; Andrade Murici, "Presença do Simbolismo", *A Literatura no Brasil* (dir. de Afrânio Coutinho), vol. III, t. 1, Rio, 1959; Fernando Góes, *O Simbolismo*, vol. IV do *Panorama da Poesia Brasileira*, Rio, 1959; Henri Morier, *Dictionnaire de Poétique et de Rhétorique*, Paris, 1961.

[P. E. S. R.]

LOBATO, José Bento MONTEIRO — (★ 18/4/1882, Taubaté, SP; † 4/7/1948, S. Paulo) Formou-se em Direito em S. Paulo, participando, nos anos acadêmicos, de um grupo de formação literária parnasiana, mas de vivos interesses nacionais ("O Minarete"). Foi promotor em Areias (Vale do Paraíba) e, depois de uma experiência malograda como agricultor, estreou com um livro de contos, *Urupês* (1918), passando a viver como escritor e editor. O nome de L. acha-se vinculado a grandes campanhas de redenção nacional: batalhou estrenuamente pela saúde pública, pela exploração de nosso ferro e de nosso petróleo e pelas liberdades democráticas. Na doutrinação aguerrida encontrava sua atividade ideal esse verdadeiro apóstolo leigo do progresso brasileiro. Um lugar à parte merece seu papel de criador de uma literatura infanto-juvenil de todo original em língua portuguesa (V. INFANTIL, Literatura). Lobato formou-se no clima literário do * Pré-Modernismo, do qual compartilhava os interesses pela vida regional e certas preocupações formais ainda naturalistas e parnasianas, como a objetividade da narração e o vernaculismo (no seu caso, camiliano) da linguagem. Espiritualmente, porém, era homem ousadamente moderno: compunham sua ideologia aspirações progressistas que dele faziam um socialista democrático, à inglesa, e uma adesão incondicional às possibilidades da ciência. Tais componentes nele coexistiam em função de um nacionalismo a um tempo aberto e polêmico. Sua obra válida de ficção constitui-se de três livros de contos: * *Urupês, Cidades Mortas* (1919) e *Negrinha* (1920). Compôs ainda um romance de fantasia científica: *O Choque das Raças ou o Presidente Negro* (1926). A novidade de *Urupês*, em face da literatura regionalista, copiosa na época, consistia no espírito de observação quase sempre pessimista que informava aquelas histórias de nosso interior. L., apesar do apuro castiço da linguagem, não estilizava parnasianamente o mundo do fazendeiro arruinado ou o do caipira cheio de mazelas: descrevia com eficácia o abandono e a ignorância daqueles marginais da vida nacional; narrava com fluência episódios que acentuavam pateticamente (e, não raro, sinistramente) a miséria física e mental do * "Jeca Tatu" que, em artigo de ampla repercussão, apresentara à consciência brasileira. Se a tônica de *Urupês* era o patético, a de *Cidades Mortas* seria o irônico: nestes contos, o pessimismo crítico de L. volta-se para as cidadezinhas do Vale do Paraíba, que entraram em decadência após a época áurea do café. A articulação dos casos ganha em verve e em brilho descritivo o que perde em dramaticidade. Importa observar que não havia no contista a força para descer ao fundo de um conflito moral: limitava-se à captação feliz de uma atmosfera, à narração engenhosa de um fato, à representação viva de uma cena. *Negrinha* já não apresenta a unidade dos livros anteriores, mas em seus contos reponta com mais insistência a alma do polemista moral e social cada vez mais longe da

235

impassibilidade narrativa e cada vez mais perto da literatura de ação, didática e polêmica, que passaria logo a abraçar.

Obras do A.: *Idéias de Jeca Tatu*, 1919; *A Onda Verde*, 1921; *Mundo da Lua*, 1923; *O macaco que se fez homem*, 1923; *Mr. Slang e o Brasil*, 1929; *Ferro*, 1931; *América*, 1932; *Na Antevéspera*, 1933; *O Escândalo do Petróleo*, 1936; *A Barca de Gleyre*, 1946.

Consultar: Agripino Grieco, *Gente Nova no Brasil*, Rio, 1935; Tristão de Ataíde, *Primeiros Estudos*, Rio, 1948; Alberto Conte, *M. L., o Homem e a Obra*, S. Paulo, 1948; Edgar Cavalheiro, *M. L., Vida e Obra*, S. Paulo, 1955; Alfredo Bosi, *O Pré-Modernismo*, vol. V d*A Literatura Brasileira*, S. Paulo, 1966; Vários Autores, "M. L.", *Bol. Bibliográfico da Biblioteca "Mário de Andrade"*, S. Paulo, jul.-dez. 1976.

[A. B.]

LOPES, B. (Bernardino) da Costa — (★ 19/1/1859, Rio Bonito, RJ; † 18/9/1916, Rio) Mestiço, de modesta origem, trabalhou desde cedo como caixeiro e, depois, funcionário do correio. Mas jamais foi um burocrata: ao contrário, consumiu a saúde na vida boêmia carioca e no alcoolismo, devendo-se a este o esgotamento físico e mental de que veio a falecer.

Antes dos principais parnasianos, B. L. já escrevera seus *Cromos* (1881), breves quadros campestres e cenas domésticas, geralmente re-dondilhos maiores dispostos em sonetos. Abandona, assim, qualquer tom oratório romântico, para desenvolver uma linha familiar e singela, que beira o prosaísmo (o que não deixa de ser, em larga medida, des-dobramento de um dos aspectos do * Romantismo: o popular, o coti-diano). Daí sua extraordinária popularidade na época. Nas obras pos-teriores, porém, essa incisiva simplicidade dos *Cromos* é muitas vezes sacrificada a um * Parnasianismo meio sensual, meio brilhante, ou a um pseudo-* Simbolismo mais virtuosístico do que poético. A inclusão entre os simbolistas, freqüente em nossa crítica, valoriza seus mo-mentos menores.

Obras do A.: *Pizzicatos*, 1886; *Dona Cármen*, 1890; *Brasões*, 1895; *Sinhá-Flor*, 1899; *Val de Lírios*, 1900; *Helenos*, 1901; *Plumá-rio*, 1905.

Consultar: José Veríssimo, *Estudos de Literatura Brasileira*, 1.ª série, Rio, 1901; João Ribeiro, "Poeta Esquecido", *Jornal do Brasil*, 17, 20 e 22/7/1927; Andrade Murici, pref. às *Poesias Completas de B. L.*, Rio, 1945.

[A. B.]

LOPES NETO, João SIMÕES — (★ 9/3/1865, Pelotas, RS; † 14/6/1916, *idem*) Na meninice, transcorrida em estâncias de seus avós, conheceu de perto a vida campeira que fixaria mais tarde na sua obra de ficção. Aos 13 anos foi para o Rio, onde cursou o Colégio Abílio e, a seguir, a Faculdade de Medicina. Em 1882, por motivo de saúde, abandonou os estudos para regressar definitivamente a Pelotas. Ali foi professor, tabelião, funcionário público, comerciante e industrial fracassado; in-centivou o teatro de amadores local, para o qual escreveu diversas peças; participou destacadamente de iniciativas que visavam à pre-servação das tradições gaúchas. No fim da vida fez jornalismo profissional n*A Opinião Pública* e n*O Correio Mercantil*, ambos de Pelotas, usando ocasionalmente o pseudônimo de João do Sul.

S. L. N. é a principal figura do regionalismo rio-grandense (V. SUL, Rio Grande do), conquanto seja pequena a sua obra propriamente criativa. Compreende ela, basicamente, dezoito *Contos Gauchescos* (1912) e três lendas estilizadas, incluídas, a par de outras de menor elaboração literária, no volume *Lendas do Sul* (1913). Os contos são narrados pelo vaqueano Blau Nunes, *alter ego* em que S. L. N. encarnou sua nostalgia do velho Rio Grande, o Rio Grande do Império e da Primeira República, cuja rude sociedade pastoril, com seu código de bravura pessoal, lhe forneceu os heróis e os motivos de sua novelística. A narração na primeira pessoa dá autenticidade à pletora de gauchismos que, dificultando embora a leitura do texto, servem admiravelmente ao A. para caracterizar ambientes e personagens. Nos contos mais bem realizados, o interesse humano do relato prepondera sobre o registro do linguajar e dos costumes campeiros. É o que acontece, por exemplo, em "Trezentas Onças", "O Boi Velho", "O Chasque do Imperador" e, sobretudo, em "Contrabandista", conto no qual o intróito sobre o contrabando sulino prepara o desfecho trágico: Jango Jorge morto, trazendo preso ao corpo ensangüentado o vestido de noiva que fora buscar, além-fronteira, para a filha. Já páginas como "Correndo eguada" e "Deve um queijo!..." malogram, em termos de ficção, ou pelo excesso de preocupação descritiva ou pela superficialidade anedótica. As lendas estilizadas — "A Mboitatá", "A Salamanca do Jarau" e "O Negrinho do Pastoreio" — são modelos de artesania literária, notadamente a última, talvez a obra-prima de S. L. N. pelo seu teor de poesia e ternura humana.

OBRAS DO A.: *Cancioneiro Guasca*, 1910; *Casos do Romualdo*, 1952; *Terra Gaúcha*, 1955.

CONSULTAR: Pref. de Augusto Meyer, introd. de Aurélio Buarque de Holanda e posf. de Carlos Reverbel à 2.ª ed. de *Contos Gauchescos e Lendas do Sul*, Porto Alegre, 1950 (cf. 9.ª ed., *idem*, 1976); Lúcia Miguel-Pereira, *Prosa de Ficção (de 1870 a 1920)*, Rio, 1950; Moisés Velinho, *S. L. N. — Contos e Lendas*, Rio, 1957.

[J. P. P.]

LUÍS PEREIRA DE SOUSA, PEDRO — (★ 13/12/1839, Cabo Frio, RJ; † 16/7/1884, Bananal, SP) Foi colega de *Casimiro de Abreu no Colégio Freese, de Cabo Frio, e depois cursou Direito em S. Paulo (1856-1860); advogou com Teixeira de Freitas e *Francisco Otaviano. Exerceu o jornalismo e ingressou na política, sendo deputado, ministro de várias pastas e por fim presidente da BA, onde um criado de confiança o traiu, envenenando-o com vidro moído. Recolheu-se a uma de suas fazendas, em Bananal, SP, onde morreu.

A poesia condoreira (V. CONDOREIRISMO) de P. L. é grandíloqua e impetuosa, cheia de largos ideais e de rasgos de nobreza e humanidade. Nada de melhor, no Brasil, foi feito sobre a Polônia do que *Os Voluntários da Morte* (1864), e nada de melhor sobre a Guerra do Paraguai do que *Terribilis Dea* (1868). Poesia alguma, no Sul, alcançava a ressonância "social" do verbo de P. L.: "A Sombra de Tiradentes", escrita quando da ereção, no Rio, da famosa estátua eqüestre de Pedro I, incomodou o próprio D. Pedro II, que desejou conhecer o poeta.

A influência de P. L. sobre * Castro Alves é por demais conhecida: basta assinalar que a "Deusa Incruenta" (a imprensa) é uma espécie de resposta à *Terribilis Dea*, que os Briaréus do poeta baiano surgiam em "Os Voluntários da Morte", e que há outros paralelos, inclusive no tocante ao "comportamento poético e social de ambos", segundo * Cassiano Ricardo.

Obras do A.: *À Pátria — Homenagem Póstuma a um de seus mais dignos filhos,* 1884; ed. com o mesmo título na capa, e na página de rosto o de *Poesias,* 1897 (o prefácio é o mesmo da edição baiana, e da lavra de Constâncio Alves, segundo Afrânio Peixoto); *Dispersos,* 1934.

Consultar: *Letras e Artes,* Rio, n.º 8 (com opiniões da época e conferência de Cassiano Ricardo, de 14/12/1939); Mário Neme, "P. L. (Notas para uma biografia)" *Revista do Arquivo Municipal,* S. Paulo, vol. LXIII, 1940.

[P. E. S. R.]

LUZ, FÁBIO Lopes dos Santos — (★ 31/7/1864, Valença, BA; † 9/5/1938, Rio) Iniciou os estudos de Humanidades na cidade natal, completando-os em Salvador. Matriculou-se em 1883 na Faculdade de Medicina da Bahia, pela qual se formou. Em 1888, muda-se para o Rio, onde se dedica à clínica. É nomeado inspetor escolar em 1893, atividade que exerce a par com a medicina. Devotou-se também ao magistério. Colaborou intensamente na imprensa. Não se limitou à ficção, mas dedicou-se igualmente ao ensaio literário e ao estudo científico. Pertenceu à Academia Carioca de Letras.

F. L. filia-se a uma vaga que se manifestou na literatura brasileira nos começos do século XX. Sob a inspiração de Kropótkine e Tolstói, e na esteira de * Canaã, de Graça Aranha, disseminou-se em nossas letras uma corrente mais de ideólogos que de criadores, a servirem-se da ficção para expor idéias ou engendrar comunidades utópicas. Exatamente uma das obras de F. L. intitula-se *O Ideólogo* (1903); nela, o debate de teorias e a demonstração de teses relegam a segundo plano a tessitura emocional e a complexidade dos caracteres, muito esquematicamente divididos em bons e maus. Em seu livro anterior, *Novelas* (1902), aplicara F. L. uma técnica mais apoiada em quadros do que em enredo.

Obras do A.: *Virgem-Mãe,* 1910; *Elias Barrão — Chica Maria,* 1915; *A Paisagem no Conto, na Novela e no Romance,* 1922; *Manuscrito de Helena,* 2.ª ed. com o título de *Holofernes,* 1951; *Nunca,* 1924; *Estudos de Literatura,* 1927; *Ensaios,* 1930; *Dioramas. Aspectos Literários* (1908-1932), 1934.

Consultar: José Veríssimo, *Estudos de Literatura Brasileira,* 5.ª série, Rio, 1905; Elísio de Carvalho, *As Modernas Correntes Estéticas na Literatura Brasileira,* Rio, 1907; Lúcia Miguel-Pereira, *Prosa de Ficção (De 1870 a 1920),* Rio, 1950; Modesto de Abreu, "Centenário de F. L.", *Jornal do Comércio,* Rio, 31/5/1964.

[J. Pa.]

LUZES, Época das — V. ILUSTRAÇÃO.

LUZIA-HOMEM — Dos três romances escritos por * Domingos Olímpio, somente este é lembrado hoje; foi publicado em 1903. *O Almirante,* de 1904, e *Urapuru* (ficou incompleto), que também apareceram em folhetins da revista *Anais,* não têm as mesmas qualidades nem o mesmo interesse. *Luzia-Homem* está classificado entre os romances do * "ciclo das secas", podendo ser estudado em comparação aos de * Franklin Távora, * Rodolfo Teófilo e * Adolfo Caminha. Apregoando princípios naturalistas, o romance se esquematiza entre o herói bondoso, o soldado vilão e a heroína, misto de força física, adquirida por obra das circunstâncias mesológicas, e de sensibilidade delicada. O estilo mistura preciosismo arte-nova, que distancia o A. do ambiente e dos personagens, com expressões, construções e termos regionais observados com exatidão. Descrições e narrações nem sempre se mantêm nos limites do bom gosto e da propriedade. A importância histórica do romance, porém, é inegável. Esquecido pela crítica, durante algum tempo, foi redescoberto por Lúcia Miguel-Pereira.

CONSULTAR: Aderbal Jurema, "Grupo Nordestino", *A Literatura no Brasil* (dir. de Afrânio Coutinho, vol. II, Rio, 1955; Lúcia Miguel-Pereira, *Prosa de Ficção (de 1870 e 1920),* Rio, 1950; e "D. O.", *in O Romance Brasileiro* (org. de Aurélio Buarque de Holanda Ferreira), Rio, 1952; Abelardo Montenegro, *O Romance Cearense,* Fortaleza, 1953; Herman Lima, *D. O.,* Rio, 1961.

[J. P.]

M

MACEDO, ÁLVARO TEIXEIRA DE — (★ 13/1/1807, Recife, PE; † 7/12/1849, Bruxelas) Depois de estudos em Londres e Paris, bacharelou-se pela Academia de Direito de Olinda em 1833. Foi diplomata de carreira, tendo servido em Portugal, na Inglaterra, na França, na Áustria e na Bélgica.

Desde os tempos de estudante, colaborou em jornais do Recife com artigos e poemas, que não chegaram a ser recolhidos em volume. Ficou inédita também uma peça, em que criticou usurários e loureiras, e uma tradução do *Otelo* de Ducis. Nesses escritos, teria revelado tendências românticas, assimiladas durante seus estudos na Europa, o que lhe justificaria a inclusão entre os pré-românticos. Todavia, a única obra que publicou em livro, *Festa de Baldo* (1847), é um poema herói-cômico obediente ao modelo arcádico, a exemplo d*O Reino da Estupidez,* de * Melo Franco, embora sem o conteúdo de crítica ideológica deste. Malgrado as opiniões favoráveis de Ferdinand Wolf e * Varnhagen, o poema de Á. T. de M. peca pela vulgaridade do tema, pela insipidez da sátira e pela pobreza dos recursos poéticos.

CONSULTAR: Ferdinand Wolf, *O Brasil Literário,* trad. de Jamil Almansur Haddad, S. Paulo, 1955; Sílvio Romero, *História da Literatura Brasileira,* 5.ª ed., t. III, Rio, 1953; Haroldo Paranhos, *História do Romantismo no Brasil,* vol. I, S. Paulo, 1937.

[L. A.]

MACEDO, JOAQUIM MANUEL DE — (★ 24/6/1820, S. João do Itaboraí, RJ; † 11/4/1882, Rio) Formado em Medicina pela Faculdade do Rio, em 1844. Nesse mesmo ano, publicou * A Moreninha, que conheceu logo invulgar êxito e determinou o rumo que o escritor seguiria até o fim da vida. Dedicou-se ao jornalismo, à política (deputado estadual e geral em várias legislaturas), ao magistério (professor de História e Geografia no Colégio Pedro II). Seu prestígio de ficcionista só foi superado pelo de * Alencar. Nos últimos anos de vida, padeceu das faculdades mentais.

Escreveu poesia, * teatro, * crônica, literatura satírica e de viagens, biografia, obras didáticas e romances. Enquanto poeta, biógrafo e autor de obras didáticas, J. M. de M. foi completa e justamente esquecido. Seu teatro, posto evidencie uma autêntica .vocação de dramaturgo, ressoa-nos envelhecido, artificioso, eivado das falhas inerentes à dramaturgia romântica de costumes. Não obstante, algumas de suas peças podem ser lidas e representadas com agrado ainda hoje, como, por exemplo, *O Primo da Califórnia*. Suas *Memórias da Rua do Ouvidor* (1878), compostas de crônicas jornalísticas, e *A Carteira do Meu Tio* (1855) e *Memórias do Sobrinho do Meu Tio* (1867-1868), obras de caráter viajeiro e satírico, encerram maior importância, ao menos como retrato fiel de algumas situações sociais do Rio monárquico que permanecem até hoje.

O melhor de sua obra reside na prosa de ficção. Com *A Moreninha*, inicia nossa ficção romântica e o * romance de tema urbano segundo um molde que fez discípulos, entre os quais Alencar e * Machado, e granjeou vasto público, sobretudo de leitoras. Com base numa mundividência otimista, cor-de-rosa, escreveu uma série de romances em que o *happy end* do casamento culmina uma progressão de peripécias e obstáculos que se vão anulando em linha reta até o desenlace. Seguindo na esteira de Balzac, mas sem obedecer a um plano preconcebido, procurou levantar um painel variado e amplo da sociedade burguesa carioca de meados do século XIX. Os aspectos jocosos (como n*A Luneta Mágica*, 1869, onde se refletiria algum influxo do Balzac d*A Pele de Onagro*), histórico-líricos (como n*As Mulheres de Mantilha*, 1870-1871), ou meramente sentimentais (como n*O Moço Loiro*, 1845; *Dois Amores*, 1848), focalizou-os sempre segundo uma estrutura de romance mais ou menos esquemática, dentro duma óptica otimista, mas aplicada com realismo e senso de proporção.

Contador de histórias por excelência, o esquematismo psicológico não lhe comprometeu a capacidade superior de montar enredos com poucos elementos "materiais" e apenas utilizando o entrelaçamento dos episódios como técnica fundamental. Injustiçado pela posteridade, está à espera dum reexame atento que revele ter produzido mais do que histórias lacrimejantes e inverossímeis.

Obras do A.: Romance: *Rosa*, 1849; *Vicentina*, 1853; *O Forasteiro*, 1855; *Romances da Semana*, 1861; *O Culto do Dever*, 1865; *As Vítimas Algozes*, 1869; *O Rio do Quarto*, 1869; *A Namoradeira*, 1870; *Um Noivo e Duas Noivas*, 1871; *Os Quatro Pontos Cardeais*, 1872; *A Misteriosa*, 1872; *A Baronesa do Amor*, 1876. Teatro: *O Cego*, 1845; *O Fantasma Branco*, 1856; *O Primo da Califórnia*, 1858; *Luxo e Vaidade*, 1860; *O Novo Otelo*, 1863; *A Torre em Concurso*, 1863; *Lusbela*, 1863; *Remissão dos Pecados*, 1870; *Cincinato Quebra-Louça*, 1873; *Antonica da Silva*, 1873; *Teatro de Macedo*, 3 vols., 1863. Poesia: *A Nebulosa*, 1857. Biografia: *Ano Biográfico Brasileiro*, 1876. Crônica: *Um Passeio pela Cidade do Rio de Janeiro*, 2 vols., 1862-1863.

Consultar: Artur Mota, "M.", *Revista da Academia Brasileira de Letras*, Rio, n.º 113, maio 1931; Astrogildo Pereira, *Interpretações*, Rio, 1944; Heron de Alencar, "M.", *A Literatura no Brasil* (dir. de Afrânio Coutinho), vol. I, t. 1, Rio, 1956; Antônio Cândido, *Formação da Literatura Brasileira*, vol. II, S. Paulo, 1959; Antônio Soares Amora, *O Romantismo*, vol. II d*A Literatura Brasileira*, S. Paulo, 1967.

[M. M.]

MACHADO, ANÍBAL Monteiro — (★ 9/12/1894, Sabará, MG; † 20/1/1964, Rio) Diplomou-se em 1917 pela Faculdade de Direito de Belo Horizonte. Depois de breve estada em Aiuroca, MG, como promotor público, voltou a Belo Horizonte, onde, por volta de 1920, ligou-se ao grupo modernista do *Diário de Minas,* de que faziam parte * Carlos Drummond de Andrade e * João Alphonsus. Fixando-se no Rio, exerceu diversas funções, até ser nomeado oficial do Registro Civil, cargo que ocupou até o fim da vida. Durante mais de três decênios, sua casa foi um dos centros da vida literária carioca, ponto de encontro de intelectuais e artistas.

A. M. estreou tardiamente em livro com *Vila Feliz* (1944), volume que reunia contos antes divulgados na imprensa e dos quais um, "A Morte da Porta-Estandarte", desde sua publicação em 1931, se havia convertido em peça antológica. Às narrativas de *Vila Feliz* vieram juntar-se posteriormente sete contos inéditos, formando o conjunto as *Histórias Reunidas* (1959). Linguagem incisiva e despojada; iluminação, entre terna e irônica, dos fatos da vida cotidiana; uso de símbolos para compendiar a ação dramática, a exemplo do piano humanizado, no conto do mesmo nome, ou do telegrama cujo constante adiamento resume o malogro de uma vida, n"O Telegrama de Artaxerxes" — eis algumas das características que deram a A. M. lugar destacado na ficção brasileira contemporânea.

Além desses livros de contos, publicou A. M. um "ensaio poemático", *Cadernos de João* (1957), coletânea de breves meditações lírico-filosóficas, à maneira de Valéry, e poemas em prosa de um * surrealismo cristalino. Postumamente, apareceu *João Ternura* (1965), rapsódia romanesca de composição fragmentária, em cujo personagem-título, ser marginalizado, por força de sua lírica candidez, no mundo da hipocrisia burguesa, pôs A. M. muito de reflexivo e autobiográfico.

CONSULTAR: Sérgio Milliet, *Diário Crítico,* vol. II, S. Paulo, 1945; Edgar Cavalheiro, *Evolução do Conto Brasileiro,* Rio, 1954; Renard Perez, *Escritores Brasileiros Contemporâneos,* 1.ª série, Rio, 1960; Wilson Martins, "Futuro do Pretérito Composto", *O Estado de S. Paulo,* 21/8/1965; Ivan Junqueira, "João Ternura", *Cadernos Brasileiros,* Rio, n.º 31, set.-out. 1965; Adonias Filho, *O Romance Brasileiro de 30,* Rio, 1969.

[J. P. P.]

MACHADO, DIONÉLIO — (★ 21/8/1895, Quaraí, RS) Diplomou-se em 1929 pela Faculdade de Medicina de Porto Alegre, especializando-se em Psiquiatria. Dedicou-se também ao jornalismo, como redator e, posteriormente, diretor interino do *Correio do Povo,* de Porto Alegre. Exerceu mandato de deputado no RS antes da implantação do Estado Novo.

D. M. alcançou notoriedade com *Os Ratos,* publicado em 1935, logo após ter sido premiado, juntamente com obras de * Érico Veríssimo, *Marques Rebelo e *João Alphonsus, em concurso de repercussão nacional. Nesse romance, descreve ele o dia angustiado de um modesto funcionário público às voltas com o problema de conseguir dinheiro para pagar, na manhã seguinte, a conta do leiteiro. A opressiva banalidade do episódio e o desfibramento moral de seu protagonista são ressaltados, com muita propriedade, através de um pontilhismo introspectivo, que se demora na reconstituição minuciosa das pequenas misérias e frustrações do cotidiano. Com menor êxito, utilizou D. M. a mesma técnica cumulativa em romances posteriores.

Obras do A.: Conto: *Um Pobre Homem*, 1927. Romance: *O Louco de Cati*, 1942; *Desolação*, 1944; *Passos Perdidos*, s. d.; *Os Deuses Econômicos*, 1966.

Consultar: Moisés Velinho, *Letras da Província*, Porto Alegre, 1944; Sérgio Milliet, *Diário Crítico*, vol. II, S. Paulo, 1945; Eliane Zagury, *A Palavra e os Ecos*, Rio, 1971; Remy Gorga Filho, "O Compromisso com o Próprio Sonho", *Jornal do Brasil*, 7/10/1972 (entrevista).

[J. P. P.]

MACHADO d'Oliveira, Antônio Castilho de ALCÂNTARA — (★ 25/3/1901, S. Paulo; † 14/4/1935, Rio) Depois dos primeiros estudos no Colégio Sttaford, transfere-se para o Ginásio São Bento, terminando aí os preparatórios para a Faculdade de Direito de S. Paulo, onde seu pai era professor. Forma-se em 1923, mas prefere dedicar-se ao jornalismo, que já praticava nos tempos de estudante. A princípio foi, no *Jornal do Comércio*, seu crítico teatral, e depois, redator-chefe (1924). Sabor de pitorescas reportagens têm suas crônicas de viagem à Europa, insertas em *Pathé-Baby* (1926), obra de estréia, que traz um prefácio de * Oswald de Andrade, prova da adesão de A. M. ao grupo de jovens escritores que desencadeara a revolução modernista de 22. Imbuído do mesmo espírito renovador, colabora em *Terra Roxa e Outras Terras* (1926) e na *Revista de Antropofagia* (1928), ambas de passageira periodicidade. Transfere sua atividade jornalística para o *Diário de S. Paulo* (1929), mantendo uma seção literária. Com * Mário de Andrade e Palma Travassos funda um periódico literário de grandes pretensões, a *Revista Nova* que, infelizmente, também teve duração efêmera. No campo da ficção, publica duas coleções de pequenos contos, *Brás, Bexiga e Barra Funda* (1927) e *Laranja da China* (1928); outros inéditos serão publicados postumamente (*Mana Maria*, novela, 1936, e *Cavaquinho e Saxofone*, 1940, crônicas reunidas em volume por * Sérgio Milliet). A morte prematura impediu que se completasse como escritor. Sua obra, de indiscutível importância na perspectiva do movimento modernista de 22, revela exatamente as características mais visíveis e transitórias dos primeiros modernistas, conforme assinalou * Álvaro Lins. Os contos, cujo assunto é extraído da vida dos bairros proletários de S. Paulo, primam pelo pitoresco, sem atingirem, por isso, camadas mais densas nos dramas cotidianos daquela população que se aglomerava promiscuamente nos porões e cortiços do Brás e do Bexiga, das primeiras décadas do século. Todavia, a par do seu empenho em transpor para a literatura aspectos humanos da vida paulistana, notadamente a popular, merece ser estimada a obra de ficção de A. M. pelo vigor de sua prosa, exemplar pela concisão e expressividade.

Consultar: Tristão de Ataíde, *Estudos*, 1.ª série, Rio, 1927; Álvaro Lins, *Jornal de Crítica*, 1.ª série, Rio, 1941; Francisco de Assis Barbosa, "Nota", *in Novelas Paulistanas*, de A. M., Rio, 1961; *Em Memória de A. M.*, S. Paulo, 1936; Wilson Martins, *O Modernismo*, vol. VI d*A Literatura Brasileira*, S. Paulo, 1965; Luís Toledo Machado, *A. A. M. e o Modernismo*, Rio, 1970; Dirce Cortes Riedel, "Experimentalismo", *A Literatura no Brasil* (dir. de Afrânio Coutinho), 2.ª ed., vol. V, Rio, 1970.

[R. M. P.]

MACUNAÍMA — Livro de *Mário de Andrade, editado pela primeira vez em 1928, baseia-se nos feitos do herói mítico ameríndio que dá nome à obra, e foi divulgado pelo etnólogo Theodor Koch-Gruenberg. Como mito, como símbolo de libertação do inconsciente coletivo, Macunaíma metamorfoseia-se segundo o sabor da imaginação popular; não tem, por isso, caráter definido. Partindo desse filão, Mário de Andrade ajuntou-lhe recontos de outras procedências, enxertou-lhe ditos e parlendas, introduziu-lhe evocações históricas e legendas tradicionais, fundiu-os, agregou-lhe colaboração pessoal e do amálgama extraiu um novo conjunto que, se participa do folclore, se alça a criação literária. Associando-as livremente por um processo que se assemelha à rememoração automática, evocou todas as peripécias pelas quais camaleonicamente passa o herói, cujo caráter se modifica de uma página para outra; o traço que revela num lance, desmente-o no seguinte — herói, pois, sem nenhum caráter. Nele se viu o símbolo de nossa amorfia e nossa imaturidade como povo e como cultura. A linguagem empregada aproxima-se da oralidade folclórica. Vulgarmente a obra é classificada como *romance; o ator chamou-lhe rapsódia.

CONSULTAR: Ronald de Carvalho, *Estudos Brasileiros, 2.ª* série, Rio, 1931; Roger Bastide, "Macunaíma visto por um francês", *Revista do Arquivo Municipal*, S. Paulo, jan.-fev. 1946; M. Cavalcanti Proença, *Roteiro de Macunaíma*, S. Paulo, 1955; Haroldo de Campos, *Morfologia de Macunaíma*, S. Paulo, 1973. [J. Pa.]

MAGALHÃES, ADELINO — (★ 3/9/1887, Niterói, RJ; † 16/7/1969) Estudou Medicina dois anos. Formou-se em Direito no Rio, mas foi, durante trinta e sete anos, professor de História e Geografia. Iniciou-se nas Letras em 1916, com *Casos e Impressões,* já definido com aquelas características que manteve até o fim e que o distinguem nos quadros do *Modernismo. Tributário ao mesmo tempo do *Naturalismo e do *Simbolismo, em A. M. coexistem forças nem sempre congruentes. Os temas de suas narrativas curtas (contos, crônicas, cromos, reportagens, cenas, poemas em prosa, devaneios, etc.) não poucas vezes descem ao pornográfico mais franco; o modo de estruturá-los é o dum herdeiro da prosa simbolista; o resultado é o *Impressionismo, de que A. M. é nosso mais autêntico representante. Linguagem automática levada a todas as suas conseqüências vocabulares e sintáticas, monólogo interior, sonhos, associacionismos imprevistos, pré-logicidade, lapsos, etc., são algumas de suas novidades formais. O processo, prenunciador do *Surrealismo, às vezes resulta em flagrantes felizes, seja de aspectos sociais, seja subconscientes, mas dá a impressão duma escrita demasiadamente apressada, em estado bruto, à espera do corte e da lapidação. Não obstante, em A. M. palpitam soluções e recursos que vão constituir a viga mestra de certa ala do romance moderno. Faltou-lhe descobrir em que empregar todo um arsenal lingüístico e literário, que lhe permitisse alcançar o nível que seu talento fazia supor. A fidelidade aos mesmos moldes e expedientes, excetuando *Os Marcos da Emoção* (1933; compõe-se de breves pensamentos filosóficos), pode ser índice duma dificuldade natural para criar outro tipo de obra que não aquele correspondente ao seu temperamento sonhador.

OBRAS DO A.: *Visões, Cenas e Perfis*, 1918; *Tumulto da Vida*, 1920; *Inquietude*, 1922; *A Hora Veloz*, 1926; *Os Momentos*, 1931;

Iris, 1937; *Plenitude,* 1939; *Quebra-luz,* 1946; *Obras Completas,* 2 vols., Rio, 1946; *Obra Completa,* 1 vol., Rio, Aguilar, 1963. Deixou inéditos.

CONSULTAR: Tasso da Silveira, *A Igreja Silenciosa,* Rio, 1922; Paulo Armando (ed.), *O Precursor A. M.,* Rio, 1947; Xavier Placer, *Bibliografia de A. M.,* Rio, 1953; Eugênio Gomes, *Prata da Casa,* Rio, 1953; Sônio Brayner, *O Universo Sensacionalista de A. M.* (tese), Rio, 1968; estudos introdutórios às edições citadas de *Obras Completas.*

[M. M.]

MAGALHÃES, ANTÔNIO VALENTIM DA COSTA — (★ 16/1/1859, Rio; † 17/5/1903, *idem*) Estudou na Faculdade de Direito de S. Paulo, por onde se graduou em 1881. No Rio, exerceu o magistério e o jornalismo; diretor-proprietário d*A Semana,* participou intensamente do movimento literário da época, o que, aliás, já vinha fazendo desde os tempos de S. Paulo, onde publicara vários livros, dois dos quais em colaboração com Silva Jardim, *Idéias de Moço* (1878) e *O General Osório* (1879). Data de S. Paulo, também, o livro que o situa em poesia, *Cantos e Lutas* (1879), por ele dedicado à República. Era, a essa altura, um adepto da "Idéia Nova", isto é, da corrente realístico--social. Em *Rimário* (1900), retocou 10 poesias de *Cantos e Lutas* e incluiu composições parnasianas, capazes de situá-lo entre os precursores da escola, se nos ativermos à data em que os poemas foram redigidos. V. M. praticou também o conto, o romance, o teatro, a história da literatura.

OBRAS DO A.: *A Literatura Brasileira,* 1896 (tem interesse para o esclarecimento do período que estuda, 1870-1895). Publicou cerca de 20 volumes e deixou inéditos; uns e outros acham-se relacionados em Eugênio Werneck, *Antologia Brasileira.*

CONSULTAR: Machado de Assis, *Crítica,* Rio, 1910; Sílvio Romero, *História da Literatura Brasileira,* 5.ª ed., vol. V, Rio, 1953; Péricles Eugênio da Silva Ramos, *O Parnasianismo,* vol. III do *Panorama da Poesia Brasileira,* Rio, 1959.

[P. E. S. R.]

MAGALHÃES, CELSO DA CUNHA (DE) — (★ 11/11/1849, Viana, hoje Penalva, MA; † 9/6/1879, S. Luís, MA) Cursou a Faculdade de Direito do Recife, notabilizando-se, entre os colegas, pelos seus dotes literários. Quando ainda estudante de preparatórios, colaborou no *Semanário Maranhense,* fundado por * Joaquim Serra em 1867, ali publicando, aos 17 anos de idade, um poema abolicionista, "O Escravo". Foi condiscípulo de * Sílvio Romero, que o considera pertencente à segunda fase da *Escola do Recife e o inclui entre os cultores da poesia realístico-social, ao lado de * Carvalho Jr., * Fontoura Xavier e outros, vendo-lhe nos versos "um realismo velado, filho da observação, é certo, porém sem demasiadas cruezas".

C. de M. é autor do romance *Um Estudo de Temperamento,* publicado na *Revista Brasileira* (2.ª fase, ano III, t. IX, Rio, 1881), que, malgrado suas veleidades naturalistas, é de índole romântica, segundo Lúcia Miguel-Pereira, que o considera "desenxabido". Teria escrito outro romance, *Padre Estanislau,* que permanece inédito. Ao A. se devem, na opinião de Sílvio Romero e de Luís da Câmara Cascudo, as primeiras investigações folclóricas no Brasil, compiladas n*A Poesia Popular Brasileira* (1873).

CONSULTAR: Franklin Távora, notícia biográfica em *A Semana,* Rio, vol. .III, n.° 151; Sílvio Romero, *História da Literatura Brasileira, 5.ª* ed., vols. IV e V, Rio, 1953; Lúcia Miguel-Pereira, *Prosa de Ficção (De 1870 a 1920),* Rio, 1950.

[J. Pa.]

MAGALHÃES, DOMINGOS JOSÉ GONÇALVES DE — (★ 13/8/1811, Rio; † 10/6/1882, Roma) O futuro Visconde de Araguaia formou-se em Medicina em 1832, ano em que editou um volume de *Poesias,* de epigonismo neoclássico. De 1833 a 1837 esteve na Europa, onde tinha a intenção de aperfeiçoar-se em Medicina: ligado a ★ Porto Alegre e a Sales Torres Homem, adere ao Romantismo europeu, publica a revista *Niterói* (1836) e os ★ *Suspiros Poéticos e Saudades* (1836). Recebido no Brasil como chefe da escola romântica, empreendeu a reforma cabal de nossas letras, no teatro (*Antônio José,* 1838; *Olgiato,* 1841) e até na poesia *épica, com *A Confederação dos Tamoios* (1856), livro que ensejou famosa polêmica. Nela tomaram parte ★ José de Alencar (o qual não achava que o poema fosse representativo da poesia "americana" nem isento de vícios) e, como defensores de G. de M., Porto Alegre, Pedro II e outros. Em 1847, ingressou na diplomacia, andando pelas Duas Sicílias, Piemonte, Rússia, Espanha, Áustria, Estados Unidos, Argentina e Santa Sé.

Como se daria mais tarde com o ★ Simbolismo, que ficou "oficialmente" inaugurado com os ★ *Broquéis* de ★ Cruz e Sousa, também a instauração "oficial" do ★ Romantismo no Brasil tem data certa: a publicação, em 1836, em Paris, dos *Suspiros Poéticos e Saudades,* livro que coroava a pregação em prol da reforma e nacionalização das nossas letras encetada naquele mesmo ano, e também em Paris, pela revista *Niterói.* O grande mérito de G. de M. reside no impulso que deu ao nosso Romantismo. Sua obra, de início muito elogiada, depois deixou de corresponder às aspirações dessa mesma época, sem que o poeta se desse conta disso; daí suas ambições de reforma e chefia quando a rigor já nada reformava nem chefiava. A palavra e o facho inovador estavam com outros. De modo geral (e sem entrar na sua posição em ★ Filosofia) G. de M. sobrevive como instaurador do nosso Romantismo e como autor de um belo poema, o "Napoleão em Waterloo" (dos *Suspiros Poéticos e Saudades*). Tem valor meramente documental o restante de sua poesia, que ele desejava fosse religiosa e moral: "o poeta, empunhando a lira da Razão, cumpre-lhe vibrar as cordas eternas do Santo, do Justo e do Belo". Daí ★ Ronald de Carvalho classificá-lo como "poeta religioso", categoria na qual, contudo, não possui merecimento específico. Em globo, G. de M. não tem novidade de pensamento nem rasgos excepcionais de forma, parecendo dessorados seus versos em confronto com os da geração seguinte. Suas idéias são lugares-comuns, sua expressão, descolorida. Mas, pelo abandono do ★ Neoclassicismo e suas modas, por sua "invocação ao anjo da poesia", bem como por outros matizes, foi de fato o primeiro romântico "histórico" ou influente.

OBRAS DO A.: *Episódio da Infernal Comédia,* 1836; *Urânia,* 1862; *Obras,* 8 vols., Rio, 1864-1865, e mais um vol. IX, 1876.

Consultar: Torres Homem, "Suspiros Poéticos", artigo transcrito como pref. da ed. dos *Suspiros* de 1865; Artur Mota, "G. de M.", *Revista da Academia Brasileira de Letras*, Rio, n.º 77, maio 1928; Alcântara Machado, *G. de M. ou O Romântico Arrependido*, S. Paulo, 1936; Sérgio Buarque de Holanda, pref. de *Suspiros Poéticos e Saudades*, Rio, 1939; *Letras e Artes*, vol. V. n.º 4; José Aderaldo Castelo, *A Polêmica sobre a "Confederação dos Tamoios"*, S. Paulo, 1953; e *G. de M.*, S. Paulo, 1946, e Rio, 1961; Antônio Soares Amora, *O Romantismo*, vol. II d*A Literatura Brasileira*, S. Paulo, 1967; Roque Spencer Maciel de Barros, *A Significação Educativa do Romantismo Brasileiro*: *G. de M.*, S. Paulo, 1973.

[P. E. S. R.]

MAGALHÃES, José Vieira COUTO DE — (★ 1.º/11/1837, Diamantina, MG; † 14/9/1898, Rio) Estudou no Seminário de Mariana e cursou a Academia de Direito de S. Paulo, bacharelando-se em 1859. Estadista, serviu como secretário do governo de MG e presidente das províncias de GO, PA, MG e SP. Destacou-se na Guerra do Paraguai, merecendo as honras de brigadeiro. Quando na presidência de GO, enviou a expedição Vallée para explorar a região do Araguaia; quando na de MG, iniciou as obras de junção das bacias do Prata e do Amazonas. Organizou ademais a companhia de navegação do Araguaia, colaborou no desenvolvimento da empresa de navegação de Marajó e promoveu a formação da Minas and Rio Railway Company. Foi sertanista, historiador, geógrafo e antropólogo, e sua obra de escritor reflete esses interesses. *O Selvagem* (1876), seu principal livro tanto pelo material coletado como pelo método seguido, foi um dos primeiros trabalhos de cunho realmente científico, acerca dos nossos aborígines, a ser escrito por brasileiro.

Obras do A.: *Os Goianazes*, 1860; *Viagem ao Rio Araguaia*, 1863; *Dezoito Mil Milhas no Interior do Brasil*, 1872; *Ensaio de Antropologia*, 1874; *Anchieta*, 1897.

Consultar: Sílvio Romero, *História da Literatura Brasileira*, 5.ª ed., Rio, vol. I, 1953; *idem, Etnografia Brasileira*, Rio, 1888; Aureliano Leite, *O Brigadeiro C. de M. — Sentido Nacionalista de sua Obra* (conferência), Rio, 1936; Plínio Ayrosa, *Apontamentos Para a Bibliografia da Língua Tupi-Guarani*, S. Paulo, 1943.

[O. E. X.]

MAIA, ALCIDES Castilhos — (★ 15/10/1878, S. Gabriel, RS; † 2/9/1944, Rio) É o primeiro grande nome do regionalismo gaúcho (V. Sul, Rio Grande do), na linha desenvolvida desde o novelista romântico * Apolinário Porto Alegre, por * Simões Lopes Neto, Roque Callage, Darci Azambuja, Vargas Neto, Ciro Martins e outros. De espírito romântico, enquanto ligado sentimentalmente à paisagem e à humanidade regional, sua prosa, porém, é de molde neo-realista ou, mais precisamente, impressionista, de um "impressionismo irisado", segundo * Augusto Meyer, a serviço da fixação artística do individualismo entre brutal e nobre do homem dos pampas. A obra de ficção por ele deixada constitui três volumes: um romance (*Ruínas Vivas*, 1910) e dois livros de contos: *Tapera* (1911) e *Alma Bárbara* (1922), expressivos testemunhos da paisagem natural, econômica, social e moral do RS. Em todos reaparecem, constantes, a violência e o lirismo, trabalhados por uma estilização por vezes abusiva, mas que revela espírito sempre atento aos problemas formais; e, mais do que isso, uma tendência à auto-análise, à introspecção crítica que deu seus frutos em ensaios de análise literária, o melhor dos quais se intitula *Machado de Assis, algumas notas sobre o humor* (1912).

Obras do A.: *Pelo Futuro*, ensaios, 1897; *O Rio Grande Independente*, 1898; *Através da Imprensa*, 1900; *Crônicas e Ensaios*, 1910; *Romantismo e Naturalismo*, 1926.

Consultar: João Pinto da Silva, *História Literária do R. G. do Sul*, Porto Alegre, 1930; Augusto Meyer, *Prosa dos Pagos*, S. Paulo, 1943; Moisés Velinho, *Letras da Província*, Porto Alegre, 1955; Walter Spalding, *Construtores do Rio Grande*, Porto Alegre, 1969.

[A. B.]

MANGABEIRA, FRANCISCO Cavalcanti — (★ 8/2/1879, Salvador, BA; † 27/1/1904, MA) Médico e poeta, em tão curta vida viveu intensa e heroicamente. Pôs sua profissão a serviço de causas nobres, no MA, BA, AM e AC, sem procurar, em momento nenhum, a glória ou o lucro fácil. Morreu precocemente, em conseqüência de moléstia contraída nas andanças de médico pela selva. Sua poesia espelha tal modo de ser e de viver. Simbolista por temperamento, pois era um sonhador com estofo de herói, e por influência, sobretudo de * Cruz e Sousa e Antônio Nobre, em curiosa mescla, sua poesia é a dum forte. Imagens insólitas, imprevistas e ousadas, que facilmente levariam ao mau gosto nas mãos dum artista menos dotado, jorram sem parar. Poesia em masculino, vigorosa, enérgica, de versos como chicotadas, de ferro a arder, lembra o remoto magistério do satanismo baudelaireano, e antecipa alguns traços da poesia de * Augusto dos Anjos, e do * Surrealismo. A *Tragédia Épica* (1900), sua obra mais significativa, gira em torno da guerra de Canudos e reflete, na sua nervosidade cortante e exasperada, a confluência da imagética simbolista e duma robustez de pensamento sugerida por uma generosa e heróica visão do mundo e dos homens. Certo tradicionalismo formal, caracterizado pelo cultivo dos metros curtos e bem escandidos, ou do soneto de fecho inesperado, ainda colabora para manter a tensão dramática que lhe enforma a poesia. Injustamente esquecido, entre outras coisas por se haver isolado de qualquer atividade organizada em grupos e "igrejinhas", e pertencer a uma área geográfica em que o * Simbolismo não havia encontrado tanta ressonância como no Sul. Por outro lado, seu tom veladamente declamatório, guardando possíveis identidades com * Castro Alves, punha-o um tanto à margem dos simbolistas ortodoxos, mais afeitos à musicalidade de surdina e às brumas esvoaçantes.

Obras do A.: *Hostiário*, 1898; *Últimas Poesias*, 1906; *Poesias*, s. d.

Consultar: Almáquio Diniz, *F. M.*, Rio, 1927; Andrade Murici, *Panorama do Movimento Simbolista Brasileiro*, vol. II, Rio, 1952.

[M. M.]

MARANHÃO SOBRINHO, José Américo dos Albuquerques (★ 25/12/1879, Barra da Corda, MA; † 25/12/1915, Manaus, AM) Poeta simbolista dos mais prestigiados do Norte, onde alguns de seus sonetos se tornaram populares. Ligou-se a uma série de poetas igualmente adeptos do * Simbolismo, e com eles fundou, em 1900, a Oficina dos Novos, e, em 1908, a Academia Maranhense de Letras. Deixou obra poética volumosa, embora desigual. Sua poesia é a dum simbolista ortodoxo, discípulo de Baudelaire, mas cultivando um satanismo menos agressivo e menos metafísico, graças à influência de * Cruz e Sousa, sobretudo na parte formal. Esteta, "iniciado", burilava sonetos e longos poemas com paciência tenaz, à procura da imagem rara, da rima eufonicamente preciosa. Certo declamatório e certa musicalidade sinfônica também despontam aqui e ali.

OBRAS DO A.: *Papéis Velhos... Roídos pela Traça do Símbolo,* 1908; *Estatuetas,* 1909; *Vitórias-Régias,* 1911.

CONSULTAR: Antônio dos Reis Carvalho, "A Literatura Maranhense", *Biblioteca Internacional de Obras Célebres,* vol. XX, Rio, 1912; Andrade Murici, *Panorama do Movimento Simbolista Brasileiro,* vol. II, Rio, 1952; Jomar Morais, *Apontamentos de Literatura Maranhense,* 2.ª ed., S. Luís, 1977.

[M. M.]

MARIANO CARNEIRO DA CUNHA, OLEGÁRIO — (★ 24/3/1889, Recife, PE; † 28/11/1958, Rio) Freqüentou no Rio, no início do século, a roda literária de * Olavo Bilac, fazendo rápida carreira como poeta. Foi inspetor do ensino secundário, censor teatral, constituinte em 1934, deputado federal, tabelião de notas e embaixador em Portugal. O "poeta das cigarras", como se fez conhecido em razão de um de seus livros (*Últimas Cigarras,* 1920), estreou em 1911, com *Ângelus,* situando-se no Neoparnasianismo. Mas não seguiu rigidamente essa tendência; dulcificou-a com matizes simbolistas. Sua atitude poética, diante da vida, era a de quem andasse ébrio de luar, "de olhos escancarados às estrelas"; o poeta fazia mesmo praça de não seguir escolas, declarando-se um "lírico incorrigível". Com suas mulheres florais, seus cavaleiros e fiandeiras, forjou uma expressão entre viril e meiga que lhe deu popularidade e o fez ser eleito, em concurso de imprensa, "príncipe dos poetas" (1938) na sucessão de * Alberto de Oliveira. Com o tempo, soube celebrar a presença da terra, em versos que são o ponto mais alto de sua poesia para alguns críticos. Pertenceu à Academia Brasileira de Letras e à Academia de Ciências de Lisboa.

OBRAS DO A.: Publicou mais de uma dúzia de livros de poesia, reunidos em *Toda Uma Vida de Poesia* (1911-1955), Rio, 1957.

CONSULTAR: Agripino Grieco, *Evolução da Poesia Brasileira,* Rio, 1932; Gustavo Barroso, recepção em *Discursos Acadêmicos,* vol. VI, Rio, 1936; Manuel Bandeira, "O.", *Jornal do Brasil,* Rio, 3/12/1958; Fernando Góes, *O Pré-Modernismo,* vol. V do *Panorama da Poesia Brasileira,* Rio, 1960; Péricles Eugênio da Silva Ramos, *Poesia Parnasiana,* S. Paulo, 1967.

[P. E. S. R.]

MARICÁ, MARQUÊS DE — Mariano José Pereira da Fonseca (★ 18/5/1773, Rio; † 16/9/1848, *idem*) Fez todos os estudos em Portugal, diplomando-se em Engenharia pela Universidade de Coimbra (1793). De volta ao Rio, freqüentou as reuniões da Sociedade Científica e Literária, de * Silva Alvarenga, e viu-se envolvido na devassa contra ela aberta pelo Conde de Rezende. Participou das lutas políticas da

249

Independência. Ocupou cargos de relevo no Primeiro Império, tendo sido agraciado com o título de Marquês de Maricá em 1829. Após a renúncia de Pedro I, recolheu-se à vida privada.

M. é autor das *Máximas, Pensamentos e Reflexões*, série de aforismos que começou a divulgar n*O Patriota*, por volta de 1813, e a cuja composição se dedicou notadamente na última parte de sua vida. Coligiu-os em sucessivos volumes, publicados a partir de 1841. A edição definitiva, reunindo as 4 188 máximas conhecidas, é póstuma (1850). Na esteira de La Bruyère, La Rochefoucauld e Vauvenargues, mas sem maior originalidade nos conceitos ou sutileza no dizer, versou M. lugares-comuns do gênero — a resignação filosófica com que o Homem deve aceitar as adversidades; os contrastes entre a irreflexão da mocidade e a prudência da velhice; a operosidade como única fonte da justa riqueza; a moderação que a vida política exige; a precisão com que a máquina do Universo funciona sob a batuta de um Deus leibnitziano. Somente a pobreza da nossa literatura moralística, na qual, além do de M., apenas os nomes de * Nuno Marques Pereira e * Matias Aires merecem lembrança, pode justificar a relativa notoriedade alcançada pelas *Máximas, Pensamentos e Reflexões*.

EDIÇÃO: Dir. e anotada por Sousa da Silveira, Rio, 1958.

CONSULTAR: Sílvio Romero, *História da Literatura Brasileira*, 5.ª ed., t. II, Rio, 1953; Haroldo Paranhos, *História do Romantismo no Brasil*, vol. I, S. Paulo, s.d.; Wilson Martins, *História da Inteligência Brasileira*, vol. II, S. Paulo, 1977.

[J. P. P.]

MARQUES, FRANCISCO XAVIER FERREIRA — (★ 3/12/1861, Itaparica, BA; † 30/10/1942, Salvador, BA) Passou a infância e a adolescência em Itaparica. Ingressou na imprensa de Salvador por volta de 1878, para nela militar longos anos. Foi funcionário público, deputado estadual e deputado federal pelo seu Estado. Participou da instalação da Academia de Letras da Bahia (1917), elegendo-se para a Academia Brasileira de Letras em 1919, na vaga de * Inglês de Sousa.

X. M. faz jus ao título de fundador do regionalismo baiano (V. BAHIA). Sua obra de ficção, vazada numa prosa castiça, à parnasiana, algo rebuscada, retrata, com amoroso cuidado, tradições, costumes, paisagens e tipos humanos da Bahia. Ao gênero histórico pertencem os romances *Pindorama* (1900) e *O Sargento Pedro* (1910), que narram, respectivamente, episódios da descoberta e colonização do Brasil, e as lutas baianas pela Independência. Romances de costumes sociais são *Holocausto* (1900), *A Boa Madrasta* (1919), *O Feiticeiro* (1922, refundição de *Boto & Cia.*, 1897), que focaliza a influência do fetichismo negro na sociedade baiana, e *As Voltas da Estrada* (1930), que tem por tema a decadência da aristocracia açucareira do Recôncavo, por força das transformações econômico-sociais trazidas pela Abolição. Todavia, a obra-prima de X. M. é, sem dúvida, *Jana e Joel* (1899), novela marinhista na qual, em torno do cândido idílio de um casal de jovens ilhéus, alcança ele fixar, com lírica justeza, a vida dos pescadores e o encanto das paisagens de sua ilha natal.

OBRAS DO A.: Poesia: *Insulares*, 1896. Ensaios: *Vida de Castro Alves*, 1911; *A Arte de Escrever*, 1913; *Letras Acadêmicas*, 1933. Contos: *A Cidade Encantada*, 1919.

250

CONSULTAR: Lúcia Miguel-Pereira, *Prosa de Ficção* (*De 1870 a 1920*), Rio, 1950; Eugênio Gomes, "X. M.", *O Romance Brasileiro* (coord. de Aurélio Buarque de Holanda), Rio, 1952; Adonias Filho, "O Regionalismo na Prosa de Ficção", *A Literatura no Brasil* (dir. de Afrânio Coutinho), vol. II, Rio, 1955; David Salles, *O Ficcionista X. M.: Um Estudo da "Transição" Ornamental*, Rio, 1977 (com farta bibliografia).

[J. P. P.]

MARTINS, FRAN — Pseudônimo de Francisco Martins (★ 13/6/1913, Iguatu, CE) Ainda estudante de Direito, iniciou sua vida literária colaborando em jornais e revistas. Foi um dos fundadores da revista *Clã*, de grande atuação na literatura nordestina, de 1945 em diante. Já então era contista e romancista, caracterizado pelo entrosamento na região e especial interesse pela psicologia das crianças. Homem de ação, liderou o grupo de *Clã*, aglomerando ficcionistas, ensaístas, poetas, folcloristas e artistas plásticos. Professor de Direito desde 1947, especializou-se na parte comercial, e faz parte do corpo docente da Universidade do Ceará.

OBRAS DO A.: Contos: *Manipueira* (com pref. de Leonardo Mota), 1934; *Noite Feliz*, 1946; *Mar Oceano*, 1948; *O Amigo da Infância*, 1960. Romances: *Ponta de Rua*, 1937; *Poço dos Paus*, 1938; *Mundo Perdido*, 1940; *Estrela do Pastor*, 1942; *O cruzeiro tem cinco estrelas*, 1950; *Dois de Ouros*, 1966. Estudos: *Romance e Folclore* (em col. com Dolor Uchoa Barreiro), 1948; "José de Alencar, Jurista" (estudo introdutório aos *Pareceres de José de Alencar*, 1960); várias obras sobre Direito Comercial.

CONSULTAR: Roberto Alvim Correia, *Anteu e a Crítica*, Rio, 1943; Álvaro Lins, *Jornal de Crítica*, 3.ª série, Rio, 1944; Raimundo Girão, *Três Gerações* (Papi Júnior, Leonardo Mota e F. M.), Fortaleza, 1950; Sânzio de Azevedo, *Literatura Cearense*, Fortaleza, 1976.

[J. P.]

MARTINS JR., JOSÉ ISIDORO — (★ 24/11/1860, Recife, PE; † 22/8/1904, Rio) Formou-se em Direito pela Faculdade do Recife, da qual viria a ser professor, depois de ter prestado três concursos, nos quais foi preterido; viu reparada a injustiça depois de proclamada a República, de que aliás foi ardente propagandista. Jornalista e político, elegeu-se deputado estadual e federal. Suprimida a cadeira que lecionava no Recife, entrou em disponibilidade e passou a residir no Rio, onde advogou, ensinou na Faculdade Livre de Ciências Jurídicas e Sociais, e exerceu o cargo de Secretário do Interior do Estado do Rio, no governo de *Quintino Bocaiúva. Em 1900, visitou Buenos Aires e Montevidéu. Pertenceu à Academia Brasileira de Letras (cadeira n.º 13).

M. J. tem seu nome indelevelmente ligado à chamada *"poesia científica". Queria substituir pela verdade científica a imaginação romântica, e julgava que a poesia deveria transmitir emoções retiradas da Filosofia, da Ciência, dos fenômenos sociais. Coerente com esse ideário, pregou nos seus versos o Positivismo, investiu contra a Monarquia e a Igreja, e cultivou temas como o monismo, a lei da seleção, a luta pela existência, etc. No seu último livro de poemas, embora se mantivesse fiel a essa diretriz inicial, incluiu também numerosas poesias líricas e até parnasianas.

Obras do A.: Poesia: "Estilhaços", *in Vigílias Literárias* (em col. com Clóvis Beviláqua), 1879; *Visões de Hoje*, 1881; *Retalhos*, 1884; *Estilhaços* (ed. definitiva), 1885; *Tela Policroma*, 1893. Teoria Literária: *A Poesia Científica — escorço de um livro futuro*, 1883.

Consultar: Araripe Jr., *O Movimento de 1893*, Rio, 1896; Artur Mota, "Perfis Acadêmicos", *Revista da Academia Brasileira de Letras*, ano XX, n.º 86, vol. 29; Péricles Eugênio da Silva Ramos, "A Renovação Parnasiana", *A Literatura no Brasil* (dir. de Afrânio Coutinho), vol. II, Rio, 1955; e *O Parnasianismo*, vol. III do *Panorama da Poesia Brasileira*, Rio, 1959.

[P. E. S. R.]

MATOS, EURICLES Félix DE — (★ 6/11/1888, Salvador, BA; † 5/5/1931, Rio) Diplomado pela Escola Normal da BA, depois de curta atividade no magistério primário, abraçou o jornalismo, que vinha cultivando desde a escola secundária. E é como jornalista que se transferiu para o Rio, chegando a ser um dos luminares da imprensa carioca. Sua poesia, de vincado recorte simbolista, acusa a nítida influência de * Alphonsus de Guimaraens, a quem venerava como mestre. Entretanto, não se trata de influência despersonalizadora: o universo poético de E. de M. possui dicção própria; de caráter lírico-meditativo, versa de preferência os temas da angústia da morte e da trágica fugacidade da existência. Certo gosto de viver, e de viver esteticamente (era um apaixonado das artes plásticas), fez de E. de M., porém, o modelo acabado de esteta. Sua produção continua dispersa por jornais e revistas.

Obras do A.: Poemas insertos nas obras relacionadas a seguir.

Consultar: *In Memoriam de E. de M.*, Bahia, 1931 (contêm estudos de Rafael Barbosa, Eugênio Gomes, Carlos Chiacchio, Henrique Câncio e Hélio Simões); Andrade Murici, *Panorama do Movimento Simbolista Brasileiro*, vol. III, Rio, 1952.

[M. M.]

MATOS, EUSÉBIO DE — (★ 1629, Bahia; † 7/7/1692, *idem*) Irmão de * Gregório de Matos. Estudou no Colégio dos Jesuítas, onde foi, talvez, aluno de * Vieira, e ingressou na Companhia de Jesus em 1644. Depois de professar, assumiu a cátedra de Filosofia, ensinando também Retórica, Moral e Teologia. Indispondo-se com a Ordem, passou-se para a Carmelitana (1680) com o nome de Frei Eusébio da Soledade. Nunca saiu da terra natal, onde se dedicou ao estudo das artes — música, pintura, poesia e oratória. Tendo sido sobretudo um místico, como tal se revela nos versos e nos sermões. Daqueles, pouco conhecemos; destes, o melhor, segundo * Varnhagen, são as prédicas do *Ecce Homo*. Filiado ao * Barroco, seu processo dialético está eivado de antíteses e de repetições. Mas nem as antíteses resultam em síntese, as mais das vezes, nem as repetições acrescentam nada aos argumentos anteriores, donde não lhe ser o estilo progressivo. O que lhe falta, porém, em capacidade de construção lógica, sobra-lhe em ritmo e fé.

Obras do A.: *Sermão de Soledade e Lágrimas de Maria*, 1681; *Sermões*, 1.º vol., 1694; *Oração Fúnebre...*, 1735; "Dez Estâncias", *Florilégio da Poesia Brasileira*, de Varnhagen, vol. I, 2.ª ed., Rio, 1946.

Consultar: J. J. Nunes, pref. a *Ecce Homo*, *Estante Clássica da Revista de Língua Portuguesa* (dir. de Laudelino Freire), Rio, vol.

XI, 1923; Artur Mota, *História da Literatura Brasileira,* vol. I, S. Paulo, 1930; Varnhagem, "E. de M.", *Revista do Instituto Histórico e Geográfico Brasileiro,* Rio, t. VIII, 1946.

[M. C. V.]

MATOS GUERRA, GREGÓRIO DE — (★ 20/12/1633, Baía de Todos os Santos, BA; † 1696, Recife, PE) De família ilustre, católica e muito rica, foi na infância vítima da severidade doméstica e, mais tarde, de uma rígida educação jesuítica que recebeu no Colégio. Em 1652, segue para cursar leis em Coimbra, data de suas leituras da poesia de Góngora, Quevedo, Camões e outros. Jurista e boêmio, volta ao Brasil, regressando imediatamente a Portugal (1662), onde é nomeado curador de órfãos e juiz de crimes de uma comarca e de um arrabalde de Lisboa. Desgostoso com a Corte, retorna ao Brasil em 1681, onde é designado vigário-geral e tesoureiro-mor pelo arcebispo da BA, D. Gaspar Barata, além de receber a murça de cônego. Pouco tempo permaneceu entre a investidura e a exoneração. Já velho, casa-se com D. Maria dos Povos; mas, perseguido pela sanha do filho do Governador Antônio da Câmara Coutinho (vítima de suas sátiras), exila-se para Angola. Consegue regressar para o Brasil, onde vive seus últimos anos em PE.

A falta de uma cronologia de sua produção poética não permite um balanço crítico seguro de sua obra. O estabelecimento da autenticidade de suas peças literárias é trabalho que urge, à vista hoje de novos códices aparecidos. Os nossos pronunciamentos costumam basear-se na edição da Academia (*Obras,* 6 vols., Rio, 1923-1933), feita por * Afrânio Peixoto, muito falha e inçada de erros textuais e de atribuição. Tanto quanto nos é possível uma visão crítica de conjunto, dentro das cautelas que a ausência de uma edição crítica nos impõe, podemos adiantar que, mais conhecido como o poeta da sátira, todavia o G. de M. lírico (sobretudo na sacra) superou o impiedoso satírico do clero, das instituições, dos costumes e dos homens públicos do seu tempo. Quando de sua formação universitária, G. entrou em contato com a grande poesia portuguesa e espanhola contemporânea (Camões, Quevedo, Góngora), que lhe imprimiram no espírito não só uma tendência barroquista, mas ainda evidentes compromissos com a poesia apolínea da Renascença clássica. Com esta educação literária, notabilizando-se pela extraordinária memória com que recitava os poetas em voga no seu tempo, G. transforma em substância de sua poesia a aversão que tomou pelas coisas da Igreja (adquirida nos tempos de colégio), pelos homens que arrotavam títulos nobiliárquicos (na poesia contra os "Caramurus" da Bahia), pelo dinheiro (transposição de sua realidade familiar), pela rompância política (tal o caso do Governador Antônio da Câmara Coutinho), por outro, o retiro deleitoso do Recôncavo baiano (em cujos montes se alojavam os engenhos de açúcar da Colônia), o gosto das modinhas e dos lundus, as mulatas e as noitadas sonorosas, deram ensejo ao poeta da lírica profana. Mas ao lado desse *lirismo crioulo* onde as mestiças sobrepujam as brancas e as mulheres do Congo, em que o poeta celebra poeticamente o caldeamento do sensualismo africano e do erotismo nativista sob o impacto das riquíssimas sugestões dos trópicos, G. cultiva um tipo de poesia lírica de raízes européias, vinculada à tradição da Renascença e ao gosto culteranista da época, sob a inspiração de outras Natércias. Os dramas

253

amorosos que percorreram fugazmente o cenário passional do poeta resumem-se na descrição da amada e seus raros encantos pessoais, nos efeitos contrários de Cupido, na constante indiferença da namorada e na renúncia do poeta à súbita paixão que não se realiza. O seu lirismo teve como nota constante uma eterna insatisfação do irrealizável. Tal formalismo, que se prendia à tradição clássica, acompanha-se quase sempre do retoricismo culteranista, cujo exagero tornou algumas vezes obscuros os versos do poeta. Na lírica G. sacrificou também à espécie encomiástica. Mas, como representante do barroquismo da época, a parte mais significativa de G. situa-se na sua produção lírica de caráter sacro. Aqui vemos o poeta envolvido pelos temas, idéias, sentimentos e atitudes, que tanto caracterizaram o homem do século XVII, marcado ainda pela influência contra-reformista: o colóquio amigável com Deus, numa ânsia de identificação com o plano transcendente; uma consciência nítida do pecado e as conseqüentes profissões de arrependimento, penitência e esperança na redenção das culpas; a sensação da instabilidade da fortuna, da fugacidade do tempo e da insignificância das vaidades humanas; a consciência de que o homem é pó; o prazer de impressionar, um visualismo gesticulatório e a união do burlesco às coisas sagradas.

EDIÇÃO: *Obras Completas de G. de M.* (org. de James Amado), 7 vols., Bahia, 1968.

CONSULTAR: Pref. de Afrânio Peixoto, Homero Pires, Pedro Calmon e Xavier Marques aos vários volumes das *Obras,* de G. de M., ed. da Academia; Araripe Jr., *G. de M.,* 2.ª ed., Rio, 1910; Sílvio Júlio, *Fundamentos da Poesia Brasileira,* Rio, 1930; *Penhascos,* Rio, 1933; e *Reações na Literatura Brasileira,* Rio, 1938; María del Cármen Barquín, *G. de M.: La época, el hombre, la obra,* México, 1946; Segismundo Spina, *de G. de M.,* S. Paulo, 1946; e "G. de M.", *A Literatura no Brasil* (dir de Afrânio Coutinho), vol. I, t. 1, Rio, 1955; José Paulo Paes, *Mistério em Casa,* S. Paulo, 1961; Estudos de Antônio Houaiss e Manuel Pereira Rabelo em *Obras Completas de G. de M.,* ed. cit.; Fritz Teixeira de Sales, *Poesia e Protesto em G. de M.,* Belo Horizonte, 1975.

[S. Sp.]

MEIRELES, CECÍLIA — (★ 7/11/1901, Rio; † 9/11/1964, *idem*) Órfã de pai e mãe aos poucos meses de idade, foi criada pela avó materna. No curso primário recebeu das mãos de * Olavo Bilac, inspetor escolar do Distrito, uma medalha de ouro, por ter merecido sempre, na escola, "distinção e louvor". Diplomou-se pela Escola Normal do Rio (1917), estreou em literatura, muito jovem, com um livro de sonetos, *Espectros* (1919), e seguiu a carreira do magistério. Fundou em 1934 a primeira biblioteca infantil do Brasil; em 1934, visitou Portugal; de 1936 a 1938 ensinou na Universidade do Distrito Federal (Literatura Luso-Brasileira e, depois, Técnica e Crítica Literária), bem como na Universidade do Texas (1940). Viajou por vários países, como o México, Uruguai e Argentina, Índia, Porto Rico e Israel, assim como pela Europa, em mais de uma oportunidade. Colaborou na imprensa, com artigos ou como titular de seções, tendo sido autoridade também em questões de folclore.

Lançada no primeiro número da revista *Árvore Nova,* passou a merecer especial consideração do grupo que fundaria *Festa.* Seu primeiro livro, de cunho parnasiano, seria seguido por *Nunca Mais*... *e Poema dos Poemas* (1923) e *Baladas para El-Rei* (1924), ambos de tom simbolista. Já *Viagem* (1939) assinala a presença de uma poetisa não só em plena afirmação de sua capacidade lírica e técnica, como inovadora, pelo que sua poesia ostenta de compreensão total do mundo e da vida. Seu canto, que, nesse livro, vai da singeleza das trovas ao mais denso hermetismo, é ascético, desalentado e desesperançoso.

Desde *Viagem* C. M. é uma poetisa "moderna", sem ter passado pela "ruptura" do * Modernismo. Sua poesia não resulta diretamente de 22 a 30, mas é um resultado de sua própria evolução, de origem simbolista: — sua expressão perdeu os laivos simbolistas e se fez completamente pessoal. Nos seus outros livros, C. M. confirmou e ampliou a linha de *Viagem*; o mesmo lirismo reponta em *Vaga Música* (1942), *Mar Absoluto* (1945), *Retrato Natural* (1949) — livro em que sua poesia começa a exteriorizar-se mais, a interpretar coisas e espetáculos mais insistentemente. Segue-se *Amor em Leonoreta* (1952); os *Doze Noturnos da Holanda* e *O Aeronauta* (1952) são produto de experiências de viagem e vôo. No *Romanceiro da Inconfidência* (1953) perfilha a técnica ibérica dos romances populares e canta o apogeu das Minas e o desastre que desabou sobre os poetas supostamente conjurados e seus familiares. *O Pequeno Oratório de Santa Clara* (1955), ensejado pelo sétimo centenário da Santa, narra em romances a vida de Santa Clara; desse mesmo ano são *Pistóia* (1955) e *Espelho Cego,* dois opúsculos, seguindo-se *Canções* (1956) e *Romance de Santa Cecília* (1957); *Obra Poética* (1958) traz todos os livros anteriores, exceto os três primeiros, e inclui inéditos. *Metal Rosicler* (1960) e *Poemas Escritos na Índia* (1961) sairiam posteriormente, bem como *Solombra* (1963).

No conjunto de seus livros, e apenas alguns deles já chegariam para isso, C. M. é a mais alta figura que já surgiu na poesia feminina brasileira, e, sem distinção de sexo, um dos grandes nomes de nossa literatura.

Obras da A.: Tem, publicados, vários volumes de prosa e antologias.

Consultar: Introdução Geral e Fortuna Crítica e relação de estudos, *in Obra Poética,* Rio, 1958; Vários Autores, supl. lit. d*O Estado de S. Paulo,* n.º especial, 20/1/1965; Leodegário A. de Azevedo Filho, *Poesia e Estilo de C. M.,* Rio, 1970; Temístocles Linhares, *Diálogos sobre a Poesia Brasileira,* S. Paulo, 1976; Henry Keith e Raymond Sayers, pref. a C. M., *Poemas em Tradução/Poems in Translation,* Washington, 1977.

[P. E. S. R.]

MEIRELES, SATURNINO Soares DE — (★ 22/2/1878, Rio; † 13/4/1906, *idem*) Sua poesia, onde perpassam as sombras de Verlaine e de * Cruz e Sousa, além de reduzida quantitativamente (32 sonetos), não dá a inteira medida do que seria capaz de realizar. Certa vibração mística, contudo, fazia anunciar um poeta de mais larga ressonância. Sua prosa poética tem mais interesse, inclusive porque deu o ensejo a que o temperamento se lhe espraiasse de modo mais convincente, apesar de nela haver influência de autores como Emerson, Maeterlinck e outros. Foi um dos mais fervorosos cruzados do * Simbolismo:

dirigiu e custeou a revista *Rosa-Cruz*, e pagou do próprio bolso a publicação de *Evocações*, de Cruz e Sousa.

OBRAS DO A.: *Astros Mortos*, poesia, 1903; *Intuições...*, ensaios, 1906.

CONSULTAR: Tasso da Silveira, *A Igreja Silenciosa*, Rio, 1922; Andrade Murici, *Panorama do Movimento Simbolista Brasileiro*, vol. II, Rio, 1952.

[M. M.]

MELO, ANTÔNIO FRANCISCO DUTRA E — (★ 8/8/1823, Rio; † 22/2/1846, *idem*) De família pobre, órfão de pai em tenra idade, aprende as primeiras letras com a mãe. Faz o curso secundário no Colégio Pedro II, onde a seguir se torna professor de Inglês, premido por dificuldades financeiras. Precoce, ávido de saber, aprende sozinho o grego, o hebraico, e o sânscrito. Colaborou na *Minerva Brasiliense*, enquanto a revista durou (1843-1845), granjeando prestígio de moço genial. Morreu antes dos 23 anos, sem dar de si tudo quanto os contemporâneos esperavam.

Deixou obra original pouco quantiosa (seis poemas, dez ou doze fragmentos, prosas poéticas), que atesta indecisão própria da idade e do momento histórico-literário em que viveu. Afeiçoou-se, de um lado, ao * Neoclassicismo, que teimava em permanecer entre nós mesmo depois de haver claros indícios românticos, e, de outro, a certas notas de melancolia e sentimentalismo, por vezes de cunho religioso, já de feição atualizada para o tempo. Pré-Romântico, portanto, não chegou a alcançar nível poético que justificasse os juízos panegíricos dos coetâneos. De maior interesse são seus artigos críticos acerca de * *A Moreninha* e das *Liras* de * Tomás Antônio Gonzaga.

OBRAS DO A.: "Uma Manhã na Ilha dos Ferreiros", *Minerva Brasiliense*, 1.º/6/1844; *Ramalhete de Flores*, 1844; "A Noite", *Minerva Brasiliense*, 1.º/8/1845.

CONSULTAR: Luís Francisco da Veiga, "A. F. D. e M.", *Revista do Instituto Histórico e Geográfico*, vol. XLI, n.º 2, Rio, 1876; Sílvio Romero, *História da Literatura Brasileira*, 5.ª ed., vol. III, Rio, 1953; Haroldo Paranhos, *História do Romantismo no Brasil*, vol. II, S. Paulo, 1938; Luís Felipe Vieira Souto, "Estudo sobre D. e M.", *Autores e Livros*, supl. lit. d*A Manhã*, Rio, 8/8/1943; Antônio Cândido, *Formação da Literatura Brasileira*, vol. II, S. Paulo, 1959.

[M.A.R.M.]

MELO NETO, JOÃO CABRAL DE — (★ 9/1/1920, Recife, PE) Membro do corpo diplomático, exerceu funções na Espanha, Inglaterra e França, encontrando-se atualmente no Senegal. Cronologicamente situado na chamada "geração de 45", J. C. dela se destaca em posição isolada, pois se essa corrente representa uma reação ao * Modernismo, com o retorno a uma estética conservadora, da palavra nobre simbolista às formas fixas do *Parnasianismo, J. C. se encaminha para uma síntese e uma depuração da fase precedente (* Murilo Mendes, * Drummond), abrindo caminho para as novas tendências poéticas das gerações posteriores. J. C. estreou em 1942 com *Pedra do Sono*, livro em que já despontam algumas das características de sua poesia: a enxutez da linguagem, a imagética predominantemente visual. Mas é com *O En-*

genheiro (1945) e *Psicologia da Composição,* com a *Fábula de Anfion* e *Antiode* (1947), que o poeta atinge a maturidade criativa. J. C. passará a se distinguir pelo combate sistemático ao sentimentalismo e ao irracionalismo em poesia, através de um processo de desmistificação dos mitos que a cercam. Ao mesmo tempo em que desaliena a poesia, exibindo-lhe as entranhas, J. C. procede a uma auto-análise da composição poética, chegando a dissociar a imagem física da palavra, do seu conceito. Além disso, o poeta-engenheiro fraciona os versos com uma técnica precisa de cortes que lhes confere uma estrutura, por assim dizer, arquitetônica, funcional. Encarnando-se assim no oposto do poeta de intuições e vaticínios, J. C. arrostou por algum tempo com acusações de desumanização e cerebralismo. Não há, entretanto, em J. C., uma recusa ao "humano"; há, isto sim, uma recusa do poeta a se deixar transformar em joguete de sentimentalismos epidérmicos e a busca do verdadeiramente humano na linguagem, tomada em si mesma, como fonte de apreensão sensível da realidade. O poeta, em suma, quer utilizar, em plena consciência, a linguagem, ao invés de ser utilizado enganosamente por ela. Daí o seu sonho de engenheiro, a sua inclinação pelo "verso nítido e preciso". Concisão e precisão — eis os traços essenciais da poesia de J. C. Mas o poeta não quis ficar na pesquisa da criação poética, não quis ser apenas o "poeta do poeta". Sua poesia, como ele mesmo esclarece no título de uma de suas coletâneas, tem *duas* águas. A outra vertente é representada pelos poemas de participação, como *O Cão sem Plumas* (1950), *O Rio* (1954), *Morte e Vida Severina.* Nessas obras, J. C., que já procurava desmistificar a linguagem "poética", se propõe a desalienar também os temas da poesia, introduzindo nela a crítica social, para expostular com os delicados e precisos instrumentos do poema, mas sem nenhuma concessão ao sentimentalismo, todo o sofrimento da vida do homem das camadas populares do *Nordeste. O ponto extremo desse curso cabralino é *O Rio.* O poema é aqui submetido a um voluntário processo de empobrecimento, aproximando-se dos romances de cordel; mas esse aparente retrocesso em relação à alta elaboração da poesia anterior de J. C. é, no caso, perfeitamente funcional: pois o poeta quis realizar uma composição que exprimisse fisicamente o percurso monótono e triste do Capibaribe em correlação com a miséria da população ribeirinha; o rio, antropomorfizado, se descreve a si próprio. Os últimos livros de J. C. contêm poemas das duas linhas, unificados sempre por aquela constante de contundência que seria admiravelmente sumarizada no poema "A Palo Seco", de *Terceira Feira* (1961).

Obras do A.: *Poemas Reunidos,* 1954; *Duas Águas* (poemas reunidos), 1950; *Quaderna,* 1960; *Dois Parlamentos,* 1961; *A Educação pela Pedra,* 1966; *Museu de Tudo,* 1975. Prosa: *Considerações sobre o poeta dormindo,* 1951; *Juan Miró,* 1950.

Consultar: Othon Moacir Garcia, "A Página Branca e o Deserto", *Revista do Livro,* Rio, n.º 7, set. 1957, n.º 8, dez. 1957, n.º 9, março 1958, n.º 10, jun. 1958; Péricles Eugênio da Silva Ramos, "O Modernismo na Poesia", *A Literatura no Brasil* (dir. de Afrânio Coutinho), vol. III, t. 1, Rio, 1959; Antônio Houaiss, *Seis Poetas e um Problema,* Rio, 1960; Décio Pignatari, "Situação Atual da Poesia no Brasil", *Invenção,* n.º 1, S. Paulo, 1962; Luís Costa Lima, *Lira e Antilira,* Rio, 1968; Benedito Nunes, *J. C. de M. N.,* 2.ª ed., Rio, 1974; João Alexandre Barbosa, *A Imitação da Forma — Uma Leitura de*

J. C. de M. N., S. Paulo, 1975; Carlos Filipe Moisés, *Poesia e Realidade*, S. Paulo, 1977; Renard Perez, "J. C. de M. N.", *Do Hermético ao Popular*, supl. lit. de *Minas Gerais*, Belo Horizonte, 5/2/1977.

[A. C.]

MELO, José Alexandre TEIXEIRA DE — (★ 28/8/1833, Campos, RJ; † 2/10/1908, Rio) Formou-se em Medicina, em sua cidade natal (1859), e clinicou efetivamente. Em 1875 ingressou na Biblioteca Nacional, de que chegou a diretor. Foi bem considerado em vida. * Sílvio Romero julgava-o poeta de primeira linha, e *Sombra e Sonhos* "um livro notável", superior às *Primaveras*, de * Casimiro de Abreu, e *Enlevos*, de * Franklin Dória. Na verdade, houve exagero do crítico, não tendo T. de M. direito a mais que discreto segundo plano em nosso * Romantismo; sua expressão não é grandemente original. Foi também historiador, deixando, além de alguns livros, como *Efemérides Nacionais* (1881), numerosos trabalhos ainda não recolhidos das páginas dos jornais e revistas. T. de M. tem o seu nome preservado, na história de nossa versificação, pelo fato de ter sido o primeiro poeta a usar o *alexandrino "clássico" em nosso Romantismo (1868), como apontou * Alberto de Oliveira. Deu-se isso na poesia "À M.".

Obras do A.: Poesia: *Sombras e Sonhos,* 1858; *Miosótis,* 1877, os dois reunidos em *Poesias* (1855-1873), 1914.

Consultar: Sílvio Romero, estudo em *Poesias,* ed. cit.; Alberto de Oliveira, "O Verso Alexandrino", *Almanaque Brasileiro Garnier,* Rio, 1914; Péricles Eugênio da Silva Ramos, *O Verso Romântico,* S. Paulo, 1959.

[P. E. S. R.]

MELO, Pedro de Castro CANTO E — (★ 1.º/1/1866, Porto Alegre, RS; † 31/10/1934, SP) Bacharel pela Faculdade de Direito de S. Paulo, exerceu nesta cidade as funções de advogado e jornalista, sendo um dos fundadores do *Diário Popular.* Com o caricaturista Aureliano Amaral (*Yoyô*) criou um jornal literário (*A Lua*) onde colaboraram importantes escritores brasileiros, como * Vicente de Carvalho e * Martins Fontes.

Entroncada na tradição naturalista de Zola, a obra de C. e M., além de anacrônica, apresenta as qualidades e defeitos do * Realismo e * Naturalismo. De suas narrativas, a mais importante e a que faz lembrado seu nome é *Mana Silvéria* (1913), cuja intriga procura acompanhar três momentos sucessivos de uma família: um padre e uma rameira, seus descendentes, a crônica de seu dia-a-dia e a tragédia final, coroamento de opções veladas em três primos (Isidoro, Mana Silvéria e Joaninha). O temperamento de Isidoro, que tem o mesmo nome do padre que originou a família, leva-o a aceitar a imposição doméstica, casando-se, por arranjos, com Joaninha. Mas desde cedo se prepara um amor invencível entre Mana Silvéria e Isidoro, de sorte que, mesmo casado com a irmã da amada, é na amante que concentra sua força. Daí para a tragédia é um passo. Como de hábito nos romances realistas e naturalistas, a tese "científica" que sustenta a narrativa compromete-lhe o andamento e a verossimilhança, embora não chegue a sufocar um real talento de escritor, patente no manuseio da linguagem e na construção de cenas, como a entre o negro Chico Dengoso e Belisário Fernandes. O injusto esquecimento a que foi relegado

258

C. e M. e sua obra principal talvez se deva, conforme pondera Lúcia Miguel-Pereira, aos romances "palavrosos e falsos" que escreveu depois daquela experiência corajosa, posto que extemporânea, de análise social.

OBRAS DO A.: *Alma em Delírio*, 1909; *Relíquias da Memória*, 1920; *Recordações*, 1923.

CONSULTAR: Lúcia Miguel-Pereira, *Prosa de Ficção (De 1870 a 1920)*, Rio, 1950.

[V. A.]

MEMORIALISMO — Em princípio, a literatura de memórias segue duas direções fundamentais: primeira, em que o escritor transfigura experiências biográficas em suas obras de ficção, mesmo sem dar por isso; segunda, em que o escritor visa deliberadamente a narrar sua vida pregressa com os dados recolhidos pela memória. Num largo sentido, a primeira direção parece corresponder à natureza mesma da obra literária: esta seria sempre confissão indireta, em grau e densidade variáveis, conforme o caso, do que vai na psique do escritor. Na segunda, apenas se acentuaria uma tendência inerente à própria literatura e ao egocentrismo de seus praticantes.

Na literatura brasileira, o memorialismo ocasional é freqüente. Nossa ficção romântica prima por ser uma espécie de confissão indireta e metafórica, de tal modo os ficcionistas românticos transferiram suas vivências às personagens que criaram. E o procurado cientificismo realista não impediu alguns escritores de extravasarem seus sentimentos inconfessados nem de apelarem para os conteúdos da memória. * Machado de Assis e * Raul Pompéia exploram o mundo psicológico, a procurar no passado, próprio e da personagem, experiências e vivências que justifiquem um destino. * Lima Barreto, herdeiro desse psicologismo, alarga ainda mais o processo de sondagem, quase anulando por vezes o rigor cronológico dos acontecimentos em favor do que a memória registra como "duração". Conforme entramos pelo * Modernismo, o memorialismo involuntário se vai fazendo mais e mais freqüente. Grande parte da obra de ficção de * José Lins do Rego, * Jorge Amado e * Graciliano Ramos, por exemplo, é de índole memorialística.

Mas o memorialismo deliberado ocorre também na literatura brasileira. No * Romantismo, citam-se alguns casos, como os de * José de Alencar (*Como e por que sou romancista,* 1893) e do * Visconde de Taunay (*Memórias,* 1948), obras, ambas, importantes como documento individual e epocal. Já nos fins do século XIX e princípios deste, em consonância com a moda européia (Amiel, os Irmãos Goncourt), * Joaquim Nabuco, além de fazer a biografia panegírica do pai em *Um Estadista do Império* (1896), traçou em * *Minha Formação* (1900), num estilo lapidar, fidedigno retrato de sua vida interior e exterior. A par dele, citam-se * Oliveira Lima (*Memórias,* 1937), * Graça Aranha (*O Meu Próprio Romance,* 1931), Lima Barreto (*Diário Íntimo,* 1953), * Medeiros e Albuquerque — que conta sua vida boêmia, em *Quando eu era vivo...* (1942), com uma sinceridade meio voltaireana, que não recua ante pormenores torpes — e * Humberto de Campos, cujas *Memórias* (1932) e cujo *Diário Secreto* assinalam o aparecimento de certo memorialismo moderno, caracterizado por uma espécie de masoquismo, evidente no gosto de confessar todas as pe-

259

quenezas da alma, como se o escritor estivesse a expungir-se de complexos e recalques diante de um psicanalista. Desde então a esta parte, o memorialismo se fez moda no Brasil e a lista de seus cultores atuais é grande, podendo citar-se, entre outros, os nomes de *Monteiro Lobato, *Oswald de Andrade, *Augusto Meyer, *Augusto Frederico Schmidt, *Graciliano Ramos, *José Lins do Rego, *Gilberto Amado, Luís Edmundo, Nelson Palma Travassos, *Álvaro Moreira, Helena Morley, *Manuel Bandeira, Paulo Duarte, Afonso Arinos de Melo Franco, Pedro Nava (sem favor a grande revelação no gênero em nossos dias), *Nelson Rodrigues, etc. O avultado número de livros de memórias ultimamente publicados atesta o nível de importância e de popularidade alcançado por esse tipo de atividade literária entre nós.

[M. M.]

MEMÓRIAS DE UM SARGENTO DE MILÍCIAS — Influenciado pelo êxito da literatura inspirada no pitoresco da vida popular brasileira, gênero de literatura iniciado no decênio de 1830, pela comédia de costumes, em que se celebrizou *Martins Pena, um jovem estudante de Medicina e modesto jornalista, *Manuel Antônio de Almeida, começou a publicar, em 1852 (27-6), no suplemento "Pacotilha", do *Correio Mercantil*, do Rio, um romance de memórias do Rio da época de D. João VI, a que intitulou *Memórias de um Sargento de Milícias*. No ano seguinte (31-7) encerrou a série de folhetins, e em 1854 e 1855, reuniu-os em dois sucessivos volumes. No enredo, tecido com muitas peripécias e intrigas, que não deixam, ainda hoje, de entreter e prender o leitor, o romance pode resumir-se na história da vida de Leonardo, filho de dois imigrantes portugueses, a saloia Maria da Hortaliça e Leonardo, "algibebe" em Lisboa e depois meirinho no Rio do tempo do Rei D. João VI: nascimento do "herói", sua infância de endiabrado, suas desditas de filho abandonado mas sempre salvo de dificuldades pelos padrinhos (a parteira e um barbeiro); sua juventude de valdevinos; seus amores com a dengosa mulatinha Vidinha; suas malandrices com o truculento Major Vidigal, chefe de polícia; seu namoro com Luisinha; sua prisão pelo major; seu engajamento, por punição, no corpo de tropa do mesmo major; finalmente, porque os fatos acabaram por lhe ser propícios e não lhe faltou a proteção da madrinha, tudo tem "conclusão feliz": promoção a sargento de milícias e casamento com Luisinha. As intenções do A., ao escrever seu romance de folhetins para a "Pacotilha", não é difícil perceber: oferecer ao leitor, de um lado, um romance engraçado, pelos tipos que nele entravam, pelas suas expressões, pelas suas atitudes e ações; de outro, um romance de costumes populares, de um Rio que deixara de existir, com a modernização da vida carioca, iniciada no decênio de 1830; um Rio do começo do século, ronceiro e roceiro, mas bem mais pitoresco e alegre, pelas despreocupações de sua gente e pelas festas populares (procissões, folias do Divino, fogos no Campo de Santana, as súcias), e por isso um Rio de que os mais velhos, nos anos de 1850, se recordavam com nostalgia. O êxito do romance, sempre crescente, é, incontestavelmente, merecido: há na sua feitura um à-vontade, por vezes mesmo displicência na expressão e no travamento das ações: há doutro lado concessões e "truques" fáceis de enredo, de intriga, de comicidade — mas apesar de tudo isso (compreensível num jovem que escrevia, sem maiores pretensões literárias, apenas um romance de folhetim para entretenimento do grande público da "Pacotilha"), há nesse romance um precioso fundo documental (de usos, costumes e linguagem populares) e a criação de extraordinários tipos humanos, como Leonardo Pataca, Maria da Hortaliça, Leonardinho, Vidigal, a Comadre, Vidinha, Luisinha, etc., etc., — cheios de vida, de autenticidade e de força expressiva. À importância e à celebridade da obra dos aquarelistas de costumes cariocas, Rugendas e Debret, e da obra, no mesmo gênero, de Martins Pena, não podemos deixar de juntar o delicioso romance do jovem Maneco Almeida.

EDIÇÃO CRÍTICA: preparada por Terezinha Marinho, Rio, I.N.L., 1969.

CONSULTAR: V. *Manuel Antônio de Almeida*.

[A. S. A.]

MEMÓRIAS PÓSTUMAS DE BRÁS CUBAS — Romance de * Machado de Assis, publicado pela primeira vez em folhetim na *Revista Brasileira*, do Rio, de 15/3 a 15/12/1880, e no ano seguinte em volume. É a primeira obra da segunda fase da carreira do escritor. Como o título sugere, trata-se das memórias póstumas do herói, Brás Cubas. Partindo de seus ancestrais, situados nas primeiras décadas do século XVIII, vai-nos contando sua vida de estróina impenitente. Dois episódios lhe marcaram respectivamente a juventude e maturidade: seus amores com Marcela, "durante quinze meses e onze contos de réis", e com Virgília, mulher de Lobo Neves.

Preso ao Realismo interior, tendência básica de M. de A., este romance constitui-se em sátira, velada por uma ironia olímpica e um humor britânico, às instituições sociais burguesas, em torno de sua chaga maior, o adultério. Por um movimento de rotação e translação, a sátira incide sobre o homem ontologicamente considerado. Daí um ceticismo amargo diante dos valores que fundamentam a trajetória amoral de Brás Cubas e de boa parte da Humanidade. Por sua vez, o ceticismo só se explica por um acendrado interesse ético na espécie humana, de que deriva um filosofismo nem sempre claro para o leitor comum, expresso por meio da teoria do "emplasto" e o "humanitismo". As freqüentes citações, vinculadas estreitamente com o conteúdo dramático da obra, servem de suporte para as reflexões que o escritor vai tecendo à margem dos acontecimentos. Estes, reduzidos ao essencial, cedem terreno para a análise psicológica.

Romance de memórias, responde a uma ansiosa "busca do tempo perdido", numa equação bergsoniana que anuncia muito nitidamente a introspecção proustiana. O emprego das metáforas e símbolos procura exprimir o inefável das vivências difusas num tempo psicológico a-histórico, fixado pela memória. O capítulo do "delírio", das mais célebres passagens de toda a obra machadiana, é igualmente uma polimetáfora na qual Machado concentrou sua visão do mundo e dos homens. *M. P. B. C.* forma, com * *D. Casmurro* e * *Quincas Borba*, a trilogia-síntese da ficção de M. de A.

[M. M.]

MENDES, MURILO MONTEIRO — (★ 13/5/1901, Juiz de Fora, MG; † 14/8/1975, Lisboa, Portugal) Fez, na cidade natal, estudos primários e secundários, que continuou em Niterói, mas logo interrompeu.

Instalou-se no Rio em 1920; funcionário do Ministério da Fazenda até 1925, do Banco Mercantil até 1929, e de cartório. Colaborou nas revistas *Terra Roxa* e *Antropofagia,* de S. Paulo, e estreou em 1930 com o volume *Poemas,* que lhe valeu o Prêmio da Fundação "Graça Aranha". Casado com a poetisa Maria da Saudade Cortesão, viajou pela Europa de 1953 a 1955 e desde 1957 se encontrava em Roma como professor de estudos brasileiros.

Quando surgiram, *Poemas* ostentavam uma novidade, consubstanciada não nas piadas em verso, mas na forte confusão de tempos, formas, planos; nesse mundo semi-onírico, realidade e super-realidade interpenetram-se e baralham-se, a ponto de o próprio poeta definir-se: "Sou a luta entre um homem acabado / e um outro homem que está andando no ar." M. M., conforme sempre declarou, sofreu a influência de Ismael Néri, que o converteu ao Catolicismo e que pregava o "essencialismo", assim definido por * Manuel Bandeira: "o homem deve sempre procurar eliminar os supérfluos que prejudicam sempre a essência a conhecer: a essência do homem e das coisas só pode ser atingida mediante a abstração do espaço e do tempo, pois a localização num momento cortaria uma das condições da vida, que é o movimento". Essa teoria, conjugada ao * Surrealismo, mais à natural liberdade trazida pelo * Modernismo, explicaria a dicção de M., cuja poesia é a mais perfeita fusão de linguagem coloquial e literária de que há exemplo no Brasil: ambas se interpenetram expressivas, sem o menor contraste de qualidade. Em *Poemas* estão prefiguradas as tendências que o poeta exploraria depois, em volumes sucessivos.

História do Brasil (1932) é um livro de sátiras e poemas-piadas, que põe a nu os ridículos de nossos fastos. Em *Tempo e Eternidade* (1935), livro de parceria com * Jorge de Lima, M. pratica uma poesia confessional ou dirigida à Musa, de expressão solene, eloqüente, por vezes quase litúrgica. A bipartição entre Deus e a Musa poria *A Poesia em Pânico* (1938), pois a Igreja lhe disputa o amor da Musa. Esta vence e recolhe o amor que deveria ser consagrado à Igreja; mas o poeta fica em pânico, a identificar mulher e pecado, segundo a linha que vem da Tentação e da Queda. *O Visionário* (1941), que desenvolve algumas diretrizes de *Poemas,* com ainda maior confusão de tempos e formas, de coisas e alucinações, é um dos livros mais representativos da segunda fase de nosso Modernismo; não se parece a nenhum outro de nenhum outro autor, mas é um M. veemente e condensado. *As Metamorfoses* (1944) são repassadas pela amargura da vida, num mundo tiranizado pela guerra, injusto e sangrento, em que os homens fazem a parte de Caim uns contra os outros. Só a bondade, isto é, a poesia, o poderá salvar. *Mundo Enigma* (1945) traz, como novidade na obra muriliana, a nota do amor não desesperado, mas suave, e a introdução, na poesia lírica, de um conceito conclusivo, como se se tratasse de "moral da história". *Poesia Liberdade* (1947) é um livro no qual se reflete, como n*As Metamorfoses,* a amargura suscitada pela guerra, ditadores e injustiças que trucidavam o mundo conflagrado. Deseja o poeta a comunhão dos homens e dos povos. *Contemplação de Ouro Preto* (1954) é uma procura de ordenação pelo poeta, que cultiva o * decassílabo, o * alexandrino e outros metros: reporta-se o livro às velhas cidades de Minas, com sua atmosfera de endoenças. De 1959 datam *Poesias* (*1925-1955*), reunião dos livros anteriores, com

262

exclusão de *História do Brasil* e inclusão de livros inéditos ou novos, como *Bumba-meu-Poeta* (1930), *Sonetos Brancos* (1946-1948), *Parábola* (1946-1952) e *Siciliana* (1954-1955). Posteriormente viria a lume *Tempo Espanhol* (1950), como *Siciliana* resultante das viagens do poeta.

OBRAS DO A.: Prosa: *O Discípulo de Emaús*, 1944. Poesia: *A Idade do Serrote*, 1968; *Convergência*, 1970; *Poliedro*, 1972; *Ipotesi* (poemas italianos, vol. inicial de uma série de dez que reúne inéditos do A.), 1977.

CONSULTAR: *A Literatura no Brasil* (dir. de Afrânio Coutinho), vol. III, t. I, Rio, 1959 (cf. 2.ª ed., vol. V, Rio, 1970); Laís Correa de Araújo, *M. M.*, Petrópolis, 1972; José Guilherme Merquior, introd. a *Antologia Poética* de M. M., Rio, 1976; Fábio Lucas, *Poesia e Prosa no Brasil*, Belo Horizonte, 1976.

[P. E. S. R.]

MENDES, MANUEL ODORICO — (★ 24/1/1799, S. Luís do MA; † 17/8/1864, Londres) Depois dos primeiros estudos em sua terra natal, segue para Coimbra, onde se matricula no Colégio das Artes, disposto a se fazer médico. Dificuldades financeiras e a situação política brasileira forçam-no a desistir do intento e regressar. Dedica-se ao jornalismo. Muda-se de vez para o Rio. Ingressa na política e elege-se deputado. Desenvolve memorável campanha em favor de nossa Independência, de que se torna um dos mais importantes fautores. Nesse entretempo, dedica-se à literatura, com não menos ardor e empenho. Em 1861, viaja para a Europa. Visita a Itália e a França. Na viagem de volta, de passagem por Londres, falece repentinamente.

Das mais significativas figuras de seu tempo, quer pela ação liberalista, dirigida no sentido de emancipar o Brasil, quer por sua erudição clássica. Celebrizou-se pela tradução dos clássicos gregos, latinos e franceses, notadamente Homero, Virgílio e Voltaire. Vertia com fidelidade, correção, elegância e concisão, qualidades que lhe garantiram prestígio póstumo como tradutor. Decerto por isso, sua obra original, pouca e esparsa, ficou prejudicada. O convívio com os clássicos marcou-lhe de modo indelével a poesia com acentos típicos, cortando-lhe o vôo para mais altos planos, como se pode ver em dois de seus poemas, "Hino à Tarde" e "O Sonho". Assim mesmo, certa melancolia e pessimismo, num à-vontade que por vezes rompe as malhas inibidoras do * Classicismo, fazem dele um acabado poeta pré-romântico. Defendeu com vigor a autoria portuguesa do *Palmeirim de Inglaterra* (1860).

OBRAS DO A.: *Mérope*, de Voltaire, 1831; *Tancredo*, de Voltaire, 1839; *Eneida Brasileira*, 1854; *Virgílio Brasileiro*, 1858; *Ilíada de Homero*, 1874. Alguns de seus poemas aparecem no *Pantheon Maranhense*, referido a seguir.

CONSULTAR: Antônio Henriques Leal, *Pantheon Maranhense*, vol. I, Lisboa, 1873; Vários Autores, *A Glorificação de O. M.*, S. Luís do Maranhão, 1913; Haroldo Paranhos, *História do Romantismo no Brasil*, vol. II, S. Paulo, 1938; Otávio Tarqüínio de Sousa, *História dos Fundadores do Império do Brasil*, vol. IX, Rio, 1957.

[M. M.]

MENDONÇA, LÚCIO EUGÊNIO E VASCONCELOS DRUMMOND FURTADO DE — (★ 10/3/1854, Fazenda do Morro Grande, Piraí, RJ; † 23/11/

1909, Rio) Bacharelou-se pela Faculdade de Direito de S. Paulo em 1877. Quando ainda estudante, fez jornalismo profissional n*A República* e n*A Província de S. Paulo*. Formado, dividiu-se entre a advocacia e a imprensa, participando da campanha republicana pelas colunas de *Colombo*, d*O País* e do *Jornal do Brasil*. Depois de 1889, ocupou cargos de importância no novo regime, tendo chegado a ministro do Supremo Tribunal. Foi um dos idealizadores e fundadores da Academia Brasileira de Letras.

Na prosa de ficção, além de um romance naturalista, *O Marido da Adúltera* (1882), deixou L de M. vários contos, recolhidos em *Esboços e Perfis* (1889) e *Horas do Bom Tempo* (1901). São, os mais característicos, narrativas de desfecho imprevisto, à Maupassant, condimentadas com pormenores regionalistas, numa fórmula que antecipa * Monteiro Lobato. As poesias completas de L. de M. estão em *Murmúrios e Clamores* (1902). Lirismo amoroso e pregação política são as duas tônicas do livro, destacando-se, neste, os pequenos cromos de crítica social d*As Visões do Abismo,* que fazem de L. de M. um dos luminares da "poesia socialista", antecipadora do * Parnasianismo.

CONSULTAR: Edgar e Carlos Süsseckind, *L. de M.* (ensaio bibliográfico), Rio, 1934; Machado de Assis, *Crítica,* ed. Jackson, Rio, 1946; Araripe Jr., *Obra Crítica,* vol. III, Rio, 1963; Péricles Eugênio da Silva Ramos, "A Renovação Parnasiana na Poesia", *A Literatura no Brasil* (dir. de Afrânio Coutinho), vol. II, Rio, 1955. [J. P. P.]

MENESES. AGRÁRIO DE SOUSA — (★ 25/2/1834, Salvador, BA; † 23/8/1863, *idem*) Dramaturgo e poeta. Depois de diplomado em Direito (Olinda, PE, 1854), advogou em sua cidade natal, dedicou-se ao jornalismo e foi deputado à Assembléia da Província. Foi sócio-fundador e presidente do Conservatório Dramático da Bahia. Autor de numerosas peças de teatro — algumas das quais impressas —, fez nelas a crítica dos costumes da época, no País, e discutiu a figura controvertida de Calabar. Poeta romântico, seus versos mais representativos são marcados por um desalento byroniano, que contrasta com a vivacidade crítica de seu teatro.

OBRAS DO A.: *Matilde,* drama em verso, 1854; *Calabar,* drama em verso, 1858; *Os Miseráveis, drama,* 1863; *Obras Inéditas,* 1865.

CONSULTAR: Sílio Boccanera Jr., *Autores e Atores Dramáticos,* Bahia, 1923; Alexandre Passos, *A. de M. e o Romantismo,* Rio, 1956.
[D. C. S.]

MENESES, EMÍLIO DE — (★ 4/7/1866, Curitiba, PR; † 6/6/1918, Rio) Estudou primeiras letras e Humanidades em sua cidade natal; lá trabalhou em farmácia e se iniciou na poesia (inclusive a satírica). Depois de ter sofrido fraqueza pulmonar e de, por isso, ter passado alguns meses no município paranaense de Castro, regressou a Curitiba e adotou um modo extravagante de se vestir que escandalizava a província. Em 1887, mudou-se para o Rio. Casou-se em 1888. Nomeado escriturário federal, seguiu para Paranaguá, onde pouco demorou (1890). Conseguiu ficar rico durante o Encilhamento, especulando na Bolsa. Desquitou-se, esbanjou; sua riqueza durou pouco. Praticou jornalismo, exerceu função pública e adquiriu larga fama como boêmio e poeta satírico. Elegeu-se para a Academia Brasileira de Letras. Seus despojos foram transportados para Curitiba em 1927.

E. de M. proclamou-se independente, quando estreou com *Marcha Fúnebre* (1893). A essa altura, começava a cessar o vanguardismo parnasiano, para ceder lugar ao * Simbolismo; os adeptos dessa corrente o estimaram, por tudo aquilo que nele concordava com os ideais da escola. E, contudo, adotou os ideais parnasianos, com forma rígida, vocábulos "difíceis" e rimas raras. Seu * Parnasianismo foi até exagerado, por refugir à simplicidade preconizada po: * Bilac e outros corifeus da corrente. Basta ver, p. ex., a segunda quadra de um de seus sonetos, "A Romã", para notar o acúmulo de termos "literários" e a imperturbabilidade objetiva. Afora essa diretriz, que pode exemplificar uma das tendências da escola parnasiana em nosso meio, outra existe na poesia de E. de M. que lhe deu ampla aceitação entre futuros modernistas como *Oswald de Andrade: a *sátira. Foi essa a tendência mais importante de sua poesia, na qual nos legou sonetos verdadeiramente apreciáveis.

OBRAS DO A.: *Poemas da Morte*, 1901; *Dies Irae* (poemeto), 1906; *Poesias*, 1909; *Últimas Rimas*, 1917; *Mortalhas* (*Os Deuses em Ceroulas*), 1924.

CONSULTAR: Sílvio Romero, *História da Literatura Brasileira*, 5.ª ed., t. V, Rio, 1953; *Letras e Artes*, supl. lit. d*A Manhã*, Rio, vol. V, n.º 12; Raimundo de Meneses, *E. de M., O Último Boêmio*, 4.ª ed., S. Paulo, 1960.

[P. E. S. R.]

MENINO DE ENGENHO — Primeiro romance de * José Lins do Rego, publicado em 1932 por Andersen Editores, do Rio, sob a classificação, dada na folha de rosto e entre parênteses, de novela. Do ano seguinte em diante, conforme se vê na bibliografia do A. publicada em *Doidinho*, é dado como romance. São reminiscências do Engenho Santa Rosa, da PB, misturadas de ficção, hoje de certo modo passíveis de separação, pela leitura comparada desta obra de estréia e do volume de memórias *Meus Verdes Anos*. Um menino órfão, Carlos, é conduzido para o engenho de seu avô. Ali descobre uma nova paisagem, costumes, pessoas — um mundo diferente do seu que, pela ficção, nos é revelado na primeira pessoa, como coisas antigas. Carlos tem lembrado a muitos críticos o Sérgio de * O Ateneu, de * Raul Pompéia, pela delicada tessitura psicológica, certa fragilidade física e anseio de carinho e proteção, que lhe faltam pela ausência dos pais. Tios, tias, primos e avô constituem a nova família. O Coronel José Paulino, avô-patriarca, é a imagem da segurança; a Tia Maria é o carinho materno reencontrado; Tio Juca complementa o pai perdido num outro plano, oposto ao do avô, de ensinamento das coisas práticas da vida, sob um clima de constante aventura; a Prima Maria Clara é o primeiro amor e a Tia Sinhazinha é a agressão gratuita da existência, que o "menino triste" sente sem compreender, identificando-a às madrastas dos contos tradicionais. As relações entre o neto do senhor de engenho e moleques da bagaceira, entre senhores e escravos, dos aristocratas do açúcar entre si, tudo é cercado pelo romancista de um halo de lirismo, mesmo quando fala dos castigos brutais de negros no tronco e das iniciações sexuais chocantes para a sensibilidade de Carlos, e no entanto aceitas

265

como parte importante de sua aceitação do mundo em que vive. Tirá-lo do Santa Rosa equivale quase a forçá-lo a um novo nascimento — neste ponto, pois, termina *Menino de Engenho* e começa o segundo romance do "Ciclo da Cana-de-Açúcar". Em mais de uma ocasião, J. L. do R. testemunhou a influência avassaladora de * Gilberto Freyre sobre a descoberta de sua vocação de romancista. Também este, em artigos, prefácios e livros, reconheceu ter sido "mestre" e "professor", palavras que não aprecia (ver *Vida, Forma e Cor*), afastando J. L. do R. da *crítica literária e interessando-o em uma forma nova de romance para a época, no Brasil. Romance em que fossem valorizados a vida regional, o estilo oral ou aproximado da maneira de falar, a narração linear como nos contos populares, a paisagem física e humana sem subterfúgios eufemísticos nem quedas para um * Naturalismo que não estava na tradição. *Menino de Engenho* abriu, assim, um caminho novo no romance, embora aparentado ao d*A Bagaceira* pelo tempo — menos pelo espírito.

[J. P.]

MEYER JR., AUGUSTO — (★ 24/1/1902, Porto Alegre, RS; † 10/7/1970, Rio) Foi diretor da Biblioteca Pública de Porto Alegre até 1938, data em que, convidado para dirigir o Instituto Nacional do Livro, se mudou para o Rio. Membro da Academia Brasileira de Letras. Colaborou nos grandes jornais do Rio e S. Paulo com ensaios, fragmentos de memórias, crônicas.

É a principal figura do modernismo gaúcho (V. Sul, Rio Grande do), de que participou desde o tempo da revista *Madrugada*. Estreou em 1923 com *A Ilusão Querida*, mas projetou-se no * Modernismo a partir de *Coração Verde* (1926), livro no qual praticou uma poesia melancólica, embora otimista, cheia de presença da terra, bem como de doçura e humildade, e tocada eventualmente por uma ponta de ironia. A expressão é por vezes meiga e idílica. De *Giraluz* (1928) emerge idêntica diretriz de apego à terra; mas o livro encerra poemas de amor e evocativos da infância. Nesse volume, a poesia de A. M. começa a interiorizar-se, a fazer-se especulativa. *Poemas de Bilu* (1929) são um produto da inteligência, que, chocando-se com a sensibilidade, se resolve em *humour*. O livro é de pensamento, bom humor, até escárnio, e lirismo simultaneamente, prosseguindo essa diretriz fundamentalmente subjetiva em *Literatura e Poesia* (1931), poemas em prosa dos mais altos já escritos no Brasil, na opinião de * Mário de Andrade, a qual se pode tomar como exata. Os últimos livros de poesia de A. M. (*Folhas Arrancadas*, 1940-1944 e *Últimos Poemas*, 1950-1955, ambos estampados pela primeira vez em *Poesias*, 1957) já são graves e serenos, pela expressão e pelo ritmo; há neles um tom de paz geral, imbuído da resignação da tarde.

Quando A. M. interrompeu a feitura e publicação de poesias, depois de 1931, enveredou pelos artigos de jornal, crônicas, capítulos de memórias. Foi um dos dois ou três maiores ensaístas do País: alia cultura e acuidade aos dotes de escritor claro e pessoal.

Obras do A.: Poesia: *Duas Orações,* 1928; *Sorriso Interior,* 1930. Prosa: *Machado de Assis,* 1935; *Prosa dos Pagos* 1943; *À Sombra da Estante,* 1947; *Le Bateau Ivre,* 1955; *Preto e Branco,* 1956; *Camões o Bruxo e Outros Ensaios,* 1958.

266

CONSULTAR: Tristão de Ataíde, *Estudos*, 2.ª e 3.ª séries, Rio, 1930; Carlos Dante de Morais, *Viagens Interiores*, Rio, 1931; e pref. a *Poesias*, de A. M., Rio, 1957; Moisés Velinho, *Letras da Província*, Porto Alegre, 1944; Manuel Bandeira, *Apresentação da Poesia Brasileira*, 2.ª ed., Rio, 1954; e "O Humour na Poesia Brasileira", *Américas*, vol. VI, n.º 18; Péricles Eugênio da Silva Ramos, "O Modernismo na Poesia", *A Literatura no Brasil* (dir. de Afrânio Coutinho), vol. III, t. 1, Rio, 1959; Otto Maria Carpeaux, *Livros na Mesa*, Rio, 1960; Jaime Copstein, "Tempo de Flor, Tempo de Dor", *Correio do Povo*, Porto Alegre, 1970; Tânia Franco Carvalhal, *O Crítico à Sombra da Estante*, Porto Alegre, 1977.

[P. E. S. R.]

MILLIET DA COSTA E SILVA, SÉRGIO — (★ 20/9/1898, S. Paulo; † 9/11/1966, *idem*) Graduou-se em Ciências Econômicas e Sociais em Genebra. De regresso do Velho Mundo pouco antes da * Semana de Arte Moderna, teve papel importante na preparação e deflagração do * Modernismo. Fez parte do grupo *Klaxon*, a primeira revista modernista (surgida em 15/5/1922), e, alguns anos depois, figura entre os dirigentes de *Terra Roxa e Outras Terras*, da qual é crítico literário. Daí por diante a posição de S. M. como crítico literário (e depois de artes plásticas) se firma, aliando extensa cultura (de formação francesa, principalmente) a aguda percepção dos valores do texto. Sua influência se faz sentir amiúde no estímulo quase que sistemático às inovações e na condenação às meras fórmulas e processos, como ao poema-piada e à desordem do verso. S. M., além de jornalista, exerceu o magistério e traduziu numerosas obras; dirigiu a Biblioteca Municipal de S. Paulo, onde se aposentou; foi presidente da União Brasileira de Escritores (de S. Paulo) e outras entidades literárias, bem como diretor artístico do Museu de Arte Moderna.

S. M. começou a escrever em francês, língua em que publicou alguns livros no início de sua carreira. Sua poesia, na fase inicial do * Modernismo, é a mais avançada da geração de 22 como superposição e técnica analógica, para encontrar paralelo, apenas, em Luís Aranha ou nalgumas composições de * Mário de Andrade. As imagens e idéias dos *Poemas Análogos* (1927) não se concatenam logicamente, mas superpõem-se ou ligam-se por débeis vínculos. Nos livros que se seguiram a esse, sua poesia é de insatisfação, por vezes até de amargura; a partir de *Poemas* (1937) cultiva a poesia de amor; mas a tônica de seus versos é o cansaço, a sensação de vida frustrada ou sem solução, a invencível tristeza.

OBRAS DO A.: Poesia: *Par le Sentier*, 1917; *En Singeant* (em col. com Charles Reber), 1918; *Le Départ sous la Pluie*, 1919; *L'oeil de Boeuf*, 1923; *Oh Valsa Latejante*, 1943; *Poesias*, 1946; *Poema do Trigésimo Dia*, 1950; *Alguns Poemas Entre Muitos*, 1957; *Cartas à Dançarina*, 1959. Ensaio e Crítica: *Terminus Seco e Outros Cocktails*, 1932; *Marcha a Ré*, 1936; *Ensaios*, 1938; *Roteiro do Café*, 1938; *Pintores e Pintura*, 1940; *O Sal da Heresia*, 1940; *Fora de Forma*, 1942; *A Marginalidade da Pintura Moderna*, 1942; *Pintura Quase Sempre*, 1943; *Diário Crítico*, 10 vols. (1.º e 2.º, 1944 e 1945, 3.º a 10.º, 1946, 1948, 1950, 1953, 1955, 1957, 1959); *Panorama da Poesia Moderna Brasileira*, 1955; *De Ontem, de Hoje, de Sempre*, 1960. Ficção: *Roberto*, 1935; *Duas Cartas no Meu Destino*, 1941.

CONSULTAR: Couto de Barros, "S. M.", *Estética*, Rio, set. 1924; João Ribeiro, *Os Modernos*, Rio, 1952; Manuel Bandeira, *Apresentação da Poesia Brasileira*, 2.ª ed., Rio, 1954; Péricles Eugênio da Silva Ramos, "O Modernismo na Poesia", *A Literatura no Brasil* (dir. de Afrânio Coutinho), vol. III, t. 1, Rio, 1959.

[P. E. S. R.]

MINAS GERAIS — Salvo por algumas manifestações precursoras de interesse meramente histórico — tais como o extraviado poema de * Grasson Tinoco sobre o *Descobrimento das Esmeraldas* (1689); as notícias acerca das atividades de mineração n*O Peregrino da América*, de * Nuno Marques Pereira, e na *Cultura e Opulência do Brasil*, de * Antonil; a publicação do *Triunfo Eucarístico* (1744) e do *Áureo Trono Episcopal* (1748), obras comemorativas de solenidades religiosas realizadas em Ouro Preto e Mariana —, pode-se dizer que MG só começou a existir literariamente após a segunda metade do século XVIII. A essa altura, por força de sua riqueza aurífera e diamantífera, a capitania passara a ser o eixo econômico do País. Para Vila Rica, onde havia a Coroa instalado um complexo aparelho fiscal e administrativo, afluíram numerosos letrados, tanto leigos como religiosos, dela fazendo, nas palavras de * Sílvio Romero, "uma espécie de Weimar", que congregava "as maiores ilustrações brasileiras da época, residentes na colônia". Pois foi nessa Weimar montanhesa que se verificou o surto poético mais significativo de toda a nossa literatura da *era colonial, a chamada *Escola Mineira, sob cuja égide floresceram, além de grande número de versejadores, poetas de mérito como * Cláudia Manuel da Costa, * Tomás Antônio Gonzaga, * Silva Alvarenga, * Alvarenga Peixoto, * Basílio da Gama e *Santa Rita Durão. Conquanto a denominação Escola Mineira seja arbitrária de um ponto de vista rigorosamente histórico e estético, serve bem para acentuar o que houve de diferencialmente nativista (ou de "desvanecimento bairrista", como quer * José Veríssimo) na obra desses poetas, alguns dos quais, tocados pelos ideais da * Ilustração, se iriam muito significativamente envolver na Inconfidência. A poesia da Escola Mineira representa a afirmação, no contexto da nossa literatura, das tendências do * Neoclassicismo ou * Arcadismo europeu, movimento antibarroco cujo culto da vida rústica e do homem natural se traduziu entre nós, conforme ensina * Antônio Cândido, pelo empenho em conciliar a tradição clássica importada com o localismo das vivências brasileiras, primitivas e agrestes. Semelhante empenho transparece, na obra de Cláudio Manuel da Costa, não apenas no agrupamento histórico do poema épico *Vila Rica* como na própria tessitura dos sonetos, de corte camoniano e nobre melancolia, em que o poeta evoca repetidas vezes, metaforicamente, "o cenário rochoso da terra natal" (Antônio Cândido). Em Tomás Antônio Gonzaga, com razão estimado por sucessivas gerações de leitores, uma das grandes vozes líricas do Idioma mercê da naturalidade graciosa com que expressou o sentimento amoroso, sugestões locais irrompem, de quando em quando, por entre os artifícios pastoris, para situar amante e amada numa circunstância tipicamente mineira, como acontece na Lira III da terceira parte de *Marília de Dirceu*. O sentimentalismo modinheiro com que Silva Alvarenga celebrou seus amores em meio a um cenário tropicalmente brasileiro de cajueiros, coqueiros, mangueiras e beija-flores, fez de *Glaura* um livro de antecipação romântica, ao passo que na poesia * épica de Basílio da Gama e Santa Rita Durão a preocupação nativista transluz antes na escolha do tema indianista d*O Uraguai* e do *Caramuru,* embora o índio não se apresente ali como o herói medievalizante dos românticos, mas tão-somente como o bom selvagem de Rousseau, às voltas com as complicações civilizadoras da catequese. É mister citar também, entre as manifestações características da Escola Mineira, a poesia satírica e herói-cômica, que, se no caso d*O Desertor,* de Silva Alvarenga, e d*O Reino da Estupidez,* de * Melo Franco, se volta para lutas ideológicas da metrópole, no caso das *Cartas Chilenas,* atribuídas a Gonzaga, enfoca, com fino e malicioso espírito de observação, os escândalos políticos ocorridos em MG durante o governo de Luís da Cunha e Meneses, o atrabiliário Fanfarrão Minésio.

Terminada a brilhante floração arcádica e sobrevindo o declínio da indústria de mineração, a capitania entra numa fase de marasmo quase completo, deslocando-se o meridiano intelectual de Vila Rica para o * Rio de Janeiro. A fase de transição entre Arcadismo e * Romantismo conta, em MG, poucas e apagadas figuras: * Elói Otoni, que, antes de rimar versetos bíblicos, foi um árcade de notas pré-românticas; Araújo Viana (1793-1875), de quem se salvou, pela singeleza elegíaca, um poema antológico, "Violetas"; * Vilela Barbosa, filintista dessorado; e os irmãos * Antônio Augusto e João Salomé Queiroga (1810-1878), que ensaiaram, sem brilho, a "poesia brasileira" propugnada pela geração de * Magalhães. O próprio Romantismo teve em MG um único representante de relevo, * Bernardo Guimarães, bastante estimado em seu tempo como poeta lírico e satírico, embora a popularidade lhe adviesse sobretudo dos romances, notadamente d*A Escrava Isaura,* livro que marcou época em nossa literatura abolicionista. A despeito da frouxidão do estilo e da tendência à estereotipia sentimental, Bernardo Guimarães se impôs como um dos precursores do *Regionalismo, por ter, em seus romances mais característicos, fixado costumes, paisagens e tipos humanos do oeste de MG e de GO meridional. Citem-se secundariamente, entre os românticos mineiros, * Aureliano Lessa, que, na Academia de S. Paulo, foi companheiro de Bernardo Guimarães na boêmia e medíocre epígono de *Álvares de Azevedo na poesia; João Nepomuceno Kubitschek (1845-1889), que se celebrizou por uma paráfrase versificada do *Eurico,* de Herculano; e o P. Correia de Almeida (1824-1895), autor de cerca de vinte volumes de versos humorísticos e satíricos, hoje justamente relegados ao esquecimento.

Na fase do * Realismo-Naturalismo-* Parnasianismo, MG dá à literatura brasileira alguns poetas e prosadores de importância. Na poesia, além de * Afonso Celso, que cultivou a musa realístico-social em *Telas Sonantes,* e de Artur Lobo (1869-1901), parnasiano pouco conhecido hoje em dia, mas que em *Quermesses* (1896) se revelou, segundo Waltensir Dutra e Fausto Cunha, "um poeta de raça cujo olvido é injustificável", merece destaque especial * Augusto de Lima, que se distinguiu entre os companheiros parnasianos pela dúvida metafísica que lhe informou boa parte da poesia e pela nota de religiosidade discernível em seus últimos versos. Na prosa de ficção, avultam os nomes de * Júlio Ribeiro, cujo romance *A Carne,* malgrado o reduzido valor literário, implantou polemicamente o *Naturalismo entre nós e de

269

* Afonso Arinos, prosador vigoroso que, com os contos de *Pelo Sertão,* nos quais registrou aspectos da vida sertaneja no Planalto Central, inaugurou oficialmente o Regionalismo em nossa novelística. Devem-se ainda mencionar, nessa quadra, Joaquim Felício dos Santos (1824-1895) e Diogo de Vasconcelos (1843-1927), historiógrafos voltados para os temas do passado mineiro e Lafaiete Rodrigues Pereira (1837-1917), que em *Vindiciae* (1898), sob o pseudônimo de Labieno, fez a defesa literária de * Machado de Assis dos ataques contra ele desfechados por * Sílvio Romero.

Semelhantemente ao que aconteceu em outros pontos do País, também em MG surgiram, nos princípios do século, núcleos simbolistas, que se arregimentaram em torno das revistas *Minas Artística* (1901), dirigida por Horácio Guimarães e Edgar da Mata Machado, e *Horus* (1902), fundada por Álvaro Viana. Todavia, a figura máxima do * Simbolismo mineiro (e, ao lado de * Cruz e Sousa, de todo o Simbolismo brasileiro) sempre se mostrou avessa às atividades gregárias: tendo vivido obscura e solitariamente em Mariana, * Alphonsus de Guimaraens passou quase despercebido dos seus contemporâneos. Caberia à crítica de nossos dias descobrir-lhe, na musicalidade encantatória do verso e na aura místico-litúrgica em que elegiacamente envolveu o mundo e os próprios sentimentos, a marca original de um dos grandes poetas da língua portuguesa. Além dos já citados, devem-se ainda destacar, no grupo simbolista mineiro, os nomes de * Mamede de Oliveira, * Archangelus de Guimaraens e, sobretudo, de * Severiano de Resende, cujos *Mistérios,* com seu luciferismo metafísico e suas exorbitâncias verbais, constituem um livro por todos os títulos singular.

Na fase pré-modernista ou sincrética, que se estende, a *grosso modo,* de 1910 a 1922, merecem citar-se em MG, Belmiro Braga (1872--1937), o autor de *Rosas* (1911) e de outros volumes de poesia, que o popularizaram como trovista singelo e gracioso; Afonso da Silva Guimarães (1875-1955), o esquecido contista de *Ossa Mea* (1905) e *Os Borrachos* (1921), livros que evidenciam, no dizer de Brito Broca, uma "forte personalidade de artista"; * Godofredo Rangel, que em *Vida Ociosa,* sua obra mais representativa, celebrou, numa prosa escorreita e trabalhada, o encantamento preguiçoso da vida rural mineira; * Antônio Torres, temperamento nato de polemista; * Avelino Fóscolo, naturalista retardatário, de veleidades sociais; e * Amadeu de Queirós (1873-1955), cujos melhores romances, *João* e *A Voz da Terra* (1938), publicados já na vigência do * Modernismo, se vinculam contudo ao Pré-Modernismo pela diretriz regionalista e pela vernaculidade da linguagem.

Desde suas primeiras investidas contra os baluartes do passadismo, a revolução modernista encontrou em MG ambiente favorável ao seu enraizamento. Tanto assim que, um ano após a * Semana de Arte Moderna, à volta d*A Revista* e do *Diário de Minas,* de Belo Horizonte, aglutinava-se um grupo de jovens escritores — * Carlos Drummond de Andrade, Abgar Renault, * Emílio Moura, * João Alphonsus e vários outros — dispostos a, embora sem o radicalismo de seus confrades paulistas, renovar os padrões literários então dominantes; em 1927, na pequena cidade de Cataguases, apareceu a revista *Verde,* em cujas páginas pontificaram, dentro do espírito de irreverência típico de 22, Rosário Fusco, Guilhermino César, Henrique de Resende, Francisco

Inácio Peixoto e Ascânio Lopes. É bem de ver, porém, que tais manifestações constituíram apenas o primeiro momento, necessariamente grupal e polêmico, de afirmação do Modernismo mineiro. Este só daria o melhor de si depois de 1930, quando, através da obra realizada, seus representantes mais bem dotados se fossem impondo individualmente no quadro geral do nosso Modernismo. Tal foi sobretudo o caso de Carlos Drummond de Andrade, um dos principais poetas brasileiros da atualidade, em cuja obra, sob o signo do humor antilírico e numa dicção poética correspondentemente lúcida e seca, vivências mineiras se integram numa visão universalista das coisas, em que a preocupação com "o tempo presente, os homens presentes, a vida presente" não exclui o exercício de indagações metafísicas acerca do "solene sentimento da morte". Já a poesia de Emílio Moura é de expressão confessadamente lírica; pela discrição formal e pela aura de religiosidade, ela prolonga, atualizando-a, a tradição poética de Alphonsus de Guimaraens, prolongamento de que dão igualmente testemunho a obra de * Henriqueta Lisboa, de * Alphonsus de Guimaraens Filho e, em certa medida, de * Murilo Araújo. Na poesia agressivamente católica de * Murilo Mendes, que recorre às justaposições surrealistas para veicular uma visão apocalíptica dos tempos modernos, há um momento de severa contensão, configurado em *Contemplação de Ouro Preto,* livro que celebra "do barroco mineiro a austera força".

No campo da prosa de ficção, o primeiro nome a destacar é o de João Alphonsus, contista voltado para a observação da vida pequeno-burguesa de Belo Horizonte, que retratou com uma ironia cética a que não faltava, porém, boa dose de ternura humana. Em pauta semelhante se situa * Ciro dos Anjos, lírico analista da vida burocrática n*O Amanuense Belmiro* e *Abdias* e crítico dos costumes políticos em *Montanha.* Nos densos romances de * Cornélio Pena e de * Lúcio Cardoso, o enfoque introspectivo se volta para as regiões do tenebroso e do anormal, ao passo que nos contos de * Aníbal Machado o plano da realidade e o da fantasia poética se entrecruzam amiúde. Mais recentemente, impôs-se * João Guimarães Rosa como um dos mais poderosos e originais talentos da ficção brasileira. Seus contos e novelas e seu romance * *Grande Sertão: Veredas,* ambientados na zona dos campos e sertões do norte de MG, representam a culminação e, concomitantemente, a superação do Regionalismo. Neles, o registro das peculiaridades dialetais daquela zona se faz acompanhar de audaciosas recriações verbais, na linha inventiva de James Joyce, e a fixação do viver e da psicologia do sertanejo se alça ao nível de uma visão universalizante e simbólica do destino humano. Tal universalismo está ausente dos romances de * Mário Palmério, que, malgrado alguns aspectos inovadores, permanecem fiéis às coordenadas tradicionais do Regionalismo. No quadro da prosa da fase modernista, restaria ainda mencionar o ensaísmo, que, tanto na área dos estudos literários como na da investigação histórica e sociológica, se voltou de preferência para assuntos mineiros, conforme o evidenciam obras de Afonso Arinos Sobrinho, Eduardo Frieiro, Mário Matos, João Dornas Filho, João Camilo de Oliveira Torres, e outros.

Do mesmo modo que os modernistas, os neomodernistas de MG também se arregimentaram coletivamente, a princípio, em torno de revistas como *Edifício* (1947), afirmando-se depois individualmente, e

271

para além das fronteiras da província, através dos livros que publicaram. Entre os poetas, é indispensável referir, além de * Dantas Mota — que embora estreasse em 1932, só a partir de 1944 escreveu suas obras mais marcantes —, * Bueno de Rivera, Wilson de Figueiredo, Jacques do Prado Brandão e * Paulo Mendes Campos, que é também cronista. Dos ficcionistas, citem-se, entre outros, * Valdomiro Autran Dourado, * Murilo Rubião, * Oto Lara Resende, * Fernando Sabino (igualmente cronista) e, mais recentemente, * Luís Vilela e Roberto Drummond, entre os contistas.

Para concluir esta breve resenha, convém lembrar os nomes de alguns jovens poetas e ensaístas mineiros que, preocupados simultaneamente com a problemática da participação político-social do escritor e com técnicas vanguardistas como a da *poesia concreta, vêm hoje pesquisando, quer no terreno da criação propriamente dita, quer no da teorização crítica, novos módulos de expressão. São eles Afonso Ávila, Laís Correa de Araújo, Rui Mourão, Fábio Lucas, Afonso Romano de Santana, Libério Neves, Henry Correia de Araújo, e outros.

CONSULTAR: Waltensir Dutra e Fausto Cunha, *Biografia Crítica de Letras Mineiras*, Rio, 1956; João Dornas Filho, *Notas Para a História da Literatura Mineira*, Belo Horizonte, s. d.; Martins de Oliveira, *História da Literatura Mineira*, Belo Horizonte, 1958; Antônio Cândido, *Formação da Literatura Brasileira*, vol. I, S. Paulo, 1959.

[J. P. P.]

MINEIRA, ESCOLA — Denominação dada impropriamente, por numerosos autores, às manifestações da poesia arcádica e pastoral em * Minas Gerais, no último quartel do século XVIII. Na "Escola Mineira" foram incluídos os poetas inconfidentes * Tomás Antônio Gonzaga, * Cláudio Manuel da Costa e * Inácio José de Alvarenga Peixoto e também poetas naturais de Minas, que no entanto, só viveram na terra natal a infância e os primeiros anos da adolescência (* Silva Alvarenga, * Basílio da Gama e * Santa Rita Durão). Os poetas da chamada "Escola Mineira" — designação hoje caída em desuso — pertenceram a uma corrente universal do pensamento estético, o * Arcadismo literário.

[D. C. S.]

MINHA FORMAÇÃO — Autobiografia de * Joaquim Nabuco. Publicou-se pela primeira vez e em sua maior parte no *Comércio de S. Paulo* (1895). Cinco anos depois (1900), saiu em volume. J. N. narra os acontecimentos e influências mais importantes de sua vida, começando das impressões deixadas pelo Colégio e a Academia, e terminando em 1899, às vésperas de publicar a obra. Dessa forma, faz desfilar, nos vinte e seis capítulos do livro, os anos de sua viagem à Europa, a vida diplomática e política, suas impressões acerca de leituras, homens, povos e lugares (França, Inglaterra, Estados Unidos, Massangana, sua terra natal, e motivo do mais conhecido dos capítulos; a Abolição, a política do seu tempo, o Vaticano, o Barão de Tautphoeus, Bagehot). Obra importante a muitos respeitos, a começar da linguagem, sóbria, elegante e clássica, embora com algumas expressões que lembram o forte contágio sofrido da cultura francesa. Além disso, é documento biográfico inestimável para o conhecimento do homem J. N., graças à honestidade e sinceridade que destilou no traçado do próprio retrato. Por último, corresponde a um rico repositório documental a respeito de alguns decisivos acontecimentos do século XIX, no trânsito da Monarquia para a República. Constitui-se, por isso, das obras fundamentais para o conhecimento da realidade brasileira, não só daquele tempo como de sempre.

[M. M.]

MISSIONÁRIO, O — Romance de *Inglês de Sousa, publicado em 1888. Fortemente influenciado por Zola e Eça de Queirós, seu entrecho assemelha-se ao de duas obras desses escritores: *O Crime do Padre Amaro* e *La Faute de l'Abbé Mouret*. Trata-se de um adolescente, Antônio de Morais, que abraça a carreira eclesiástica mesmo sem ter vocação. Ordenado, dirige-se em missão para Silves, vilazinha à boca da selva amazônica, no PA. Moço, entusiasmado, impõe-se logo no conceito da gente simplória, e ganha fama de honesto, abnegado e pio. Ocorre, porém, que ali havia pouco que fazer, e seu trabalho de pronto chega ao fim, obrigando-o a procurar um meio onde melhor empregar sua ardorosa fé catequizadora. Viaja para a zona dos índios Mandurucus, objetivando convertê-los. Em caminho, o sacristão que o acompanha, deserta. Mais adiante, o P. Morais encontra Clarinha, cabocla ingênua e bronca, que lhe desperta o adormecido erotismo: consuma-se, em pleno clima paradisíaco, o delito contra os votos sacerdotais. Em companhia da mestiça, o padre volta a Silves e é recebido como verdadeiro santo e exemplar catequista. Além deles, outras personagens aparecem, em papel de menor relevo: o professor, o sacristão, o coletor, o presidente da Câmara Municipal, o jornalista Chico Fidêncio, e a luxuriante selva amazônica.

O Missionário segue muito de perto os postulados zolaescos. Com isso, apresenta os defeitos e as virtudes inerentes ao *Naturalismo. Preocupado com analisar drama e personagens segundo o trinômio de Taine (herança, ambiente, momento), I. de S. acabou por limitá-los em demasia, fazendo-os vítimas de circunstâncias ambientais vagamente caracterizadoras. Daí o caráter de títere da figura do P. Morais, docilmente submetido às forças da herança e do meio, sem tentar, uma vez sequer, vencê-las pela vontade. A descrição da paisagem amazônica, exuberante e exótica, feita num estilo terso, vigoroso, plástico, consegue comunicar ao leitor a atmosfera sufocante em que se agitam as personagens. É dos mais significativos romances naturalistas da literatura brasileira.

[M. M.]

MODERNISMO — É o nome que tomaram, no Brasil, depois da *Semana de Arte Moderna (S. Paulo, fevereiro de 1922), as correntes artísticas de vanguarda que se vinham constituindo na Europa desde a primeira década do século e das quais o *Futurismo foi a manifestação mais ruidosa, se não a mais importante. É também sob o nome de Futurismo e seus derivados que se designam, a princípio, os escritores e artistas brasileiros alistados nesse esforço de renovação; mas, em nosso país, acrescentava-se desde logo às preocupações puramente estéticas, características dos movimentos europeus, o desejo de criar, ao mesmo tempo, uma arte essencialmente brasileira. É por isso que o Modernismo, considerado restritamente como escola artística e literária, situa-se na mesma inquietação espiritual que, desde 1916, se traduzia em manifestações nacionalistas, como a fundação da *Revista do Brasil,* a instalação da Liga de Defesa Nacional, campanha em favor do ser-

273

viço militar obrigatório, a propaganda de hábitos higiênicos, e assim por diante. Em perspectivas largas, o Modernismo foi apenas, na década de 20, a outra face de um ímpeto de reforma, inclusive política e social, de que se surpreendem as exsurgências mais diversas e inesperadas.

Parece, portanto, perfeitamente correto tomar o ano de 1916 como a data convencional em que a caracterização de um novo estado de espírito implicará no aparecimento de uma escola literária e artística capaz de substituir o * Parnasianismo e o * Simbolismo, já então decididamente esgotados enquanto tipos de sensibilidade coletiva; se considerarmos que as mesmas tendências estéticas se prolongam pelos anos 30, através da ficção então dominante, e pela primeira metade da década seguinte, no novo tipo de crítica que então se pratica (e que, em grosso, toma o conceito de *moderno* como norte indiscutível de orientação estética), conclui-se sem dificuldade que tal período se estende até 1945, momento em que outros conceitos de criação artística e invenção intelectual começam a predominar.

É, assim, possível distinguir, na história do Modernismo, três "décadas literárias": a primeira, entre 1922 e 1928, consagrada à criação poética (* *Paulicéia Desvairada,* de * Mário de Andrade; * *Pau--Brasil,* de * Oswald de Andrade; *Martim Cererê,* de * Cassiano Ricardo, para mencionar apenas os títulos significativos); a segunda, entre 1928 e 1939, substancialmente entregue à ficção (com o chamado "romance do * Nordeste", representado por * José Lins do Rego, * Jorge Amado, * Graciliano Ramos; o romance psicológico, com * Érico Veríssimo, * José Geraldo Vieira, * Otávio de Faria, * Ciro dos Anjos; o romance urbano com * Marques Rebelo, etc.); enfim, um último período, até 1945, em que a crítica, já formada na "época modernista", impõe os seus conceitos e critérios de apreciação, e cujos representantes mais notáveis foram * Álvaro Lins e * Antônio Cândido.

A primeira década pode ser considerada como a única eminentemente revolucionária, as outras duas distinguindo-se por suas sensíveis tendências de consolidação. Por isso mesmo, é entre 1922 e 1928 que se multiplicam os grupos rivais, cada um deles reivindicando, através de retumbantes *manifestos,* posições mais extremadas que os anteriores: o que, nos primeiros instantes, se reuniu na revista *Klaxon* (1922); o *Pau-Brasil,* instituído com o manifesto e o livro de Oswald de Andrade (1925); o Verdamarelismo e a Anta, tendências interligadas, que se constituem, a partir de 1927, em torno de * Plínio Salgado, Cassiano Ricardo e * Menotti del Picchia; enfim, a * Antropofagia, criada em 1928, por Oswald de Andrade.

A Antropofagia foi a última tentativa de representar o Modernismo sob a forma de estética coletiva ou grupal; a partir de então, ocorre uma unificação inesperada e involuntária das diversas correntes, que se dissolvem na obra individual dos diversos escritores e artistas sob o signo homogeneizador do *moderno.* Nessas perspectivas, o ano de 1928 terá a importância de uma encruzilhada decisiva, pois, ao mesmo tempo em que a Antropofagia se revela impotente para provocar a grande transformação implícita em seus princípios, o Verdamarelismo prepara ou prenuncia as divisões políticas da década seguinte; em plano mais restritamente literário, * *A Bagaceira,* de * José Américo de Almeida, e o * *Retrato do Brasil,* de * Paulo Prado, inauguram,

274

respectivamente, o romance nordestino (isto é, o tipo de ficção que iria melhor representar os ideais modernistas) e o ensaio de natureza ao mesmo tempo histórica e sociológica, abrindo o caminho para novas "interpretações do Brasil" de que o grande marco seria, em 1933, o livro de * Gilberto Freyre, * Casa-Grande & Senzala.

Em conjunto, pode-se dizer que o Modernismo introduziu, na literatura e nas artes brasileiras, o estilo expressionista, que se vinha constituindo na Europa desde antes da I Guerra Mundial, que esta última interrompeu por um momento e que, afinal, foi o tipo de manifestação artística característico dos anos 20. Tanto no velho continente quanto no Brasil, tratava-se de estilo completamente novo, mais revolucionário e chocante, no seu tempo, do que o fora, alguns anos antes, o *Simbolismo. No Brasil, como na Europa, foi o estilo mais do que as idéias, que provocou a maior hostilidade; os modernistas brasileiros revelaram uma instintiva e inconsciente compreensão desse fato quando, com a Semana de Arte Moderna, realizaram os seus três "festivais", de vanguarda, apresentando em bloco à apreciação do público o novo estilo, tal como se traduzia na música (Vila-Lobos), na pintura (Tarsila, Anita Malfatti), na escultura (Brecheret) e na literatura (Mário de Andrade, Menotti del Picchia). Contudo, as reações contrárias não se fizeram imediatamente sentir; é sobretudo a partir de 1924 que se organiza a oposição, embora Paulicéia Desvairada tivesse provocado, desde 1922, uma crítica mais irônica, aliás, do que agressiva. A "teoria" do Movimento seria compendiada por Mário de Andrade, nA escrava que não é Isaura, livro composto desde 1922, mas publicado apenas em 1925; no mesmo ano dA Bagaceira, ele publicaria * Macunaíma, que mostraria um dos ideais possíveis, mas, afinal de contas, gorado, da ficção modernista.

A nova estética expandiu-se pelos Estados com extraordinária rapidez: dois ou três anos depois da Semana de Arte Moderna há pequenos grupos de vanguarda militando do * Amazonas ao * Rio Grande do Sul. Desses, o mais famoso foi o da cidade mineira de Cataguases, constituído em torno da revista Verde (1927). No Recife, a partir de 1926, os "regionalistas", chefiados por Gilberto Freyre, representam, ao contrário, o primeiro núcleo de reação, no interior do movimento, contra os modernistas de S. Paulo, embora sem repercussão imediata e sem nenhuma influência sensível; no * Rio de Janeiro, esse papel caberia aos "espiritualistas", congregados na revista Festa (1927) e cujo teórico foi o poeta * Tasso da Silveira.

CONSULTAR: Mário de Andrade, "Prefácio Interessantíssimo" a Paulicéia Desvairada, S. Paulo, 1922; Mário de Andrade, A escrava que não é Isaura, S. Paulo, 1925; Tasso da Silveira, Definição do Modernismo Brasileiro, Rio, 1932; Mário de Andrade, O Movimento Modernista, Rio, 1942; Mário da Silva Brito, História do Modernismo Brasileiro, I, S. Paulo, 1958; e "A Revolução Modernista", A Literatura no Brasil (dir. de Afrânio Coutinho), Rio, 1959, vol. III, t. 1; Afrânio Coutinho, Introdução à Literatura no Brasil, Rio, 1959; Wilson Martins, O Modernismo, vol. VI dA Literatura Brasileira, S. Paulo, 1965; Raul Bopp, Movimentos Modernistas no Brasil, Rio, 1966; Vários Autores, Brasil: 1.º Tempo Modernista — 1917/29, documentação, S. Paulo, Instituto de Estudos Brasileiros, 1972; Xavier Placer (org.), Modernismo Brasileiro, Rio, 1972 (bibl.); Joaquim Inojosa, *Os Andrades e Outros Aspectos do Modernismo*, Rio, 1975; Assis Brasil, *O Modernismo*, Rio, 1976.

[W. M.]

MONTEIRO, Antônio Peregrino MACIEL — (★ 30/4/1804, Recife, PE; † 5/6/1868, Lisboa) Doutorou-se em Medicina pela Universidade de Paris (1826), mas, de volta a PE, trocou a carreira médica pela política. Exerceu diversos cargos públicos na província natal. Chegou a deputado geral (1833-1853) e ministro de Estado; teve atuação discretamente liberal na Câmara, onde deixou fama de bom orador. Terminado o mandato parlamentar, ingressou na diplomacia, morrendo em Lisboa como ministro plenipotenciário do Brasil. Foi agraciado com o título de Barão de Itamaracá.

Elegante, maneiroso, galanteador, M. M. se notabilizou como dândi nos salões da época. Sua obra poética está vinculada à sua lendária crônica mundana: ficou dispersa em jornais e álbuns familiares, de onde, após a morte do poeta, Regueira da Costa e Alfredo de Carvalho a recolheram em livro (*Poesias*, 1905).

Historicamente, M. M. pertence ao momento de afirmação do * Romantismo entre nós, com a singularidade de pouco ou nada dever ao grupo da *Niterói*. Quando estudante em França, teria conhecido em primeira mão a obra de Lamartine e Hugo, cuja influência se faz sentir na sua poesia, em que um *classicismo retardatário se mistura ao Romantismo nascente. Poesia comemorativa e circunstancial, de caráter lírico-erótico, nela o amor, menos que romântica experiência interior, é jogo de salão arcádico. Classicizante é também o *topos* reiterativo da fugacidade da beleza feminina, embora tomado de empréstimo a Lamartine e Garrett. Todavia, já se podem caracterizar como romântica certa veemência hugoana e certa audácia metafórica, que salvam do esquecimento poemas como o antológico "Formosa qual pincel em tela fina", soneto ao qual deve M. M. ainda o ser lembrado.

Consultar: Brito Broca, "A Lenda de M. M.", *Letras e Artes,* supl lit. d*A Manhã*, Rio, 24/5/1953; José Aderaldo Castelo, introd. a *Poesias de M. M.,* S. Paulo, 1962 (com bibliografia).

[J. P. P.]

MONTELO, JOSUÉ de Sousa — (★ 21/8/1917, S. Luís do MA) — Fez os estudos primários e secundários na cidade natal, ali iniciando igualmente sua atividade literária. Depois de breve estada em Belém do PA, fixou-se no Rio (1936), onde pertenceu ao grupo de fundadores de *D. Casmurro* e se tornou colaborador assíduo da imprensa carioca. Ocupou cargos públicos de relevo, entre os quais os de diretor da Biblioteca Nacional e do Serviço Nacional de Teatro e de subchefe da Casa Civil da Presidência da República (1956). Dirige atualmente o Museu Histórico Nacional e o Museu da República. Regeu cátedras de estudos brasileiros em Lima, Lisboa e Madri. Pertence à Academia Brasileira de Letras (cadeira n.º 29).

A numerosa bibliografia de J. M. inclui — a par de ensaios literários, peças teatrais, *literatura infantil, obras de pedagogia e biblioteconomia, e estudos históricos — coletâneas de contos, novelas e romances. Nestes, demonstra ele seu apego aos esquemas tradicionais da arte de narrar não apenas pela linguagem direta, nítida, fluente, como sobretudo pela preeminência dada à tessitura do enredo, à caracterização psicológica das personagens (amiúde em termos de análise psicanalítica) e à descrição dos costumes sociais de S. Luís do MA, onde se ambienta a ação de tais romances.

OBRAS DO A.: Ensaio: *Gonçalves Dias*, 1942; *Histórias da Vida Literária*, 1944; *Cervantes e o Moinho de Vento*, 1950; *Caminho da Fonte*, 1959; *Aluísio Azevedo e a Polêmica dO Mulato*, 1975: Contos: *O Fio da Meada*, 1955. Romances: *Janelas Fechadas*, 1941; *A Luz da Estrela Morta*, 1948; *Labirinto de Espelhos*, 1952; *A Décima Noite*, 1959; *Os Degraus do Paraíso*, 1965; *Cais da Sagração*, 1971; *Os Tambores de São Luís*, 1975. Novelas: *Três Vezes Perdida*, 1966; *Numa Véspera de Natal*, 1967; *Uma Tarde, Outra Tarde*, 1968.

CONSULTAR: Álvaro Lins, *Jornal de Crítica*, 2.ª série, Rio, 1943; Sérgio Milliet, *Diário Crítico*, vol. VI, S. Paulo, 1950; Haroldo Bruno, *Estudos de Literatura Brasileira*, Rio, 1957; Adonias Filho, *Modernos Ficcionistas Brasileiros*, 1.ª série, Rio, 1958; *Anuário da Academia Brasileira de Letras* (1960-1964), Rio, s. d.; Antônio Olinto, "Porta de Livraria", *O Globo*, Rio, 28/5 e 27/10/1966; Wilson Martins, "Aberturas à Direita e à Esquerda", supl. lit. dO *Estado de S. Paulo*, 8/3/1969; Bandeira de Melo, "J. M.", *A Literatura no Brasil* (dir. de Afrânio Coutinho), 2.ª ed., vol. V, Rio, 1970.

[J. P. P.]

MOOG, CLODOMIR VIANA — (★ 28/10/1906, S. Leopoldo, RS) Bacharelou-se pela Faculdade de Direito de Porto Alegre em 1930. Por ter participado da revolução constitucionalista de 1932, foi preso e removido para o AM. Anistiado em 1934, regressou ao RS, onde retomou as funções de agente fiscal do imposto de consumo e passou a dedicar-se ao jornalismo e à literatura. Serviu na Delegacia do Tesouro Brasileiro em Nova Iorque e representou várias vezes nosso país em comissões da ONU (Nova Iorque e Genebra)) e da OEA (México). Pertence à Academia Brasileira de Letras (cadeira n.º 4).

O pendor ensaístico e o interesse de V. M. por temas de psicologia social não se revelam apenas nos seus ensaios propriamente ditos, como *Bandeirantes e Pioneiros* (1954), em que estabelece um paralelo simultaneamente histórico, econômico, sociológico, religioso e psicológico. Denunciam-se igualmente em romances como *Um rio imita o Reno* (1939), que enfoca o problema da integração do imigrante alemão na vida brasileira, e *Tóia* (1962), de cuja ação, ambientada no México e centrada no caso amoroso de um diplomata brasileiro com uma bela loureira, se vale o A. para discorrer acerca dos traços diferenciais do caráter do povo mexicano.

OBRAS DO A.: Ensaio: *Heróis da Decadência*, 1934; *O Ciclo do Ouro Negro*, 1936; *Eça de Queirós e o Século XIX*, 1938; *Uma Interpretação da Literatura Brasileira*, 1942. Novela: *Uma Jangada Para Ulisses*, 1959.

CONSULTAR: Moisés Velinho, *Letras da Província*, Porto Alegre, 1944; Estudos críticos de diversos Autores na edição das *Obras Completas de V. M.*, Rio, 1966; Elmano Cardim, "V. M. Escritor", *Correio do Povo*, Porto Alegre, 8/1/1978.

[J. P. P.]

277

MORAIS, DURVAL Borges DE — (★ 20/11/1882, Maragogipe, BA; † 5/12/1948, Rio) Formado em Farmácia e Química, em Salvador (1907), veio para o Sul exercer sua profissão (Monte Azul, SP e Rio). Exerceu ainda o magistério de sua especialidade, na Escola Politécnica e no Instituto Agrícola de São Bento das Lajes. Foi considerado o maior poeta da BA, numa das vezes em que visitou a terra natal. Despreocupado do êxito fácil, manteve inédita grande parte de sua obra. Quando publicou o primeiro livro de versos, *Sombra Fecunda* (1913), já possuía outros sete na gaveta, à espera.

Sua poesia espelha o incontido desejo de humildade e solidão. Poesia dum místico sem ranço de carolice ou pieguismo, inspira-se naqueles que, a seu ver, alcançaram a plenitude de vida no despojamento das ambições e no culto da simplicidade de hábitos e pensamentos: S. Francisco de Assis, Nossa Senhora, Santa Teresa, São João da Cruz. Daí a ausência de angústias íntimas: o poeta se volta em carne e espírito para a beleza transcendental, que anseia realizar inteiramente. No geral, dominam a poesia de D. de M. os tons velados, coloquiais, de quem sussurra ou reza. Esse coloquialismo anda de par com o afã estético de exprimir em versos burilados e ousados o que lhe vai na sensibilidade. Metros longos (até 18 sílabas) coexistem com metros curtos. Simbolista e católico convicto, D. de M. se colocou na linha avançada do * Simbolismo e perfilhou algumas das idéias que orientaram o * Modernismo de 1922.

Obras do A.: *Lira Franciscana*, 1921; *Cheia de Graça*, 1924; *Rosas do Silêncio*, 1926; *O Poema de Anchieta*, 1929; *Conquistador do Infinito*, 1941; *Solidão Sonora*, 1943; *Plasmas II*, 1965; *Ouro de Folhas Mortas*, 1965.

Consultar: Jackson de Figueiredo, *D. de M. e os Poetas de Nossa Senhora*, Rio, 1925; Andrade Murici, *Panorama do Movimento Simbolista Brasileiro*, vol. II, Rio, 1952.

[M. M.]

MORAIS FILHO, Alexandre José de MELO — (★ 23/2/1844, Salvador, BA; † 1/4/1919, Rio) Cursou seminário no Rio e regressou à BA em 1867 para ordenar-se padre. Todavia, a convivência com * Castro Alves e outros poetas da época desviou-o para a literatura. Depois de viver algum tempo em Londres como redator do *Eco Americano*, foi estudar Medicina na Bélgica. De volta ao Rio, dedicou-se à clínica e ao jornalismo.

Em nome da "pureza" das tradições nacionais, M. M. F. combateu a ação desfiguradora do cosmopolitismo. Tal empenho tradicionalista se patenteou em livros como *Festas e Tradições Populares do Brasil* (s. d.), onde, embora sem método científico, fez registro folclórico, e *Fatos e Memórias* (1904), no qual fixou aspectos pitorescos da vida urbana de Salvador e do Rio. A poesia de M. M. F., reunida em *Cantos do Equador* (edição definitiva, 1900), é quase que inteiramente epigonal. A influência de * Gonçalves Dias se faz sentir no * indianismo retardatário de "Sertões e Florestas" e a de * Castro Alves no tom hiperbólico dos versos de exaltação da natureza brasileira, tom que, nos "Poemas da Escravidão", é abrandado pela objetividade da * poesia realista. Talvez a influência mais benéfica tenha sido a de * Bittencourt

Sampaio, rastreável na simplicidade dos quadros sertanejos que poetizam crenças, lendas e costumes populares do Norte.

Obras do A.: *Histórias e Costumes*, s. d.; *Pátria Selvagem*, s. d.; *Os Ciganos no Brasil*, 1886; *Curso de Literatura Brasileira*, 1876; *Serenatas e Saraus*, 3 vols., 1901-1902; *Artistas do Meu Tempo*, 1904.

Consultar: José Veríssimo, *Estudos de Literatura Brasileira*, 1.ª série, Rio, 1901; Sílvio Romero, *História da Literatura Brasileira*, 5.ª ed., t. IV, Rio, 1953; Raymond S. Sayers, *The Negro in Brazilian Literature*, Nova Iorque, 1958.

[J. P. P.]

MORAIS, RAIMUNDO — (★ 15/9/1875, Belém, PA; † 3/2/1941, *idem*) Durante 30 anos, foi comandante de gaiola no Amazonas, atividade que lhe facultou conhecer, em todas as suas peculiaridades, homens e coisas da região. Dessa experiência de vida resultariam, além de diversos estudos de caráter etnográfico, três romances nos quais a nota regionalista se faz presente e a preocupação do pitoresco suplanta amiúde o interesse da ação dramática, em prejuízo da fluência da narrativa.

R. M. se inclui no grupo de escritores da * Amazônia que procuram reagir contra o pessimismo com que * Euclides da Cunha e seus discípulos encararam a natureza da região.

Obras do A.: Romances: *Os Igaraúnas*, 1938; *O Mirante do Baixo Amazonas*, 1939; *Ressuscitados*, 1938. Obras Etnográficas: *Anfiteatro Amazônico*, 2.ª ed., 1938; *Histórias silvestres do tempo em que animais e vegetais falavam na Amazônia*, 1939; *O Homem do Pacoval*, 1939; *À Margem do Livro de Agassiz*, 1939; *Na Planície Amazônica*, 4.ª ed., 1936; *Cosmorama*, 1940; *O Meu Dicionário de Coisas da Amazônia*, 1931.

Consultar: Braga Monteiro, "R. M., Romancista", *D. Casmurro*, n.º 58, 7/7/1938; Mário Martins, *A Evolução da Literatura Brasileira*, Rio, 1945; Agripino Grieco, *Evolução da Prosa Brasileira*, 2.ª ed., Rio, 1947; Peregrino Jr., "O Regionalismo na Prosa de Ficção. Grupo Nortista", *A Literatura no Brasil* (dir de Afrânio Coutinho), vol. II, Rio, 1955; Wilson Martins, "O Ensaísta da Amazônia", supl. lit. d*O Estado de S. Paulo*, 13/5/1961.

[L. D'A. F.]

MORAIS, Marcus VINÍCIUS Cruz DE — (★ 19/10/1913. Rio) Cursou o Colégio de Santo Inácio e formou-se em Direito em 1933. Foi crítico e censor cinematográfico e freqüentou a Universidade de Oxford como bolsista (1938). Em 1943, ingressou na carreira diplomática, tendo servido em Los Angeles, Paris e Montevidéu. Tentou o teatro e tem alcançado êxito na canção popular, para a qual vem fazendo letras de ampla aceitação.

Na "Advertência" com que antecede sua *Antologia Poética* (1955), o poeta divide sua poesia em duas fases: a primeira compreende o livro de estréia, *O Caminho para a Distância* (1933), posteriormente recolhido, *Forma e Exegese* (1935), *Ariana, a Mulher* (1936) e algumas composições de *Novos Poemas* (1938). A segunda fase engloba os restantes poemas desse último livro, as *Cinco Elegias* (1943), que o

A. considera de transição, os *Poemas, Sonetos e Baladas* (1946) e *Pátria Minha* (1949); seria preciso acrescentar, a esses, o livro *Novos Poemas* (II), editado em 1959. A primeira fase, ainda na caracterização do próprio poeta, é transcendental e mística; a segunda traz a marca da aproximação com o mundo material. Essa bipartição, embora o poeta não assinale isso, até formalmente se observa: na primeira fase, usa o verso largo, caudaloso, freqüentemente difuso e de matizes melancólicos; na segunda fase, esse verso caudaloso não desaparece, mas as experiências formais se fazem numerosas — no *soneto, no verso curto, no redondilho no *decassílabo, até no *alexandrino, e evapora-se a dicção etereamente grave da primeira fase. *Novos Poemas* indicam, sob esse prisma, inquietação, busca em vários planos, até virtuosismo. V., a essa altura, cunha palavras de sentido cifrado e até versos inteiros com essa característica, sonoros e sugestivos; aportuguesa palavras inglesas, forja um verso-figura, comunica à sua poesia, por vezes, um frêmito de horror cinematográfico. Seus versos, então, desbordam veemente lirismo; e continuaria a ser esbanjado esse mesmo lirismo nos livros posteriores, excetuadas as composições que são meros exercícios *à maneira de*. Isso tem explicação: V., apesar de sua habitual categoria, trai muitas influências — talvez por vir à cola de toda uma geração —, como as de Claudel, * Felipe D'Oliveira, * Manuel Bandeira, Valéry, García Lorca, Neruda, T. S. Eliot, para citar alguns de seus poetas paradigmáticos.

Com suas baladas, V. exerceu larga influência, devendo dizer-se o mesmo de vários de seus sonetos, forma por cuja epidêmica ressurreição posteriormente a 45 foi um dos responsáveis. Ultimamente, o poeta vem trabalhando, segundo declara, em poemas e séries de poemas de largo fôlego, nenhum dos quais ainda publicado.

Obras do A.: *Orfeu da Conceição*, teatro, 1956; *Livro de Sonetos*, 1957; *Antologia Poética*, 2.ª ed., rev. e aum., 1960; *Para Viver um Grande Amor*, poemas e crônicas, 1962; *Para uma Menina com uma Flor*, crônicas, 1966; *Obra Poética* (reunião de seus livros de poesia), 1968.

Consultar: Manuel Bandeira, *Apresentação da Poesia Brasileira*, 2.ª ed., Rio, 1954; Mário de Andrade, *O Empalhador de Passarinho*, S. Paulo, 1946; Renata Pallottini, "Aproximação", *Revista Brasiliense*, n.º 16, 1958; Mário da Silva Brito, *O Modernismo*, vol. VI do *Panorama da Poesia Brasileira*, Rio, 1959; Péricles Eugênio da Silva Ramos, "O Modernismo na Poesia", *A Literatura no Brasil* (dir. de Afrânio Coutinho), vol. III, t. 1, Rio, 1959; David Mourão-Ferreira, *O Hospital das Letras*, Lisboa, 1966; Vários Autores, estudos em *Obra Poética*, Rio, 1968; Ildázio Marques Tavares, "V. de M.", *Poetas do Modernismo* (dir. de Leodegário A. de Azevedo Filho), vol. V, Brasília, 1972.

[P. E. S. R.]

MOREYRA da Silva, ÁLVARO — (★ 23/11/1888, Porto Alegre, RS; † 12/9/1969, Rio) Estudou Direito no Rio, formando-se em 1912, mas dedicou-se ao jornalismo, trabalhando na revista *Fon-Fon*. Foi de início simbolista, na modalidade penumbrista, isto é, esfumaçada e melancólica. A princípio ligado a * Mário Pederneiras, passou-se depois para o *Modernismo, como outros simbolistas gaúchos. Figura pioneira no grupo carioca, aderiu à * Semana de Arte Moderna. Conquistou relevo especial, no Modernismo, com o * poema em prosa, no qual guarda a mesma diretriz tristonha que já ostentava no * Simbolismo. Também merece consideração como cronista, memorialista, teatrólogo e autor de livros para a infância. Foi da Academia Brasileira de Letras. OBRAS DO A.: Á. M. escreveu muitos livros; estreou em poesia em 1908 com *Degenerada*, mas seus volumes principais no Simbolismo são *Legenda da Luz e da Vida* (1911), e *A Lenda das Rosas* (1916). No poema em prosa, destaca-se *O Circo* (1929). *As Amargas Não* (1954) é livro de memórias, e *Um Sorriso para Tudo* (1915), de crônica, teve algumas edições.

CONSULTAR: Manuel Bandeira, *Apresentação da Poesia Brasileira*, 2.ª ed., Rio, 1954; Fernando Góes, *O Simbolismo*, vol. IV do *Panorama da Poesia Brasileira*, Rio, 1959; Rodrigo Otávio F.º, "Sincretismo e Transição: O Penumbrismo", *A Literatura no Brasil* (dir. de Afrânio Coutinho), vol. III, t. 1, Rio, 1959; Péricles Eugênio da Silva Ramos, "O Modernismo na Poesia", *ibidem*.

[P.E.S.R.]

MORENINHA, A — Romance (Rio, 1844) de * Joaquim Manuel de Macedo, a primeira obra do gênero a alcançar verdadeira popularidade no Brasil. História sentimental de dois adolescentes, vivida no meio social fluminense dos meados do século XIX, e narrada numa linguagem despretensiosa e amena, logo granjeou leitores entusiásticos, atraídos pela simplicidade e encanto da narrativa: um grupo de rapazes, estudantes de Medicina, combina um fim de semana festivo, na casa da avó de um deles, na Ilha de... Augusto, considerado pelos colegas extremamente volúvel em questões de amor, aposta que não se apaixonará por nenhuma das belas jovens que, certamente, encontraria na festa. Apesar de seus firmes propósitos, não resiste à graça feiticeira de Carolina, a inteligente e brejeira Moreninha. Justificando seu comportamento leviano, Augusto confessa a D. Ana, avó de Carolina, ser apenas uma atitude de defesa de juramento de amor eterno feito na infância a uma menina, que, desde então, perdera de vista. Depois de muitas peripécias, algumas até cômicas, Augusto descobre ser a Moreninha o seu primeiro amor. Cumpria-se o destino e o protagonista, muito feliz, perdia a aposta, cujo prêmio era escrever seu próprio romance. Na estrutura da obra são visíveis as influências da técnica teatral e a presença dos elementos mais característicos do romance romântico, inclusive as soluções fáceis dos pequenos conflitos, graças ao *deus ex-machina*.

[R.M.P.]

MOTA, JOSÉ FRANKLIN MASSENA DE DANTAS — (★ 22/3/1913, Vila de Carvalhos, Aiuroca, MG; † 10/2/1974, Rio) Fez os estudos secundários em Itanhandu, MG, e bacharelou-se pela Faculdade de Direito da Universidade de MG. Estreou com *Surupango* (1932), coletânea de poemas cujo subtítulo, "ritmos caboclos", indicava-lhe desde logo a filiação ao nacionalismo programático de 22. A partir de *Planície dos Mortos* (1945), abandonou essa diretriz para praticar uma poesia de inquietação existencial que, formalmente, tinha pontos de contato com a da geração neomodernista. Em *Elegias do País das Gerais* (1946; 2.ª ed., 1961, que, além do livro-título, sua obra mais marcante, reúne livros anteriormente publicados), adota D. M. uma dicção de ritmos largos, repassada de sugestões bíblicas, para celebrar elegiacamente a "amargura do chão inculto" de sua província natal, votada à esterilidade pela usura do "sacro Banco em juros florindo".

OBRAS DO A.: *Anjo de Capote*, 1952; *Epístola do São Francisco para os que vivem sob sua jurisdição, no Vale*, 1955; *Primeira Epístola de Joaquim José da Silva Xavier, o Tiradentes, aos Ladrões Ricos*, 1967.

CONSULTAR: Sérgio Milliet, *Diário Crítico*, vol. IV, S. Paulo, s.d.; Fernando Ferreira de Loanda, *Panorama da Nova Poesia Brasileira*, Rio, 1951; Antônio Olinto, "Elegias do País das Gerais", *O Globo*, Rio, 4/11/1961; Carlos Drummond de Andrade, "O Poeta e as Gerais", *Diário de S. Paulo*, 20/8/1961; e "De Aiuroca a Vigário Geral", *Jornal do Brasil*, Rio, 3/4/1973; Alcântara Silveira, *Telefone para Surdos*, S. Paulo, 1962; Xavier Placer, "Um Poeta da Terra e da História", *Jornal do Comércio*, Rio, 11/7/1968; Temístocles Linhares, *Diálogos sobre a Poesia Brasileira*, S. Paulo, 1976.

[J. P. P.]

MOTA E ALBUQUERQUE, MAURO RAMOS — (★ 16/8/1912, Recife, PE) Fez os estudos secundários em Recife. Teve como colega de curso o crítico * Álvaro Lins, a cujo lado se iniciou na literatura, colaborando em jornais do interior e da capital do Estado. Bacharelou-se em 1937 pela Faculdade de Direito de Recife. Depois de formado, dedicou-se ao jornalismo e ao magistério, como redator-chefe do *Diário de Pernambuco* e catedrático de Geografia do Brasil do Instituto de Educação de Pernambuco. Dirige o Instituto Joaquim Nabuco de Pesquisas Sociais e pertence à Academia Pernambucana de Letras.

Embora se tenha destacado sobretudo como poeta (V. NEOMODERNISMO: POESIA), M. M. é também cronista, ensaísta e memorialista.

OBRAS DO A.: Poesia: *Elegias*, 1952; *A Tecelã*, 1956; *Os Epitáfios*, 1959; *O Galo e o Cata-Vento*, 1962; *Canto ao Meio*, 1964; *Itinerário*, 1975. Ensaio: *O Cajueiro Nordestino*, 1954; *Paisagem da Seca*, 1958; *Geografia Literária*, 1961; e várias plaquetas. Memorialismo: *Capitão de Fandango*, 1960; *O Pátio Vermelho*, 1969.

CONSULTAR: Álvaro Lins, pref. a *Elegias*, cit.; Haroldo Bruno, *Estudos de Literatura Brasileira*, Rio, 1957; Renato Jobim, "Poesia e Região", *Anuário Brasileiro de Literatura — 1960*, Rio, 1961; Renard Perez, *Escritores Brasileiros Contemporâneos*, 2.ª série, Rio, 1964; Othon Moacir Garcia, "Anotações à Margem da Poesia de M. M.", *Correio da Manhã*, Rio, 15/8/1964; Wilson Martins, "Enfim, a Poesia", supl. lit. dO *Estado de S. Paulo*, 12/12/1964.

[J. P. P.]

MOURA, EMÍLIO GUIMARÃES — (★ 14/8/1901, Dores do Indaiá, MG; † 28/9/1971, Belo Horizonte, MG) Graduou-se em Direito, no seu Estado natal; ocupou altos cargos em Belo Horizonte; jornalista, professor, membro da Academia Mineira de Letras. Exerceu papel relevante na implantação do * Modernismo, como redator dA *Revista*, de Belo Horizonte (1925), que preconizava a nacionalização do espírito, adstrito à realidade circunstante, assuntos quotidianos. A essa altura, asseverava E. M.: "a entrada de certos elementos mais ou menos prosaicos, de assuntos quotidianos na poesia moderna só pode ser considerada como uma inteligente reviravolta". Apesar disso, sua poesia é universal, e, sua expressão, simples e triste; a perplexidade (*Mário de Andrade) é o signo desse "profissional da interrogação", como o caracteriza *Carlos Drummond de Andrade.

OBRAS DO A.: *Ingenuidade*, 1931; *Canto da Hora Amarga*, 1936; *Cancioneiro*, 1945; *O Espelho e a Musa*, 1949; *Poesia*, 1953, reunindo seus livros anteriores, exceto o primeiro; *O Instante e o Eterno*, 1953; *A Casa*, 1961; *Itinerário Poético*, 1969 (reunião de sua obra poética e alguns inéditos).

CONSULTAR: Mário de Andrade, *in Revista Nova*, n.º 4; Carlos Drummond de Andrade, "Palma Severa", *in Poesia*, de E. M.; Péricles Eugênio da Silva Ramos, "O Modernismo na Poesia", *A Literatura no Brasil* (dir. de Afrânio Coutinho), vol. III, t. 1, Rio, 1955; Waltensir Dutra e Fausto Cunha, *Biografia Crítica das Letras Mineiras*, Rio, 1956; Mário da Silva Brito, *O Modernismo*, vol. VI do *Panorama da Poesia Brasileira*, Rio, 1959; Fábio Lucas, *Temas Literários e Juízos Críticos*, Belo Horizonte, 1963; e *A Face Visível*, Rio, 1973; Vários Autores, "E. M.: Atualidade do Poeta", supl. lit. de *Minas Gerais*, Belo Horizonte, 12 e 19/4/1969; Aloysio Jansen de Faria, "E. M.", *Poetas do Modernismo* (dir. de Leodegário A. de Azevedo Filho), vol. III, Brasília, 1972.

[P. E. S. R.]

MULATO, O — Romance de *Aluísio Azevedo, publicado em 1881. Tem sido considerado o iniciador do *Realismo na literatura brasileira, uma vez que *O Coronel Sangrado*, de *Inglês de Sousa, embora o precedesse cronologicamente (publicou-se em 1877), não alcançou a repercussão necessária para exercer o papel de introdutor.

O Mulato tem como núcleo narrativo a história de um jovem mestiço, Raimundo, e sua noiva, Ana Rosa, e como pano de fundo a paisagem do Maranhão, com sua sociedade burguesa e preconceituosa. Os acontecimentos se passam em fins do século XIX. Após estudos demorados e profícuos na Europa, onde chegou a formar-se em Direito, Raimundo regressa ao Maranhão a fim de liquidar seus bens (antes de seguir para a Corte com o objetivo de instalar banca de advogado) e desvendar o mistério de seu nascimento e origem. Hospeda-se em casa do tio, Manuel Pescada. Apaixona-se pela prima, Ana Rosa, e é correspondido, mas o pai da namorada não permite o casamento, por ser Raimundo filho da escrava Domingas. Levantava-se desse modo, uma ponta do enigma. O restante veio com o tempo: o Cônego Diogo é que havia assassinado o pai de Raimundo. Mergulhado em sufocante situação, o rapaz resolve abandonar o Maranhão, mas as mãos tem meio de afastar-se da noiva, já grávida nessa altura. O Cônego Diogo, temeroso duma represália, insufla no pobre Luís Dias, empregado de Manuel Pescada e apaixonado por Ana Rosa, o desejo de matar, vingativamente, o mulato. Quando este se dispunha a abandonar a cidade, é friamente assassinado. Luís Dias acaba casando com Ana Rosa.

Do melhor que Aluísio Azevedo escreveu, este romance caracteriza-se por uma apurada técnica romanesca, hábil a ponto de conduzir um enredo complicado ao mais verossímil de seus desfechos, num andamento jamais perturbado por irrelevâncias ou frouxidões. Anticlericalismo e o problema da marginalidade do mulato (com, talvez, reminiscência do "caso" de * Gonçalves Dias com Ana Amélia) são os dois condimentos dramáticos do romance. Uma pincelada mais romântica no retrato de Raimundo não destrói o caráter de libelo e de fria análise de uma das chagas do nosso século XIX.

Consultar: Josué Montelo, *Histórias da Vida Literária*, Rio, 1944; Fernando Góes, *O Espelho Infiel*, S. Paulo, 1966.

[M. M.]

MURAT, LUÍS BARRETO — (★ 4/5/1861, Itaguaí, RJ; † 3/7/1929, Rio) Estudou Direito em S. Paulo, onde se graduou em 1885. Sua vida literária foi iniciada na capital da Província, onde, ainda preparatoriano, fundara o *Ensaio Literário*, órgão do Clube Literário do Curso Anexo. Estreou com o livro *Quatro Poemas* (1885), no qual divergia das tendências formalistas que se concretizariam no * Parnasianismo, vindo pouco depois a romper abertamente com os membros de sua geração. Levado por seus ideais abolicionistas e republicanos, publicou a seguir *A Última Noite de Tiradentes* (1886, refundida um quarto de século depois). Em 1890, publicou *Ondas*, 1.ª série. No mesmo ano foi eleito para a Constituinte, voltando mais tarde ao Parlamento, em 1909. Reagindo ao Governo, em 1893, exilou-se com * Guimarães Passos em Buenos Aires, depois de se ter refugiado em Florianópolis (SC). Por essa ocasião, escrevia os versos de *Sara* (1902). Voltou ao Brasil e submeteu-se a júri, no PR, tendo sido absolvido unanimemente. Ainda em 1895, publica o segundo volume de *Ondas,* que engloba composições de 1884 a 1894, e em 1910 o 3.º e último volume da série. Persistia hugoano; e contrário ao *soneto, como explica no prefácio ao vol. III. Em 1917 publica *Poesias Escolhidas,* nas quais resume mais de 30 anos de poesia, com peças a que deu forma definitiva. Algumas delas traem influência de Swedenborg, como observa Taunay, que prossegue: "a todas essas modalidades de profissão de fé envolve em geral hirsuta fraseologia. (...) Surde-nos, freqüente, estrambótico vocabulário, por vezes jamais dicionarizado, referto de latinismos ainda não lusitanizados". De 1920, afinal, são *Ritmos e Idéias,* também nutridos pelas idéias do místico sueco. Depois disso, M. ainda escreveu muito, embora ferido de hemiplegia, mas não mais publicou livros. Foi da Academia Brasileira de Letras.

De modo geral, M. exerceu intensa vida literária, mas não nos legou obra perdurável. Em história literária, cumpre fixar apenas sua posição de divergente do Parnasianismo e a singularidade de ter sofrido a influência de Swedenborg. * Sílvio Romero e * Ronald de Carvalho, todavia, dão-lhe projeção, emparelhando-o com poetas de nível muito superior.

Consultar: Artur Mota, *Vultos e Livros,* 1.ª série, S. Paulo, 1921; Afonso de E. Taunay, "Discurso de Recepção na Academia Brasileira de Letras", *in Discursos Acadêmicos* (1927-1932), vol. VII, Rio, 1937.

[P. E. S. R.]

284

N

NABUCO DE ARAÚJO, JOAQUIM AURÉLIO BARRETO — (★ 19/8/1849, Recife, PE; † 17/1/1910, Washington) De tradicional família de senhores de terra e homens públicos, realizou brilhante curso secundário no Colégio Pedro II. Matriculou-se na Faculdade de Direito de S. Paulo, terminando seus estudos no Recife. De volta de uma viagem de estudo e recreio à Europa (1877), ingressou na vida política, empenhando-se de corpo e alma na campanha abolicionista, na qual deixou fama de tribuno inspirado e sagaz jornalista. Mais adiante, atraído pela vida diplomática, empenhou-se no caso da fronteira com a Guiana Inglesa, de que foi árbitro o rei da Itália (tratado de 6/11/1901), e serviu como ministro em Londres e Washington, onde se notabilizou pelos dotes de elegância pessoal e finura de trato. Posto que de formação monárquica, era J. N. um liberal convicto e entusiasmado; daí não estranhar tivesse ocupado postos de relevo na República.

A agitada existência que levou não o impediu de produzir obra volumosa, na qual se representam vários gêneros, desde a poesia e a crítica até a historiografia, a autobiografia e os escritos políticos, dos quais são menos relevantes os dois primeiros. No campo historiográfico, além de versar temas pan-americanos, escreveu J. N. a biografia de seu pai, o Senador Nabuco de Araújo, em *Um Estadista do Império* (4 vols., 1899), obra imparcial, conquanto inspirada pelo amor filial, que fixa importante momento do Segundo Reinado na pessoa de um de seus políticos mais atuantes. Todavia, é a sua autobiografia, * *Minha Formação* (1900), a obra mais importante de quantas escreveu J. N., pelas qualidades de estilo e pelo conteúdo, que surpreende trechos de uma vida rica de experiência. Personalidade polimórfica, evoluiu dum pensamento romanticamente católico para o criticismo renaniano, que abandonou pelo misticismo dos derradeiros dias, na reconciliação amadurecida com o Cristianismo. Espírito-símbolo duma época de graves lutas no Brasil, J. N. aliava um tríplice amor à França, à Inglaterra e aos Estados Unidos, que o fazia cidadão cosmopolita sem lhe tirar a forte pulsação de brasileiro. Foi, nesse particular, verdadeiro mestre, pela coerência e altitude de propósitos.

OBRAS DO A.: *L'Option*, 1910; *Pensées Detachées et Souvenirs*, 1906. A Ed. Ipê, de S. Paulo, publicou-lhe, de 1947 a 1949, as *Obras*

Completas, em 14 volumes, que abrangem, além dos já citados, *II. Balmaceda e a Intervenção Estrangeira Durante a Revolta de 1893, VII. O Abolicionismo. Discursos e Conferências Abolicionistas, VIII. O Direito do Brasil, IX. Escritos e Discursos Literários. L'Option, X. Pensamentos Soltos, Camões e Assuntos Americanos, XI. Discursos Políticos, XII. Campanha na Imprensa, XIII-XIV. Cartas a Amigos.*

CONSULTAR: Carolina Nabuco, *A Vida de J. N.*, S. Paulo, 1928; Graça Aranha, *Machado de Assis e J. N.*, Comentários e Notas à Correspondência entre estes Dois Escritores, 2.ª ed., Rio, 1942; Osvaldo de Melo Nóbrega, *Bibliografia de J. N.*, Rio, 1952; Luís Viana Filho, *A Vida de J. N.*, S. Paulo, 1952; João Pacheco, *O Realismo*, vol. III d*A Literatura Brasileira*, S. Paulo, 1963.

[M. M.]

NATURALISMO — É de todo impossível separar, na literatura brasileira, o * Naturalismo do * Realismo, mais ainda do que nas literaturas francesa e portuguesa. As duas direções estéticas dos fins do século XIX se interpenetram na maioria dos casos, com a predominância, é certo, da segunda, pelo menos em qualidade. Poucas são as obras ortodoxamente naturalistas, segundo o figurino de Zola, como, por exemplo, * *O Missionário*, de * Inglês de Sousa, *A Carne*, de * Júlio Ribeiro, *Bom Crioulo*, de * Adolfo Caminha. As restantes, salvo um que outro exemplo de obra menor, atestam a presença das duas tendências, que, afinal de contas, não se opõem, mas se completam. Mais ainda: o Naturalismo veio a realizar muito daquilo que os realistas apenas tinham como projeto ou ideal estético.

Historicamente, podemos começar com *O Coronel Sangrado*, de Inglês de Sousa, publicado em 1877, mas que não conseguiu chamar sobre si atenção suficiente para dar início ao movimento naturalista entre nós. Foi preciso que, quatro anos depois, em 1881, * Aluísio Azevedo publicasse *O *Mulato* para que a grita provocada a seu redor despertasse os escritores para as modas que iam na França. E essa data marca o início simultâneo do Realismo e Naturalismo na literatura brasileira. Em 1888, com o aparecimento duma série de romances novos, dentro da nova estética (*O Lar*, de Pardal Mallet; *O Missionário*, de Inglês de Sousa; *Cenas da Vida Amazônica*, de * José Veríssimo; *O Cromo*, de Horácio de Carvalho; *A Carne*, de Júlio Ribeiro), o movimento alcança plena definição e instala-se completamente entre nós. Daí por diante, conduzidos pelo exemplo de Flaubert, Zola e Eça de Queirós, o número de seguidores da nova moda cresce por todo o Brasil. Vão surgindo, assim, escritores como Adolfo Caminha, * Rodolfo Teófilo, * Domingos Olímpio, * Papi Jr., * Manuel de Oliveira Paiva, * Antônio Sales, * Xavier Marques, * Carlos D. Fernandes, e tantos outros. Ao lado destes, mais intransigentes na aceitação do ideário naturalista e partindo do Realismo exterior a que ele conduz, outros ganham público e notoriedade, dentre os quais se destacam * Machado de Assis e * Raul Pompéia. Formam-se, desse modo, dois grupos: um, dos ortodoxos; outro, dos heterodoxos. O segundo grupo volta-se para o romance de sondagem psicológica, prenunciando, com sua escavação no tempo e no mistério do comportamento humano, aliada, em alguns casos, a uma linguagem ultrametafórica e poética, a prosa simbolista e o romance moderno introspectivo. Com isso, Machado de Assis prepara o caminho para *Lima Barreto, que se afasta do modelo naturalista para seguir-lhe a lição. O romance naturalista, por sua vez, desaparece sem deixar maiores vestígios em razão de haver exagerado os defeitos da estética, como se pode observar na obra de um Júlio Ribeiro, de modo flagrante e grosseiro, e de um Adolfo Caminha, de modo sensivelmente mais atenuado. É que a impossibilidade de ligar a ciência à arte na análise dos dramas cotidianos da burguesia deliqüescente do século XIX acabou por desequilibrar os romances tipicamente naturalistas, que, mesmo no caso de Zola, tiveram de ir cedendo terreno pouco a pouco, até admitir o que antes abjuravam por antipositivo: o espírito, o mistério, o "milagre".

Na literatura brasileira, o Naturalismo, e o Realismo igualmente, fixou temas urbanos e regionais. No primeiro caso, interessaram-lhe, não só os casos típicos da burguesia, decadente por falta de bases morais em que assentar todo um sistema social, como também os problemas das classes mais humildes e marginais, precisamente aquelas que eram exploradas pela ganância burguesa de lucro. Assim, temos, no primeiro caso, *O Mulato* e *Casa de Pensão*, de Aluísio Azevedo, e *A Normalista*, de Adolfo Caminha, entre outros. No segundo, *O Cortiço*, de Aluísio Azevedo, e *O Bom Crioulo*, de Adolfo Caminha. Entre os romances regionalistas, podem-se alinhar *O Missionário*, de Inglês de Sousa; *A Fome*, de Rodolfo Teófilo; *Luzia-Homem*, de Domingos Olímpio; *D. Guidinha do Poço*, de Manuel de Oliveira Paiva, etc., que giram em torno do binômio homem *x* seca ou homem *x* sertão. Ao contrário do que se pode verificar no romance naturalista francês e mesmo português, não propulsiona tais obras qualquer idéia reformista ou socialista. Na literatura brasileira, o Naturalismo (e o Realismo, de resto), foi um movimento mais de ordem estética que ideológica ou política, não obstante tivesse por base as idéias que corriam pela Europa do tempo, como o positivismo, o materialismo cientificista, etc. Quadra das mais ricas da literatura brasileira, propiciou o surgimento de algumas das suas mais expressivas figuras da prosa de ficção.

CONSULTAR: Aderbal de Carvalho, *O Naturalismo no Brasil*, Maranhão, 1894; Lúcia Miguel-Pereira, *Prosa de Ficção (De 1870 a 1920)*, Rio, 1950; *A Literatura no Brasil* (dir. de Afrânio Coutinho), vol. II, Rio, 1955; João Pacheco, *O Realismo*, vol. III d*A Literatura Brasileira*, S. Paulo, 1963; Nelson Werneck Sodré, *O Naturalismo no Brasil*, Rio, 1965.

[M. M.]

NATUREZA — Por força de nossa rica e variadíssima geografia, atravessada praticamente por todos os climas, a Natureza é presença marcante e freqüente na literatura brasileira. Por aí se explica que o * Regionalismo, a ela intimamente afeto, lhe constitua a viga mestra. Não é para menos que já na *Carta* de Pêro Vaz de Caminha — nosso primeiro documento histórico — se chame a atenção para a luxuriante natureza brasileira.

Ao longo dos séculos coloniais, em decorrência das modas estéticas vigentes na Metrópole, nossa natureza foi motivo de ufanismo, para portugueses e brasileiros, embora por diferentes razões. Não raro, ela se lhes deparava um paraíso terrestre, graças às riquezas minerais (ouro, prata, pedras preciosas), à fauna e à flora. Tal visão feérica está presente na poesia de * Bento Teixeira, * Manuel Botelho de Oliveira, * Santa Maria Itaparica, e outros, ou na prosa de um * Ambrósio Fernandes Brandão, * Gabriel Soares de Sousa, * Frei Vicente do Salvador, *Sebastião da Rocha Pita, e outros.

Com o * Arcadismo, a Natureza é considerada mero pano de fundo: torna-se intemporal e inespacial, segundo os moldes neoclássicos em voga. No * Romantismo, ganha maior relevo ainda: menos confidente que cenário ou paisagem, está sempre presente na poesia e na prosa. * Alencar, dentre os românticos, foi quem mais e melhor soube fixá-la, em razão de um temperamento fundamentalmente poético. Mesmo seus romances citadinos (como *Sonhos d'Ouro*), incorporavam a paisagem ao enredo, de molde a torná-la imprescindível à estrutura da obra. Com o * Visconde de Taunay, a pintura da Natureza começa a adquirir certa fidedignidade e objetividade que anunciam o * Realismo, onde a paisagem física ocupa posição secundária, quantitativamente. A poesia parnasiana, sendo plástica por princípio, afeiçoou-se a certos aspectos da Natureza (como o mar e a mata), os permitidos pela desejada impassibilidade.

Rarefeita e etérea no * Simbolismo, a Natureza volta a ter papel preponderante na poesia e no romance regionalista modernos. Os movimentos anárquicos da primeira hora do *Modernismo (1922-1930) punham ênfase numa natureza bárbara e folclórica, habitada por seres mitológicos (*Cobra Norato*, de *Raul Bopp; *Macunaíma*, de *Mário de Andrade, ambas de 1928). Especialmente com o romance nordestino (* José Lins do Rego, * Jorge Amado, * Graciliano Ramos, * Raquel de Queirós, * Amando Fontes, * José Américo de Almeida) a Natureza ganha relevo em conseqüência de um impacto ideológico sobre a ficção: o ambiente das secas, ou da região do cacau e do açúcar, é o lugar geográfico duma luta épica contra os obstáculos interpostos pelos elementos naturais e contra as injustiças sociais. O regionalismo de um * Guimarães Rosa, por seu turno, mitifica a Natureza, com o apoio numa linguagem insólita, em que o erudito e o popular se mesclam à perfeição. Sem o ufanismo colonial, sem a sentimentalidade romântica, sem o "socialismo" moderno, nele a natureza brasileira — o sertão — impõe-se como o palco permanente em que o universal e o regional, o transcendente e o "humano" se confundem, na composição de uma mundividência nossa e atual. Oscilando entre o mito e a ambiência psicológica, e não raro integrada no fluxo dramático, a Natureza continua a fazer-se presente na poesia e na prosa contemporânea, como se pode observar na obra de *João Cabral de Melo Neto, * José Cândido de Carvalho, * Mário Palmério, * Autran Dourado, * Clarice Lispector, * Osman Lins e outros.

[M. M.]

NEOCLASSICISMO — V. ARCADISMO e CLASSICISMO.

NEOMODERNISMO — POESIA — Em julho de 1947, * Tristão de Ataíde assinalava, num artigo, a "morte" do * Modernismo em 1945 e a aparição de um novo movimento a que, a título provisório, denominava Neomodernismo, e que se opunha ao anterior. Coube também ao mesmo ensaísta classificar a poesia posterior à * Semana de Arte Moderna em três fases: 1922 (Modernismo), 1930 (Pós-Modernismo) e 1945 (Neomodernismo). Meio ano antes, em artigo de jornal, * Sérgio Milliet tinha apontado a presença de poetas de uma nova corrente, que tentavam voltar "ao equilíbrio das construções que resistem ao tempo", afirmando, porém, que não se tratava de volta "às florituras parnasianas". Em maio de 1947, retornava ele ao assunto, dizendo que esse pequeno grupo de poetas assumira abertamente a ofensiva e se lançara à realização de uma poesia feita de nobreza, sobriedade e decantação voluntária. E atribuía a tais poetas a revalorização da palavra, a criação de novas imagens, a revisão dos ritmos e a busca de novas soluções formais.

As observações de Tristão de Ataíde e Sérgio Milliet foram debatidas no número inicial da *Revista Brasileira de Poesia* (S. Paulo, dezembro 1947), por * Péricles Eugênio da Silva Ramos, em artigo recebido como autêntico manifesto dos neomodernistas e que provocou veemente crítica de * Oswald de Andrade. Entretanto, nesse artigo, Péricles Eugênio da Silva Ramos defendia a filiação do Neomodernismo às idéias expostas por * Mário de Andrade nos últimos anos de vida; mas acusava o Modernismo de se ter revelado, sob o aspecto formal, uma "aventura sem disciplina", e de, sob o aspecto "essencial", não ter sabido alijar o prosaico e o excrescente. Era isto o que levava os novos à necessidade de procurar uma essência poética que, "se não existe isoladamente, pode encontrar-se na elevação do vulgar por meio do sentimento e da expressão". Essa busca da "elevação do vulgar" era, segundo o articulista, a simultânea razão de ser dos caracteres de universalidade e de trabalho que se espelhavam nos poetas da nova corrente. Concluindo, afirmava ele que o Neomodernismo não era nem poderia ser uma negação do Modernismo: era, ao contrário, uma resultante, um produto fundamentado da sua evolução.

As tendências de que resultou o hoje chamado Neomodernismo pronunciaram-se no País a partir do início da década de 1940, não só através do aparecimento de numerosos livros de poesia, mas também de outras manifestações relacionadas com a literatura e a vida literária, tais como o I (1941) e o II (1946) Congresso de Poesia do Recife, o I Congresso de Poesia de S. Paulo (1948) e o II Congresso de Poesia do Ceará (1948). Revistas publicadas nos mais diferentes centros literários do País — entre elas, *José* (Fortaleza), *Região* (Recife), *Joaquim* (Curitiba) e *Orfeu* (Rio), dirigida por Fernando Ferreira de Loanda, que organizou e publicou o *Panorama da Nova Poesia Brasileira* (Rio, 1951), a primeira antologia de poetas neomodernistas — assinalaram, na mesma época, a presença de jovens que buscavam, na poesia e na prosa, uma posição própria. À já citada *Revista Brasileira de Poesia* coube, porém, a partir de 1947, a missão de porta-voz do Neomodernismo.

É preciso observar, todavia, que os poetas representativos do Modernismo e do Neomodernismo não constituíam grupos estanques. A influência de alguns poetas de 22 na obra inicial dos 45 é visível; por outro lado, conquanto não se possa afirmar que os neomodernistas passaram, depois de 1946 e 1947, a exercer influência sobre os seus "mestres" modernistas, o exame de textos mostra que alguns destes adotaram abertamente as teses dos mais novos, escrevendo uma poesia de maior preocupação estética e de amplitude mais universal, mais humana, e menos paisagística.

Foi a partir de 1948 que os poetas neomodernistas adquiriram uma consciência de geração, que antes não existia. O que os aproximava, em 1945 e anos vizinhos, era apenas a atitude comum de busca de uma expressão pessoal, sem repetição do temário e das fórmulas verbais da geração anterior. Adotavam qualquer tipo de verso ou de estrofe e opunham, às tendências regionalistas e à linguagem descuidada e "prosaica" do Modernismo de 22, o universalismo temático, o senso de medida e uma dicção literária coerente com o seu conceito de poesia como arte. Partindo de Croce e de Mário de Andrade, de Rimbaud e de Jorge Guillén, de Fernando Pessoa e dos surrealistas, o Neomodernismo brasileiro tomou contato, principalmente a partir de 1948, com a poesia de língua inglesa e as modernas idéias estéticas anglo-americanas, definindo e fortalecendo assim a sua posição teórica.

Como em todas as correntes de pensamento estético, tem ocorrido, entre os poetas considerados neomodernistas, o choque de tendências divergentes. Ao hermetismo inicial de alguns poetas de 45 — influenciados pelo * Surrealismo — opôs-se, já na década de 50, a *poesia clara*, que teve em * Geir Campos o seu expoente principal. À posição de alguns poetas, de quase total desinteresse pelos temas político-sociais, opuseram-se, repetidas vezes, os partidários de uma participação aberta.

Como decorrência da extremada atenção dada pelos neomodernistas ao problema vocabular, e de idéias absorvidas no setor da pintura e da escultura, surgiu em S. Paulo um grupo de poetas que, concebendo a palavra escrita como elemento essencial da poesia, definem o poema escrito como um *objeto concreto* do qual participam também, como essenciais, os elementos gráficos. A esse * Concretismo encabeçado pelos irmãos Augusto e Haroldo de Campos opôs-se posteriormente o grupo da revista * Praxis, fundada e dirigida por Mário Chamie. Propõe esse grupo a instauração do *poema-praxis,* que decorre da própria ação de pesquisa do poeta diante de problemas como a palavra, o texto e o tema.

Entre os nomes representativos da poesia neomodernista podem ser mencionados os seguintes: * Bueno de Rivera, autor de *Mundo Submerso,* e *Luz do Pântano,* livros em que, a uma linguagem de símbolos líricos, comedida mas rica, se justapõe o léxico da vida cotidiana e da civilização técnico-industrial; * Alphonsus de Guimaraens Filho, autor de *Lume de Estrelas, Poesias, A Cidade do Sul* e outros livros, que é, em verdade, um neo-simbolista, cultor do soneto, marcado, porém, pela influência modernizante da leitura da poesia de * Manuel Bandeira; * João Cabral de Melo Neto, autor de *Pedra do Sono, O Engenheiro, O Cão sem Plumas* e outros volumes de poesia; influenciado inicialmente por alguns modernistas, conquistou depressa uma expressão pessoal, que se distingue pela precisão vocabular e pelas sínteses de pensamento; *Ledo Ivo, autor d*As Imaginações, Ode e Elegia, Acontecimento do Soneto,* etc., destaca-se pelo viço das imagens e pela eloqüência do discurso, traços que nos últimos livros — e especialmente em *Estação Central* — foram dando lugar a uma dicção mais precisa e incisiva; *Péricles Eugênio da Silva Ramos, autor de *Lamentação Floral, O Sol sem Tempo* e *Lua de Ontem,* livros em que evolui de uma fase marcada pelo estudo da poesia clássica e medieval para outra mais recente, assinalada pela leitura dos modernos poetas de língua inglesa, sem deixar de infundir, em nenhum poema, o seu acento pessoal inconfundível; * Mauro Mota, que, no livro *Elegias*, insiste ainda nos temas regionais e na dicção prosaica do Modernismo, revelando nos livros seguintes (*Os Epitáfios, O Galo e o Cata-Vento*) a busca de uma poesia mais límpida e de expressão mais pessoal; * Antônio Rangel Bandeira, poeta de linhagem rimbaudiana e surrealista no livro de estréia (*Poesias*), caminha nos seguintes (*O Retrato Fantasma* e *A Forma Nascente*) para o comentário e a síntese dos episódios cotidianos e dos problemas intemporais em poemas de versos curtos e linguagem sóbria; * Darci Damasceno, autor de *Poemas, Fábula Serena, A Vida Breve* e *Jogral Caçurro*, livros em que aprofunda suas pesquisas formais até a lírica provençal e galaico-portuguesa, sem ocultar jamais a própria voz e o tom de modernidade com que renova temas e modelos do passado; * Marcos Konder Reis, autor de *Tempo e Milagre, David* (dedicado à memória de Rimbaud), *Apocalipse* e mais quatro livros de poesia, nos quais caminha, pouco a pouco, da eloqüência declamatória para uma dicção mais sóbria e de mais denso conteúdo; * José Paulo Moreira da Fonseca, que estreou em dezembro de 1947, já em pleno clima neomodernista, com *Elegia Diurna*, revela nítida preferência pelas pequenas e claras composições que oscilam entre o epigrama clássico, a ode e o poema moderno; Geir Campos, autor de *Rosa dos Rumos, Canto Claro, Canto Provisório* e outros livros, mostrou-se, no primeiro, excessivamente preso ao descritivo, em linguagem quase direta; libertando-se dessa limitação, investiu ostensivamente contra o hermetismo ainda reinante e passou em seguida à poesia de participação político-social. [N. dos O.: É indispensável incluir aqui o nome de * Domingos Carvalho da Silva, autor de *Praia Oculta, Girassol de Outono, A Fênix Renascida* e outros livros, que o revelaram como um dos mais bem dotados poetas de sua geração, da qual tem sido, outrossim, combativo e lúcido porta-voz.]

Entre muitos outros, destacam-se ainda, no Neomodernismo, os poetas Afonso Félix de Sousa, Afrânio Zuccolotto, Alberto da Costa e Silva, Aluísio Medeiros, Artur Eduardo Benevides, Audálio Alves, Bandeira Tribuzzi, Carlos Pena Filho (já falecido), Ciro Pimentel, *Dantas Mota, Fernando Ferreira de Loanda, Fernando Mendes Viana, Ferreira Gular, Francisco Carvalho, Gilberto Mendonça Teles, Homero Homem, Idelma Ribeiro de Faria, João Francisco Ferreira, José Paulo Paes, José Santiago Naud, Lélia Coelho Frota, Lupe Cotrim Garaude, Marly de Oliveira, Otávio Mora, Osvaldino Marques, *Paulo Mendes Campos, Renata Pallottini, Rute Sílvia de Miranda Sales e Tiago de Melo.

CONSULTAR: Domingos Carvalho da Silva, "Há uma nova poesia no Brasil", *Revista Brasileira de Poesia*, n.° 3, S. Paulo, ago. 1948; Alceu Amoroso Lima, *Quadro Sintético da Literatura Brasileira*, Rio, 1956; Péricles Eugênio da Silva Ramos, "O Modernismo na Poesia", *A Literatura no Brasil* (dir. de Afrânio Coutinho), vol. III, t. 1, Rio, 1949; João Pacheco, *Pedras Várias*, S. Paulo, 1959; Antônio D'Elia, *A Mágica Mão*, S. Paulo, 1963; Antônio Cândido e J. Aderaldo Castelo, *Presença da Literatura Brasileira*, vol. II, S. Paulo, 1964; Ferreira Gular, *Cultura posta em questão*, Rio, 1965.

[D. C. S.]

PROSA DE FICÇÃO — Durante o período coberto por este verbete (1945-1965), houve, em nossa prosa de ficção, três estréias indiscutivelmente excepcionais: a de * João Guimarães Rosa, com *Sagarana*, em 1946; a de * Mário Palmério, com *Vila dos Confins*, em 1956; e, em 1959, a de * Dalton Trevisan, com *Novelas Nada Exemplares*. Pouco antes, em 1943, * Clarice Lispector havia surgido, com a estranha novela *Perto do Coração Selvagem*; e, embora sua influência direta, tanto quanto se pode julgar, não tenha sido sensível, podemos situá-la, historicamente, na fonte das experiências que conduziriam ao "novo romance" brasileiro.

Nesta categoria, ao lado de obras ainda extremamente contestáveis, alinham-se os nomes de * Maria Alice Barroso, com *História de um Casamento* (1960), Gerardo de Melo Mourão, com *O Valete de Espadas* (1960), Olímpio Monat, com *Um Homem Sem Rosto* (1964) e C. O. Louzada Filho, com *Dardará* (1965). Na mesma linha de um romance renovado, seja com relação aos personagens, seja com referência aos temas, e assente, igualmente, numa inegável intenção de desafio, devem ser citados os nomes de Campos de Carvalho, com *A lua vem da Ásia* (1956) e * Carlos Heitor Cony, que se tornou um dos ficcionistas mais em evidência do período: *O Ventre* (1958), *A Verdade de Cada Dia* (1959), e *Tijolo de Segurança* (1960).

No pólo historicamente oposto ao desses romancistas, deve ser feita menção dos grandes mestres do período anterior que continuaram em plena vitalidade criadora. Um deles, * Aníbal Machado, gozou de extraordinária reputação mesmo antes de sua estréia em livro, o que somente viria a ocorrer em 1946, com *Vila Feliz*. *João Ternura* (1965), o romance quase mítico em que trabalhou durante a vida inteira, e que provocara entusiasmo mesmo antes de ser conhecido, viria a surgir postumamente. * Ciro dos Anjos, que alcançara celebridade anteriormente, com *O Amanuense Belmiro* (1936), voltaria, em 1945, com *Abdias*, e em 1956 com *Montanha*. * Otávio de Faria continuaria, também, a série famosa da *Tragédia Burguesa*, publicando *Os Renegados* (1947), *Os Loucos* (1952), *O Senhor do Mundo* (1958) e *Ângela* (1962). O caso de * Érico Veríssimo é ainda mais exemplar, pois, havendo estreado em 1933, é em 1948 que começa a publicar a sua obra-prima, *O Tempo e o Vento*, destinada a tornar-se um dos grandes monumentos da ficção brasileira moderna. Foi, da mesma forma, o que aconteceu com * Jorge Amado, que reapareceu, em 1958, com o maior dos seus romances, * *Gabriela, Cravo e Canela*, obra de reputação universal. Acrescentemos a essa lista o nome de * Marques Rebelo, que iniciou em 1959 a publicação d*O Espelho Partido*, segundo tudo indica, a sua obra-prima e outro marco da ficção brasileira. É, ainda, o caso de * Lúcio Cardoso com a *Crônica da Casa Assassinada* (1959), e o de * Josué Montelo, que, a partir d*O Labirinto de Espelhos* (1952), vem construindo o que se poderia chamar o "romance do Maranhão", numa série que alcançou o seu ponto culminante, até agora, com *Os Degraus do Paraíso* (1965).

Paralelamente, na linha do romance de técnicas tradicionais, outros escritores alcançaram posição de grande importância: * Lígia Fagundes Teles em 1955, com *Ciranda de Pedra*; * Antônio Calado em 1954, com *Assunção de Salviano*; * Fernando Sabino, em 1956, com *O Encontro Marcado*; Otávio de Melo Alvarenga, em 1962, com *Doralinda*;

Mário Filho, em 1965, com *O Rosto*; Isócrates de Oliveira e Rubens Teixeira Scavone, no mesmo ano, com, respectivamente, *A Hora do Anticristo* e *O Lírio e a Antípoda*. Lígia Fagundes Teles e Fernando Sabino haviam estreado antes das datas indicadas, mas são aqueles volumes que realmente os colocaram no primeiro plano da ficção brasileira. Caso ainda mais curioso é o de José Cândido de Carvalho, que estreou com um mau romance, *Olha para o Céu, Frederico!*, em 1939, e, depois de 25 anos de silêncio, apresentou-se com uma indiscutível obra-prima, *O Coronel e o Lobisomem* (1964).

Outros ficcionistas mantiveram, com felicidade desigual, a vitalidade da ficção brasileira nesse período: Braga Montenegro, com *Uma Chama ao Vento* (1946); José Mauro de Vasconcelos, com *Banana Brava* (1946); Ivan Pedro de Martins, com *Caminhos do Sul* (1946); * Dalcídio Jurandir, o "romancista da Amazônia", com *Marajó* (1947), *Linha do Parque* (1958) e *Três Casas e um Rio* (1958); Permínio Asfora, com *Noite Grande* (1947), *Fogo Verde* (1951) e *Vento Nordeste* (1957); Gastão de Holanda, com *Os Escorpiões* (1954) e *O Burro de Ouro* (1960); * Dinah Silveira de Queirós, com *A Muralha* (1954); Moreira Campos, com *Portas Fechadas* (1957); Saldanha Coelho, com *Memória de Inverno* (1956); * Herberto Sales, com *Cascalho* (1956) e *Além dos Marimbus* (1961); e *Viana Moog, com *Uma Jangada para Ulisses* (1959) e *Tóia* (1962). Uma excelente estréia, cujas promessas não se viram, contudo, confirmadas pelos livros posteriores, foi a de Moacir C. Lopes, em 1959, com *Maria de Cada Porto*.

Uma parte substancial da ficção brasileira neste período pertence às análises introspectivas e à psicologia romanesca. Os nomes mais em evidência serão os de * José Condé, com *Caminhos na Sombra* (1945), *Histórias da Cidade Morta* (1951) e *Um Ramo para Luísa* (1959), este último adaptado para o cinema; Patrícia Galvão e Geraldo Ferraz, com *A Famosa Revista* (1945); * Adonias Filho, da Academia Brasileira de Letras, com *Os Servos da Morte* (1946) e *Memórias de Lázaro* (1952); Reinaldo Moura, com *Um Rosto Noturno* (1946); * Dionélio Machado, com *Passos Perdidos* (1946); * Valdomiro Autran Dourado, com *Teia* (1947) e *Nove Histórias em Grupos de Três* (1957); *Murilo Rubião. com *O Ex-Mágico* (1947); *Ledo Ivo, com *As Alianças* (1947); Mário Donato, com *Presença de Anita* (1948) e *Madrugada sem Deus* (1955); * Breno Acióli, com *Cogumelos* (1949) e *Maria Pudim* (1955); Maria de Lourdes Teixeira, com *O Banco de Três Lugares* (1951), *Raiz Amarga* (1960), *Rua Augusta* (1962) e *A Virgem Noturna* (1965); Renard Perez, com *O Beco* (1962), *Os Sinos* (1954) e *O Tombadilho* (1961); * Oto Lara Resende, com *O Lado Humano* (1952), *Boca do Inferno* (1957) e *O Retrato na Gaveta* (1962); Ascendino Leite, com *A Viúva Branca* (1952); * Ricardo Ramos, com *Tempo de Espera* (1954); * Osman Lins, com *O Visitante* (1955), e Macedo Miranda, com *A Hora Amarga* (1955).

Em 1964, * Gilberto Freyre, nome célebre nas Ciências Sociais e no ensaísmo, publicou a sua experiência na ficção, chamando-a de "seminovela": *Dona Sinhá e o Filho do Padre*, obra que despertou, por parte da crítica e dos leitores, desencontradas reações.

Faltando-nos, como nos faltam, as perspectivas de permanência que estão implícitas na natureza mesma dos dicionários, devemos aceitar a enumeração e o esquema acima indicados como substancialmente precários e sujeitos a reavaliação; da mesma forma, não é possível dentro do espaço normal de um verbete, fundamentar a estimativa crítica assim proposta. Dos três autores citados em primeiro lugar, pode-se dizer que Guimarães Rosa já é o mais famoso e discutido, tendo obtido entre o aparecimento de *Sagarana* e os dias atuais um reconhecimento universal. Seus livros estão traduzidos nas principais línguas cultas (francês, inglês, italiano, alemão) e outras traduções se preparam; sua obra tem sido objeto de numerosos estudos, inclusive teses universitárias de doutorado em universidades estrangeiras. Quanto a Mário Palmério, que voltou, em 1965, com *Chapadão do Bugre,* outro grande romance, ainda é, em certo sentido, um injustiçado, na medida em que o seu extraordinário sucesso de crítica e de público não lhe deu até agora aquela *presença* excepcional que deveria ser a sua e que se liga de maneira característica aos grandes escritores. Dalton Trevisan, de seu lado, passou cerca de dez anos no grupo de escritores estimados, sem mais. De repente, nos anos 60, chegou-lhe a celebridade, não só unânime, mas, ainda, entusiástica e, em muitos casos, reverente.

Clarice Lispector, igualmente, esperou cerca de quinze ou vinte anos para que o sucesso e o impacto de *Perto do Coração Selvagem* se traduzissem na extraordinária consagração dos anos 60; considerada por muitos, em nossos dias, como um mestre da ficção moderna, é de esperar que exerça, nesta década, a influência que a primeira novela não chegou a impor. Isso pode acontecer porque foi somente no último período que vieram a surgir os cultores do chamado "novo romance", que dedicam pelo menos tanto interesse e trabalho às técnicas de estrutura e escrita quanto às de invenção e concepção. Qualquer que seja o destino das novas idéias, é certo que os "novos romancistas" marcam a fisionomia da geração mais recente — a que veio depois de Guimarães Rosa.

Um lugar à parte deve ser reservado, nessas perspectivas, à obra de Isócrates de Oliveira. Com *A Hora do Anticristo,* ele escreveu um dos nossos raros, se não único, "romances de idéias", isto é, no qual as idéias formam a própria substância do romance. Seria impróprio discutir neste momento, ou em qualquer outro, a validade de tais idéias; nas coordenadas do romance, não é o acordo ou o desacordo ideológico que se deve procurar, nem a estimativa comparativa com os padrões particulares de verdade do leitor, mas, simplesmente, a sua correta utilização enquanto material fictivo.

Não será despropositado lembrar que não repercutiu na ficção (pelo menos em obras cuja qualidade literária imponha consideração) a atmosfera de exacerbado nacionalismo, característica de grande parte desse período. Pode-se pensar que o romance brasileiro dos anos 30 foi muito mais "nacionalista" (no bom e no mau sentido da palavra, na sua "ideologia" como nas suas implicações imediatas), do que o tem sido na fase aqui considerada. Na verdade, a partir, freqüentemente, de temas nacionais, é a uma superação do nacionalismo que a nossa ficção se tem entregue. Quaisquer que sejam os resultados obtidos por tal ou tal escritor, é inegável que essa tendência enriqueceu, do ponto de vista intelectual, a ficção brasileira. Em compensação, um certo "realismo" convencional procurou reafirmar-se na ficção (cenas "ousadas", palavrões, situações grosseiras, temas crus), sem, ao que

294

parece, grande sucesso. Isso bem pode ter sido uma forma indireta de reafirmar a literatura como "protesto" social, em face das inclinações estetizantes que os caracteres acima indicados denunciam, na ficção brasileira, de 1945 a 1965.

CONSULTAR: Haroldo Bruno, *Anotações de Crítica*, Recife, 1954; e *Estudos de Literatura Brasileira*, Rio, 1957; Alceu Amoroso Lima, *Quadro Sintético da Literatura Brasileira*, Rio 1956; Adonias Filho, *Modernos Ficcionistas Brasileiros*, Rio, 1958; Renard Perez, *Escritores Brasileiros Contemporâneos*, 2 vols., Rio, 1960-1964.

[W. M.]

NORBERTO DE SOUSA E SILVA, JOAQUIM — (★ 6/6/1820, Rio; † 14/5/1891, Niterói, RJ) — Seus estudos, por vontade paterna limitaram-se ao curso primário, iniciado no Seminário S. Joaquim, do Rio. Fez um estágio no comércio, após o que ingressou no funcionalismo onde, modelar chefe de seção, acabaria seus dias. A sua numerosa bibliografia, trazendo títulos de poesia, ficção, teatro, biografias, história e crítica literária, além de farta colaboração em publicações as mais diversas, revela uma tendência diletante que na época significava "talento". Em nenhum gênero, entretanto, atingiu o desejável nível. Sua poesia mostra, sobretudo, duas constantes: o sentimento nativista, com pretensões épicas, longe de serem alcançadas, e as experiências líricas de vôo rasteiro. Na ficção, sua produção é anterior à de * Teixeira e Sousa, pois o seu romance *As Duas Órfãs* data de 1841, o que sem dúvida lhe dá certa precedência histórica. Para o teatro, fora os seus próprios trabalhos, de inspiração cívica e lírica, compostos de dramas, tragédias e peças musicais, traduziu também vários originais do repertório francês. Entrando para o Instituto Histórico Brasileiro em 1841, dele chegou a ser presidente, cargo no qual o surpreenderia a morte. Dos seus estudos no campo da História, destacam-se a *História da Conjuração Mineira* (1873; reed. 1948) e a polêmica que manteve com * Gonçalves Dias a propósito da intencionalidade do descobrimento do Brasil. Dos seus estudos literários, avultam, por bem documentados e informativos, os dedicados à obra de figuras do nosso * Arcadismo e do nosso * Romantismo.

OBRAS DO A.: Poesia: *Mosaico Poético*, 2 t., 1844; *Dirceu de Marília*, 1845; *Livro de Meus Amores*, 1849. Ficção: *Romances e Novelas*, 1852. Teatro: *Clitemnestra, Rainha de Micenas*, 1846; *O Chapim do Rei*, 1851.

CONSULTAR: Sílvio Romero, *História da Literatura Brasileira*, 5.ª ed., vol. III, Rio, 1953; Ferdinand Wolf, *O Brasil Literário*, S. Paulo, 1955; Antônio Cândido, *Formação da Literatura Brasileira*, 2 vols., S. Paulo, 1959.

[J. R. A. L.]

NORDESTE — "Literatura do Nordeste" é a denominação corrente que se dá a um conjunto de obras cujo assunto se prende ao Nordeste do Brasil, escritas por nordestinos direta ou indiretamente ligados ao I Congresso Brasileiro de Regionalismo, reunido no Recife, em fevereiro de 1926. Entenda-se o Nordeste como a faixa territorial que vai do CE ao SE, e notem-se como fases preparatórias: a série de romances de Franklin Távora iniciada com *O Cabeleira* (1876) sob o título geral de "Literatura do Norte"; o movimento nativista * Padaria Espiritual, no

Ceará; a * Semana de Arte Moderna e a influência direta, imediata, do escritor *Gilberto Freyre. *Araripe Jr. dá o ano de 1892 como o do início da Padaria Espiritual, podendo-se notar sua dissolução por volta de 1913. Este grupamento de escritores estava intelectualmente ligado a diferentes correntes estéticas, sendo as principais o * Naturalismo e o * Parnasianismo. A realização do Congresso de Regionalismo, tantos anos depois de cessados os últimos ecos do movimento cearense, foi o início do que se pode chamar com mais propriedade "Literatura do Nordeste". Continuou o mesmo amor à terra, a admiração ao homem, o interesse pelas tradições, mas sobretudo surgiu uma orientação comum e de âmbito vasto, atuando sobre escritores, artistas plásticos, políticos, artesãos, músicos, urbanistas, médicos, cozinheiros, pais-de-santo, etc., e um líder, Gilberto Freyre, autor do *Manifesto Regionalista* de 1926, lido no Congresso e publicado em parte no *Diário de Pernambuco*. Chegado ao Brasil dois anos antes, após cinco de permanência nos Estados Unidos e um na Europa, a estudos, logo formou um círculo de influências e iniciou pesquisas de campo, aplicando as teorias de Boas, Giddings, Seligman e outros mestres que tivera nas universidades americanas. Incentivava os amigos a conhecerem a literatura de língua inglesa e organizou o Congresso de Regionalismo. Seu *Manifesto* de 1926 completou as atividades aglutinadoras e representou a base filosófica que faltara aos cearenses. Lançado no momento oportuno, encontrava o * Modernismo em fase de afirmação, inquietações sociais de toda ordem em trânsito para a revolução, uma ânsia geral de renovação e seriedade principalmente afirmada pelos jovens. A "Literatura do Nordeste", tradicionalista e modernista, surgia ambientada em fatores culturais tão disseminados que a publicação de * A Bagaceira serviu-lhe de forte alento, embora fossem mínimas as ligações estéticas entre este romance e os que surgiriam depois, diretamente ligados aos promotores do Congresso. Sobravam, no entanto, as afinidades entre o político e sociólogo * José Américo de Almeida (A Paraíba e seus Problemas) e a primeira geração regionalista. Estão neste grupo muitos escritores cujas obras, comparadas, demonstram a heterodoxia do movimento. Poetas como * Joaquim Cardoso, * Manuel Bandeira em certa fase (Libertinagem), * Jorge de Lima desde a publicação dos Poemas até uns oito anos depois (1927-1935), * Ascenso Ferreira, Odorico Tavares; mais afastados pela forma literária, Odilon Nestor, * Olegário Mariano e outros. Os romancistas e contistas da "Literatura do Nordeste" não foram tão numerosos. * José Lins do Rego, Luís Jardim, * Mário Sete, José Américo de Almeida estiveram presentes ao Congresso, enquanto a obra de * Graciliano Ramos, surgida depois, pode situar-se no mesmo contexto, apesar da introspecção, se a considerarmos como decorrência da valorização ordenada dos elementos regionais. Este derradeiro motivo autoriza-nos (além de valores intrínsecos) a também acrescentar os nomes de * Raquel de Queirós e * Amando Fontes. A "Literatura do Nordeste" tende para a observação dos fatos sociais, registro orgulhoso do passado, é memorialista e portanto tem um aspecto saudosista, pouco burilada e muito próxima da língua falada, mais rural que urbana (Secas, Ciclo das) e tem evoluído para um neo-regionalismo mais cuidadoso da forma, chegando alguns autores a requintes de técnica até há pouco desconhecidos. Estão nesse caso os poetas * Mauro Mota, * João Cabral de Melo Neto, Carlos Pena Filho,

Zilá Mamede, Jomar Souto, Carlos Moliterno e Audálio Alves; romancistas e contistas como * Osman Lins, Ernani Sátiro, * Fran Martins, * Breno Acióli, Braga Montenegro, Hermilo Borba Filho, * José Condé, Eduardo Campos; dramaturgos como * Ariano Suassuna e os ensaístas mais novos, um Virginius da Gama e Melo, um Renato Campos, um Luís Costa Lima, que sucedem a Sílvio Rabelo, Olívio Montenegro, Luís Delgado, Júlio Belo, Câmara Cascudo, * Álvaro Lins, Aníbal Fernandes e outros do primeiro momento.

CONSULTAR: Gilberto Freyre, *Manifesto Regionalista de 1926*, Recife, 1952; e *Região e Tradição*, Rio, 1941; e *Vida, Forma e Cor*, Rio, 1902; Diogo de Melo Meneses, *Gilberto Freyre*, Rio, 1944; Renato Carneiro Campos, *Arte, Sociedade e Região*, Bahia, 1960; Joel Pontes, *O Aprendiz de Crítica*, vol. I, Recife, 1955, e vol. II, Rio, 1960; Araripe Jr., *Obra Crítica*, vol. III, Rio, 1963.

[J. P.]

NOVA CRUZADA — V. BAHIA.

NOVELA — No exame do que seria a novela na literatura brasileira, põe-se preliminarmente o problema referente ao seu conceito, mas cuja discussão escapa aos limites dum verbete de dicionário. Sendo obrigados a lançar mão dum conceito a fim de clarificar as considerações seguintes, parece-nos que deva basear-se num critério essencial, estrutural, e não quantitativo. Existiria uma representação da realidade social em forma de novela, assim como de romance, conto, tragédia, comédia, epopéia, etc.

Nesse caso, e pondo de parte os remanescentes da novelística ibérica transferida para o Brasil-Colônia (*Donzela Teodora, Roberto do Diabo, Princesa Magalona,* etc.), as primeiras manifestações de nossa prosa de ficção seriam novelas, ou, pelo menos, estariam contagiadas por sua estrutura fundamental, visto ainda o romance estar apenas aparecendo, na Inglaterra. É o caso do *Compêndio Narrativo do Peregrino da América* (1728), de * Nuno Marques Pereira, e das * *Aventuras de Diófanes* (1752), de * Teresa Margarida da Silva e Orta. Gosto das peripécias, linearidade dos caracteres e acontecimentos, sucessividade episódica segundo a lei do acaso, são algumas das facetas típicas da estrutura da novela, encontráveis nessas obras incipientes.

Depois dum grande lapso de tempo, voltamos a deparar com narrativas de ficção no segundo quartel do século XIX, construídas à luz dos esquemas novelísticos, por imitação das novelas históricas de Garrett, Herculano e outros: Justiniano José da Rocha (*Os Assassinos Misteriosos ou A Paixão dos Diamantes,* 1839), J. M. Pereira da Silva (*Jerônimo Corte-Real,* 1840), * Joaquim Norberto de Sousa e Silva (*As Duas Órfãs,* 1841), * Gonçalves de Magalhães (*Amância,* 1841), entre outros. Tão forte era o influxo e a tradição da novela que nossa ficção romântica não conseguiu desprender-se de todo: as peças que hoje classificamos de romance, segundo critérios muito discutíveis, obedecem a um sistema de composição próprio da novela. Basta lembrar as narrativas de * Alencar, notadamente as históricas, indianistas e regionalistas, de * Bernardo Guimarães, de * Joaquim Manuel de Macedo, de * Franklin Távora, até culminar nas * *Memórias de um Sargento de Milícias,* de * Manuel Antônio de Almeida, uma acabada novela de cunho picaresco. Alterou-se a fisionomia social, mu-

297

dàram os costumes, os tempos são outros, mas a estrutura guarda incontestável sujeição à da novela.

No * Realismo, a novela desaparece, precisamente porque o romance alcança a grandeza e a autonomia procuradas antes, graças ao psicologismo e à seriedade com que se passa a encarar a construção da obra literária, não raro a serviço de causas sociais ou duma consciência moral que se pretende difundir. Todavia, ainda se encontram laivos novelescos nos romances românticos e folhetinescos de * Aluísio Azevedo e mesmo no * Machado de Assis da primeira fase.

Passando por sobre o * Simbolismo, época em que a ficção se dilui, se esteticiza ou segue o mestrado machadiano, a novela volta a ganhar terreno após a revolução modernista (principalmente na ala que reinstalou o * regionalismo), a partir do exemplo de * Macunaíma de * Mário de Andrade, obra escrita ao ritmo de novela. A ficção nordestina (dum * Jorge Amado, dum * José Lins do Rego, dum * Graciliano Ramos, duma * Raquel de Queirós, entre outros) exibe estrutura característica de novela, inclusive em certos condimentos épicos, líricos ou picarescos. Noutras áreas ainda se percebe a recrudescência da velha fórmula narrativa: em * Érico Veríssimo, quer na fase de *Clarissa,* quer na d*O Tempo e o Vento,* é nítido o apego a uma fabulação contínua como um rio, de peripécia-puxa-peripécia. Mesmo em * Otávio de Faria se observa o fenômeno: sua *Tragédia Burguesa,* ciclo ficcional desenrolado em treze volumes, trai na sua arquitetura a presença da composição multímoda e sucessiva da novela, embora a muitos respeitos seja exatamente o oposto dela, sobretudo no exame espectral que faz da burguesia em decadência. A persistência das novelas radiofônicas e televisivas, dos filmes de *cow-boy* e de certa literatura folhetinesca, de tema policial ou não, testifica a pujança da novela enquanto representação dum anseio coletivo e primário de fuga para o sonho, o devaneio e a fantasia.

[M. M.]

O

OLÍMPIO Braga Cavalcanti, DOMINGOS — (★ 18/9/1850, Sobral, CE; † 6/10/1906, Rio) Advogado e homem de jornal, o que lhe deu um lugar na história literária foi um único romance, * *Luzia-Homem* (1903), que se insere entre o que de mais significativo produziu a novelística do * Ciclo das Secas, sendo mesmo considerado um clássico no gênero.

Escreveu D. O. outros romances, peças de teatro, contos, estudos e inúmeros artigos de jornal, tudo permanecendo ainda fora de livro. O romance citado, entretanto, é bastante para lhe marcar a personalidade de escritor, com as cenas da seca descritas com senso realístico, os personagens bem marcados, a figura de Luzia dominando, até a tragédia final, as páginas todas do drama contado pelo romancista.

Obras do A.: Há um outro romance de D. O., *O Almirante*, publicado na revista *Os Anais*, por ele dirigida e fundada em 1904, tendo ficado incompleto *O Uirapuru*, igualmente romance.

Consultar: Gustavo Barroso, pref. a *Luzia-Homem*, 2.ª ed., Rio, 1923; Lúcia Miguel-Pereira, *Prosa de Ficção* (*De 1870 a 1920*), Rio, 1950; Otacílio Colares, *Lembrados e Esquecidos, I*, Fortaleza, 1975.

[F. G.]

OLIVEIRA, Antônio Mariano ALBERTO DE — (★ 28/4/1857, Palmital de Saquarema, RJ; † 19/1/1937, Niterói, RJ) Terminados os estudos de Humanidades, começou a seguir Medicina, curso que interrompeu para seguir o de Farmácia, em que veio a formar-se em 1883. Os últimos anos de estudo foram assinalados pela publicação de suas primeiras obras, *Canções Românticas* (1878) e *Meridionais* (1884), importantes pela atitude renovadora que evidenciavam. A. de O. exerceu funções públicas (diretor-geral da Instrução) e o magistério (Português e Literatura Brasileira). Instalando-se em 1897 a Academia Brasileira de Letras, foi fundador da cadeira n.º 8. Já então firmara definitivamente sua primazia como um dos arautos e instauradores do * Parnasianismo no Brasil. Em 1924, foi eleito Príncipe dos Poetas Brasileiros.

Sua trajetória poética pode ser dividida nas seguintes fases, conforme a publicação de suas obras: nas *Canções Românticas*, embora os motivos sejam parnasianos (estátuas, mármores, temas greco-romanos eivados de sensualismo), opera-se ainda um transbordamento romântico de emoção e imaginação. A * Natureza não é pintada com a universalidade parnasiana: tem cor local e sente-se nela a presença do poeta, não a do demiurgo romântico, mas a do observador parnasiano a fazer-se de instrumento num processo sensorial em que a realidade se transforma em arte. Ocorre, assim, o enlace da emoção com a impessoalidade.

Nas *Meridionais,* notadamente nos *Sonetos e Poemas* (1885), A. de O. alcança a impassibilidade preconizada pela estética parnasiana. Descreve cenas e objetos, acentuando-lhes os traços físicos capazes de impressionar os sentidos: cores, sons, sensações tácteis. Todavia, a impassibilidade e o sensualismo impõem-lhe limitações: vê-se obrigado a colocar o sentimento amoroso no mesmo nível físico da realidade e a servir-se da Natureza apenas como termo de comparação, não de identificação do ser amado.

Malgrado a impessoalidade parnasiana a que ainda se apega e a preocupação de expressar-se de modo objetivo, sente-se, nos últimos livros de A. de O., uma aura de sugestividade que, ultrapassando as descrições meramente plásticas, faz pensar numa inquietação filosófica absconsa que o aproxima do universo simbolista. É o caso de obras como *O Livro de Ema* (1900), *Por Amor de Uma Lágrima* (1900) e *Alma Livre* (1905), nas quais aparece o amor sentimental ao lado do sensual. Com isso, afirma-se na sua poesia um elemento espiritual, embebido de petrarquismo e de sentimento do cotidiano, um processo em que se observa a passagem do sensível ao simbólico ("O Sonho de Berta"). Ao mesmo tempo, certo à-vontade formal de alguns poemas ("Cheiro de Flor") prenuncia o advento da poesia modernista. Apesar de todas essas mutações, A. de O. caracterizou-se primacialmente por ser um poeta da Natureza, incluindo a transposição de aspectos "prosaicos" (insetos, principalmente), habitado por um permanente estado lírico, que trai sensibilidade de raiz romântica vertida em forma parnasiana.

OBRAS DO A.: *Versos e Rimas,* 1895; *Poesias,* 1900 (contém o anterior e mais *Meridionais, Sonetos e Poemas, Por Amor de Uma Lágrima,* e *Livro de Ema*); *Poesias,* 2.ª série, 1905 (contém *Alma Livre, Terra Natal, Alma em Flor, Flores da Serra* e *Versos da Saudade*); *Poesias,* 3.ª série, 1913 (inclui *Sol de Verão, Céu Noturno, Alma das Cousas, Sala de Baile, Rimas Várias, No Seio do Cosmos* e *Natália*); *Poesias,* 4.ª série, 1927 (inclui o anterior, mais *Ode Cívica, Alma e Céu, Cheiro de Flor, Ruínas que falam* e *Câmara Ardente*); *Poesias Escolhidas,* 1933; *Póstumas,* 1944.

CONSULTAR: José Veríssimo, *Estudos de Literatura Brasileira,* 2.ª série, Rio, 1901, e 6.ª série, Rio, 1907; Artur Mota, "A. de O.", *Revista da Academia Brasileira de Letras,* n.ᵒˢ 78/79, 1928; Péricles Eugênio da Silva Ramos, "A Renovação Parnasiana na Poesia", *A Literatura no Brasil* (dir. de Afrânio Coutinho), vol. II, Rio, 1956; J. F. Oliveira Viana, *Pequenos Estudos de Psicologia Social,* S. Paulo, 1942; Phocion Serpa, *A. de O.,* Rio, 1958; João Pacheco, *O Realismo,* vol. IV d*A Literatura Brasileira,* S. Paulo, 1964.

[M.A.R.M.]

OLIVEIRA, ARTUR DE — (★ 11/8/1851, RS; † 21/8/1882, Rio) De 1868 a 1869 estudou em Caraça, em MG. Prestou a seguir exames para a Faculdade de Direito de Recife, mas foi reprovado em Matemática. Partiu então para a Europa, a fim de lá estudar; depois de uma estada de vários meses na França, dirigiu-se para Berlim, de onde voltou para Paris em 1871, lá permanecendo, segundo parece, até meados de 1872. No ano seguinte publicou alguns opúsculos no Rio, sob o pseudônimo de Bento Gonçalves. Residiu em Vassouras, RJ, por algum tempo. Em 1879, concorreu ao cargo de substituto da cadeira de Retórica, Poética e Literatura Nacional do Colégio Pedro II. Dois anos depois, foi nomeado, no Internato daquele Colégio, substituto de Português e História da Literatura. Lecionou também na Escola Normal. Foi casado e deixou uma filha, consorciada com Silva Ramos.

Conquanto não tivesse deixado obra perdurável, A. de O. exerceu notável influência sobre os poetas "novos" do Brasil, no período que antecedeu imediatamente o nosso * Parnasianismo, para cuja implantação influiu. Segundo o expresso testemunho de * Alberto de Oliveira, "o chamado parnasianismo saiu das largas algibeiras das calças inglesas de Artur de Oliveira". Por suas cartas, verifica-se que Artur conhecera em França Leconte de Lisle, Théophile Gautier, Catulle Mendès, Viliers de l'Isle Adam e outros notáveis poetas e escritores, cujas idéias, ao retornar ao Brasil, difundia entre os moços. Ao que consta, foi brilhante conversador, um "saco de espantos" para * Machado de Assis, "le père de la foudre" para Théophile Gautier. De sua influência são indícios as dedicatórias; muitos foram os poetas seus contemporâneos que lhe dedicaram um livro ou uma poesia. Outro sinal de sua influência é que seu nome passou a significar poesia de vanguarda: encontra-se às vezes, nos artigos da época, a frase "Fulano foi quem melhor Atrur de Oliveira fez", "Artur de Oliveira" significando aí "poesia nova".

Obras do A.: *Dispersos,* 1936 (reunidos por Luís Filipe Vieira Souto e publicados pela Academia Brasileira de Letras, incluem cartas, opúsculos, uma tese de concurso, artigos, rascunhos e notas).

Consultar: Machado de Assis, *Papéis Avulsos,* Rio, 1882; Artur Mota, *Vultos e Livros,* I, S. Paulo, 1921; Alberto de Oliveira, entrevista a Prudente de Morais Neto, *Terra Roxa,* S. Paulo, set. 1926.

[P. E. S. R.]

OLIVEIRA, FILIPE Daudt D' — (★ 23/8/1891, Santa Maria da Boca do Monte, RS; † 17/2/1933, Auxerre, França) Cursou Farmácia, fixando-se no Rio, onde — depois de brilhante atuação no grupo simbolista gaúcho — colaborou no *Fon-Fon* (1910-1915). Inicialmente parnasiano-simbolista, adere ao * Modernismo, publicando *Lanterna Verde* (1926). Exilado pela sua participação no Movimento Constitucionalista de 32, morre, na França, em um desastre de automóvel. Foi dos mais cultos e equilibrados poetas de sua geração, tendo influído, pelas suas tendências estetizantes, em figuras notáveis como * Ronald de Carvalho, * Ribeiro Couto e * Álvaro Moreyra.

Obras do A.: *Vida Extinta,* 1911; *Obras,* 1937.

Consultar: Ronald de Carvalho, *Estudos Brasileiros,* 2.a série, Rio, 1931; Sociedade Filipe d'Oliveira, *In Memoriam de F. d'O.,* Rio, 1933; Rodrigo Otávio Filho, *Velhos Amigos,* Rio, 1938.

[A. B.]

301

OLIVEIRA, MAMEDE DE — (★ 17/8/1887, Paraisópolis, MG; † 31/5/1913, Belo Horizonte, MG) Advogado, professor de línguas e jornalista em sua curta existência escreveu febrilmente. Suas composições poéticas, ainda inéditas na maior parte, dariam para formar vários volumes. Poesia da idade juvenil, introspectiva e congenialmente simbolista, repassada por uma brisa de lirismo e misticismo que tudo metamorfoseia nas vaguidades e dolências vespertinas caras ao * Simbolismo.

Obra do A.: *Dona Graça,* 1957 (com pref. de Benedito Lopes, seu irmão).

Consultar: Andrade Murici, *Panorama do Movimento Simbolista Brasileiro,* v. III, Rio, 1952.
[M. M.]

OLIVEIRA, Manuel BOTELHO DE — (★ 1636, Salvador, BA; † 5/1/1711, *idem*) Nascido em família abastada, pôde ir estudar Jurisprudência em Coimbra, onde foi contemporâneo de * Gregório de Matos. De volta à BA, já agraciado com o título de fidalgo do Rei, dedicou-se à advocacia e desempenhou os cargos de vereador e capitão-mor de ordenanças, além de se ter notabilizado como argentário que emprestava dinheiro a juros, inclusive ao Estado.

B. de O. foi o primeiro poeta brasileiro a divulgar em letra de fôrma suas composições. Fê-lo em *Música do Parnaso* (1705), volume que reunia poemas em português, espanhol, italiano e latim, bem como duas comédias, *Hay Amigo Para Amigo* e *Amor, Engaños y Celos*. Com esse livro, tornou-se ele, ao lado de Gregório de Matos, embora em posição muito inferior à deste, o principal representante do * Barroco poético em nossa literatura. Versejador de inegável habilidade, utilizou B. de O. o arsenal metafórico do * Gongorismo e seus típicos recursos de expressão — notadamente os jogos antitéticos e hiperbólicos, os paralelismos imagéticos e as sutilezas cultistas — para tecer variações alambicadas em torno de temas insignificantes como "A ũa dama, que tropeçando de noite em ũa ladeira, perdeu a memória do dedo". Não se lhe nota todavia, quer no vocabulário, quer nos temas, qualquer sinal de presença da terra brasileira: sua poesia é, toda ela, mero exercício literário que se basta a si mesmo, e que, diferentemente da de Gregório de Matos, desdenha lastrear-se em qualquer vivência de fundo biográfico ou ambiental. A única exceção é o poemeto "A Ilha da Maré" que, por celebrar, numa pitoresca quitanda poética, as excelências de frutas e legumes brasileiros, tem sido considerado, com alguma razão, das primeiras manifestações do nosso nativismo literário.

Obras do A.: Da *Música do Parnaso* há uma edição moderna, organizada por Laudelino Freire e publicada pelo Instituto Nacional do Livro (1953, 2 vols.); *Lyra Sacra,* 1971 (leitura paleográfica de Heitor Martins).

Consultar: Xavier Marques, *Letras Acadêmicas,* Rio, 1933; Pedro Calmon, *História da Literatura Baiana,* 2.ª ed., Rio, 1949; Eugênio Gomes, "O Mito do Ufanismo. M. B. de O.", *A Literatura no Brasil* (dir. de Afrânio Coutinho), vol. I, t. 1, Rio, 1956; José Aderaldo Castelo, *Manifestações Literárias da Era Colonial,* vol. I dA *Literatura Brasileira,* S. Paulo, 1962; Péricles Eugênio da Silva Ramos, *A Poesia Barroca,* S. Paulo, 1967.
[J. P. P.]

ORAL, LITERATURA — Denominam-se literatura oral todas as formas de elaboração literária oralmente propostas e veiculadas. São consideradas próprias das sociedades rústicas, podendo, no entanto, ocorrer também entre os grupos populares à margem das sociedades civilizadas, urbanizadas e eruditas. Em ambos os casos, coexistem, essas elaborações orais, com produções literárias superiores escritas, tendo, como estas, a possibilidade de se manifestar através de diversos gêneros; falta-lhes, no entanto, a suprema característica delas, que é a de fluir no tempo e no espaço, ao sabor da moda, do gosto, da permanente tomada de conhecimento de novos aspectos da vida e do universo, das injunções da cultura, que lhes dita renovados padrões, e das profundas solicitações de interpretação e análise de situações humanas e sociais que, inacessíveis às ciências, remetem-se à literatura como a um campo aberto e não comprometido. A L. O. se reduz ao contexto da vida sócio-cultural rústica e popular, onde se justifica e se autentica pelas suas funções.

Como objeto de estudo, a L. O. mereceu tratamento adequado, e a denominação que tem, somente a partir de 1881, quando Paul Sébillot publicou a sua *Littérature Orale de la Haute-Bretagne*. A definição de L. O. foi proposta pelo mesmo autor em seu livro *Le Folklore* (1913): *"La littérature orale comprend ce qui, pour le peuple qui ne lit pas, remplace les productions littéraires."* Suas formas de manifestação, portanto, corresponderiam a todos os gêneros e formas literários superiores, acrescendo-se de elementos específicos da cultura popular, como, p. ex., certos jogos orais, as simpatias, os ensalmos, os pregões e aboios, etc.

A L. O. constitui-se a partir das experiências do grupo rústico e popular com o seu próprio meio, obedecendo às linhas de criação geralmente constatáveis em grupos congêneres no tempo e no espaço: à custa de elementos que podem derivar da civilização atual e das civilizações superadas; através da redução ao seu contexto cultural, sem repugnâncias lógicas, históricas, religiosas e interpretativas, de fatos, acontecimentos e feitos da sociedade em geral.

A elaboração da L. O. é anônima. Sua manutenção e perpetuação vinculam-se à tradição. Duas fontes a mantêm viva — o relato oral e os elementos literários um dia impressos (Princesa Magalona, João do Telhado, Pedro Malasartes, etc.) à base de velhas histórias e estórias ou de situações profundamente comoventes e trágicas (Escrava Isaura), a par de toda uma literatura de cordel a memorizar heróis populares (Lampião, Antônio Silvino, Dioguinho, etc.). Mas esta última fonte já descamba para o popularesco, para o grupo popular urbanizado.

A L. O. é objeto de interesse e estudo de diversos especialistas. Serve ao estudioso da novelística, informando-o a respeito das relações, desenvolvimento, variações e difusão de temas literários; ao historiador, como fonte secundária de informação; ao psicólogo, para a compreensão da "mentalidade" popular; ao sociólogo e antropólogo por apresentar-lhes chaves para a interpretação de situações de organização, de sistema e de estrutura sociais.

A literatura erudita, desde que as correntes românticas do século passado deram ao popular um tratamento de primeira plana, vem-se beneficiando dos temas e até do estilo das narrativas tradicionais.

303

A L. O. brasileira enquadra-se nas linhas gerais de produção, conteúdo e manutenção que acima apontamos, mas impondo-se considerar que é própria de uma sociedade que vem cumprindo suas etapas de formação e desenvolvimento em circunstâncias e com elementos humanos e culturais que lhe são típicos. Dessa maneira, a L. O. brasileira apresenta contribuições originais, a par de material que a transcende no tempo e no espaço, reflexo de vicissitudes a que esteve sujeita a sociedade nossa, com seus três grupos étnicos formadores: o europeu, através do português; o ameríndio; e o africano. Três grupos culturais de níveis diferentes, pois, em interação e caldeamento, com as subseqüentes decorrências de aculturação, acomodação, permuta e sincretismo. Mercê da elaboração literária oral, a cultura popular brasileira incorporou os temas, os estilos e a sabedoria de três troncos culturais diversos, que se amalgamam, em interdependência, dando ao nosso folclore um sabor especial.

Nessa elaboração, há frisante predominância lusa: seria como um rio maior a captar mananciais menores. Dentre as contribuições portuguesas (ou européias, por via portuguesa) temos, p. ex., as cantigas de roda, como "Senhora D. Sancha"; histórias e estórias, como as do Trancoso, de Malasartes, dos Pares de França e Carlos Magno; contos pios, como o ciclo de viagens de Jesus e S. Pedro, etc. De origem ameríndia, há uma infinidade de contos etiológicos (da mandioca, do guaraná, do fogo, da noite, e outros, muito bem estudados por * Couto de Magalhães e * Sílvio Romero); de cantigas de ninar e de cantar em roda, como "Sapo Cururu"; de mitos e crenças, como o boitatá, o jurupari, o caapora, etc. Dos africanos, veio-nos riquíssimo acervo de crenças, lendas e "causos" — os orixás a se transformarem em santos, as orações a tomarem dimensões mágicas, as estórias de macacos e de elefantes, etc.

Consultar: André Varagnac, *Civilisation Traditionnelle et Genres de Vie*, Paris, 1948; Amadeu Amaral, *Tradições Populares,* S. Paulo, 1948; Luís da Câmara Cascudo, *Literatura Oral,* Rio, 1952.

[O. E. X.]

ORLANDO da Silva, ARTUR — (★ 22/7/1858, Recife, PE; † 27/3/1916, *idem*) Jornalista, advogado, deputado federal e inspetor da Instrução Pública em seu Estado. Fez oposição a D. Pedro II, satirizando-o no artigo "O Rei Filósofo" (em *Filocrítica*, Recife, 1886). Proclamada a República, advogou o Pan-Americanismo. Espírito inquieto, perseguidor de uma cultura enciclopédica, foi um dos precursores da Sociologia científica entre nós. Seus ensaios sobre o homem brasileiro partem do pressuposto de um íntimo nexo entre a sociedade e a consciência, chegando a afirmar que "o *eu* não é uma unidade real, objetiva, mas uma atividade sintética, um 'processus' de socialização" (*Brasil: a Terra e o Homem,* 1913). É sensível em suas interpretações o esforço de arejar a cultura positivista, em que se formou, mediante o influxo das novas correntes vitalistas do princípio do século. Além de ensaios sociológicos, escreveu páginas de crítica jurídica e literária, em que continua a tradição de * Tobias Barreto e de * Sílvio Romero.

Obras do A.: *Fisiofilia Processual*, 1885; *O Meu Álbum*, 1891; *Ensaios de Crítica*, 1904; *Novos Ensaios*, 1905; *São Paulo versus Alexandre VI*, 1910; *São Paulo Bandeirante*, 1910.

Consultar: Augusto Franco, *Três Estudos,* Lisboa, 1905; Antônio Paim, introd. a *Ensaios de Crítica,* S. Paulo, 1975.

[A. B.]

ORTA, TERESA MARGARIDA DA SILVA E — (★ 1711 ou 1712, S. Paulo; † 1793, Belas, Portugal) Irmã de * Matias Aires, muda-se com a família para Portugal em 1716, não mais voltando ao Brasil. Aos 16 anos, casa-se, contra a vontade da família, sendo por isso deserdada. Viúva, reconcilia-se com o irmão, com quem passa a viver, e cujos filhos educa. Em 1752, publica em Lisboa, sob pseudônimo, a novela *Máximas de Virtude e Formosura,* título alterado, a partir da segunda edição, para * *Aventuras de Diófanes.* Na velhice, recolhe-se ao Mosteiro dos Ferreiros, onde escreve um poema épico-trágico, dividido em cinco "prantos", com 190 oitavas, das quais só se conhecem duas, transcritas por Inocêncio Francisco da Silva no *Dicionário Bibliográfico Português.*

Consultar: Rui Bloem, "O Primeiro Romance Brasileiro", apêndice à reedição, feita pelo I. N. L., das *Aventuras de Diófanes,* 1945; Tristão de Ataíde, "T. M. da S. e O., Precursora do Romance Brasileiro", *O Romance Brasileiro* (org. de Aurélio Buarque de Holanda Ferreira), Rio, 1952; Jacinto do Prado Coelho, *Problemática da História Literária,* Lisboa, 1961.

[S. S.]

OTAVIANO de Almeida Rosa, FRANCISCO — (★ 26/6/1825, Rio; † 28/6/1889, *idem*) Foi dos primeiros poetas românticos da geração que se seguiu à de * Gonçalves de Magalhães; cultivou uma poesia cheia de pessimismo e dúvida, como era dos moços byronianos. Formado pela Faculdade de Direito de S. Paulo (turma de 1841-1845), não seguiu a carreira jurídica, mas o jornalismo e a política: foi deputado, senador, exerceu funções diplomáticas. A despeito de escrever poesia desde os catorze anos e de julgar dignos de preservação os versos que compôs a partir de 1841, não reuniu em volume o grosso de sua produção. Publicou apenas os *Cantos de Selma,* tradução de Ossian (1872) e *Traduções e Poesias* (1881), assim mesmo com ar envergonhado: o primeiro trabalho teve tiragem de 7 exemplares, o segundo de 50. Duas ou três de suas poesias se fizeram célebres, como "Ilusões da Vida", que até em cartões postais chegou a ser impressa. "Morrer... Dormir" logrou também intensa difusão, embora seja mera paráfrase de frases do monólogo de II, 1, do *Hamlet* de Shakespeare.

Obras do A.: A coleção mais copiosa é a publicada por Xavier Pinheiro, *F. O., escorço biográfico e seleção,* Rio, 1925; *Cartas de F. O.,* coligidas, anotadas e prefaciadas por Wanderley Pinho, Rio, 1977.

Consultar: Xavier Pinheiro, *op. cit.;* Almeida Nogueira, *Tradições e Reminiscências,* S. Paulo, 2.ª ed., vol. II, 1953; *Autores e Livros,* supl. lit. d*A Manhã,* Rio, vol. V, n.º 7; Pires de Almeida, *A Escola Byroniana no Brasil,* S. Paulo, 1962.

[P. E. S. R.]

OTONI, José ELÓI — (★ 1.º/12/1764, Vila do Príncipe, atual Serro, MG; † 3/10/1851, Rio) Em seu Estado natal, faz todo o curso secundário. Viaja para a Itália, desejando seguir a carreira eclesiástica, mas regressa à Pátria para se dedicar ao ensino da gramática latina.

A Inconfidência Mineira obriga-o a exilar-se em Portugal, onde convive com a Marquesa de Alorna e outros poetas. Com a invasão napoleônica, abandona a Península. Viaja outra vez a Portugal pouco depois. De regresso, entra no serviço do Ministério da Marinha. Encontra, assim, condições propícias ao trabalho intelectual. No fim da vida, tendo perdido a razão, rasga numerosos poemas da mocidade, em obediência ao renomado conselho de Bocage, a quem tanto admirava e de quem havia recebido nítida e vincada influência.

Vivendo mais de oitenta anos, J. E. O. conheceu certo prestígio literário e o encômio dos contemporâneos. Manteve-se fiel às predileções da mocidade; presenciou o advento da revolução romântica sem sofrer-lhe o contágio. Tão-somente poeta, sua obra divide-se em três tipos fundamentais: poesia sacra, constante da tradução e adaptação dos *Provérbios de Salomão* (1815) e d*O Livro de Jó* (1852); a poesia lírico-amorosa; e, por fim, a poesia satírica e de ocasião. Do muito que deve ter produzido, a se levar em conta o que anda esparso e arrolado, boa parte o poeta destruiu definitivamente, sobretudo composições pertencentes às modalidades poéticas não-religiosas. No exame de consciência derradeiro, pareceu-lhe serem as obras profanas indignas de permanecer e contrárias a seu pensamento mais fundo, de base religiosa. Daí ter ficado em nossa história literária como poeta místico, o que é meia verdade. O pouco que restou de sua produção lírico-amorosa documenta um poeta de real talento. Pré-romântico por circunstância e por formação, nele coexistem influências bocageanas, fortuitos ingredientes do artificialismo arcádico, e uma expressão lírica de acentos novos, despojados, cujo à-vontade e fluência, revestindo um conflito sentimental imanente, fazem dele um lídimo precursor do * Romantismo entre nós. Certas de suas liras já transpiram claramente um clima anunciador do transbordamento confessional romântico. Suas obras, salvo as traduções, continuam esparsas. *O Florilégio da Poesia Brasileira*, de * Varnhagen, recolheu algumas delas.

CONSULTAR: Teófilo Benedito Otoni, *Notícias Históricas sobre a Vida e Poesias de J. E. O.*, Rio, 1851; Haroldo Paranhos, *História do Romantismo no Brasil*, vol. I, S. Paulo, 1937; Sílvio Romero, *História da Literatura Brasileira*, 5.ª ed., vol. II, Rio, 1953.

[M. M.]

P

PACHECO, José Félix Alves — (★ 2/8/1879, PI; † 6/9/1935, Rio) Advogado, deputado, senador, ministro das Relações Exteriores, jornalista e poeta. Pertenceu à Academia Brasileira de Letras. Enquanto poeta, batalhou em prol do * Simbolismo, na época da revista *Rosa-Cruz*, e escreveu poemas, especialmente lírico-amorosos, dentro da ordem literária então imperante, mesclados de claro sentimentalismo romântico. Com o tempo, chegou a abandonar o Simbolismo em favor do * Parnasianismo, de resto presente desde o começo em sua obra, no culto fervoroso do soneto ("Em Louvor do Soneto"). Refez então várias de suas velhas composições. Mais adiante, evoluiu para uma forma de placidez burguesa à * Mário Pederneiras, estranha ao seu feitio e pendores artísticos. Tradutor e estudioso de Baudelaire, observam-se-lhe na poesia, aqui e ali, notas e atitudes nascidas no contato com o poeta francês.

Obras do A.: *Chicotadas*, 1879; *Via Crucis*, 1900; *Mors-Amor*, 1904; *Poesias*, 1914; *Inesita*, 1915; *Marta*, 1917; *Tu, Só Tu...*, 1917; *No Limiar do Outono*, 1918; *O Pendão da Taba Verde*, 1919; *Lírios Brancos*, 1919; *Estos e Pausas*, 1920; *Em Louvor de Paulo Barreto*, 1922; *Poesias*, 1932.

Consultar: Luís Barreto Murat, *F. P.*, Rio, 1915; Andrade Murici, *Panorama do Movimento Simbolista Brasileiro*, vol. II, Rio, 1952.

[M. M.]

PADARIA ESPIRITUAL — Movimento que congregou jovens artistas e escritores de Fortaleza. Teve duas fases: instalou-se a 30/5/1892, caracterizando-se então pela atitude boêmia e pelo espírito de troça, e reunindo-se em café e bar; reorganizou-se em 28/9/1894, quando passou a ter uma atuação de maior sociabilidade, promovendo conferências e saraus a que comparecia a sociedade de Fortaleza. Não eram exclusivamente literários os seus propósitos, pois entre os seus membros se incluíam pintores e músicos; predominavam, porém, as Letras.

Editou um órgão oficial, quinzenário, *O Pão*, que se publicou de julho a novembro de 1892; de 1.º de janeiro a outubro de 1895; de 15 de agosto a 31 de outubro de 1896. Em suas páginas apareceram capítulos de *Dona Guidinha do Poço*, de * Oliveira Paiva, *Os Brilhantes*, de * Rodolfo Teófilo, e *Criminologia e Direito*, de * Clóvis Beviláqua.

307

A Padaria promoveu a edição de livros, entre os quais *Trovas do Norte*, de * Antônio Sales, *Os Brilhantes, Maria Rieta* e *Violação*, de Rodolfo Teófilo. Entre os seus membros alcançaram notoriedade nacional Antônio Sales, * Adolfo Caminha e Rodolfo Teófilo. A sua última sessão realizou-se a 20/12/1898. O seu ideal de arte era de nítida formação realista, com marcante influência de Eça de Queirós, mas estendia-se a admiração a Guerra Junqueiro e Ramalho Ortigão; Antônio Nobre era também uma das venerações do grupo. ["O *Só* era a nossa bíblia, o nosso encanto, o nosso livro amado", informa Adolfo Caminha, chamando atenção para a vertente simbolista da *Padaria Espiritual*.]

CONSULTAR: Adolfo Caminha, *Cartas Literárias*, Rio, 1895; Antônio Sales, *Retratos e Lembranças*, Fortaleza, 1938; Leonardo Mota, *A Padaria Espiritual*, Fortaleza, 1938; Dolor Barreira, *História da Literatura Cearense*, Fortaleza, t. 1, 1948; José Ramos Tinhorão, *A Província e o Naturalismo*, Rio, 1966; Sânzio de Azevedo, *A Padaria Espiritual*, Fortaleza, 1970.   [J. Pa.]

PAIVA, MANUEL DE OLIVEIRA — (★ 2/7/1861, Fortaleza, CE; † 29/9/1892, *idem*) Foram seus pais o mestre João Francisco de Oliveira, português, dos Açores, e Maria Isabel de Castro Paiva, de tradicional família cearense. Os estudos regulares limitaram-se a alguns meses no Seminário Menor do Crato (CE), na época de sua fundação (1875) e três anos, com interrupções, por motivo de doença, na Escola Militar do Rio de Janeiro (1880-1883). Datam dessa época suas primícias literárias: as "Transparências" (composições em verso) e o drama, ao estilo romântico, *Tal filha, tal esposa*, que vieram à luz no quinzenário *Cruzada*, órgão dos cadetes da Escola. Com o agravamento do seu estado de saúde, regressa definitivamente à terra natal (1883) onde, ao invés do repouso recomendado, entrega-se à intensa atividade intelectual e empenha-se a fundo nas campanhas pela abolição e república. Frutos do seu entusiasmo cívico, são os dois poemetos: "Isabelinha, ou a tacha maldita" e "25 de março" (1884), ambos de escasso interesse literário. Neste mesmo ano surgem as primeiras colaborações para *O Libertador*, o combativo diário defensor daquelas causas. São artigos, crônicas e contos, sem destaque especial. No mesmo jornal reaparecem trabalhos seus em 1886, ora assinados com o próprio nome, ora sob os pseudônimos de Gil e Gil-Bert, como as crônicas da série "Quadros e Episódios", muitas delas exercício preparatório de contos que escreveria para *A Quinzena*, periódico estritamente literário e órgão oficial do Clube Literário (o 1.º n.º é de 15/1/1887), e hoje reunidos em volume (1976). Enquanto isso, continuava a participar, como um dos membros mais ativos, do corpo redatorial de *O Libertador*, pois, além de trabalhos esparsos, respondia, juntamente com Antônio Martins e João Lopes (o diretor do jornal), pela coluna fixa "A Semana" (durou de 1887 a 1889), que vinha assinada por Gil, Pery & Cia.; saía aos domingos e era uma glosa dos principais acontecimentos dos dias anteriores, predominando os de natureza política. Nos primeiros meses de 1889 publica, em folhetins, o romance *A Afilhada* e, no segundo semestre, afasta-se da Capital e passa alguns meses no sertão de Quixadá e Quixeramobim. As peculiaridades do mundo sertanejo são objeto da série de crônicas "Do Sertão", e ainda lhe inspiram a

308

melhor obra, *Dona Guidinha do Poço,* romance escrito nos dois últimos anos de vida, quando o escritor, já muito doente, pouco saía de casa. Como se sabe, apesar de divulgado parcialmente, só viria a público, na íntegra, em 1952, por diligência de Lúcia Miguel-Pereira que, em face da boa acolhida, também promoveu a publicação, em volume, d*A Afilhada* (1962).

Num balanço geral da obra do A., pode-se concluir que foi excelente ficcionista, como provam alguns dos contos ("Corda Sensível", "A Melhor Cartada", "O Ódio" e "O Ar do Vento — Ave Maria!"), muitas passagens d*A Afilhada* e, sobretudo, *Dona Guidinha do Poço.* Dedicando-se à literatura, desde a juventude, O. P. procurou sempre aperfeiçoar-se, como testemunha o progresso contínuo que vai dos contos aos romances. Se no primeiro deles há visíveis altos e baixos (explicáveis, principalmente, pela falta de revisão que o A. pretendia, mas que não pôde realizar), atinge, no segundo, nível de grande escritor. Aprimoram-se os processos de transfiguração da realidade e da estruturação do enredo (que em *Dona Guidinha* partiu de um fato real). Mas é na elocução que se revela a principal característica do A.: sua independência perante as modas e escolas literárias e a busca de uma expressão viva e original, plasmada com os recursos da língua popular: torneios fraseológicos, os saborosos ditos e provérbios, o vocabulário regional, tudo sem os exageros e artificialidades encontráveis em obras semelhantes. Nota-se, de fato, um respeito à cultura sertaneja, evidente na cuidadosa recriação do meio, no registro dos costumes e hábitos típicos, no entusiasmo pelo homem de pureza de alma e rigor de atitudes. O folclore, por exemplo, é sentido e apreciado como verdadeira manifestação da arte espontânea do povo, não como esquisitices pitorescas. Essas e outras qualidades literárias reconhecidas pela crítica mais exigente autorizam a inclusão de O. P. na história da Literatura Brasileira, entre os nomes mais significativos da nossa ficção regionalista.

CONSULTAR: Tristão de Ataíde, *Afonso Arinos,* Rio, 1922; Lúcia Miguel-Pereira, *Prosa de Ficção (De 1870 a 1920),* Rio, 1950; e pref. a *Dona Guidinha do Poço,* S. Paulo, 1952; Ismael Pordeus, *À Margem de Dona Guidinha do Poço,* Fortaleza, 1961; Braga Montenegro, *Correio Retardado,* Fortaleza, 1966; Paula Beiguelman, *Viagem Sentimental a Dona Guidinha do Poço,* S. Paulo, 1966; Rolando Morel Pinto, *Experiência e Ficção de O. P.,* S. Paulo, 1967; Sânzio de Azevedo, *Literatura Cearense,* Fortaleza, 1976. [R. M. P.]

PALHARES, VITORIANO JOSÉ MARINHO — (★ 8/12/1840, Recife, PE; † 5/2/1900, *idem*) Poeta e dramaturgo. Pobre, não chegou a concluir o curso de preparatórios (equivalente, na época, ao atual secundário). Foi companheiro de atividades literárias de * Castro Alves e * Tobias Barreto. Seus primeiros livros de versos filiam-se ao lirismo romântico. Ao tempo da guerra do Paraguai, cultivou os temas patrióticos, valendo-se com freqüência dos recursos do * Condoreirismo. Escreveu várias peças de teatro, que foram representadas no Recife. Exerceu diversos cargos públicos, inclusive os de secretário do Tesouro e secretário da Presidência de PE.

OBRAS DO A.: Poesia: *Mocidade e Tristeza,* 1866; *Perpétuas,* 1867; *Peregrinas,* 1870; *Centelhas,* 1870. Romance: *As Noites da Virgem,*

1868. Teatro: *Drama do Século*, 1867; *As Virgens*, 1868; *Romeu e Julieta*, 1869 e *Aurora da Redenção*, além de esparços.

Consultar: Sílvio Romero, *História da Literatura Brasileira*, 5.ª ed., t. IV, Rio, 1953; Edgar Cavalheiro, *O Romantismo*, vol. II do *Panorama da Poesia Brasileira*, Rio, 1959; J. Galante de Sousa, *O Teatro no Brasil*, t. II, Rio, 1960; Péricles Eugênio da Silva Ramos, *Poesia Romântica*, S. Paulo, 1965.

[D. C. S.]

PALMÉRIO, MÁRIO DE ASCENSÃO — (★ 1.º/3/1916, Monte Carmelo, MG) Depois de ter sido bancário em S. Paulo, dedicou-se ao magistério em Uberaba, onde fundou o Colégio do Triângulo Mineiro e as Faculdades de Odontologia, Direito, Medicina e Engenharia. Eleito deputado federal pela primeira vez em 1950, alcançou reeleger-se em 1954 e 1958. Fez parte da Mesa da Câmara e teve atuação destacada na sua Comissão de Educação e Cultura. Foi embaixador do Brasil no Paraguai (1962).

M. P. estreou tardiamente com *Vila dos Confins* (1956), romance que teve sucessivas edições e que o revelou como um escritor amadurecido, dono de um estilo inventivo, que aproveita, sem desfigurar-se em paródia, torneios e recursos da fala popular. Nesse livro de estréia, fixou ele os costumes políticos e o modo de vida das populações sertanejas da zona centro-oeste de MG; fê-lo dentro das coordenadas tradicionais do * regionalismo, demorando-se em registrar peculiaridades de linguagem, de paisagem e de usanças, num descritivismo que, conquanto saboroso, perturbava amiúde a fluência e o interesse dramático do relato. No segundo romance de M. P., *Chapadão do Bugre* (1965) — cujo tema é uma vindita provocada por um crime de honra e que acaba envolvendo fazendeiros, coronéis, jagunços e policiais numa sangrenta luta partidária —, há maior equilíbrio entre a preocupação documentária e a criação propriamente ficcional. O clima de tragédia se mantém, íntegro e intenso, ao longo da narrativa, alçando-a ao "plano próprio da universalidade artística, aquela que supera, sem repudiar e sem abandonar, as peculiaridades específicas, mas estreitas, do regional e do local" (Wilson Martins).

Consultar: Raquel de Queirós, pref. a *Vila dos Confins*, ed. cit.; Renato Jobim, *Anotações de Leitura*, Rio, s. d.; Antônio Olinto, *Caderno de Crítica*, Rio, 1959; Cavalcanti Proença, "Paixão e Morte no Chapadão", *Correio da Manhã*, Rio, 20/11/1965; Wilson Martins, "O Instinto da Literatura", supl. lit. d*O Estado de S. Paulo*, 5/2/1966; Nelly Alves de Almeida, *Estudos sobre Quatro Regionalistas*, Goiânia, 1968; Hélio Pólvora, "O Mundo Amplo do Romance", *Jornal do Brasil*, Rio, 1.º/7/1970.

[J. P. P.]

PAPI JR., ANTÔNIO — (★ 28/1/1854, Rio; † 30/11/1934, Fortaleza, CE) Entra na Escola Militar em 1870, assentando praça no Primeiro Batalhão de Artilharia a Pé do Exército Imperial. Transferido para Fortaleza, serve no Décimo Quinto Batalhão de Infantaria. Abandonando a carreira das armas, emprega-se como guarda-livros, passa a sócio, prospera e realiza uma viagem à Europa, onde trava conhecimento com Eça de Queirós. Arruinando-se, parte para Belém do PA, onde se coloca num banco. De retorno a Fortaleza, abraça o magistério. Abolicionista e republicano, toma parte em ambas as campanhas; integra-se na vida cearense.

O nome de P. Jr. está ligado aos remanescentes do *Naturalismo. Lúcia Miguel-Pereira viu-lhe, entretanto, laivos de nefelibatismo, de que ocorreram manifestações em nossa literatura ainda nos inícios do século XX. Com efeito, em *Sem Crime* (1920), há ressonância do Huysmans de *À Rebours*, a denunciar-se no requinte dos personagens centrais e no predomínio das emoções estéticas sobre os instintos inferiores. A isto se alia o refinamento da linguagem que, à força de se rebuscar, cai com freqüência no arrevesamento, no precioso e até na impropriedade de expressão. Não estão ausentes qualidades de análise psicológica, ao lado de certo halo de mistério com que conduz a narrativa e a entremeia, aqui e ali, de tons poéticos.

OBRAS DO A.: Romances: *O Simas*, 1898; *Gêmeos*, 1914; *A Casa dos Azulejos*, 1927; *Almas Excêntricas*, 1931.

CONSULTAR: *Dicionário Histórico, Geográfico e Etnográfico do Brasil*, vol. II, Rio, 1922; Tristão de Ataíde, *Estudos*, 3.ª série, Rio, 1929; Raimundo Girão, *Três Gerações*, Fortaleza, 1950; Dolor Barreira, *História da Literatura Cearense*, t. III, Fortaleza, 1954; Sânzio de Azevedo e José Alves Fernandes, pref. a *O Simas*, 2.ª ed., Fortaleza, 1975; Sânzio de Azevedo, *Literatura Cearense*, Fortaleza, 1976; Otacílio Colares, *Lembrados e Esquecidos*, II, Fortaleza, 1976.

[J. Pa.]

PARANAPIACABA, BARÃO DE — João Cardoso de Meneses e Sousa (★ 25/4/1827, Santos, SP; † 2/2/1915, Rio) Foi professor, advogado, censor teatral, deputado; exerceu altos cargos fiscais e bancários, que lhe valeram o título de barão (1883). Na mocidade publicou, pouco depois de deixar os bancos da Faculdade de Direito de S. Paulo (turma de 1844-1848), um livro que lhe deu posição razoável no *Romantismo de seu tempo; perdeu depois a vibração e tornou-se poeta "árido e rotineiro", como quer *Antônio Cândido. Quando moço, fez poesia "pantagruélica" de mérito; foi dos primeiros cultores do *byronismo e da poesia "americana", bem como influência incontestável nos ramos elegíaco e indianista. Poetou "com certo discernimento do que era então moderno" (Antônio Cândido) no decênio de 1840, não merecendo pois o diploma de nulidade que lhe passa *Sílvio Romero. Como tradutor, foi supervalorizado no fim do Império, sendo sua obra um caso curioso não de progresso, mas de involução do gosto literário.

OBRAS DO A.: *A Harpa Gemedora*, 1847 (de fato saiu em fins de 1849 ou inícios de 50); *Poesias e Prosas Seletas*, 1910, livro que inclui obras anteriormente publicadas. Publicou muitas traduções, entre as quais uma das *Fábulas de La Fontaine* (2 vols., 1886).

CONSULTAR: Quintino Bocaiúva, pref. a *Poesias e Poesias e Prosas Seletas*, ed. cit.; Almeida Nogueira, *Tradições e Reminiscências*, 2.ª ed., vol. 3, S. Paulo, 1955; Antônio Cândido, *Formação da Literatura Brasileira*, 2 vols., S. Paulo, 1959; Péricles Eugênio da Silva Ramos, introd. a *Poesias Escolhidas* de João Cardoso de Meneses e Sousa, S. Paulo, 1965.

[P. E. S. R.]

PARNASIANISMO — No Brasil, já estava sendo praticado certo tipo de poesia diverso do * Romantismo quando lhe foi aplicado o rótulo de Parnasianismo, por suas analogias com a escola francesa. Deu-se isso da seguinte forma: iniciou-se a reação ao Romantismo, em nosso meio, com as correntes realístico-socialistas e a * poesia científica.

Os corifeus da poesia científica (ou filosófico-científica) desejavam que os poetas tivessem a intuição genérica da crítica do tempo, demonstrando conhecer os grandes princípios da filosofia geral e o espírito renovador da ciência do século XIX; não desejavam, contudo, que a poesia se fizesse didática. Seu primeiro pregador foi * Sílvio Romero, desde 1870; cultivaram-na Teixeira de Sousa, Prado Sampaio e * Martins Jr., este o mais importante do grupo.

A poesia realista combatia a idealização romântica; para ela, a mulher perdeu o halo virginal e as brumas que a envolviam, as lágrimas e os suspiros, para transformar-se na fêmea desejada, sadia e formosa. Também, como era contrária à idealização, acumulava pormenores nas descrições, e às vezes contava historietas de cunho moral, embora a conclusão não fosse diretamente expressa. Seus poetas mais importantes foram * Carvalho Jr., * Teófilo Dias, * Afonso Celso, * Celso Magalhães, * B. Lopes (em parte).

Já a poesia socialista queria, segundo Aníbal Falcão, traduzir "as aspirações, as ânsias, as blasfêmias e a vaga esperança do moderno viver social". De modo geral, os poetas socialistas atacavam o Trono e a Igreja, pregavam o sufrágio universal, a República, o Comunismo, a Paz, a Justiça, a Igualdade, o Amor Universal; acreditavam no Direito, no Progresso, na bondade humana. Essa poesia distingue-se da condoreira (* Castro Alves, * Tobias Barreto) pela expressão, que já não é a romântica. Seus adeptos principais foram * Fontoura Xavier, * Valentim Magalhães, Teófilo Dias (2.ª parte de Fanfarras), * Raimundo Correia (transitoriamente em parte de Sinfonias, 1883), Afonso Celso, * Augusto de Lima, * Lúcio de Mendonça. Era esse o tipo de poesia que vigorava, quando * Machado de Assis, no seu famoso ensaio "A Nova Geração", de 1879, lembrou a * Alberto de Oliveira que a poesia de amor não morrera, e que o poeta não parecia talhado para a Musa de combate. Alberto ouviu o conselho; Meridionais (1884) são um livro parnasiano.

Várias causas influíram na deriva da poesia realístico-social para o Parnasianismo. Além da autorizadíssima pregação crítica e do exemplo de Machado de Assis (as mais expressivas composições de Ocidentais saíram nas revistas em 1878 e 1880), registraram-se: a) a influência de * Artur de Oliveira, que em palestra se referia às obras e idéias de Leconte de Lisle, Théophile Gautier, Sully-Prudhomme, que conhecera em Paris; b) o exemplo de * Gonçalves Crespo com sua poesia formalmente trabalhada; e finalmente c) a influência de * Luís Guimarães Jr. Foi este poeta, que provinha do Romantismo, classificado como parnasiano por Fialho de Almeida; * Araripe Jr. já com isso concordava em 1882, mas com a divulgação do estudo de Fialho como prefácio à 2.ª edição dos Sonetos e Rimas, o rótulo começa a generalizar-se e a ser aplicado aos nossos poetas. * Manuel Bandeira, que rastreou o uso do vocábulo pelos jornais e revistas da época, indica o seu uso a partir de 1886. Este ano, assim, deve ser

312

tomado como o ano em que se começou a falar com insistência e amplitude no Parnasianismo em nosso país.

O Parnasianismo francês, segundo em geral se admite, praticou a arte pela arte e a precisão vocabular (*mot juste*) numa poesia plástica, pinturesca e sonora, que buscava a perfeição técnica e evitava a um tempo as confissões sentimentais e o palavreado oco. No Brasil, podem ser tomados como gerais, para os parnasianos, os seguintes princípios: exclusão da sentimentalidade romântica, embora não do sentimento: a arte pela arte; o *mot juste*. Quanto ao senso de colorido e de sonoridade, há poetas que com ele se embriagam, como B. Lopes, mas falha noutros, como Alberto de Oliveira, * Vicente de Carvalho ou * Bilac. Certos tipos de versos desaparecem (como o alexandrino arcaico); muda o sistema de contagem de sílabas, sendo adotada a reforma de Castilho, ainda vigente; combate-se a frouxidão do verso romântico, praticando-se quase que indefectivelmente a sinalefa e a sinérese e evitando-se o hiato; procura-se a rima rica, isto é, rara ou então resultante da combinação de categorias gramaticais diferentes, e condena-se a homofonia das rimas; o verso branco quase desaparece; importam-se formas fixas como o triolé, o rondel, o pantum e usam-se * sonetos de tercetos à frente, de metros desiguais, etc.

A teoria formal parnasiana deduz-se não só da pregação crítica de Machado de Assis (economia de composição, uso sóbrio de imagens, etc.), como de afirmações de Bilac, Vicente de Carvalho e Alberto de Oliveira. Induz-se, também, dos poemas tais como escritos e publicados por muitos parnasianos da primeira leva, e depois por eles próprios modificados. Podem tomar-se como precursores do Parnasianismo no Brasil, sem falar em realistas como Carvalho Jr., Teófilo Dias, Valentim Magalhães, * Adelino Fontoura e outros, Machado de Assis e Luís Guimarães Jr. Os principais poetas da escola foram Alberto de Oliveira, Raimundo Correia, Olavo Bilac e Vicente de Carvalho, podendo citar-se, também, * Luís Delfino (*Algas e Musgos*), *Artur Azevedo, Silva Ramos, Afonso Celso, B. Lopes (em parte), * João Ribeiro, * Raul Pompéia (poemas em prosa), * Venceslau de Queirós, Rodrigo Otávio, Augusto de Lima, * Filinto de Almeida, Mário de Alencar, * Guimarães Passos, * Emílio de Meneses, * Zeferino Brasil, * Pedro Rabelo e poucos mais. Entre as poetisas, sobreleva * Francisca Júlia, seguida de Júlia Cortines.

Foram esses os membros da geração parnasiana, quase todos tendo estreado em livro antes do advento do * Simbolismo, cujo marco temporal foi a publicação dos * Broquéis de * Cruz e Sousa (1893). Já antes disso se praticava avulsamente o Simbolismo em nosso país, devendo-se as primeiras amostras a * Medeiros e Albuquerque, nos *Pecados* (1889) e não nas *Canções da Decadência*, como erroneamente afirma Araripe Jr. n*O Movimento de 1893*.

CONSULTAR: Manuel Bandeira, *Antologia dos Poetas Brasileiros da Fase Parnasiana*, 3.ª ed., Rio, 1951; Sílvio Romero, *História da Literatura Brasileira*, 5.ª ed., vol. V, Rio, 1953; Péricles Eugênio da Silva Ramos, "A Renovação Parnasiana na Poesia", *A Literatura no Brasil* (dir de Afrânio Coutinho), vol. II, Rio, 1955; e *O Parnasianismo*, vol. III do *Panorama da Poesia Brasileira*, Rio, 1959; e *Poesia Parnasiana*, S. Paulo, 1967; João Pacheco, *O Realismo*, vol. III d*A Literatura Brasileira*, S. Paulo, 1963.

[P. E. S. R.]

PARTENON LITERÁRIO — V. SUL, Rio Grande do.

PASSOS, Sebastião Cícero do GUIMARÃES — (★ 22/3/1867, Maceió, AL; † 10/9/1909, Paris) Completados os estudos elementares, veio para o Rio, de cuja intensa vida boêmia participou, ao lado de * Bilac, Paula Ney e outros, e de cuja imprensa foi colaborador assíduo. Pertenceu à Academia Brasileira de Letras.

Espírito jocoso, mais na vida do que na arte, deixou um rico e pitoresco anedotário que, melhor do que a obra literária, lhe perpetuaria o nome. Nos seus versos, predomina o lirismo amoroso, pontilhado de notas eróticas, como era de uso entre nossos parnasianos. Não obstante ter sido autor de um *Tratado de Versificação* (1905), escrito de parceria com Bilac, jamais alcançou ser, como este, um ourives do verso. É poeta carente de maior interesse.

Obras do A.: *Versos de um Simples,* 1891; *Horas Mortas,* 1901; *Hipnotismos,* comédia, 1900; *Dicionário de Rimas,* 1904; *Pimentões,* versos humorísticos por Puff e Puck, 1904.

Consultar: José Veríssimo, *Estudos Brasileiros,* Rio, 1894; Humberto de Campos, *Carvalhos e Roseiras,* 3.ª ed., Rio, 1934; Raimundo Meneses, *G. P. e sua Época Boêmia,* S. Paulo, 1953.

[J. C. G.]

PAU-BRASIL — Livro de poesia de * Oswald de Andrade. A primeira edição foi impressa em "Au Sans Pareil", Paris, em 1925. *Pau-Brasil* é a primeira tentativa modernista de poema nacional. Abre-o um capítulo com trechos de Pêro Vaz de Caminha, * Gândavo e outros cronistas, transformados em pequenos poemas, em sua maioria epigramáticos. Vêm depois os poemas originais do A., sobre temas (ou episódios) da vida colonial, rural e urbana do País. Traz esse livro de * versos livres e brancos, e pequenos poemas sintéticos, um prefácio de * Paulo Prado, lançando, como corrente estética, a *Poesia Pau-Brasil,* que define como "o primeiro esforço organizado para a libertação do verso brasileiro".

Consultar: Paulo Prado, "Poesia Pau-Brasil", *Revista do Brasil,* S. Paulo, out. 1924; Sérgio Milliet, *Panorama da Moderna Poesia Brasileira,* Rio, 1952; Péricles Eugênio da Silva Ramos, "O Modernismo na Poesia", *A Literatura no Brasil* (dir. de Afrânio Coutinho), vol. III, t. 1, Rio, 1959.

[D. C. S.]

PAULICÉIA DESVAIRADA — Livro de poesia de * Mário de Andrade, impresso pela primeira vez em julho de 1922, nas oficinas da Casa Mayença, em S. Paulo. Do volume, consta um "Prefácio Interessantíssimo", no qual o A., explicando a posição estética do livro, que é, cronologicamente, o primeiro do * Modernismo brasileiro, formula a teoria do * Desvairismo. Consta *Paulicéia Desvairada* de vinte e dois poemas de forma livre, e em alguns deles transparece a influência de Apollinaire (principalmente do poema *Zone,* do livro *Alcools*) e de outros poetas europeus. De *Zone* vem o encantamento urbano de *Paulicéia Desvairada,* livro em que, no entanto, se acentua um tom muito pessoal de ironia, e mesmo de crítica veemente a aspectos humanos, sociais e políticos de S. Paulo. O A. — que se considerava entre "os primitivos de uma nova era" — procurou valer-se, no livro, sob o aspecto literário, de uma liberdade sem abuso e de um lirismo nascido no subconsciente. E conseguiu-o, pois suas ousadias temáticas e de linguagem não recusam as cautelas de uma expressão equilibrada.

CONSULTAR: Fernando Góes, "História da 'Paulicéia Desvairada'", *Revista do Arquivo Municipal*, vol. CVI, S. Paulo, 1946; Sérgio Milliet, *Panorama da Moderna Poesia Brasileira*, Rio, 1952; Péricles Eugênio da Silva Ramos, "O Modernismo na Poesia", *A Literatura no Brasil* (dir. de Afrânio Coutinho), vol. III, t. 1, Rio, 1959; Wilson Martins, *O Modernismo*, vol. VI d*A Literatura Brasileira*, S. Paulo, 1965; Adrien Roig, "Essai d'Interprétation de *Paulicéia Desvairada*", Publs. do Centre de Recherches Latino-Americaines de l'Université de Poitiers, Poitiers, 1975.

[D. C. S.]

PEDERNEIRAS, MÁRIO VELOSO PARANHOS — (★ 2/11/1868, Rio; † 8/2/1915, *idem*) Cursou o Colégio Pedro II e seguiu a Faculdade de Direito de S. Paulo até o segundo ano; além de funcionário da Companhia Sul-América e taquígrafo do Senado, exerceu o jornalismo, fundando a *Rio Revista, Galáxia, Mercúrio* e *Fon-Fon*, que se tornou uma espécie de órgão dos "novos" simbolistas, do Rio ou afluídos das províncias.

Estreou em 1900 com *Agonia*, livro nitidamente simbolista, cheio de fluidez rítmica, aliterações, antimerias, com expressão portadora de reflexos ultramarinos, franco-belgo-lusos. *Rondas Noturnas* (1901) também é simbolista: a propósito desse livro, continuou-se a falar na "metrificação bizarra" da escola (Alcindo Guanabara), "em certa e incontestável novidade de expressão e mesmo de sentimento" (*José Veríssimo). *Histórias do Meu Casal* (1906), contudo, é livro superior aos dois anteriores, com meiga expressão, louvor da vida em família, melancolia, e tinta da saudade. Em seu livro seguinte, *Ao Léu do Sonho e À Mercê da Vida* (1912). M. se fez mais definidamente o cantor da terra carioca, como na própria ocasião se assinalou, e isso passou a ser considerado traço distintivo de sua poesia, junto com a sua tristeza, cansada, mansa, generosa, muito ligada ao lar. *Outono* (1921) foi seu último livro publicado postumamente.

Ao contrário do que às vezes se afirma, M. P. não foi o introdutor do * verso livre no Brasil. Mas foi chefe de fila e um dos principais poetas de nosso * Simbolismo, dentro do qual conquistou uma expressão própria.

CONSULTAR: José Veríssimo, *Estudos de Literatura Brasileira*, 4.ª série, Rio, 1904; Nestor Vítor, *A Crítica de Ontem*, Rio, 1919; Rodrigo Otávio Filho, *Velhos Amigos*, Rio, 1938; e "Sincretismo e Transição: o Penumbrismo", *A Literatura no Brasil* (dir. de Afrânio Coutinho), vol. III, t. 1, Rio, 1959; Andrade Murici, *Panorama do Movimento Simbolista Brasileiro*, Rio, 1952; e "Presença do Simbolismo", *A Literatura no Brasil*, vol. III, t. 1, Rio, 1959.

[P. E. S. R.]

PEIXOTO, JÚLIO AFRÂNIO — (★ 17/12/1876, Lençóis, BA; † 12/1/1947, Rio) Formou-se pela Faculdade de Medicina da BA em 1897, e pouco depois começou ali mesmo sua carreira universitária, notabilizando-se como professor e higienista. Foi deputado por seu Estado natal e reitor da Universidade do Brasil. Pertenceu à Academia Brasileira de Letras. Nem por dispersar-se em vários campos de atividade, deixou A. P. de concretizar seus pendores literários, que cedo se revelaram. Em 1900, lançou *Rosa Mística,* uma série de poemas em prosa à maneira simbolista que mal faziam prever-lhe o futuro de romancista. Depois dum longo intervalo, em 1911 publicou *A Esfinge,* seu primeiro romance. Seguiram-se outros vários, em meio a intensa atividade científica e social, e daí por diante firmou-se definitivamente o prestígio de A. P. como escritor. O * Modernismo, que ele atacou e não soube compreender, determinou uma reviravolta no juízo público a seu respeito, relegando-o para segundo plano. Seus romances, de que *Fruta do Mato* (1920) é o mais significativo pela naturalidade da trama romanesca, procuram especialmente os temas sertanejos. Outras vezes, giram ao redor de motivos citadinos, como *Uma Mulher Como as Outras* (1928), mas constituem esforços malogrados: não correspondiam ao íntimo caráter do escritor. Num e noutro caso, A. P. faz romance psicológico, mas não psicopatológico. O drama é sempre o da mulher, em luta com os instintos despertos, do macho ou dela própria. Não obstante infenso ao ideário cientificista posto em moda pelo * Realismo, A. P. dele herdou o gosto pela objetividade. Retratista da mulher, toca-lhe apenas a zona dos sentimentos, sem lhe buscar jamais as profundezas da alma. Seus romances regionalistas, dos quais *Fruta do Mato* ainda resiste ao tempo, documentam-lhe com fidelidade o acendrado e jacobino amor à terra. Além da ficção, A. P. dedicou-se à crítica literária, tendo-se aplicado aos estudos camonianos, terreno em que alcançou notoriedade aqui e em Portugal, graças ao tom apologético e impressionista que emprestou às suas interpretações da obra de Camões.

OBRAS DO A.: Romance: *Maria Bonita,* 1914; *As Razões do Coração,* 1925; *Sinhazinha,* 1929. Crítica e História Literária: *Dicionário de "Os Lusíadas",* 1924; *Ensaios Camonianos,* 1932; *Noções de História da Literatura Brasileira,* 1931; *Panorama da Literatura Brasileira,* 1940.

CONSULTAR: Wilhelm Giese, "A. P., romancista", *Revista da Academia Brasileira de Letras,* Rio, n.º 130, out. 1932; Liberato Bittencourt, *A. P., Homenagem à sua Memória,* sep. d*O Instituto,* Coimbra, vol. 110, 1948; Leonídio Ribeiro, *A. P.,* Rio, 1950; Lúcia Miguel-Pereira, *Prosa de Ficção (De 1870 a 1920),* Rio, 1950; Afrânio Coutinho, introd. a *Romances Completos,* de A. P., Rio, 1962; Luís Viana Filho, *A.· P.,* Rio, 1963; Otávio de Faria, "A. P., Romancista", *Cultura,* Brasília, n.º 25, abr.-jun. 1977.

[M. M.]

PEIXOTO, INÁCIO JOSÉ DE ALVARENGA — (★ 1743 ou 1744, Rio; † 27/8/1792, Ambaca, Angola) Depois de ter estudado no Colégio dos Jesuítas de sua cidade natal ou em Braga, matriculou-se na Universidade de Coimbra, colando grau de doutor em Leis em 1767. Lecionou por alguns meses e foi depois juiz de fora da Vila de Sintra (1769-1773), bem como ouvidor no Brasil, em Rio das Mortes (MG), onde conheceu a poetisa Bárbara Eleodora, com quem se consorciou em 1781. Terminado o prazo de sua ouvidoria, fez-se lavrador e minerador. Implicado na Inconfidência Mineira, foi preso e conduzido

316

para o Rio, com humilhantes ferros que o feriram. Desterrado para Angola, em 1792, faleceu de febres no presídio de Ambaca.

Até há não muito tempo, não se dava crédito de grande poeta a A. P., que passava por versificador correto, mas frio. * Ronald de Carvalho via-o sempre pronto a lisonjear os representantes do governo luso, "conforme o provam quase todos os seus trabalhos poéticos", e notava ainda que devia ter sido poeta "de pouco sentimento, mas de imaginação fácil e colorida". De modo geral, fazia-se uma só exceção: o "Canto Genetlíaco" era muito gabado em virtude de idéias nativistas: "Encontra-se em todo esse canto", acentuava * Joaquim Norberto, "não só mal dissimulados pensamentos patrióticos, como também a luz do Ipiranga."

A despeito dessas idéias, bem como do sonho do império americano e do * indianismo que transparece noutras de suas peças, a revelação dos cinco sonetos dos ms. 8610 da Biblioteca Nacional de Lisboa por Rodrigues Lapa, em 1959, deslocou os dados da partida: A. P., com esses sonetos, ombreia com os maiores poetas brasileiros de seu tempo. Alguns versos desses sonetos são profundamente sugestivos, pelas imagens ou pensamentos que encerram, e os próprios sonetos afirmam-se como peças banhadas de ar encantatório e idílico: num deles, "Passa-se uma hora e passa-se outra hora", o tema é semelhante ao dos versos metafísicos de "To His Coy Mistress" de Andrew Marvell; outro, "Ao mundo esconde o Sol seus resplendores" é das composições mais bem acabadas de todo o * Arcadismo brasileiro. Assim, a despeito de sua obra escassa, A. P., com seus versos imaginosos e coloridos, vagamente nostálgicos, mas sonoros e bem trabalhados, surge hoje com a estatura de legítimo poeta.

Outros aspectos de sua poesia não podem ser julgados, pois estão desaparecidos os textos: assim o do drama lírico *Enéias no Lâcio,* que passa por ter sido encenado no Rio.

Obras do A.: As poesias de A. P. têm as seguintes edições: 1) *Obras Poéticas de I. J. de A. P.,* Rio, 1865 (ed. de Joaquim Norberto); 2) *Obras Poéticas de A. P.,* S. Paulo, 1956 (ed. de Domingos Carvalho da Silva); 3) *Vida e Obra de A. P.,* por M. Rodrigues Lapa, Rio, I. N. L., 1960. Este último livro traz, além das poesias, uma autorizada biografia de A. P., correspondência e copiosos documentos justificativos. É, hoje, o trabalho fundamental sobre o poeta.

[P. E. S. R.]

PELO SERTÃO — Obra regionalista de * Afonso Arinos, publicada em 1898, de marcante presença no panorama da literatura brasileira. Compõem-na doze narrativas, das quais nove se identificam facilmente como contos, e três ("A Cadeirinha", "Buriti Perdido" e "Paisagem Alpestre") aproximam-se da crônica. Ligadas ao * regionalismo, essas narrativas focalizam, sobretudo, o cenário de * Minas Gerais.

Nas histórias de *Pelo Sertão,* a narração aparece a fim de sustentar o impacto dramático e ir aos poucos desvendando o mistério do entrecho, usado para atrair o leitor. Tais cenas de mistério constituem artifício, porque a verdadeira intenção do A. é descrever tipos característicos do * sertão, exaltando-lhes, um pouco à romântica, a coragem e a lealdade.

Pelo Sertão conserva a preocupação de valorização ufanista da terra e do homem nacionais que caracterizou o regionalismo romântico. Entretanto, algumas de suas narrativas, como "Joaquim Mironga", "Pedro Barqueiro", "A Esteireira", além de obras-primas no gênero, são indispensáveis numa antologia do conto regionalista; constituem exemplos da mais segura expressão literária do A., além de anunciarem a característica básica do regionalismo modernista.

[L.D'A.F.]

PENA, CORNÉLIO DE OLIVEIRA — (★ 20/2/1896, Petrópolis, RJ; † 12/2/1958, Rio) Passou a primeira infância em Itabira (MG), fonte constante de sugestões para o ambiente de seus romances. Fez Direito em S. Paulo (1914-1919), período em que tenta o jornalismo acadêmico e começa a pintar. Transferindo-se para o Rio, viveu como redator e ilustrador d*O Combate* e *O Jornal,* e, desde 1927, como funcionário do Ministério da Justiça. Uma exposição de pintura realizada em 1928 abre-lhe as portas da Sociedade Brasileira de Belas-Artes, justamente quando o artista declara em público que não mais pintaria. De fato, a partir de 1930, dedicar-se-ia à elaboração de sua obra literária.

O romance de estréia de C. P., *Fronteira* (1935), representou, na moderna ficção brasileira, um dos primeiros passos para a formação de uma prosa introspectiva e não aderente àqueles compromissos com o documento social que então caracterizavam o romance regionalista. O que dá a nota de originalidade ao livro é a sugestão de uma atmosfera fantasmagórica, povoada de sombras e de objetos antigos, testemunhas de um passado irremediavelmente morto, a não ser na sensibilidade do narrador. Entretanto, por mais analítica que seja a descrição desses ambientes nos vários romances de C. P. ("romances de um antiquário", chamou-lhes * Mário de Andrade), impregna-a sempre um quê de imponderável, um ar de mistério, parametafísico, que visa a transcender a mera percepção psicológica. Nesse fundo ambíguo, não há, rigorosamente falando, personagens, mas figuras hieráticas, tecidas de gestos e silêncios, cuja fonte psíquica foge sempre ao leitor. Daí decorre certa aparência de imotivação, de inexplicabilidade das situações, as quais escapam a qualquer critério usual de verossimilhança. Em *Dois Romances de Nico Horta* (1939), *Repouso* (1948) e *A Menina Morta* (1954), o mesmo alheamento de psicologia "realista" vem acompanhado de não poucas digressões subjetivas, além da costumada presença de atmosferas plúmbeas, opressivas e até mesmo alucinatórias. Quanto à perspectiva ideológica do A., tem a crítica insistido na sua vinculação com a metafísica cristã do pecado e da redenção, lembrando os romances de Bernanos, de Julien Green e, entre nós, de * Otávio de Faria; cumpre dizer, porém, que a obra de C. P. não apresenta a objetividade dramática daqueles, nem as características formais deste. É, de qualquer forma, dos mais notáveis exemplos de ficção introspectiva em língua portuguesa.

CONSULTAR: Adonias Filho, "Os Romances da Humildade", *in Romances Completos,* de C. P., Rio, 1958; Mário de Andrade, *O Empalhador de Passarinho,* S. Paulo, s. d.; Maria Aparecida Santilli, "Angústia e Fantástico no Romance de C. P., *Revista de Letras,* n.º 5, Assis,

1964; Luís Costa Lima, *A Perversão do Trapezista*. *O Romance em C. P.*, Rio, 1976.

[A. B.]

PENA, Luís Carlos MARTINS — (★ 5/11/1815, Rio; † 7/12/1848, Lisboa) Órfão em tenra idade, depois de estudos de Comércio freqüenta a Academia de Belas-Artes. Como a literatura e o teatro o atraíssem mais de perto, passa a cultivá-los inteiramente. À uma, ingressa como funcionário da Corte e vai encenando suas primeiras comédias. Em 1847, é nomeado adido de primeira classe à legação brasileira em Londres, onde adoece de tuberculose. Segue para Lisboa, a caminho do Brasil, mas seu estado se agrava e vem a falecer na capital portuguesa.

M. P. foi cronista e, sobretudo, comediógrafo. Iniciando-se no teatro em 1838, com *O Juiz de Paz na Roça* (1842), colaborou, juntamente com * Gonçalves de Magalhães e João Caetano, para iniciar a atividade teatral no Brasil, de vez que no passado só houvera representações esparsas e de baixo nível. Ainda do mesmo ângulo, é importante frisar que M. P. foi o introdutor, entre nós, da comédia de costumes, largamente apreciada no decurso do século XIX. Tendo atrás de si tão-somente a obra de * Antônio José da Silva, os entremezes populares, de que possivelmente não teria recebido nenhuma influência, e o exemplo europeu, o teatro de M. P. brota espontâneo, fruto de um talento superior ao acanhamento intelectual do meio. Daí a primitividade, o realismo, o "fotográfico" das cenas colhidas ao vivo, como se o comediógrafo fizesse as vezes de um repórter. M. P. parte sempre da realidade observada e mantém-lhe o sabor de origem, limitando-se a adaptá-la cenicamente. O cômico, o burlesco, o gracioso, fluem naturais, sem maior elaboração intelectual. De passagem, o escritor vai registrando minúcias da vida e dos costumes fluminenses da primeira metade do século XIX. Em conseqüência das concessões feitas ao público, cada vez mais ávido das comédias de M. P., estas acabaram por degenerar em farsas. Do mesmo modo que abandona os temas de roça pelos urbanos, o comediógrafo vai cedendo ao cansaço e lançando mão da técnica primária do *vaudeville*. Deixa de escrever comédias de costumes graciosas e cheias de imaginação, para criar farsas de efeito imediato e fácil, mercê dos recursos grosseiros empregados.

M. P. escreveu 28 peças ao todo, entre comédias e dramas, estes de menor relevo. Das comédias, destacam-se e continuam a ser representadas até hoje *O Juiz de Paz da Roça, O Judas em Sábado de Aleluia* (1846, repr. em 1840) e *Os Irmãos das Almas* (1847, repr. em 1844). Criador da nossa comédia, em situação que lembra a de Gil Vicente no teatro português, respeitadas as naturais diferenças, M. P. é um dos poucos vultos importantes com que conta a dramaturgia brasileira.

OBRAS DO A.: *Teatro de Martins Pena,* ed. crítica de Darci Damasceno, com a colaboração de Maria Filgueiras, 2 vols., Rio, 1956. Reúne, pela primeira vez, a obra toda de M. P.

CONSULTAR: José Veríssimo, *Estudos de Literatura,* 1.ª série, Rio, 1901; Sílvio Romero, *Vida e Obra de M. P.,* Porto, 1901; Carlos Süssekind de Mendonça, *História do Teatro Brasileiro,* vol. I, Rio, 1926; Décio de Almeida Prado, "Evolução da Literatura Dramática",

A Literatura no Brasil (dir. de Afrânio Coutinho), vol. II, Rio, 1955; J. Galante de Sousa, *O Teatro no Brasil*, 2 vols., Rio, 1960; Sábato Magaldi, *Panorama do Teatro Brasileiro*, S. Paulo, 1962; Antônio Soares Amora, *O Romantismo*, vol. II d*A Literatura Brasileira*, S. Paulo, 1967; Raimundo Magalhães Jr., *M. P. e sua Época*, Rio, 1972.

[M. M.]

PENUMBRISMO — Tendência literária ligada aos anos e às obras de transição entre o fim do * Simbolismo e o início do * Modernismo, vale dizer, fins do século XIX e princípios do século XX. O rótulo originou-se de um artigo de * Ronald de Carvalho acerca d*O Jardim das Confidências* (1921), de * Ribeiro Couto, intitulado "Poesia da Penumbra", no qual se referia aos ultra-simbolistas e decadentistas que fugiam do sol para a sombra, os meios-tons crepusculares, e a intimidade recolhida, suave e morna, de alcovas atapetadas e silenciosas. Atitude passageira, assumida durante a vigília da revolução modernista, situa-se numa zona literária fronteiriça, de incerta delimitação. Tendência poética por excelência, a ela aderiram, dentre outros, * Mário Pederneiras, * Gonzaga Duque, * Eduardo Guimaraens, Lima Campos, *Guilherme de Almeida, *Filipe d'Oliveira, *Ribeiro Couto, * Álvaro Moreyra, Homero Prates, Rodrigo Otávio Filho.

CONSULTAR: Rodrigo Otávio Filho, "Sincretismo e Transição: O Penumbrismo", *A Literatura no Brasil* (dir. de Afrânio Coutinho), vol. III, t. 1, Rio, 1959. [M. M.]

PEREGRINO DA ROCHA FAGUNDES JR., JOÃO — (★ 12/3/1898, Natal, RN) Passou a juventude em Belém do PA, onde conheceu de perto a vida amazônica que iria mais tarde fixar nos seus contos. Vindo para o Rio em 1920, foi cronista mundano de vários jornais; crônicas selecionadas desse período estão reunidas em *Vida Fútil* (1923). Embora não participasse da campanha modernista, acompanhou-a com simpatia pela sua coluna d*O Jornal*. Concluiu em 1929, no Rio, o curso de Medicina iniciado no PA, dedicando-se a partir de então à clínica e ao magistério. Foi eleito em 1945 para a Academia Brasileira de Letras, cuja presidência ocupou mais de uma vez.

A obra de contista de P. Jr. filia-se ao regionalismo amazônico, a que procurou dar sentido de modernidade, reagindo, pelo comedimento da linguagem e do enfoque realista, ao gigantismo verbal de *Euclides e seus epígonos. Em *Puçanga* (1929), o cuidado com que são retratados os costumes, as paisagens e o linguajar da região não basta para fazer esquecer o anedótico dos entrechos e o esquemático dos tipos. Já em *Matupá* (1933), *Histórias da Amazônia* (1936) e *A Mata Submersa* (1960), há maior equilíbrio entre o documental e o ficcional, e contos como "O Paroara", "O Gapuiador" e "A Mata Submersa" dão-nos uma visão literariamente convincente dos dramas humanos da * Amazônia.

OBRAS DO A.: Além de obras científicas: *Jardim da Melancolia*, poemas em prosa, 1926; *Doença e Constituição de Machado de Assis*, ensaio, 1938; *O Movimento Modernista*, ensaio, 1954; *Origem e Evolução do Simbolismo*, 1957; *Biografia de João Francisco Lisboa*, 1957; *Ronald de Carvalho*, 1960.

320

CONSULTAR: Tristão de Ataíde, *Estudos,* S. Paulo, 5.ª série, 1933; Humberto de Campos, *Crítica,* S. Paulo, 3.ª série, 1941; Renard Perez, *Escritores Brasileiros Contemporâneos,* Rio, 1.ª série, 1960; Ivan Cavalcanti Proença, estudo em *Seleta* de P. Jr., Rio, 1971.

[J. P. P.]

PEREIRA, NUNO MARQUES — (★ 1652, Cairu, BA; † *ca.* 1731, Lisboa) Seus dados biográficos são discutidos por Rodolfo Garcia, que chega a considerá-lo português, o que poderia levar à discussão inclusive da possibilidade de incluí-lo ou não na literatura brasileira. Segundo o mesmo biógrafo, figuraria "no rol incontável dos aventureiros que a *auri sacra fames* atraía ao distrito das minas". "Seria emboaba, partidário de Manuel Nunes Viana." N. M. P. é autor do *Compêndio Narrativo do Peregrino da América* (primeira parte, Lisboa, 1728; edição completa, incluindo a segunda parte, feita pela Á. B. L., Rio, 1939, 2 vols.). Essa obra, que alcançou grande popularidade no século XVIII e na qual se quis infundadamente ver o início da ficção brasileira, é uma longa e enfadonha coleção de narrativas de cunho religioso e edificante, centradas nas andanças de um peregrino por terras de PE e BA. Narrado em tom de parábola e misturando barrocamente aspectos da vida cotidiana da BA, observados com minúcia de repórter, a entidades e situações alegóricas de sentido doutrinário, o livro de N. M. P. se insere na linha de *Pilgrim's Progress,* de Bunyan, e de obras similares de moralistas portugueses e espanhóis.

CONSULTAR: Estudos e notas de Varnhagen, Leite de Vasconcelos, Afrânio Peixoto, Rodolfo Garcia e Pedro Calmon na ed. citada, da A. B. L., do *Peregrino.*

[J. A. H.]

PERIODIZAÇÃO — Se fizermos acurado exame nas diversas teorias desde a de * Fernandes Pinheiro, em 1862 (*Curso Elementar de Literatura Nacional*), e a de Ferdinand Wolf, em 1863 (*Le Brésil Littéraire*), que buscam *periodizar* a literatura brasileira, observaremos que se aproximam, mais ou menos, não só na estruturação da cronologia, mas também na exposição dos conceitos de escola e de corrente. Por largo espaço de tempo, as teorias que fundamentaram o conhecimento de gerações sucessivas acerca de nossa literatura pertenceram a * Sílvio Romero e * José Veríssimo, sendo do primeiro o seguinte quadro cronológico: época de formação, 1500-1750; época de desenvolvimento autonômico, 1750-1830; época de transformação romântica, 1830-1880. Do segundo: época colonial ou de iniciação, 1549-1808; fase de transição, 1808-1836; época de nacionalização a partir de 1836. Ambos esses quadros cronológicos, apesar das épocas demarcadas diferentemente neles, apresentam muito mais aproximações do que rupturas. Na teoria genética de Sílvio Romero como na supostamente didática de José Veríssimo, atuam as mesmas correntes estéticas, conceituadas nos diferentes *ismos:* * Classicismo, * Gongorismo, * Arcadismo, * Romantismo. Está presente, também, a dicotomia * *era colonial* e *era nacional,* porque ambos os historiadores se preocupam em especificar, em nossa literatura, aquilo que é repercussão da literatura portuguesa e aquilo que nos pertence inalienavelmente. Há certas teses que, em muitos pontos, consoante a seriação dos fatos históricos, homogeneízam as tendências e as finalidades subjacentes nesses quadros, expostos acima:

321

a) a literatura brasileira como reflexo da portuguesa em todo o período colonial; b) a literatura brasileira, na época colonial, prolonga uma literatura definida; c) a literatura brasileira, conquanto refletida da portuguesa, não pode abdicar das chamadas *condições objetivas,* que ajudam a formar a obra literária, como se exemplifica com o fator fundamental do meio.

Mais tarde, outros historiadores como * Ronald de Carvalho (*Pequena História da Literatura Brasileira,* 1919), Artur Mota (*História da Literatura Brasileira,* 1930, só abrangendo os séculos XVI, XVII e XVIII), * Afrânio Peixoto (*Noções de História da Literatura Brasileira,* 1931), Nelson Werneck Sodré (*História da Literatura Brasileira, Seus Fundamentos Econômicos,* 1938) — não sairão dessa órbita em que tantas vezes se confundem e, a par, se repetem conceitos, nomenclaturas, tendências e classificações.

Hoje, entretanto, sob critérios diversos, sabemos que um período literário se fundamenta na conjunção íntima entre as categorias psicológicas da criação e as categorias estilísticas que as expressam. Sua autenticidade, todavia, procede de ele não se afastar dos espíritos-fonte (que idéiam e estruturam as estéticas) e não se apegar, obsessivamente, a critérios quer cronológicos, quer geracionais, quer escolásticos. Daí o problema da periodização ter passado a ser visto, hodiernamente, pelo prisma de "estilos literários" de época, que possibilitam uma enquadração esquemática mais consentânea com a natureza específica do fato literário. Nesse particular, merecem referência expressa os trabalhos de Otto Maria Carpeaux (*Pequena Bibliografia Crítica da Literatura Brasileira,* 1.ª ed., 1951, e "Períodos da História Literária Brasileira", *in Presenças,* 1958) e * Afrânio Coutinho (*Introdução à Literatura no Brasil,* 1959), que periodizam nossa literatura de acordo com modernos critérios estilísticos, notadamente os de * Barroco e Arcadismo, que descrevem, com maior propriedade do que o rótulo político de "fase colonial", as manifestações literárias dos três primeiros séculos de nossa história.

O conceito de *era* foi recentemente valorizado, do ponto de vista histórico e estético, por Antônio Soares Amora (*História da Literatura Brasileira,* 1954), que divide nossa literatura em duas grandes eras. A primeira, era luso-brasileira, vai de 1549 a 1808, e abrange duas épocas: Quinhentismo e Seiscentismo (1549-1724), e Setecentismo (1724-1808). A segunda, era nacional, compreende quatro épocas: Romantismo (1808- -1868), * Realismo (1868-1893), * Simbolismo (1893-1922) e * Modernismo (1922-   ). [Mas a partir da 8.ª ed. de sua *História da Literatura Brasileira* (1974) o referido historiador passou a adotar um critério periodológico estritamente literário.]

É bem de ver, porém, que, transcendendo muitas vezes o rigor cronológico, tão do agrado da Crítica tradicional e em que se confinam as escolas, a Periodologia estilística arma-se de um sistema de interpenetrações — segundo se registra com escritores barroquizantes da alta têmpera de * Cláudio Manuel da Costa, * Castro Alves, * Alberto de Oliveira, * Cruz e Sousa, * Augusto Frederico Schmidt, * Péricles Eugênio da Silva Ramos (de geração mais recente) — uma árvore temática de cujo tronco se esgalham artistas de diversidade formal apenas ilusória, uma família de escritores em que *o idioma é sempre empregado com a mesma intenção estética.* É, pois, uma verdadeira interpenetração de estilos literários, em face da qual, sem perder o espírito do seu tempo, um escritor pode sofrer uma repercussão de séculos.

Esteados, portanto, na conceituação, de ordem eminentemente funcional, de que o período é "um sistema de normas literárias expressas num estilo", não se nos torna problemática uma revisão dos velhos quadros da literatura brasileira, o que podemos realizar com o sistema vivo das *interpenetrações,* como sucede com o Barroco que, saindo de fontes quinhentistas, chega até os nossos dias, caracterizando uma família de escritores ou de artistas.

Dentro, por conseguinte, de um esquema ou de uma circunscrição, podemos apresentar o seguinte quadro de periodização estilística, aplicado à literatura brasileira:

Primeira fase — *Barroquismo* — séculos XVI, XVII, XVIII:

a) no século XVI, com os jesuítas;
b) nos séculos XVII e XVIII, principalmente em * Gregório de Matos e na escola oratória de * Vieira;
c) no século XVIII, na prosa e na poesia das * Academias;
d) nos séculos XVIII-XIX, nos autores de transição (p. ex., * José Bonifácio o Velho, isto é, na passagem do Neoclassicismo arcádico para o Romantismo).

Segunda fase — *Neoclassicismo, Romantismo, Realismo, * Naturalismo, * Parnasianismo, Simbolismo* (fase que, mais do que a primeira, caracteriza a interpenetração dos estilos literários).

Terceira fase — *Modernismo*:

a) primeira subfase: de 1922 a 1930;
b) segunda subfase: de 1930 a 1945;
c) terceira subfase: de 1945 em diante.

CONSULTAR: Carlos Burlamáqui Köpke, "Conceito e aplicação da Crítica Periodológica" (tese), *Anais do II Congresso Brasileiro de Crítica e História Literária* (1961), Assis, 1963; Eduardo Portela, "Por uma periodização literária especificamente brasileira", *Jornal do Comércio,* Rio, 15/1/1961.   [C. B. K.]

PERNETA, EMILIANO DAVID — (★ 3/1/1866, Sítio dos Pinhais, PR; † 19/1/1921, Curitiba, PR) Depois dos estudos elementares em sua terra natal, ingressou na Faculdade de Direito de S. Paulo, onde se formou em 1889. Iniciou a carreira literária quando ainda estudante: suas primeiras produções poéticas datam de 1884 e seu primeiro livro, *Músicas,* de 1888. Transferindo-se para o Rio, dedicou-se ao jornalismo por algum tempo; colaborou em *Cidade do Rio* e *Novidades,* e ligou-se por amizade aos simbolistas cariocas. Após breve estada em MG como promotor, regressou a Curitiba, onde viveu do magistério e da carreira militar (auditor de guerra). Somente voltou ao Rio por ocasião do lançamento de *Pena de Talião* (poema dramático), em 1914.

A poesia de E. P. não apresenta evolução nítida, uniforme. Todavia, alguns temas e modismos prediletos, relacionados com o Amor, a Mulher e a Natureza, marcam-lhe a obra. Pode-se dizer que passou de um ceticismo entediadamente ultra-romântico (ou pré-simbolista),

323

mesclado de seduções parnasianas (*Músicas*), a um paganismo dionisíaco, com evidentes notas simbolistas e decadentes, à Baudelaire, que denunciam um profundo dilema formado de apelos idealistas, de um lado, e sensualistas, de outro (*Ilusão*, 1911). No fim da vida, encaminhou-se para a religiosidade cristã, de raiz simbolista, num encontro com Cristo anunciado havia tempos (*Setembro*, 1934). Simbolista pela obra e pela ação pessoal, E. P. não chegou a superar de todo, porém, o fascínio do * Parnasianismo. Prova-o a fidelidade com que cultivou o * soneto, embora enriquecendo essa fôrma, tão cara aos parnasianos, de novas e ricas soluções métricas e rítmicas. Mas teve intuições avançadas, de um poeta que só não foi mais "moderno" (à Mário de Sá-Carneiro, por exemplo), porque carregava às costas o pesado fardo da tradição parnasiana. Seja como for, tornou-se o principal representante do * Simbolismo paranaense e figura, outrossim, na primeira linha dos poetas do movimento, em plano nacional.

OBRAS DO A.: *Poesias Completas*, 2 vols., 1945. Prosa: *Prosas*, vol. I das *Obras Completas*, Curitiba, 1945. Teatro: *Vovozinha* (teatro infantil; peça inédita); *Papilio Innocentia* (poema-libreto calcado na *Inocência*, de Taunay), 1966.

CONSULTAR: Andrade Murici, *E. P.*, Curitiba, 1919; Nestor Vítor, *A Crítica de Ontem*, Rio, 1919; Erasmo Piloto, *E.*, Curitiba, 1945; Massaud Moisés, *O Simbolismo*, vol. IV d*A Literatura Brasileira*, S. Paulo, 1966. [M. M.]

PICARESCO — Adjetivo derivado de "pícaro", que significa "ladino", "cínico", "espertalhão", "roto", "mal vestido", "vagabundo". A novela picaresca, que narra as andanças e as peripécias dum pícaro, é de origem espanhola (*Vida de Lazarillo de Tormes*, de 1554, de autor desconhecido). Não se aclimatou muito bem na literatura brasileira, certamente por não lhe corresponder às mais características tendências. Só no * Romantismo lhe encontramos a traça inicial: além do que pervaga pelos romances históricos de * Alencar, as * *Memórias de um Sargento de Milícias*, de * Manuel Antônio de Almeida, constituem o único exemplar autêntico no gênero picaresco, derivado possivelmente das novelas e "rimances" ibéricos trazidos para o Brasil já no século XVI. No * Realismo, ainda se encontram alguns laivos casuais de picaresco em * *O Cortiço*, de * Aluísio Azevedo, e nas * *Memórias Póstumas de Brás Cubas*, de * Machado de Assis, mercê da íntima relação existente entre o picaresco e o romance de costumes. No * Modernismo, por outros motivos, voltamos a lobrigar a presença do picaresco: * Mário de Andrade fazendo de * Macunaíma um "herói sem caráter", involuntariamente lhe conferiu atributos típicos de pícaro, incluindo a astúcia, o sensualismo, a malícia e o primitivismo. No *Burro de Ouro* (1960), de Gastão de Holanda, e em *Quincas Berro d'Água* (1961), de * Jorge Amado, apesar das características específicas de tais obras, o picaresco retorna, num nível superior de emoção estética, embora, é óbvio, com fisionomia nova, como sinal dos tempos e das naturais mudanças operadas nas estruturas sociais. [M. M.]

PICCHIA, PAULO MENOTTI DEL — (★ 20/3/1892, Itapira, SP) Formou-se em Direito em S. Paulo, Seus versos de adolescente (*Poe-

mas do Vício e da Virtude, 1913) traem a confluência de um temperamento exuberante e de uma linguagem neoparnasiana. Com o tempo, porém, o último traço vai cedendo sempre mais ao gosto do pitoresco, do fortemente colorido, do sensual, responsável pelo ritmo fácil do poemeto *Juca Mulato* (1917), que logrou êxito invulgar, sendo até hoje a sua obra mais conhecida. Enquanto poesia extraída de situações regionalistas, o poemeto inscreve-se perfeitamente nas tendências pré--modernistas. A mesma veia romântica e o mesmo brilho imediato reaparecem nos livros posteriores: *Moisés, poema bíblico* (1917), *As Máscaras* (1917) e *A Angústia de D. João* (1925). A * Semana de Arte Moderna teve no poeta um dos seus mais aguerridos participantes e comentadores. Importantes, sob esse aspecto, os artigos que escrevia na época para o *Correio Paulistano,* com o pseudônimo de Hélios: o *Leitmotiv* é o antipassadismo dinâmico em que se reconhecem acentos da eloqüência dannunziana e dos manifestos de Marinetti. Nessa estética do progresso o A. inseria temas brasileiros comuns à polêmica nacionalista do * Modernismo. Em 1927, juntamente com * Cassiano Ricardo e * Plínio Salgado, edita *O Curupira e o Carão,* artigos críticos escritos desde 1922: o Curupira é o símbolo da arte nova e brasileira, e o Carão o da mentalidade neoparnasiana e europeizante. São dessa fase os poemas de *República dos Estados Unidos do Brasil* (1928), rapsódia nacional em versos livres. A linguagem cai freqüentemente no retórico e no prosaico da crônica. Já nos versos de maturidade (*Poemas Transitórios*) nota-se certo esforço para a elaboração de uma poesia mais intimista. M. del P. escreveu também contos, novelas e romances, literariamente secundários no conjunto de sua obra: os entrechos apelam ora para a exaltação sensual, ora para aventura, ora enfim para a ficção científica. M. del P. pertence à Academia Brasileira de Letras.

OBRAS DO A.: Poesia: *Amores de Dulcinéia,* 1931. Romance: *Flama e Argila,* 1920; *O Homem e a Morte,* 1922; *Dente de Ouro,* 1923; *A República 3000,* 1930; *Kalum, o Sangrento,* 1936; *Kamunká,* 1938; *Salomé,* 1940. Crônicas: *O Pão de Moloch,* 1921. Contos: *Toda Nua,* 1926. Ensaio: *Soluções Nacionais,* 1935; *Sob o Signo de Polímnia,* 1959; *Obras Completas,* 14 vols., S. Paulo, 1958.

CONSULTAR: Humberto de Campos, *Crítica,* Rio, vol. III, 1935; Luís Correia de Melo, *Dicionário de Autores Paulistas,* S. Paulo, 1954; Péricles Eugênio da Silva Ramos, "O Modernismo na Poesia", *A Literatura no Brasil* (dir. de Afrânio Coutinho), vol. III, t. 1, Rio, 1959; Wilson Martins, *O Modernismo,* vol. VI d*A Literatura Brasileira,* S. Paulo, 1965; Jairo Dias de Carvalho, "M. del P.", *Poetas do Modernismo* (dir. de Leodegário A. de Azevedo Filho), vol. I, Brasília, 1972.

[A. B.]

PINHEIRO, CÔNEGO JOAQUIM CAETANO FERNANDES — (★ 17/6/ 1825, Rio; † 15/1/1876, *idem*) Tomou ordens em 1848 e exerceu cargos eclesiásticos antes de ser nomeado lente de Retórica e Poética do Colégio Pedro II. Foi sócio e primeiro secretário do Instituto Histórico e Geográfico Brasileiro, membro correspondente de várias sociedades científicas estrangeiras, redator e depois diretor da *Guanabara,* revista fundada por * Magalhães e * Gonçalves Dias.

Além de obras poéticas, históricas e religiosas, F. P. deixou artigos de * crítica e compêndios de * história literária. Malgrado o tom empolado e laudatório de seus juízos — aos quais não falta, contudo, certo discernimento crítico —, foi o primeiro entre nós a tentar uma visão de conjunto da literatura brasileira e a formular corretamente o problema de sua autonomia literária. Considerando os poetas da era colonial apenas "gloriosos precursores", só discerne um verdadeiro "cunho de nacionalidade" nos autores da "escola brasílico-romântica", que em vez de "moldurarem seus painéis com as reminiscências de além-mar ou fantasias mitológicas", entregaram-se, como era mister, a "descrições do nosso clima e dos nossos costumes". Tal posição crítica, redimindo-o do apego aos esquemas clássicos da retórica que lhe censurou * Sílvio Romero, integra F. P. nos ideais da geração de Magalhães e * Porto Alegre.

OBRAS DO A.: *Menandro Poético*, 1864; *Postilas de Retórica e Poética*, s.d.; *Curso Elementar de Literatura Nacional*, 1862; *Resumo de História Literária*, 1873.

CONSULTAR: Sacramento Blake, *Dicionário Bibliográfico Brasileiro*, Rio, 1833-1902; Wilson Martins, *A Crítica Literária no Brasil*, S. Paulo, 1952; Antônio Cândido, *Formação da Literatura Brasileira*, vol. II, S. Paulo, 1959. [J. P. P.]

PINHEIRO, JOSÉ FELICIANO FERNANDES — Visconde de S. Leopoldo (★ 9/5/1774, Santos, SP; † 6/7/1847, Porto Alegre, RS) Formou-se em Direito por Coimbra e ali publicou, em 1800, uma *História Nova e Completa da América*. Teve atuação política de relevância nos fins do Brasil Reinado e no Primeiro Império: foi deputado às Cortes, deputado geral, presidente de província, ministro e senador. Nos debates da Primeira Constituinte, propôs a criação de uma universidade a ser instalada em S. Paulo: a carta de Pedro I criando os cursos jurídicos teve o seu referendo. Em 1838, foi eleito primeiro presidente de então recém-fundado Instituto Histórico e Geográfico. Como escritor, F. P. deixou obra que compreende principalmente memórias biográficas de brasileiros ilustres, estudos e relatórios sobre questões de limites do Brasil, e monografias de história literária. De toda a sua produção, destacam-se os *Anais da Província de S. Pedro*, notáveis pela estrutura harmônica, pelo estilo objetivo e pela precisão com que usam aparato documental.

CONSULTAR: Sívio Romero, *História da Literatura Brasileira*, 5.ª ed., Rio, 5 vols., 1953; Aurélio Porto, pref. à reed dos *Anais da Província de S. Pedro*, Rio, 1946; Guilhermino César, *História da Literatura do R. G. do Sul*, Porto Alegre, 1956; Wilson Martins, *História da Inteligência Brasileira*, vol. II, S. Paulo, 1977. [O.E.X.]

PIÑON, NÉLIDA — (★ 1935, Rio) É formada em jornalismo pela PUC/RJ. Tem participado de congressos de escritores, realizado viagens ao estrangeiro, além de proferir diversas conferências em universidades. Participou do corpo redatorial de revistas literárias nacionais e estrangeiras.

N. P. se lançou no romance contestando o regionalismo, o levantamento documental, a narrativa espelho do Universo, a linguagem apenas norma culta. Retomando a experiência de * Clarice Lispector, * Osman Lins ou * Autran Dourado, minimiza o enredo, cria atmosferas tensas localizadas no interior do ser, verifica a intensidade e a extensão do universo humano, a alma e suas contradições, o amor como veículo de afirmação de personalidades altivas. Ao mesmo tempo, o mito, retomada do cosmos primevo, torna-se temática consciente a partir de certo momento de sua evolução. A linguagem da escritora, preferindo sugerir ou evocar, distingue-se pelo impressionismo do estilo, pelo fragmentário da informação semântica, pela cisão do claro e definido, de sorte a fazer o homem re-velar-se, mostrar-se/escondendo-se. As narrativas de N. P. sempre buscaram o mistério último que transpira no interior do visível.

Obras da A.: Romances: *Guia-Mapa de Gabriel Arcanjo*, 1961; *Madeira Feita Cruz*, 1963; *Tempo das Frutas*, 1966; *Fundador*, 1969; *A Casa da Paixão*, 1972; *Sala de Armas*, 1973; *Tebas do Meu Coração*, 1974. Teatro: *Beatas no Nojo*, 1970.

Consultar: Eliane Zagury, *A Palavra e os Ecos*, Petrópolis, 1971; Sônia Régis Barreto, "Guia-Mapa", supl. lit. d*O Estado de S. Paulo*, 6/6/1971; Sérgio Fonta, "N. P.", *Jornal de Letras*, Rio, 6/5/ 1972; Remy Gorga Filho, "N. P. luta por literatura emancipada e ao alcance de todos", *Correio do Povo*, Porto Alegre, 18/10/1969; Farida Issa, "N. P. e a Literatura Brasileira", *Correio do Povo*, 1/2/1969; Sônia Coutinho, "O Fantástico em *Sala de Armas*", *Jornal do Brasil*, Rio, 30/6/1973; Danúbio Rodrigues, "Um Novo Livro de N. P.", supl. lit. do *Minas Gerais*, 2/6/1973. [V. A.]

PITA, SEBASTIÃO DA ROCHA — (★ 3/5/1660, Salvador, BA; † 2/11/1738, fazenda perto de Cachoeira, BA) Estudou em Salvador com os jesuítas e diplomou-se em Leis pela Universidade de Coimbra. De volta à BA, foi feito coronel de ordenanças e estabeleceu-se em sua fazenda às margens do Rio Paraguaçu, onde realizou sua obra. Poeta gongórico e, sobretudo, historiador, fez parte da Academia dos Esquecidos, cujos estatutos cumpriu ao pé da letra no "tomar por matéria geral de seus estudos a história brasileira". Legou-nos, com a *História da América Portuguesa desde o ano de 1500 até o de 1724* (1730), um livro típico do nativismo nacional, em que a exaltação da realidade autóctone chega a extremos paroxísticos. De resto, não fazia mais do que se transformar em caixa de ressonância de um sentimento que tinha muito de difusamente comum na época. Seu estilo hiperbólico é característico do * Barroco literário brasileiro, no que esta tendência exibe de empolado, retorcido, nefelibata. Malgrado tal ornamentação barroca tenha obscurecido os méritos propriamente historiográficos do livro de R. P., este merece ser colocado ao lado de * Frei Vicente do Salvador pelo empenho de visualizar nossa história como um todo. Os fatos e informações que R. P. diligentemente compilou, na Metrópole e na Colônia, de documentos até então inéditos, aproveitariam aos seus sucessores e lhe testemunhariam a fidedignidade de investigador.

Consultar: Sílvio Romero, *História da Literatura Brasileira, 5.* ed., vol. II, Rio, 1953; Mário de Albuquerque, verbete "Historiografia no Brasil", *in Dicionário das Literaturas Portuguesa, Brasileira e Galega* (dir. de Jacinto do Prado Coelho), Porto, 1960; Heitor Martins,

O Tratado Político de S. da R. P., sep. das Atas do V Colóquio Internacional de Estudos Luso-Brasileiros, Coimbra, 1966.

[J. A. H.]

POEMA EM PROSA — Afirmou Aristóteles que não era o metro que caracterizava a poesia; Homero e Empédocles se haviam utilizado do verso, mas o primeiro era poeta, o segundo filósofo; por outro lado, reconhecia em Empédocles um "estilo de poeta". Platão teve um estilo que se situava, segundo Diógenes Laércio, entre a poesia e a prosa. Reconhecia-se, portanto, que havia um "estilo" poético, o qual se podia realizar tanto em poesia como em prosa. Tentou-se modernamente, com base em afirmativas similares de Aristóteles, Dionísio de Halicarnasso e Estrabão, construir epopéias em prosa, como foi o caso de *Les Martyrs*, de Chateaubriand, o qual se apoiava também no precedente de Fénelon, cujo livro *Les Aventures de Télémaque* foi recebido como poema no século de Luís XIV apesar de escrito em prosa. Com a proclamação da superfluidade do metro suscitou-se também o problema da "prosa poética", isto é, da linguagem figurada, a demonstrar labor, e mais recentemente, do "poema em prosa". Admite-se que este haja adquirido autonomia, na França, com Aloysius Bertrand, cujo *Gaspard de la Nuit* (1842) são "fantasias à maneira de Rembrandt e de Callot", pequenos quadros nos quais o A. admitia que houvesse talvez processos novos de harmonia e de cor. A seguir veio Baudelaire, que procurou "aplicar à descrição da vida moderna, ou antes de *uma* vida moderna e mais abstrata, o processo que ele (Bertrand) havia aplicado à pintura da vida antiga, tão estranhamente pitoresca". Rimbaud, com *Les Illuminations*, e Isidore Ducasse, com *Les Chants de Maldoror*, são também figuras consideráveis do poema em prosa francês, cujos precedentes mais nítidos são encontráveis nas *Chansons Madécasses* (1787), de Évariste Parny.

No Brasil, a prosa poética é reconhecível nas "Meditações" de * Gonçalves Dias, inspiradas pela prosa bíblica de Lamennais, em partes do *Livro de Fra Gondicário*, de * Álvares de Azevedo, em páginas de * Fagundes Varela e outros. Como poemas (épicos) extensos e íntegros podem ser tomados a * *Iracema* e o *Ubirajara* de * José de Alencar. Volume de poemas em prosa, isto é, de pequenas peças líricas, são as *Canções sem Metro*, de * Raul Pompéia, que parecem ter sido o livro brasileiro que iniciou definidamente o gênero. * Cruz e Sousa, com *Missal* e *Evocações*, é exemplo simbolista, sendo o poema em prosa encontrável em poetas modernos como * Manuel Bandeira ("Tragédia Brasileira"). Vários membros da "geração de 45", o praticam, bastando citar os casos de * José Paulo Moreira da Fonseca (*Breves Memórias de Alexandros Apollonios*), * Ledo Ivo ("Além do Passaporte", de *Estação Central*), * Péricles Eugênio da Silva Ramos ("O Aprendiz de Poeta", de *Lua de Ontem*). Em nossa poesia encontram-se ainda prosimetrias, segundo a tradição medieval do texto parte em prosa, parte em verso. A "Ode da Comunhão dos Santos", de * Jorge de Lima, e o "Sermão na Catedral", de Péricles Eugênio da Silva Ramos, são prosimetrias, i. e., poemas em prosa, no primeiro dos quais se intercalam versos, o segundo terminando em versos. O poema em prosa difere da prosa poética nisso que é limitado, ao passo que a prosa poética se dispersa em textos maiores de prosa simples. Também vale a intenção do autor, de fazer ou não poema em prosa: as *Sinfonias* de * Coelho Neto foram por este consideradas contos; * Rubem Braga toma eventuais poemas em prosa como crônicas, etc.

CONSULTAR: Fénelon. *Les Aventures de Télémaque,* introd. de Albert Cahen, Paris, 3.ª ed., 1929; Chateaubriand, *Les Martyrs,* prefácio; Maurice Chapelan, *Anthologie du Poème en Prose,* Paris, 1946; Sérgio Milliet, *Três Conferências,* Rio, 1955; Suzanne Bernard, *Le Poème en Prose, de Baudelaire jusqu'à nos jours,* Paris, 1959.

[P. E. S. R.]

POÉTICAS — Segundo velha definição, "poética é a arte que ensina as regras da poesia". Ultimamente, tem-se procurado distinguir entre *poética* e *poemática,* reservando-se à poética o estudo dos fundamentos teóricos da poesia e à poemática o estudo dos elementos formais do poema. As poéticas clássicas, todavia, como a de Aristóteles (*Peri Poietikes*), eram estudos formais; ou até preceptivos, p. ex., a *Ars Poetica* (*Epistola ad Pisones*) de Horácio.

Em Portugal, conhece-se como "poética" o fragmento da arte de trovar que antecede as poesias do *Cancioneiro da Biblioteca Nacional;* assim foi denominado em 1881 por Teófilo Dias, assim Monaci o chamou depois, e assim a ele ainda hoje se refere Rodrigues Lapa. Com a influência espanhola, desapareceram os tratados em vernáculo; ainda no * Renascimento, era em espanhol que um português como Miguel Sanches de Lima teorizava, em seu livro *El Arte Poetico en Romance Castellano* (1580). No século seguinte surge um compêndio prestigioso, no qual freqüentemente se apóia Bluteau: a *Arte Poética e de Pintura e Simetria, com os Princípios da Perspectiva,* de Filipe Nunes (1615). Cem anos depois, em 1724, surgem as *Luzes da Poesia descoberta no Oriente de Apolo,* etc., de Manuel da Fonseca Borralho, livro a que ainda * Alberto de Oliveira viria a se referir, em seu estudo sobre o * soneto. Mais influente foi a *Arte Poética* de Cândido Lusitano (1748), largo excurso com idéias gerais sobre poesia, mas sem nada de versificação. Disso cuidariam, pelo fim do século, autores como Pedro José da Fonseca e Miguel do Couto Guerreiro. A obra do primeiro teve influência no Brasil. À sua sombra foi que ensinaram mestres como Antônio Mariano de Azevedo Marques, professor público da "aula de Retórica e Poética da Imperial Cidade de São Paulo", na terceira década do século XIX. De seu ensinamento restam-nos os *Elementos de Poética resumidos da obra do mesmo título composta por Pedro José da Fonseca,* etc., apostilados por José Norberto de Oliveira e publicados em Sorocaba cerca de cinco decênios depois, em 1875. Junto com a Retórica, a Poética foi disciplina ministrada no ensino imperial, nos cursos anexos às Faculdades de Direito ou no Colégio Pedro II, donde surgirem no decorrer do século compêndios dedicados ao ensino da matéria, como as *Noções de Arte Poética* (1884) do Dr. Paulo Antônio do Vale, destinadas ao Curso anexo à Faculdade de Direito de S. Paulo, ou, para o Pedro II, o *Compêndio de Retórica e Poética,* de M. C. Honoroto, bem como sua tese de 1879 sobre *Literatura Nacional,* que é em parte uma poética. Poéticas anteriores, de antes do * Romantismo, ou já deste, são as de * Frei Caneca ou a de * Junqueira Freire, mas o compêndio mais influente, no Brasil, a partir de 1851, não foi brasileiro, e sim português: o

329

Tratado de Metrificação Portuguesa, de A. F. de Castilho. Nele se baseia a reação formal ao Romantismo, no Brasil, que viria a culminar com o * Parnasianismo: neste se mesclam o ensinamento de Castilho (às vezes indiretamente via * Machado de Assis, p. ex.) e preceitos de importação francesa. Um manual representativo da poética dos parnasianos brasileiros é o de * Olavo Bilac e * Guimarães Passos, *Tratado de Versificação,* merecendo citar-se, na mesma geração, o estudo com que Mário de Alencar precedeu seu *Dicionário de Rimas,* pela análise rítmica dos versos usuais, verdadeiramente pioneira em nosso país. A partir do Parnasianismo, os estudos de poética, no Brasil, cifraram-se na metrificação, não se distinguindo muito os manuais, uns dos outros, pela qualidade mediana. Pode ser referida, como preceptiva mais completa a *Consolidação das Leis do Verso,* de Manuel do Carmo (1919), que já inclui princípios simbolistas. O * Modernismo, com a adoção do * verso livre e quebra dos padrões então vigorantes, justificou sua própria posição, logo de início, com um "discurso sobre algumas tendências da poesia modernista", *A escrava que não é Isaura* (1925), de * Mário de Andrade. As diretrizes do próprio Modernismo, como puderam ser fixadas vinte anos depois, foram formuladas ainda por Mário de Andrade, n*O Movimento Modernista* (1942).

De modo geral, faltam estudos de conjunto ou aprofundados sobre a evolução das formas poéticas em nossa língua. Encontram-se, apenas, estudos isolados sobre a poética de determinados autores ou sobre certos aspectos técnicos da versificação.

[É de notar o aparecimento recente de *Teoria do Verso* (1974), de Rogério Chociay, que Péricles Eugênio da Silva Ramos considera, no prefácio à obra, "um livro rico de informações sobre o nosso verso medido, hábil e útil para todo o período que vem dos árcades e atinge os próprios poetas modernos do Brasil, quando metrificam", "sendo o seu trabalho, em conjunto, o mais completo que conhecemos nesse campo".]

[P. E. S. R.]

POLÊMICA — O surgimento de jornais no Brasil, pelos inícios do século XIX, possibilitou a polêmica no sentido comum da palavra. Decerto, elementos de polêmica aparecem antes, na poesia satírica de um * Gregório de Matos e de outros. Não é crível que lhes tenha faltado respostas ásperas cujos textos (no caso de serem escritas) desconhecemos. Perde-se, deste modo, a característica da polêmica, que é a troca pública de doestos. Neste sentido, os jornais foram os grandes veículos e, no que toca à Literatura, as áreas mais afetadas foram a *crítica literária e, sobretudo, a filologia. Uma das mais importantes polêmicas dos inícios do * Romantismo foi travada entre * José de Alencar e * Gonçalves de Magalhães em torno do poema deste último *A Confederação dos Tamoios,* cujo caráter nacionalista Alencar negou com veemência. A discussão tornou-se tão apaixonada que o próprio Pedro II interveio, escrevendo sob pseudônimo para defender Magalhães, atitude esposada por * Porto Alegre e outros. O mesmo Alencar discutiu pelos jornais com * Joaquim Nabuco, tendo * Afrânio Coutinho reproduzido em livro todos os artigos da polêmica. Ainda Alencar defendeu-se de ataques ao seu teatro (*As Asas dum Anjo,* por ex.) formulados por vários críticos. * Castro Alves e * Tobias Barreto se insultaram através de poemas declamados no Teatro Santa Isabel, do Recife,

330

e freqüentemente * Sílvio Romero e * José Veríssimo dissentiram, este contra o sociologismo daquele na crítica literária e certos julgamentos estéticos. Osório Duque Estrada confessou de público ser sua função na literatura policial e profilática (termos seus) jactando-se de "arrasar" o "contrabando literário". Sua preocupação limitou-se à pureza da língua e neste afã polemizou com * Coelho Neto, * João Ribeiro, a quem chamou de pândego, Cândido de Figueiredo ("charlatão"), modernistas em geral, * Graça Aranha e * Medeiros e Albuquerque. Pela sanha filiou-se à maneira de polemizar que celebrizou Camilo Castelo Branco. Igualmente rude foi * Antônio Torres, lusófobo e detrator da Academia Brasileira de Letras, cujos membros, por sua vez, não lhe pouparam insultos. Não só entre brasileiros houve polêmica mas entre os portugueses e os nossos, tendo como assunto a existência do dialeto brasileiro. * Carlos de Laet, ora zombeteiro à Eça de Queirós, ora devastador como Camilo, bateu-se com este afirmando o dialeto e, na mesma controvérsia, intervieram Castilho e * Valentim Magalhães. Assuntos mais estritamente gramaticais deram azo a que * Júlio Ribeiro e o Padre Sena Freitas, * Rui Barbosa e Carneiro Ribeiro, Coelho Neto e os modernistas se desentendessem à farta. No terreno religioso, mais do que no literário, * Jackson de Figueiredo trocou vários artigos com adversários, e o Padre Leonel Franca com José Oiticica. Menos polêmica do que satírica, a obra de * Agripino Grieco pica a muitos escritores, que ocasionalmente lhe deram o troco, mas Grieco, ao contrário da maioria dos polemistas brasileiros, preferia ridicularizar com graça, ao contrário, por ex., do seu contemporâneo * Humberto de Campos, sempre disposto à grosseria contra * João do Rio e outros. Depois de * Oswald de Andrade e Osório Borba, aquele defendendo suas posições modernistas e este esgrimindo contra a Academia, o Pen Clube (que Oswald defendeu), o general Klinger e * Afrânio Peixoto (chama-o traquinas), a polêmica no Brasil tomou aspecto de discussão de idéias, adotando-se um tom mais elevado. Assim, os poetas concretistas defenderam suas idéias e chegaram a polemizar entre si sem se baixarem aos insultos pessoais tão do gosto do século XIX e primeira metade do XX. A polêmica começa a tomar aspecto científico, de troca de idéias, perdendo aos poucos suas características tradicionais.

CONSULTAR: Sílvio Romero, *Zeverissimações Ineptas da Crítica*, Rio, 1910; Osório Duque Estrada, *Crítica e Polêmica*, Rio, 1924; Oswald de Andrade, *Ponta de Lança*, S. Paulo, 1945; Osório Borba, 1902, 2 vols.; *Coletâneas*, 1904-1906, 4 vols.   [J. P.]

POMPÉIA, RAUL D'ÁVILA — (★ 12/4/1863, Angra dos Reis, RJ; † 25/12/1895, Rio) Estudou no Colégio Pedro II e bacharelou-se pela Faculdade de Direito de Recife; iniciara, porém, seu curso em S. Paulo, onde militou nos movimentos republicano e abolicionista. Ocupou vários cargos públicos: diretor do *Diário Oficial,* secretário e professor de Mitologia da Escola Nacional de Belas-Artes, diretor da Biblioteca Nacional, posto de que foi exonerado por Prudente de Morais, devido à oração fúnebre que pronunciou junto ao túmulo de Floriano, exaltando este em detrimento daquele (1895). Iniciou-se nas letras com *Uma Tragédia no Amazonas* (1880), romance que, apesar de imaturo, já reflete um temperamento angustiado e em busca de uma tradução estilística impressionista. Essa mesma inquietude, traço fundamental de sua constituição — e que o levou a contínuas polêmicas, ao duelo com * Bilac e, finalmente, ao suicídio — anima as outras duas obras, muito mais importantes: *Canções sem Metro* (1881) e *O Ateneu* (1888). Na primeira extrema-se a tendência de uma índole naturalmente artística (era também exímio desenhista) para criar uma prosa cujo conteúdo semântico se subordine aos efeitos imagético-musicais da palavra: é inequívoca a presença de Gautier, de Baudelaire, do *l'art pour l'art* parnasiano-simbolista. No romance *O Ateneu*, a realização literária, levada a um refinamento tal, que já foi julgada barroca, está, contudo, empenhada em um drama interior nuclear: o da ressurreição de sua adolescência, vivida e sofrida no Colégio Abílio. É, assim, o nosso primeiro grande romance da adolescência (cf. * José Lins do Rego — *Doidinho* — e * Otávio de Faria — *Mundos Mortos*). Nele a memória artística revive, dolorosamente, o cotidiano de um internato masculino, sob a luz sombria da amargura e do ressentimento; a deformação caricaturesca do diretor (Aristarco) e de alguns alunos, magistral, embora impiedosa, e o incêndio final do colégio, são, talvez, a mais perfeita estilização da revolta que conhece o nosso romance. Por outro lado, uma acentuada morbidez nas relações de Sérgio (o protagonista) com alguns colegas (Bento Alves, Egbert) e um sensualismo difuso de púbere tímido e precoce junto ao feminino (Ângela, Ema) traem a visão pessimista de P. quanto aos sentimentos adolescentes, tantas vezes equívocos, pela própria instabilidade de um período de transição. Por isso é romancista que facilmente tenta a crítica psicológica e, mesmo, psicanalítica, em virtude da introspecção minuciosa e implacável a que submete o subsolo adolescente. Interessa-nos principalmente o fato de que a resolução literária, sinuosa e metafórica (cf. o musicalíssimo início do último capítulo), é muito aderente a esses múltiplos e contraditórios estados, revelando sempre o plasmador escrupuloso da linguagem à procura da expressão exata, mas irredutivelmente *pessoal*. É um dos exemplos mais impressionantes de homem cuja timidez congênita privou de toda comunicabilidade efusiva com o próximo, mas que se desafogou através da palavra artística — forma cristalizada de uma vida interior atenta e sensível até o desespero. Assim, apesar da influência dos Goncourt da *écriture artiste* parnasiana, da objetividade programática de Flaubert e da atmosfera otimista, progressista e literariamente anti-romântica que respirou, R. P. construiu obra de caráter basicamente confidencial, negativista (enquanto nega os valores éticos de qualquer educação, mesmo "científica"), o que o aparta, em larga medida, do que se convencionou chamar "naturalismo histórico" em crítica literária.

CONSULTAR: Elói Pontes, *A Vida Inquieta de R. P.*, Rio, 1935; Olívio Montenegro, *O Romance Brasileiro*, Rio, 1938; Mário de Andrade, *Aspectos da Literatura Brasileira*, Rio, 1943; Lúcia Miguel-Pereira, *Prosa de Ficção (De 1870 a 1920)*, Rio, 1950; Araripe Jr., *Obra Crítica*, Rio, vol. II, 1960 (ed. por Afrânio Coutinho); Temístocles Linhares, *R. P.*, Rio, 1958; Maria Luísa Ramos, *Psicologia e Estética de R. P.*, Belo Horizonte, 1958; Eugênio Gomes, *Visões e Revisões*, Rio, 1958; Ledo Ivo, *O Universo Poético de R. P.*, Rio, 1963; Artur de Almeida Torres, *R. P.*, 2.ª ed., Rio, 1972.   [A. B.]

POSITIVISMO — V. FILOSOFIA.

PRADO, EDUARDO Paulo da Silva — (★ 27/2/1860, S. Paulo; † 30/8/1901, *idem*) Bacharel em Direito pela Faculdade de S. Paulo. Possuidor de espírito curioso e variada cultura, viaja pela América e Europa, enviando impressões à *Gazeta de Notícias,* do Rio. Eça, que o conhece em sua mansão parisiense, nele se inspira para criar o Jacinto d*A Cidade e as Serras*: o homem-símbolo da mais refinada civilização. No Brasil, combate a República, sendo obrigado a fugir para a Europa. Funda o Centro Monarquista e adquire *O Comércio de S. Paulo,* núcleos oposicionistas logo dissolvidos. Fundador da Academia Brasileira de Letras e membro do Instituto Histórico. Brilhante homem de letras e vocação de historiador, não chegou a realizar a obra que o seu talento prometia: conhecemos quase só o publicista católico e monarquista.

Obras do A.: *Fastos da Ditadura Militar no Brasil,* 1890; *A Ilusão Americana,* 1893 (ed. apreendida pelo governo brasileiro); *Anulação das Liberdades Políticas,* 1897; "O Catolicismo, a Companhia de Jesus e a Colonização do Brasil", *in Centenário do Venerável Joseph de Anchieta,* Paris, 1900; *Viagens*: *América, Oceania, Ásia,* 2.ª ed., 1902, 2 vols.; *Coletâneas,* 1904-1906, 4 vols.

Consultar: Eça de Queirós, *Notas Contemporâneas,* Porto, 1909; Afonso Arinos, *Discursos Acadêmicos,* vol. I, Rio, 1934; Luís Correia de Melo, *Dicionário de Autores Paulistas,* S. Paulo, 1954.

[A. B.]

PRADO, PAULO da Silva — (★ 20/5/1869, S. Paulo; † 3/10/1943, Rio) Os estudos secundários, realizou-os no Rio e em S. Paulo, em cuja Faculdade de Direito fez o curso superior (1884-1889). Descendente de rica e tradicional família paulista (era seu pai o Conselheiro Antônio da Silva Prado), teve oportunidade de viajar demoradamente pela Europa, aprimorando o espírito nos ambientes culturais e artísticos do Velho Mundo. De regresso ao Brasil, apesar de absorventes preocupações comerciais, não abandonou a vida intelectual. Organizou uma das bibliotecas brasilianas mais completas e fez da sua casa, na Av. Higienópolis, em S. Paulo, ponto de reunião obrigatória de pensadores, artistas e escritores. Emprestou todo o seu prestígio aos jovens intelectuais que tentavam a renovação estética no Brasil de 1920, contribuindo decisivamente para a realização da * Semana de Arte Moderna. Sempre voltado para a realidade brasileira, pensava no progresso material do País (desenvolvimento da política de imigração, da qual foi paladino), ao mesmo tempo que estudava seus problemas crônicos, sugerindo soluções adequadas, dentro de uma compreensão científica dos mesmos. Multiplicando-se em atividades díspares, deixou obra pequena: *Paulística* (1925), ensaios históricos sobre o movimento das Bandeiras, e * *Retrato do Brasil* (1928), tentativa de explicação sociológica da psique do povo brasileiro.

Consultar: Tristão de Ataíde, *Estudos,* 1.ª série, Rio, 1927; Humberto de Campos, *Crítica,* vol. I, Rio, 1935; Agripino Grieco, *Evolução da Prosa Literária,* 2.ª ed., Rio, 1947; e *Gente Nova do Brasil,* 2.ª ed., Rio, 1948; J. F. de Almeida Prado, *Sociologia e His-*

tória, S. Paulo, 1956; Geraldo Ferraz, pref. à 6.ª ed. de *Retrato do Brasil,* Rio, 1963; Wilson Martins, *O Modernismo,* vol. VI d*A Literatura Brasileira,* S. Paulo, 1965; Vários Autores, "P. P.: O Diletante e o Militante", supl. lit. d*O Estado de S. Paulo,* 17/5/1969; Dante Moreira Leite, *O Caráter Nacional Brasileiro,* 2.ª ed., S. Paulo, 1969.

[H.R.M.P.]

PRAXIS — Iniciando-se com um "pré-manifesto", publicado no suplemento "O Metropolitano" do *Diário de Notícias* (Rio, março 1959), no qual preconizava que "o poema se objetiva" na unidade "palavra-corpo-espaço-forma", e passando pelo "manifesto didático", posfácio de *Lavra Lavra* (1962), livro de poemas de Mário Chamie, em que se "lança e instaura o poema-praxis", e pelo artigo acerca da "Literatura-Praxis", do mesmo A., estampado no número inaugural da revista *Praxis* (S. Paulo, 1.º semestre de 1962), o movimento *praxis* se dispôs em dois níveis, o histórico, que "colocou em crise o movimento de 22", e o "instaurador": "a criatividade praxis (...) introduz um sentido novo de produção em que a dialética entre autor e leitor não camporta nem um exclusivismo subjetivo, nem uma neutra reificação objetiva. Comporta e realiza, apenas, formas-conteúdos vivos". Considerando-se "vanguarda nova", em oposição à "poesia concreta", *praxis* autodefine-se como um processo literário marcado por: "a) o autor praxis não considera a(s) palavra(s) que integra(m) um vocabulário mero objeto inerte de composição e sim energia, matéria-prima transformável; b) a sintaxe que ele obtém não decorre de nenhum código gramatical estatuído, mas é resultado original da transformação a que ele submete as palavras; c) a semântica que articula exterioriza os problemas da área em relação ao contexto em que ela se situa; d) a pragmática que ele aciona faz com que a forma-conteúdo do texto seja uma estrutura genética e aberta, de tal modo que o leitor pode intervir crítica e criativamente no texto, exercendo uma função de co-autoria"; "o texto praxis é um produto que produz; incorpora o projeto de superação dos conflitos do contexto (...); sintoniza-se com uma consciência de produção industrial que vai da matéria-prima ao produto e deste ao uso coletivo" (entrevista de Mário Chamie ao supl. lit. d*O Estado de S. Paulo,* 10/9/1966). No curso do seu desenvolvimento, o movimento *praxis,* superando-se dialeticamente, evolui para a etapa do *textor,* definido como "a escrita que ao invés de ser só feita de letras (fonemas), palavras (monemas) e frases, é feita também de ditos (dictemas) que são mais do que palavras e menos do que frases", ou produto da soma "autor + leitor + texto". Além de Mário Chamie, guia, animador do movimento e autor de volumosa obra poética em que pratica a teoria preconizada (*Espaço Inaugural,* 1955; *O Lugar,* 1957; *Os Rodízios,* 1958; *Lavra Lavra,* 1962; *Now Tomorow Man,* 1963; *Indústria,* 1967; *Objeto Selvagem,* poesia completa, enfeixa dois livros inéditos, *Configurações* e *Conquistas de Terreno,* 1977), integram a *praxis* os seguintes nomes: Yvone Giannetti Fonseca (*A Fala e a Forma,* 1963), Armando de Freitas Filho (*Palavra,* 1963, Antônio Carlos Cabral (*Diadiário Cotidiano,* 1964), Camargo Meyer (*Cartilha,* 1964), Mauro Gama (*Corpo Verbal,* 1964), Louzada Filho (*Dardará,* 1965), Carlos Rodrigues Brandão (*Mão de Obra,* 1968), Carlos Fernando Magalhães (*Matéria-Prima,* 1968), Luís

334

Araújo (*Ofício Fixo*, 1968), Heleno Godoy (*Os Veículos*, 1969) e outros. V. Neomodernismo: Poesia.

Consultar: Mário Chamie, *Instauração Praxis*, 2 vols., S. Paulo, 1974 (reúne "manifestos, plataformas, textos e documentos críticos" de 1959 a 1972).

[M. M.]

PRÉ-MODERNISMO — O termo Pré-Modernismo foi criado por * Tristão de Ataíde para designar o período cultural brasileiro que vai do princípio do século XX à * Semana de Arte Moderna (1922). Período por excelência sincrético, para ele confluem as tendências parnasianas e simbolistas, na poesia (daí falar-se em Neoparnasianismo e Neo-Simbolismo), e as realistas e naturalistas, na prosa de ficção. Convém, no entanto, distinguir entre as correntes conservadoras e as inovadoras que coexistem durante esses anos. Vivos ainda, os maiores vultos parnasianos, * Olavo Bilac, * Alberto de Oliveira, * Raimundo Correia e * Francisca Júlia, exerciam notável influência em toda a linguagem poética de então, de tal sorte que os poetas neoparnasianos se limitaram a infundir o acento particular de sua sensibilidade em esquemas já consagrados: é o caso de * Amadeu Amaral, * Martins Fontes, *Hermes Fontes, *Goulart de Andrade e *José Albano, que se inscrevem todos no "culto da forma", compondo, em geral, sonetos rigidamente metrificados, embora não se possa, via de regra, reconhecer neles a doutrina da impessoalidade que, em tese, deveriam representar, mas da qual se alhearam, mais de uma vez, seus próprios mestres. Por outro lado, há os epígonos simbolistas que, sem a cobertura acadêmica dos neoparnasianos, continuam a escrever na esteira de * Cruz e Sousa e * Alphonsus de Guimaraens: entre outros, * Emiliano Perneta, * Pereira da Silva, * Eduardo Guimaraens, Homero Prates, * Pedro Kilkerry e * Alceu Wamosy. Vozes originais, não filiadas sistematicamente a nenhum dos movimentos anteriores, são * Raul de Leoni e * Augusto dos Anjos, dois autênticos poetas, diversos entre si: o primeiro, amante das formas claras e impregnado de uma filosofia discretamente hedonista; o segundo, dominado pela obsessão da dor e da morte. São dois valores artísticos que transcendem as características literárias da época, tendo, por isso, resistido à demolição modernista. No romance, prolongam as constantes tradicionais * Coelho Neto e * Afrânio Peixoto, narradores fecundos que consideram as letras como um ornamento da cultura ou, nas palavras célebres do segundo, "o sorriso da sociedade". Socialmente, correspondem à *belle époque* carioca; estilisticamente, divergem, preferindo Coelho Neto o fausto verbal entre parnasianismo e decadente, e Afrânio Peixoto o estilo direto dos realistas, temperado de uma psicologia semi-romântica. Inovadores na prosa e verdadeiros pré-modernistas pelo acentuado pendor nacionalista, podem considerar-se os narradores regionalistas desse período: os gaúchos * Simões Lopes Neto e * Alcides Maia, o mineiro * Afonso Arinos, o paulista * Valdomiro Silveira e o goiano * Hugo de Carvalho Ramos elaboraram uma prosa de arte vinculada à cultura de suas regiões, constituindo, em conjunto, um esforço de incorporar à ficção as várias fases de nossa realidade, negligenciadas pelo * Naturalismo. Quanto ao romance, a publicação de * *Canaã* em 1902 e das obras de * Lima Barreto indica uma tomada de consciência dos aspectos morais e políticos mais interessantes da

335

República Velha; no caso particular de * Graça Aranha, pode-se falar de Pré-Modernismo *stricto sensu,* em virtude de seus interesses sociais e estéticos, que iriam confluir para a renovação modernista de que foi ele aguerrido participante. Enfim, entre a ciência e as letras, situam-se alguns nomes centrais da cultura pré-modernista: * Euclides da Cunha, cuja obra máxima é um apelo dramático para os problemas nordestinos; * Alberto Torres e * Oliveira Viana, precursores realistas de nossos estudos sociais; * Monteiro Lobato, polemista voltado para a regeneração e o progresso do Brasil, além de narrador de inspiração regionalista; * João Ribeiro, filólogo independente, cuja ironia aliada a sólida erudição contribuiu para o descrédito do purismo acadêmico em voga; e, formando grupo ideológico à parte, não obstante as diferenças individuais, as inteligências rebeldes ao espírito positivista e leigo da 1.ª República — o pensador espiritualista * Farias Brito, os panfletários * Antônio Torres e * Carlos de Laet e os críticos católicos * Jackson de Figueiredo e * Nestor Vítor. É nesse quadro de relações culturais, complexo e vivo, embora dominado oficialmente pelo academismo parnasiano, que irá inserir-se o movimento modernista.

CONSULTAR: Tristão de Ataíde, *Contribuição à História do Modernismo, I: "O Pré-Modernismo",* Rio, 1939; Lúcia Miguel-Pereira, *Prosa de Ficção (De 1870 a 1920),* Rio, 1950; Fernando Góes, *O Pré-Modernismo,* vol. V do *Panorama da Poesia Brasileira,* S. Paulo, 1960; Alfredo Bosi, *O Pré-Modernismo,* vol. V d*A Literatura Brasileira,* S. Paulo, 1966. [A. B.]

PRÉ-ROMANTISMO E ROMANTISMO — O Pré-Romantismo é um movimento literário do século XVIII que, opondo-se aos cânones do *Classicismo, prefere a originalidade à imitação, a *Natureza às *bienséances* da sociedade e os modelos ingleses aos franceses. O isolamento do Brasil colonial do século XVIII não permitiu, na época, a infiltração pré-romântica na nascente literatura brasileira. Mas encontram-se vestígios da nova mentalidade literária na poesia arcádica de * Tomás Antônio Gonzaga.

Na história literária brasileira, o termo Pré-Romantismo tem outro sentido e outra localização cronológica: são, entre 1830 e 1850, as primeiras tentativas de importar o Romantismo europeu, tentativas feitas por poetas e escritores sem o temperamento típico de românticos, de modo que apenas são precursores do Romantismo brasileiro autêntico. Cabe a prioridade cronológica a * Gonçalves de Magalhães (1811-1882) e aos poemas publicados em sua revista *Niterói,* influenciados pelo Romantismo sentimental e cristão de Lamartine e Manzoni. Magalhães renegou depois o Romantismo de sua mocidade, assim como o fez * Araújo Porto Alegre (1806-1879), cujos poemas de *Brasiliana* introduziram na nossa literatura, bem pré-romanticamente, os temas nacionais. Um subproduto do Romantismo francês, o romance-folhetim influenciou as obras de *Joaquim Manuel de Macedo (1820-1882).

Quanto ao próprio Romantismo, a historiografia literária tradicional costuma distinguir duas gerações. Análise mais exata revela, porém, a escalonamento em três gerações: a primeira aproveita o nacionalismo e historicismo românticos para criar conscientemente uma literatura nacional; a segunda preocupa-se principalmente com a in-

336

trospecção dos seus sofrimentos e aspirações pessoais; a terceira introduz o ímpeto romântico na vida pública, criando uma poesia política.

A primeira geração é a dos românticos nacionalistas e historicistas. Em sentido restrito, pertence a ela o historiador * Francisco Adolfo Varnhagen (1816-1878), pela escolha do seu assunto, a história do Brasil, mas é conservador em política e quanto às normas estilísticas que adotou. Já é, porém, conscientemente nacionalista * Gonçalves Dias (1823-1864); e é agressivamente nacionalista * José de Alencar (1829-1877). Querem criar uma literatura brasileira baseada em temas nacionais e até numa língua nacional diferente da portuguesa. Aproveitam, com discernimento e cautela, modelos estrangeiros: * Gonçalves Dias, o Romantismo alemão de Lenau e Heine; Alencar, o romance histórico de Walter Scott e o estilo poético de Chateaubriand. Nos romances de enredo contemporâneo de Alencar, o idealismo romântico aproxima-se do pseudo-idealismo do romance "social" francês da época. Scottiano, com influências do romance-folhetim francês, também foi * Bernardo Guimarães (1825-1884).

A segunda geração romântica abandonou os ideais da primeira. Pouco se preocupa com a criação de um nacionalismo literário ou com o passado da pátria. É um grupo de jovens, as mais das vezes estudantes e amiúde tuberculosos, que morrem cedo, depois de uma vida de deboche excessivo, real ou imaginário. Mesmo quando pobres, pertencem à classe da *jeunesse dorée,* jovens que têm tempo para cultivar assiduamente seus sofrimentos físicos e morais e suas dúvidas metafísicas. São revoltados diabólicos como Byron e egocêntricos melancólicos como Musset, seus modelos preferidos. Ligam pouco à correção do estilo e da métrica. São subjetivistas para os quais a expressão dos seus sentimentos é tudo. Apesar de certo ar de família que os reúne, e apesar da falta de maturidade, pela morte que veio cedo, os representantes principais da segunda geração romântica são individualidades bem marcadas: * Álvares de Azevedo (1831-1852), o tipo do genial poeta estudantil; * Junqueira Freire (1832-1855), o monge *défroqué,* torturado pelas dúvidas; * Casimiro de Abreu (1839--1860), o namorado nostálgico, que é menos infantil do que parece; * Fagundes Varela (1841-1875), o boêmio desenfreado, que encontrou enfim a consolação na fé cristã. Companheiros de geração são * Aureliano Lessa (1828-1861), * Laurindo Rabelo (1826-1864) e * Luís Delfino (1834-1910), que sobreviveu a todos e tornou-se poeta parnasiano. O último poeta romântico foi *Luís Murat (1861-1929).

A terceira geração romântica brasileira, fascinada pelo exemplo de Vítor Hugo, cultiva a poesia pública, política, rimando artigos de fundo de jornal, metrificando manifestos do abolicionismo e proclamações republicanas. Assim foram * Pedro Luís Pereira de Sousa (1839-1884) e * José Bonifácio o Moço (1827-1886), e também *Tobias Barreto (1839-1889), o protagonista da poesia "condoreira". O verdadeiro poeta entre eles é * Castro Alves (1847-1871), apesar das restrições que a estética moderna pode fazer à sua retórica.

O Romantismo no Brasil foi encerrado, como movimento, pelo * Parnasianismo em poesia e pelo * Naturalismo na ficção. Mas não morreu. A imensa popularidade de um Álvares de Azevedo e de um Castro Alves, o favor permanente que o público concede a Gonçalves

Dias e Alencar, demonstram que o Romantismo é um elemento constante da alma brasileira. Foi o Romantismo que criou a literatura nacional. Há elementos românticos no *Simbolismo. Enfim, o *Modernismo foi, pelo menos em parte das suas raízes, uma revolta neo-romântica contra o academismo.

CONSULTAR: Sílvio Romero, *História da Literatura Brasileira*, 5.ª ed., Rio, vols. III e IV, 1953; Cândido Mota Filho, *Introdução ao Estudo do Pensamento Nacional. O Romantismo*, Rio, 1926; Paul Hazard, "Les Origines du Romantisme au Brésil", *Revue de Littérature Comparée*, VII/1, 1927; Haroldo Paranhos, *História do Romantismo no Brasil*, S. Paulo, 2 vols., 1938; Georges Raeders, *Les Origines du Romantisme Brésilien* (tese), Paris, s. d.; José Aderaldo Castelo, *Manifestações Literárias da Era Colonial*, vol. I d*A Literatura Brasileira*, S. Paulo, 1962; Antônio Soares Amora, *O Romantismo*, vol. II d*A Literatura Brasileira*, S. Paulo, 1967; Fausto Cunha, *O Romantismo no Brasil*, Rio, 1971.

[O. M. C.]

Q

QORPO SANTO — Pseudônimo de José Joaquim de Campos Leão (★ 19/4/1829, Vila do Triunfo, RS; † 1/5/1883, Porto Alegre, RS) O nome que José Joaquim de Campos Leão adotou, deve-se ao fato de, por volta dos trinta anos, acreditar-se santo. A ortografia é igualmente uma bizarria pessoal, decorrente da proposta de reforma ortográfica que o A. fez e publicou. Em 1840, conforme sua *Autobiografia,* segue para Porto Alegre a fim de estudar, mas acaba derivando para o comércio. E é como cobrador de firma comercial que percorre o interior da Província, até se tornar professor de primeiras letras em Santo Antônio da Patrulha. Só retornou a Porto Alegre em 1856, quando se casa e funda o Colégio Francês e Brasileiro de São João. Não fica, porém, muito tempo na Capital: segue para Alegrete, onde abre outro colégio, chega a subdelegado de polícia e vereador. De volta a Porto Alegre, passou a viver, desde 1862 até sua morte, entre a sanidade e a demência. Em 1877, monta uma impressora e publica os volumes da *Enciclopédia,* obra singular e original, "coletânea hoje absolutamente rara" e "raridade bibliográfica" (Guilhermino César), que reúne escritos políticos, morais, poemas, comédias.

Desabrida, rebelde, a poesia de Q. S. semelha preludiar o * Modernismo, ao voltar-se para "narizes, aranhas, formigas, as horas do relógio, (. . .) as tripas, a barriga, tudo lado a lado com temas então consagrados como a providência divina, o amor, a verdade, a caridade, o destino" (Flávio Aguiar). Mas a grande atração que Q. S. despertou, um século depois, foi pelo teatro: abolindo as convenções, opera seccionamentos espaciais (um quarto de casal burguês pode ser um bordel, dependendo do ângulo de visão), temporais (mistura de realidade e transcendência; cenas ilógicas), inventa nomes esdrúxulos (Mateusa, Truquetruque, Pedra, Lindo/Linda, Brás/Ferrabrás), explora o ridículo (como a queda do casal de oitenta anos numa disputa "amorosa", em *Mateus e Mateusa*). Autor de vanguarda, precursor de um teatro do absurdo, Q. S. ocupa lugar da maior singularidade na história do teatro brasileiro: duma originalidade onde a flama de gênio se casa com as chispas da loucura, exprime como nenhum escritor de teatro brasileiro o enlace fecundo entre o *nonsense* e a crítica mordaz aos preconceitos e às limitações do mundo burguês.

Obras do A.: *As Relações Naturais e Outras Comédias,* org. notas e comentário de Guilhermino César, Porto Alegre, 1969.

Consultar: Flávio Aguiar, *Os Homens Precários,* Porto Alegre, 1975 (com bibliografia praticamente completa acerca do A.).

[V. A.]

QUEIROGA, ANTÔNIO AUGUSTO DE — (★ 1811, Vila do Príncipe, atual Serro, MG; † 1855, *idem*) Estudou na turma de 1829-1833 do Curso Jurídico de S. Paulo. Nessa ocasião, participou da Sociedade Filomática, de que foi um dos fundadores, e granjeou certo renome como poeta. Dele, por exemplo, é a "Vida de Estudante", que se cantava acompanhada ao violão e que ficou célebre nos círculos acadêmicos por muitos anos, achando-se outras de suas poesias recolhidas nas seletas românticas. Deve ter sido um dos primeiros estudantes byronianos, se acreditarmos na afirmação de Pires de Almeida de que traduziu vários trechos do *Caim,* de publicação não localizada nos periódicos do tempo. Sua poesia, como a de Francisco Bernardino Ribeiro, situa-se no período de transição entre o * Arcadismo e o * Romantismo. O grupo da Sociedade Filomática aspirava a uma poesia nacional e livre, romântica em suma; sua expressão, contudo tateava em busca de libertar-se do *Neoclassicismo, sem consegui-lo claramente.

Obras do A.: As poesias de A. A. de Q. ficaram dispersas: algumas podem ser vistas no *Parnaso Brasileiro,* de J. M. P. da Silva, no *Parnaso Acadêmico Paulistano,* de Paulo do Vale, ou em Spencer Vampré, *Memórias para a História da Academia de São Paulo,* 2 vols., S. Paulo, 1924.

Consultar: Sílvio Romero, *História da Literatura Brasileira,* 5.ª ed., vol. III, Rio, 1953; Pires de Almeida, *A Escola Byroniana no Brasil,* S. Paulo, 1962; Péricles Eugênio da Silva Ramos, *Poesia Romântica,* S. Paulo, 1965.

[P. E. S. R.]

QUEIRÓS, AMADEU DE — (★ 25/3/1873, Pouso Alegre, MG; † 28/10/1955, S. Paulo) Chegou a ser eleito para a Academia Paulista de Letras (1955), mas não tomou posse. No início de sua carreira, foi juiz de paz e vereador na cidade natal, exercendo ainda funções de farmacêutico licenciado. Trabalhou no interior (Pouso Alegre e Ouro Fino), dedicando-se, inclusive, à lavoura. Segundo indicações de Rolmes Barbosa e Edgard Cavalheiro, foi homem desinteressado de glória e sucesso; tendo contribuído para a Literatura Brasileira com alguns livros de ficção, jamais buscou apegar-se a grupos literários a fim de promover-se. Marginal ou esquecido pela crítica, obteve, graças a Ruth Guimarães, alguma repercussão quando seus contos foram publicados no volume *Histórias Quase Simples,* em 1963.

Sua obra se caracteriza pelo tom singelo da concepção e da execução. Domina a norma culta com segurança, pondo-a a serviço de um artesanato formalmente impecável e uma cosmovisão melancólica, liricamente intimista.

A. de Q. contribuiu para o chamado "romance de trinta", com a análise do drama subjetivo, inscrito em certa época — transformação da cidade de São Paulo — e certo tipo de vida, o do homem do interior (sul de Minas e paulista).

Obras do A.: Romances: *Praga do Amor*, 1927; *Sabina*, 1928; *O Intendente do Ouro*, 1937; *A Voz da Terra*, 1938; *O Quarteirão do Meio*, 1944; *João*, 1945; *A Rajada*, 1954; *Catas*, 1956. Contos: *Os Casos do Carimbamba*, 1938. Memórias: *Dos Sete aos Setenta e Sete*, 1956.

Consultar: Almiro Rolmes Barbosa e Edgard Cavalheiro, *As Obras-Primas do Conto Brasileiro*, S. Paulo, 1947; Wilson Lousada, "O Regionalismo na Ficção", *A Literatura no Brasil* (dir. de Afrânio Coutinho), 2.ª ed., vol. II, Rio, 1969; Silveira Peixoto, *Falam os escritores*, 2.ª ed., vol. II, S. Paulo, 1971.

[V. A.]

QUEIRÓS, DINAH SILVEIRA DE — (★ 9/11/1910, S. Paulo) Sobrinha do contista *Valdomiro Silveira. Fez os estudos secundários em S. Paulo e estreou em 1939 com *Floradas na Serra*. Adaptado para o cinema e várias vezes reeditado, esse romance de tessitura romântica, cuja ação decorria nos sanatórios para tuberculosos de Campos do Jordão (SP), tornou conhecido do grande público o nome de sua A. Posteriormente, dedicou-se ela à ficção histórica de tema nacional, conforme o testemunham romances como *A Muralha* (1954) e *Os Invasores* (1965) e o conto de abertura de *As Noites do Morro do Encanto* (1957). D. S. de Q., que teve o conjunto de sua obra premiado em 1954 pela Academia Brasileira de Letras, é também autora teatral (*O Oitavo Dia*, 1955) e cronista.

Obras da A.: Romance: *Margarida La Rocque*, 1949; *Verão dos Infiéis*, 1968. Contos: *A Sereia Verde*, 1941; *Comba Malina*, 1969.

Consultar: Álvaro Lins, *Jornal de Crítica*, 2.ª série, Rio, 1943; Adonias Filho, *Modernos Ficcionistas Brasileiros*, 1.ª série, Rio, 1958; Renard Perez, *Escritores Brasileiros Contemporâneos*, 1.ª série, Rio, 1960; Fernando Whitaker da Cunha, "Do Romance Histórico", *Jornal do Comércio*, Rio, 20/2/1966; Bella Josef, estudo em *Seleta* de D. S. de Q., Rio, 1974.

[J. P. P.]

QUEIRÓS, RAQUEL DE — (★ 17/11/1910, Fortaleza, CE) Sua família residiu alternadamente na capital e no sertão cearenses até 1917, quando tenta fixar-se no Rio e logo em Belém do PA. Em 1919, volta para Quixadá, no sertão, e em 1921 R. de Q. é mandada para a capital como estudante interna do Colégio Imaculada Conceição. Termina o curso de normalista em 1925 e volta para a fazenda nas cercanias de Quixadá. Sua mãe orienta-lhe as leituras. Em 1927, a família passa a residir num sítio próximo a Fortaleza e R. de Q. colabora no jornal *O Ceará*, publicando, em folhetins, o romance *História de um Nome*, além de poemas e crônicas. Uma vez publicado *O Quinze* (1930), seu nome torna-se nacionalmente conhecido. Viaja várias vezes ao Rio, filia-se ao Partido Comunista (de 1931 a 1933, quando rompe), é presa em 1937, já como trotskista, e passa a residir no Rio, onde continua a colaborar em periódicos, assinando crônicas sobre os mais variados assuntos. Interrompeu sua obra romanesca em 1939, embora tenha escrito, em folhetins nO Cruzeiro, o romance *O Galo de Ouro* (1950) e anuncie *Maria Bárbara* e também *O Solitário*. Tem uma peça teatral inédita, *A Sereia Voadora*. É detentora de vários prêmios literários no Rio e S. Paulo. Tem assinado numerosas traduções: 13 000 páginas e 40 livros eram o total, em 1960. Primeira escritora a ingressar na Academia Brasileira de Letras (1977), R. de Q. é profundamente presa aos lugares em que vive. Nos romances, nota-se a presença da memória e da observação ligadas ao Norte do país — ao CE. Nas crônicas, alterna-se essa região com a Ilha do Governador e o Rio. A cada página levanta-se um problema social, não raro em forma de reivindicação e sempre ligado às criações da imaginação popular, seja em forma de crendice (quando fala do P. Cícero Romão Batista), seja aproveitando as distorções dos fatos publicados em jornais, folhetos de feira, etc. Seu teatro é uma projeção dos romances, não só pelos ambientes e personagens como pela linguagem colorida que ouviu na mocidade e que reencontra todos os anos, nas temporadas que costuma passar no interior cearense.

Obras da A.: Romance: *João Miguel*, 1932; *Caminho de Pedras*, 1937; *As Três Marias*, 1939. Teatro: *Lampião* (drama em 5 quadros), 1953; *A Beata Maria do Egito* (peça em 3 anos e 4 quadros), 1958. Crônica: *A Donzela e a Moura Torta*, 1948; *100 Crônicas Escolhidas*, 1958; *O Brasileiro Perplexo*, 1964; *O Caçador de Tatu*, 1967; *Dôra, Doralina*, 1975; *As Menininhas e Outras Crônicas*, 1976.

Consultar: Mário de Andrade, *O Empalhador de Passarinho*, S. Paulo, s. d.; Olívio Montenegro, *O Romance Brasileiro*, Rio, 1939; Renard Perez, *Escritores Brasileiros Brasileiros Contemporâneos*, Rio, s. d.; Paulo Rónai, *Encontros com o Brasil*, Rio, 1958; Joel Pontes, *O Aprendiz de Crítica*, vol. I, Rio, 1960; Haroldo Bruno, *R. de Q.*, Rio, 1977.   [J. P.]

QUEIRÓS, VENCESLAU José DE Oliveira — (* 2/12/1865, Jundiaí, SP; † 29/1/1921, *idem*) Formado em Direito pela Faculdade de S. Paulo, dedicou-se por algum tempo à magistratura e à política. O jornalismo, que cultivou durante quase toda a vida, foi sua principal atividade. Com denodo e espírito combativo, empenhou-se na defesa do * Simbolismo. Sua poesia, escrita à luz da influência de Baudelaire, a quem admirava como a um mestre, evolui do * Parnasianismo, sob influxo da estética em moda no tempo, para o Simbolismo, por motivos temperamentais. Entretanto, do ângulo formal, seus poemas, em que predominam os sonetos, revelam-se francamente apegados a soluções parnasianas. O satanismo baudelairiano, a que aderiu em obediência a inatas aptidões, reflete-se-lhe na poesia através de versos enérgicos, eróticos, cortantes, nervosos, agressivos, irreverentes, a preparar o advento de um poeta como * Augusto dos Anjos, onde tais características se cristalizariam de modo definitivo. Considerado o "Baudelaire paulistano", foi dos precursores da poesia simbolista entre nós, antes mesmo de * Medeiros e Albuquerque.

Obras do A.: *Goivos*, 1883; *Versos*, 1890; *Heróis*, 1898; *Sob os Olhos de Deus!*, 1901; *Rezas do Diabo*, 1939; *Cantilenas*, inédito. Consultar: Fernando Carvalho, introd. a *Poesias Escolhidas de V. de Q.*, S. Paulo, 1962 (com bibliografia).   [M. M.]

QUINCAS BORBA — Segundo romance da segunda fase da carreira literária de * Machado de Assis, publicou-se inicialmente em folhe-

342

tim d*A Estação*, Rio, de 15/6/1886 a 15/9/1891, e em volume neste último ano. O longo lapso de tempo decorrido após o surgimento de * *Memórias Póstumas de Brás Cubas* deixou em Q. B. marcas indeléveis: baixa o tom especulativo do romance anterior, e a narrativa, em torno dum banal caso de adultério entre Rubião e Sofia, arrasta-se monotonamente. De propósito, o ficcionista despiu-a de reflexões morais e de digressões, visando a contar uma história que interessasse aos leitores por si própria e não pelos aspectos marginais. A fina ironia e o humor atenuam-se, dando lugar a uma austeridade meio amarga, que todavia não chega a desfazer o halo de sátira dirigida contra a Humanidade. O cão, herdeiro do pensamento de Quincas Borba, atesta com nitidez o intuito satírico presente, a ponto de apenas o animal se salvar das misérias morais em que todos vivem atolados. Por meio dele, M. de A. esquadrinha o ridículo oculto em cada palpitação da vaidade humana. O valor da obra reside na maestria aplicada na condução dum enredo corriqueiro, no aprimoramento dos meios empregados na sondagem psicológica, e na convocação de recursos expressivos que fazem do romancista um dos escritores-modelo em língua portuguesa.

[M. M.]

QUINTANA, MÁRIO DE MIRANDA — (★ 30/6/1906, Alegrete, RS) Fixou-se, jovem ainda, em Porto Alegre, onde, depois de estudos incompletos no Colégio Militar, dedicou-se ao jornalismo e a traduções, notadamente de autores contemporâneos, como Proust, Charles Morgan e Virgínia Woolf.

M. Q. estreou tardiamente em livro com *Rua dos Cata-Ventos* (1940), coletânea de sonetos de um lirismo icástico, pontilhado de notas neo-simbolistas. Tal diretriz se prolonga na fluidez musical de *Canções* (1946), nos breves e intensos poemas em prosa de *Sapato Florido* (1948) e nos epigramas gnômicos de *Espelho Mágico*. Em *O Aprendiz de Feiticeiro* (1950), o poeta renova seu arsenal expressivo, adotando o verso livre para manifestar, numa dicção freqüentemente hermética, estranhas e sombrias visões oníricas.

O enganoso ar "passadista" de boa parte da obra de M. Q., marginalizando-a no contexto da poesia brasileira posterior a 22, fez com que a crítica negligenciasse, as mais das vezes, o que há de refinadamente original no seu *humor* sutil e na sua diáfana melancolia.

OBRAS DO A.: *Poesias*, 1962 (reunião dos livros anteriores); *Antologia Poética*, 1966; *Caderno H*, crônicas, 1973; *Apontamentos de História Sobrenatural*, poesia, 1976; *A Vaca e o Hipogrifo*, poesia, 1977.

CONSULTAR: Álvaro Lins, *Jornal de Crítica*, 1.ª série, Rio, 1941; Sérgio Milliet, *Diário Crítico*, vol. III, S. Paulo, s.d.; e *Panorama da Moderna Poesia Brasileira*, Rio, 1952; Péricles Eugênio da Silva Ramos, "O Modernismo na Poesia", *A Literatura no Brasil* (dir. de Afrânio Coutinho), vol. III, t. 1, Rio, 1959; Fausto Cunha, *A Luta Literária*, Rio, 1964; Augusto Meyer, *A Forma Secreta*, Rio, 1965; Hélio Pólvora, "Cantares de Quintana", *Jornal do Brasil*, Rio, 27/12/1972; Gilberto Mendonça Teles, "A Enunciação Poética de M. Q.", *Letras de Hoje*, Porto Alegre, n.º 20, jun. 1975; Hildon Rocha, "O Mágico e o Real na Poesia de M. Q.", *Cultura*, Brasília, n.º 25, abr.-jun. 1977.

[J.P.P.]

QUINZE, O — Romance de estréia de * Raquel de Queirós, publicado em 1930 pelo Estabelecimento Gráfico Urânia, de Fortaleza. Dá um grande vigor ao "romance nordestino", que tivera, dois anos antes, uma expressão nova e de acordo com o tempo em * *A Bagaceira,* de * José Américo de Almeida. *O Quinze,* romance escrito com mais simplicidade, coloca um vaqueiro (Chico Bento) e sua família, fazendeiros e suas famílias (D. Inácia, Vicente) no quadro da grande seca de 1915, que a romancista conheceu através dos relatos dos mais velhos. Um amor ingênuo vai-se tecendo para terminar melancolicamente, sem uma justificativa capaz de convencer. É, porém, mais um pretexto para a narração das misérias dos retirantes. Sob esse ponto de vista, *O Quinze* tem valor permanente e insubstituível, deixando transparecer o materialismo da escritora na cena da procissão, sem porém chegar a ferir nem deformar os sentimentos religiosos dos personagens. O sentido reivindicatório permanece, porque ainda são as mesmas as condições sociais, e a escritura límpida, fugindo a interpretações ou resoluções de problemas, ainda é um exemplo para o romance social no Brasil.

CONSULTAR: Alceu Amoroso Lima, *Estudos, 5.ª* série, Rio, 1933; Mário Linhares, *História Literária do Ceará,* Rio, 1948; Adolfo Casais Monteiro, *O Romance (Teoria e Crítica),* Rio, 1964.

[J. P.]

R

RABELO, LAURINDO José da Silva — (★ 3/7/1826, Rio; † 28/9/ 1864, *idem*) Mulato de origem humilde, teve vida difícil, amargurada por tragédias familiares. Depois de passar pelo Seminário de S. José e pela Academia Militar, foi estudar Medicina na BA, onde publicou seu único livro de poesia, *Trovas* (1853), e granjeou fama de repentista no círculo de Muniz Barreto. Voltou ao Rio para doutorar-se. Nomeado para o Corpo de Saúde do Exército, serviu no RS até 1863, quando passou a lecionar na Escola Preparatória anexa ao Colégio Militar do Rio.

L. R. é representante do * Ultra-Romantismo da segunda geração romântica. Cultivou a poesia confessional, de cunho elegíaco, em poemas como "O Meu Segredo", "A Linguagem dos Tristes", "Adeus ao Mundo" e outros, nos quais, manifestando seu desencanto da vida, vê na morte o único consolo para as suas desditas de ser "votado às dores". As *Trovas* contêm, outrossim, numerosas instâncias de poesia circunstancial e comemorativa, quase sempre composta de improviso; ao versar temas patrióticos como os fastos da Independência, o poeta antecipa a dicção altissonante do * Condoreirismo. A verve satírica e boêmia de L. R. está exemplificada nas *Livres* (1882), glosas de caráter fescenino que testemunham um veio subterrâneo do * Romantismo do qual *O Elixir do Pajé*, de * Bernardo Guimarães, é o mais notório afloramento entre nós.

Do ponto de vista formal, os versos de L. R. compendiam as virtudes e as limitações do seu talento de repentista, a fluência e a espontaneidade popularesca correndo parelhas com a tendência ao chavão e ao sentimentalismo epidérmico.

Obras do A.: Poemas esparsos e trabalhos em prosa coligidos por Osvaldo Melo Braga na sua edição das *Obras Completas de L. R.*, S. Paulo, 1946; em 1963, Antenor Nascentes coligiu e anotou as *Poesias Completas* de L. R.

Consultar: Estudos de Teixeira de Melo, Sílvio Romero, Melo Morais Filho, Eduardo de Sá Pereira de Castro, J. Norberto de Sousa e Silva, Dias da Silva Jr., etc., na ed. cit. das *Obras Completas* de L. R.; Antônio Cândido, *Formação da Literatura Brasileira*, vol. II, S. Paulo, 1959.

[J. P. P.]

RABELO, PEDRO CARLOS DA SILVA — (★ 19/10/1868, Rio; † 27/12/ 1905, *idem*) Depois de concluir seus estudos e de trabalhar no comércio, ingressou no serviço público e no jornalismo. Foi membro fundador da Academia Brasileira de Letras (cadeira Pardal Mallet) que, pelo projeto de * Inglês de Sousa, se denominaria Academia do Brasil; foi uma emenda de P. R. que lhe impôs a denominação atual. Em 1895, pertenceu à redação d*A Cigarra,* dirigida por Julião Machado e * Bilac.

Como poeta, P. R. é, no dizer de * Agripino Grieco, "fisionomia já agora irreconhecível na farândula parnasiana". Os contos de *Alma Alheia* (1895) têm algum interesse e revelam um discípulo obediente de * Machado de Assis, sendo também de notar as influências de Zola e * Coelho Neto.

OBRAS DO A.: *Ópera Lírica,* poesia, 1894; *Filhotadas* ("versos humorísticos de Pierrô"), 1898.

CONSULTAR: José Veríssimo, *Estudos de Literatura Brasileira,* 1.ª série, Rio, 1901; Agripino Grieco, *Evolução da Poesia Brasileira,* 3.ª ed., Rio, 1947; Manuel Bandeira e Edgard Cavalheiro, *Obras-Primas da Lírica Brasileira,* S. Paulo, 1943; João Pacheco, *O Realismo,* vol. III d*A Literatura Brasileira,* S. Paulo, 1963; Péricles Eugênio da Silva Ramos, *Poesia Parnasiana,* S. Paulo, 1967.

[D. C. S]

RAMOS, GRACILIANO — (★ 27/10/1892, Quebrângulo, AL; † 20/3/ 1953, Rio) Na infância acompanhou a família em contínuas mudanças, vivendo primeiro em Buíque, pleno sertão pernambucano, e posteriormente em Viçosa e Palmeira dos Índios, em AL. Impressões e experiências dessa fase se transubstanciariam mais tarde em material para obras de ficção e de memórias (*Infância,* 1945). Em 1914, embarca para o Rio, onde se mantém um ano como revisor de provas tipográficas em vários jornais. Por motivos diversos, regressa a Palmeira dos Índios, onde se casa e se estabelece com uma loja de miudezas. Em 1927 é eleito prefeito da cidade e sua administração ficou reconhecida pela seriedade e dinamismo. Os dois relatórios anuais dirigidos ao governador do Estado, vazados em linguagem objetiva, inusitada, fugindo ao convencionalismo de tais documentos, despertaram a atenção dos que os leram, inclusive do editor * Augusto Frederico Schmidt, que pressentiu ter o original prefeito algum romance na gaveta. De fato, G. R. vinha trabalhando desde 1925 na redação de *Caetés,* que Schmidt publica em 1933. Por essa época, enquanto convalescia de grave enfermidade, o escritor termina *S. Bernardo* (1934), primeira obra da famosa tríade completada por * *Angústia* (1936) e * *Vidas Secas* (1938). Sob a vaga acusação de comunista, o romancista é preso em 1936, quando residia em Maceió e desempenhava as funções de diretor da Instrução Pública. As condições precárias das várias prisões onde esteve abalaram-lhe a saúde e submeteram-no a inacreditáveis constrangimentos morais. Essas provações vêm narradas em *Memórias do Cárcere* (1953), que transcendem os limites de mero depoimento pessoal para se tornarem um dos estudos mais sérios da realidade brasileira, um libelo contra o nosso atraso cultural e uma denúncia das iniqüidades do Estado Novo.

Embora suas obras completas encerrem também volumes de crônicas e contos, é como romancista que G. R. se coloca no primeiro plano das letras nacionais. Como vimos, *Caetés* é o livro com que ele estréia aos 40 anos de idade. Apesar de suas reconhecidas qualidades literárias, este romance se distancia daqueles surgidos na mesma época e que trouxeram, em moldes novos, para a nossa literatura, a problemática humana e social do * Nordeste. No conjunto da obra do romancista, essa narrativa da vida provinciana não passa de um exercício de técnica literária, com sabor naturalista, como o próprio autor reconhecia. Já antecipa, no entanto, algumas constantes estilísticas de G., desde os cuidados rigorosos com a linguagem (sobriedade, correção, precisão terminológica de vocábulos), até os apuros da técnica romancística. Mas esta se renova em *S. Bernardo,* verdadeira obra-prima, na opinião unânime da crítica, em que se apuraram, com extrema maestria, os dotes literários antevistos no primeiro romance. Basta lembrar a limpidez e o rigor da expressão, a capacidade de pintar ambientes, a fixação de personagens, com o aprofundamento das análises psicológicas, cujo resultado mais importante é a criação do caráter forte de Paulo Honório, uma das mais bem logradas personagens da ficção brasileira. Qualidades originais vão surgir em *Angústia* e *Vidas Secas,* prova da versatilidade do escritor, cujo prestígio cresce dia a dia, atestado não só pelo grande número de estudos que sua obra vem suscitando, como também pelo interesse crescente que desperta nos meios intelectuais europeus e norte-americanos. Como romancista e, principalmente, como escritor, G. R. é hoje, sem favor nenhum, um clássico da língua portuguesa.

OBRAS DO A.: Contos: *Histórias Incompletas,* 1946; *Insônia,* 1947; *Alexandre e Outros Heróis,* 1962. Crônicas: *Linhas Tortas,* 1962; *Viventes das Alagoas,* 1962. Viagens: *Viagem,* 1954.

CONSULTAR: Vários Autores, *Homenagem a G. R.,* Rio, 1943; Álvaro Lins, *Jornal de Crítica,* 6.ª série, Rio, 1951; Antônio Cândido, *Ficção e Confissão,* Rio, 1956; Rolando Morel Pinto, *G. R.: Autor e Ator,* Assis, 1962; Wilson Martins, *O Modernismo,* vol. VI d*A Literatura Brasileira,* S. Paulo, 1965; Helmut Feldmann, *G. R.,* Fortaleza, 1967; Rui Mourão, *Estruturas,* Belo Horizonte, 1969; Assis Brasil, *G. R.,* Rio, 1969; Fernando Alves Cristóvão, *G. R.: Estrutura e Valores de um Modo de Narrar,* Rio, 1975; Letícia Malard, *Ideologia e Realidade em G. R.,* Belo Horizonte, 1976; Vários Autores, *G. R.: Fortuna Crítica,* Rio, 1977.

[R. M. P.]

RAMOS, HUGO DE CARVALHO — (★ 21/5/1895, Goiás, GO; † 12/5/1921, Rio) Depois dos estudos secundários no Liceu de Goiás, muda-se para o Rio e matricula-se na Faculdade de Direito (1915), não chegando a terminar o curso, por debilidade de saúde. Temperamento especial, retraído por natureza, excessivamente tímido, C. R. pouca convivência teve com os meios intelectuais do Rio, apesar de ter a *Gazeta de Notícias,* órgão de grande prestígio na época, publicado o seu conto "A Bruxa dos Marinhos" (1912). Dedicando-se quase exclusivamente ao gênero, escreve várias estórias, das quais seleciona aquelas que formam o volume de *Tropas e Boiadas* (1917), única obra publicada em vida, e de citação obrigatória no capítulo da nossa lite-

347

ratura regional, principalmente depois da referência de * Mário de Andrade na sua conferência sobre *O Movimento Modernista*. De fato, prova da fidelidade do A. aos temas agrestes dos sertões de sua terra, são os contos ali reunidos: "Caminho de Tropas", "Mágoas de Vaqueiro", "A Bruxa dos Marinhos", "Nostalgias", "A Beira do Pouso", "O Poldro Picaço", "Ninho de Periquitos", "O Saci", bem como a novela *Gente da Gleba,* cujo enredo se prende à exploração dos pobres colonos pelos coronéis latifundiários, senhores absolutos na sua justiça unilateral e cruel. A paisagem merece a melhor atenção do escritor, que a retrata demoradamente, com pinceladas brilhantes, que revelam um estilo de intenções artísticas, sugerindo a influência de * Coelho Neto, um dos escritores brasileiros mais lidos e admirados por C. R.

Obras do A.: *Obras Completas,* S. Paulo, 1950.

Consultar: Nestor Vítor, *Cartas à Gente Nova,* Rio, s. d.; Vítor de Carvalho Ramos, "Dados Biográficos", *in Tropas e Boiadas,* 2.ª ed., S. Paulo, 1922; e *Literatura Goiana,* Goiânia, 1968; Andrade Murici, "C. R.", *in Obras Completas,* de H. de C. R.; Afonso Félix de Sousa, *H. de C. R.,* Rio, 1959; Gilberto Mendonça Teles, *O Conto Brasileiro em Goiás,* Goiânia, 1959; Darci Damasceno, "H. de C. R.", *Jornal de Letras,* Rio, n.º 176, jun.-jul. 1964; Nelly Alves de Almeida, *Estudos sobre Quatro Regionalistas,* Goiânia, 1968.

[R. M. P.]

RAMOS, PÉRICLES EUGÊNIO DA SILVA — (★ 24/10/1919, Lorena, SP) Bacharelou-se em 1943 pela Faculdade de Direito de S. Paulo. Dedicou-se ao jornalismo, tendo sido subdiretor do *Correio Paulistano.* É atualmente secretário de Estado. Foi um dos fundadores do Clube de Poesia, cuja presidência ocupou, e dirigiu a *Revista Brasileira de Poesia.* Pertence à Academia Paulista de Letras.

Desde seu livro de estréia, *Lamentação Floral* (1946), afirmou-se P. E. da S. R. um dos poetas mais representativos das tendências da chamada "geração de 45" (V. Neomodernismo: Poesia). Como crítico, antologista e ensaísta, tem-se preocupado em especial com os problemas de técnica poética, notadamente no âmbito da poesia brasileira. No rol de suas traduções, figuram os *Sonetos* e o *Hamlet,* de Shakespeare, e uma coletânea de poetas líricos gregos e latinos.

Obras do A.: Poesia: *Sol Sem Tempo,* 1953; *Lua de Ontem,* 1960; *Poesia Quase Completa,* 1972. Ensaio: *O Amador de Poemas,* 1956; *O Verso Romântico,* 1959; "A Renovação Parnasiana na Poesia", *A Literatura no Brasil* (dir. de Afrânio Coutinho), vol. II, Rio, 1955; e "O Modernismo na Poesia", vol. III, t. 1, *ibidem,* Rio, 1959.

Consultar: Sérgio Milliet, *Panorama da Moderna Poesia Brasileira,* Rio, 1952; Eduardo Portela, *Dimensões I,* 2.ª ed., Rio, 1959; Cassiano Nunes, *A Experiência Brasileira,* S. Paulo, 1964; Domingos Carvalho da Silva, *Eros & Orfeu,* S. Paulo, 1966; Hélio Pólvora, "Uma Certidão Poética", *Jornal do Brasil,* Rio, 5/7/1972; Temístocles Linhares, *Diálogos sobre a Poesia Brasileira,* S. Paulo, 1976.

[J. P. P.]

RAMOS, RICARDO de Medeiros — (★ 4/1/1929, Palmeira dos Índios, AL) Filho de * Graciliano Ramos. Estudou em Maceió e no Rio —

bacharel em Direito. A partir de 1948 começou a publicar contos em revistas e suplementos literários. Transferindo-se para S. Paulo, dedica-se à publicidade. Premiado diversas vezes.

R. R. procura, em suas narrativas, reconstituir o drama humano nos graus mais elevados de angústia, medo, solidão: quer nas histórias regionais, quer nas urbanas, sua preocupação tem sido focalizar o homem num clima insuportável de tensão, torturado à procura de definição, ou recomposição após a luta desigual com o meio social e natural, num estilo terso, límpido, a serviço duma prosa artesanal que faz dele um dos mais seguros contistas de sua geração.

OBRAS DO A.: *Tempo de Espera*, 1954; *Terno de Reis*, 1957; *Os Caminhantes de Santa Luzia*, 1959; *Os Desertos*, 1961; *Rua Desfeita*, 1963; *Memória de Setembro*, 1968; *Matar um Homem*, 1970; *Circuito Fechado*, 1972; *As Fúrias Invisíveis*, 1974; *Toada para Surdos*, 1977.

CONSULTAR: Haroldo Bruno, *Estudos de Literatura Brasileira*, Rio, 1957; Miécio Táti, *Estudos e Notas Críticas*, Rio, 1958; Hélio Pólvora, *A Força da Ficção*, Petrópolis, 1971; Ênio Squeff, "R. R. em Circuito Fechado", supl. lit. d*O Estado de S. Paulo*, 1/4/1973; Bruna Becherucci, "R. R.", *O Estado de S. Paulo*, 24/1/1964; Adonias Filho, "Um Livro de Contos", *Jornal de Letras*, Rio, n.º 68, 6/2/1955; Wilson Martins, "Música de Câmara", supl. lit. d*O Estado de S. Paulo*, 18/7/1971.

[V. A.]

RANGEL, ALBERTO DO REGO — (★ 29/5/1871, Recife, PE; † 14/12/1945, Nova Friburgo, RJ) Formou-se em Engenharia pela Escola Militar do Rio em 1899, dando baixa do Exército no ano seguinte. Exerceu depois o cargo de diretor-geral de Terras e Colonização no AM e de secretário do governo do mesmo Estado. Ingressando na carreira diplomática, foi encarregado de pesquisar documentos nos arquivos da Europa, onde se demorou vários anos e recolheu material para uma série de livros sobre fatos e figuras da nossa História.

No campo da literatura de ficção, A. R. deixou um livro de "cenas e cenários do Amazonas", *Inferno Verde* (1904), que teve grande repercussão na época em que foi publicado, suscitando inclusive imitações. Prefaciado por * Euclides da Cunha, de quem A. R. era discípulo e amigo, *Inferno Verde* mostra sensível influência do autor de * *Os Sertões,* tanto na linguagem áspera e tortuosa, inçada de termos rebuscados, como na exasperada perplexidade ante a violência da natureza amazônica. Diante dela, o homem se apequena, só lhe restando submeter-se e identificar-se com ela como o caboclo conformista de "Terra Caída", ou sair vencido numa luta desigual ("Inferno Verde").

Conquanto *Inferno Verde*, pela sua prosa emaranhada e pelo seu tom pessimista, se insira perfeitamente na linha do regionalismo amazônico de Euclides da Cunha (V. AMAZÔNIA), dela se afasta em mais de um ponto. Diferentemente de seu mestre, que se comprazia na descrição e no estudo científico do universo amazônico, A. R. preocupa-se mais em narrar o drama do homem tiranizado pelo meio, atingindo por vezes intensa força dramática.

OBRAS DO A.: *Euclides da Cunha*, 1913; *Sombras n'Água*, contos, 1913; *D. Pedro I e a Marquesa de Santos*, 1916; *Gastão de Orléans,*

349

o *Último Conde d'Eu*, 1935; *Rumos e Perspectivas*, discursos e conferências, 1914; *Quando o Brasil amanhecia*, 1919; *No Rolar do Tempo*, 1937; *Lume e Cinza*, contos, 1924; *A Educação do Príncipe*, 1945.

Consultar: Mário Martins, *A Evolução da Literatura Brasileira*, Rio, 1945; Agripino Grieco, *Evolução da Prosa Brasileira*, 2.ª ed., S. Paulo, 1947; Peregrino Jr., "O Regionalismo na Ficção. Grupo Nortista", *A Literatura no Brasil* (dir. de Afrânio Coutinho), vol. II, Rio, 1955; Augusto Meyer, *Preto & Branco*, Rio, 1956; Lucrécia D'Alessio, "Inferno Verde", supl. lit. d*O Estado de S. Paulo*, 10/12/ 1966; Hélio Viana, "Centenário de A. R.", *Revista do Instituto Histórico e Geográfico Brasileiro*, Rio, vol. 294, jan.-mar. 1972.

[L.D'A.F.]

RANGEL, ÂNGELA DO AMARAL — Pertenceu à Academia dos Seletos (V. Academias). Era cega de nascença. Deixou apenas dois sonetos em português e dois romances líricos em castelhano. Foi das nossas primeiras poetisas, senão a primeira, a ter versos publicados em letra de fôrma, justamente aquelas quatro peças de lavor cultista que se encontram nos *Júbilos da América* (1754). Alguns autores dão-na como nascida no Rio, em 1725. Escasseiam, porém, documentos a respeito.

Consultar: F. A. Varnhagen, *Florilégio da Poesia Brasileira*, Lisboa, 1850; Artur Mota, *História da Literatura Brasileira*, 2 vols., S. Paulo, 1930; Domingos Carvalho da Silva, *Vozes Femininas na Poesia Brasileira*, S. Paulo, 1959. [L.A.]

RANGEL, José GODOFREDO de Moura — (★ 21/11/1884, Três Corações, MG; † 3/8/1951, Belo Horizonte, MG) Quando estudante de Direito em S. Paulo, pertenceu ao grupo literário do "Minarete", de que faziam parte, entre outros * Monteiro Lobato e Ricardo Gonçalves. Depois de formado, foi ser juiz e professor secundário no interior de MG, onde escreveu quase toda a sua obra literária e traduziu copiosamente. Correspondeu-se durante cerca de 40 anos com Monteiro Lobato, seu confidente literário; dessa vasta * epistolografia, só se conhecem as cartas de Lobato, reunidas n*A Barca de Gleyre*.

O apuro vernacular da linguagem, temperada de humor e de gosto pela divagação, a par do cuidado posto em retratar a vida roceira e interiorana, fazem de G. R. escritor representativo de certa vertente do * Pré-Modernismo. Tais características ressaltam sobretudo em *Vida Ociosa* (1920), sua obra mais conhecida. Misto de romance de costumes e "diário íntimo", segundo quer João Pinto da Silva, esse livro celebra, numa prosa trabalhada e harmoniosa, o encanto preguiçoso da existência rural. Nos seus dois outros romances, G. R. se valeu da sátira *à clef* para ridicularizar métodos e figurões do ensino particular da época (*Falange Gloriosa*, s. d.), e de ironia por vezes amarga para estudar as frustrações da vida conjugal pequeno-burguesa (*Os Bem Casados*, s. d.). Com exceção d'"O Legado", página realmente antológica que figura n*Os Humildes* (1944), os contos de G. R. não passam, amiúde, de crônicas ou anedotas dramatizadas.

Consultar: João Pinto da Silva, *Fisionomia dos Novos*, S. Paulo, 1922; Antônio Cândido, pref. a *Falange Gloriosa*; Carlos Drummond de Andrade, *Passeios na Ilha*, Rio, 1952; Fausto Cunha, "G. R., Calígrafo", *Letras e Artes*, supl. lit. d*A Manhã*, Rio, 3/8/1954.

[J. P. P.]

RAVASCO, BERNARDO VIEIRA — (★ 1617, Bahia; † 1697) Geralmente aceito entre os escritores da chamada "escola baiana" do século XVII, tem, pela natureza de alguns dos seus trabalhos, como o *Discurso político sobre a neutralidade da coroa de Portugual nas guerras presentes das coroas da Europa e sobre os danos que da neutralidade podem resultar a essa coroa e como se devem e podem obviar* (18/7/1692) e os *Remédios políticos com que se evitarão os danos que no discurso antecedente se propõem* (10/6/1693), que tiveram suas cópias exibidas na Exposição de História do Brasil realizada em 1881 pela Biblioteca Nacional do Rio, uma certa precedência que o coloca como o primeiro dos nossos publicistas. Outro manuscrito que deixou foi a *Descrição topográfica, eclesiástica, civil e natural do Estado do Brasil*. Alusões há também de que poetou. Todavia, não chegou a editar tais composições, que seriam gongóricas. Historicamente, é identificado por dois fatos alheios às suas supostas qualidades literárias: ter sido irmão do *P. Antônio Vieira e o primeiro Secretário do Estado do Brasil, cargo que, aliás, lhe fora conferido por D. João IV, mercê do seu parentesco com o grande jesuíta, num critério compreensível na época. Viveu na BA, onde a sua situação econômica parece ter atingido um ponto crítico, devido às dissipações que o levariam a sofrer a penhora de seu engenho e fazendas.

CONSULTAR: Jaboatão, *Catálogo Genealógico, Revista do Instituto Histórico e Geográfico Brasileiro*, vol. LII, n.° 262, Rio, 1889; Pedro Calmon, *História da Literatura Baiana*, 2.ª ed., Rio, 1949.

[J. R. A. L.]

RAWET, SAMUEL — (★ 1929, Klimontow, Polônia) Naturalizado brasileiro em 1936. Formou-se pela Escola Nacional de Engenharia da Universidade do Brasil, em 1953. Trabalhou na construção de Brasília como engenheiro. Substituiu a capital pelo Rio, onde viu, em 1957, peças suas representadas. Em 1968 mereceu o prêmio Guimarães Rosa, do II Concurso Nacional de Contos, promovido pela FUNDEPAR (Curitiba). Durante algum tempo dedicou-se à crítica teatral e a estudos filosóficos.

À primeira vista desatenta ao estilo, a ficção de S. R. flui numa linguagem segura, equilibrada, que trai um controle rigoroso dos recursos narrativos: frases sincopadas, cortes de raro efeito sobre o conjunto dramático, personagens deixadas em suspenso, gerando uma situação-ambiente intolerável, opressiva, que explode em cima do protagonista, em forma de constrangimento pela linguagem (o ser é aquilo que é o seu discurso). Donde a agitação intensa e feroz das criaturas de S. R., ao mesmo tempo com problemas interiores e de comunicação inter-pares. Sempre imigrante, a personagem de S. R. vive o drama do inadaptado ou do marginal, mercê da incomunicabilidade provocada pelas barreiras do discurso verbal. Na tensão entre o indivíduo e o "outro" (ou a realidade) estrutura-se a ficção de S. R., onde a tragédia do imigrante alcança sua expressão mais eloqüente em nossa literatura.

351

Obras do A.: *Contos do Imigrante*, 1956; *Os Amantes*, teatro, 1957; *Diálogo*, 1963; *Abama*, 1964; *Os Sete Sonhos*, 1967; *O Terreno de uma Polegada Quadrada*, 1969; *Consciência e Valor*, 1970; *Angústia e Conhecimento*, 1978.

Consultar: Osvaldino Marques, *A Seta e o Alvo*, Rio, 1957; Renard Perez, pref. a *Diálogo*, ed. cit.; Hélio Pólvora, *A Força da Ficção*, Petrópolis, 1972; Vicente Ataíde, *A Narrativa de Ficção*, S. Paulo, 1975.
[V. A.]

REALISTA, Poesia — V. PARNASIANISMO.

REALISMO — Período da literatura brasileira, compreendendo poesia e prosa, que se pode situar *grosso modo* entre os anos de 1870 e 1900, se bem que ainda encontre cultores, retardatários, mitigados ou ecléticos (sensíveis a outras influências) nas duas primeiras décadas do século XX. Na poesia, assumiu as formas de * Parnasianismo, que foi precedido de uma fase de transição, bifurcada mais genericamente em seguidores da Idéia Nova, onde a preocupação estética se mesclava de vagas tendências sociais, e mais especificamente em cientificismo, em que os motivos se deixavam influenciar mais marcadamente pelas novas noções científicas. Na prosa, cristalizou-se no * Naturalismo, que se instaurou com * *O Mulato*, de * Aluísio Azevedo, em 1881, e teve ainda caudatários nos começos do século atual.

Consultar: João Pacheco, *O Realismo*, vol. III d*A Literatura Brasileira*, S. Paulo, 1964.
[J. Pa.]

REBELO, MARQUES — Pseudônimo de Edi Dias da Cruz (★ 6/1/1907, Rio; † 26/8/1973, *idem*) Fez estudos primários em Barbacena, MG. Matriculou-se na Faculdade de Medicina do Rio, que abandonou para se dedicar ao comércio. Iniciou-se literariamente como poeta, colaborando na revista *Verde*, de Cataguases, a cujo grupo modernista esteve ligado. Cedo trocou, no entanto, a poesia pela prosa de ficção: suas experiências de recruta do Exército, a que serviu de 1926 a 1927, inspiraram-lhe a novela *Oscarina* que, juntada a mais quinze contos, constituiu o seu livro de estréia (1931). Diplomou-se em 1936 pela Faculdade Nacional de Direito, mas à advocacia preferiu outras profissões: foi industrial, tradutor, crítico de artes plásticas, inspetor escolar e jornalista. Viajou pela América do Sul e pela Europa, registrando suas impressões de viagem em *Cortina de Ferro* (1956) e *Correio Europeu* (1959). Pertenceu à Academia Brasileira de Letras, onde ocupou a cadeira n.º 9.

Desde *Oscarina* definiu M. R. as constantes temáticas e formais de sua arte novelística. Inserindo-se na tradição do romance urbano carioca de * Manuel Antônio de Almeida (de quem foi biógrafo) e de *Lima Barreto, fez-se ele o cronista por excelência dos bairros semiproletários da Zona Norte do Rio, bairros de "mocinhas aventureiras, funcionários de baixa categoria, malandros, boêmios e sambistas, gente que não é bem proletariado nem chega a ser pequena burguesia" (* Mário de Andrade). Com um desencanto do mundo a que não falta discreta nota de simpatia humana, fixou ele os dramas miúdos dessas vidas sem cor e sem elevação, numa prosa ora mordaz, ora lírica, cuja naturalidade resulta de sutil estilização dos valores da linguagem coloquial, sobretudo nos diálogos, de que se vale habilmente M. R. para marcar a psicologia de suas personagens. À mesma linha "costumbrista" de *Oscarina* pertencem os romances *Marafa* (1935), que retrata, inclusive na peculiaridade de sua gíria, o *bas-fonds* carioca, e *A estrela sobe* (1938), cuja ação decorre em parte no "pequeno mundo" das estações de rádio. Há, todavia, na ficção de M. R., um veio lírico, manifestado particularmente pela evocação nostálgica da infância e da mocidade e encontrável nos melhores contos de *Oscarina, Três Caminhos* (1933) e *Estela me abriu a porta* (1942), assim como em numerosas passagens d*O Espelho Partido,* obra projetada em sete volumes dos quais foram publicados três: *O Trapicheiro* (1959), *A Mudança* (1962) e *A guerra está em nós* (1968). Vasto *roman à clef,* fragmentariamente estruturado sob forma de diário escrito por um suposto escritor carioca, cujas anotações — reminiscências autobiográficas, fatos da atualidade, impressões de leitura, observações mordazes acerca de seus colegas de ofício — constituiriam cacos de um espelho interior a refletir calidoscopicamente uma vida e uma época histórica, *O Espelho Partido* nos dá uma visão panorâmica do Rio intelectual e político durante os dias do Estado Novo. Nele, confirma M. R., num plano de superior realização literária, sua mestria de escritor e sua lendária verve de ironista.

Obras do A.: *O Simples Coronel Madureira,* novelas, 1967; *Discursos na Academia,* em colab. com Francisco de Assis Barbosa, 1971; *Seleta,* org., estudo e notas de Ivan Cavalcanti Proença, 1974; *Contos Reunidos,* pref. de Josué Montelo e bibl. passiva e ativa de M. R., 1977.

Consultar: Tristão de Ataíde, *Estudos,* 5.ª série, Rio, 1933; Mário de Andrade, *O Empalhador de Passarinho,* S. Paulo, s.d.; Afonso Arinos de Melo Franco, *Portulano,* S. Paulo, s. d.; Antônio Houaiss, *Crítica Avulsa,* Salvador, 1960; Renard Perez, *Escritores Brasileiros Contemporâneos,* 1.ª série, Rio, 1960; Vários Autores, "Os Sessenta Anos de M. R.", supl. lit. de *Minas Gerais,* Belo Horizonte, 2/12/1967; Adonias Filho, *O Romance Brasileiro de 30,* Rio, 1969; Clarice Lispector, "Um Romancista", *Jornal do Brasil,* Rio, 30/6/1973; Josué Montelo, "O Mestre Rebelo", *idem,* 4/9/1973; M. R., *Depoimento, in Ficção,* Rio, vol. II, n.º 1, jan. 1976. [J. P. P.]

RECIFE, Escola do — Sob esta denominação, devida a *Sílvio Romero, entende-se, principalmente, o grupo de intelectuais reunidos em torno de *Tobias Barreto de Meneses no último quartel do século XIX. *Clóvis Beviláqua julga, porém, que esta denominação deve ter significado mais largo. A Escola do Recife passou por três fases: primeira, a que tem início em 1862-1863 e vai até 1870, literária, de inspiração hugoana, fase a que *Capistrano de Abreu chamou de "escola condoreira" (V. Condoreirismo); segunda, um período de transição, em que o hugoanismo transforma-se em realismo; e terceira, momento filosófico-jurídico, influenciado pelas idéias alemãs, que teve início em 1870 e atingiu o fastígio durante o professorado de Tobias Barreto. À terceira fase já alguém chamou de "escola de Tobias". Parece duvidoso assim considerá-la pois, como conta *Gilberto Amado, várias vezes indagara ele de *Artur Orlando e do próprio *Graça Aranha, os dois nomes mais indicados como sendo os de discípulos

353

de Tobias, e nenhum deles soube dizer alguma coisa sobre o indigitado mestre.

Coube a Tobias propagar em nosso país (embora ele não tenha sido o precursor) as idéias filosóficas alemãs e dar origem a um curioso capítulo das influências estrangeiras na nossa história intelectual: o germanismo (V. FILOSOFIA). A Alemanha, que se tornou para Tobias Barreto uma verdadeira mania, foi para ele uma espécie de "dicionário da verdade" (* Tristão de Ataíde).

A ação renovadora de Tobias Barreto se fez sentir, talvez, no campo do Direito. O mais de sua obra, são "fragmentos, reflexos de opiniões alheias, comentários, divulgações, polêmicas". À terceira fase da Escola do Recife (ao grupo dos amigos "germanistas de Tobias Barreto") * Carlos de Laet chamou — alusão irônica ao fato de Tobias e de Sílvio Romero haverem nascido em SE — de "escola teuto-sergipana". Ao que Sílvio Romero retrucou, chamando aos críticos do Rio de Janeiro de componentes de uma "escola galo-fluminense..."

CONSULTAR: Alceu de Amoroso Lima, Estudos, 1.ª série, Rio, 1927; Clóvis Beviláqua, História da Faculdade de Direito do Recife, 2 vols., Rio, 1927; Sílvio Romero, História da Literatura Brasileira, 5.ª ed., vol. IV, Rio, 1953; Hermes Lima, Tobias Barreto, S. Paulo, 1939; Gilberto Amado, A Minha Formação no Recife, Rio, 1956; Cruz Costa, Contribuição à História das Idéias no Brasil, Rio, 1956; Paulo Mercadante e Antônio Paim, Tobias Barreto na Cultura Brasileira: uma Reavaliação, S. Paulo, 1972; Antônio Paim, introd. a Ensaios de Crítica, de Artur Orlando, S. Paulo, 1975. [J. C. C.]

REGIONALISMO — Controvertido é o conceito de regionalismo, no geral aplicado à prosa de ficção. Duas são as acepções em que é definido: o que visa ao típico e ao característico, inclusive a fala; o que que tem por fundo uma região, cujas condições se refletem no conteúdo, conferindo-lhe uma nota especial. P. ex.: no primeiro caso, estaria Os Caboclos, de * Valdomiro Silveira; o segundo abarcaria Fruta do Mato, de * Afrânio Peixoto. Naquele é patente a preocupação do típico; no segundo, a região é apenas o pano de fundo, mas destacada bastante para transbordar de simples moldura e condicionar substancialmente o quadro.

Se a primeira definição pode ser acusada de estreiteza, demasiado ampla é a segunda, nela podendo caber tudo, desde Cornélio Pires até Shakespeare. Se Romeu e Julieta é um drama universal, está localizado em Verona e não teria ocorrido, se não fossem a mentalidade do meio e a concepção da época; a região, por conseguinte, condicionou-o. Nessa ordem de raciocínios se pode ir longe. Em contraposição, Joanina, de Fruta do Mato, tanto existiu no sertão baiano como poderia ter existido, em suas peculiaridades psíquicas, em qualquer outro centro; nem seria difícil filiá-la à legião de mulheres fatais que, com mais ou menos fatalidade, povoam a novelística universal. Ademais, a segunda definição dá lugar a que um critério ecológico se introduza sub-repticiamente na nomenclatura estética; o que distingue e define uma obra de arte é o seu processo estético e não as suas determinantes ecológicas. Evitando a controvérsia, deve conceituar-se como regionalismo o que busca o típico, utilizando-se, para isso, de processos que podem ser aferidos à luz de valores estéticos. No caso da literatura brasileira, regionalistas são * Afonso Arinos ou * Simões Lopes Neto; dele se exclui, pelo mesmo critério, * Monteiro Lobato, em cujas páginas a cor local não é o objetivo primacial.

Inegavelmente o iniciador do gênero no Brasil foi Valdomiro Silveira, cujas produções começaram a aparecer a partir de 1891. O fato de ter surgido em livro depois de Afonso Arinos (cujo regionalismo, aliás, já foi posto em dúvida) não invalida a tese; os seus contos foram publicados, em boa parte, em periódicos do Rio, então o centro cultural exclusivo da nação (*A Semana,* de * Valentim Magalhães; *Gazeta de Notícias* e *O País*), e tiveram larga e intensa repercussão por todo o Brasil. *Pelo Sertão,* de Afonso Arinos — em que muitos querem ver o início de nosso regionalismo — só viria a ser publicado em 1898. Não diremos ter sido Valdomiro Silveira o criador do nosso regionalismo, porque não se pode considerar Afonso Arinos seu discípulo; a obra do mineiro se desenvolve independentemente da do paulista. Cabe a Valdomiro Silveira, todavia, a prioridade, que não será lícito negar-lhe sem grave injustiça.

No tocante às principais manifestações regionalistas em nossa literatura, V. verbetes: AMAZÔNIA, BAHIA, MINAS GERAIS, NORDESTE, e SUL, RIO GRANDE DO.

[J. Pa.]

REGO CAVALCANTI, JOSÉ LINS DO — (★ 3/7/1901, Engenho Corredor, Pilar, PB; † 12/9/1957, Rio) Bacharelou-se pela Faculdade de Direito do Recife, tendo iniciado sua vida literária quando ainda estudante, escrevendo contos e artigos, quase sempre sobre assuntos de política. Em 1923 conheceu * Gilberto Freyre, recém-chegado da Europa, "e de lá para cá minha vida foi outra, foram outras as minhas preocupações, outros os meus planos, as minhas leituras, os meus entusiasmos", segundo confessa no prefácio de *Região e Tradição*. Iniciou-se na leitura de romancistas ingleses e, por sugestão de G. F., começou a escrever seu primeiro romance, sob o signo da valorização da vida regional. O contato com * José Américo de Almeida e * Raquel de Queirós, Cícero Dias e outros artistas nordestinos fortaleceu uma consciência de grupo em torno de certas constantes que aparecerão na obra de todos eles, especialmente na de J. L. do R., escritor que recorda sua própria vida a cada instante, misturando ficção e realidade, memória e imaginação. Temperamento exuberante nas alegrias e tristezas, não constrangeu seu modo de ser, nem na vida nem na literatura. Tomado de orgulhoso amor pelos engenhos onde passara a juventude, ao tornar-se romancista voltou às origens, dando dimensões épicas aos "velhos coronéis", entre os quais avulta José Paulino, o justiceiro; Luca, o "pai-d'égua"; Lula, o decadente. Revelou-se aos seus olhos a grandeza moral do homem bem-nascido e tornado pobre, rebelde a todos os mandonismos, seja de potentados do dinheiro, seja de cangaceiros e policiais atrabiliários. O romancista cria, então, a figura quixotesca de Vitorino Carneiro da Cunha. Até mesmo o moleque de bagaceira toma proporções de grandeza: é o moleque Ricardo. Tudo no mundo rural (principalmente nos engenhos) lhe serve de matéria para criação, inclusive o modo linear da narrativa, próprio dos contadores de história — geralmente velhos e velhas, antigos escravos ou filhos de escravos. Tendo passado grande parte de sua vida no

355

Rio, o romancista tentou mudar a ambiência das obras, escrevendo *Água-Mãe* (1941) e *Eurídice* (1947). Faltando-lhe a paisagem, os costumes e os tipos nordestinos, sua linguagem perdeu a grande plasticidade que era ainda um elemento de * regionalismo. Destaca-se no primeiro romance um personagem, o Campos, mas em ambos o cuidado da elaboração rouba de J. L. do R. as qualidades mais ligadas ao instinto narrativo que, livres na memória, têm uma expressão muito mais natural e fluida nos romances do * Nordeste. Ou mais especialmente, nos romances do * Ciclo da Cana-de-Açúcar: * *Menino de Engenho* (1932), * *Doidinho* (1933), *Banguê* (1934), *Moleque Ricardo* (1935) e *Usina* (1936) — e em * *Fogo Morto* (1943). Este romance tem ligação com o Ciclo, ligação que atinge não só o ambiente como também personagens (alguns dos quais reaparecem e a própria construção (três partes que podiam constituir mais três unidades do Ciclo), na unidade e na cronologia corrida. Se em *Menino de Engenho* a narração é uma evocação encantada da infância, em *Fogo Morto* acrescenta-se a emoção do adulto, uma participação mais pensada e até mais comovida do A. Escrevendo na primeira pessoa, passou para a terceira — conseguindo, com isto, uma integração sem perspectivas no primeiro romance e uma verdadeira interpretação sentimental no segundo. É em *Fogo Morto* que J. L. do R. consegue sintetizar a grande saga da decadência dos engenhos, já entrevista nos outros romances. Três tipos — o coronel, o seleiro de beira de estrada e o cavaleiro andante (digamos, o aristocrata sem dinheiro) — refletem em seus destinos individuais o desaparecimento de uma civilização que se iniciou com a própria descoberta do Brasil e terminou com a industrialização, pela máquina e pelo capital exterior. Fidalgos portugueses e depois brasileiros, isolados em seus latifúndios no *Nordeste, criaram riquezas, por meio do braço escravo, e organizaram sua própria vida espiritual, na qual o patriarcalismo imprimia a marca profunda do seu domínio. Figura como a do Coronel José Paulino adquire, assim, caráter de alegoria. Semelhante à casa-grande, acolhe parentes e aderentes, todos submissos às suas decisões de homem acostumado ao mando. Nesse mundo, as mulheres desenvolvem qualidades de carinho, docilidade e submissão, sendo excepcionais as que se rebelam e endurecem na luta contra os costumes. Quanto aos homens, têm seu próprio código de honra, no qual os assuntos sexuais se oferecem de porteira aberta para as resoluções ditadas pelos instintos, e a posse da terra, como a da mulher, depende mais de coragem do que de qualquer apoio na lei. Senhores de engenho, cabras de bagaceira, meninos, parentes pobres, cangaceiros, beatos, etc., participam da sociedade canavieira e são os personagens principais de J. L. do R. A monocultura da cana, em sua decadência, arrasta a todos para a desgraça e envolve o romancista, absorvendo-o e dando-lhe os elementos para a sua obra.

Obras do A.: Romances: *Pureza,* 1937; *Pedra Bonita,* 1938; *Riacho Doce,* 1939; *Cangaceiros,* 1953. Memórias: *Meus Verdes Anos,* 1956. Literatura Infantil: *Histórias da Velha Totônia,* 1936. Ensaios e Crônicas: *Gordos e Magros,* 1943; *Pedro Américo,* 1944; *Conferências no Prata,* 1946; *Poesia e Vida,* 1946; *Homens, Seres e Coisas,* 1952; *Bota de Sete Léguas,* 1952.

Consultar: Mário de Andrade; *O Empalhador de Passarinho,* S. Paulo, s.d.; Olívio Montenegro, *O Romance Brasileiro,* Rio, 1938;

João Gaspar Simões, *Crítica I*, Porto, 1942; Gilberto Freyre, *Perfil de Euclides e Outros Perfis*, Rio, 1944; Joel Pontes, *O Aprendiz de Crítica*, vol. I, Recife, 1955; Roberto Alvim Correia, *Anteu e a Crítica*, Rio, 1948; Álvaro Lins, *Jornal de Crítica*, 2.ª, 3.ª, 4.ª e 6.ª séries, Rio, 1943-1951; Lins, Carpeaux e Thompson, *J. L. do R.*, Rio, 1952; Odilon Ribeiro Coutinho, *J. L. do R., Perda e Reparação*, Natal, 1961; J. Aderaldo Castelo, *J. L. do R. — Modernismo e Regionalismo*, S. Paulo, 1961; José Brasileiro Tenório Vilanova, *Linguagem e Estilo de um "Menino de Engenho"*, Recife, 1962; Vários Autores, *Anais do II Congresso Brasileiro de Crítica e História Literária* (1961), Assis, 1963; Wilson Martins, *O Modernismo*, vol. VI d*A Literatura Brasileira*, S. Paulo, 1965; Adonias Filho, *O Romance, Brasileiro de 30*, Rio, 1969; Ivan Bichara Sobreira, *O Romance de J. L. do R.*, Paraíba, 1970; Edilberto Coutinho, introd. a *J. L. do R.*, Brasília, 1971.

[J. P.]

REIS, Francisco SOTERO DOS — (★ 22/4/1800, S. Luís, MA; † 16/1/1871, *idem*) Depois de estudos irregulares, truncados pela doença nervosa que o acometeu, e pela morte do pai, S. dos R. abandonou em meio o curso de Medicina. Daí por diante autodidata fervoroso, viveu do magistério e do jornalismo. Efêmera passagem pela política não lhe deixou marcas mais fundas: o seu prestígio vem do professor e do escritor que foi. Este último interessa-nos de perto, não obstante as duas formas de atividade intelectual estejam, nele, estreitamente fundidas, pois seus livros nascem do ensino. Desses, além dos referentes à gramática da língua portuguesa, ocupou sempre lugar de relevo o *Curso de Literatura Portuguesa e Brasileira* (5 vols., 1866--1873), obra que, reunindo 102 lições proferidas pelo A. no Instituto de Humanidades de S. Luís, trata muito mais da literatura portuguesa que da brasileira. Só no quarto volume é que esta surge, e assim mesmo, de modo ligeiro. De formação clássica e portuguesa, era natural não visse S. dos R. com muito carinho os nossos escritores românticos, com exceção de *Gonçalves Dias, talvez porque seu conterrâneo. Medularmente professor e bairrista, conferiu à obra nítido sentido histórico e panegírico. Pobre de curiosidade filosófica, atinha-se aos dados, aos documentos, sem lhes procurar o estofo ideológico ou a carga de inquietação humana que pudessem revelar. Faz, desse modo, história descritiva e apologética, numa prosa límpida e simples, mas que trai um purismo meio artificial, ganho no hábito imposto pelo magistério. Apesar de tudo, é dos primeiros e dos mais significativos representantes de nossa historiografia e *crítica literária durante o *Romantismo.

CONSULTAR: Antônio Henrique Leal, *Pantheon Maranhense*, vol. I, Lisboa, 1873; Haroldo Paranhos, *História do Romantismo no Brasil*, vol. II, S. Paulo, 1938; Mário M. Meireles, *Panorama da Literatura Maranhense*, S. Luís, 1955; Antônio Cândido, *Formação da Literatura Brasileira*, vol. II, S. Paulo, 1959; Jomar Morais, *Apontamentos de Literatura Maranhense*, 2.ª ed., S. Luís, 1977.

[M. M.]

REIS, MARCOS José KONDER — (★ 15/12/1922, Itajaí, SC) Fez os estudos primários em sua cidade natal e os secundários em Blumenau e Santos. Diplomou-se em 1944 pela Escola Nacional de Engenharia, do Rio. Desempenhou vários cargos públicos, exercendo presentemente funções no Departamento Cultural do Ministério das Relações Exteriores.

Poeta de obra já numerosa, M. K. R., que estreou em 1944 com *Tempo e Milagre,* pertence, histórica e esteticamente, à fase do *Neomodernismo.

OBRAS DO A.: Poesia: *David,* 1946; *Apocalipse,* 1947; *Menino de Luto,* 1947; *O Templo da Estrela,* 1948; *Praia Brava,* 1950; *A Herança,* 1951; *O Muro Amarelo,* 1965; *Armadura de Amor,* 1965; *O Pombo Apunhalado,* 1968; *Praça de Insônia,* 1968; *Teoria do Vôo,* 1969; *Figueira Maldita,* 1972; *Sol dos Tristes e Caporal Douradinha,* 1976; *Campo de Flechas,* 1978.

CONSULTAR: Sérgio Milliet, *Diário Crítico,* vol. VI, S. Paulo, 1950, e vol. VII, S. Paulo, 1953; Aluísio Medeiros, *Crítica,* 2.ª série, Fortaleza, 1956; Otávio de Faria, "Vultos Literários", *Jornal do Comércio,* Rio, 22/10/1960; Montenegro Cavalcanti, "Do Estranho Retorno", *Jornal do Comércio,* Rio, 20/3/1966; Temístocles Linhares, *Diálogos sobre a Poesia Brasileira,* S. Paulo, 1976.

[J. P. P.]

RESENDE, José SEVERIANO DE — (★ 21/1/1871, Mariana, MG; † 14/11/1931, Paris) Das figuras mais curiosas do * Simbolismo mineiro, escreveu e publicou polêmicas, além de vidas de santos, mas é pela sua poesia que merece ainda ser lembrado. Espírito paradoxal, chegou a ordenar-se sacerdote, depois de grave crise mística. Seu gosto pela polêmica, entretanto, fê-lo cedo abandonar o sacerdócio. Passou então a viver em Paris, entregue à mais desregrada boêmia. A poesia que escreveu reflete-lhe as facetas contrastantes do temperamento: oscila entre o esteticismo, que irrompe em metáforas audazes, e um acentuado misticismo, que faz recordar o de * Alphonsus de Guimaraens, seu colega e amigo fraternal. A maior parte da obra de S. de R. mantém-se esparsa.

OBRAS DO A.: Polêmica: *Eduardo Prado,* 1905. Hagiografias: *O Meu Flos Sanctorum,* 1908. Poesia: *Mistérios,* 1920.

CONSULTAR: Andrade Murici, *Panorama do Movimento Simbolista Brasileiro,* vol. II, Rio, 1952; Alberto da Costa e Silva, "J. S. de R. e Alguns Temas de sua Poesia", *Revista do Livro,* Rio, n.º 6, ano II, jun. 1957; Massaud Moisés, *O Simbolismo,* vol. IV d*A Literatura Brasileira,* S. Paulo, 1966; Vários Autores, "S. de R.", supl. lit. de *Minas Gerais,* Belo Horizonte, 23/12/1972.

[M. M.]

RESENDE, OTO DE OLIVEIRA LARA — (★ 1.º/5/1922, S. João del-Rei, MG) Fez o curso primário e o ginasial em S. João del-Rei. Cursou Direito em Belo Horizonte, onde iniciou suas atividades literárias escrevendo artigos de crítica. Formado em 1945, mudou-se para o Rio. Ali se dedicou ao jornalismo, tendo sido, sucessivamente, repórter parlamentar do *Diário de Notícias* e d*O Globo,* redator de vários jornais, e diretor da revista *Manchete.* No desempenho de missão diplomática, residiu três anos na Europa. Exerce atualmente o cargo de Procurador do Estado da GB.

Estreando como contista em *O Lado Humano* (1952), O. L. R. se firmou no gênero com *Boca do Inferno* (1957), cujas histórias fixam, todas, flagrantes sombrios e cruéis da infância e da adolescência. E *O Retrato na Gaveta* (1962), volume também de contos, ampliou sua área temática, apurando outrossim sua técnica narrativa até as raias do virtuosismo ("Gato, Gato, Gato"). O. L. R. tentou também, com êxito, o romance em *O Braço Direito* (1963), livro no qual, em torno de supostas experiências autobiográficas do administrador de um asilo de órfãos, faz simultaneamente análise psicológica e fixação dos costumes de uma cidadezinha interiorana.

OBRAS DO A.: *As Pompas do Mundo,* contos, 1975.

CONSULTAR: Renato Jobim, *Anotações de Leitura,* Rio, s.d.; Antônio Olinto, *Cadernos de Crítica,* Rio, 1959; Renard Perez, *Escritores Brasileiros Contemporâneos, 2.ª* série, Rio, 1964; Fábio Lucas, *Horizonte da Crítica,* 1965; Wilson Martins, "Experiência Romanesca", supl. lit. d*O Estado de S. Paulo,* 12/12/1971; Carlos Castelo Branco, "Viver é perigoso", *Jornal do Brasil,* Rio, 27/5/1972. [J. P. P.]

RETRATO DO BRASIL — Título de uma obra de * Paulo Prado, publicada em 1928, cujo subtítulo resume seu conteúdo: "Ensaio sobre a Tristeza Brasileira". Naturalmente a intenção do A. foi explicar as causas remotas do subdesenvolvimento do País, do desânimo do seu povo, da falta de iniciativa, isto é, de progresso verdadeiro. Responsabiliza a *luxúria* e a *cobiça,* desenfreadas nos primeiros séculos da nossa história, como germes dos defeitos mais graves da civilização brasileira, com repercussão negativa no desenvolvimento material e na mentalidade política. A proliferação desses vícios teria sido facilitada pela mestiçagem e, principalmente, pelas circunstâncias históricas da colonização: isolamento dos brancos, o mau caráter de alguns colonos, a escravatura e os desvios psicológicos dela decorrentes, a política administrativa retrógrada, a ganância geral do lucro fácil. A obra, pela sua natureza polêmica, suscitou interesse desusado na época da publicação (duas edições em apenas um ano). As apreciações críticas se dividem, e o A. foi acusado de pessimista, enquanto em defesa alegava ser de um otimismo realista, movido por sincero amor à Pátria, cujos males exigiam discussão franca e correções drásticas (cf. pref. à 4.ª ed., S. Paulo, 1944).

CONSULTAR: Wilson Martins, *O Modernismo,* vol. VI d*A Literatura Brasileira,* S. Paulo, 1965. [R. M. P.]

REVISTAS — Literária era a primeira revista aparecida entre nós, *As Variedades ou Ensaios de Literatura* (Bahia, 1812), mas teve efêmera duração e limitada repercussão. Mais adiante, o aparecimento da *Revista da Sociedade Filomática* (S. Paulo, 1833), com sua breve e regional existência, ainda não chegou a constituir evento renovador. Só em 1836 surgiria o primeiro periódico de fundamental importância histórico-literária: *Niterói — Revista Brasiliense,* dirigida por * Gonçalves de Magalhães, Sales Torres Homem e * Araújo Porto Alegre, cujo mérito principal consistiu em haver colaborado para a introdução das idéias românticas no Brasil. Durante o * Romantismo, outras revistas apareceram, sempre fugazmente, em conseqüência de razões econômicas, sociais e intelectuais, embora atestando espírito de renovação: *Minerva Brasiliense* (Rio, 1843-1845), *Íris* (Rio, 1848-1849), *Guanabara* (Rio, 1850-1855), *Anais da Academia Filosófica* (Rio, 1858), *O Espelho* (Rio, 1859-1860), *Revista Brasileira* (Rio, 1.ª fase, 1857--1860, 2.ª fase, 1879-1881, 3.ª fase, 1895-1899), *Revista Mensal da Sociedade de Ensaios Literários* (Rio, 1863-1865, 1872-1874), *Parthenon Literário* (Porto Alegre, 1869, 1872-1876, 1879) e tantas outras, de interesse restritamente literário ou eclético.

Com o * Realismo e o acentuado progresso ocorrido nos fins do século XIX, aumentou consideravelmente o número e a qualidade das revistas literárias brasileiras, que vão desempenhando notável ação catalítica no sentido de formar uma consciência atenta às nossas peculiaridades culturais, mas sem perder de vista o ensinamento permanente da Europa. Alinham-se, dentre outras, as seguintes, todas representando papel de relevo na implantação de novas idéias: *Revista Literária* (Rio, 1884), *A Semana* (Rio, 1885-1887, 1893-1895), *Vida Moderna* (Rio, 1886-1887).

O advento do * Simbolismo deu-se com o apoio de algumas revistas, nas quais os adeptos do novo credo literário lhe faziam a defesa apaixonada; é o caso de *Folha Popular* (Rio, 1890-1891), *Rio-Revista* (Rio, 1895). *O Cenáculo* (Curitiba, 1895), *Galáxia* (Curitiba, 1897), *Vera-Cruz* (Rio, 1898), *Pallium* (Curitiba, 1900), *Rosa-Cruz* (1901). O fato de algumas delas terem aparecido fora do Rio revela deslocamento do eixo literário para o Sul do País, notadamente Curitiba e Porto Alegre. Todavia, por um conjunto de fatores típicos do sincretismo dos começos do presente século, essa quadra, a *belle époque*, acorçoava o despontar de revistas que espelhassem a atividade literária enquanto "sorriso da sociedade". Daí algumas delas se mesclarem de certo mundanismo, concessão igualmente exigida pelas aflitivas condições financeiras em que viviam. De qualquer forma, não deixaram de exercer função civilizadora e reformista, trazendo a literatura para os leitores comuns, apenas afeitos às mundanidades de ocasião. Dentre várias, citam-se *A Rua do Ouvidor* (Rio, 1889-1913), *Ilustração Brasileira* (Paris, 1901-1902), *Kosmos* (Rio, 1904-1906), *A Avenida* (Rio, 1903-1905), *Fon-Fon* (Rio, 1907-), *A Careta* (Rio, 1908), *Os Anais* (Rio, 1904-1906), *Revista Americana* (Rio, 1909-1919), *Floreal* (Rio, 1907), *O Pirralho* (S. Paulo, 1911-1917), *Revista do Brasil* (Rio, 1916-1925), etc. Nalgumas dessas revistas, especialmente na última, observa-se o prenúncio duma revolução cultural que veio a realizar-se em 1922, em S. Paulo, na * Semana de Arte Moderna.

Talvez mais do que antes, no * Modernismo as revistas funcionaram como sustentáculo das idéias reformadoras, e mesmo das idéias conservadoras que procuravam deter o processo de transformação que se ia observando mesmo fora da vida literária de S. Paulo. Dentre as de vanguarda, merecem referência especial as seguintes, porque porta-vozes autênticos do espírito iconoclasta instaurado em 1922: *Klaxon* (S. Paulo, 1922-1923), *Novíssima...* (S. Paulo, 1923-1925), *Estética* (Rio, 1924-1925), *Revista* (Belo Horizonte, 1925), *Revista do Brasil* (Rio, 2.ª fase, 1926-1927), *Revista de Antropofagia* (S. Paulo, 1928), *Movimento Brasileiro* (Rio, 1929-1930). Ao mesmo tempo, órgãos como *A Ordem* (Rio, 1921-) se punham à margem da irreverência renova-

360

dora e pregavam um espiritualismo de base católica, que prolongava certa tendência homônima da poesia simbolista, e que continuaria em *Festa* (Rio, 1927-1928).

Ultrapassado o espigão dos anos 30, continuam a proliferar as revistas, já agora despidas de ardor revolucionário, mas ainda aspirando a reformas culturais. Alguns desses órgãos permanecem até hoje: *Lanterna Verde* (Rio, 1934-1944), *Boletim de Ariel* (Rio, 1931-1939; voltou a circular em 1973), *Revista do Brasil* (Rio, 3.ª fase, 1938-1943), *Revista Nova* (S. Paulo, 1931), *Revista Brasileira* (Rio, 4.ª fase, 1934--1935), *Revista Brasileira de Poesia* (S. Paulo, 1947), *Província de S. Pedro* (Porto Alegre, 1945-), *Revista do Arquivo Municipal* (S. Paulo, 1935-), *Joaquim* (Curitiba, 1946-1948), *Orfeu* (Rio, 1948-1953), *Clã* (Fortaleza, 1948-), *Jornal de Letras* (Rio, 1949-), *Anhembi* (S. Paulo, 1951-1962), *Revista Brasiliense* (S. Paulo, 1955-), *Tempo Brasileiro* (Rio, 1962-), *Invenção* (S. Paulo, 1962-), *Civilização Brasileira* (Rio, 1964-), etc.

Com a multiplicação das Faculdades de Filosofia, Ciências e Letras pelo País, surgiram revistas de alto nível intelectual, das quais é de justiça salientar, dentre outras, *Kriterion* (Belo Horizonte, 1947-), *Letras* (Curitiba, 1953-) e a *Revista de Letras* (Assis, 1959-).

Na década de 70 observa-se uma profusão de revistas literárias. Geralmente de jovens, e de efêmera duração, testemunham uma intensa atividade criativa, não só nos grandes centros mas também noutras regiões do País, a par e passo com uma efervescente produção editorial, como, por exemplo, *Almanaque* (S. Paulo), *Escrita* (S. Paulo), *Símbolo* (S. Paulo), *Ficção* (Rio), *Revista de Poesia e Crítica* (Brasília), *Construtura* (Curitiba), *Totem* (Cataguases), *Cultura e Tempo* (Recife), *O Saco* (Fortaleza), etc., sem contar numerosos suplementos literários, como o *Suplemento Cultural Cinco de Março* (Goiânia), o do *Tempo* (Teófilo Otôni), o de *Minas Gerais* (Belo Horizonte), o da *Folha de Londrina* (Paraná), o da *Tribuna* (Rio), o d*A República* (Natal), o do *Correio do Povo* (Porto Alegre), o do *Jornal de Santa Catarina* (Blumenau), o do *Jornal do Brasil* (Rio), o d*O Estado de S. Paulo*, etc.

CONSULTAR: Gondim da Fonseca, *Biografia do Jornalismo Carioca* (1808-1908), Rio, 1941; Hélio Viana, *Contribuição à História da Imprensa Brasileira*, Rio, 1946; Brito Broca, *A Vida Literária no Brasil — 1900*, Rio, 1956; Otto Maria Carpeaux, *Pequena Bibliografia Crítica da Literatura Brasileira*, 4.ª ed. rev. e aum., Rio, 1968; Plínio Doyle, *História de Revistas e Jornais Literários*, Rio, 1971.
[M. M.]

RIBEIRO DE ANDRADE FERNANDES, JOÃO BATISTA — (★ 24/6/1860, Laranjeiras, SE; † 13/4/1934, Rio) Espírito rico e insatisfeito, depois de percorrer as escolas de Medicina, Engenharia e Direito, fixa-se no magistério do vernáculo (Colégio Pedro II). Será nosso mais apreciável filólogo, no sentido mais alto do termo: servido por sólida erudição clássica e moderna, parte da observação lingüística para as ciências humanas, especialmente a História. Informa sua variadíssima produção uma atitude cética, mas tolerante: graças a ela, pôde simpatizar-se com o Modernismo e formular um conceito bastante compreensivo de "língua nacional". Deixou excelentes compêndios de Gramática e História. Como poeta, é parnasiano secundário.

361

OBRAS DO A.: *Dicionário Gramatical*, 1889; *Versos*, 1890; *Páginas de Estética*, 1905; *Frases Feitas*, 1908; *O Fabordão*, 1910; *Cartas Devolvidas*, 1926; *Curiosidades Verbais*, 1927; *Floresta de Exemplos*, 1931; *A Língua Nacional*, 1933; *Crítica* (ed. por Múcio Leão): *Os Modernos*, 1952; *Clássicos e Românticos Brasileiros*, 1952; *Autores de Ficção*, 1959; e *Poetas, Parnasianismo e Simbolismo*, 1957.

CONSULTARS Álvaro Lins, *Jornal de Crítica*, 3.ª série, Rio, 1944; Múcio Leão, *J. R.*, Rio, 1962.

[A. B.]

RIBEIRO VAUGHAN, JÚLIO CÉSAR — (★ 16/4/1845, Sabará, MG; † 1.º/11/1890, Santos, SP) Era filho de norte-americano com brasileira. Não chegou a concluir o curso iniciado na Escola Militar. Em S. Paulo, tornou-se, por concurso, professor de Latim do curso anexo à Faculdade de Direito. No regime republicano, lecionou Retórica no Instituto de Educação de S. Paulo. Jornalista vigoroso, sobretudo como panfletário, ficou célebre a sua polêmica com o P. Sena Freitas em defesa d*A Carne*. A bibliografia de J. R., já de si pequena, pode hoje ser praticamente reduzida a dois títulos: * *A Carne* (1888) e a *Gramática Portuguesa* (1881), obra pioneira e de valor incontestе.

Conquanto fosse reduzido o talento de J. R. para a ficção, sua vocação de polemista, acicatada pelo espírito inconformista próprio do * Naturalismo, procurou, através de um romance de escândalo, agredir os preconceitos da sociedade brasileira do século XIX. O sucesso obtido por *A Carne* advém menos de seu valor literário (desde * José Veríssimo, a crítica tem-lhe feito sérios reparos, quase unanimemente) que da crueza de cenas eróticas ao gosto de certo público mal-informado.

OBRAS DO A.: *O Padre Belchior de Pontes*, 2 vols., 1876-1877; *Cartas Sertanejas*, 1885.

CONSULTAR: João Dornas Filho, *J. R.*, Belo Horizonte, 1945; Lúcia Miguel-Pereira, *Prosa de Ficção (De 1870 a 1920)*, Rio, 1950; Álvaro Lins, "Dois Naturalistas Brasileiros", *Romance Brasileiro de 1852 a 1930* (org. por Aurélio Buarque de Holanda Ferreira), Rio, 1952.

[M.T.C.B.]

RICARDO LEITE, CASSIANO — (★ 26/7/1895, S. José dos Campos, SP; † 25/1/1974, Rio) Cursou as Faculdades de Direito de S. Paulo e do Rio. Morou certo tempo no Rio Grande do Sul e depois exerceu o jornalismo em S. Paulo, onde também foi diretor geral do Departamento de Imprensa e Propaganda e diretor geral da Secretaria do Governo, cargo no qual se aposentou. Foi diretor do jornal *A Manhã* e mentor de movimentos políticos como "A Bandeira". Esteve na França em missão oficial (1953-1954). Da Academia Brasileira de Letras desde 1937.

Ainda em 1924 ou 1925 C. R. era infenso à reação moderna: praticara até então uma poesia simbolista ou parnasiana. Já com o grupo "verde-amarelo", contudo, tomava posição de repúdio às antigas tendências e ao mesmo tempo, entre os modernos, contra a importação dos *ismos* europeus. O * verde-amarelismo depois deriva para a "revolução da Anta" (1927), deixando o movimento de ser meramente descritivo para interpretar o Brasil à luz da contribuição ameríndia:

362

a originalidade nacional vinha assim do passado e ia até o caldeamento de raças e imigração. *Borrões de Verde e Amarelo* (1926), *Vamos caçar papagaios* (1926), *Martim Cererê* (1928) e *Deixa estar, jacaré* (1931) são os livros dessa fase. *Martim Cererê* só chegou à forma definitiva na 9.ª edição (1947); é um poema "anta" e a mais completa expressão da poesia nacionalista de C. R. A partir de *Um Dia Depois do Outro* (1947), sua poesia se interioriza, refrangendo o mundo. Daí por diante, vai adquirindo tensão e densidade, e ao mesmo tempo incorporando as várias experiências e princípios preconizados pelas correntes que agitam o * Modernismo: assim os da geração de 45 e sua derivação concretista. Em 1957, C. R. publicou suas *Poesias Completas,* reunindo os livros da fase simbolista e parnasiana até a verde-amarela, da "anta" e posterior. Deu a lume, depois disso, outros livros como *Montanha Russa* (1960), *A Difícil Manhã* (1960), *Jeremias sem Chorar* (1964), *Os Sobreviventes* (1971), todos incorporando experimentos formais ao seu lirismo habitual.

Obras do A.. *Dentro da Noite,* 1915; *Evangelho de Pã,* 1917; *Jardim das Hespérides,* 1920; *Atalanta* (*A Mentirosa de Olhos Verdes*), 1923; *A Frauta de Pã,* 1925, todos esses da fase pré-modernista. Modernistas: *Canções de Minha Ternura,* 1930; *O Sangue das Horas,* 1943; *A Face Perdida,* 1950; *Poemas Murais,* 1950; *Vinte e Cinco Sonetos,* 1952; *Meu Caminho até Ontem* (Poemas Escolhidos), 1955; *João Torto e a Fábula,* 1956; *O Arranha-Céu de Vidro,* 1956. Tem várias obras em prosa, de teoria e técnica literária, estudos históricos, interpretação social.

Consultar: Péricles Eugênio da Silva Ramos, "O Modernismo na Poesia", *A Literatura no Brasil* (dir. de Afrânio Coutinho), vol. III, t. 1, Rio, 1959; Osvaldino Marques, *O Laboratório Poético de C. R.,* Rio, 1962; Mário Chamie, *Palavra — Levantamento na Poesia de C. R.,* Rio, 1963; e introd. a *Poemas Escolhidos de C. R.,* S. Paulo, 1965; Osvaldo Mariano, *Estudos sobre a Poética de C. R.,* S. Paulo, 1965; Nelly Novais Coelho, estudo em *Seleta* de C. R., Rio, 1972; Nereu Correia, *C. R.: o Prosador e o Poeta,* 2.ª ed., S. Paulo, 1976.

[P. E. S. R.]

RIMA — Rima é a identidade ou semelhança de sons no fim de duas ou mais palavras, geralmente colocadas no fim ou em posições predeterminadas de dois ou mais versos. Nos membros do período, Aristóteles (*Retórica,* III, 9) refere-se ao "homeoteleuto", ou seja, semelhança das terminações. Os retóricos e gramáticos latinos registram essa designação para a rima, ou a traduzem sob a forma de *similiter desinens.* Na literatura latina, embora pudesse surgir em poesia, a rima não era necessária nem freqüente (a não ser primitivamente, no *carmen* e fórmulas populares); mas na Idade Média ela ostenta grande variedade de formas, tanto na poesia métrica como na poesia rítmica, donde vir a figurar nas línguas românicas. Em Portugal, a rima já se mostra nas mais velhas composições recolhidas nos Cancioneiros, e veio a ser uma constante na poesia luso-brasileira, exceto no verso branco e no verso livre.

O fragmento da Arte de Trovar que antecede o *Cancioneiro da Biblioteca Nacional* divide as rimas em *breves* e *longas,* o que corresponde às rimas femininas e masculinas do francês e provençal: as rimas eram longas quando oxítonas, breves quando paroxítonas; *rio-navio* eram rima breve, *amor-sabor* longa. Nos Cancioneiros, ao lado das rimas *consoantes*, isto é, que exigem identidade de todos os fonemas a partir da vogal tônica, tanto consoantes como vogais, havia também as rimas *toantes* ou *assonantes*, nas quais a identidade era apenas das vogais a partir da tônica, e não das consoantes, como nas palavras *rio-virgo, amado-ramo, forte-amostre, lez-fazer*, etc. As rimas toantes têm sido usadas no Brasil escassamente; no período colonial, todavia, eram encontradiças nos romances, como nos de * Manuel Botelho de Oliveira. Tem mesmo esse poeta um "romance em esdrúxulos" em que a assonância se estende por 16 quadras proparoxítonas e em que todos os versos 1-3 têm toantes *i-i-o*, como *brasílico, paralítico, boníssimo, líquido, vívido, científico*, etc. As toantes (muito usadas em espanhol e irlandês) depois hibernaram no Brasil, para ressurgir em poetas como * Alberto de Oliveira, no fim do * Parnasianismo, e nos modernos como * Manuel Bandeira ou * Cecília Meireles.

O contrário da rima toante é o que os ingleses chamam *para-rima*, isto é, igualdade apenas das consoantes a partir da sílaba tônica, como em *marasmo-carisma, arrimo-rama*, processo que se pode tomar como eventual curiosidade em nossa língua.

Nas rimas toantes, uma das singularidades é a permissão da correspondência das vogais nasais com as vogais orais, como a*qui-fim*, pote-esco*nde*, cana-am*ada*, etc., desde o galaico-português. Isso nos leva às rimas *visuais*, em que as letras são iguais, mas não os fonemas, p. ex. em *estrela* e *bela*, ou *imperfeitas*, em que o som é aproximado, mas nem as letras são iguais, como em *luz-azuis*: em nossa poesia, as rimas visuais sempre foram toleradas, mesmo no Parnasianismo, e as imperfeitas são também encontradiças, até com boa freqüência nos românticos.

Na vigência do Parnasianismo, considerou-se muito a riqueza ou pobreza das rimas: estas seriam *ricas* se combinassem palavras de categorias gramaticais diferentes (substantivo com verbo, adjetivo, etc.), *pobres* no caso oposto; indício de pobreza ou riqueza eram ainda a banalidade das rimas (em *ado, ão*, p. ex.) ou sua raridade. As rimas ricas, segundo a terminologia francesa, ficaram conhecidas em nosso meio como *rimas com consoantes de apoio*: usou-as com relativa freqüência * Francisca Júlia, e * Goulart de Andrade as utilizou numa poesia inteira, "Forte Abandonado": nessas rimas, também a consoante que precede a vogal tônica deve ser igual, como em ins*tante* e pal-pi*tante*, esca*ssa* e ca*ça*, etc.

Encontram-se ainda em nossa poesia, especialmente em composições humorísticas durante o Parnasianismo (* Artur Azevedo) e na poesia moderna a partir de 1945, a rima *partida* ou inversamente a *composta*; no primeiro caso *aqui* rima com *canti*-(ga), passando a última sílaba para o verso seguinte; no segundo, *lâmpada* rima com *estampa da,* como no exemplo jocosamente citado por * Bilac.

Quanto à sua posição nos versos as rimas podem ser finais e internas, conforme fiquem no fim ou no interior dos versos. As rimas finais ou são *emparelhadas*, quando surgem em dois versos contínuos (se em mais de dois versos, chamam-se *seguidas*); *cruzadas, entrecruzadas, entrelaçadas ou alternadas,* quando o primeiro verso rima com o terceiro, o segundo com o quarto; *intercaladas ou abraçadas* quando o primeiro verso rima com o quarto, o segundo com o terceiro. Noutras disposições, em estrofes maiores, as rimas finais dizem-se *misturadas*. As rimas internas de maior importância histórica são as *leoninas*, quando a palavra da cesura rima com a final do verso (Permutant *mores homines*, cum dantur *honores*) e *encadeadas*, quando a final de um verso rima com a palavra da cesura no verso seguinte (francês *rime batelée*), como no exemplo de * Gonçalves Dias: "Se eu fosse querido dum rosto for*moso*, / se um peito extre*moso* pudesse encontrar, / e uns lábios macios, que expiram a*mores* / e abrandam as *dores* — de alheio penar."

Por exceção, encontram-se em nossa poesia as rimas *coroadas*, aquelas que se sucedem em duas palavras, como em * Castro Alves ("Exortação"): "O tr*iste* ex*iste* qual a p*edra* m*edra*, / r*osa* saud*osa* do gentil jardim, / qual m*onge* ao l*onge* já no cl*austro* ex*austo* / qual *ampla campa* a proteger-lhe o fim."

A terminologia do latim medieval conhecia numerosas designações para os versos, segundo a colocação das rimas, como versos *caudati ventrini* (*rima quebrada* em português, na designação de Antônio Coimbra Martins, que dá exemplo de Camilo Pessanha) ou os curiosos *serpentini*.

Numerosas designações também existem em provençal ou em francês, a cujo verso regular a rima parece indispensável, segundo os tratadistas. Já em nossa língua, como em outras, a rima não é requisito essencial do verso, a não ser nas formas fixas e apenas por se tratar de formas *fixas*.

CONSULTAR: J. Marouzeau, *Traité de Stylistique Latine*, 2.ª ed., Paris, 1946; Karl Strecker, *Einführung in das Mittellatein*, 3.ª ed., Berlim, 1939, Edmond Faral, *Les Arts Poétiques du XIIe et du XIIIe Siècle*, Paris, 1958; Celso Ferreira da Cunha, *O Cancioneiro de Joan Zorro*, Rio, 1949. Para o português moderno, são úteis os tratados de versificação existentes na língua, mas o melhor excurso de conjunto é o de Antônio Coimbra Martins, voc. "rima" no *Dicionário das Literaturas Portuguesa, Brasileira e Galega*, (dir. de Jacinto do Prado Coelho), Porto, 1960; Melo Nóbrega, *Rima e Poesia*, Rio, 1965.

[P. E. S. R.]

RIO DE JANEIRO — Quando, em 1808, D. João VI transladou a Corte portuguesa para o Rio de Janeiro, este logo se tornou centro cultural e intelectual do País, numa hegemonia que não perdeu totalmente nos anos seguintes, embora o eixo de interesse viesse a passar por * S. Paulo, * Minas ou Santa Catarina. Para ali convergem todos quantos, nos Estados limítrofes ou distantes, pretendem alcançar glória literária, e tal ocorre por fatores de ordem geográfica ou política, ou de ordem psicológica. Ali se instalaram as primeiras escolas superiores, os primeiros jornais, as primeiras missões culturais européias, companhias de teatro, etc., num movimento que não se interrompeu mesmo quando a capital se transferiu para Brasília.

Centro intelectual por excelência da Nação, desde cedo propiciou temas para a poesia, o teatro, a crônica e, especialmente, a prosa de ficção. Esta, já com * Teixeira e Sousa se ocupava de seus aspectos históricos e paisagísticos, contemporâneos ou remontando ao século

365

XVIII, mas foi o romance macediano, tendo como cerne a vida urbana fluminense, que inaugurou um gosto que permaneceu nas épocas posteriores. A * Macedo seguem de perto * José de Alencar e * Manuel Antônio de Almeida, mais o primeiro que o segundo, na exploração de temas sugeridos pela burguesia do tempo. Tempos depois, * Machado de Assis, cuja primeira fase de atividade literária tanto deve às sugestões macedianas, vai centrar seus contos, romances, crônicas e peças de teatro em temas cariocas citadinos, embora num tom transfigurado e pouco atento à decantada paisagem da Guanabara. * Aluísio Azevedo muda ainda mais o ângulo de análise, dirigindo-o para os cortiços, casas de pensão, pedreiras, etc., no intuito de surpreender aspectos menos óbvios do panorama social fluminense. Mesmo em *O Ateneu, de * Raul Pompéia, se percebe, concomitantemente com as lembranças duma torturada experiência de internato, a fixação de aspecto típico da paisagem e da vida cariocas. A obra de * Lima Barreto acentua a transfiguração operada por Machado, mas é ainda uma espécie de radiografia psicológica do Rio de Janeiro na aurora do século XX o que ele empreende. O mesmo ocorre com a poesia cotidiana, burguesa e paisagística de * Mário Pederneiras.

Com o * Modernismo, não obstante o despontar duma rica atividade literária focalizando temas regionalistas (nordestinos, nortistas, gaúchos, mineiros, paulistas), ainda o Rio de Janeiro continua a interessar, por sua gente e por sua natureza. O enfoque é outro, sem dúvida, com introspecção, psicanálise, absurdos, surrealismos de permeio, mas a cidade permanece, como tema, inesgotável. Na ficção de * Otávio de Faria, * Marques Rebelo, * Lúcio Cardoso, Gustavo Corção, * Clarice Lispector, e outros, ou na crônica e na poesia de * Manuel Bandeira, * Carlos Drummond de Andrade, * Rubem Braga, * Fernando Sabino, * Raquel de Queirós, Vivaldo Coaraci e tantos outros, lá está sempre o Rio de Janeiro como tema e inspiração.

[M. M.]

RIO, JOÃO DO — Pseudônimo de João PAULO Emílio Cristóvão dos Santos Coelho BARRETO (★ 5/8/1880, Rio; † 23/6/1921, idem) Ingressou muito jovem na imprensa carioca, de cuja modernização haveria de ser um dos principais artífices. Pertenceu à redação da Cidade do Rio, da Gazeta de Notícias, dO País, do Rio-Jornal e dA Pátria, órgãos nos quais deixou esparsa vasta colaboração, só parcialmente reunida em volume. Pelo que traziam de renovação à prática jornalística da época, as crônicas e reportagens de J. do R., escritas em estilo ágil e colhendo ao vivo aspectos pitorescos e dramáticos da cidade, alcançaram imediata popularidade. Neste sentido, a par do interesse propriamente literário, livros como As Religiões do Rio (1906) e A Alma Encantadora das Ruas (1918) têm grande valor documental. J. do R. pertenceu à Academia Brasileira de Letras (cadeira n.º 26).

Tanto na sua obra de jornalista quanto na de contista e teatrólogo, foi ele autor característico daquele momento do * Pré Modernismo que, usando a fórmula célebre de * Afrânio Peixoto, Lúcia Miguel-Pereira chamou de "sorriso da sociedade". Correspondia, tal momento, à febre do mundanismo que, sob o influxo das reformas urbanas de Pereira Passos, invadiu a então capital do País no início do século. Os contos de J. do R. refletem, no gosto decadista pelas perversões e vícios elegantes e na afetação da linguagem inçada de termos estrangeiros, o artificialismo cosmopolita desse período. A despeito da marcada influência de Jean Lorrain, escritor francês hoje esquecido, mas muito estimado na época, e de Oscar Wilde, autor que J. do R. foi dos primeiros a divulgar no Brasil, não faltava ao contista de *Dentro da Noite* (s. d.) inventividade e vigor de expressão, e alguns dos seus contos, como "O Bebê de Tarlatana Rosa", continuam sendo peças antológicas.

OBRAS DO A.: Crônicas e reportagens: *Crônicas e Frases de Godofredo de Alencar*, 1916; *O Momento Literário*, s. d. Teatro: *Eva*, s. d.; *A Bela Madame Vargas*, s. d. Contos: *A Mulher e os Espelhos*, 1911.

CONSULTAR: Tristão de Ataíde, *Contribuição à História do Modernismo — I, o Pré-Modernismo*, Rio, 1939; Neves Manta, *A Arte e a Neurose de J. do R.*, Rio, 1947; Lúcia Miguel-Pereira, *Prosa de Ficção (De 1870 a 1920)*, Rio, 1950; Gilberto Amado, *Mocidade no Rio e Primeira Viagem à Europa*, Rio, 1956; Brito Broca, *A Vida Literária no Brasil — 1900*, 2.ª ed., Rio, 1956; Afrânio Coutinho, "Ensaio e Crônica", *A Literatura no Brasil* (dir. de...), 2.ª ed., vol. VI, Rio, 1971.

[J. P. P.]

RIVERA, JR., ODORICO BUENO DE — (★ 3/4/1914, Sto. Antônio do Monte, MG) Após completar o curso de Química, ingressou por concurso no serviço público estadual, indo exercer funções de microscopista, no Departamento de Saúde de MG. Foi redator da Rádio Mineira e trabalhou em publicidade. Participou com destaque do I Congresso Paulista de Poesia (1948).

Mundo Submerso (1944), obra de estréia de B. de R., constitui-se, segundo * Domingos Carvalho da Silva, no "primeiro grande livro da nova geração", por ter corporificado, em sua expressão poética, certos ideais do * Neomodernismo, notadamente no que se refere ao "senso da medida" e à "abolição do prosaísmo".

OBRAS DO A.: *Luz do Pântano*, 1948; *Pasto de Pedra*, 1971.

CONSULTAR: Álvaro Lins, *Jornal de Crítica*, 6.ª série, Rio, 1951; Sérgio Milliet, *Panorama da Moderna Poesia Brasileira*, Rio, 1952; Péricles Eugênio da Silva Ramos, "O Modernismo na Poesia", *A Literatura no Brasil* (dir. de Afrânio Coutinho), vol. III, t. I, Rio, 1959; Alcântara Silveira, *Telefone para Surdos*, S. Paulo, 1962; Domingos Carvalho da Silva, *Eros & Orfeu*, S. Paulo, 1966; Milton de Godoy Campos, *Antologia Poética da Geração de 45*, S. Paulo, 1966; Antônio Olinto, "Da Poesia fiel a si mesma na obra de B. de R.", *O Globo*, Rio, 1/11/1971.

[J. P. P.]

ROCHA, LINDOLFO JACINTO — (★ 3/4/1862, Grão-Mogol, MG; † 30/12/1911, Salvador, BA) Infância pobre, estuda com dificuldade. Em 1880 está em Bom Jesus dos Meiras, hoje Brumado, no sudoeste baiano. Discreto, arredio, vive para o estudo, ensina a meninos. Toca pistão, entra na filarmônica local. Vai para Maracás, onde se torna maestro da banda e abre uma escola primária. Já faz versos, imprimindo, em 1887, seu primeiro livro, *Bromélias*. Entrementes, aproveita as férias para prestar exames parcelados em Salvador; termina-os. Transfere-se, com o seu colégio, para Areias e matricula-se na Faculdade de Direito do Recife em 1890. Em 1891, instala-se em Salvador e ingressa no *Diário de Notícias*. Forma-se em 1892. No mesmo ano, é nomeado juiz preparador de Correntina; demite-se dois anos depois e parte para Jequié, que conhecera na mocidade, onde se dedica à advocacia e por cuja elevação a município se bate, conseguindo-a em 1897. Torna-se juiz, mas deixa o cargo para se fazer fazendeiro. Muda-se para Salvador, onde, atacado de moléstia repentina, falece. Além de obras didáticas, de Direito e de História, deixou numerosos inéditos cujos manuscritos foram destruídos pelo segundo marido da mulher.

Em seu romance *Iacina* (1907) descreve os costumes dos índios, e em *Maria Dusá* (1910), seu melhor livro, tecendo uma estória em torno de uma mundana famosa, reconstitui a comunidade dos garimpeiros e mineradores. A despeito das falhas que apresenta, *Maria Dusá* é considerado, por Lúcia Miguel-Pereira, "um livro de qualidade, precioso como documentário, sem deixar de ser sobretudo um romance, criando a sua própria verdade".

Consultar: Lúcia Miguel-Pereira, *Prosa de Ficção (De 1870 a 1920)*, Rio, 1950; Nilo Bruzzi, *O Homem de Maria Dusá*, Rio, 1953; Adalmir da Cunha Miranda, "O Romance de Maria Dusá", supl. lit. d*O Estado de S. Paulo*, 19/8/1958; Afrânio Coutinho, introd. à 2.ª ed. de *Maria Dusá*, Rio, 1969. [J. Pa.]

RODRIGUES, NELSON Falcão — (★ 23/8/1912, Recife, PE) Foi criança para o Rio, onde fez os estudos primários e secundários, dedicando-se depois ao jornalismo e ao *teatro. Sua primeira peça, *Uma Mulher sem Pecado*, subiu ao palco em 1939. Todavia, seu grande êxito como dramaturgo ocorreu em 1943, com *Vestido de Noiva*, encenada por "Os Comediantes" no Teatro Municipal do Rio. Essa tragédia foi considerada por numerosos críticos e escritores, verdadeira obra-prima, que vinha revolucionar o teatro brasileiro e dar-lhe, finalmente, marcante sentido de modernidade. Nas suas peças subseqüentes, N. R. ora se conservou fiel à linha freudiana e expressionista de *Vestido de Noiva*, ora se voltou para o teatro de costumes, notadamente de ambiente carioca. Num e noutro caso, confirmou-se, pelo empenho de renovação, legítimo "desbravador" do "nosso palco", conforme o definiu Sábato Magaldi. N. R. é também autor de vários romances, literariamente inferiores à sua dramaturgia, e cronista.

Obras do A.: Teatro: *Álbum de Família* e *Vestido de Noiva*, 1946; *Anjo Negro, Vestido de Noiva, A Mulher sem Pecado*, 1948; *Senhora dos Afogados* e *A Falecida*, 1956; *Bonitinha, mas Ordinária*, 1965; *Teatro Quase Completo*, 4 vols., Rio, 1965-1966.

Consultar: Álvaro Lins, *Jornal de Crítica*, 5.ª série, Rio, 1947; A. Fonseca Pimentel, *O Teatro de N. R.*, Rio, 1951; Sábato Magaldi, *Panorama do Teatro Brasileiro*, S. Paulo, 1962; Vários Autores, estudos em *Teatro Quase Completo*, ed. cit. [J. P. P.]

ROMANCE — O primeiro verdadeiro romancista no Brasil — precursores no século XVIII só têm interesse bibliográfico — foi *Teixeira e Sousa (1812-1881), cultivando o gênero sentimental-aventuresco dos folhetinistas franceses da época. A esse gênero insuflou * Joaquim Manuel de Macedo (1820-1882) certa dose de mentalidade nacional e cor local, em * A Moreninha. Mas o papel de verdadeiro fundador do romance no Brasil foi reservado a * José de Alencar (1829-1877), que seguiu, na ficção histórica, o exemplo de Scott e nos enredos contemporâneos o modelo de Georges Sand e Feuillet. Seu estilo é poético e seus temas aproximam-se às vezes do terreno da literatura infantil, mas ninguém lhe nega o título de um dos mais poderosos e mais influentes criadores do espírito nacional brasileiro (* O Guarani, *Iracema, As Minas de Prata). No romance histórico, meio folhetinesco, seguiu-lhe * Bernardo Guimarães (1825-1884), que em outras obras descobriu o espírito do * sertão. Este também vive na famosa * Inocência do * Visconde de Taunay (1843-1899), em que se notam os primeiros vestígios do * Realismo. Realista de verdade só foi * Manuel Antônio de Almeida (1831-1861), o autor genial das * Memórias de um Sargento de Milícias, ao passo que * Franklin Távora (1842-1888) introduziu no romance os aspectos mais rudes da vida nordestina.

Ocupa lugar totalmente à parte * Machado de Assis (1839-1908), realista psicológico, humorista amargo, conhecedor incomparável dos homens e da vida, o maior escritor da literatura brasileira.

Precursor dos naturalistas foi * Inglês de Sousa (1853-1918), em seus romances da vida amazônica. As preocupações pseudocientíficas do *Naturalismo aparecem primeiro nACarne, de *Júlio Ribeiro (1845--1890) e o modelo de Zola já domina as poucas obras-primas de * Aluísio Azevedo (1857-1913). Mas já são mais independentes os cearenses * Adolfo Caminha (1867-1897), até hoje não bastante apreciado, e * Domingos Olímpio (1850-1906), cujo * Luzia-Homem é a estréia do verdadeiro sertão na literatura brasileira.

Os romances de * Coelho Neto (1864-1934), embora filiados ao Naturalismo, já revelam a preocupação estilística própria dos parnasianos. Esse * parnasianismo em prosa combinou-se com a intenção de fazer romance regionalista nas obras do baiano * Xavier Marques (1861--1942), do baiano * Afrânio Peixoto (1867-1947) e do gaúcho * Alcides Maia (1878-1944).

O * Simbolismo não favoreceu muito a prosa. O único romancista simbolista que é ainda lembrado é * Gonzaga Duque (1863-1911), autor de Mocidade Morta. Mas o * Impressionismo, modificando a temática naturalista, inspirou a solitária obra-prima de * Raul Pompéia (1863-1895): * O Ateneu.

Solitários, não filiados a esta ou àquela escola literária, também eram * Lima Barreto (1861-1922), o amargo e filosófico humorista da vida carioca, espécie de Machado de Assis plebeu, e * Graça Aranha (1868-1931), cujo * Canaã passava por romance de idéias". Graça Aranha foi, depois, um dos padrinhos do * Modernismo.

O Modernismo tentou vários caminhos para renovar o gênero. É socialmente engagé em * Oswald de Andrade (1890-1954), regionalista em * Alcântara Machado (1901-1935), machadiano em * Ciro dos Anjos (1906), introspectivo em * Cornélio Pena (1896-1958), que influirá em * Lúcio Cardoso (1913-1968) e no volumoso roman-fleuve de * Otávio de Faria (1908).

369

Paralelamente ao Modernismo no * Sul do país, surgiu no * Nordeste o romance neonaturalista, regionalista e inspirado por motivos sociais: * José Américo de Almeida (1887), * Raquel de Queirós (1910), * José Lins do Rego (1901-1957), * Amando Fontes (1899-1967), * Graciliano Ramos (1892-1953), * Jorge Amado (1912). O ciclo nordestino já parece, porém, encerrado.

Romancistas contemporâneos, de matizes diferentes, são *Érico Veríssimo (1905-1975), * Marques Rebelo (1907-1973) * Guimarães Rosa (1908-1967), * Josué Montelo (1917), * Antônio Calado (1917), * Herberto Sales (1917), * Osman Lins (1924-1978), * Autran Dourado (1926).

CONSULTAR: Olívio Montenegro, *O Romance Brasileiro*, Rio, 1938; Prudente de Morais Neto, *The Brazilian Romance*, Rio, 1943; Lúcia Miguel-Pereira, *Prosa de Ficção (De 1870 a 1920)*, Rio, 1950; *O Romance Brasileiro* (coordenação de Aurélio Buarque de Holanda Ferreira), Rio, 1952; Fred P. Ellison, *Brazil's New Novel*, Berkeley, 1954; Adonias Filho, *O Romance Brasileiro de 30*, Rio, 1969; Assis Brasil, *A Nova Literatura. O Romance*, Rio, 1973. [O. M. C.]

ROMANTISMO — V. PRÉ-ROMANTISMO E ROMANTISMO.

ROMERO, SÍLVIO VASCONCELOS DA SILVEIRA RAMOS — (★ 21/4/1851, Lagarto, SE; † 18/7/1914, Rio) Passou os cinco primeiros anos de vida no engenho dos avós maternos, de onde regressou à vila natal para fazer os estudos primários. Completados os preparatórios no Rio, foi estudar Direito em Recife (1868). Teve, como contemporâneos ou colegas de curso, * Celso de Magalhães, * Domingos Olímpio, * Nabuco, * Araripe Jr., * Luís Guimarães Jr. e, sobretudo, * Tobias Barreto. Este começava então a divulgar as doutrinas positivistas e evolucionistas que iriam informar o ideário do * Realismo. S. R. logo aderiu às novas idéias, passando a nutrir pelo chefe da * Escola do Recife admiração quase idolátrica. Conseqüência imediata dessa adesão são os artigos de crítica à poesia romântica que escreveu por volta de 1873 e que mais tarde reuniria n*A Literatura Brasileira e a Crítica Moderna* (1880). Da mesma época é o artigo "A Poesia de Hoje", no qual faz a apologia da * poesia científica por ele mediocremente praticada nos *Cantos do Fim do Século* (1878). Bacharel em 1873, foi ser promotor e deputado provincial em SE. Em 1879, fixou-se definitivamente na Corte, onde viveria do magistério e da pena e onde escreveria a sua vasta e importante obra crítica, que o caracterizou como árdego polemista, cioso de reivindicar a prioridade da Escola do Recife na renovação da mentalidade brasileira e a superioridade de Tobias Barreto sobre seus contemporâneos, notadamente * Castro Alves e * Machado de Assis. Lecionou Filosofia no Colégio Pedro II e Filosofia do Direito na Faculdade de Direito do Rio. Tentou, sem grande êxito, a carreira política, na qual alcançou, a duras penas, ser deputado federal. Foi membro fundador da Academia Brasileira de Letras.

Concebendo a crítica menos como apreciação de obras literárias do que método de "lógica aplicada" ao "controle das vistas alheias" em todos os domínios da atividade intelectual (V. *Da Crítica e sua Exata Definição*, 1909), S. R. não restringiu sua atividade crítica à Literatura, mas exerceu-a em variados campos: na Etnologia (*Etno-*

grafia Brasileira, 1888), na Filosofia (*A Filosofia no Brasil,* 1878; *Ensaios de Filosofia do Direito,* 1895; *Doutrina Contra Doutrina,* 1894), na Política (*Ensaios de Crítica Parlamentar,* 1883), no Folclore (*Cantos Populares do Brasil,* 1883; *Contos Populares do Brasil,* 1885) e na Sociologia (*O Brasil Social,* 1907). Aqui só nos concerne, evidentemente, a sua atividade de crítico e historiador de literatura, que culminou na *História da Literatura Brasileira* (1888), publicada inicialmente em dois volumes, e posteriormente ampliada a cinco por Nelson Romero, com a incorporação de trabalhos monográficos esparsos de S. R.

Constituindo-se em súmula do pensamento crítico de seu A., a *História da Literatura Brasileira* inaugura, outrossim, a nossa moderna historiografia literária. Diferentemente de * Varnhagen, * Norberto, Denis e outros — predecessores, a quem, todavia, muito deve no tocante à coleta e organização de material histórico e bibliográfico — S. R. não se contentou com ordenar cronologicamente autores e estimar-lhes os méritos em função de critérios retóricos ou de "bom gosto". Foi além: procurou, dentro de uma orientação confessadamente nacionalista, firmar um conceito orgânico da literatura brasileira, que ele concebia como a expressão diferencial do "gênio, do caráter, do espírito" de nosso povo. Antecipando-se a * Gilberto Freyre, S. R. considerava tal caráter próprio como resultado daquele processo de "mestiçamento moral" por cujo intermédio lográramos amalgamar, numa cultura nacional, o contributo negro, europeu e indígena. Essa, a linha mestra do seu pensamento no primeiro, e mais importante, volume da *História,* no qual se propõe a estudar os "fatores da literatura brasileira": o meio físico, a formação racial, as tradições populares, as instituições políticas e sociais e as influências estrangeiras. Fá-lo dentro dos esquemas deterministas de Taine e Buckle, mas sem obedecer-lhes ortodoxamente, e superando-os inclusive na medida em que, com minimizar o determinismo geográfico ou racial, cuida de estabelecer — são suas próprias palavras — "as relações de nossa vida intelectual com a história política, social e econômica da nação".

No segundo volume da *História,* são passados em revista, à luz de um conceito entre darwiniano e nacionalista de evolução literária e através do estudo de seus autores mais significativos, os quatro períodos em que S. R. divide nossa literatura: de formação (1500-1750), de desenvolvimento autonômico (1750-1830), de transformação romântica (1830-1870) e de reação crítica (1870 em diante). Espírito mais afeito à análise ideológica do que à apreciação estética, S. R. decai visivelmente neste volume porque se tem de haver com a análise e julgamento de obras literárias individuais. Carecia de maior sensibilidade para o aspecto formal da literatura e seus juízos de valor revelam-se por vezes dúbios e vacilantes. Ora afere o mérito de um autor pelo critério sociológico da representatividade, isto é, "por tudo quanto há contribuído para a diferenciação nacional"; ora se deixa guiar exclusivamente pelo gosto ou por prejuízos pessoais. Num e noutro caso, cometeu alguns erros de julgamento que a crítica sua contemporânea ou superveniente já cuidou de apontar: entre outros, a subestimação de * Vieira e Machado de Assis; a superestimação de Tobias e dos poetas sertanejistas do Norte; a incompreensão com que tratou o * Simbolismo. Além disso, fundado numa concepção germânica de literatura como conjunto das "manifestações da inteligência de um povo" e não

371

apenas "belas-letras", sobrecarregou a sua *História* de material excrescente, ao se ocupar de cientistas, economistas, políticos, etc. A seu favor milita, porém, a flexibilidade com que soube conciliar, na maior parte dos casos, os esquemas teóricos e a intuição crítica.

Malgrado os exageros do seu sociologismo e as eventuais deficiências do seu enfoque valorativo, S. R. desempenhou papel capital no desenvolvimento da história e da crítica literárias no Brasil. Com ele se impôs entre nós a preocupação de método e objetividade e a importância de vincular a obra literária ao contexto sócio-econômico-cultural em que se originou e no qual adquire plenitude de significado. Ademais, pela riqueza de material informativo acerca de autores secundários ou esquecidos, assim como pela validade de muitas de suas formulações críticas, a *História da Literatura Brasileira* é ainda hoje obra de consulta obrigatória.

CONSULTAR: Sílvio Rabelo, *Itinerário de S. R.,* Rio, 1944; Antônio Cândido, *O Método Crítico de S. R.,* 2.ª ed., S. Paulo, 1963. Ambas essas obras trazem extensa bibliografia crítica acerca de S. R.

[J. P. P.]

ROSA, João GUIMARÃES — (★ 27/6/1908, Cordisburgo, MG; † 19/11/1967) Desde muito cedo mostrou inclinação para línguas. Terminados os preparatórios em Belo Horizonte, matricula-se na Faculdade de Medicina. Depois de formado, exerce a profissão no interior de MG. Retornando ao estudo de idiomas, presta concurso no Itamarati e entra para a carreira diplomática em 1934. Três anos depois, escreve os contos de *Sagarana.* Nomeado cônsul-adjunto em Hamburgo, no ano seguinte, parte para a Europa. Em 1942, quando o Brasil rompe com a Alemanha, é internado em Baden-Baden. Libertado mais tarde com outros, em troca de diplomatas alemães, o escritor volta à América do Sul. Retoma então os originais de *Sagarana* e refaz inteiramente o livro, que é afinal publicado em 1946, com grande sucesso. Após viagens intermitentes pelo estrangeiro, regressa ao Brasil para uma permanência que se prolongou até a sua morte. Em 1956 publica as novelas de *Corpo de Baile* e o romance * *Grande Sertão: Veredas,* obras que assentariam em definitivo o seu renome internacional de prosador.

Contemporâneo de * Jorge Amado e da época de fastígio do "romance nordestino", G. R. estreou tardiamente, iniciando uma obra singular que só passaria a alcançar verdadeira repercussão a partir da década de 50. Começando como um escritor regionalista, em *Sagarana,* livro motivado pela paisagem mineira, a vida das fazendas, a saga dos vaqueiros e dos criadores de gado — mundo de sua infância e de sua mocidade — G. R. foi evoluindo para uma perspectiva mais universal, que o fez transcender as limitações do regional. Mesmo em *Sagarana,* onde a linguagem é mais decorativa que a dos livros posteriores, já se nota um sentido de aprofundamento das coisas e dos seres e um uso experimental do idioma que se opõem, de certa forma, aos escritos mais característicos da prosa regionalista, tendendo a superar tanto o mero pitoresco quanto o realismo documental. Por outro lado, embora revele um notável e incomum domínio artesanal, a linguagem de G. R. também não se confunde com a dos estilistas da Língua. O seu palavreado diferente não é constituído propriamente de vocábulos "difíceis" ou desusados, como no caso de * Euclides da Cunha ou * Coelho Neto, mas de recriações e invenções forjadas a partir das virtualidades do idioma, que levam o leitor a constantes descobertas. Com seu léxico e sua sintaxe peculiares, não canônicos, mas coerentemente articulados, G. R. nos força, pois, a uma experiência viva com a linguagem. Por isso mesmo sua obra tem sido comparada à de James Joyce, o grande ficcionista irlandês, embora jamais tenha chegado à radicalidade da derradeira fase do autor de *Finnegans Wake*. Outro aspecto relevante na obra de G. R. é o seu extraordinário poder de fabulação. Suas narrativas, repletas de incidentes, casos fantásticos e imaginários, contêm às vezes mais de uma "estória" dentro da "estória". Seus personagens são admiravelmente delineados e caracterizados não apenas externamente, mas com uma rara penetração da psicologia do homem rústico. Suas descrições afetam um conhecimento minucioso de gentes, plantas e bichos em contato com o ambiente sertanejo. Passando do conto à novela, em *Corpo de Baile*, G. R. prepara o caminho para o seu livro mais importante, o romance *Grande Sertão: Veredas*. Nas 7 "estórias" do *Corpo de Baile*, G. R. expande e radicaliza suas pesquisas com a linguagem e cria toda uma nova galeria de personagens marcantes, do porte do Matraga de *Saragana*: Miguilim, "o menino que vai buscar a luz de seus olhos", Cara de Bronze, "o violeiro pago para cantar sempre", Soropita, "suas armas, sombras e cicatrizes" e outros tantos. Com o Chefe Zequiel, personagem da novela "Buriti", G. R. chega a uma grande sutileza sonora, e parece capaz até de "dentreouvir" a "submúsica" dos sons noturnos do sertão. Depois do *Grande Sertão: Veredas*, G. R. tem publicado apenas contos e novelas. *Primeiras Estórias* (1962) é uma coletânea de contos curtos, talhados com a mestria de sempre. Mas sua realização mais impressionante dos últimos tempos parece ser a novela "Meu Tio, Iauaretê" (revista *Senhor*, Rio, março 1961). Nessa narrativa, contada por um caçador de onças, naquele típico diálogo virtual que G. R. já usara em seu romance, o ficcionista procede a uma análise fenomenológica das relações contraditórias entre o sertanejo e a onça, sua adversária e companheira na solitude do * sertão, como que humanizando o felino, à medida em que o caçador se identifica a ele em seu comportamento afetivo e belicoso. A prosa de G. R., intensamente trabalhada, e ao mesmo tempo cheia de vivência, perpassada de uma visão metafísica, a todo momento invade os domínios da poesia para confundir-se com ela na perquirição da essencialidade humana, não só através da, mas na própria linguagem.

CONSULTAR: Osvaldino Marques, *A Seta e o Alvo*, Rio, 1957; M. Cavalcanti Proença, *Augusto dos Anjos e Outros Ensaios*, Rio, 1959; Augusto de Campos, "Um Lance de "Dês" do Grande Sertão", *Revista do Livro*, n.º 16, Rio, dez. 1959; Pedro Xisto, *À Busca da Poesia, idem*, n.os 21-22, março-jun. 1961; Haroldo de Campos, "A Linguagem de Iauaretê", supl. lit. dO *Estado de S. Paulo*, S. Paulo, 22/12/1962; Antônio Cândido, *Tese e Antítese*, S. Paulo, 1964; Dante Moreira Leite, *Psicologia e Literatura*, S. Paulo, 1964; Ângela Vaz *et alii*, *G. R.*, Belo Horizonte, 1966; Mary Lou Daniel, *J. G. R.: Travessia Literária*, Rio, 1968; Vários Autores, *Em Memória de J. G. R.*, Rio, 1968; Vários Autores, *G. R.*, Porto Alegre, 1969; Assis Brasil, *G. R.*, Rio, 1969; Walnice Nogueira Galvão, *As Formas do Falso*, S. Paulo, 1972; José Carlos Garbuglio, *O Mundo Movente de G. R.*, S. Paulo, 1972; Willi Bolle, *Fórmula e Fábula*, S. Paulo, 1974; Nelly

Novais Coelho e Ivana Versiani, *G. R., S.* Paulo, 1975; Suzy Frankl Sperber, *Caos e Cosmos: Leituras de G. R., S.* Paulo, 1976; Ana Maria Machado, *Recado do Nome,* Rio, 1977. [A. C.]

ROSAS Ribeiro, ERNÂNI Salomão — (★ 31/3/1886, Desterro, atual Florianópolis, SC; † 1/1955, Rio) Poeta, filho de * Oscar Rosas. Depois dos estudos elementares em sua terra natal, seguiu para o Rio, onde viveu até o fim dos dias em modestos empregos. Só cultivou a poesia. Simbolista por formação e temperamento, começou à sombra de * Cruz e Sousa e Eugênio de Castro, evoluindo, a seguir, para o * Decadentismo e o * Penumbrismo. Na altura da Primeira Grande Guerra, o contato com alguns poetas portugueses, sobretudo Mário de Sá-Carneiro, fê-lo caminhar para soluções poéticas dum * Simbolismo avançado, francamente prenunciadoras da poesia surrealista. Humilde, retraído, vivendo à margem da vida literária, ficou esquecido, injustamente, das gerações mais novas.

Obras do A.: *Certa Lenda Numa Tarde,* 1917; *Poema do Ópio,* 1918; *Silêncios,* s. d.

Consultar: Andrade Murici, *Panorama do Movimento Simbolista Brasileiro,* vol. III, Rio, 1952; e "Presença do Simbolismo", *A Literatura no Brasil* (dir. de Afrânio Coutinho), vol. III, t. 1, Rio, 1959.

[M. M.]

ROSAS Ribeiro, OSCAR — (★ 12/2/1864, Florianópolis, SC; † 27/1/ 1925, Rio) Jornalista a vida toda, especializou-se no editorialismo político, em que pôs muito entusiasmo. A poesia, contudo, atraiu-o sempre. Não publicou livro: todos os seus poemas andam esparsos em jornais e revistas do tempo. Amigo de * Cruz e Sousa, exerceu, por algum tempo, influência sobre ele. Foi dos mais ardorosos defensores do * Simbolismo contra o * Parnasianismo. Sua poesia é dum realismo meio epicurista, despida de amargura ou de melancolia, com certa irreverência à Cesário Verde e João Penha. É o testemunho de um homem que amava a vida e as polêmicas literárias ou políticas.

Obras do A.: Composições transcritas nas obras referidas a seguir.

Consultar: Andrade Murici, *Panorama do Movimento Simbolista Brasileiro,* vol. I, Rio, 1952; Arnaldo de S. Thiago, *História da Literatura Catarinense,* Florianópolis, 1957; Iaponan Soares, *A Poesia de O. R.,* Florianópolis, s. d. [M. M.]

RUBIÃO, MURILO Eugênio — (★ 1916, Carmo de Minas, MG) Formou-se em Direito em Belo Horizonte, mas acabou por dedicar-se ao jornalismo (dirigiu até 1969 o suplemento literário do *Minas Gerais,* que organizara em 1966). Esteve na Espanha como adido cultural. Atualmente, preside a Fundação de Arte de Ouro Preto.

M. R. produz pouco: parece que a elaboração do texto resulta de um trabalho penoso e lento, sensação essa que é transmitida ao texto; qualquer de suas páginas evidencia não só o termo justo e preciso, mas também a montagem lúcida e consciente dos núcleos dramáticos. As partes do organismo narrativo são rigorosamente pensadas e ajustadas, de modo que estilo e trama se completam com a precisão de relógio, a fim de exprimir o fantástico: na obra de M. R. o único real é o fantástico insólito; o irracional e o inverossímil simplesmente se impõem. Conquanto não sejam novas suas bases ideológicas (sustentam-se, no dizer do próprio A., na *Bíblia* e nas *Mil e Uma Noites*), M. R. é um escritor invulgar na Literatura Brasileira, pelo seu sentido crítico: através da simulação, aparência, máscara, a denúncia contundente do homem que ou se massifica ou se marginaliza; pela solidão final ("Os Comensais"), a indiferença cruel ("A Fila"), a rotina aniquiladora ("O Ex-Mágico da Taverna Minhota" ou "Petúnia"), a busca da forma definitiva ("Teleco, o Coelhinho"), o círculo vicioso do mundo à volta ("O Convidado"). De onde a narrativa de M. R. se articular num sistema duplo: a realidade interna da narrativa e o sentido alegórico ou crítico da matéria ficcional.

Obras do A.: *O Ex-Mágico*, 1947; *A Estrela Vermelha*, 1953; *Os Dragões e outros contos*, 1965; *O Pirotécnico Zacarias*, 1974; *O Convidado*, 1974.

Consultar: Bibliografia apensa a *O Convidado*, ed. cit.

[V. A.]

S

SÁ, P. ANTÓNIO DE — (★ 26/7/1620, Rio; † 1.º/1/1678, *idem*) Entrou para a Companhia de Jesus em 1639. Juntamente com o P. * Eusébio de Matos, foi coordenador e um dos mais operosos oradores da escola fundada por * Vieira, que o tinha em grande apreço, e a quem tem sido comparado, como sermonista. Estudou e viveu na Bahia muito tempo, para onde regressou depois de ter sido secretário--geral da Companhia de Jesus em Roma.

Os *Sermões Vários*, de A. de Sá, foram publicados em Lisboa em 1750. Neles, destacam-se o "Sermão no Dia de Cinza", dos mais representativos da parenética em língua portuguesa, fornecendo preciosos subsídios para o estudo da oratória sacra barroca, e o "Sermão do Glorioso S. José, Esposo da Mãe de Deus", em muitos pontos antológico.

EDIÇÃO: Laudelino Freire publicou os seguintes sermões de A. de S. no vol. XII de sua *Estante Clássica* (Rio, 1924): à *Justiça*, de *Cinza*, dos *Passos,* da *Conceição* e de *S. José.*

CONSULTAR: Ramiz Galvão, *O Púlpito no Brasil,* Rio, 1867; Antônio Carmelo, "O Púlpito no Brasil", *Revista de Língua Portuguesa,* n.º 19, ano IV, Rio, 1922; Carlos Burlamáqui Köpke, "A Oratória Sacra", *A Literatura no Brasil* (dir. de Afrânio Coutinho), vol. I, t. 1, Rio, 1955.

[C. B. K.]

SABINO, FERNANDO TAVARES — (★ 12/10/1923, Belo Horizonte, MG) Fez os estudos primários e secundários em Belo Horizonte. Ali iniciou o curso de Direito em 1941, ano em que publicou seu primeiro livro, *Os grilos não cantam mais,* contos. Em 1944, mudou-se para o Rio, onde passou a trabalhar em cartório e a fazer jornalismo. Bacharelou-se em 1946. Viveu dois anos nos E.U.A., como auxiliar do Escritório Comercial do Brasil, e exerceu funções de adido cultural em nossa Embaixada em Londres.

F. S. se popularizou, sobretudo, como ágil cronista da vida metropolitana, cujos ridículos e desconcertos sabe explorar, com fino senso de humor, ao nível do cotidiano. Como ficcionista, seu livro de maior repercussão até agora foi *O Encontro Marcado* (1956), traduzido já para vários idiomas e diversas vezes reeditado no Brasil. Nesse romance de acentos autobiográficos, centrado no drama de um jovem intelectual em busca de sentido para a própria existência, fixou ele, brilhantemente, a crise ideológica e as frustrações morais da sua geração, a geração egressa do Estado Novo.

OBRAS DO A.: Novela: *A Marca*, 1944; *A Vida Real*, Rio, 1952. Crônica: *A Cidade Vazia*, 1950; *O Homem Nu*, 1960; *A Companheira de Viagem*, 1965; *A Inglesa Deslumbrada*, 1967; *Gente I e Gente II*, 1975; *A Mulher do Vizinho*, 1975; *Deixa o Alfredo falar!*, 1976; *O Encontro das Águas*, 1977.

CONSULTAR: Antônio Cândido, *Brigada Ligeira*, S. Paulo, s. d.; Adonias Filho, *Modernos Ficcionistas Brasileiros*, 1.ª série, Rio, 1958; Joel Pontes, *O Aprendiz de Crítica*, Rio, 1960; Renard Perez, *Escritores Brasileiros Contemporâneos*, 1.ª série, Rio, 1960; Fábio Lucas, *Horizontes da Crítica*, Belo Horizonte, 1965.

[J. P. P.]

SALDANHA, JOSÉ DA NATIVIDADE — (★ 8/9/1795, Santo Antônio do Jaboatão, PE; † 30/3/1830, Bogotá) Filho natural de padre e mulher parda, formou-se em Direito por Coimbra; ali, ainda estudante, publicou umas *Poesias dedicadas aos amigos e amantes do Brasil* (1822). Regressando a PE, envolveu-se na insurreição que proclamou a efêmera República do Equador (1824), cuja junta governativa secretariou. Com o malogro do movimento, foi condenado à morte e teve de fugir para os E.U.A. De lá, passou-se sucessivamente para a França, a Inglaterra, a Venezuela (onde fez duas brilhantes defesas de réus de crimes políticos, uma das quais publicada em volume: *Discurso sobre a Tolerância*, 1826) e a Colômbia, país em que viveu precariamente de aulas particulares até a morte. Durante suas andanças de exilado, perdeu numerosos manuscritos; coube a Ferreira da Costa reunir-lhe postumamente os versos subsistentes em *Poesia de Natividade Saldanha* (1875).

A despeito de apresentar notas ocasionais de originalidade e vigor de expressão, a obra poética de N. S. é, no geral, a de um epígono algo retardatário do *Arcadismo, de cujos expoentes em língua portuguesa, notadamente *Cláudio Manuel da Costa, Correia Garção, Bocage e Cruz e Silva, tomou de empréstimo tanto o bucolismo convencional dos idílios e cantatas como, igualmente, o diapasão heróico das quatro conhecidas odes pindáricas exaltando os feitos dos heróis brasileiros da Guerra Holandesa. Melhores, porém, do que essas odes de uma grandiloquência laboriosa são certos momentos líricos de cunho melancólico e elegíaco, e alguns poemas políticos diretamente inspirados pelas suas desditas e convicções de revolucionário desterrado.

CONSULTAR: Antônio Joaquim de Melo, *Biografia de J. da N. S.*, Recife, 1895; Argeu Guimarães, *Vida e Morte de N. S.*, Lisboa, 1932; Antônio Cândido, *Formação da Literatura Brasileira*, vol. I, S. Paulo, 1959.

[J. A. H.]

SALES, ANTÔNIO — (★ 13/6/1868, Paracatu, CE; † 14/11/1940, Fortaleza, CE) Vindo para Fortaleza, entra no comércio, de onde deriva para a imprensa. Em 1888, abraça o funcionalismo público. No ano seguinte, ajuda a fundar o Clube Republicano. Exerce a Secretaria do Interior e Justiça e é eleito deputado à segunda Constituinte do Estado. Juntamente com alguns amigos, dá corpo à * Padaria Espiritual. Em 1897, instalando-se no Rio, ingressa como funcionário no Tesouro Nacional e faz parte da redação do *Correio da Manhã*, que acabava de aparecer e em cujas páginas, em 1902, sai em folhetins o seu romance *Aves de Arribação* (ed. em livro: 1914). Removido para Porto Alegre, consegue regressar ao Rio, voltando a Fortaleza em 1920, onde residiu até à morte. Pertenceu à Academia Cearense de Letras, de que foi presidente.

Como poeta, A. S. foi epígono. parnasiano, com a mesma busca da sonoridade da frase, relevo da rima e objetividade descritiva a que visaram os mestres da escola, sem, contudo, o mesmo êxito. Como romancista, revelou-se discípulo retardatário do * Naturalismo, cujos preceitos seguiu. Em *Aves de Arribação,* único romance completo que deixou, não falta certa densidade à tessitura e aos caracteres que nela se movem, nem alguma elegância e destreza de linhagem. Aí se entrechocam sonhos de ambição, ímpetos da carne, intrigas da politicalha.

Obras do A.: Poesia: *Versos Diversos, 1880-1890,* s. d.; *Trovas do Norte, 1891-1894,* s. d.; *Poesias,* 1902; *Minha Terra,* 1919; *Águas Passadas* e *Fábulas Brasileiras,* 1944; *Obra Poética,* 1968. Prosa: *Retratos e Lembranças,* 1938. Deixou inéditos, inclusive um romance inacabado, *Estrada de Damasco.*

Consultar: *Dicionário Histórico, Geográfico e Etnográfico do Brasil,* Rio, 1922; Lúcia Miguel-Pereira, *Prosa de Ficção (De 1870 a 1920),* Rio, 1950; Augusto Linhares, *Coletânea de Poetas Cearenses,* Rio, 1952; Dolor Barreira, *História da Literatura Cearense,* Fortaleza, 3.º t, 1954; Raquel de Queirós e Tristão de Ataíde, prefs. a *Aves de Arribação,* Fortaleza, 1965; Otacílio Colares, *Lembrados e Esquecidos,* I, Fortaleza, 1975.

[J. Pa.]

SALES, HERBERTO de Azevedo — (★ 21/9/1917, Andaraí, BA) Após fazer o curso secundário em Salvador, voltou para a cidade natal, na zona das lavras diamantinas, em que ambientaria a ação de *Cascalho* (1944). O êxito crítico alcançado por esse romance de estréia decidiu-o a deixar o cargo de oficial de cartório em Andaraí e mudar-se para o Rio (1948), onde se tem dedicado, desde então, ao jornalismo e à literatura.

Com fixar aspectos da vida nos garimpos baianos — o coronelismo, a capangagem, a exploração dos garimpeiros pelos donos das lavras —, *Cascalho* se insere na tradição do romance regionalista e social de 30, a que incorporou nova área temática. Tal incorporação se faz em termos de um realismo que sabe conciliar o documental e o ficcional numa linguagem narrativa sóbria e apurada. Igual apuro transparece nos dois outros romances do A.: *Além dos Marimbus* (1961), ambientado também na região de Andaraí, mas focalizando as atividades dos madeireiros de beira-rio, e *Dados Biográficos do Finado Marcelino* (1965), um "estudo de caráter" que tem como cenário a cidade de Salvador.

Obras do A.: Conto: *Histórias Ordinárias,* 1966; *Transcontos,* 1974. Ensaio: *Baixo-Relevo,* 1953; *Garimpos da Bahia,* 1955. Romance: *O Fruto do Vosso Ventre,* 1976.

378

CONSULTAR: Adonias Filho, *Modernos Ficcionistas Brasileiros*, 1.ª série, Rio, 1948; Haroldo Bruno, *Estudos de Literatura Brasileira*, Rio, 1957; Renard Perez, *Escritores Brasileiros Contemporâneos*, 2.ª série, Rio, 1964; Armindo Pereira, *A Esfera Iluminada*, Rio, 1966; Edilberto Coutinho, "H. S., Contista", *Jornal do Comércio*, Rio, 18/9/1966; Ívia Iracema Alves, "La Narrativa de H. S.", *Rev. de Cultura Brasileña*, Madri, n.º 42, dez. 1976; Haroldo Bruno, "Alguns Aspectos da Obra de H. S.", supl. lit. de *Minas Gerais*, Belo Horizonte, 25/6/1977.

[J. P. P.]

SALGADO, PLÍNIO — (★ 22/1/1901, S. Bento do Sapucaí, SP; † 8/12/1975, S. Paulo) Formou-se em Direito em S. Paulo. Suas produções iniciais foram influenciadas pelo espírito da *Semana de Arte Moderna. O romance *O Estrangeiro* (1926) é uma tentativa de fixar quadros da vida paulista em um novo ritmo de prosa, ora solto, ora sincopado. Mas das conquistas modernistas, P. S. optou apenas pela posição nacionalista, rejeitando as experiências estéticas de vanguarda. Nos artigos que integram *O Curupira e o Carão*, livro-programa do Verdamarelismo, escrito com *Menotti del Picchia e *Cassiano Ricardo, em 1927 (S. Paulo), propôs uma arte violenta e "dinâmica" mas acima de tudo, nacionalista, chegando mesmo a erigir a figura da Anta, totem dos tupis, a denominador comum da "raça brasileira" e conclamando os leitores a agredir tudo o que refugisse à "consciência nacional". Os romances que se seguiram a *O Estrangeiro*, isto é, *O Esperado* (1931) e *O Cavaleiro de Itararé* (1932), constituem, no dizer do título geral da série, "Crônicas da Vida Brasileira": e, de fato, pretendem retratar, fragmentária e simbolicamente, alguns tipos brasileiros em suas reações diante de fatos sócio-políticos relevantes: a Coluna Prestes, o Tenentismo, a Revolução de 30 e a Revolução de 32. Já se delineia então a teoria política do A., verdadeiro sucedâneo ideológico do "verdamarelismo antivanguardista": o A. dá feição mítica a forças naturais ou pré-racionais (o Sangue, a Força, a Terra, a Raça), glorificando-as como entidades reguladoras da ordem social, o que viria fatalmente desembocar na pregação de uma Sociedade classista e de um Estado totalitário, potencialmente racista (V. *A Doutrina do Sigma*, 2.ª ed., p. 46, Rio, 1937), não obstante a presença do adjetivo "democrático" aposto mais tarde ao termo Integralismo, com que o A. definira o sistema.

OBRAS DO A.: *Discurso às Estrelas*, 1927; *Literatura e Política*, 1927; *O que é o Integralismo*, 1933; *Psicologia da Revolução*, 1933; *A Quarta Humanidade*, 1934; *Despertemos a Nação!*, 1935; *Vida de Jesus*, 1942; *A Mulher no Século XX*, 1946; *A Aliança do Sim e do Não*, 1945; *A Imagem daquela Noite*, 1947; *Espírito da Burguesia*, 1951; *Críticas e Prefácios*, 1956.

CONSULTAR: Tristão de Ataíde, *Estudos*, 5.ª série, Rio, 1935; Sacerdotes (pseud.), *O Homem Integral*, Rio, 1957; Wilson Martins, *O Modernismo*, vol. VI d*A Literatura Brasileira*, S. Paulo, 1965.

[A. B.]

SALUSSE, JÚLIO MÁRIO — (★ 30/3/1872, Bom Jardim, RJ; † 30/1/1948, Rio) Cursou Direito em S. Paulo e no Rio. Foi promotor público em Paraíba do Sul e Nova Friburgo. Poeta lírico-amoroso, de filiação parnasiana, a tônica de sua poesia é a oscilação dos sentimentos entre o plano do ideal e o do sensual, entre o plano da vontade e o dos sentidos. Celebrizou-se pelo soneto "Os Cisnes", que aparece em numerosas antologias. Na novela *A Negra e o Rei* (1927), fez, satiricamente, a análise da sociedade e dos costumes políticos de seu tempo; como ficcionista, tem, porém, menos interesse ainda que como poeta.

OBRAS DO A.: *Nevrose Azul*, 1895; *Sombras*, 1901.

CONSULTAR: Nilo Bruzzi, *J. S., o Último Petrarca*, Rio, 1950; Fausto Cunha, "A Outra História dos Cisnes de Salusse", *Letras e Artes*, supl. lit. d*A Manhã*, Rio, 18 e 25/5/1954 e 1.º/6/1954; Péricles Eugênio da Silva Ramos, *Poesia Parnasiana*, S. Paulo, 1967.

[J. C. G.]

SALVADOR, FREI VICENTE DO — (★ 1564, Matoim, BA; † Bahia entre 1636 e 1639) Vicente Rodrigues Palha, este era o seu nome no século, descendia de fidalgos alentejanos. Sobre a sua educação primária e secundária existem apenas hipóteses, sabendo-se, entretanto, que se doutorou em Teologia e Cânones pela Universidade de Coimbra. Ordenando-se sacerdote, veio a ocupar na BA proeminentes cargos da hierarquia eclesiástica. Renunciou, porém, às perspectivas que tais posições podiam oferecer-lhe, entrando em 1599 para a Ordem de São Francisco, a cujo serviço esteve em PE, na PB e no Rio. Seria, porém, em Portugal, ao que tudo indica, que começaria a redigir a sua obra principal, a *História do Brasil*, que chegaria a termo em 1627 [mas que só viria a ser publicada em 1889, graças a ★ Capistrano de Abreu]. Para a sua elaboração recorreu a ricas e variadas fontes, às quais enriqueceria ainda com a tradição oral que conseguiu recolher, bem como com os fatos por ele testemunhados. Embora digressiva em não poucas passagens, a obra é valiosa quando mais não fosse pelo fato de ser a primeira tentativa de uma história geral do Brasil. Escreveu ainda Fr. V. do S. uma *Crônica da Custódia do Brasil*, cujos originais se perderam.

CONSULTAR: Fr. Antônio de Sta. Maria Jaboatão, "Catálogos Genealógicos das Principais Famílias...", *Rev. Inst. Hist. Geog. Bras.*, t. III, parte 1.ª, 1889; Pedro Calmon, *História da Literatura Baiana*, Rio, 1949; Capistrano de Abreu e Aureliano Leite, prefs. à 5.ª ed. da *História do Brasil*, S. Paulo, 1965.

[J. R. A. L.]

SAMPAIO, FRANCISCO LEITE DE BITTENCOURT — (★ 1836, Laranjeiras, SE; † 1895, Rio) Fez sua iniciação literária em PE, onde começou a estudar Direito, para concluir o curso em S. Paulo (1859). No mesmo ano de sua formatura estreou em livro conjunto (com A. J. de Macedo Soares e Salvador de Mendonça), para firmar-se como poeta no ano seguinte, com as *Flores Silvestres* (1860). Nesse livro têm merecido consideração especial os tipos nacionais ou regionais esboçados pelo poeta, como os do escravo, do lenhador, do tropeiro, da mucama, do pescador e outros, bem como a variedade métrica de que o A. se valeu. Conseguiu também grande delicadeza de matizes na poesia amorosa, podendo "Pranto Matutino" servir de exemplo dessa expressão, que antes insinua do que diz. Em sua obra posterior não obteve a mesma repercussão alcançada com *Flores Silvestres*: adepto do espiritismo, traduziu e comentou o quarto Evangelho. B. S., a quem pertence a letra do famoso "Hino Acadêmico" de Carlos Gomes, chegou a deputado federal e presidente da província do ES. Fez-se depois republicano e dirigiu a Biblioteca Nacional.

Obras do A.: *Poesias* (em col.), 1859; *A Divina Epopéia de São João Evangelista*, 1882; *Poemas da Escravidão*, 1884 (inclui poesias originais e traduções de Longfellow).

Consultar: A. J. de Macedo Soares, "Ensaios de Análise Literária. B. S.", etc., *Revista Mensal do Ensino Filosófico Paulistano*, agosto de 1860, *apud* J. Aderaldo Castelo, *Textos que interessam à história do Romantismo no Brasil*, vol. II, S. Paulo, 1963; Spencer Vampré, *Memórias para a História da Academia de São Paulo*, vol. I, S. Paulo, 1924; Carlos Penteado de Resende, *Tradições Musicais*, S. Paulo, 1954.

[P. E. S. R.]

SANTIAGO, GUSTAVO — (★ 8/4/1872, Rio; † data incerta, depois de 1920, Rio) Fez os primeiros estudos em Portugal, onde também publicou seu livro de estréia, *Saudades* (1892). Formou-se em Direito, mas não exerceu a profissão. O jornalismo e a poesia ocuparam-lhe o interesse. Iniciando a atividade literária quando o * Simbolismo se radicava entre nós, tornou-se-lhe paladino e defensor acirrado, e acabou conhecido como tipo perfeito de dândi segundo o novo figurino simbolista. Fez-se dos mais autênticos representantes do Nefelibatismo e do * Decadentismo carioca, cujas diretrizes defendeu contra o esforço do * Parnasianismo para sobreviver. A poesia de G. S. reflete-lhe a condição de vida e a filiação literária. "Arte-sonho", que ele julgava o ideal artístico, em substituição da "arte-habilidade" parnasiana, sua poesia refinada e suave é geralmente subjetiva, embora tenda a projetar-se liricamente para temas fora do seu mundo interior e a derivar para certo descritivismo narrativo. G. S. ficou esquecido por completo das gerações posteriores.

Obras do A.: *O Cavaleiro do Luar*, 1901; *Pássaros Brancos*, 1903; *Pelo Norte*, 1906.

Consultar: Elísio de Carvalho, *As Modernas Correntes Estéticas na Literatura Brasileira*, Rio, 1907; Andrade Murici, *Panorama do Movimento Simbolista Brasileiro*, vol. II, Rio, 1952.

[M. M.]

SANTOS, Francisco QUIRINO DOS — (★ 14/7/1841, Campinas, SP; † 6/5/1886, S. Paulo) Fez em S. Paulo o curso de preparatórios (1855-1859) e o de Direito (1860-1863). Exerceu o jornalismo na capital da província e em Campinas, foi promotor público em Santos e advogou em sua cidade natal. Foi político abolicionista e republicano e deputado provincial. A poesia de Q. dos S. — obra de seus dias de estudante — ostenta um * romantismo atenuado por laivos humorísticos, por vezes marcado de * condoreirismo, que lembra mais * Carlos Ferreira do que * Castro Alves. Publicou *Estrelas Errantes*, poesias (1864; há mais duas edições). Escreveu ainda uma peça de teatro e outros trabalhos menores.

Consultar: Luís Correia de Melo, *Dicionário de Autores Paulistas*, S. Paulo, 1954; Edgard Cavalheiro, *O Romantismo*, vol. II do *Panorama da Poesia Brasileira*, Rio, 1959; Péricles Eugênio da Silva Ramos, *Poesia Romântica*, S. Paulo, 1965.

[D. C. S.]

S. PAULO — A atividade literária começou em SP quando, em 1549, chegaram os primeiros jesuítas, comandados por Manuel da Nóbrega, na frota de Tomé de Sousa. Com a instalação da Companhia de Jesus e o início do movimento de catequese, entraram a surgir obras de caráter semiliterário, pois se destinavam precipuamente a seus desígnios pedagógicos e ecumênicos. É o P. * José de Anchieta o mais importante dentre os autores de tais obras, graças a uma produção epistolográfica, poética, teatral e gramatical de grande vulto para a época, levando-se em conta a situação sócio-econômico-cultural em que se encontrava o solo recém-descoberto. Ao longo do século XVII, nada ocorre em S. Paulo digno de registro e atenção do ponto de vista literário. Somente no século XVIII aparecem alguns prosadores, a começar de * Matias Aires e * Teresa Margarida da Silva e Orta, ambos irmãos e paulistas de nascimento, mas que escreveram sua obra em Portugal. Além deles, de Bartolomeu de Gusmão e * Alexandre de Gusmão, também nascidos em S. Paulo, e de duas academias literárias paulistas organizadas em 1770 e 1791, merecem relevo * Pedro Taques de Almeida Pais Leme, autor da *Nobiliarquia Paulistana* (publicada no século XIX), e Frei * Garpar da Madre de Deus, importante por suas *Memórias para a História da Capitania de São Vicente* (1797).

Com o século XIX, S. Paulo passou a ter significativa atividade literária, graças à fundação da Faculdade de Direito, muito embora o Rio, por sua condição de sede do Reino, continuasse a manter incontestável hegemonia. Na escola do Largo de São Francisco, vão-se reunir alguns dos expoentes do movimento romântico, inicialmente agrupados ao redor da Sociedade Filomática (1833) e da revista de igual nome. Constituíram, a revista e os seus membros, o primeiro movimento literário de vulto, não só em relação à cidade como ao País; a primeira manifestação de brasilidade literária que tivemos, por sua consciência de fins e pela coesão dos esforços renovadores. Entretanto, é preciso aguardar a geração de * Álvares de Azevedo, que passou pelos bancos escolares entre 1840 e 1850, para que S. Paulo se transforme num verdadeiro e relevante centro de vida cultural. Reunidos os integrantes dessa geração em torno da Sociedade Epicuréia (1845), nas "repúblicas" ou em chácaras dos arredores da cidade, passavam o mais do tempo a recitar poetas ingleses e franceses, a proferir "bestialógicos" e a viver à larga o delírio estúrdio que atribuíam a Byron, sob cuja égide viviam e morriam (V. Byronismo). Conquanto nem todos sejam paulistas, o clima garoento de S. Paulo propiciou-lhes essa como europeização postiça, de onde brota a poesia do desespero e do tédio. São eles, afora * Álvares de Azevedo, * Bernardo Guimarães, * Aureliano Lessa, * José Bonifácio, *Fagundes Varela. De valor diverso, mas congraçados, durante algum tempo, sob a mesma aura boêmia, de que muitos não sairão ilesos. Provavelmente por influxo da Sociedade Epicuréia, outras agremiações vão surgindo: Ensaio Filosófico (1850), Ateneu Paulistano (1852), Associação Culto à Ciência (1857), Instituto Acadêmico (1858), Clube Literário, Instituto Científico, etc.

No crepúsculo do * Romantismo, ainda em S. Paulo se reúne um grupo de moços talentosos, como * Castro Alves, * Joaquim Nabuco, * Rui Barbosa, Afonso Pena, Rodrigues Alves, todos inflamados pelo verbo eloqüente do mestre José Bonifácio o Moço, seu guia nas lutas em prol das idéias liberalistas e republicanas. Com essa geração, gestou-se a implantação da República. Nos fins do século XIX, quando se entrecruzavam o * Realismo, o * Naturalismo e o * Simbolismo, algumas figuras despontam, mas sem a fulgurância dos grupos passados. Desse modo, mais afeitos aos primeiros "ismos" temos: * Júlio Ribeiro, * Pedro de Castro Canto e Melo, Manuel Ferreira Garcia Redondo, * Manuel Batista Cepelos, José Agudo, * Ezequiel Freire, além de outros apenas de passagem por S. Paulo, como * Inglês de Sousa e * Raimundo Correia. Ainda se lhes podem juntar alguns nomes, vinculados à poesia, ora parnasiana, ora simbolista, como * Vicente de Carvalho, * Amadeu Amaral, * Venceslau de Queirós, * Francisca Júlia, José de Freitas Vale, ao lado de outros nem sempre nascidos na cidade: Azevedo Cruz, * Severiano de Resende, Adolfo Araújo, Cunha Mendes.

O melhor que a literatura em S. Paulo apresenta no primeiro quartel do nosso século diz respeito ao * regionalismo. De súbito, uma plêiade de bons escritores entra a explorar o rico filão do folclore paulista: * Valdomiro Silveira, Armando Caiubi, Cornélio Pires, Albertino Moreira, Jerônimo Osório, Leôncio de Oliveira, Salviano Pinto e * Monteiro Lobato, dos quais o primeiro e o último merecem especial destaque. Valdomiro Silveira, tendo publicado seus contos a partir de 1891, em jornais e revistas, pode ser considerado, se não o introdutor, pelo menos o precursor imediato do regionalismo consciente entre nós. Contista de tendência lírica e introspectiva, só tardiamente começou a agrupar as suas narrativas em volume: *Os Caboclos* (1920), *Nas Serras e nas Furnas* (1931), *Mixuangos* (1937), *Leréias* (1945). Monteiro Lobato, além de sua intensa e significativa atividade de editor, chamou a atenção do público, dum modo entre comovido e indignado, para as condições de miséria em que vivia o nosso caipira (*Urupês,* 1918; *Cidades Mortas,* 1919), e para uma série de problemas vitais à Nação, como o petróleo, a siderurgia, etc. Mas não aderiu ao * Modernismo, da mesma forma que Leo Vaz, autor d*O Professor Jeremias* (1920), e Hilário Tácito, autor de *Madame Pommery* (1919).

Outros escritores aparecidos por essa mesma época também se colocaram à margem do movimento modernista, como * Rodrigues de Abreu, poeta de estirpe romântico-simbolista, * Afonso Schmidt, típico contador de histórias. * Paulo Setúbal, autor de narrativas históricas, * Amadeu de Queirós, Galeão Coutinho, * Orígenes Lessa...

Com o Modernismo, o eixo literário nacional passa a localizar-se em S. Paulo, graças à * Semana de Arte Moderna, ao surto intelectual que se lhe seguiu, e ainda ao espantoso progresso econômico paulista. * Oswald de Andrade, * Mário de Andrade, * Guilherme de Almeida, * Menotti del Picchia, * Sérgio Milliet, * Ribeiro Couto, * Paulo Prado e tantos outros fazem a revolução modernista e dão notável impulso à vida literária paulista: tornou-se o despertar duma consciência que nos estava faltando, e que acabou tendo ressonância nacional. No âmbito em que o movimento surgiu, uma de suas conseqüências, diretas ou não, foi a fundação da Universidade de S. Paulo (1934), marco duma ampla renovação de mentalidade. De então para cá, S. Paulo, afora ter servido de tema de inspiração para Mário de Andrade e * Alcântara Machado, entre os primeiros, transformou-se num grande centro cultural. Os anos mais próximos não desmentiram a reforma operada em 1922. Com o término da II Grande Guerra, vêm-se observando outros surtos renovadores, quer no setor da poesia, com a chamada "geração de 45" (* Domingos Carvalho da Silva, * Péricles

383

Eugênio da Silva Ramos e outros), o * Concretismo, a poesia-*praxis (com Mário Chamie e outros), ou independentes (como Paulo Bonfim, que prolonga o virtuosismo de Guilherme de Almeida, acrescentando-lhe notas à Antônio Nobre), quer da prosa introspectiva ou "crônica paulistana" (* José Geraldo Vieira, Mário Donato, * Lígia Fagundes Teles e outros), ou ligada a um tema tipicamente paulista, o café (Luís Martins, *Fazenda*, João Pacheco, *Recuo do Meridiano*, Maria de Lourdes Teixeira, *Raiz Amarga*, Francisco Marins, *Clarão na Serra, Grotão do Café Amarelo*, Hernâni Donato, *Filhos do Destino*, e outros), quer na crítica (* Antônio Cândido e outros). V. Neomodernismo.

Consultar: José Luís de Almeida Nogueira, *Tradições e Reminiscências*, 9 vols., S. Paulo, 1907-1912; Luís Correia de Melo, *Dicionário de Autores Paulistas*, S. Paulo, 1954; Edgar Cavalheiro, "Grupo Paulista", *A Literatura no Brasil* (dir. de Afrânio Coutinho), vol. II, Rio, 1955; Carlos Burlamáqui Köpke, *São Paulo e Quatro Séculos de Literatura*, S. Paulo, 1955; Péricles da Silva Pinheiro, *Manifestações Literárias em S. Paulo na Época Colonial*, S. Paulo, 1961; Antônio Cândido, *Literatura e Sociedade*, S. Paulo, 1965; Maria de Lourdes Teixeira, *Esfinges de Papel*, S. Paulo, 1966; Massaud Moisés, "A Literatura em S. Paulo", *in S. Paulo, Terra e Povo*, Porto Alegre, 1967; Vários Autores, "Arcadas, 150 Anos entre a Liberdade e o Arbítrio", supl. especial da *Folha de S. Paulo*, 11/8/1977.

[M. M.]

SÁTIRA — A sátira constitui-se, no panorama histórico da Literatura Brasileira, em capítulo de secundária importância, mercê da nossa generalizada tendência para o lirismo amoroso e sentimentalista e de uma bonomia que raro se transforma em agressividade. Seu veículo próprio é o verso, mas pode ocorrer em prosa. Nosso primeiro poeta satírico — e talvez o maior de todos no gênero — foi * Gregório de Matos. Suas peças satíricas, condicionadas pelo influxo do * Barroco espanhol, pela situação histórico-social do Brasil-Colônia e pela vida desregrada que levava, valem sobretudo como obra de arte de elevado sentido humano, ao mesmo tempo que servem de documento inestimável para a reconstituição do *modus vivendi* no Recôncavo Baiano, ao longo do século XVII. Espécie de reportagem viva de acontecimentos coevos, em alguns dos quais o poeta foi o protagonista central, por ela desfilam fidalgos, meirinhos, clérigos, mulatos e outros tipos da região, todos fixados em suas ridicularias e petulâncias, em versos ágeis e vivos, de grande requinte formal.

No século XVIII, em conseqüência das idéias liberais disseminadas pelo espírito da Revolução Francesa, a sátira se desenvolve e adquire novos relevos enquanto índice de crises sociais e questiúnculas particulares. Para tanto, o exemplo vinha da França (Boileau e o seu *Le Lutrin*) e da própria Metrópole (Antônio Dinis da Cruz e Silva e o seu *O Hissope*). *O Desertor das Letras* (1774), de * Manuel Inácio de Alvarenga Peixoto, e *O Reino da Estupidez* (1785), de * Francisco de Melo Franco, são dois poemas herói-cômicos dirigidos contra o obscurantismo que grassava no ensino universitário português, apesar da ampla reforma levada a efeito pelo Marquês de Pombal. A sátira coletiva, institucional, ganha nessas obras força surpreendente e nova, sintoma de mudança na análise dos problemas sociais, de que partilham, com maior significado ainda, as *Cartas Chilenas* (1788), provavelmente escritas por * Tomás Antônio Gonzaga. Em número de treze, dirigidas por Critilo, morador no Chile, a Doroteu, em Madri, satirizam o governador de Minas, Luís da Cunha Meneses, que aparece sob o criptônio de Fanfarrão Minésio. Redigidas com a fluência e a firmeza de quem possui especiais dotes de poeta, revelam, na sua biliosidade, indignação pessoal e crítica contra os desmandos do satirizado, a um nível que as torna documento de singular importância histórico-literária.

No curso do século XIX, mercê do contemplativismo romântico, a sátira vai para segundo plano, e só no fim do * Romantismo aparece, não raro conectada à poesia social. Na obra de * Luís Gama, * Laurindo Rabelo e * Pedro Luís Pereira de Sousa encontramos notas satíricas, entremeadas com o burlesco, o epigramático ou a crítica social. Com o * Realismo, a poesia artificializa-se, de modo que a sátira desaparece de cena, salvo nas caricaturas dos romances de * Aluísio Azevedo e * Raul Pompéia: é, porém, estrita atitude "literária", destituída de intuitos reformistas.

O * Modernismo, sobretudo nos anos de 1922 a 1930, reinstalou a sátira irreverente e demolidora, em forma de "poesia-piada", de que foi cultor notável * Oswald de Andrade, dono dum temperamento que lembra muito o de Gregório de Matos. Ainda aparece em * Antônio de Alcântara Machado, * Monteiro Lobato e noutros incidentalmente, pois a "seriedade" alcançada pela atividade literária entre nós, especialmente após 1930, coibia esse tipo de comportamento disponível e juvenil. Nos últimos decênios porém, laivos satíricos se encontram na crítica dum * Agripino Grieco, no teatro dum Abílio Pereira de Almeida, dum Silveira Sampaio, dum * Jorge Andrade, e na poesia dum José Paulo Paes.

CONSULTAR: Oswald de Andrade, "A Sátira na Literatura Brasileira", *Boletim Bibliográfico,* Biblioteca Municipal de S. Paulo, vol. VIII, ano II, 1945; Antônio Cândido, *Formação da Literatura Brasileira,* vol. I, S. Paulo, 1959.

[M. M.]

SCHMIDT, AFONSO — (★ 29/6/1890, Cubatão, SP; † 31/3/1964, S. Paulo) Fez apenas os estudos primários. Publicou o primeiro folheto de versos, *Lírios Roxos* (1906), no mesmo ano em que embarcou para a Europa, nas circunstâncias aventurosas que recordaria mais tarde n*A Primeira Viagem* (1947) e que se repetiriam em 1913, por ocasião de uma segunda viagem. Viveu sempre do jornalismo, carreira em que cedo se iniciou. Foi diretor d*A Voz do Povo,* matutino operário carioca, e redator de vários jornais, notadamente d*O Estado de S. Paulo,* onde publicou, sob a forma de folhetins, alguns de seus livros. Pertenceu à Academia Paulista de Letras e ao Instituto Histórico e Geográfico de S. Paulo.

Adepto de uma literatura populista, de sentido participante, A. S. fez restrições ao formalismo dos "futuristas" de 1922, que lhe pareciam "extraviados do humano sentir", conforme declarou no prefácio de seu primeiro romance, *O Dragão e as Viagens* (1927). Foi à margem do * Modernismo que realizou toda a sua obra literária, a qual, versando amiúde temas paulistas, abrange os gêneros mais diversos — poesia, teatro, conto, novela, romance, ficção histórica, crônica, memórias, biografia, etc. Comprometida por certa facilidade jornalística, a ficção de A. S., a par do anseio de um igualitarismo utópico, deixa transparecer uma ternura pelos humildes que bem se poderia chamar franciscana. Aliás, S. Francisco é personagem de uma de suas melhores novelas, "Vitral", que, juntamente com outra novela, *Os Impunes* (1923), alguns contos de *Brutalidade* (1922), *Pirapora* (1934) e *Curiango* (1935), e, sobretudo, o saboroso * memorialismo d*A Primeira Viagem, Menino Felipe* (1950) e *Bom Tempo* (1956), constitui quiçá a parte mais significativa de sua volumosa bagagem literária.

OBRAS DO A.: *A Vida de Paulo Eiró,* biografia, 1940; *A Marcha,* romance da Abolição, 1941; *Poesias,* 1945; *Colônia Cecília,* estudo histórico, 2.ª ed., 1942; *A Locomotiva,* romance, 1960.

CONSULTAR: Fernando de Azevedo, *Ensaios,* S. Paulo, 1929; Agripino Grieco, *Gente Nova do Brasil,* 2.ª ed., Rio, 1948; Sérgio Milliet, *Diário Crítico,* vol. VII, S. Paulo, 1953; Luís Correia de Melo, *Dicionário de Autores Paulistas,* S. Paulo, 1954; Maria de Lourdes Teixeira, pref. a *Mirita e o Ladrão,* de A. S., S. Paulo, 1960; Cassiano Nunes, *A Experiência Brasileira,* S. Paulo, 1964.

[J. P. P.]

SCHMIDT, AUGUSTO FREDERICO — (★ 18/4/1906, Rio; † 8/2/1965, *idem*) Passou boa parte da infância na Suíça; abandonou os estudos secundários, que iniciou no Rio, para dedicar-se ao comércio. Viveu em S. Paulo em 1923-1925, tomando conhecimento do clima modernista, contra o qual reagiu em parte, ao estrear. Teve, no Rio, uma editora, que publicou livros de importância. Foi depois industrial, comerciante e diplomata e colaborou regularmente na imprensa.

Em seu primeiro livro, *Canto do Brasileiro Augusto Frederico Schmidt* (1928), reage contra o pitoresco dominante: "Não quero mais o Brasil / Não quero mais geografia / Nem pitoresco." A esse opúsculo, por vezes ostensivamente romântico, segue-se outro, *Cantos do Liberto A. F. S.* (1929), também difuso e vagamente moralizante. No mesmo ano saiu *Navio Perdido,* e em 1930 *Pássaro Cego,* que já apresenta sugestivos poemas. Seu estilo é derramado, cheio de repetições; os aspectos terra-a-terra da existência desagradam ao poeta, que é um isolado e melancólico. Tecnicamente, há uma inovação nesse livro: o soneto em versos livres. *Desaparição da Amada* (1931) é imaturo como os *Cantos Iniciais,* mas em 1934 surge *Canto da Noite,* livro atravessado pelo sopro da morte, cheio de solidão, tristeza, esfumaçamento de contornos. *Estrela Solitária* (1940) traz as costumeiras repetições do poeta; mas como ele é um asiático, com sua expressão derramada, oleosa, fluvial, sucede que esse elemento de desvalorização até que o valoriza, como notava * Mário de Andrade. Em *Mar Desconhecido* (1942) atinge a maturidade de sua poesia; há no livro maior equilíbrio e segurança, como frisa * Álvaro Lins. *Fonte Invisível* (1949) traz algumas páginas expressivas ou novas na obra do poeta, como "Senhor, a noite vem descendo" ou a "História de São Norberto". Os livros seguintes de Schmidt — *Mensagem aos Poetas Novos* (1950), *Ladainha do Mar* (1951), *Morelli* (1953) e *Os Reis* (1953) são todos curtos: *Morelli* (o maior) tem 14 poemas. Em 1956, publicou suas *Poesias Completas* (1928-1955), reunindo os livros anteriores e publicando pela primeira vez *Novos Poemas* (com 9 composições

386

apenas) e um poemeto, *Meditação sobre o Mistério da Ressurreição*. Seu último livro é *O Caminho do Frio* (1964).

A. F. S. é uma das figuras mais representativas da segunda fase do * Modernismo, no qual sua tese universalista, suas ressonâncias românticas, seu estilo fluvial e derramado, deram-lhe presença e situação.

Obras do A.: *Poesias Escolhidas*, 1946; *Aurora Lívida*, 1958; *Babilônia*, 1959. Em prosa, seu livro principal é *O Galo Branco* (Páginas de Memórias), 2.ª ed., 1957.

Consultar: Mário de Andrade, "A Poesia em 1930", *Revista Nova*, S. Paulo, n.º 1; Manuel Bandeira, *Apresentação da Poesia Brasileira*, 2.ª ed., Rio, 1954; Péricles Eugênio da Silva Ramos, "O Modernismo na Poesia", *A Literatura no Brasil* (dir. de Afrânio Coutinho), vol. III, t. I, Rio, 1959; Aurélio Buarque de Holanda, *Território Lírico*, Rio, 1958; Raul José Cortes Marques, "A. F. S.", *Poetas do Modernismo* (dir. de Leodegário A. de Azevedo Filho), vol. III, Brasília, 1972; Sílvio Elia, estudo em *Seleta em Prosa e Verso* de A. F. S., Rio, 1975; Jon Tolman, *A. F. S.*, S. Paulo, 1976. [P. E. S. R.]

SCLIAR, MOACYR JAIME — (★ 23/3/1937, Porto Alegre) Formou-se em Medicina em 1962, época em que intensifica sua produção literária. Em 1969, após publicação dos primeiros livros de contos, é agraciado pela Academia Catarinense de Letras com prêmio especial de literatura. Também foi premiado com o primeiro lugar no I Concurso Escrita de Literatura em 1977.

À semelhança de * Murilo Rubião, * José J. Veiga e outros, a obra de M. S. se impôs pelo insólito, pelo imaginário ou fantástico, partindo do real para o fantástico, ou assumindo o imaginário como único real. Num caso e noutro, a visão implícita é ingênua, sem preconceito e sem critérios axiológicos, expressa numa linguagem transparente, que visa tão-somente a provocar a surpresa: o espanto paralisa o universo e o novo se instaura.

Obras do A.: *Histórias de um médico em formação*, 1962; *Tempo de Espera*, 1963 (de parceria com Carlos Stein); *O Carnaval dos Animais*, 1968; *A Guerra do Bom Fim*, 1972; *O Exército de um Homem Só*, 1973; *Os Deuses de Raquel*, 1975; *A Balada do Falso Messias*, 1976; *Os Mistérios de Porto Alegre*, 1976; *O Ciclo das Águas*, 1976; *Histórias da Terra Trêmula*, 1977; *Mês de Cães Danados*, 1977.

Consultar: Roberto Grei, "Ronda da Crueldade", *O Globo*, Rio, 4/10/1968; Wilson Martins, "Prolongar, renovar", supl. lit. d*O Estado de S. Paulo*, 13/6/1970; Regina Levin Zilberman, "M. S.: da fantasia ao real", *Correio do Povo*, Porto Alegre, 14/7/1974; Paulo Hecker Filho, "M. S.", *idem*, 1/7/1972; Guilhermino César, *idem*, 2/6/1973; Carlos Nelson Coutinho, "M. S.", *Visão*, Rio, 14/5/1973; Nathanael Simone, pref. a *A Balada do Falso Messias*, cit. [V. A.]

SEABRA, BRUNO HENRIQUE DE ALMEIDA — (★ 6/10/1837, Belém do PA; † 8/4/1876, Salvador, BA) Fez os estudos preparatórios no PA e matriculou-se na Escola Militar do Rio, que abandonou depois para ingressar na carreira burocrática. Foi funcionário da Alfândega no Rio e no MA e oficial da secretaria da Presidência do PR, de Al e da BA.

387

No quadro do *Romantismo brasileiro, B. S. pertence ao grupo sertanejista de *Trajano Galvão e *Bittencourt Sampaio. Como eles, foi dos primeiros a cantar o negro, "lançando desse modo um elemento importante do que seria a quarta e última linha da poesia romântica, o lirismo social de *Castro Alves", no dizer de *Antônio Cândido. Seu livro mais significativo, *Flores e Frutos* (1862), se constitui em "verdadeiro ponto de junção entre a poesia erudita e a inspiração do povo", ainda no dizer de Antônio Cândido. A simplicidade e a fluência popularesca do verso, o gosto pelos temas roceiros e a nota de humor brejeiro que neles punha são as características mais salientes da sua poesia.

OBRAS DO A.: *Um Fenômeno do Tempo Presente,* poemeto, 1855; *Paulo,* romance 1861; *Por Direito de Patchuli,* comédia, 1863.

CONSULTAR: Machado de Assis, *Crítica,* S. Paulo, 1946; Sílvio Romero, *História da Literatura Brasileira,* 5.ª ed., vol. IV, Rio, 1953; Antônio Cândido, *Formação da Literatura Brasileira,* vol. II. S. Paulo, 1959.

[L. A.]

SECAS, CICLO DAS — Periodicamente, o *Nordeste brasileiro é assolado por longas estiadas, que destroem as plantações e extinguem os mananciais de água. A região específica das secas é o sertão, abrangendo o interior de SE, AL, PE, BA, PB, CE, RN e PI. Forçado a emigrar, o sertanejo passa as maiores privações, viajando a pé sob o sol causticante, em busca da zona do brejo, que a seca não atinge, dos engenhos de açúcar ou das cidades mais importantes. Outros, mais afazendados, viajam pelas rodovias ou ferrovias. De modo geral, abandonam seus haveres. Todos, porém, voltam ao menor sinal de que a seca se acabou. Até a Guerra de 1914, as emigrações maiores se dirigiam para o AM, onde a colheita da borracha assegurava trabalho. Os deslocamentos dos mercados internacionais cortaram essa possibilidade a partir do fim da guerra, passando os sertanejos de maiores ambições a procurar SP, viajando nos caminhões chamados "paus-de-arara", designação que passou também ao emigrante. Conseqüências da seca, desenvolveram-se, do século passado até a década de 30, neste século, o cangaceirismo e o misticismo. Estes fenômenos sociais têm muitas outras causas: pauperismo, deficiências da organização jurídica no sertão, falta de instrução em geral, etc. A seca, porém, impõe três posições importantes: o homem se lança ao crime e se torna cangaceiro; emigra pacificamente e é chamado retirante; ou então procura em práticas supersticiosas, aplacar a fúria de Deus e se transforma em beato: sai pregando ou seguindo um pregador rústico, a fazer sacrifícios, autoflagelando-se, e termina matando ou roubando em nome de Deus.

Cangaceiros, retirantes e beatos são os personagens principais do chamado ciclo de romances da seca, no qual se destacam os escritores cearenses. No mesmo ano de 1876, *José de Alencar publicava *O Sertanejo* e *Franklin Távora *O Cabeleira,* iniciando o que se chamou de "Literatura do Norte", englobamento das atividades literárias que tinham por centros Recife (e sua Faculdade de Direito) e Fortaleza (e o grupo chamado *Padaria Espiritual) e que se afirmou predominantemente pelo ensaio, na Faculdade, e pela ficção, na Padaria Espiritual. De 1876 em diante, foram tantos os romances relativos à seca, que, para efeito didático, usa-se a expressão Ciclo das Secas para aglutinar romances como *Luzia-Homem,* de *Domingos Olímpio; *O Cabeleira* e *O Matuto,* de Franklin Távora; *Dona Guidinha do Poço,* de *Manuel Oliveira Paiva; *A Normalista,* de *Adolfo Caminha (1892); os romances de *Rodolfo Teófilo, *A Fome* (1890), *Os Brilhantes* (1895) e *O Paroara* (1899); *Os Cangaceiros,* de *Carlos D. Fernandes; *O Rei dos Jagunços,* de Manuel Benício; *Cassacos,* de Cordeiro de Andrade; *Aves de Arribação,* de *Antônio Sales (1913), etc. Muito influiu sobre essa literatura a publicação de *Os Sertões,* obra de sociologia, literatura e reportagem de guerra, escrita por *Euclides da Cunha com evidente admiração pelos sertanejos, compreensão de suas lutas contra a *Natureza e protesto contra o desprezo com que os trata o governo federal. Estes dois aspectos, de exaltação do homem e reivindicação, aparecem cada vez mais vivos no Ciclo das Secas, a partir de *A Bagaceira* (1928), romance de *José Américo de Almeida que rompeu com o estrito *realismo naturalista, tentando introduzir certa elevação de linguagem, poesia e maior poder de imaginação no romance. Dentro da nova orientação surge a geração de escritores de 1930, na qual logo se destaca como estudioso, incentivador, e para muitos como guia, um ex-estudante de universidades americanas, *Gilberto Freyre. Sua influência será decisiva sobre literatos, artistas plásticos, artesãos, homens do governo, senhores de engenho, etc. O Ciclo das Secas tomou novo alento com *Raquel de Queirós; *José Lins do Rego, através de *Pedra Bonita, Cangaceiros* e *Fogo Morto*; *Amando Fontes; *Jorge Amado (principalmente em *Seara Vermelha*); *Graciliano Ramos; Permínio Asfora; *Antônio Calado (*Assunção de Salviano*); Paulo Dantas e até *Guimarães Rosa, que, se pela técnica do romance e pela linguagem se distancia de todos os citados, levanta em *Grande Sertão: Veredas* um dos mais impressionantes tipos da ficção nacional: o cangaceiro Riobaldo.   [J. P.]

SEMANA DE ARTE MODERNA — A integração do Brasil nas correntes estéticas do século XX começou depois de 1912, ano em que *Oswald de Andrade regressa da Europa, trazendo as primeiras notícias do *Futurismo. Dois anos mais tarde, a pintora Anita Malfatti, recém-chegada da Alemanha, promove a exposição de seus quadros que, pela novidade da técnica, desperta desencontrados comentários. Enquanto isso, a inquietação dos escritores novos vai-se concretizando em fatos isolados: fundação da revista *Orfeu* (1915), em Portugal, por *Ronald de Carvalho, em colaboração com escritores portugueses; publicação de *Juca Mulato,* de *Menotti del Picchia e d*A Cinza das Horas,* de *Manuel Bandeira (1917). Nesse mesmo ano, nova exposição de Anita Malfatti, revelando o Cubismo ao público brasileiro. *Monteiro Lobato reprova a pintora modernista e sua crítica inicia uma polêmica sobre os novos rumos da Arte. Vítor Brecheret, que estudara escultura em Roma, adere ao grupo dos intelectuais jovens de S. Paulo. A efervescência artística culminará com o planejamento de um festival ruidoso, onde todas as artes se representem, a fim de que ficasse lançada oficialmente a revolução artística entre nós. Nesse momento (outubro de 1921), chega da Europa *Graça Aranha, e empresta o seu prestígio de escritor e acadêmico ao movimento dos novos, que já contava com o apoio integral de *Paulo Prado. Assim, *O Estado de S. Paulo* do dia 20/1/1922 anuncia a "Semana de Arte Moderna", que se realizará de 11 a 18 de fevereiro, no Teatro Muni-

389

cipal de São Paulo. Houve apenas três sessões, nos dias 13, 15 e 17. Além das conferências doutrinárias de Graça Aranha, Ronald de Carvalho e Menotti del Picchia, declamaram-se poemas de * Mário de Andrade, Manuel Bandeira, * Guilherme de Almeida, * Ribeiro Couto e * Plínio Salgado, e trechos em prosa de Oswald de Andrade. A parte musical foi ilustrada com peças de Vila-Lobos e Ernâni Braga, com a participação de Guiomar Novais. No *hall* do Teatro montou-se a exposição de artes plásticas, com preleção de Mário de Andrade. Houve certa reação do público conservador, que vaiou alguns números. Pela sua repercussão, a Semana de Arte Moderna serviu como marco cronológico do lançamento "público" do * Modernismo brasileiro.

Consultar: Mário da Silva Brito, *História do Modernismo Brasileiro*, I, S. Paulo, 1958; Wilson Martins, *O Modernismo*, vol. VI d*A Literatura Brasileira*, S. Paulo, 1965; Marta Rossetti Batista, Telê Porto Ancona Lopez e Yone Soares de Lima, *Brasil: 1.º Tempo Modernista — 1917/1929. Documentação*, S. Paulo, 1972.

[R.M.P.]

SERRA Sobrinho, JOAQUIM Maria — (★ 20/7/1838, S. Luís do MA; † 29/10/1888, Rio) Terminados os estudos de Humanidades, ingressou, jovem ainda, na imprensa do seu Estado natal, cuja história fixaria em *Sessenta Anos de Jornalismo* (1883). Seus primeiros trabalhos apareceram no *Publicador Maranhense* de *Sotero dos Reis; mais tarde, fundou a *Coalizão* (1862-1965) e o *Semanário Maranhense* (1867), no qual colaboraram * Gentil Homem de Almeida Braga, * Joaquim de Sousândrade, * Celso de Magalhães e outros. Transferindo-se para o Rio, ali alcançou ser deputado e pertenceu à redação de diversos jornais, notadamente d*A Reforma*, da *Folha Nova*, d*O País* e da *Gazeta da Tarde*. Como publicista, destacou-se pelas idéias liberais e pelo espírito crítico, tendo sido, na imprensa, um dos campeões da causa abolicionista.

Além do jornalismo, J. S. cultivou o teatro, o romance e, sobretudo, a poesia. Neste último gênero, seu livro mais significativo é *Quadros* (1873), em que, fiel ao empenho declarado de fazer do "estudo dos costumes rudes de nossos sertanejos" sua fonte de inspiração, pinta cenas e tipos da vida roceira, em versos de um humorismo gracioso e de uma desafetação algo simplória, cujo tom descritivo antecipa o da poesia realista. Daí enquadrá-lo * Sílvio Romero na sua "quarta fase do * Romantismo" entre os poetas sertanejistas do Norte, cultores do "lirismo local, tradicionalista, campesino, popular", ao lado de * Bittencourt Sampaio, * Trajano Galvão, * Juvenal Galeno e outros.

Obras do A.: *O Salto de Leucade*, 1866; *Um Coração de Mulher* (poema-romance), 1867; *Versos de Pietro de Castellamare*, 1868.

Consultar: Antônio Henriques Leal, *Pantheon Maranhense*, 4 vols., Lisboa, 1873-1875; Sílvio Romero, *História da Literatura Brasileira*, 5.ª ed., vol. IV, 1953; Raymond S. Sayers, *The Negro in Brazilian Literature*, Nova Iorque, 1956; Fausto Cunha, "Leconte de Lisle e o Jaguar de J. S.", *Correio da Manhã*, Rio, 11/5/1959, reprod. em *O Romantismo no Brasil*, Rio, 1971.

[L. A.]

390

SERTÃO — Relativamente poucas obras literárias (mas dentre elas figurando algumas da mais alta categoria na história da literatura brasileira) podem ser configuradas como reveladoras de que a sua inspiração ou que as suas próprias matrizes criadoras se embeberam na vivência do sertão do Brasil.

Não se considera, nesta nota, o vocábulo "sertão" como designativo da área natural ou geo-econômica que, no * Nordeste e na * BA, se contrapõe a outras zonas como o Agreste, a Mata ou o Litoral, e cujas repercussões literárias se encontram registradas no verbete SECAS, Ciclo das. Mas no sentido mais amplo (no entanto um pouco vago e fluido), indicando as áreas mais desertas do País, menos povoadas ou mais distanciadas da costa e dos grandes centros de população.

O mundo sertanejo, nesse sentido, representa o pólo oposto ao mundo civilizado, caracterizando-se pelas condições primitivas (e às vezes quase selvagens) de existência de seus habitantes, vivendo, em regra, à mercê da * Natureza bruta e dos bichos ferozes, integrados em um arremedo rudimentar de sociedade, marcada por costumes rudes e divorciada de todos os requintes e confortos do progresso.

A consciência da existência desse sertão começou a se refletir, na ficção brasileira, a partir de alguns escritores românticos, na segunda metade do século passado, notadamente * Bernardo Guimarães, n*O Ermitão de Muquém* (1869) e *O Índio Afonso* (1873), e o * Visonde de Taunay, em * *Inocência* (1872) e em algumas das suas *Histórias Brasileiras* (1874).

Uma visão menos romântica e mais realista da paisagem e da vida sertanejas se definiria na literatura depois — de fins do século passado aos primeiros decênios do atual —, na obra de escritores como * Coelho Neto, nos contos de * *Sertão* (1896), * Afonso Arinos, em * *Pelo Sertão* (1898), Viriato Correia, em *Contos do Sertão* (1912) e *Hugo de Carvalho Ramos, em *Tropas e Boiadas* (1917).

Mais recentemente, o sertão voltaria a inspirar algumas obras de relevo na literatura brasileira, dentre as quais se poderiam registrar alguns contos do livro *Samambaia* (1934), de Roquete Pinto, *Terras Sem Dono* (1935), *Morro Grande* (1947) e *Urutau e Outros Contos* (1949), de Francisco Brasileiro, *Os Casos do Carimbamba* (1939), de * Amadeu de Queirós e *Ermos e Gerais* (1944) e *O Tronco* (1956), de *Bernardo Élis, *Vila dos Confins* (1956) e *Chapadão do Bugre* (1965), de * Mário Palmério, e *O Coronel e o Lobisomem* (1964), de * José Cândido de Carvalho.

Registro à parte — tendo em vista que seu A. procura e consegue atingir a própria estrutura psicológica do sertanejo (como se o sertão passasse a ser observado, ficcionalmente, de dentro para fora, surpreendido em suas mais profundas motivações) — deve ser feito à obra literária de * João Guimarães Rosa, que assinala, de outra parte (no consenso quase unânime dos críticos), uma nova etapa na ficção brasileira: *Sagarana* (1946), *Corpo de Baile* (1956) e *Grande Sertão: Veredas* (1956). [E. S. B.]

SERTÃO — Livro de contos de * Coelho Neto, publicado em 1896. Dentro da vastíssima produção literária do A. (mais de cem obras escritas), esta se destaca como uma das mais bem logradas no gênero, conforme opinião geral da crítica. As sete estórias que formam o volume ("Praga", "O Enterro", "A Tapera", "Firmo, o Vaqueiro", "Cega", "Mandovi" e "Os Velhos") são diversas na extensão, apresentando, porém, um ponto em comum: o cenário rústico em que se desenrolam, e que justifica o título da obra. A imaginação do escritor se aprimora na criação de uma atmosfera de encantamento que envolve as almas primitivas dos personagens, suscetíveis de crerem na existência e ação punitiva de entidades fantásticas que povoam as matas, nas horas mortas da noite, como acontece em "Mandovi", "A Tapera" e, principalmente, em "Praga", verdadeira obra-prima. Além do pavor ao desconhecido e do pressentimento da morte, não falta a essas estórias uma acentuada nota de sensuailidade, outra constante estilística de Coelho Neto.

[R. M. P.]

SERTÕES, OS — Obra fundamental de * Euclides da Cunha, publicada em 1902. O núcleo narrativo d*Os Sertões* são as reportagens que o A. realizou, como enviado d*O Estado de S. Paulo*, durante a fase final da Campanha de Canudos (Bahia, 1897). Entretanto, basta confrontar a obra com *Canudos, diário de uma expedição* (ed. póstuma, 1939), para compreender as novas dimensões a que se propôs Euclides, antepondo à narração da luta duas partes introdutórias, *A Terra* e *O Homem*, nas quais traça um painel gigantesco, mas preciso, da paisagem física e humana do *sertão brasileiro, particularmente o nordestino. Nesses capítulos informados pela mais exaustiva erudição científica (geológica, orográfica, climatológica, hidrográfica, botânica, zoológica, antropológica, etnográfica, folclórica, sociológica e, mesmo, psiquiátrica), tanta multiplicidade de fatos e de interpretações destina-se a iluminar, com a luz crua e violenta da evidência, o meio asperamente conflituoso em que sofre o jagunço nordestino. E consegue fixar, na figura carismática de Antônio Conselheiro, a expressão-limite desse mundo atormentado e esquecido. Sem remissão. A inegável objetividade histórica do relato (3.ª parte, *A Luta*) não visa senão a fustigar, narrando os lances de uma campanha sem glória, a cegueira de uma força armada oficial, que investe contra o fanatismo, fruto do abandono e da miséria a que a Nação relegou o sertanejo. O fatalismo e a passionalidade que animam a obra toda (não obstante a probidade intelectual do A.) prejudicaram em mais de um aspecto seu esquema interpretativo, que profetiza o fim violento das populações sertanejas, "sub-raças retrógradas", sob as forças litorâneas. De qualquer maneira, é contribuição básica para o conhecimento de nossa realidade. Seu estilo tende ora à precisão técnica, ora à exuberância barroquizante, sintoma expressivo de uma visão dramática do real. A fortuna da obra foi, inicialmente, extrínseca: "livro difícil", e a expressão "escreve como cipó", atribuída a * Nabuco, fez carreira em um meio de cultura rarefeita. Ultimamente, começou-se a analisar mais de perto sua estrutura: linguagem superlativa, opulência léxica, adjetivação preciosa (técnica, regional ou classicizante), aproximações imprevistas, violenta plasticidade, pontuação copiosa, a revelar uma construção clássica do período — tudo o que lhe confere lugar ímpar na história de nossa língua literária. Parece, contudo, unilateral, batizá-la de· "obra de ficção", como o fazem alguns críticos, tendendo assim a minimizar o levantamento pormenorizado dos dados técnicos e rigorosamente históricos, e a submissão última (e atuante) do positivista Euclides a um sistema objetivo e classificatório, em que procura enquadrar sempre as realidades observadas: nítidos limites à imaginação e à fantasia, sem as quais não pode construir-se, em sua plenitude, a obra de arte. Trata-se, na verdade, de um testamento de paixão e de ciência: por isso, talvez inclassificável.

Edição: Preparada por Alfredo Bosi, estabelecimento do texto por Hersílio Ângelo, S. Paulo, 1973.

[A. B.]

SETE, MÁRIO — (★ 19/4/1886, Recife, PE; † 25/3/1950, *idem*) Ingressando nos quadros do funcionalismo público, pertenceu ao Departamento dos Correios e Telégrafos, chegando a diretor regional da repartição em AL. Desenvolveu intensa atividade na imprensa, colaborando em jornais de PE e de outros Estados. Fez parte da Academia Pernambucana de Letras e do Instituto Histórico de Pernambuco.

Granjeou notoriedade como romancista, mas foi também contista e escreveu saborosas evocações históricas de sua terra. Narra com naturalidade, alternando o pitoresco com o sentimental; as peripécias do enredo e a descrição dos costumes preponderam sobre o estudo de caracteres. Por suas páginas perpassam visões de PE, tanto o rural como o citadino, tanto o histórico como o contemporâneo.

Obras do A.: Romances: *Senhora de Engenho*, 1921; *O Palanquim Dourado*, 1922; *A Filha de Dona Sinhá*, 1924; *O Vigia da Casa-Grande*, 1924; *Os Azevedos do Poço*, 1938. Contos: *Ao Clarão dos Obuses*, 1917; *Quem vê caras*, 1922. Evocações Históricas: *Maxambombas e Maracatus*, s. d.; *Anquinhas e Bernardas*, 1940; *Arruar*, 1948.

Consultar: Monteiro Lobato, nota *in Revista do Brasil*, S. Paulo, abril de 1921; Agripino Grieco, *Gente Nova do Brasil*, Rio, 1935, e *Evolução da Prosa Brasileira*, Rio, s. d.; *Enciclopédia Brasileira Mérito*, S. Paulo, 1959-1964; R. Magalhães Jr., *O Conto do Norte*, Rio, 1959.

[J. Pa.]

SETÚBAL, PAULO de Oliveira — (★ 1.º/1/1893, Tatuí, SP; † 4/5/ 1937, S. Paulo) Principiou os estudos em Tatuí, continuando-os em S. Paulo, para onde as dificuldades da família o levaram cedo. Estudante ainda da Faculdade de Direito, pela qual colou grau em 1914, P. S. iniciou assídua colaboração, em prosa e verso, na imprensa paulista. Deixou o cargo de promotor público em S. Paulo, pela banca de advocacia, que também acabaria por relegar em favor da deputação estadual (1928). Reconduzido na legislatura seguinte, não cumpriu o mandato, consagrando-se desde então, e intensamente, à literatura histórica. Pesquisador, estudioso e imaginativo, foi reconstituindo, numa série numerosa de contos e romances, episódios e personagens históricos, com o que alcançou fama e surpreendente popularidade. Na ficção histórica, o seu livro de estréia foi o romance *A Marquesa de Santos* (1925), que chegou a ser traduzido para várias línguas. Como poeta, o seu primeiro livro, editado em S. Paulo, em 1920, foi *Alma Cabocla*, coletânea que não recebeu a consagração que fruiu com os contos e romances de fundo histórico. As suas memórias, condensadas no livro *Confiteor* (1937), de publicação póstuma, revelam o travo da hemoptise que o devorou desde os tempos de estudante, bem como a sua volta ao Catolicismo, em páginas cuja sensibilidade não é encontrável no restante de sua numerosa obra. O seu enquadramento no Movimento Modernista de S. Paulo, admitido por alguns críticos, é dis-

393

cutível, se não inaceitável. Sucedeu a * João Ribeiro na Academia Brasileira de Letras; pertenceu também à Academia Paulista. As suas *Obras Completas*, reunidas em 13 volumes (S. Paulo, 1950), estão a atestar, com suas freqüentes reedições, a preferência popular de que ainda goza.

Obras do A.: *O Príncipe de Nassau*, 1926; *As Maluquices do Imperador*, 1927; *Nos Bastidores da História*, 1928; *Os Irmãos Leme*, 1933; *O Romance da Prata*, 1935.

Consultar: *Revista da Academia Paulista de Letras*, ano III, n.º 10, S. Paulo, 1940; Sérgio Milliet, *Diário Crítico*, vol. VII, S. Paulo, 1953.

[J. R. A. L.]

SILVA, Antônio Francisco DA COSTA E — (★ 29/12/1885, Amarante, PI; † 29/6/1950, Rio) Advogado, funcionário público, serviu' como delegado-fiscal do Tesouro Nacional em São Luís, Manaus, São Paulo e Porto Alegre. No fim da vida, recolheu-se a pleno isolamento. Poeta simbolista, iniciou-se ruidosamente com *Sangue* (1908), que lhe granjeou imediato prestígio. É então nítida a influência de * Cruz e Sousa. Mais adiante, o influxo parnasiano faz-se presente: o poeta divide-se entre as duas estéticas, fundindo-as na especial sensibilidade de que era dotado. À angústia da fase anterior, sobrevém uma extroversão otimista dirigida no sentido da Natureza ("Hino ao Sol", "Hino ao Mar", "Hino à Terra" e às estações do ano, etc.). Daí para poemas em que estão presentes o morcego, a aranha, o besouro e outros animais, muito ao gosto de certo * Parnasianismo, foi um passo. Ao mesmo tempo, acentua-se o convívio com os simbolistas europeus, especialmente Verhaeren, e com os autores clássicos da Língua, em consonância com a crescente predileção pelo formalismo parnasiano e o apego a um saudosismo amoroso. Não se deixou influenciar pelo * Modernismo.

Obras do A.: *Zodíaco*, 1917; *Verhaeren*, 1917; *Pandora*, 1919; *Verônica*, 1927; *Antologia*, 1934; *Poesias Completas*, 1950, reed. em 1976, com introd. de Alberto da Costa e Silva.

Consultar: Tristão de Ataíde, *Contribuição à História do Modernismo*, Rio, 1939; Andrade Murici, *Panorama do Movimento Simbolista Brasileiro*, vol. III, Rio, 1952; J. Carlos de Santana Cruz, *A Continuidade Poética em D. C. e S.*, Rio, 1976.

[M. M.]

SILVA, Antônio Joaquim PEREIRA DA — (★ 12/11/1877 ou 9/11/ 1876, Araruna, PB; † 11/1/1944, Rio) Estudou na Escola Militar da Praia Vermelha, no Rio; participando da revolta dos alunos, foi transferido para o PR, onde se ligou aos simbolistas locais. No Rio, exerceu o jornalismo e fez parte do grupo da revista *Rosa-Cruz*. Formando--se em Direito, retornou ao PR, como promotor público, mas logo estava de volta à capital do País. Organizou a revista mensal *O Mundo Literário* (1922). Foi da Academia Brasileira de Letras, eleito para a cadeira n.º 18 em 1933.

Estreou com um livro estritamente simbolista, *Vae͞ Soli!* (1903), pouco significativo, segundo Andrade Murici; o segundo, *Solitudes* (1918), já o apresenta amadurecido, segundo o mesmo autor, que vê laivos românticos em seu simbolismo, para divisar em *Beatitudes* (1919) criações "límpidas e novas". Publicou ao todo sete livros de poesias, dos quais o mais significativo talvez seja *Senhora da Melancolia...* (1928). Encaixa-se na geração simbolista da *Rosa-Cruz;* de modo geral, sua obra é a "de um elegíaco, de um pessimista, um desencantado cujos temas são a solidão, a dor, a morte, a tristeza" (Fernando Góes). Deixou inéditos.

OBRAS DO A.: *Holocausto,* 1921; *O Pó das Sandálias,* 1923; *Alta Noite...,* 1940.

CONSULTAR: Andrade Murici, "Presença do Simbolismo", *A Literatura no Brasil* (dir. de Afrânio Coutinho), vol. III, t. I, Rio, 1959; Fernando Góes, *O Simbolismo,* vol. IV do *Panorama da Poesia Brasileira,* Rio, 1959; Massaud Moisés, *O Simbolismo,* vol. IV d*A Literatura Brasileira,* S. Paulo, 1966. [P. E. S. R.]

SILVA, ANTÔNIO JOSÉ DA (O JUDEU) — (★ 8/5/1705, Rio; † 18/10/1739, Lisboa) Com oito anos de idade, seguiu para Lisboa, acompanhando o pai e a mãe, acusada de judaísmo. Fez estudos de Direito em Coimbra mas, em 1726, foi acoimado de judaizante. Graças a um auto-de-fé, que mal pôde assinar, tais foram as torturas recebidas, foi posto em liberdade. Formou-se em 1728, e casou-se com uma prima, judia. Em 1733, encenou sua primeira "ópera", *Vida do Grande D. Quixote de la Mancha e do Gordo Sancho Pança.* Quatro anos depois, denunciado por uma escrava de cor, foi levado novamente às barras da Inquisição. Submeteu-se a julgamento, presidido por juízes cujo único intento era incriminá-lo. E conseguiram-no, sem nenhuma dificuldade. Morreu degolado e queimado em fogueira.

O talento cênico de A. J. da S. retoma, de certo modo, a tradição vicentina. Tirante o aparecimento isolado de D. Francisco Manuel de Melo, no século XVII, praticamente não há teatro em Portugal, e, no Brasil, menos ainda. Mas o Judeu levou adiante o sentido cômico do teatro vicentino. A ópera italiana havia ganho larga voga no tempo, suficiente para sugerir-lhe o desejo de adaptá-la ao público de menos posses que acorria às casas de espetáculo do Bairro Alto, em Lisboa. Daí o nome de "óperas" atribuído às peças. Faziam-se acompanhar de música e de canto, e eram representadas por fantoches, títeres ou bonifrates. Seu intuito era provocar o riso fácil, através do cômico. Para tanto, recorria à farsa, de sabor vicentino, que lhe permitia o emprego de expressões grosseiras e licenciosas, justificáveis pelo objetivo em causa e pelo público a que se dirigia. Brotando como de fonte natural, sem o amparo de qualquer tradição cênica, o talento de A. J. da S. nutria-se da observação arguta da sociedade coeva. Por isso, abria-se para todas as direções de onde lhe pudessem vir elementos para a arquitetura de suas peças. De onde que, a par do modelo vicentino, recebesse influxo do teatro clássico, de mistura com o francês, o italiano e o espanhol. Seu particular talento, porém, transfigura todas essas influências colocando-as em plano secundário. As qualidades espontâneas de A. J. da Silva podem ser resumidas no controle do jogo cênico; o entrelaçamento engraçado e burlesco de cenas e situações, criando equívocos e mal-entendidos, provocadores do riso franco; a intuição do ridículo transformado em chalaça; a movimentação constante em cena, num dinamismo que não conhece a monotonia, apoiado num diálogo adaptado com muita felicidade ao ambiente e às circunstâncias; o flagrante retrato de figuras e situações do tempo, numa sátira velada, mas certeira. Para criar o embaraço em cena, o comediógrafo serve-se duma personagem de secundária importância, o "gracioso" ou a "graciosa", mas cuja intervenção ostensiva tece a rede emaranhadamente confusa em que vivem as personagens.

Teatro em prosa, como não era usual na época e mesmo anteriormente, apesar de nalguns passos revelar sentimento contrário ao pedantismo do século XVIII, a linguagem das peças de A. J. da S. traduz contágio do * Barroco, pela faceta conceptista. De todas as peças do Judeu, a que melhor lhe diz do talento é *Guerras do Alecrim e Manjerona*, sátira dos ranchos carnavalescos do tempo, caracterizados pela escolha duma flor como insígnia. É uma comédia muito viva e atual, pela flagrância do retrato social e as forças teatrais em ação. Constitui das mais acabadas expressões do teatro cômico em língua portuguesa. Pormenor digno de nota é a ausência de qualquer nota brasileira no teatro de A. J. da S., explicável, certamente, pelos breves anos que passou em sua terra natal.

Obras do A.: *Esopaida ou Vida de Esopo*, 1734; *Encantos de Medéia*, 1735; *Anfitrião ou Júpiter e Alcmena*, 1736; *Labirinto de Creta*, 1736; *Precipício de Faetonte*, 1738; *Teatro Cômico Português*, 2 vols., 1744 (reúne todas as peças de A. J. da S., algumas delas contestadas por modernos especialistas, um dos quais, Claude-Henri Frèches, vai referido adiante).

Consultar: João Lúcio de Azevedo, *Novas Epanáforas*, Lisboa, 1932; Cândido Jucá Filho, *A. J., o Judeu*, Rio, 1940; Claude-Henri Frèches, "A. J. da S. (O Judeu)", *Bulletin d'Histoire du Téâtre Portugais*, Lisboa, 1953, vol. IV, n.º 1; e "A. J. da S. et les Marionettes", *idem*, 1954, vol. IV, n.º 2; e "Introduction au Théâtre du O Judeu (A. J. da S.)", *idem*, 1950, vol. I, n.º 1; e "Une Source de l'Opéra Vida do Grande D. Quixote de la Mancha e do Gordo Sancho Pança", *Bulletin des Études Portugaises*, Lisboa, 1960, n.º 22; José Pereira Tavares, pref. às *Obras Completas de A. J. da S.*, vol. I, Lisboa, 1957; Pierre Furter, "L'Univers Dramatique du Judeu", *Bulletin des Études Portugaises*, nova série, 1964, n.º 25. [M. M.]

SILVA, DOMINGOS CARVALHO DA — (★ 21/6/1915, Vila Nova de Gaia, Portugal) Veio criança para o Brasil. Bacharelou-se em 1937 pela Faculdade de Direito de S. Paulo. Além de advogado, é funcionário público federal e jornalista. Leciona atualmente Teoria da Literatura na Universidade de Brasília.

D. C. da S. teve atuação destacada na fase polêmica, de afirmação, da poesia neomodernista (V. Neomodernismo). Secretariou o 1.º Congresso Paulista de Poesia, em 1948, e nele apresentou uma tese acerca da "geração de 45", designação que foi o primeiro a usar. Pertence ao grupo dos fundadores da *Revista Brasileira de Poesia* e do Clube de Poesia, cuja presidência ocupou. A par de poeta, que tem "na versatilidade de forma, temas, de tons" "sua característica mais forte" (Antônio D'Elia), D. C. da S. é também ensaísta e contista.

Obras do A.: Poesia: *Bem-Amada Ifigênia*, 1943; *Rosa Extinta*, 1945; *Praia Oculta*, 1949; *Espada e Flâmula*, 1950; *O Livro de Lourdes*, 1952; *Girassol de Outono*, 1952; *Poemas Escolhidos*, 1956; *A Fênix Refratária*, 1959; *À Margem do Tempo*, 1963; *Vida Prática*,

1976. Conto: *A Véspera dos Mortos*, 1966. Ensaio: *Rodrigues de Abreu*, 1946; *Introdução ao Estudo do Ritmo na Poesia Modernista*, 1950; *Vozes Femininas na Poesia Brasileira*, 1960 (introdução e antologia); *Eros & Orfeu*, 1966; "As Origens da Poesia", *A Literatura no Brasil* (dir. de Afrânio Coutinho), vol. I, t. 1, Rio, 1956.

Consultar: Sérgio Milliet, *Diário Crítico*, vol. III, S. Paulo, 1945, e vol. VII, S. Paulo, 1953; Péricles Eugênio da Silva Ramos, "O Modernismo na Poesia", *A Literatura no Brasil* (dir. de Afrânio Coutinho), vol. III, t. 1, Rio, 1959; Alcântara Silveira, *A Amêndoa Inquebrável*, S. Paulo, 1961; Antônio D'Elia, *A Mágica Mão*, S. Paulo, 1963; Artur Eduardo Benevides, "Novo Livro de D. C. S.", *O Povo*, Fortaleza, 6/3/1977 (reprod. em *Revista de Poesia e Crítica*, Brasília, n.º 3, jul. 1977).

[J. P. P.]

SILVEIRA NETO, Manuel Azevedo da — (★ 4/1/1872, Morretes, PR; † 19/12/1942, Rio) Das figuras exponenciais do *Simbolismo paranaense, só não exerceu maior influência em seu tempo por causa do feitio pessoal arredio, infenso ao burburinho das grandes cidades e à vida literária. Exerceu profissões vinculadas às artes plásticas, mas viveu como funcionário público. Fundou revistas simbolistas (*O Cenáculo*, 1895-1897; *Jerusalém*, 1898; *Pallium*, 1900), e pugnou pela implantação da nova corrente entre nós. Deixou estudos acerca da matéria, hoje de consulta indispensável a quem deseje conhecer na intimidade o movimento simbolista brasileiro.

Sua poesia, por onde roçam as sombras de Vigny e de Mallarmé, é original e diferente da de *Cruz e Sousa, mestre inconteste e reconhecido de quase todos os simbolistas. S. N., por seu decadentismo repassado de misticismo, aproxima-se, nalguns aspectos, da poesia de *Alphonsus de Guimaraens. Dotado de amplos recursos expressivos, que lhe facultavam o domínio do verso esculpido ao mesmo tempo que do jogo de imagens imprevistas, sua poesia evoluiu da morbosidade introspectiva para o apaziguamento interior e mesmo certa euforia perante a vida, no culto do Amor e da *Natureza, sobretudo nos seus signos noturnos (a noite, a lua, as estrelas). S. N. constituiu-se numa das figuras mais relevantes do Simbolismo brasileiro, e, por certos achados de expressão, chegou a prenunciar soluções formais diletas aos modernistas.

Obras do A.: Poesia: *Antônio Nobre*, 1900; *Luar de Hinverno*, 1901; *Brasílio Itiberê*, 1913; *Ronda Crepuscular*, 1923; *O Bandeirante*, 1927; *Margens do Nhundiaquara*, 1939; *Fronde ao Sol* (inédito). Ensaio: *Cruz e Sousa*, 1924. Viagem: *Do Guaíra aos Saltos do Iguaçu*, 1914.

Consultar: Nestor Vítor, introd. a *Luar de Hinverno*, Rio, 1901; Andrade Murici, nota histórica a *Luar de Hinverno*, 2.ª ed., Rio, 1927; e *S. N.*, Rio, 1930; e *Panorama do Movimento Simbolista Brasileiro*, vol. II, Rio, 1952; Massaud Moisés, *O Simbolismo*, vol. IV d*A Literatura Brasileira*, S. Paulo, 1966.

[M. M.]

SILVEIRA, TASSO DA — (★ 11/3/1895, Curitiba, PR; † 3/12/1968, Rio) Filho do poeta simbolista *Silveira Neto, formou-se em Direito no Rio, foi deputado e jornalista (dirigiu os *Cadernos da Hora*

Presente) e exerceu o magistério superior, na Guanabara, ensinando Literatura Comparada, Estética e Literatura Portuguesa e Brasileira. Como poeta, figurou no grupo da revista *Festa,* que reagiu com o seu espiritualismo ao modernismo "primitivo" gerado pela corrente * "Pau--Brasil" de * Oswald de Andrade, e que também evocou a si próprio a paternidade do * Modernismo, declarando que o grupo literário de *Festa* fora inovador desde o tempo das revistas *América Latina* (1919) e *Árvore Nova* (1922). * Mário de Andrade julgava errôneo esse ponto de vista, pois o Modernismo fora uma ruptura com as poéticas anteriores, não uma derivação do * Simbolismo. Tasso praticou uma poesia simples, clara, de cunho moral, cheia de espiritualidade e leveza; a nitidez e a religiosidade de seus versos atingem o auge n*O Canto Absoluto* (1940).

Obras do A.: Poesia: *Fio d'Água,* 1918; *A Alma Heróica dos Homens,* 1924; *Alegorias do Homem Novo,* 1926; *As Imagens Acesas,* 1928; *Canto do Cristo do Corcovado,* 1931; *Discurso ao Povo Infiel,* 1933; *Cantos do Campo de Batalha,* 1945; *Contemplação do Eterno,* 1952; *Canções a Curitiba,* 1955; *Puro Canto,* 1956; *Regresso à Origem,* 1960; *Puro Canto* (desta vez reunindo os dez livros anteriores de poesia), 1962. Ainda publicou romances, ensaios, peças de teatro e obras didáticas.

Consultar: Joaquim Ribeiro, *Itinerário Lírico de T. da S.,* Rio, 1939; Adonias Filho, *T. da S. e o Tema da Poesia Eterna,* S. Paulo, 1940; Mário de Andrade, *O Empalhador de Passarinho,* S. Paulo, 1946; Leodegário A. de Azevedo Filho, *T. da S. e seu Universo Poético,* Rio, 1963; e "T. da S.", *Poetas do Modernismo* (org. de...), Brasília, vol. IV, 1972.

[P. E. S. R.]

SILVEIRA, VALDOMIRO — (★ 11/11/1873, Senhor Bom Jesus da Cachoeira, SP; † 3/6/1941, Santos, SP) Passou a infância e a adolescência em Casa Branca (SP). Em S. Paulo, formou-se em Direito (1895). Esteve em Sta. Cruz do Rio Pardo (SP) como promotor público, até 1897, ocasião em que voltou a S. Paulo. Durante suas estadas no interior paulista, procurava a convivência dos caboclos, observando-lhes os costumes e a linguagem; nasceu-lhe disso o pendor para os assuntos sertanejos. Quando ainda em Casa Branca, fez estudos de Ornitologia e Botânica, e escreveu seus primeiros contos regionais, a partir de 1894. Em Rio Pardo, imprimiu-lhes a forma definitiva que apresentam a partir de 1896. Sua obra foi quase toda, se não toda, publicada em jornais e revistas, notadamente n*A Semana,* de * Valentim Magalhães, n*A Bruxa,* de * Olavo Bilac, na *Revista do Brasil,* na *Gazeta de Notícias,* n*O País* e n*O Estado de S. Paulo.* Ao todo, formaria dez volumes, dos quais apenas quatro editados.

Na obra de V. S. notam-se três fases principais. Na primeira, cedendo à curiosidade e à simpatia que lhe despertava o sertanejo, é levado a fixar motivos folclóricos característicos da região paulista, ou ainda, a surpreendê-lo nos momentos de plena integração com o ambiente, em cenas bucólicas ou anedóticas que pressupõem uma visão sentimental da região. Na segunda fase, de análise e amadurecimento, os contos apresentam maior consistência dramática porque passam a ser tratados os problemas típicos da região, surgidos do binômio Homem-*Natureza. Na fase derradeira, os dramas alcançam o universal, vale dizer, o ápice do * Regionalismo, verificando-se síntese do regional e do universal.

V. S., que disputa a * Afonso Arinos o título de introdutor do * regionalismo na literatura brasileira, vazou suas histórias na fala característica do caboclo paulista, utilizando-lhe os modismos típicos numa linguagem coloquial que não teme arriscar-se a ser artificial à custa de procurar a fidedignidade do retrato.

Obras do A.: *Os Caboclos*, 1920; *Nas Serras e nas Furnas*, 1931; *Mixuangos*, 1937; *Leréias*, 1945.

Consultar: Lúcia Miguel-Pereira, *Prosa de Ficção (De 1870 a 1920)*, Rio, 1950; Edgar Cavalheiro, "O Regionalismo na Ficção. O Grupo Paulista", *A Literatura no Brasil* (dir. de Afrânio Coutinho), vol. II, Rio, 1955; Wilson Martins, "Um Novo V. S.", *O Estado de S. Paulo*, 23/8/1956 e 30/8/1956; Dirce Cortes Riedel, introd. à reed. d*Os Caboclos*, Rio, 1962; Maria Isabel Silveira, *Isabel quis Valdomiro*, S. Paulo, 1962; Vários Autores, supl. lit. d*O Estado de S. Paulo*, 25/11/1973; Bernardo Élis e Rute Guimarães, estudos em V. S., *O Mundo Caboclo*, Rio, 1974.

[L. D'A. F.]

SIMBOLISMO — Originário da França, onde se instalou à altura do manifesto de Moréas, publicado em 18/9/1886 no *Figaro Littéraire*, e tendo Verlaine, Rimbaud e Mallarmé como principais figuras, o Simbolismo se introduziu no Brasil na década de oitenta, quase que simultaneamente com o * Parnasianismo. Com efeito, é em 1889 (?) que * Medeiros e Albuquerque publica uma série de poemas, escritos entre 1883 e 1887, com o título de *Canções da Decadência,* título que exibe óbvia vinculação com o * Decadentismo, nome que, de início, o movimento simbolista recebeu em França; conquanto não fossem propriamente simbolistas, os versos de Medeiros e Albuquerque já deixavam entrever os novos caminhos que então se abriam. Em 1891, no Rio, reúnem-se em torno da *Folha Popular,* * Cruz e Sousa, * Emiliano Perneta, * B. Lopes e * Oscar Rosas e lançam os artigos-manifestos iniciais do Simbolismo, que tinham como insígnia um fauno. Com a publicação de * *Broquéis,* em 1893, considera-se instaurado de vez o movimento entre nós. De então até 1922, com a * Semana de Arte Moderna, sua presença é cada vez mais dominante. Como era de esperar, o movimento teve o apoio de algumas revistas, dentre as quais a *Folha Popular* (Rio, 1890-1891), *Rio-Revista* (1895), *Rosa-Cruz* (Rio, 1901). *O Cenáculo* (Curitiba, 1895), *Pallium* (Curitiba, 1900), *Vera-Cruz* (Rio, 1898), *Galáxia* (Curitiba, 1897), *Fon-Fon* (Rio, 1908), e de alguns críticos, como * Araripe Jr., * Nestor Vítor e * Adolfo Caminha.

Em nossa literatura, o Simbolismo divide terreno com o Parnasianismo e com ele se cruza em mais de um passo. Desse entrelaçamento decorre o fato de alguns simbolistas não terem superado a atração do formalismo parnasiano, conforme o demonstra a assiduidade com que persistiram em cultivar o * soneto. Por outro lado, poetas parnasianos, como * Vicente de Carvalho, * Raimundo Correia, * Olavo Bilac e * Alberto de Oliveira, mostraram-se francamente vulneráveis à influência do Simbolismo, para ele derivando no fim da carreira (Bilac), fundindo-o ao Parnasianismo (Vicente de Carvalho e Raimundo Correia), ou cultivando-o por um momento (**Alberto de**

399

Oliveira). Tal simbiose esclarece por que não vingou entre nós o Parnasianismo ortodoxo, programático, apregoado em "Profissão de Fé", de Bilac.

Por tender ao exílio, à torre de marfim, a poesia simbolista pouco ou quase nada parece espelhar a realidade brasileira, embora, por vezes, ocorram "situações" estético-existenciais que só se explicariam no contexto nacional (cf. o caso de Cruz e Sousa). Daí a idéia errônea, preconizada por alguns críticos e historiadores literários, de que se trata de um movimento marginal, "exterior", artificial, pelo que exigia de requintamento da sensibilidade e seu afinamento na direção de vaguidades musicais, plásticas, religiosas, metafísicas, aparentemente alheias à tradição da poesia brasileira. A semelhança de raiz entre o Simbolismo e o * Romantismo (aquele continua e amplia este) faria crer que as coisas se passassem de modo diverso, visto que o Romantismo teve sentido vincadamente nacionalista entre nós. Tal, porém, não aconteceu, e em que pese (ou talvez, graças) ao seu caráter excrescente, o Simbolismo atraiu alguns dos principais autores de nossa literatura, como é o caso de * Machado de Assis, cujos últimos romances se vinculam ao ideário simbolista, e de Cruz e Sousa, sem exagero um dos maiores poetas brasileiros de todos os tempos.

Surgido numa época de complexa feição, pelo entrechoque de tendências, atitudes e predileções — a última década do século XIX e os primeiros vinte anos do atual —, o Simbolismo, mercê de suas proteiformes expressões, atingiu largos círculos, inclusive aqueles mais ou menos distanciados da Literatura, como é o caso da * Filosofia (* Farias Brito), da Sociologia (* Euclides da Cunha) e da Política (* Rui Barbosa e * Joaquim Nabuco). Todavia, numa síntese como esta, só cabe referir os autores de obra exclusivamente literária. Os poetas da época simbolista, além do apego ao formalismo parnasiano, deixaram-se seduzir pelo Decadentismo e pelo Satanismo, o que equivalia a receber influência de Baudelaire, Mallarmé, Verlaine e, no caso de Cruz e Sousa, de Antero de Quental. De tais influências resultam as direções tomadas, desde o misticismo cristão de * Alphonsus de Guimaraens, passando pela angústia de "emparedado" de Cruz e Sousa, até chegar ao cotidianismo burguês e horaciano de * Mário Pederneiras e à poesia da decomposição de * Augusto dos Anjos. Esses são os principais poetas do tempo; outros, alguns dos quais tiveram seu instante de glória e depois mergulharam num imerecido ostracismo, podem ser citados, como Emiliano Perneta, B. Lopes, * Pereira da Silva, * Eduardo Guimaraens, * Auta de Sousa, Oscar Rosas, * Marcelo Gama, * Pedro Kilkerry, * Severiano de Resende e outros.

A prosa simbolista, por sua vez, segue dois caminhos. O primeiro é representado pelo *poema em prosa, a exemplo das *Canções sem Metro* (1881), de * Raul Pompéia, de *Missal* e *Evocações* (1893 e 1895), de Cruz e Sousa, que, tendo raízes na musicalidade ambicionada pelos românticos (cf. * *Iracema,* de * Alencar), encontra em Baudelaire o mestre supremo. O segundo caminho, representa-o a prosa de ficção, que, a princípio, se caracteriza por um psicologismo a que não é estranha a presença, metaforicamente, do universo metafísico, como ocorre nos romances de Machado de Assis e Raul Pompéia, e depois pelo caráter simbolista propriamente dito. Cultivaram-na, entre outros, * Gonzaga Duque, * Virgílio Várzea, * Nestor Vítor, Rocha Pombo,

* Graça Aranha, * Lima Barreto. Além desses, que são os mais importantes, sobretudo os dois últimos, outros escritores da época se deixaram impregnar de Simbolismo: * Coelho Neto, * Afrânio Peixoto, * Xavier Marques, * Alberto Rangel. Todos se propuseram escrever contos e romances simbolistas, objetivo que nem sempre alcançaram, porquanto implicava anular dois dos sustentáculos da prosa de ficção: a intriga e o caráter social. Justifica-se, desse modo, a permanência, na ficção simbolista, de notas naturalistas ou realistas, que, entretanto, não chegaram a desfigurar-lhe de todo o caráter original: a vaguidade, o sobrenaturalismo, o assombro do Homem perante o Cosmos, a intuição de um mundo para além do entrevisto pelo * cientificismo do século XIX. Repondo em Arte o primado do inefável, do metafísico, do espiritual, do afetivo e do místico, o Simbolismo abriu caminho para a prospecção de zonas obscuras da alma humana, o inconsciente e o subconsciente, e propiciou condições para o surgimento de alguns grandes romances brasileiros, como * Canaã, de Graça Aranha, e * Triste Fim de Policarpo Quaresma, de * Lima Barreto, ao mesmo tempo que preparou o terreno para a ficção moderna.

CONSULTAR: Araripe Jr., *O Movimento de 1893. O Crepúsculo dos Povos,* Rio, 1896; Andrade Murici, *Panorama do Movimento Simbolista Brasileiro,* 3 vols., Rio, 1952; e "Presença do Simbolismo", *A Literatura no Brasil* (dir. de Afrânio Coutinho), Rio, vol. III, t. 1, 1959; Massaud Moisés, *O Simbolismo,* vol. IV d*A Literatura Brasileira,* S. Paulo, 1966. [M. M.]

SONETO — Forma fixa de 14 versos, constituída segundo o modelo petrarquiano de 2 quadras e 2 tercetos, as primeiras com 2 ordens de rimas e os últimos com outras 2 ou 3 ordens de rimas. Nesse modelo, embora haja outras disposições, é mais freqüente que as rimas sejam abraçadas nas quadras e alternadas nos tercetos: *a b b a / a b b a / c d c / d c d.* O vocábulo "soneto" já existia em provençal e francês como diminutivo de *son* ou *só* (provençal), que designava a ária da canção, e, daí, a própria canção: é o sentido de "sonnet" no *Roman de la Rose*: "Lais d'Amours et Sonnets courtois". A forma fixa parece ter sido inventada, como derivação do "strambotto", pelo poeta siciliano Giacomo da Lentino, que floresceu na primeira metade do século XIII. A primeira parte obedecia a um princípio par, de 8 linhas decassilábicas com rimas alternadas; a segunda parte, de 2 tercetos, seguia diretriz ímpar. Isso porque o soneto era musicado, e nos tercetos a melodia mudava. Era possível que o soneto tivesse apêndice: um dístico (*rima baciata*), que se seguia ao segundo terceto, forma que teve certa voga no século XIV na Itália (*sonetto caudato*). Essa variedade ficou conhecida em nossa língua como soneto com estrambote (de 1 verso, 2 ou 3) ou *cola,* como alguns de Camões, em que na cauda havia 1 verso heróico e 2 quebrados de heróico.

O soneto vulgarizou-se em Portugal com a volta de Sá de Miranda de sua viagem à Itália, e logo adquiriu celebridade com Camões. Em nossa literatura tem sido usado desde * Gregório de Matos e * Manuel Botelho de Oliveira, bastante empregado pelos árcades, seu uso diminuiu muito entre os românticos, mas entre os parnasianos seu reinado foi despótico. Também os simbolistas dele se valeram com grande freqüência, para afinal sofrer quase total proscrição, no início, entre os modernistas. * Mário de Andrade, contudo, escreveu o "Soneto do Homem Morto" (1924), e * Manuel Bandeira também o cultivou. Na geração de 30, * Vinícius de Morais o pôs em certa voga, e na geração de 1945 muitos poetas o praticaram com relativa freqüência, como * Ledo Ivo, * Domingos Carvalho da Silva, * Geir Campos. Este chegou a fazer uma "coroa de sonetos", ou seja, uma série de 15 sonetos na qual o último verso do primeiro soneto é o primeiro do segundo, o último do segundo, o primeiro do terceiro e assim por diante, até que os 14 últimos versos se reúnem num único soneto de sentido completo, o décimo quinto (modalidade mais simples de "coroa de sonetos" ostenta 7 sonetos apenas, como "La Corona", de John Donne). Em nossa literatura, deve-se pôr em relevo que durante o * Parnasianismo e Pós-Parnasianismo se escreveram sonetos em * alexandrinos quando a norma anterior era usar * decassílabos, e que foram usados também os outros metros, esporadicamente (até de 1 sílaba, no "Soneto Monossilábico", de * Martins Fontes). Também durante o Parnasianismo se usaram curiosos tipos de soneto, como o de tercetos à frente (p. ex. *Luís Delfino, "Pólen de um Beijo", "Um Cristo de Registro", "Ocultismo", de *Algas e Musgos*) ou de tercetos entre as quadras (como "Santas Esmolas" ou "A Avó", de * Raimundo Correia), bem como sonetos de metros desiguais (12 e 6 ou 10 e 8 em Raimundo Correia, 12 e 8, 12 e 6, 10 e 6, 7 e 4 em * Machado de Assis) ou de ordem irregular de rimas (quadras com rimas independentes uma da outra, segundo o modelo baudelairiano, ou de mais complicados esquemas, p. ex., *a b b c / a d d c,* "Elmani Tabernula", de Raimundo Correia, ou *a b a c / b a b c,* "No Alto", de Machado de Assis, que se valeu em soneto até de rimas emparelhadas. Nessa irregularidade figura também o fato de, nas quadras, rimas cruzadas na segunda sucederem rimas abraçadas na primeira ou vice-versa. No * Modernismo, Manuel Bandeira publicou dois "sonetos ingleses", nos quais há 3 quadras de rimas cruzadas e independentes entre si e mais 1 dístico de rima emparelhada e também independente. Esse modelo (também chamado elisabetano ou shakespeariano) foi empregado na Inglaterra, pela primeira vez, por Henry, Conde de Surrey (publicação em 1557, *Tottel's Miscellany*) e se vulgarizou enormemente a ponto de ser adotado por Shakespeare. Ainda no tempo do Modernismo, * Augusto Frederico Schmidt usou sonetos em decassílabos brancos ou em versos livres também sem rima. Representantes de gerações mais recentes voltaram aos sonetos regulares; alguns poetas usam o modelo inglês e o heterométrico, como Jair Gramacho (*Sonetos de Edénia e de Bizâncio,* 1959). Outros poetas, contudo, usam ordens irregularíssimas de rimas (Renata Pallottini, *Livro de Sonetos,* 1961).

CONSULTAR: Janet G. Espiner-Scott, notas à sua edição de Claude Fauchet, *Recueil de l'Origine de la Langue et Poésie Française, Rymes et Romans, livre Ier,* Paris, 1938; e *Les Sonnets Élisabethains,* Paris, 1929; Mario Praz, *The Flaming Heart,* Nova Iorque, 1958. Para o soneto em Portugal, ver Antônio Coimbra Martins, voc. dir. no *Dicionário das Literaturas Portuguesa, Brasileira e Galega,* dir. de Jacinto do Prado Coelho, Porto (1960). [P. E. S. R.]

SOUSA, ANTÔNIO GONÇALVES TEIXEIRA E — (★ 28/3/1812, Cabo Frio, Capitania do RJ; † 1.º/12/1861, Rio) Mestiço de português e negra, de origem humílima, o carpinteiro T. e S. chegou, a duras penas, a professor primário e, quase no fim de sua vida, escrivão judicial. As suas primeiras tentativas ،literárias foram a tragédia *Cornélia* (composta em 1830 e publicada em 1840) e os *Cantos Líricos* (1.ª série, 1841; 2.ª série, 1842), de fundo romântico apesar de não poucos resíduos neoclássicos na expressão. Seguindo de perto o gosto literário sugerido pelas obras e pela doutrinação de * Gonçalves de Magalhães, inscreve-se entre as figuras menores de nossa primeira geração romântica: *Pereira da Silva, *Dutra e Melo e *Joaquim Norberto. Mas é como pioneiro do romance que seu nome costuma ser citado em nossa cronologia literária: com efeito, *O Filho do Pescador* (1843) precede de um ano à edição de * *A Moreninha*, de * Joaquim Manuel de Macedo. Seguem-se-lhe: *As Tardes de um Pintor ou As Intrigas de um Jesuíta* (1847), o romance histórico *Gonzaga ou A Conjuração de Tiradentes* (2 vols., 1848, 1851), o romance em folhetins *Maria ou A Menina Roubada* (1852-1853), *A Providência* (1854) e, enfim, *As Fatalidades de Dois Jovens* (1856). Tanto pelos entrechos como pela linguagem traem a voga da prosa folhetinesca, subgênero do Romantismo europeu, cujos frutos se traduziram copiosamente no Brasil a partir de 1830. A mola de seus enredos é a peripécia pela peripécia recheada ocasionalmente de observações moralizantes entre ingênuas e retóricas. Dada a confusão das histórias entrecruzadas e a medíocre caracterização das personagens, a obra de T e S. não logrou impor-se nem mesmo a um público menos exigente que logo preferiu a leitura de um Macedo ou de * Alencar.

OBRAS DO A.: *Os Três Dias de um Noivado*, 1844; *A Independência do Brasil. Poema Épico em 12 Cantos*, 1847-1855.

CONSULTAR: Aurélio Buarque de Holanda, "T. e S.", *O Romance Brasileiro*, Rio, 1952, Antônio Cândido, *Formação da Literatura Brasileira*, vol. II, S. Paulo, 1959. [A. B.]

SOUSA, AUTA DE — (★ 13/9/1876, Macaíba, RN; † 7/2/1901, Natal, RN) Órfã, educou-se em colégio de freiras. Morreu prematuramente, ao cabo de demorados padecimentos.

À sua delicada poesia costumam atribuir caráter simbolista: engano para o qual contribuiu a cronologia ou, mais provavelmente, a predominância de elementos litúrgicos (católicos) em seus versos. Trata-se, antes, de uma poetisa de sensibilidade neo-romântica, tradicionalista, às vezes elegíaca, sempre singela. A ausência de soluções puramente formais ou de preocupações estetizantes é mais um elemento a comprovar que, mesmo culturalmente, não se trata de um vulto simbolista.

OBRA DA A.: *Horto*, 1900.

CONSULTAR: Nestor Vítor, *A Crítica de Ontem*, Rio, 1919; Jackson de Figueiredo, *A. de S.*, Rio, 1924; Tristão de Ataíde, pref. à 3.ª ed. de *Horto*, Rio, 1936. [A. B.]

SOUSA, GABRIEL SOARES DE — (★ 1540? Lisboa? Ribatejo?; † 1591, Sta. Isabel de Paraguaçu, BA) Dirigia-se em 1567 ou 1570 para a África, integrando a armada de Francisco Barreto, quando, por ocasião da escala na BA, enamora-se da terra, resolvendo ali permanecer. Tornou-se próspero senhor de engenho. Tendo recebido de seu irmão João Coelho de Sousa um roteiro de minas de prata no território de MG, dirige-se, então, à Metrópole, permanecendo durante seis anos em Madri, à espera das concessões que reclama. É quando resolve reunir os numerosos apontamentos que tinha, resultantes de suas observações no Brasil. Sem ser escritor, transmitiu-nos entretanto, com seu *Tratado Descritivo do Brasil* (*in Rev. do Inst. Hist. e Geog. Bras.,* t. 14, vol. 14, Rio, 1851), uma das obras mais expressivas que a * literatura de informação do século XVI deixou sobre o Brasil. Trabalho com um quê de enciclopédico, registra observações da *Natureza, e o homem (português, negro e índio) com todas as implicações da colonização portuguesa nos trópicos. Teve especial interesse para com a capitania da BA, onde viveu. A cada passo aponta com ênfase a exploração dos recursos brasileiros como o caminho para uma auto-suficiência que atingiríamos com facilidade. Descontada a exageração nativista, suas páginas guardam um sentido realístico da paisagem e do homem, que a maioria dos cronistas posteriores respeitaria. Deve-se a * Varnhagen a identificação da autoria do *Tratado Descritivo do Brasil,* que, antes de ser impresso, circulou em cópias de autoria ignorada.

CONSULTAR: Varnhagen, *História Geral do Brasil,* 5.ª ed., 5 t., S. Paulo, 1956; José Aderaldo Castelo, *Manifestações Literárias da Era Colonial,* vol. I d*A Literatura Brasileira,* S. Paulo, 1962.

[J. R. A. L.]

SOUSA, HERCULANO MARCOS INGLÊS DE — (★ 28/12/1853, Óbidos, PA; † 6/9/1918, Rio) Terminados os primeiros estudos em sua terra natal, segue para o MA, onde faz o curso ginasial, ingressando, a seguir, na Faculdade de Direito do Recife, mas só vem a concluir o curso em S. Paulo (1876). Formado, dedica-se ao jornalismo e à política. Funda jornais e revistas, e alcança ser presidente das províncias de SE e ES (1881, 1882). Abandona depois a política pela advocacia e as finanças; muda-se para Santos (SP), e de lá para o Rio, onde ingressa no ensino universitário de Direito. Colabora na fundação da Academia Brasileira de Letras.

Usou, nas suas primeiras obras literárias, o pseudônimo de Luís Dolzani. Iniciando-se com *História de um Pescador* (1876), a partir da obra seguinte, *O Cacaulista* (1876), inclina-se definitivamente para a literatura regionalista, que praticou nos moldes do * Naturalismo, à luz dos ensinamentos estéticos de Zola. É a * Amazônia, onde passou a infância, a região escolhida para cenário de suas obras. A obra seguinte, *O Coronel Sangrado* (1877), poderia ser considerada iniciadora do Naturalismo na literatura brasileira, não fosse o reduzido interesse que despertou, e o aparecimento, pouco depois, do romance que, mercê do seu conteúdo revolucionário e do clamor que suscitou, veio a representar esse papel: * *O Mulato,* de Aluísio Azevedo. Ficou, porém, *O Coronel Sangrado,* como romance precursor. A obra mais importante de I. de S. é * *O Missionário* (1888), que lhe conferiu o lugar ocupado em nossas letras, ainda que se ressinta da influência marcante de Eça de Queirós e Zola.

OBRAS DO A.: *Contos Amazônicos,* 1893. Outras obras inéditas e extraliterárias.

CONSULTAR: Araripe Jr., pref. à 2.ª ed. d*O Missionário,* Rio, 1899 (reproduzido em *Obra Crítica,* vol. II, Rio, 1960); José Veríssimo, *Estudos de Literatura Brasileira*, 3.ª série, Rio, 1903; Olívio Montenegro, *O Romance Brasileiro*, Rio, 1938; Lúcia Miguel-Pereira, *Prosa de Ficção (De 1870 a 1920)*, Rio, 1950; Sérgio Buarque de Holanda, "O Missionário", *O Romance Brasileiro* (coord. de Aurélio Buarque de Holanda Ferreira), Rio, 1952.

[M. M.]

SOUSA, João da CRUZ E — (★ 24/11/1861, Desterro, atual Florianópolis, SC; † 19/3/1898, Sítio, MG) Educado pelos antigos senhores de seus pais, escravos alforriados, C. e S. teve educação esmerada. Dedicou-se, no começo, ao magistério, ao jornalismo e à literatura, que abandonou para percorrer o Brasil com uma companhia teatral. Em 1890, está no Rio, como jornalista. No mesmo ano em que se casa com Gavita Rosa Gonçalves, publica * Broquéis (1893). Emprega-se como arquivista na Estrada de Ferro Central do Brasil. A morte do pai e a loucura da esposa arrastam-no ao desespero e à tuberculose que o vitimaria pouco depois.

Apesar de estranhamente exótica pelo seu intenso halo metafísico, a obra poética de C. e S. ocupa lugar de primeira grandeza nos quadros da poesia brasileira. Começando preso às seduções do * Parnasianismo, de que não mais se afastou totalmente, C. e S. percorreu uma trajetória humana e poética marcada por densa angústia. Em *Broquéis*, tem-se o poeta atraído pelo esteticismo, pelo "literário", o que significa a presença do * Simbolismo como ideal artístico, que as peias do formalismo parnasiano impedem de alcançar. Na segunda fase, representada por *Faróis* (1900), acicatado pela desventura, abandona o esteticismo para cultivar um confessionalismo cosmicamente revoltado, nítida transposição, para altos planos, da sua angustiante "dor de existir". O estágio final, expresso nos *Últimos Sonetos* (1905), traduz o momento da ascensão, pela *caritas*, ao mundo das Essências. Superados os padecimentos circunstanciais, o poeta se entrega ao conforto das "verdades aladas" do Cristianismo, nas quais vislumbra solução para sua angústia de "emparedado".

A busca do caminho que pusesse fim ao sofrimento, à revolta e ao desespero, correspondeu, para C. e S., ao encontro do seu objetivo estético, o Simbolismo, que atingiu com diafanizar a palavra, libertando-a de suas conotações lógicas ou gramaticais. Dessa forma, C. e S. realizava, na sua derradeira fase poética, o grande ideal simbolista de exploração de todas as virtualidades da palavra.

Irmão de Antero de Quental na ânsia de Infinito (exacerbada, no seu caso, pela condição de pária social, em antagonismo com seus "privilégios" interiores), C. e S. pôs-se todo em poesia, numa dramaticidade que lembra Baudelaire, pelo jogo de contrastes entre o Bem e o Mal, a Carne e o Espírito, o Erro e a Verdade. Daí sua desesperação metafísica, sua ânsia de verdade, à qual só logra chegar tardiamente pelo conformismo cristão. Tal drama, aguçado pela consciência estética e manifesto numa poesia tensamente original, faz de C. e S. um dos grandes poetas da época, dentro e fora da literatura brasileira. Seu metafisicismo de eleito, de "caído" na correnteza humana, não era incompatível com os achados do Parnasianismo e da *poesia científica, herança que explorou e passou adiante, enriquecida, para * Augusto dos Anjos.

405

OBRAS DO A.: Prosa: *Tropos e Fantasias* (em col. com Virgílio Várzea), 1885; *Missal*, 1893; *Evocações*, 1898. Inéditos e dispersos, *in Obra Completa*, org. por Andrade Murici, Rio, 1961.

CONSULTAR: Araripe Jr., *O Movimento de 1893. O Crepúsculo dos Povos*, Rio, 1896; Nestor Vítor, *C. e S.*, Rio, 1899; Carlos Dante de Morais, *Viagens Interiores*, Rio, 1931; Roger Bastide, *A Poesia Afro-Brasileira*, S. Paulo, 1943; Antônio de Pádua, *À Margem do Estilo de C. e S.*, Rio, 1946; Andrade Murici, *Panorama do Movimento Simbolista Brasileiro*, 3 vols., Rio, 1952; R. Magalhães Jr., *Poesia e Vida de C. e S.*, S. Paulo, 1961; Massaud Moisés, *O Simbolismo*, vol. IV d*A Literatura Brasileira*, S. Paulo, 1966; Artur de Almeida Torres, *C. e S.* (*Aspectos Estilísticos*), Rio, 1975.

[M. M.]

SOUSA, PÊRO LOPES DE — (★ 1501 ou 1502?, Portugal; † 1542 ou 1543?) Veio para o Brasil (1530-1532) como uma espécie de imediato do seu irmão mais velho, Martim Afonso de Sousa. Posteriormente, distinguir-se-ia ainda na empresa portuguesa do Índico. A sua entrada para a nossa *história literária deve-se tão-somente ao relato que fez da sua viagem ao Brasil e que chegou até nós, incompleto. Esse texto, impropriamente chamado de *Diário de Navegação*, constitui uma das fontes mais preciosas que temos da primeira metade do século XVI, período em que escasseiam os documentos históricos sobre o Brasil. Nele, o autor revela-se grande prático na arte de navegar, descrevendo o itinerário litorâneo, os sucessos no mar e em terra, onde teve oportunidade de numerosos contatos com os indígenas, que lhe mereceram interessantes descrições, não só sobre a aparência, como sobre os usos e costumes. Do mesmo valor histórico, se bem que menos minudentes, são as referências aos personagens brancos de misteriosa procedência que encontra na terra, bem como aquelas aos entrelopos franceses surpreendidos em plena atividade.

OBRAS DO A.: *Diário da navegação da armada que foi à terra do Brasil em 1530 sob a capitania-mor de Martim Afonso de Sousa, escrito por seu irmão* (1530-1532), 5.ª ed., 2 vols., introdução e notas de Eugênio de Castro, Rio, 1927.

CONSULTAR: Jordão de Freitas, "A Expedição de Martim Afonso de Sousa", *História da Colonização Portuguesa do Brasil*, vol. III, Porto, 1924; Capistrano de Abreu, *Ensaios e Estudos*, 2.ª série, Rio, 1932.

[J. R. A. L.]

SOUSÂNDRADE (ou SOUSA ANDRADE), JOAQUIM DE — (★ 9/7/1833, Guimarães, MA; † 21/4/1902, S. Luís, MA) Levou vida aventurosa e de prolongadas andanças pelo mundo. Entre 1853 e 1857, percorre vários países da Europa. Forma-se em Letras pela Sorbonne e faz, em Paris, o curso de engenharia de minas. Visita Londres. De volta ao Maranhão, casa-se. Em 1857 sai, no Rio, o seu primeiro livro de poemas, *Harpas Selvagens*. Em 1870, separa-se da esposa e empreende viagem pelas repúblicas centro e sul-americanas. No ano seguinte, fixa residência nos E.U.A., onde começa a imprimir as suas *Obras Poéticas*. De novo em seu Estado natal, em 1889, participa intensamente da política republicana. Rege a cadeira de Língua Grega no Liceu Maranhense. Termina sua vida pobre e solitário. Para poder

406

manter-se, é obrigado a vender os muros da arruinada fazenda onde nasceu, a "Quinta da Vitória".

S. pertence, cronologicamente, à segunda geração do * Romantismo. Sua poesia não teve a ressonância que merecia junto aos seus contemporâneos e só recentemente começa a ser compreendida. O poeta, aliás, previra esse destino, escrevendo em 1877: "Ouvi dizer já por duas vezes que o *Guesa Errante* será lido 50 anos depois; entristeci — decepção de quem escreve 50 anos antes." O principal motivo dessa incompreensão reside nas singulares inovações que fazem da poesia de S. obra precursora do * Simbolismo e do * Modernismo e antecipam mesmo, sob certos aspectos, importantes linhas de pesquisas da literatura universal de nosso tempo (Pound, Joyce). *Harpas Selvagens* inaugura um lirismo de temática metafísica e existencial que tem pontos de contato com poetas do Romantismo alemão modernamente reconsiderados (Hoelderlin, Novalis). *O Guesa*, também denominado *Guesa Errante*, longo poema em 13 cantos, inacabado, é a obra mais ambiciosa de S. Identificando-se à figura lendária do *guesa*, jovem destinado à peregrinação e ao sacrifício ritual, na mitologia dos indígenas colombianos, o poeta descreve as suas viagens, num estilo fragmentário, de mescla com reflexões de teor predominantemente social. De um lado toma o partido dos povos aborígines da América contra a opressão e a corrupção do colonialismo. De outro, preconiza o modelo republicano associado utopicamente ao sistema comunitário dos Incas. No *Guesa* se localizam os mais ousados experimentos da poesia de S.: são os episódios conhecidos como "Tatuturema" e "Inferno de Wall Street", em que explode, sob a forma de uma livre seqüência de epigramas dialogados, toda a "verve" satírica do poeta. O primeiro se elabora a partir da dança-pandemônio dos indígenas decadentes da * Amazônia, de envolta com seus corruptos colonizadores. O segundo tem como cenário Nova Iorque, Wall Street, a Exposição Industrial de Filadélfia e toda a peripécia da República norte-americana da década de 1870. Constituem ambos um teatro poético em miniatura, onde personagens e eventos históricos ou mitológicos são justapostos segundo uma técnica moderníssima de montagem e de ordenação analógica. Na estilística sousandradina salientam-se sobretudo a criação de palavras compostas e as sínteses metafóricas, processos que só na atualidade passaram a ser definitivamente aceitos e incorporados à linguagem poética.

Obras do A.: *Guesa Errante,* 1866; *Impressos,* 1.º vol., 1868; *Impressos,* 2.º vol., 1869; *Obras Poéticas,* 1874; *Guesa Errante,* Cantos V a VII e Canto VIII, 1876 e 1877; *O Guesa,* 1884 (?); *Novo Éden,* 1893; *Inéditos (Harpa de Ouro, Liras Perdidas,* "O Guesa, O Zac"), introd. e notas de Frederick G. Williams e Jomar Morais, S. Luís, 1970.

Consultar: Fausto Cunha, "S.", *A Literatura no Brasil* (dir. por Afrânio Coutinho), vol. I, t. 2, Rio, 1956; Augusto e Haroldo de Campos, *Re-visão de S.,* textos críticos e antologia, com a col. de Luís Costa Lima e Erthos A. de Sousa, S. Paulo, 1964 (Separata: "O Inferno de Wall Street" — texto atualizado e anotado); e *S.,* Rio, 1966; Haroldo de Campos, "S.: formas em morfose", supl. lit. d*O Estado de S. Paulo,* 10/1/1970; Frederick G. Williams, *S.: Vida e Obra,* S. Luís, 1976 (com extensa e atualizada bibliografia).

[A. C.]

SUASSUNA, ARIANO Vilar — (★ 16/6/1927, Paraíba, hoje João Pessoa, PB) Dramaturgo, poeta, professor de Estética na Universidade do Recife. Estudos em Taperoá (PE) e Recife, onde se diplomou, na Faculdade de Direito. Sua obra é marcada pela fé católica, intuitos moralizadores e presença do populário nordestino, através de uma técnica dramática que tem raízes em Plauto, autores medievais, *Commedia dell'Arte* e Calderón. Muitos dos personagens, situações e "falas" são transportados ao palco diretamente dos folhetos de feira (literatura de cordel), de mistura com fatos e pessoas existentes conhecidas pelo A. Essa fusão de fábula e vida se completa no plano filosófico pela idéia central, calderoniana para não irmos além, de que a vida é um espetáculo dirigido por Deus. Cristo está presente, ora como um negro, ora como humilde sertanejo, e assim também a Virgem e os Santos — S. Miguel, S. Pedro — na simultaneidade de suas existências humana e divina, movendo-se entre as pessoas como qualquer uma delas, só se revelando nos finais das comédias pelo processo *deus ex-machina*. O teatro de A. S. constitui uma poderosa unidade em si mesmo, e em relação à vida nordestina. Cria a expressão dramática brasileira continuadora da tradição religioso-popular dos países de origem latina.

OBRAS DO A.: Teatro: *Auto da Compadecida,* comédia sacramental, 3 atos, 1959; *O Castigo da Soberba,* 1 ato, revista DECA, ano 2, n.º 2, 1960; *O Casamento Suspeitoso,* comédia, 3 atos, 1961; *Uma Mulher Vestida de Sol,* tragédia, 3 atos, 1964; *O Santo e a Porca,* comédia, 3 atos, 1964. Há tradução para o inglês, alemão, francês, espanhol, polonês e holandês. Omitem-se aqui as peças representadas e não publicadas. Romance: *Romance dA Pedra do Reino e o Príncipe do Sangue do Vai-e-Volta,* 1971; *História dO Rei Degolado nas Caatingas do Sertão/Ao Sol da Onça Caetana,* 1976.

CONSULTAR: Miécio Táti, *Estudos e Notas Críticas,* Rio, 1958; Antônio Houaiss, *Crítica Avulsa,* Salvador, 1960; Sábato Magaldi, *Panorama do Teatro Brasileiro,* S. Paulo, 1962; Joel Pontes, *O Teatro Moderno em Pernambuco,* S. Paulo, 1965; Annick Moreau, "Remarques sur le dernier acte de l'*Auto da Compadecida*", Publs. du Centre de Recherches Latino-Américaines de l'Université de Poitiers, Poitiers, fev. 1974; Silviano Santiago, estudo em *Seleta em Prosa e Verso,* de A. S., Rio, 1975.

[J.P.]

SUL, RIO GRANDE DO — As primeiras manifestações de vida intelectual no RS datam do primeiro quartel do século XIX. Até então, por força dos conflitos de interesses entre as coroas de Portugal e Espanha, a província vivera permanentemente em armas e não pudera cuidar de outra coisa que não fosse a consolidação de suas fronteiras em litígio. Encerrada a fase de lutas fronteiriças, começa a Guerra dos Farrapos (1835), que durou dez anos, ao longo dos quais, em defesa de seus princípios republicanos, surge uma precária mas combativa imprensa política, da qual foi colaborador Sebastião Xavier do Amaral Sarmento Mena (1809-1893), considerado o "príncipe dos poetas revolucionários do ciclo de 35" (Dante de Laitano) por ter-lhe, em odes e sonetos de um * neoclassicismo algo tosco, exaltado os heróis e os ideais. Da mesma época, embora em pauta inteiramente diversa — a do intimismo elegíaco —, são os versos de Delfina Benigna da Cunha (1791-1857), poetisa cega comparada por João Pinto da Silva a Marceline Desbordes-Valmore e autora do primeiro livro de poesia que se imprimiu no RS (1834). Fora da província, impuseram-se os nomes de * Araújo Porto Alegre, pintor-poeta que pertenceu ao grupo da *Niterói* e exerceu papel de destaque na introdução do * Romantismo no Brasil, e * Fernandes Pinheiro, Visconde de S. Leopoldo, que iniciou a historiografia rio-grandense com seus *Anais da Província de S. Pedro* (1839). Na prosa de ficção, aparece Caldre e Fião (1813-1876), fundador do romance gaúcho com *A Divina Pastora* (1847) e *O Corsário* (1851), livros de um romantismo à * Macedo que já incorporava temas e modismos da campanha.

O Romantismo iria ter vida longa no RS graças sobretudo à ação da Sociedade Partenon Literário, fundada em 1868 e que se constituiu, durante 17 anos, no núcleo da vida intelectual da província, cujos autores divulgou através de sua *Revista Mensal,* estimulando-os a cultivarem os assuntos locais, com o que deu impulso ao movimento regionalista iniciado por Caldre e Fião, primeiro presidente da Sociedade. O Partenon não limitou suas atividades à literatura, mas estendeu-a ao âmbito das causas cívicas, fundando bibliotecas, amparando sociedades beneficentes, alforriando escravos e agitando idéias abolicionistas e republicanas. O principal animador da agremiação foi * Apolinário Porto Alegre, estudioso das tradições de sua terra, as quais fixou nos versos de *Bromélias* e na novela *O Vaqueano,* onde idealiza romanticamente a figura do gaúcho. Pertenceram também ao Partenon: Lobo da Costa (1835-1888), boêmio cuja poesia espontânea e descuidada, em que se alternavam o sentimentalismo casimiriano e a eloqüência castroalvina, foi muito estimada na época, tendo vários poemas de seu livro póstumo *Auras do Sul* (1888) entrado para o cancioneiro popular; e * Múcio Teixeira, que cultivou a musa "pampiana" nas *Flores do Pampa* antes de se entregar às elucubrações ocultistas que lhe caracterizariam mais tarde a poesia. Figuras de menor relevo no Partenon foram * Carlos Ferreira, cujas *Rosas Loucas* (1868) alcançaram sucesso na Paulicéia pela mistura de * byronismo e hugoanismo; Damasceno Vieira (1850-1910), que praticou a * poesia científica n*A Musa Moderna* (1885) e introduziu o * Parnasianismo no Sul; e Taveira Jr. (1836-1892), autor das *Provincianas* (1886), uma das primeiras manifestações da poesia gauchesca.

O Parnasianismo rio-grandense contou dois poetas de nomeada nacional: * Fontoura Xavier, que, nas *Opalas,* cantou temas baudelairianos e registrou suas experiências de cosmopolita *blasé* num verso ágil e refinado; Alberto Ramos, autor de *Elegias e Epigramas* de corte clássico, bem como de odes em que celebrou, helenicamente, os esportes e a vida ao ar livre. Os nomes de outros parnasianos igualmente bem dotados, tais como Alarico Ribeiro, Mário de Artagão, Pinto da Rocha, Fanfa Ribas, etc., não lograram ultrapassar as fronteiras da província.

A exemplo do que aconteceu no resto do País, também no Sul o Parnasianismo coexistiu com o * Simbolismo durante as duas primeiras décadas deste século. A voga simbolista, ali inaugurada pelo *Via-Sacra,* de * Marcelo Gama, cuja poesia, entre amargurada e irônica, tem afinidades com a de Cesário Verde, logo encontrou ambiente receptivo, dando surgimento a numerosos grupos de aderentes. Dos simbolistas gaúchos, destacaram-se: * Zeferino Brasil, poeta de grande versatilidade, autor de *Vovó Musa,* livro que o consagrou junto ao

409

grande público; * Eduardo Guimaraens, espírito culto, de sensibilidade mística, que exprimiu numa poesia "sobre-humanamente crepuscular" (Mansueto Bernardi), comparável, pela sua grandeza, à de * Cruz e Sousa e * Alphonsus de Guimaraens; * Guerra Duval, que foi dos primeiros a usar o verso livre no Brasil; * Alceu Wamosy, autor do antológico soneto "Duas Almas"; e outros nomes menos conhecidos, como Emílio Kemp, Homero Prates, José Picorelli, etc.

A prosa de ficção coetânea da fase parnasiano-simbolista deixou de lado a diretriz urbana do * Naturalismo — o qual teve no gaúcho * Canto e Melo (1866-1934), autor de *Mana Silvéria* (1913), romance de fatura zolaesca, um representante de valor — para voltar aos temas de campanha cultivados pelos românticos. Essa volta se fez, porém, sob a égide de um neo-realismo de que são exemplos *Ruínas Vivas,* romance, e *Tapera,* contos, de * Alcides Maia, prosador de estilo frondoso e rebuscado. De tal rebuscamento não se podem acusar os admiráveis *Contos Gauchescos* e *Lendas do Sul,* de * Simões Lopes Neto, pois neles a fixação das peculiaridades da linguagem e dos hábitos do campeiro se faz sem prejuízo do interesse propriamente ficcional do relato, numa prosa inventiva e vigorosa. Nesse regionalismo renovado se entronca também o *Antônio Ximango,* de Amaro Juvenal, pseudônimo de Ramiro Barcelos (1851-1916): ao mesmo tempo em qua satiriza certa fase da política rio-grandense, o poemeto "crioulo" de Barcelos reconstitui, com realismo espontâneo e gracioso, o estilo e a sabedoria de vida dos "gaúchos velhos".

O forte vinco regional que caracterizou a literatura do RS desde os seus primórdios bastaria para explicar, segundo Guilhermino César, o modo discreto por que o * Modernismo nela repercutiu. Os gaúchos haviam iniciado desde muito aquele processo de "abrasileiramento" cultural reclamado pelos modernistas de S. Paulo e Rio, e um poeta como * Augusto Meyer, com seu lirismo nostálgico permeado de vivências gaúchas, podia mostrar-se atual em *Ilusão Querida* (1923) e *Coração Verde* (1926), sem precisar filiar-se ao nacionalismo programático da * Semana de Arte Moderna. Outros simbolistas do grupo gaúcho, como * Álvaro Moreyra e * Filipe de Oliveira, se integraram também naturalmente no Modernismo, que encontrou no poema amazônico * *Cobra Norato,* do rio-grandense * Raul Bopp, uma de suas expressões mais felizes. Já os versos de Vargas Neto (*Gado Xucro,* 1928; *Tropilha Crioula,* 1929) são ostensiva e ortodoxamente gauchescos, ao passo que os de Paulo Correia Lopes (*Poemas de Mim Mesmo,* 1931) revelam uma subjetividade de cunho semi-religioso.

A prosa de ficção da quadra modernista e pós-modernista não abandona a diretriz regional, como o demonstram os contos de *No Galpão* (1925), de Darci Azambuja (1903), escritos numa prosa límpida, de discreta poesia. Nessa diretriz, Ciro Martins, com *Porteira Fechada* (1944), e Ivan Pedro de Martins, com *Fronteira Agreste* (1944), irão introduzir a nota de denúncia e protesto social posta em voga pelo romance nordestino de 30, nota que soa igualmente nos romances de * Dionélio Machado, embora o principal deles, *Os Ratos,* se caracterize mais como obra de análise psicológica. Com * Érico Veríssimo, autor conhecido no País todo e mesmo fora dele, a ficção gaúcha adquire sentido universalizante, particularmente na trilogia *O Tempo e o Vento,* que evoca a formação histórica do RS num painel novelesco de sentido épico, traçado com superior artesania.

O * Neomodernismo iria revelar, no RS, novos valores que, aglutinados a princípio em torno de revistas como *Quixote* (1947) e *Crucial* (1951), se imporiam depois individualmente, através dos livros que publicaram. É o caso, entre outros, de Heitor Saldanha, Paulo Hecker Filho, José Paulo Bisol, Walmir Ayala, Carlos Nejar, etc. Referência à parte merece a poesia de * Mário Quintana, que só veio a ser publicada em livro na década de 40, e que, a um neo-simbolismo de raiz, incorpora o humor moderno, numa expressão lírica inconfundível.

Finalmente, no campo da crítica e história literárias, dos estudos folclóricos e do ensaio de idéias, as mais das vezes voltados para o âmbito da experiência gaúcha, são de menção obrigatória os nomes de Cezimbra Jaques, Roque Callage, Rubens de Barcelos, Augusto Meyer, Moisés Velinho, João Pinto da Silva, Manoelito de Ornelas, * Viana Moog (também romancista), Carlos Dante de Morais, etc.

CONSULTAR: João Pinto da Silva, *História Literária do Rio Grande do Sul*, 2.ª ed., Porto Alegre, 1930; Augusto Meyer, "O Regionalismo na Ficção. O Grupo Gaúcho", *A Literatura no Brasil* (dir. de Afrânio Coutinho), vol. II, Rio, 1955; Guilhermino César, *História da Literatura do Rio Grande do Sul*, Porto Alegre, 1956; e "A Vida Literária no Rio Grande do Sul", *in Rio Grande do Sul, Terra e Povo*, Porto Alegre, 1964; Manoelito de Ornelas, "O Rio Grande do Sul nas Letras do Brasil", *Veritas*, ano X, n.º 3, Porto Alegre, out. 1965; Lígia Chippiani Morais Leite, *Modernismo no Rio Grande do Sul. Materiais para o seu Estudo*, S. Paulo, 1972; José Clemente Pozenato, *O Regional e o Universal na Literatura Gaúcha*, Porto Alegre, 1973.

[J. P. P.]

SURREALISMO — O surrealismo ou supra-realismo (do francês *surréalisme*) é uma tendência literária e artística surgida na França, em 1924 ou pouco antes, e codificada no *Manifeste du Surréalisme*, lançado naquele ano por André Breton. Vieram depois outros documentos da corrente surrealista, entre os quais podem ser mencionados a *Introduction au Discours sur le peu de Réalité*, de Breton, escrita em 1924 e publicada em 1927; o *Traité du Style*, de Louis Aragon (1928); o *Second Manifeste du Surréalisme*, de Breton (1930), e alguns ensaios de Paul Éluard, Salvador Dalí e Antonin Artaud. Procurava o Surrealismo "libertar" a obra de criação artística e literária de qualquer controle ou crítica da razão e da própria consciência: essa obra seria expressão fiel e direta do mundo subconsciente e onírico. Em seu *Manifesto*, assim o definia André Breton: "Puro automatismo psíquico, pelo qual se propõe exprimir, seja verbalmente, por escrito ou por outra maneira qualquer, o funcionamento real do pensamento. Ditado do pensamento, na ausência de todo o controle exercido pela razão, à margem de toda a preocupação estética ou moral."

No Brasil, as manifestações do Surrealismo, na literatura, resumem-se a algumas tentativas no campo da ficção e a parte da obra poética de * Murilo Mendes (*O Visionário* e *Os Quatro Elementos*) e * Jorge de Lima (*Invenção de Orfeu*), além do único livro de Fernando Mendes de Almeida (*Carrossel Fantasma*) e dos poemas em prosa de * Aníbal Machado (*Cadernos de João*). A influência da fase surrealista de Murilo Mendes é visível em livros como *A Pedra do*

411

Sono e *O Engenheiro,* de * João Cabral de Melo Neto, *Poesias,* de * Antônio Rangel Bandeira, e *As Imaginações,* de * Ledo Ivo. O ficcionista * Adelino Magalhães é considerado, por alguns críticos, um precursor do Surrealismo no mundo.

CONSULTAR: Tasso da Silveira, *Definição do Modernismo,* Rio, 1932; Carlo Bo, *Antologia del Surrealismo,* Milão, 1944.

[D. C. S.]

SUSPIROS POÉTICOS E SAUDADES — Tal é o título do livro de * Domingos José Gonçalves de Magalhães, cuja primeira edição foi impressa em Paris, no ano de 1836, por Davin et Fontaine. Esse livro, cuja publicação se toma como o início "oficial" do * Romantismo em nosso meio, punha em prática a pregação em prol da reforma e nacionalização de nossas letras, iniciada naquele mesmo ano, e também em Paris, pela revista *Niterói.* No prefácio do livro Magalhães se exculpava de haver publicado anteriormente livro com cujas idéias já não estava de acordo, e criticava a invocação das "Musas do Hélicon" pelos poetas, como "se pudesse parecer belo quem achasse algum velho manto grego, e com ele se cobrisse". Em conseqüência, não invoca as Musas, mas o Anjo da Poesia, logo no poema inicial dos *Suspiros,* e procura escrever poesias resultantes não de fórmulas neoclássicas, factícias e gastas, mas "poesias d'alma, e do coração, e que só pela alma e o coração devem ser julgadas". A ambição de M. não era só invocar, mas inovar segundo diretrizes religiosas e morais; dizia ele que "a Poesia, este aroma d'alma, deve de contínuo subir ao Senhor. (...) O Poeta, empunhando a lira da Razão, cumpre-lhe vibrar as cordas eternas do Santo, do Justo, e do Belo". Por isso mesmo há historiadores da Literatura, como * Ronald de Carvalho, que classificam M. como poeta religioso. O grande mérito do livro está no impulso inicial que deu ao Romantismo, ficando o poeta conhecido como "o Lamartine Brasileiro", "o chefe da nossa escola nacional". Sua poesia, contudo, logo foi superada, parecendo flácida, incolor e dessorada em confronto com a da geração seguinte. M. não tinha novidade de pensamento nem rasgos excepcionais de forma. Um dos poemas do livro, o "Napoleão em Waterloo", ficou todavia como peça antológica, e é de fato o ápice do livro: nele situam-se os pródromos de nosso * Condoreirismo, como já se acentuou.

CONSULTAR: Sales Torres Homem, "Suspiros Poéticos", artigo reproduzido no início da edição de 1865 do livro de Magalhães; Alcântara Machado, *Gonçalves de Magalhães ou O Romântico Arrependido,* S. Paulo, 1936; Sérgio Buarque de Holanda, pref. aos *Suspiros Poéticos e Saudades,* Rio, 1939; *Autores e Livros,* supl. lit. dA *Manhã,* Rio, vol. V, n.º 4; José Aderaldo Castelo, *Gonçalves de Magalhães,* Rio, 1961.

[P. E. S. R.]

T

TAQUES DE ALMEIDA PAIS LEME, PEDRO — (★ 29/6/1714, S. Paulo; † 3/3/1777, *idem*) Pertenceu a tradicional família paulista. Estudou com os jesuítas no Colégio de S. Paulo e graduou-se mestre-de-armas. Ocupou cargos na administração colonial, em GO, MG e SP. Acusado de desfalque, teve seus bens confiscados e faleceu na miséria.

P. T. notabilizou-se como historiador. Superou seus contemporâneos pelo cuidado metódico com que pesquisou arquivos e pela ênfase que deu, no estudo dos acontecimentos, ao papel neles desempenhado pelos brasileiros; daí o seu interesse pela fundação do Rio de Janeiro, pelas bandeiras e pelos troncos dos primeiros povoadores de S. Paulo. Sua obra, em parte perdida ou plagiada, é documental por excelência e, nesse sentido, de valor inestimável.

OBRAS DO A.: *História da Capitania de S. Vicente, desde a sua fundação em 1531, in Revista do Instituto Histórico e Geográfico Brasileiro*, Rio, 1847, t. IX; *Nobiliarquia Paulistana ou Genealogia das Principais Famílias de S. Paulo, ibidem*, Rio, 1869-74, t. XXXII a XXXV.

CONSULTAR: Afonso de E. Taunay, pref. à *Nobiliarquia Paulistana*, S. Paulo, 1954.   [O. E. X.]

TAUNAY, ALFREDO D'ESCRAGNOLLE, VISCONDE DE — (★ 22/2/1843, Rio; † 25/1/1899, *idem*) Foi bacharel em Ciências Físicas e Matemáticas, engenheiro-geógrafo, militar (participou da Guerra do Paraguai), professor (História, Línguas, Mineralogia, Geologia e Botânica, na Escola Militar), político (senador por SC e presidente da Província de SC e PR); dedicou-se à música, à pintura, ao jornalismo e à crítica. Embora filho de franceses, soube ser um escritor essencialmente brasileiro. Iniciou-se nas Letras com o romance *A Mocidade de Trajano* (1871), sob o pseudônimo de Sílvio Dinarte. No mesmo ano, publica em francês suas impressões acerca dum episódio decisivo da Guerra do Paraguai, *A Retirada da Laguna*.

Seu prestígio, dentro e fora das fronteiras, decorre de uma única obra: * *Inocência* (1872). Obra de transição entre o * Romantismo agonizante e o * Realismo nascente, sua popularidade talvez se deva à autenticidade do caráter sentimental e sensível da heroína, pivô dum

413

tocante drama amoroso em meio a uma * Natureza luxuriante, descrita com vida e certa objetividade. O sertanejo, representado pelo pai de Inocência, aparece com traços muito reais, de obstinação, suscetibilidade e arrogância. Traduzido para numerosas línguas, sempre lido e admirado, é ainda romance fundamental da literatura brasileira. As demais obras de ficção do V. de T., em que perpassa o exemplo das narrativas macedianas, têm inferior significação.

Obras do A.: *Céus e Terras do Brasil,* 1882; *Estudos Críticos,* 1881-1883; *O Encilhamento,* s. d.; *Ouro sobre Azul,* s. d.; *Ao Entardecer,* 1901; *Homens e Coisas do Império,* 1924; *Amélia Smith,* 1930; *Memórias,* 1848.

Consultar: José Veríssimo, *Estudos de Literatura Brasileira,* 2.ª série, Rio, 1901; Alcides Bezerra, *O V. de T. Vida e Obra,* Rio, 1937; Lúcia Miguel-Pereira. *Prosa de Ficção (De 1870 a 1920),* Rio, 1950; Antônio Cândido, *Formação da Literatura Brasileira,* vol. II, S. Paulo, 1959; Antônio Soares Amora, *O Romantismo,* vol. II dA *Literatura Brasileira,* S. Paulo, 1967. [M.A.R.M.]

TÁVORA, Joaquim FRANKLIN da Silveira — (★ 13/1/1843, Fortaleza, CE; † 18/8/1888, Rio) Passou grande parte da vida na província, vindo finalmente para a Corte, onde viveu os últimos anos. Levantou enorme celeuma em torno de si, ao desfechar violenta campanha contra * José de Alencar, a quem acusou de incorreção de linguagem; nesse ataque, contou com a colaboração do escritor português José Feliciano de Castilho, então residindo no Brasil. Dirigiu a *Revista Brasileira* numa de suas fases; fundou a Sociedade dos Homens de Letras, que não foi por diante; pertenceu ao Instituto Histórico.

Propugnou F. T. por uma "Literatura do Norte", distinta da do Sul, baseado no fator geográfico, a cuja influência julgava não poder fugir a Literatura. Para ele, no setentrião brasileiro, imune à contaminação estrangeira, é que estava o verdadeiro cerne da nacionalidade, e só nele as nossas letras poderiam haurir seiva original. Nesse pressuposto, elaborou uma série de romances em que fixa aspectos do Norte, focalizando o beatério e o cangaço. Escasseava-lhe, porém, o dom criador; as suas criaturas não têm vida e a narrativa nunca alcança densidade, permanecendo linear e exterior. A linguagem é escorreita, às vezes de belo timbre, às vezes com um ar falso e artificial. No início de carreira, frustrou-se a sua tentativa de * Indianismo com *Os Índios de Jaguaribe* (1862). Situa-se no período de transição entre o * Romantismo e o * Realismo.

Obras do A.: Romance: *Um Casamento no Arrabalde,* 1869; *O Cabeleira,* 1876; *O Matuto,* 1878; *Lourenço,* 1881. Crítica: *Cartas de Semprônio a Cincinato,* 1870.

Consultar: José Veríssimo, *Estudos de Literatura Brasileira,* 5.ª série, 2.ª ed., Rio, 1910; e *História da Literatura Brasileira,* Rio, 1916; Lúcia Miguel-Pereira, *Prosa de Ficção (De 1870 a 1920),* Rio, 1950; e "Três Romancistas Regionalistas", *O Romance Brasileiro* (org. de Aurélio Buarque de Holanda), Rio, 1952; Aderbal Jurema, "O Regionalismo na Ficção. Grupo Nordestino", *A Literatura no Brasil* (dir. de Afrânio Coutinho), vol. II, Rio, 1955; João Pacheco, *O Realismo,* vol. III dA *Literatura Brasileira,* S. Paulo, 1963.

[J.Pa.]

TEATRO — No Brasil do século XVI, o teatro foi um engajamento da inteligência a serviço da catequização dos índios. Esta missão fora confiada aos jesuítas e entre estes o mais destacado autor foi o Pe. * José de Anchieta, a bem dizer o único a deixar nome na literatura teatral brasileira. Há indicações de outros que teriam escrito antes, como o P. Manuel do Couto e o próprio superior, P. Manuel da Nóbrega. Nada restou para a literatura além dos textos anchietanos, escritos em português, espanhol e tupi, não raro em português e tupi para entendimento simultâneo de colonos e colonizados. A preocupação moralizadora estendia-se a ambos os grupos, no intento de travar a cobiça de uns, dedicados à escravização do índio, e de mudar os costumes dos outros — antropofagia, embriaguez, práticas religiosas pagãs. Sendo a preocupação moralizadora superior à estética, os autos de Anchieta não revelam na exatidão a cultura de que era portador. Ligam-se à tradição medieval dos milagres e moralidades, com ensinamentos diretos, numa clara manifestação de compreensão da psicologia do público.

Os dois séculos seguintes marcam um afastamento completo entre a literatura teatral e o povo da Colônia. * Manuel Botelho de Oliveira escreve em espanhol comédias de intriga cuja ação se desenvolve em lugar não identificado, ou na Itália, e * Cláudio Manuel da Costa produz uma obra ligeira, de pura adulação, ao capitão geral das Minas Gerais, D. José Luís de Meneses, o *Parnaso Obsequioso*. Outros escritores do entretempo serviram fielmente às correntes literárias em andamento, antes de se deterem na realidade brasileira. Salvador de Mesquita (1646) escreveu em latim sobre temas clássicos; José Borges de Barros é autor de uma comédia religiosa, *A Constância com Triunfo*; Gonçalo Ravasco é autor de três autos sacramentais, desaparecidos.

Só no século XIX o teatro brasileiro retorna à realidade social para nunca mais abandoná-la. É lembrado por todos o nome de * Domingos José Gonçalves de Magalhães como o iniciador do drama romântico, mas verdadeiramente brasileiro foi *Martins Pena pelas suas comédias. Neste, a crítica aos costumes volta (como no teatro jesuítico) com uma alegria, uma verdade e uma dinamicidade que a muitos tem lembrado os processos molierescos. Ao seu tempo, tais retratos da sociedade não chegaram a ser valorizados, tanto que o melhor dos atores brasileiros, João Caetano, só admitia as comédias rápidas (1 ato) de Pena, mesmo assim à maneira de entremezes, não mais. Dava-se preferência aos dramalhões portugueses e franceses, até mesmo em detrimento das tragédias brasileiras, sobre assuntos históricos de outros países, como as de * Gonçalves Dias, tão marcadas pela teoria dramática de Lessing e pela influência de Schiller. Suas quatro tragédias ficaram esquecidas, talvez ensombradas pela justa fama das poesias. * José de Alencar, com seus dramas (*Mãe, O Jesuíta, As Asas de um Anjo, O Crédito, A Expiação, O que é o casamento?*) introduz no teatro brasileiro a discussão de problemas sociais, não raro enveredando pela tese, mas nas comédias (*Verso e Reverso, O Demônio Familiar, A Noite de S. João*, esta musicada) revivia a graça de Martins Pena, com a mesma ternura pelos costumes do povo e idêntica vocação para ridicularizar os caracteres viciosos. Seu contemporâneo * Joaquim Manuel de Macedo lhe disputava, e com vantagem, o favor das platéias, com suas comédias e dramas. Não é um interessado na sátira direta, como Martins

415

Pena, e sim na condenação generalizada dos vícios. Idealiza o índio, o brasileiro em geral, dando-lhes caracteres nobres, dentro do conceito romântico, enquanto condena os opressores — os do dinheiro, os da política, os *pater-familiae*, etc. São principalmente interessantes suas comédias, de melhor realização como farsas, *O Macaco da Vizinha, O Fantasma Branco, A Torre em Concurso, O Primo da Califórnia* e *Cincinato Quebra-Louça.* Experimentando sempre o teatro (nunca chegou a uma realização estética da categoria dos romances), * Machado de Assis escreveu do começo ao fim da vida comédias curtas, que não chegaram a ser representadas nas salas públicas. No entanto, a ironia do A. está presente em *Quase Ministro,* o senso burguês em todas, e a delicada feitura literária ressalta n*Os Deuses de Casaca, Tu, só Tu, Puro Amor* e *Lição de Botânica,* peças que teriam um lugar na cena brasileira da época fossem outras as preferências dos auditórios e a formação cultural dos atores e empresários. Com * Artur Azevedo desenvolve-se a revista, veículo das críticas aos acontecimentos do dia. Na comédia, segue ele por dois caminhos, conforme diz num dos seus folhetins de crítica (fez jornalismo teatral, como Martins Pena, * França Júnior, o próprio Machado de Assis e outros) — o do teatro sério e o da bambochata. Este é popular, galhofeiro, não tem a ambição moralizadora ou raciocinadora do outro, e no entanto, perdura melhor pela espontaneidade dos acidentes, linguagem de rua (não policiada por cuidados puristas) e possibilidades como espetáculo. Comédias estas escritas sem a preocupação de seguir teoria (Sarcey era o crítico francês que ditava as regras, na ocasião), algumas de parceria, como *Casa de Orates* (com seu irmão *Aluísio), *O Genro de Muitas Sogras* (com Moreira Sampaio), *O Mambembe* (com José Piza) — e outras de sua autoria exclusiva, como *O Dote, O Badejo, O Cordão, A Capital Federal.* À semelhança de Lope, justifica-se dizendo que escrevia tais peças ao gosto do vulgo pagante, pondo suas preferências noutras, mais elaboradas. Não percebia que, por isso mesmo, tornavam-se banais pelos personagens e no pensamento.

O século XX começa com o teatro de costumes, concentrado na vida burguesa do Rio de Janeiro. Gastão Tojeiro, Armando Gonzaga, Viriato Correia, Paulo de Magalhães dão a tônica de um teatro onde os grandes temas humanos não têm vez. Tudo é superfície, arranjos mais ou menos agradáveis de casos de amor, com o elogio final das· virtudes burguesas. * Joraci Camargo rompe espetacularmente tais acomodações com *Deus lhe pague,* em 1932, levando ao palco as preocupações sociais do seu tempo. Certo caráter didático envelheceu logo essa comédia e mesmo as que depois, sem interrupção há até poucos anos, continuou a escrever. Valeu, porém, o revolucionarismo, a quebra de uma rotina que parecia eternizar-se não obstante esforços (no sentido estético, não no político e social) de Paulo Gonçalves e Roberto Gomes, entre outros menos conhecidos. A quebra da rotina abriu caminho para novas experiências. * Guilherme Figueiredo, * Álvaro Moreyra, * Oswald de Andrade, * Otávio de Faria — foram parênteses de tendências diversas, sendo que o primeiro permanece como autor dos mais válidos, na recriação de temas da literatura clássica. Outro grande momento deste século foi a estréia de * Nelson Rodrigues, com *Vestido de Noiva,* ajudada pela presença no Brasil de diretores teatrais europeus, que haveriam de dar ao espetáculo uma categoria nova, igualando-se, pouco a pouco, ao que há de melhor nos centros artísticos mais destacados. A *Vestido de Noiva* seguiram-se outros dramas, dos quais os mais importantes são *Álbum de Família, Valsa n.° 6, A Falecida, Boca de Ouro, O Beijo no Asfalto*. Um teatro de agressão e sondagem nos desvãos da psique, de uma linguagem sem peias, alternando poesia e vulgaridade, como num desafio de todos os momentos a preconceitos e seguranças de êxito. Expressionismo, freudismo, realismo — tudo é revestimento de uma atitude agônica diante do ser humano, realizada com uma percepção de meios que lembra Dostoievski no descomunal do arremesso. O autor se joga sem atender a quaisquer precauções, inclusive de bom ou mau gosto literário. Faz uma experiência humana total em cada peça e disso tem consciência como se cumprisse uma condenação justa. Inaugura um território que, até agora, é unicamente seu dentro do teatro brasileiro. *Jorge Andrade, com seus dramas (*Vereda da Salvação*, p. ex.) e comédia (*Os Ossos do Barão*) procura caminhos entre o passado e o presente, misturando-os na tentativa de compreender os fenômenos sociais em suas repercussões nas pessoas (*A Escada* é ex. típico). Gianfrancesco Guarnieri (*Eles não usam black-tie, Gimba, A Semente*) e *Dias Gomes (*O Pagador de Promessas, A Invasão, A Revolução dos Beatos*) fazem do neo-realismo a base de suas peças sobre a realidade social brasileira, denunciando diversos choques de classes e a esperança ou certeza da vitória final do povo — habitantes dos morros do Rio, proletários e camponeses. Estes dois autores ligaram-se às principais cadeias de televisão escrevendo diretamente telenovelas ou adaptando obras. * Ariano Suassuna fez um teatro de moralidade servindo-se dos processos de Plauto, Molière, *Commedia dell'Arte*, etc. antes de se dedicar quase por completo ao romance. Tornou-se conhecido com o *Auto da Compadecida*. Outros títulos bem recebidos pela crítica foram *A Pena e a Lei, O Casamento Suspeitoso* e *O Santo e a Porca*. Do * Nordeste, como Suassuna, porém ligados à vida teatral do Rio, Aldomar Conrado (*O Capeta de Caruaru, O Vôo dos Pássaros Selvagens*) e Paulo Pontes (*A Gota D'água*, de parceria com Chico Buarque de Holanda) realizam um teatro lírico e de protesto social, respectivamente, enquanto o pernambucano * Osman Lins, sobretudo romancista, tem seu nome na literatura dramática através de *Lisbela e o Prisioneiro, Guerra do Cansa-Cavalo, Santa, Automóvel e Soldado,* etc.

No teatro para crianças destacam-se Maria Clara Machado (*Pluft, o Fantasminha*) e Maria Helena Kühner, esta igualmente notável por seus ensaios sobre o assunto e teatro para o povo.

As mais diversas tendências cruzam-se. A cada vez mais intensa participação de música, expressão corporal e balé (Augusto Boal, Hermilo Borba Filho, Chico Buarque de Holanda, etc.) faz ressaltar valores de teatro em prejuízo do componente literário. Cresce a importância dos encenadores, quase todos estrangeiros até a década de 1950-1960, hoje substituídos por brasileiros saídos das Escolas de Teatro de S. Paulo, Rio e outros centros. A Ziembinski, Celli, Ratto, Jacobbi, Vanneau, Kusnet sucederam Flávio Rangel, Boal, Abujamra, Borba Filho, Ademar Queirós, José Celso Martínez Correa, Bibi Ferreira, Silney Siqueira, Vital Santos, uma lista numerosa das mais variadas tendências.

Na tradução juntaram-se a * Manuel Bandeira, Onestaldo de Pennafort, Miroel Silveira, Carlos Alberto Nunes, Junito de Sousa Brandão, * Péricles Eugênio da Silva Ramos e * Carlos Drummond de Andrade novos escritores como Renata Pallottini, autora e professora da Escola de Teatro da Universidade de S. Paulo, Aldomar Conrado e outros.

CONSULTAR: Henrique Marinho, *O Teatro Brasileiro*, Rio-Paris, 1904; Carlos Süssekind de Mendonça, *História do Teatro Brasileiro*, Rio, 1926; Lafaiete Silva, *História do Teatro Brasileiro*, Rio, 1938; Múcio da Paixão, *O Teatro no Brasil*, Rio, s. d.; Ruggero Jacobbi, *Teatro in Brasile*, 1961; Sábato Magaldi, *Panorama do Teatro Brasileiro*, S. Paulo, 1962; Décio de Almeida Prado, "A Evolução da Literatura Dramática", *A Literatura no Brasil* (dir. de Afrânio Coutinho), vol. II, Rio, 1955; e *Apresentação do Teatro Brasileiro Moderno*, S. Paulo, 1965; J. Galante de Sousa, *O Teatro no Brasil*, 2 vols. (o primeiro contendo a História do Teatro, o segundo um Dicionário de Atores e Autores), Rio, 1960; Miroel Silveira, *Contribuição Italiana ao Teatro Brasileiro*, S. Paulo, 1975.
[J. P.]

TEIXEIRA, BENTO — (★ ca. 1561, Porto, Portugal; † 7/1600, Lisboa) Durante longo tempo se discutiu acerca de seu nome, procedência, etc. Brasileiro ou português? Cristão-novo? Bento Teixeira ou Bento Teixeira Pinto? Qual deles seria o poeta? Estas e outras questões foram levantadas e respondidas. Atualmente, considera-se como certo o seguinte: nascido no Porto, cristão-novo, veio para o Brasil, em companhia da família, por volta de 1567. Educou-se no Espírito Santo e no Rio, chegando a formar-se pelo Colégio jesuítico da BA. Viveu do magistério particular, da advocacia e do comércio. Em 1594, denunciou-se perante o Visitador do Santo Ofício, em Olinda, e assassinou a esposa por adultério. Homiziou-se no Convento dos Beneditinos, em Olinda. Preso no ano seguinte, foi levado a Lisboa, onde abjurou o judaísmo e obteve liberdade condicional. Mas faleceu na prisão de Lisboa, sem ver editada sua *Prosopopéia*, escrita provavelmente entre 1584 e 1587 e publicada em 1601. Não lhe pertencem outras obras que lhe têm sido atribuídas, a saber: *Naufrágio, Diálogos das Grandezas do Brasil* (V. BRANDÃO, AMBRÓSIO FERNANDES), poemas insertos na *Fênix Renascida* e duas peças de teatro.

Tem sido considerado, cronologicamente, o primeiro poeta da literatura brasileira, graças a *Prosopopéia*, poemeto épico, com 94 estâncias em oitava-rima e decassílabos heróicos, segundo o modelo camoniano, em torno de Jorge Albuquerque Coelho, donatário da Capitania de PE, e de seu irmão, Duarte, cujos feitos militares o poeta desejava exaltar. A narrativa, posta na boca de Proteu, refere os sucessos heróicos no Brasil e, mais adiante, em Alcácer-Quibir, na África. O poemeto revela forte influência d*Os Lusíadas*, o que, afinal, convinha a um poeta clássico, desejoso de imitar os melhores exemplos, e, se possível, superá-los. Descamba, porém, numa imitação medíocre e servil, apenas ultrapassada nalguns momentos mais felizes, como a descrição do Recife e as tiradas elegíacas. Conquanto de valor histórico indiscutível, é, esteticamente, obra de escasso interesse ou significado.

EDIÇÕES: Afonso Luís Piloto e B. T., *Naufragio e Prosopopea*, Recife, 1969; B. T., *Prosopopéia*, intr., estabelecimento de texto e comentários por Celso Cunha e Carlos Duval, Rio, 1972.

CONSULTAR: José Veríssimo, *Estudos de Literatura Brasileira*, 4.ª série, Rio, 1904; Otoniel Mota, "B. T. e a *Prosopopéia*", *Revista da Academia Paulista de Letras*, vol. I, n.º 1, 1937; José A. Gonsalves de

Melo, *Estudos Pernambucanos*, Recife, 1960; Fernando de Oliveira Mota, introd. à ed. cit. do *Naufragio e Prosopopea;* José Galante de Sousa, *Em torno do Poeta B. T.*, S. Paulo, 1972.

[M. M.]

TEIXEIRA, MÚCIO Scévola Lopes — (★ 13/9/1857, Porto Alegre, RS; † 8/8/1928, Rio) Ligou-se desde cedo ao grupo do Partenon (V. Sul, Rio Grande do), em cuja revista colaborou a partir de agosto de 1872, usando por vezes o pseudônimo de Manfredo. Mudou-se para o Rio em 1878, exercendo o jornalismo. De 1885 a 1888, residiu na Quinta de São Cristóvão, como hóspede do Imperador. Foi vice-cônsul em Caracas, fixou-se no RS, fundou um jornal em Salvador, correu vários Estados. Nos últimos tempos, assumiu o título de Barão Ergonte, fazendo-se ocultista e mago.

Poeta e prosador, alguns de seus estudos, como *Os Gaúchos* (1920-1921), são considerados de proveito pelos especialistas. Malgrado não tenha atingido a primeira plana de nossa literatura, exerceu atividade considerável em seu tempo. Durante o Império foi republicano, depois aborreceu a República. Em poesia, sua carreira estendeu-se do * Romantismo ao * Simbolismo, a que não foi imune. A posição em que * Sílvio Romero o considerava era a de realista, embora não radical. Como vários dos poetas da ocasião, M. T., sob o rótulo do *realismo, praticou uma poesia heterogênea, na qual se nota a influência da "Idéia Nova", isto é, da diretriz socialista, adversa ao Trono e à Igreja, e a de Baudelaire, que daria num * decadentismo destituído dessa designação em nosso meio. Livro em que se compaginam essas tendências díspares — românticas; da "Idéia Nova" (com influência de Augusto Comte); e realísticas (isto é, baudelairianas) — é p. ex. *Novos Ideais* (1880). O Romantismo nesse livro assume matizes campesinos, gauchescos; o combate ao Romantismo se faz sob a égide de Baudelaire; a "Idéia Nova" é a mesma de toda a grei anti-romântica. Guilhermino César dá a M. T. certo crédito como sonetista parnasiano.

Obras do A.: Poesia: *Vozes Trêmulas,* 1873; *Violetas,* 1875; *Sombras e Clarões,* 1877; *Fausto e Margarida,* 1878; *Cérebro e Coração,* 1880; *Poesias e Poemas,* 1888; *Terra Incógnita* (*poema teosófico*), 1916, etc. Deixou, tanto em poesia como prosa, obra avultada, que em parte permanece inédita ou não recolhida dos periódicos.

Consultar: Álvaro Teixeira, *M. T.*, 3.ª ed., Rio, 1922; Guilhermino César, *História da Literatura do Rio Grande do Sul*, Porto Alegre, 1956; Carlos Maul, "De Moço Fidalgo do Paço a Barão Ergonte no Mangue", *O Dia,* Rio, 20/9/1970.

[P. E. S. R.]

TELES, LÍGIA FAGUNDES — (★ 19/4/1923, S. Paulo) Fez todos os estudos em S. Paulo, onde se diplomou em Direito (1945). É funcionária pública estadual. Entre os prêmios literários que recebeu, figuram o "Afonso Arinos", da Academia Brasileira de Letras, e o "Artur Azevedo", do Instituto Nacional do Livro.

L. F. T. estreou precocemente com *Porão e Sobrado* (1938), coletânea de contos. Entretanto, só alcançaria o domínio do gênero em coletâneas posteriores, notadamente *Histórias do Desencontro* (1958) e *O Jardim Selvagem* (1965). Em ambos, num estilo de discreto impressionismo, que ora se apóia no desenvolvimento do enredo, ora na criação de atmosferas, evidencia ela seu gosto pelos temas de trágica morbidez ou de malogro e frustração humana. Como romancista, L. F. T. se tem voltado de preferência para o estudo da decadência moral burguesa, habitualmente através do drama de personagens centrais femininas que se debatem entre o desejo de afirmar a própria autenticidade e a impossibilidade de fazê-lo no contexto familiar ou social a que se sentem irremediavelmente presas.

OBRAS DA A.: Conto: *Praia Viva*, 1944; *O Cacto Vermelho*, 1949; *Seminário dos Ratos*, 1977; *Filhos Pródigos*, 1978. Romance: *Ciranda de Pedra*, 1955; *Verão no Aquário*, 1963; *As Meninas*, 1973.

CONSULTAR: Adonias Filho, *Modernos Ficcionistas Brasileiros*, 1.ª série, Rio, 1958; Joel Pontes, *O Aprendiz de Crítica (1955-1959)*, Rio, 1960; Antônio Houaiss, *Crítica Avulsa*, Salvador, 1960; Fábio Lucas, *Temas Literários e Juízos Críticos*, Belo Horizonte, 1963; Massaud Moisés, *Temas Brasileiros*, S. Paulo, 1964; Renard Perez, *Escritores Brasileiros Contemporâneos*, 2.ª série, Rio, 1964; Nelly Novais Coelho, estudo em *Seleta* de L. F. T., Rio, 1971; Vicente Ataíde, *A Narrativa de Ficção*, Curitiba, 1972. [J. P. P.]

TEÓFILO, RODOLFO MARCOS — (★ 6/5/1853, Salvador, BA; † 2/7/1932, Fortaleza, CE) Transportando-se cedo para o CE, integrou-se totalmente na vida desse Estado, em cujas vicissitudes tomou parte ativa (participou da "Padaria Espiritual") e de que legitimamente se pode considerar filho. À terra adotiva, a que devotava carinho extremo, prestou relevantes serviços, principalmente por ocasião da seca que devastou a região e fez grassar a epidemia.

Aplicou a sua atividade intelectual a diversos setores, consagrando-se não somente à literatura como a estudos de fundo científico. Formado em Farmácia, lecionou Ciências Naturais. No ramo literário, deixou o sinal de seu devotamento em vários romances, como *A Fome* s. d. (1890), em que narra cenas da seca (V. SECAS, Ciclo das), no Ceará; *Os Brilhantes* (1895), onde analisa o fenômeno do cangaço no * Nordeste; *O Paroara* (1899), em que acompanha as peripécias de um emigrante cearense nas selvas amazônicas; e *O Reino de Kiato* (1922), em cujas páginas, sob a forma de narrativa, descreve a vida dos homens num reino imaginário, onde a libertação do álcool, do fumo e da sífilis estabelece a perpétua felicidade geral. Em seus livros, não se prende a preocupações puramente estéticas, mas deixa entrever intuitos de ordem moral. Dentro de uma concepção naturalista, cuja escola seguiu, esmiúça fenômenos fisiológicos e demora-se nas descrições, em que desce a pormenores.

OBRAS DO A.: *Maria Rita*, 1897; *O Cunduru*, 1910, além de obras historiográficas e de divulgação científica.

CONSULTAR: José Veríssimo, *Estudos de Literatura Brasileira*, 1.ª série, Rio, 1901; Nestor Vítor, *Três Romancistas do Norte*, Rio, 1915; Meton de Alencar, *O Sr. R. T. e a sua Obra*, Fortaleza, 1923; Otacílio Colares, *Lembrados e Esquecidos*, I, Fortaleza, 1975; Sânzio de Azevedo, *Literatura Cearense*, Fortaleza, 1976. [J. Pa.]

TERTÚLIA DAS LETRAS — V. BAHIA.

TIMBIRAS, OS — Poema "americano", de autoria de * Gonçalves Dias. Pensava em fazê-lo desde 1844, ainda em Portugal, e começou a escrevê-lo no Rio, numa chácara da Gávea, em maio ou junho de 1847. Em carta a Antônio Henriques Leal, comunica-lhe: "Imaginei um poema... como nunca ouviste falar de outro: magotes de tigres, de quatis, de cascavéis; imaginei mangueiras e jabuticabeiras copadas, jequitibás e ipês arrogantes, sapucaieiras e jambeiros, de palmeiras nem falemos; guerreiros diabólicos, mulheres feiticeiras, sapos e jacarés sem conta; enfim, um gênese americano, uma *Ilíada Brasileira*. Passa-se a ação no Maranhão e vai terminar no Amazonas com a dispersão dos Timbiras; guerras contra eles e depois com os portugueses. O primeiro canto já está pronto, o segundo começado." Os quatro cantos iniciais d*Os Timbiras* foram publicados em Leipzig, por F. A. Brockhaus, em 1857. O objetivo do poema está expresso na "Introdução", quando o poeta promete cantar "Os ritos semibárbaros dos Piagas", "a terra virgem", "as festas e batalhas mal sangradas / do povo Americano, agora extinto", advertindo embora que nem só falaria de crueza e mortes, pois as "lágrimas do orvalho" também às vezes lhe ameigariam as cordas da lira. Ao regressar da Europa em 1864, consta que Gonçalves Dias trazia terminado o poema épico, mas no naufrágio em que perdeu a vida perderam-se também os manuscritos. Como bem adverte *Manuel Bandeira, "seria descabido julgar o poema apenas pela sua quarta parte publicada"; mas, se não é possível apreciá-lo como conjunto, restam os cantos publicados, nos quais há passagens de excelente qualidade pelo tom da expressão, como o início do Canto III, ou por suas comparações e imagens, vigorosamente baseadas na ambiência brasileira. Um sumário do enredo do poema pode ser visto na *Apresentação da Poesia Brasileira,* de Manuel Bandeira, 3.ª ed., 1957.

[P. E. S. R.]

TINOCO, Diogo GRASSON — A despeito das polêmicas travadas em torno de sua identidade, ignora-se tudo acerca da sua biografia, e quase tudo do seu poema épico, *O Descobrimento das Esmeraldas,* do qual chegaram até nós apenas quatro estâncias em oitava-rima, graças à transcrição que delas fez * Cláudio Manuel da Costa, na "Justificativa Histórica" ao seu poema *Vila Rica,* acrescentando-lhes a informação de que o autor era paulista e o *Descobrimento* datava de 1689. As estrofes conhecidas demonstram escasso valor estético, particularmente pelo prosaico da linguagem.

CONSULTAR: Domingos Carvalho da Silva, "As Origens da Poesia", *A Literatura no Brasil* (dir. de Afrânio Coutinho), vol. I, t. 1, Rio, 1956; Péricles da Silva Pinheiro, *Manifestações Literárias em S. Paulo na Época Colonial,* S. Paulo, 1961. [M. C. V.]

TORRES, ALBERTO DE SEIXAS MARTINS — (★ 26/11/1865, Porto das Caixas, RJ; † 29/3/1917, Rio) Político e magistrado, chegou a presidente do RJ e a juiz do Supremo Tribunal. Sempre voltado para a nossa realidade e para a adequação do sistema jurídico-político a nossas estruturas geo-econômicas, concebeu uma reforma da Constituição de 91, em que propunha a limitação do presidencialismo: a) por um legislativo que representasse, também, as classes profissionais; b) pela criação de um Poder Coordenador, espécie de Poder Moderador e Conselho de Estado republicanos. Declarando-se liberal-democrata, repelia, porém, a desorganização e a conseqüente miséria nacional: daí seus projetos reformistas, seu corporativismo e suas restrições ao voto não-

421

-qualificado — características que podem tentar uma classificação unilateral, de "direitismo".

Obras do A.: *As Fontes de Vida no Brasil*, 1915; *O Problema Nacional Brasileiro*, 1914; *A Organização Nacional*, 1944.

Consultar: Sabóia Lima, *A. T. e sua Obra*, Rio, 1918; Sud Mennucci, *O Pensamento de A. T.*, S. Paulo, 1940.

[A. B.]

TORRES, ANTÔNIO dos Santos — (★ 3/10/1885, Diamantina, MG; † 16/7/1934, Hamburgo, Alemanha) Cursou seminário, ordenando-se em 1908. Deixando a vida eclesiástica (1912), passou a colaborar ativamente na imprensa carioca (*Correio da Manhã, Gazeta de Notícias, A Notícia*, etc.) e paulista (*A Gazeta*). Ingressou na carreira consular, servindo em Londres, Berlim e Hamburgo. Em *As Razões da Inconfidência* (1925), traça o quadro da exploração a que os portugueses submeteram a Colônia: apesar do antilusismo sistemático, a documentação minuciosa não deixa dúvidas quanto à probidade do A. Foi temperamento virulento e polêmico, de fundo moralista, no mais amplo sentido da palavra: daí sua prosa de historiador e de cronista, que persegue, no fato diário, as contradições e fragilidades da sociedade carioca da época. Quando transcende o episódio, é escritor de primeira plana.

Obras do A.: *Carmen Tropicale*, poesia, 1915; *Verdades Indiscretas*, 1920; *Pasquinadas Cariocas*, 1921; *Prós e Contras*, 1922.

Consultar: Gastão Cruls, *A. T. e seus Amigos*, S. Paulo, 1950.

[A. B.]

TREVISAN, DALTON — (★ 14/6/1925, Curitiba, PR) Diplomou-se pela Faculdade de Direito do PR. Tem residido sempre em Curitiba. Fundou e dirigiu uma das revistas mais atuantes da fase combativa do * Neomodernismo, *Joaquim*, que circulou de abril de 1946 a dezembro de 1948 (21 números).

Divulgados a princípio nas páginas de *Joaquim* ou em pequenos folhetos de cordel editados pelo próprio A., os contos de D. T. só vieram a merecer a devida atenção da crítica quando foram posteriormente publicados em livro por editoras do Rio. A partir daí, passou-se a reconhecer no seu A. uma das mais legítimas vocações de contista até hoje surgidas em nossa literatura. De fato, a história curta, as mais das vezes de brevidade epigramática, é o compasso narrativo ideal para exprimir a sombria visão do mundo de D. T. Voltado para a banalidade e a sordície aparentemente mecânicas do cotidiano, empenha-se o contista em desvendar, com uma lucidez que chega por vezes às raias da impiedade, o que nelas possa haver de humana e pateticamente significativo. Seus heróis, quase sempre instrumentos de obsessivas compulsões do sexo ou de frustradas ânsias humanas, ele os vai buscar à vida pequeno-burguesa e popular de Curitiba, cidade que, redimindo da anodinia, logrou incorporar em definitivo à geografia da ficção brasileira. D. T. narra de maneira direta, seca, com extrema economia verbal. Sabe articular habilmente a linguagem coloquial e a literária, valendo-se amiúde de metáfora não com fins ornamentais, mas em função substantiva, para alicerçar o clima de pungente intensidade que lhe caracteriza os contos.

Obras do A.: Folhetos: *Os Domingos,* 1954; *A Morte dum Gordo,* 1954; *Lamentações de Curitiba,* 1961; *A Velha Querida,* 1964; *Minha Cidade,* 1960; *O Anel Mágico,* 1964; *Ponto de Crochê,* 1964. Livros: *Novelas Nada Exemplares,* 1959; *Cemitério de Elefantes,* 1964; *A Morte na Praça,* 1964; *O Vampiro de Curitiba,* 1965; *Desastres do Amor,* 1968; *A Guerra Conjugal,* 1969; *O Rei da Terra,* 1972; *O Pássaro de Cinco Asas,* 1974; *A Faca no Coração,* 1975; *Abismo de Rosas,* 1976; *A Trombeta do Anjo Vingador,* 1977.

Consultar: Eduardo Portela, *Dimensões II,* Rio, 1959; Otto Maria Carpeaux, *Livros na Mesa,* Rio, 1960; Fausto Cunha, *A Luta Literária,* Rio, 1964; Wilson Martins, "Literatura sem Ilusões", supl. lit. d*O Estado de S. Paulo,* 27/11/1965; João Alexandre Barbosa, "A Narração Configurada", *idem,* 13/2/1965; Vicente Ataíde, *Aspectos do Conto de D. T.,* Curitiba, 1969 (tese); Paulo Hecker Filho, "D. T.: processo aberto", supl. lit. d*O Estado de S. Paulo,* 26/9/1970; Temístocles Linhares, *22 Diálogos sobre o Conto Brasileiro Atual,* Rio, 1973. [J. P. P.]

TRISTE FIM DE POLICARPO QUARESMA — Romance de *Lima Barreto publicado em folhetins d*O Jornal do Comércio,* de 11/8 a 19/10/1911; em 1915, numa edição popular, custeada pelo A., surge em volume, merecendo bom acolhimento da crítica. Fugindo das revelações autobiográficas comuns em outros romances (cf. *Recordações do Escrivão Isaías Caminha* e *Vida e Morte de M. J. Gonzaga de Sá*), aqui o A. narra a história triste de um homem bom, honesto, idealista, embora um tanto sonhador, cujos projetos patrióticos esbarravam sempre contra indiferenças e incompreensões de toda espécie. Policarpo Quaresma, esse homem, de coração ingênuo e idéias simplórias, traduzia seu interesse pelas coisas nacionais em gesto e atitudes inusitados, e que eram logo levados a ridículo, quando não despertavam a inveja miúda de toda uma galeria de medíocres, os funcionários do Arsenal de Marinha, onde Quaresma trabalhava. Hostilizado por todos, mais se acentuou o temperamento introvertido, chegando ele ao desequilíbrio mental. Internado, recupera a saúde, recolhe-se a uma chácara, somente saindo, movido sempre por seu idealismo, para colaborar com Floriano Peixoto, no episódio da revolta da Armada de 1893. Depois da vitória das forças legalistas, as arbitrariedades dos vencedores levaram Quaresma a protesto, que lhe rendeu prisão, a pecha de traidor e a condenação à morte, diante da indiferença de todos, exceto da afilhada e do fiel amigo, o seresteiro popular — Ricardo Coração dos Outros. As considerações finais da afilhada, envolta em melancólica poesia, recordam a luta inglória do padrinho, cujo espírito idealista foi esmagado pelos interesses imediatos e mesquinhos, despertando na crítica a lembrança do Quixote. Nota-se no romance o especial carinho do A. pelos subúrbios do Rio, pois São Januário se retrata nos seus aspectos mais típicos, inclusive pelas peculiaridades de sua população.

[R. M. P.]

UFANISMO — V. ENSAIO.

ULTRA-ROMANTISMO — Tendência exacerbada do lirismo romântico, representada, no Brasil, por um grupo de poetas de obra precoce e vida muito breve. Sob a influência de Byron, Musset e outros nomes universais, e mesmo em alguns casos, de Soares de Passos e João

423

de Lemos, expoentes da Ultra-Romantismo português, esses poetas realizaram uma obra de exaltação de seus sentimentos pessoais, desesperada e pessimista, em contraste com as tendências anteriores, e, especialmente, com o * Indianismo, que teve, entre outros objetivos, o de dar ao * Romantismo, no Brasil, uma função nacional e cívica. À poesia ultra-romântica, representativa da fase que medeia de 1845 a 1865, opôs-se o Romantismo "épico" mais tarde conhecido como *Condoreirismo. *Álvares de Azevedo, *Casimiro de Abreu, *Junqueira Freire e * Fagundes Varela são os representantes mais notórios do Ultra-Romantismo brasileiro, também chamado individualismo romântico.

CONSULTAR: Fausto Cunha, "O Individualismo Romântico", *A Literatura no Brasil* (dir. de Áfrânio Coutinho), vol. I, t. 2, Rio, 1956; Edgar Cavalheiro, *O Romantismo,* vol. II do *Panorama da Poesia Brasileira,* Rio, 1959; Péricles Eugênio da Silva Ramos, *Poesia Romântica,* S. Paulo, 1965; Antônio Soares Amora, *O Romantismo,* vol. II d*A Literatura Brasileira,* S. Paulo, 1967.

[D. C. S.]

UNIVERSIDADES — A mais remota tentativa de fundar uma universidade no Brasil deve-se ao P. Marçal Beliarte, Provincial da Companhia de Jesus: em 1572, o Colégio que a Ordem instalara na BA somente não se transformou em universidade devido a determinação superior. Com isso, o ensino universitário esperou a vinda de D. João VI para se iniciar (1808). E, apesar de todas as tentativas feitas durante o Império e os primeiros anos da República, decorreu mais de século até que se criasse a primeira universidade brasileira, a do Rio de Janeiro, fundada a 7/9/1920, e composta de três faculdades, Direito, Engenharia e Medicina. Por incrível que pareça, fomos o último país das Américas a fazê-lo.

Ao longo dessas e outras vicissitudes, o ensino das Letras foi relegado a segundo plano, com evidentes conseqüências em nossa atividade literária, a qual se vem realizando mais à luz do improviso e do talento que do estudo e a meditação sistemática. Basta ver que, tirante a Faculdade de Filosofia S. Bento, fundada em 1908, de restrita e específica influência, a primeira Faculdade de Filosofia, Ciências e Letras fundou-se concomitantemente com a Universidade de S. Paulo, em 1934.

Dessa data em diante, pela conseqüente fundação de várias universidades federais e estaduais, disseminadas por todo o País, tem sido evidente a renovação de nossa mentalidade literária, como fruto do ensino superior das Letras. Desse novo estado de coisas se tem beneficiado, como é natural, mais a crítica que a ficção e a poesia. No seio das universidades, vem-se operando salutar movimento de pesquisa e de publicações, desde a erudição até o ensaio de idéias, desde a revista até o livro. Algumas cátedras universitárias são ocupadas por nomes de críticos militantes em jornais e revistas de projeção. Ao mesmo tempo, as reformas levadas a efeito no ensino superior das Letras acentuam a necessidade de métodos de rigor para a análise do fenômeno literário, o que vai promovendo a existência dum clima infenso à improvisação e à pressa.

CONSULTAR: Ernesto de Sousa Campos, *História da Universidade de S. Paulo,* 1954; Florestan Fernandes, *Universidade Brasileira: Re-*

forma ou Revolução?, S. Paulo, 1975; Afrânio Coutinho, *Universidade, Instituição Crítica*, Rio, 1977; Alberto Venâncio Filho, *Das Arcadas ao Bacharelismo*, S. Paulo, 1977; Maria de Lourdes de A. Fávero, *A Universidade Brasileira em Busca de sua Identidade*, Petrópolis, 1977.

[M. M.]

URUPÊS — Título de um artigo e de um livro de contos de * Monteiro Lobato. O artigo surgiu n*O Estado de S. Paulo*, continuação de um anterior, "Velha Praga", publicado no mesmo jornal a 14/11/1914. Nesses artigos, o A. insurgia-se contra o extermínio das matas da Mantiqueira, pela ação nefasta das "queimadas", retrógrada prática agrícola perpetuada pela ignorância dos caboclos, analisava o primitivismo de vida dos caipiras do Vale do Paraíba e criticava a literatura romântica que cantou liricamente esses pobres marginais da civilização. O interesse despertado por tal denúncia incentivou o A. a transpor para a ficção aspectos da vida rural, com suas vicissitudes, dramas e contrastes. São os assuntos de alguns contos de *Urupês*. Segundo depoimento do A., seu plano original era outro: escrever "Doze Mortes Trágicas", mas mudou de idéia, conservando alguns trabalhos escritos ("A Vingança da Peroba", "Os Faroleiros", "O Engraçado Arrependido", "O Boca-Torta") e incluindo novos, de delicado lirismo, como "A Colcha de Retalhos", ou repassados de fina ironia, tangenciando a comicidade: "Um Suplício Moderno", "O Comprador de Fazendas", etc. É opinião unânime da crítica que a literatura de M. L. revela a aguda observação de um pintor, que ele desejou ter sido. São primorosas as descrições de paisagens e personagens, marcadas, no último caso, pelo exagero de traços característicos que dão aos seus contos, mesmo os dramáticos, um tom caricatural. M. L. tinha o domínio perfeito do gênero, segundo ele compreendia o conceito de conto: história que o leitor pudesse resumir e contar a um amigo, como os de Maupassant, de quem M. L. se confessava discípulo.

[R. M. P.]

V

VARELA, Luís Nicolau FAGUNDES — (★ 17/8/1841, Fazenda Sta. Rita, Rio Claro, RJ; † 18/2/1875, Niterói, RJ) A ambiência rural em que passou a infância lastreou-lhe possivelmente a poesia da *Natureza. Depois de estudos irregulares em S. João Marcos, Catalão, Angra dos Reis e Petrópolis, cidades onde residiu sucessivamente com os pais, veio para S. Paulo completar os preparatórios de Direito, em 1859. Absorvido, porém, pela boêmia e pela literatura, só conseguiu matricular-se na Faculdade em 1862. O meio acadêmico paulistano, no qual ainda encontrou ecos do *byronismo exasperado da Sociedade Epicuréia, constituiu a moldura ideal para a sua figura de poeta "maldito", bêbado e estelionatário, na linha de Villon, Verlaine e *Gregório de Matos, totalmente marginal em relação à sociedade burguesa. Seu malogrado casamento com uma artista de circo e a morte inesperada do primeiro filho (que lhe inspirou o "Cântico do Calvário", seu melhor poema, uma das mais límpidas elegias da língua portuguesa) agravaram-lhe a instabilidade emocional e as dificuldades financeiras. Após publicar em S. Paulo seus dois livros mais importantes, *Vozes da América* (1864) e *Cantos e Fantasias* (1865), foi continuar os estudos em Recife. Todavia, a morte da esposa, que deixara doente no Sul, trouxe-o de volta. Reiniciou o curso de Direito em S. Paulo para, logo em seguida, abandoná-lo e recolher-se à fazenda natal, onde continuou a escrever poesia. Em 1869, contraiu novo matrimônio, e no ano seguinte transferiu-se para Niterói; ali, até ser vitimado por um insulto cerebral, viveu a deambular, embriagado, pelas fazendas vizinhas, como sempre gostara de fazer.

No quadro da poesia romântica brasileira, F. V. é figura típica de transição. Ao mesmo tempo que mostra influência dos poetas que o precederam — *Gonçalves Dias, *Álvares de Azevedo e *Casimiro de Abreu —, aponta para o vindouro *Castro Alves, em quem, por sua vez, vai influir. A condição de epígono se patenteia sobretudo no lirismo subjetivo, ora pessimisticamente byroniano como em Álvares de Azevedo, ora singelo e popularesco como em Casimiro de Abreu, do seu livro de estréia, *Noturnas* (1861), para atenuar-se, nos livros subseqüentes, com a progressiva conquista de um módulo pessoal de expressão. Artífice habilidoso, com grande sentido de musicalidade, F. V. enriqueceu o verso romântico de novos matizes, umas vezes sobrecarregando-o de hipérboles, fazendo-o discursivo e condoreiro, outras vezes trabalhando-o com a finura de um ourives parnasiano. Cabe-lhe, outrossim, alguma primazia no versar temas hugoanos do *Condoreirismo, tanto na poesia patriótica d*O Estandarte Auriverde* (1863), inspirada na questão Christie, como em poemas ocasionais de outros livros: "Mauro, o Escravo", "Napoleão", "Aurora", "Juarez", etc.

Entretanto, foi na poesia da Natureza que V. deixou sua contribuição mais significativa. Encarnando no dilema romântico cidade ou campo, vida natural *versus* vida civilizada, o seu drama de boêmio que, socialmente degradado pelos vícios urbanos, vai reencontrar na solidão campestre sua integridade de homem, logrou ele infundir, aos seus quadros naturistas, uma aura de subjetividade, que antecipa indubitavelmente a transfiguração simbolista.

Menor importância tem a sua poesia religiosa, em que não alcança exprimir-se com igual validade estética. *Anchieta ou O Evangelho das Selvas* (1875), sua tentativa mais ambiciosa no gênero, é um enfadonho poema narrando, ao longo de dez cantos em verso branco, as parábolas e ensinamentos do Evangelho; em raros momentos alcança o A. fazer com que a inspiração poética lhe acompanhe o fervor religioso.

OBRAS DO A.: *Cantos Meridionais,* 1869; *Cantos do Ermo e da Cidade,* 1869; *Cantos Religiosos,* 1878; *Diário de Lázaro,* 1880.

CONSULTAR: Edgar Cavalheiro, *F. V.,* 3.ª ed., S. Paulo, 1956; e *F. V. — Poesia,* Rio, 1957 (com bibliografia); Antônio Cândido, *Formação da Literatura Brasileira,* vol. II, S. Paulo, 1959; Frederico Pessoa de Barros, *Poesia e Vida de F. V.,* S. Paulo, 1965; Antônio Soares Amora, *O Romantismo,* vol. II d*A Literatura Brasileira,* S. Paulo, 1967.

[J. A. H.]

VARNHAGEN, FRANCISCO ADOLFO DE — (★ 17/2/1816, S. João de Ipanema, SP; † 29/6/1878, Viena) Filho de um engenheiro militar alemão aqui fixado, seguiu a carreira do pai, estudando em Portugal e no Brasil. Ingressou no corpo de engenheiros do Exército (1842); mais tarde, passou-se para o serviço diplomático, tendo servido em Lisboa, Madri, várias capitais sul-americanas, e Viena, onde faleceu como ministro plenipotenciário do Brasil. Foi agraciado com o título de Barão e depois Visconde de Porto Seguro.

Pesquisador criterioso e erudito, V. valorizou o elemento documental nas suas investigações, fazendo a historiografia brasileira fugir do ramerrão idealístico-romântico. Não obstante a época em que viveu, não lhe caberia a rigor a designação de romântico. Seus contemporâneos o estimaram como autor quase "estrangeiro", tão diverso o sentiam das idiossincrasias nacionais, quer pelo nome germânico e pela vida passada no exterior, quer, sobretudo, pela relativa frieza dos seus conceitos, longe do desbordamento tropical. Além de extensa obra de Historiografia propriamente dita, na qual avulta a *História Geral do Brasil* (1854-1875), deixou contribuições valiosas no setor das pesquisas propriamente literárias: estudos sobre literatura medieval portuguesa, monografias crítico-biográficas sobre escritores brasileiros (* Eusébio de Matos, * Santa Rita Durão, * Antônio José, * Itaparica, * Gonzaga, * Caldas Barbosa, e outros), edições do *Caramuru* e d*O Uraguai* (*Épicos Brasileiros,* 1843) e de cronistas da *era colonial. Não se pode deixar de anotar em posição honrosa, pelo empenho de visualizar o

427

conjunto de nossa atividade literária, o "Ensaio Histórico sobre as Letras do Brasil" que abre o seu *Florilégio da Poesia Brasileira* (3 vols., 1850-1853), a mais importante e fidedigna antologia do tempo, responsável pela "ressurreição" de autores dos séculos XVI, XVII e XVIII que haviam ficado esquecidos ou ignorados. V. é também autor de "romances" e dramas históricos de diminuto valor literário.

CONSULTAR: Capistrano de Abreu, *Ensaios e Estudos,* vol. I, Rio, 1931; Clado Ribeiro de Lessa, "A Formação de V.", *Revista do Instituto Histórico e Geográfico Brasileiro,* CLXXXVI, 1945; Eugênio Egas, "Visconde de Porto Seguro", *Revista da Academia Paulista de Letras,* vol. 12, n.° 48, dez. 1949.

[J. A. H.]

VÁRZEA, VIRGÍLIO — (★ 6/1/1863, Canavieiras, SC; † 29/12/1941, Rio) Amigo pessoal de *Cruz e Sousa, com quem publicou *Tropos e Fantasias* (1885), depois dum estágio na Marinha, viveu da magistratura, do ensino e do jornalismo, em sua cidade natal, e mais tarde no Rio, ao mesmo tempo que ia publicando suas obras literárias. Combateu o romantismo catarinense durante a década de 80, publicou romances e novelas (*George Marçal,* 1901; *A Noiva do Paladino,* 1901; *O Brigue Flibusteiro,* 1904), onde fundiu sua experiência de marinheiro com uma fértil imaginação, e dedicou-se também à História e à Geografia, mas foram os contos que lhe deram nomeada. Embora neles transpareça a preocupação realista da objetividade, da fidedignidade na reconstituição de cenas, ambientes e personagens do mar e do campo, percebe-se a incidência de notas simbolistas, numa mesclagem comum à atividade literária fim-de-século. Introduziu entre nós e cultivou com rara e inimitável maestria os temas do marinheirismo.

OBRAS DO A.: *Traços Azuis,* versos, 1884; *Miudezas,* contos, 1886; *Rosa Castle,* novela, 1893; *Mares e Campos,* contos, 1895; *Contos de Amor,* 1901; *Histórias Rústicas,* 1905; *Os Argonautas,* 1909; *Nas Ondas,* contos, 1910.

CONSULTAR: *Centenário do Marinhista,* Rio, 1963 (recolhe artigos críticos e depoimentos acerca de V. V.)

[M. M.]

VASCONCELOS, MAX DE (★ 25/5/1891, Campos, RJ; † 11/4/1919, Rio) Formou-se em Direito, mas nunca advogou. Preferiu o jornalismo, que praticou até o fim dos seus dias. Levou desregrada viva boêmia, causadora da tuberculose que o matou precocemente. Poeta ligado ao *Simbolismo, foi autêntico representante da sua estética; poliglota exímio, chegou a poetar em rumeno. Sua poesia, esparsa até hoje em jornais e revistas, por sua mobilidade decadentista, seu tom de abandono, mostra influência de Antônio Nobre e é marcada por constante melancolia e apuro de linguagem, certamente oriundos do convívio com poetas portugueses de eleição.

CONSULTAR: Andrade Murici, *Panorama do Movimento Simbolista Brasileiro,* vol. III, Rio, 1952; Agripino Grieco, *O Sol dos Mortos,* Rio, 1957.

[M. M.]

VASCONCELOS, P. SIMÃO DE — (★ 1596?, Porto, Portugal; † 29/9/1671, Rio) Menino ainda, a família o trouxe para o Brasil. Foi aluno e chegou, mais tarde, a ser professor do Colégio dos Jesuítas, na Bahia.

428

Com 19 anos, ingressou na Companhia de Jesus (1615), nela vindo a ocupar vários e importantes cargos, como o de Procurador em Roma (1662) e Provincial do Brasil (1655). Espírito curioso e geralmente bem informado, realizou uma obra composta de crônicas, sermões, biografias e cartas. Ainda que apologética e doutrinária, tem ela, contudo, valor informativo e pessoal.

OBRAS DO A.: *Vida do Venerável Padre José de Anchieta,* 2 vols., 1943; *Crônica da Companhia de Jesus do Estado do Brasil,* 2 vols., 1864-1867; *Vida do P. Joan d'Almeida...,* 1658.

CONSULTAR: Serafim Leite, *História da Companhia de Jesus no Brasil,* t. IX, Rio, 1949. [J. R. A. L.]

VEIGA, J.(José) J.(Jacinto) — (★ 2/2/1915, Corumbá, GO) Estudou humanidades no Liceu de Goiás. Com vinte anos mudou-se para o Rio a fim de estudar Direito. De 1945 a 1949, esteve na Inglaterra trabalhando na BBC. Regressando ao Brasil, dedicou-se ao jornalismo. Depois de 1958, começam a aparecer seus contos no *Jornal do Brasil.* Atualmente, dirige o setor editorial da Fundação Getúlio Vargas.

J. J. V. vem construindo obra sólida, segura nos seus pontos temáticos, coerente no uso da linguagem. Suas primeiras narrativas já revelavam um autor consciente, a renovar a contística nacional pelo insólito das soluções e pelo fantástico ou mítico: invasão de cachorros, de bois, de urubus; um "país" estranho sob regime jamais visto; objetos impossíveis que envolvem a cotidianidade e, rompendo-lhe os esquemas, passam a dominá-la; o alienígena que impõe, perturba o andamento do universo estabelecido, usurpando funções e valores. Girando em torno de duas realidades em oposição, a ficção de J. J. V. implica uma crítica feroz, um moralismo sem tréguas (o universo estratificado contra o invasor e, normalmente, a vitória deste) e permite uma leitura mítica: a cidade, mundo organizado, sofre a invasão usurpadora do caos, das forças maléficas ou demoníacas. Projetado na situação nova, o homem só pode aderir ou tentar a inútil evasão: num universo em crise, o retorno é impossível.

OBRAS DO A.: *Os Cavalinhos de Platiplanto,* 1959; *A Hora dos Ruminantes,* 1966; *A Máquina Extraviada,* 1968; *Sombras de Reis Barbudos,* 1972; *Os Pecados da Tribo,* 1975.

CONSULTAR: Antônio Olinto, "Três Contistas", *O Globo,* Rio, 29/8/1959; Wilson Martins, "Um Realista Mágico", supl. lit. d*O Estado de S. Paulo,* 7/9/1968; Temístocles Linhares, *22 Diálogos sobre o Conto Brasileiro Atual,* Rio, 1973; Alfredo Bosi, introd. a *O Conto Brasileiro Contemporâneo,* S. Paulo, 1975.

[V. A.]

VELOSO, DARIO PERSIANO DE CASTRO — (★ 26/11/1869, Rio; † 28/9/1937, Curitiba, PR) Tipógrafo no início da vida, acabou professor de História, por concurso, no Ginásio Paranaense, ao mesmo tempo que exercia intensa atividade pública e literária. Escreveu romance, conto, oratória, ensaio, jornalismo, história, etc., mas foi na poesia que mais de perto realizou seus ideais helênicos e ocultistas. Começou dentro do *Decadentismo e do *Simbolismo, e dessa trilha não mais se afastou até os últimos dias. O hermetismo inicial, marcado por uma espécie de delírio pictórico, que lhe sugeria estranhas e misteriosas imagens, cedeu a certo humanismo no fim da vida. Essas notas esotéricas iniciais fazem dele verdadeiro precursor da poesia moderna, sobretudo daquela entroncada nas conquistas do * Simbolismo.

OBRAS DO A.: Poesia: *Efêmeras*, 1890; *Esquifes*, 1896; *Alma Penitente*, 1897; *Esotéricas*, 1900; *Hélicon*, 1908; *Rudel*, 1912; *Cinerário*, 1929; *Atlântida*, 1938.

CONSULTAR: Tasso da Silveira, *A Igreja Silenciosa*, Rio, 1922; Andrade Murici, *Panorama do Moivmento Simbolista Brasileiro*, vol. I, Rio, 1952; Massaud Moisés, *O Simbolismo*, vol. IV. d*A Literatura Brasileira*, S. Paulo, 1966.

[M. M.]

VERÍSSIMO, ÉRICO — (★ 17/12/1905, Cruz Alta, RS; † 28/11/1975, Porto Alegre, RS) Desistindo de ser farmacêutico em sua cidade natal, trasladou-se jovem ainda para Porto Alegre em busca do sucesso literário. E o conseguiu plenamente: desde 1933, ano de publicação de seu primeiro romance (*Clarissa*, 1933), sua carreira de escritor obedeceu a um ritmo ascensional. Laureado duas vezes fora do RS, tem obras traduzidas em várias línguas e seus livros são continuamente reeditados.

E. V. formou o gosto literário na leitura da moderna literatura inglesa (Aldous Huxley e Somerset Maugham, particularmente, autores que traduziu). Daí notarem-se reflexos dessas leituras em suas obras, o que não o impediu, contudo, de realizar-se como romancista original. E. V. tem cultivado a prosa de ficção e a literatura de viagem. Neste último campo (*Gato Preto em Campo de Neve*, 1941; *A Volta do Gato Preto*, 1946; *México, História de Uma Viagem*, 1957; *Israel em Abril*, 1969), seus livros primam pela vivacidade e colorido do relato; todavia, é da obra de ficção que lhe advém o prestígio. Formam-na dois grandes ciclos novelescos, o primeiro composto de 5 volumes (*Clarissa; Música ao Longe*, 1935; *Caminhos Cruzados*, 1935; *Um Lugar ao Sol*, 1936; *Saga*, 1940) e o segundo de 3 partes, formando igualmente 5 volumes, com o título geral de *O Tempo e o Vento* (*O Continente*, 1949; *O Retrato*, 1951; *O Arquipélago*, 3 vols., 1962), além de obras isoladas (*O resto é silêncio*, 1943; *Noite*, 1954). No segundo ciclo, E. V. faz desfilar um complexo mundo épico: embora se trate de epopéia de uma região, o RS, logra o escritor ser mais universalizante que no ciclo anterior. Narrando os sucessos heróicos do povoamento das terras sulinas e da formação de sua sociedade patriarcal, E. V. alcança equilibrar-se entre as exigências da epopéia e as da novela. Ele, que sempre se interessara pelo problema técnico do tempo na novelística (*O resto é silêncio*), domina-o com mestria e com mestria conduz a sua partitura em contraponto (o tema do presente contra o tema do pretérito). Obra madura, *O Tempo e o Vento* confirma o conceito de que E. V. é um ficcionista atraído pelo social e pelo cósmico, de preferência ao individual, ao particular. O essencial nessa obra não é a profundidade da análise psicológica, mas a justa apreensão dos grandes conjuntos humanos, a interdependência dos destinos visualizada com simpatia e calor humano. Embora ficção linear, horizontal, *O Tempo e o Vento* constitui um vigoroso flagrante da realidade brasileira realizado com senso de enquadramento dos caracteres das personagens com as situações dramáticas que os revelam, focalizadas, via de regra, sob um ângulo retrospectivo. Esse ângulo,

430

aliás, talvez esteja em íntima conexão com o problema do tempo por que tanto se interessa o romancista, que se revela igualmente notável criador de tipos (Rodrigo Cambará, Bibiana, o velho Barreiro).

O estilo de E. V. tem a fluência e o sabor de prosa lidimamente brasileira. Apesar dos desníveis da sua carreira de romancista, E. V. reúne duas qualidades pouco comuns: a de criar obras de real valor, vazando-as em forma apreensível pelas elites e pelo grande público.

CONSULTAR: Rosário Fusco, *Vida Literária*, S. Paulo, 1940; João Gaspar Simões, *Crítica*, Porto, 1942; Antônio Cândido, *Brigada Ligeira*, S. Paulo, 1945; Olívio Montenegro, *O Romance Brasileiro*, 2.ª ed., Rio, 1953; Wilson Martins, "Romance Mitológico" e "O Fim dos Cambarás", supl. lit. d*O Estado de S. Paulo*, 6/1/1962 e 14/7/1962.

[M.T.C.B.]

Um terceiro ciclo ficcional pode ser entrevisto na carreira de E. V., representado pelos romances *O Senhor Embaixador* (1965), *O Prisioneiro* (1967) e *Incidente em Antares* (1971), onde o humanitarismo do escritor, alargando-se para temas internacionais e vinculados a conjunturas políticas, adquire coloração ideologicamente participante sem afetar a qualidade cada vez mais apurada de sua artesania romanesca. Idêntica modulação orienta-lhe as memórias (*Solo de Clarineta*, 2 vols., 1973, 1976), retrato acabado de um escritor que, desejando ser um "contador de histórias", acabou por se tornar das vigas mestras de nossa ficção moderna.

CONSULTAR: Vários Autores, *O Contador de Histórias: 40 Anos de Vida Literária de E. V.*, Porto Alegre, 1972; Flávio Loureiro Chaves, *E. V.: Realismo e Sociedade*, Porto Alegre, 1976; Daniel Fresnot, *O Pensamento Político de E. V.*, Rio, 1977; Oswaldo Antônio Furlan, *Estética e Crítica Social em Incidente em Antares*, Florianópolis, 1977.

[M. M.]

VERÍSSIMO DIAS DE MATOS, JOSÉ — (★ 8/4/1857, Óbidos, PA; † 2/2/1916, Rio) Ainda criança, segue para o Rio, onde faz o curso secundário e inicia o de Engenharia. Por motivos de doença, abandona os estudos e regressa ao PA (1876). Dedica-se a múltiplas atividades: funda e dirige a *Gazeta do Norte*, e o Colégio Americano (1884); viaja para Lisboa a fim de participar do Congresso Literário Internacional com um trabalho acerca do movimento literário brasileiro (1880), etc. Em 1878, estréia nas Letras com *Quadros Paraenses* e *Viagem ao Sertão*. Participa de um Congresso de Antropologia e Arqueologia Pré-Histórica em Paris (1889); regressando, muda-se para o Rio, onde se consagra inteiramente à crítica e ao magistério: professor e diretor do Colégio Pedro II; sócio-fundador da Academia Brasileira de Letras; diretor da *Revista Brasileira* (3.ª série, 1895-1898). Em 1907, conclui a publicação das seis séries dos *Estudos de Literatura Brasileira*, iniciada em 1901.

J. V. foi acima de tudo um crítico literário, e crítico literário caracterizado pelo autodidatismo e uma independência de espírito mantida não raro a duras penas. Embora de formação francesa, sobretudo ligado às idéias classificatórias de Brunetière, imprimiu às suas obras críticas uma fisionomia vincadamente nacionalista e algo conservadora,

431

o que o impediu de compreender o sentido e a importância da poesia simbolista e de julgar devidamente a * Cruz e Sousa.

Modesto, tímido, retraído como homem, como crítico era duma inteireza inatacável e duma objetividade por vezes cortante e árida. Colocou-se ao mesmo tempo contra o impressionismo crítico e contra os sistemas sociológico-culturais, postos em moda no tempo por Taine, e defendidos ardorosamente, entre nós, por um * Sílvio Romero e um * Araripe Júnior: J. V. defendia um tipo de crítica serena, objetiva, feita com o apoio na intuição e no gosto pessoal, mas atenta à essência dos fatos e dos elementos concretos contidos na obra literária, e considerando esta sempre em relação com um patrimônio moral e estético nacional. Espírito antieruditivo e anti-historicista por excelência, procurava enxergar com imparcialidade, no transitório da produção literária, os nossos valores permanentes, enquanto nação e povo. Partindo sempre do geral para o particular, servia-se da visão global para localizar os fenômenos literários no tempo e no espaço, ao mesmo tempo que diligenciava esclarecer noções colaterais, como, por exemplo, o conceito e o objeto da Literatura. Norteava-o um grande espírito de seleção, que separa, identifica, salienta e menospreza, no encalço único de erguer juízos de valor universais e objetivos.

Toda a força de seu talento crítico, vazado numa linguagem despojada, sem adjetivos inúteis, nem volteios retóricos e campanudos, revela-se desde o começo, quando em 1889 inicia a publicação de seus *Estudos Brasileiros,* obra terminada em 1894. No ano mesmo de sua morte, publica a *História da Literatura Brasileira,* ainda hoje válida a tantos respeitos, embora deficiente enquanto panorama histórico: a rigor, constitui mais uma série de notáveis ensaios acerca de determinadas figuras (como * Alencar e * Machado de Assis) que uma história literária do Brasil. Todavia, singulariza-se por seu equilibrado conteúdo crítico, fruto duma perspicácia crítica e duma educação literária que suprem em J. V. a falta dum método de rigor no tratamento dos textos. O restante de sua obra (ficção, etnografia, antropologia amazônica) tem menos importância.

Obras do A.: *Cenas da Vida Amazônica,* 1888; *Educação Nacional,* 1890; *A Amazônia — Aspectos Econômicos,* 1892; *A Pesca na Amazônia,* 1895; *Que é Literatura?* e *Outros Escritos,* 1907; *Interesses da Amazônia,* 1915; *Homens e Coisas Estrangeiros,* 3 vols., 1902-1910; *Letras e Literatos,* 1936; *D. Ana,* 1939.

Consultar: Francisco Prisco, *J. V., Sua Vida e sua Obra,* Rio, 1936; Álvaro Lins, *Jornal de Crítica,* 3.ª série, Rio, 1944; Aníbal Freire da Fonseca, "J. V. e o Objetivismo Crítico", *Curso de Crítica,* Rio, 1956; João Alexandre Barbosa, *A Tradição do Impasse,* S. Paulo, 1975; Vários Autores, introd. à reed dos *Estudos de Literatura Brasileira,* 6 vols., Belo Horizonte, 1976-1977.

[M.A.R.M.]

VERSO — É, *grosso modo,* cada uma das linhas que constituem o poema. Em português, os versos se denominam segundo o seu número de sílabas métricas, computadas até a última sílaba tônica. Isso a partir do *Tratado de Metrificação Portuguesa,* de A. F. de Castilho (1851), pois antes se contava invariavelmente mais uma sílaba além da tônica, segundo os critérios italiano e espanhol. Os versos mais comuns, em nossa literatura, vão de uma a doze sílabas e não são puramente silábicos, como em geral se assevera, mas obedecem freqüentemente ao princípio silábico-acentual, isto é, em muitos casos não são prefixados apenas um ou dois acentos internos, mas todos os acentos.

O verso de 1 sílaba constitui simples curiosidade que um ou outro poeta tem usado; p. ex. * Martins Fontes, em "Soneto Monossilábico".

O verso de 2 sílabas, também de uso raro, tem dado margem, contudo, a composições mais extensas, como "A Valsa", de * Casimiro de Abreu.

O verso de 3 sílabas já é mais importante, por usar-se como auxiliar do verso de 7 sílabas; tem outros nomes, como *quebrado de redondilha maior, redondilho quebrado, cola.*

O verso de 4 sílabas ou tetrassílabo é razoavelmente empregado em nossa poesia, quer como quebrado, quer sozinho. * Gonzaga dele se valeu em mais de uma dúzia de liras, com caráter silábico, isto é, acentuado na primeira e quarta sílabas ou na segunda e quarta sílabas, indiferentemente, na mesma composição.

O verso de 5 sílabas (ou pentassílabo), também conhecido como *redondilho menor,* tem sido usado no Brasil com caráter silábico-acentual em suas duas formas: a acentuada na segunda e quinta sílabas (andamento iâmbico-anapéstico) ou na primeira, terceira e quinta sílabas (andamento trocaico). A primeira forma, bastante monótona, foi todavia muito usada por árcades e românticos (Gonzaga, n.ᵒˢ 12, 19; *Gonçalves Dias, "A Harmonia", "Canção do Tamoio", etc.); a segunda foi utilizada por * Junqueira Freire, em "O Banho": "Eu amava muito, / Muito e muito, a bela; / Dia e noite, e sempre, / Só pensava nela." Esse pentassílabo trocaico tem sido usado em nossa poesia moderna, por vezes de mistura com hexassílabos.

O verso de 6 sílabas (ou hexassílabo), também chamado *heróico quebrado* ou *heróico menor,* tem sido usado como auxiliar do decassílabo ou isoladamente, produzindo composições silábicas, com cesuras na segunda sílaba, ou na terceira, ou na quarta, ou então silábico-acentuais de movimento iâmbico. Entre as composições silábicas pode citar-se a lira 90 de Gonzaga, logo com os 3 primeiros versos: "Detém-te, vil humano / não espremas cicutas / para fazer-me dano", ou "Veneza" e "Hino ao Sono" de * Castro Alves. Já a tendência iâmbica é forte e se alastra por quase todas as estrofes do "À Lira — Desprezo", de * Cláudio Manuel da Costa, ficando essa diretriz silábico-acentual patente em peças do * Romantismo tais como "Fadário", de Gonçalves Dias, ou "Martírio" e "À Tarde", de Junqueira Freire. Nas estrofes de hexassílabos acentuados na quarta sílaba, o primeiro acento incide na segunda sílaba, ou então na primeira.

O verso de 7 sílabas (heptassílabo) é também conhecido como *redondilho maior* ou *verso de redondilha* e tem venerável tradição na língua: dele pode afirmar-se que nos vem da Idade Média lusitana, sem desfalecimentos, com presença nos cancioneiros galaico-portugueses, no *Cancioneiro Geral* de Garcia de Resende e no Renascimento, mantendo-se invariavelmente, como "medida velha" que era, em face de todas as inovações. Sempre guardou o seu caráter silábico inicial, e sua presença, em nossa literatura, é erudita e popular. O heptassílabo,

433

que é um dos nossos versos mais usados, possui extraordinária plasticidade. Só com grande exceção assume caráter silábico-acentual: assim em * Silva Alvarenga, em cujos rondós tem andamento trocaico, com cesura fixada na terceira sílaba.

O verso de 8 sílabas (octossílabo) não é dos mais usados no Brasil; com os parnasianos, contudo, adquiriu certa presença, sendo notado em peças de * Machado de Assis, * Olavo Bilac, * Alberto de Oliveira, * Vicente de Carvalho e outros poetas. Com cesura na quarta sílaba (nas "Baladas Românticas", de Bilac, p. ex.), sua tendência iâmbica é inevitável, admitindo-se variação apenas no primeiro acento, que pode incidir na primeira sílaba em vez de na segunda. Essa inversão não basta para retirar-lhe o caráter silábico-acentual. Mas também pode ostentar caráter silábico, em peças de Alberto de Oliveira (p. ex. como "Viver") ou de * Magalhães de Azeredo, variando a cesura na terceira sílaba ou para a quinta. Entre os poetas modernos, * Manuel Bandeira o usa com caráter silábico-acentual ("Versos Escritos n'Água") ou silábico ("À Sombra das Araucárias").

O verso de 9 sílabas (eneassílabo) foi chamado de "verso de * Gregório de Matos" no século passado, com acentuação na terceira, sexta e nona sílabas. Seu caráter silábico-acentual, com esse monótono andamento anapéstico, era flagrante entre os românticos, como em Gonçalves Dias ("Amanhã"), Junqueira Freire ("Meu Saveiro") ou Castro Alves ("Horas de Martírio"). Junqueira Freire o usou também cesurado na quarta sílaba, como soma de dois tetrassílabos dos quais o primeiro grave, nas composições "A Freira", "Só Assim", "O Velho", II. Como os tetrassílabos podem ser acentuados na primeira sílaba ou na segunda, segue-se que esses eneassílabos, além da cesura na quarta, têm acentos na primeira ou na segunda sílabas, e na sexta ou sétima sílabas. Esse esquema ressurgiu nas composições simbolistas de * B. Lopes ou * Francisca Júlia, por influência de Guerra Junqueiro, e foi também seguido, mais tarde, por Manuel Bandeira ("Desencanto", p. ex.).

Sobre o verso de 10 sílabas (decassílabo, *verso italiano, heróico,* etc.) V. DECASSÍLABO. Ressalte-se aqui, apenas, que seu uso silábico-acentual é por vezes indiscutível; no modelo sáfico, p. ex., entre os românticos, como nos "Versos de um Viajante", de Castro Alves, nos quais são acentuadas todas as sílabas pares (com inversão possível no primeiro pé).

O verso de 11 sílabas (hendecassílabo), também chamado *verso de arte maior,* foi muitíssimo usado na Espanha e em Portugal no período de influência espanhola. Trata-se de um verso de caráter singular pela flutuação que ostentava no *Cancioneiro Geral;* seus limites silábicos variavam para mais ou para menos, havendo o fato explicações diversas e nem sempre satisfatórias. Entre os nossos românticos foi utilizado como verso composto, resultante da soma de dois pentassílabos (graves em regra, mas também agudos ou esdrúxulos, como nos "Prelúdios" do *Conde Lopo,* de * Álvares de Azevedo), mas já se notava em * Fagundes Varela transição do hendecassílabo de verso composto a simples, na linha "Conteve-se o bárbaro. Mísero cão". O hendecassílabo foi bastante usado pelos românticos, segundo o princípio silábico-acentual com andamento iâmbico-anapéstico: acentos invariáveis na segunda, quinta, oitava e décima primeira sílabas. Entre os

434

parnasianos, foi usado com andamento trocaico (acento nas sílabas ímpares), por alguns poetas, como Alberto de Oliveira ou Vicente de Carvalho (em "Pequenino Morto" ou "Olhos Verdes", p. ex.), afirmando-se que esse ritmo se deve à influência de Guerra Junqueiro. Mas já era usado no Romantismo brasileiro: aponto-o em * Franklin Dória. Modernamente, poetas como * Cecília Meireles têm usado o hendecassílabo com os dois andamentos misturados na mesma composição, como o primeiro dos *Doze Noturnos da Holanda*. Assim usado, o hendecassílabo segue o princípio silábico.

Sobre o verso de 12 sílabas, V. ALEXANDRINO.

Encontram-se versos de número superior a 12 sílabas, vez por outra, em poetas de importância: Bilac, em "Cantilena", usa um verso de 14 sílabas resultante da junção de três tetrassílabos graves. Trata-se de manifestações esporádicas; em nossa língua, o alexandrino é o verso mais extenso que normalmente se utiliza em composições isométricas.

Quanto à sua terminação, o verso pode ser grave, agudo ou exdrúxulo, conforme acabe em palavra paroxítona, oxítona ou proparoxítona. Pode também ser rimado (V. RIMA) ou branco (também chamado solto), se não tiver rima. Os tratadistas como Castilho dão regras para o uso do verso branco, regras em geral de pouco valor. Bastante usado no período colonial e durante o Romantismo, os parnasianos quase o proscreveram; mas na poesia moderna voltou a ser freqüente, mesmo nas composições medidas.

CONSULTAR: Pierre le Gentil, *La Poésie Lyrique Espagnole et Portugaise à la Fin du Moyen Âge,* vol. II, Rennes, 1953; Wolfgang Kayser, *Análise e Interpretação da Obra Literária,* 2.ª ed., Coimbra, 2 vols., 1958; Péricles Eugênio da Silva Ramos, *O Verso Romântico e Outros Ensaios,* S. Paulo, 1959; Rogério Chociay, *Teoria do Verso,* S. Paulo, 1974.

[P. E. S. R.]

VIAGENS, LITERATURA DE — Capítulo ligado, na origem, à literatura da expansão portuguesa, iniciada por Gomes Eanes de Zurara, e aos relatos de viagem quinhentistas, a literatura de viagens do Brasil-Colônia é de secundária importância estética: vale apenas como repositório informativo acerca da realidade brasileira daqueles tempos. Praticada por escritores de língua portuguesa, nascidos ou não no Brasil, e por estrangeiros (Hans Staden, André Thevet, Jean de Lery, Antoine Knivet e outros) só tem interesse a dos primeiros, laicos ou religiosos, uma vez que as obras escritas por estrangeiros pertencem às literaturas de origem. Pêro Vaz de Caminha é o primeiro cronologicamente, graças à sua *Carta* (1500) que, embora de sentido meramente informativo e ufanista, serviu de modelo para uma série de obras posteriores, como as de * Pêro Lopes de Sousa (*Diário de Navegação da Armada que foi à Terra do Brasil em 1530,* publ. em 1839), * Pêro de Magalhães de Gândavo (*Tratado da Terra e Gente do Brasil,* 1570?; *História da Província Santa Cruz,* 1576), * Gabriel Soares de Sousa (*Tratado Descritivo do Brasil,* 1587), Simão Ferreira Reis (*Recopilação das Famosas Armadas Portuguesas,* 1496-1640). Impressionismo, entusiasmo, credulidade, eis as características dessa atividade informativa, que cresceu quantitativamente ao longo dos séculos coloniais. A

435

literatura dos missionários (V. JESUÍTICA, Literatura), composta de cartas, ânuas, relatórios, difere da outra em razão de seu objetivo nitidamente pragmático, a catequese. De onde seu escasso valor estético e grande interesse documental. Entre os seus autores, destacam-se: * José de Anchieta (*Cartas, Informações, Fragmentos Históricos, Sermões,* 1554-1595, publ. em 1933), um dos mais importantes escritores jesuítas do Brasil-Colônia, inclusive pelo aspecto literário das obras; Manuel da Nóbrega (*Cartas do Brasil,* 1549-1560, publ. em 1931); * Fernão Cardim (*Narrativa Epistolar,* 1583-1590, publ. em 1847; *Do Clima e Terra do Brasil e Do Princípio e Origem dos Índios do Brasil,* publ. inicialmente em inglês, no *Purchas his Pilgrims,* 5 vols., 1625), relevantes como testemunho da vida que levavam os indígenas nos primórdios da colonização; * P. Simão de Vasconcelos, João Filipo Betendorf, e outros. No século XIX, a literatura de viagens ganha feição científica, sobretudo com a vinda de estudiosos europeus, Saint-Hilaire à frente. Mas é ainda atividade escassamente literária ou pertencente ao país desses viajantes. Também de parco significado literário são os relatos de viagens de alguns românticos, que, apesar da febre deambulatória próprio do movimento, não consagravam ao gênero maior atenção. Não obstante, podemos referir * Gonçalves Dias (*Viagens pelo Rio Amazonas,* 1868-1869), e * Joaquim Manuel de Macedo (*A Carteira de Meu Tio,* 1855; *Um Passeio pela Cidade do Rio de Janeiro,* 1862; *Memórias do Sobrinho de Meu Tio,* 1867-1868), este mais válido por suas qualidades literárias e pelo documentário que fornece da sociedade fluminense coeva. No * Realismo, salvo o que, na obra de * Euclides da Cunha, diz respeito às viagens pelo Brasil a fim de colher material etnográfico, histórico, etc., e ainda * Adolfo Caminha, em *No País dos Ianques* (1894), trata-se duma tendência desimportante. Foi o * Modernismo que, programaticamente, chamou a atenção do intelectual brasileiro para a geografia do País. Surgiram, em conseqüência, obras de Cid Prado (*Viagem à Bahia,* 1950), * Ronald de Carvalho (*Imagens do Brasil e do Pampa,* 1933), * Plínio Salgado (*Geografia Sentimental,* 1937), Otávio Tavares (*Do Amazonas à Guanabara,* 1936), Lola de Oliveira (*Minhas Viagens ao Norte do Brasil,* 1941), etc. Contrabalançando o nacionalismo desses diários turísticos, outros escritores brasileiros "descobrem" a Europa, a América e a Ásia. E assim vão surgindo também narrativas em torno de outras terras: * Alcântara Machado (*Pathé-Baby,* 1926), *Guilherme de Almeida (*O Meu Portugal,* 1933), * Ribeiro Couto (*Chão de França,* 1935), Ronald de Carvalho (*Imagens do México,* 1929; *Itinerário: Antilhas, Estados Unidos, México,* 1935), * Monteiro Lobato (*América,* 1931), Nelson Tabajara de Oliveira (*Xangai,* 1934; *O Japão,* 1934; *O Roteiro do Oriente,* 1933), Caio Prado Jr. (*U.R.S.S., Um Mundo Novo,* 1934), René de Castro (*Europa Inquieta,* 1934), Lyder Sagen (*Dinamarca, País e Povo,* 1935), Josias de Almeida (*Do Araguaia às Índias Inglesas,* 1935), ora sentimentais e poéticos, ora "deslumbrados", ora poêmicos, típicos duma fase de ampliação de nossa curiosidade histórica. Daí por diante, com os mais recentes cultores do gênero, nota-se o desejo de emprestar-lhe *status,* tornando-o mais do que simples reportagem, devaneio acerca de terras e povos superficialmente visitados. Dentre os autores modernos, manda a justiça destacar: * Érico Veríssimo (*Gato Preto em Campo de Neve,* 1941; *A Volta do Gato Preto,* 1947; *México, História Duma Viagem,* 1957), o mais significativo de todos, já pela linguagem, já pelo senso do poético e do cotidiano, não obstante a leveza propositada de reportagem ou de ficção; * Graciliano Ramos (*Viagem / Checoslováquia, Rússia*, 1954), * José Lins do Rego (*Bota de Sete Léguas*, 1951), e outros.

CONSULTAR: Artur Mota, *História da Literatura Brasileira*, 2 vols., S. Paulo, 1930; Almir de Andrade, *Formação da Sociologia Brasileira*, vol. I, Rio, 1941; Rubens Borba de Morais e Willien Berrien, *Manual Bibliográfico de Estudos Brasileiros*, Rio, 1949; Vários Autores, *A Literatura no Brasil* (dir. por Afrânio Coutinho), vol. I, t. 1, Rio, 1956.

[M. M.]

VIANA, FRANCISCO JOSÉ OLIVEIRA — (★ 20/6/1883, Saquarema, RJ; † 28/3/1951, Niterói, RJ) Foi dos primeiros estudiosos brasileiros a aplicar à nossa história cânones sociológicos, pelos quais refutava os esquemas evolucionistas de Spencer e insistia nas relações entre o meio físico e o homem, procurando no entanto fixar-se em um cauto realismo, eqüidistante do fatalismo telúrico e do otimismo liberal. Pesquisador consciente, O. V. compôs estudos notáveis sobre a formação da etnia brasileira (clássico, o seu estudo sobre as *Populações Meridionais do Brasil*, 1920), mas tropeçou nos preconceitos pseudocientíficos do tempo ao considerar mais "apurado" ou mais "refinado" o sangue branco, cujo índice crescente ele auspiciava para nosso povo. Com o tempo, porém, e em virtude dos ásperos ataques recebidos, O. V., que era espírito honesto e frio, reconsiderou o problema e passou a subestimar o fator racial e a concentrar a atenção nos problemas sócio-políticos do País. Suas conclusões, expostas numa linguagem pensada e transparente, podem resumir-se no mérito da centralização político-administrativa e nas excelências do Estado corporativo como forma de realizar a democracia social. Princípios que se aproximam em mais de um ponto das ideologias de direita mitigada que se cultivaram durante o Estado Novo.

OBRAS DO A.: *Evolução do Povo Brasileiro*, 1924; *O Idealismo na Constituição*, 1927; *Problemas de Política Objetiva*, 1930; *Raça e Assimilação*, 1932; *O Ocaso do Império*, 2.ª ed., 1939; *Problemas de Direito Corporativo*, 1938.

CONSULTAR: Nelson Werneck Sodré, *Orientações do Pensamento Brasileiro*, Rio, 1942; Vasconcelos Torres, *O. V.*, Rio, 1956; Guerreiro Ramos, *Introdução Crítica à Sociologia Brasileira*, Rio, 1957.

[A. B.]

VIDA LITERÁRIA — Entendendo-se o título em epígrafe como o conjunto de atividades que os escritores desempenham entre si, editores e público, o primeiro fato a ser assinalado na história literária do Brasil é a fundação dos Colégios dos Jesuítas. Nessas casas reuniram-se homens de várias nacionalidades e formação intelectual idêntica. A necessidade de bibliotecas é atestada pela correspondência desde o século XVI quando, impelidos pela necessidade de apressar a catequese, tanto escreveram poesias, que transformavam em hinos religiosos, como peças teatrais devotadas, talvez em colaboração, citando-se o caso dos padres * Anchieta e Manuel do Couto. De qualquer modo, a educação recebida e a vida em comum aproximava esses escritores e ocasionou uma certa uniformidade estilística. É de supor que as encenações colegiais, em

437

latim, fossem obras coletivas, mais do Colégio do que de algum jesuíta, mormente quando os autores eram os clássicos: Sêneca, ou Terêncio, em tradução. Nos tempos coloniais a vida literária só era possível através de uma motivação de ordem coletiva. Atos individuais, como lançamentos de livros, banquetes de homenagem, condecorações a escritores, entrevistas com finalidade publicitária, etc. não tinham condições de, sequer, serem cogitados. Assim, a motivação dos jesuítas foi a catequese e a dos escritores leigos a exibição dos seus dotes perante confrades nas * Academias. No primeiro caso o público era o gentio e, secundariamente, toda a população do Brasil, ao passo que nas Academias, via-se restringido a uma pequena parcela de letrados e apreciadores da literatura. O que não obstou casos esporádicos de exibição individualista constantes, por exemplo, do anedotário ligado a * Gregório de Matos, que teria feito um tipo de vida literária junto aos seus contemporâneos, improvisando versos satíricos, ou simplesmente galhofeiros, ao sabor dos acontecimentos. O mesmo pode-se dizer de * Caldas Barbosa, cuja vida literária foi desempenhada em salões brasileiros e portugueses através de modinhas cantadas ao violão. Nas Academias seguiu-se o modelo português de reuniões mais ou menos solenes, sob o mecenato de alguma figura política importante, sendo de salientar-se a presença de um público socialmente destacado, capaz de dar aos sodalícios certo caráter mundano. Até os tempos da Inconfidência Mineira, a motivação coletiva impôs-se com o ideal revolucionário que implicou tantos poetas. A implantação de tipografias, no século XIX, aproximou o escritor do vasto público através dos jornais e livros editados no Brasil. Sua vida social passou a ser mais diretamente observada em função das atividades literárias, ou seja, o escritor individualizou-se. Daí *poses* de vários tipos, desde a solenidade olímpica até a boêmia espalhafatosa, destinadas a criar a imagem pessoal condizente com a de escritor. Parte do exibicionismo de * Álvares de Azevedo se deve a isto: a atividades extra-literárias nas quais está presente a intoxicação de muitas leituras mal digeridas. Viver diferente dos demais, copiar destinos de personagens célebres (D. Juan, Werther, Armand Duval, etc.) tornou-se freqüente no * Romanttismo brasileiro. As duas vertentes principais — compostura e desregramento — conviveram desde então, aquela em escritores como * José de Alencar e * Machado de Assis, ambos da Academia Brasileira de Letras que, através do cerimonial que lhe é próprio, passou a liderar um tipo de vida literária como que oficial. O fardão das ocasiões solenes, o chá-das-cinco, as eleições de acadêmicos, as visitas dos candidatos em busca de votos — tudo isso pauta um comportamento disciplinado que nada tem a ver com a literatura mas alimenta o setor de mundanismo da imprensa, tornando conhecidos e até certo ponto populares os escritores. Por outro lado, mesmo ao tempo em que a Academia era fundada, escritores como * Olavo Bilac, * Guimarães Passos, Paula Ney e muitos outros, inclusive acadêmicos pouco aplicados ao formalismo inerente à condição, celebrizaram-se pela intensa vida boêmia, pelas *boutades*, poemetos satíricos, improvisos poéticos, trocadilhos e atitudes insólitas que faziam de suas vidas assuntos de comentários generalizados. Do fim do XIX até o * Modernismo, a vida literária movimentou-se também através de conferências fúteis, * polêmicas, presenças nos cafés e bares das principais cidades, como se fossem escritórios, e outros expedientes que conservavam os escritores sempre em destaque. Nos tempos mais

438

recentes, a vida literária gira em torno de lançamentos e feiras de livros, com a presença dos escritores autografando exemplares. Numerosos Congressos, Encontros, Painéis e reuniões similares vêm sendo realizados por todo o País, assim como concursos universitários para o provimento de cátedras de Literatura. São acontecimentos que a opinião pública acompanha com interesse, sobretudo quando alguma implicação política transparece. A defesa das liberdades de imprensa e cátedra tem gerado repetidos manifestos e aproximado os escritores em associações do gênero da União Brasileira de Escritores, que não são responsáveis pela criação, mas constituem partes importantes, da vida literária do País. Nos colégios e cidades do interior vigoram os clubes lítero-recreativos, de trovadores, etc., cuja ação de entrosamento escritor-povo não deve ser menosprezada, mesmo que desprovida de consciência crítica.

CONSULTAR: Brito Broca, *A Vida Literária no Brasil — 1900, 2.ª* ed., Rio, 1956; Fernando Leite, "Cafés Literários", *Jornal de Letras*, Rio, n.º 319, set. 1977.

[J. P.]

VIDAS SECAS — Último romance de * Graciliano Ramos, publicado em 1939, constituído, na realidade, de um conjunto de episódios da vida precária de uma família típica de nordestinos, castigada pela seca (Fabiano, Sinhá Vitória, os dois meninos), da qual também faz parte a cachorrinha Baleia, aqui elevada à categoria de personagem.

A original estrutura da obra — série de quadros, praticamente autônomos, correspondentes ao capítulos (alguns foram publicados isoladamente, como verdadeiros contos) —, não quebra sua unidade, como a crítica, sem discrepância, tem reconhecido.

Ao contrário de outros romancistas que versaram o tema das secas (V. SECAS, Ciclo das), G. R. não focalizou aqui os efeitos do flagelo nas populações das extensas áreas críticas; preferiu narrar diversas situações vividas por essa família, vítima não só dos rigores do tempo, mas da desonestidade do patrão e das arbitrariedades de uma autoridade ignorante. Os raros momentos de satisfação não adormecem as perspectivas sombrias de novas provações e sofrimentos, e o seu destino fica sujeito à vontade do proprietário das terras e dos caprichos da * Natureza. A estória cronologicamente se desenvolve num período intermediário de duas estiagens, e a característica cíclica do fenômeno está muito bem simbolizada pelos capítulos extremos, que se denominam apropriadamente "Mudança" e "Fuga". Os do meio retratam momentos da existência simples, sem mistério, transcendência ou grandes esperanças, desses pobres viventes. Esmagados pela agressividade do clima e obrigados a deslocamentos periódicos, suas aspirações reduzem-se apenas às possibilidades de sobrevivência e, daí, o primitivismo de suas constituições psicológicas, o atrofiamento das faculdades intelectuais, inclusive do raciocínio e da expressão: pouco falam; traduzem por gestos, monossílabos ou frases soltas e incompletas, suas apreensões, desgostos ou aprovações.

Este romance é o ponto de chegada do apuro lingüístico a que o A. vinha submetendo seu estilo. Com a máxima sobriedade e sintetismo, numa linguagem destituída de quaisquer atavios supérfluos, o romancista denuncia as miseráveis condições de vida dos sertanejos,

439

a iniqüidade da estrutura social, o atraso civilizacional da região nordestina. Graças à combinação de estilos, pode o leitor apreciar essa realidade, como observador alheio à mesma, ou senti-la, do ponto de vista das personagens, cujo reduzido mundo mental se revela pelo discurso indireto livre.

Vidas Secas disputa com *S. Bernardo* e * *Angústia* a primazia entre os grandes romances de G. R.

Consultar: Vários Autores, *Graciliano Ramos, "Vidas Secas"*, Poitiers, 1972.

[R. M. P.]

VIEIRA, P. ANTÔNIO — (★ 6/2/1608, Lisboa; † 18/7/1697, Salvador, BA) Com seis anos veio para Salvador, onde fez todos os seus estudos, ordenando-se, na Companhia de Jesus, em 1634, com fama de inteligência privilegiada e talento para a Oratória, fama a que logo correspondeu (V. *Sermão XIV, da Série Maria, Rosa Mística*, pregado a favor da liberdade dos negros, em 1633, quando ainda estudante) como Professor de Teologia do Colégio da Bahia e pregador, na campanha de armamento moral, na resistência contra a invasão holandesa (V. entre os sermões dessa época: *Sermão de Sto. Antônio*, 1638; *Sermão da Visitação de Nossa Senhora a Santa Isabel*, 1638; *Sermão pelo Bom Sucesso das Armas de Portugal contra as de Holanda*, 1640). A partir de 1641, em Lisboa, no agitado período da Pós-Restauração, soube impor-se como o maior orador da Corte, exercendo importante ação política junto de D. João IV (advogou a causa dos judeus proscritos, o que lhe trouxe muitos dissabores; negociou em França o casamento do Príncipe D. Teodósio e, em Haia, as condições de paz com a Holanda). Empenhado na defesa da liberdade dos índios, vítimas da escravização dos colonizadores do Norte, regressou ao Brasil (1653) e por alguns anos, no MA e no AM, sem medir sacrifícios de saúde e até de vida, defendeu os protegidos da Companhia (V. os sermões e cartas dessa época: *Sermão de Santo Antônio* ou *Dos Peixes*, 1654; *Sermão da Sexagésima*, 1655). Uma vida intensa e esgotante de missionário e pregador ainda lhe deixou energias para a elaboração de duas obras de profecia (*História do Futuro*, 1718; *Clavis Prophetarum*). A luta contra a cobiça dos colonos resultou, no entanto, em derrota, e com seus companheiros foi expulso do Maranhão (1661); de volta a Lisboa, vítima de inimigos políticos, é preso, processado e condenado pelo Tribunal do Santo Ofício (1661-1667) por crime de heresia profetista (V. *Defesa Perante o Santo Ofício*, ed. de Hernâni Cidade, Bahia, 1957). Perdoado (1668), volta à liberdade e readquire seu prestígio na Corte (D. Pedro II). Empenhado na sua reabilitação política e religiosa, partiu para Roma (1669) onde teve, pelo prestígio alcançado como pregador, como defensor da liberdade dos índios, como confessor (da Rainha Cristina da Suécia), todas as compensações de glória, para os reveses que sofrera. De volta a Portugal (1675), iniciou, pouco depois (1679), a edição de seus *Sermões* completos (Lisboa, 16 vols., 1679-1748). Por fim, alquebrado pelos anos e por uma vida de lutas, regressa à Bahia, mas dias de completa paz não lhe tinham ainda chegado; é comprometido com o irmão, * Vieira Ravasco, e o sobrinho, no crime do alcaide-mor da Bahia. Mais uma vez, porém, se reabilita. Os *Sermões* continuam a ser publicados em Lisboa; o êxito de escritor compensa as agruras do homem público. Faleceu com 89 anos, no Colégio em que estudara e começara sua extraordinária vida de intelectual, de pregador e de cidadão do mundo.

V. não foi apenas um dos mestres da língua, um dos maiores oradores e epistológrafos da literatura portuguesa e brasileira; foi sobretudo uma das grandes figuras da cultura do século XVII, quer pela atuação pessoal nos grandes acontecimentos políticos, sociais e religiosos da sua época (a liberdade dos negros, dos índios e dos judeus; a Restauração portuguesa; os conflitos de interesse entre os países imperialistas; o profetismo em face dos dogmas católicos; os abusos da Inquisição; as questões dinásticas européias, etc., etc.), quer pela inteligência e profundidade com que, como escritor (pregador e epistológrafo), discutiu esses problemas. Com razão se diz, portanto, que não é possível compreender o século XVII, na Europa e no Brasil, sem a leitura da obra de Vieira (aproximadamente 200 sermões e 500 cartas e algumas obras de profecia). Do pregador e de seu estilo muito se tem escrito, mas a verdade é que ninguém melhor que ele disse de sua arte parenética; contra o estilo dos "cultos", empolgados com a arte da imagética e do conceito hermético, defendeu, como bom jesuíta, filho espiritual da *Ratio Studiorum*, a força da dialética lúcida, transparente, exigente de lógica e do poder convincente da tese exposta. Se coube a Camões definir a língua portuguesa clássica no plano da expressão poética, coube sem dúvida a V. defini-la no plano da prosa.

Obras do A.: *Cartas* (coord. e anot. por J. Lúcio de Azevedo), 3 vols., 1925-1926; *Obras do P. A. V.*, 25 vols., 1854-1858.

Consultar: João Lúcio de Azevedo, *História de A. V.*, 2.ª ed., 2 vols., Lisboa, 1931; Hernâni Cidade, *P. A. V.*, Lisboa, 1940; e prefs. das eds. de sua autoria; Antônio Soares Amora, *V.*, S. Paulo, 1946; Mary Gotaas, *Bossuet e V.*, Washington, 1953; Ivan Lins, *Aspectos do P. A. V.*, Rio, 1956; Raymond Cantel, *Les Sermons de V., Étude du Style*, Paris, 1959; e *Prophetisme et Messianisme dans l'Oeuvre d'A V.*, Paris, 1960; Antônio José Saraiva, "Les Quatre Sources du Discours Ingénieux dans les Sermons du P. A. V.", *Bulletin des Études Portugaises*, Lisboa, n.º 31, 1970.

[A. S. A.]

VIEIRA Machado da Costa, JOSÉ GERALDO Manuel Germano Correia — (★ 16/4/1897, Rio; † 17/8/1977, S. Paulo) Estudou na Faculdade de Medicina do Rio, diplomando-se em 1919. Fez cursos de Radiologia na Europa e, de volta ao Brasil, passou a exercer essa especialidade, primeiro no Rio, depois em Marília (SP). Abandonou a medicina na década de quarenta para dedicar-se exclusivamente à literatura, como autor, tradutor (traduziu mais de cem obras) e crítico de artes plásticas.

J. G. V. surgiu literariamente com o romance *A mulher que fugiu de Sodoma* (1931), visto seus dois livros antes publicados, um poema em prosa (*O Triste Epigrama,* 1919) e uma coletânea de contos (*Ronda do Deslumbramento,* 1922), não passarem, segundo o próprio A., de "meros solfejos". Ao primeiro romance, que focalizava o drama de um homem dominado pela paixão do jogo, seguiu-se um segundo de caráter autobiográfico, *Território Humano* (1936), cuja linha introspectiva contrastava com o "sociologismo" então dominante na ficção brasileira. Todavia, a obra que impôs definitivamente o nome de J. G. V. foi *A Quadragésima Porta* (1943), vasto e ambicioso painel, centrado

441

numa grande agência telegráfica de Paris, que reunia, em trama complexa, não apenas os destinos individuais de uma multidão de personagens, como as linhas de força da problemática político-social da Europa no período entreguerras (1914-1940). Retrato nostálgico, como quer * Antônio Cândido, do refinamento e da disponibilidade de certa burguesia brasileira europeizada que a crise de 1929 condenou à falência, esse livro único em nossa literatura patenteava exemplarmente as características da arte romanesca de J. G. V.: o estilo opulento, barroquizante, a se comprazer na enumeração e na alusão erudita; o intelectualismo algo exibicionista; o gosto pela pintura dos costumes da alta burguesia; a amplitude "ecumênica" da ação ficcional; a preocupação com a escatologia cristã do pecado e da graça. Tal preocupação avulta particularmente na estrutura d*A Túnica e os Dados* (1947) que, em transposição simbólica, acompanha a liturgia da Semana Santa, ao passo que as demais características reaparecem em *Terreno Baldio* (1961), romance de madura realização, cujo tema é a "educação sentimental" de um escultor, desde sua infância no Rio provinciano do Bota-Abaixo, passando pelos anos inquietos e dramáticos de sua formação artística em Paris, entre o fim da Primeira e o fim da Segunda Guerra Mundial, até seu regresso, "plein d'usage et raison", ao Rio moderno e cosmopolita de nossos dias.

Obras do A.: *Carta à Minha Filha em Prantos,* 1946; *A Ladeira da Memória,* romance, 1950; *O Albatroz,* romance, 1952; *Paralelo 16: Brasília,* romance, 1967; *A mais que branca,* romance, 1975.

Consultar: Sousa Filho, "A mulher que fugiu de Sodoma", *A Gazeta,* S. Paulo, 19/12/1945; Antônio Cândido, *Brigada Ligeira,* S. Paulo, s. d.; Álvaro Lins, *Jornal de Crítica,* 4.ª série, Rio, 1946; e *Mortos de Sobrecasaca,* Rio, 1963; Aderbal Jurema, *Poetas e Romancistas de Nosso Tempo,* Recife, 1953; Adonias Filho, *Modernos Ficcionistas Brasileiros,* Rio, 1953; e *O Romance Brasileiro de 30,* Rio, 1969; Renard Perez, *Escritores Brasileiros Contemporâneos,* 1.ª série, Rio, 1960; Nogueira Moutinho, "Terreno Baldio", *Folha de S. Paulo,* 11 e 25/3/1962. [J. P. P.]

VILAR, PETHION DE — Pseudônimo de Egas Moniz Barreto de Aragão (★ 4/9/1870, Salvador, BA; † 18/11/1924, *idem*) Médico e professor da Faculdade de Medicina da Bahia, dedicava as horas vagas a escrever poemas, que assinava com pseudônimo, por considerar a arte incompatível com sua condição profissional. Culto, viajado, dominando mais de um idioma, publicava pouco. Sua poesia é a dum esteta, que se dedica à literatura por imperativos da sensibilidade, não dum drama íntimo que os dons naturais traduzissem liricamente. Simbolista, recebeu influência de * Cruz e Sousa e Verlaine, de mistura com a de Herédia e Eugênio de Castro, o que explica o caráter ao mesmo tempo frio e musical de sua poesia. Sobriedade fidalga, tons pausados, compasso bem comportado, descritivismo parnasiano, são-lhe as características fundamentais de poeta. Falta referir algumas palpitações de religiosidade católica, mística, para que o quadro fique completo.

Obras do A.: *Suprema Epopéia,* 1900; *Poesias Escolhidas,* 1928.

Consultar: Andrade Murici, *Panorama do Movimento Simbolista Brasileiro,* vol. II, Rio, 1952; Guilherme Moniz, *Pequena Biografia de E. M. B. de A.*, Rio, 1956; Massaud Moisés, *O Simbolismo*, vol. III d*A Literatura Brasileira*, S. Paulo, 1966; Otacílio Lopes, *P. de V.*, S. Paulo, 1967.

[M. M.]

VILELA, LUÍS — (★ 1943, Ituiutaba, MG) Fez curso de Filosofia em Belo Horizonte, período em que fundou a revista *Estória* e o jornal literário *Texto*. Foi repórter e redator do *Jornal da Tarde* e participou do programa internacional de escritores de Iowa City (1968). É um dos únicos escritores brasileiros duas vezes premiado no Concurso Nacional de Contos do Paraná (I e II).

L. V. procura, em cada narrativa, descobrir uma nova dicção, servindo-se dos mais variados recursos: o conto linear, o experimentalismo formal — texto-colagem, fluxo de consciência, exposição sincopada. Longos ou breves, seus contos apontam um narrador consciente não só de seu artesanato mas também de seus temas: o clima kafkiano, o fantástico, a infância com suas contradições e o natural lirismo, os erros de visão do adulto em relação à criança, sempre no encalço de focalizar o drama da comunicabilidade entre os seres.

Obras do A.: *Tremor de Terra*, 1967; *No Bar*, 1968; *Tarde da Noite*, 1970; *Os Novos*, 1971; *O Fim de Tudo*, 1973.

Consultar: Maria Luísa Ramos, *Fenomenologia da Obra Literária*, Rio, 1960; Hélio Pólvora, *A Força da Ficção*, Petrópolis, 1971; Temístocles Linhares, *22 Diálogos sobre o Conto Brasileiro Atual*, Rio, 1973; Roberto Reis, "Anotações a *O Fim de Tudo*", supl. lit. de *Minas Gerais*, 27/10/1973.

[V. A.]

VÍTOR dos Santos, NESTOR — (★ 12/4/1868, Paranaguá, PR; † 13/10/1932, Rio) Estudos primários na cidade natal; secundários no Rio, onde passa a viver, depois de 1890. Dedica-se ao magistério, exercendo-o primeiro no Rio, depois em Paris (1902). Foi, na capital francesa, correspondente d*O País* e do *Correio Paulistano*, além de fazer traduções e revisões para a editora Garnier. Outra vez no Rio, volta ao ensino e passa a colaborar n*Os Anais*, com o pseudônimo de Nunes Vidal (1906), assinando a seção de crítica literária. Mais tarde seria o crítico titular d*O Globo*.

N. V. cultivou a poesia, a ficção, a literatura de viagem, o ensaísmo e a crítica literária propriamente dita. Neste gênero, principalmente, inscreveu seu nome na história literária do Brasil como o primeiro crítico do ★ Simbolismo. Deve-se a N. V. a publicação de *Faróis* (1900), *Últimos Sonetos* (1905) e, posteriormente, das *Obras Completas* (1923) de ★Cruz e Sousa. Além dos cuidados de editor, N. V. dedicou ao poeta negro comovente dedicação fraternal, espécie de concretização das suas mais caras teorias: somente a filosofia da bondade e da compreensão é capaz de redimir o Homem. Na sua atividade crítica, de predomínio nitidamente estético, incentivou os novos, atenuando as restrições com elogios fundamentados e comedidos e sugestões de outros e melhores rumos. Em nota introdutória de *Cartas à Gente Nova* (1924), confessa sua plena satisfação por ser essa obra, até sua época, "o quadro mais numeroso que apareceu de gente nova do Brasil nas letras". Espiritualista convicto, encontrou sua realização integral no

443

Simbolismo que, para ele, era uma reação contra os erros da literatura realista, inferiormente intelectualista e até prosaica por natureza.

OBRAS DO A.: Crítica: *Cruz e Souza*, 1899; *Três Romancistas do Norte*, 1915; *A Crítica de Ontem*, 1919; *Os de Hoje*, 1938. Ficção: *Signos*, contos, 1897; *Amigos*, romance, 1900; *Parasita*, novela, 1928. Poesia: *A Cruz e Sousa*, 1900; *Transfigurações*, 1902.

CONSULTAR: José Veríssimo, *Estudos de Literatura Brasileira*, 1.ª e 6.ª séries, Rio, 1901 e 1907; Wilson Martins, *A Crítica Literária no Brasil*, S. Paulo, 1952; Tasso da Silveira, *N. V.*, Rio, 1963; Massaud Moisés, *O Simbolismo*, vol. IV d*A Literatura Brasileira*, S. Paulo, 1966. [R.M.P.]

VITORINO CARNEIRO DA CUNHA — Personagem do romance * *Fogo Morto*, de * José Lins do Rego.

444

W

WAMOSY, ALCEU — (★ 14/2/1895, Uruguaiana, RS; † 13/9/1923, Santana do Livramento, RS) Representante típico do simbolismo literário sulino, prende-se especialmente aos decadentes Laforgue, Samain, Verhaeren e Rodenbach. Tem a crítica acentuado o contraste entre sua atividade violenta de jornalista político, de revolucionário que morreu em campo de batalha, e sua poesia lírica, melancólica, crepuscular e outonal. É conhecido sobretudo pelo soneto "Duas Almas" ("Ó tu que vens de longe, ó tu que vens cansada").

OBRAS DO A.: *Flâmulas*, 1913; *Na Terra Virgem*, 1914; *Poesias* (os anteriores, mais *Coroa de Sonho*), 2.ª ed., 1925; *Prosa de A. W.*, org., introd. e notas de E. Rodrigues Till, Porto Alegre, 1967.

CONSULTAR: Mansueto Bernardi, pref. à 2.ª ed. de *Poesias*, Porto Alegre, 1925; Agripino Grieco, *Evolução da Poesia Brasileira*, Rio, 1932; Manoelito de Ornelas, *Símbolos Bárbaros*, Porto Alegre, 1943; E. Rodrigues Till, *A. W., Sua Vida e sua Obra*, Porto Alegre, 1973.

[A. B.]

X

XAVIER, Antônio da FONTOURA — (★ 7/6/1856, Cachoeiro, RS; † 1.º/4/1922, Lisboa) Estudou Direito em S. Paulo, mas não chegou a terminar o curso. Colaborou, então, em várias publicações acadêmicas, de tendências abolicionistas e republicanas, ao lado de * Raul Pompéia, * Raimundo Correia, Assis Brasil e outros. No Rio, fez jornalismo na *Gazeta de Notícias* e fundou, com * Artur Azevedo, a *Gazetinha*. Ingressando na diplomacia, desempenhou cargos de relevo nos Estados Unidos, na Guatemala e em vários países europeus.

Além de *O Régio Saltimbanco* (1877), desabusado panfleto em verso contra D. Pedro II, publicou F. X. *Opalas* (1884), livro de bom artífice parnasiano que, tradutor de Baudelaire, deste derivou o gosto pela imagem precisa e pelos temas decadistas. Já os triolés, os epigramas filosóficos e os poemas descritivos em que celebra suas experiências de cosmopolita esnobe, traem, no refinamento verbal, o magistério de Banville. Cabe ainda destacar a influência do poeta norte-americano Stephen Crane, a quem F. X. chegou inclusive a plagiar, conforme o demonstrou Heitor Martins. A despeito de tais influências, há em F. X. uma discreta, mas inegável, nota pessoal, suficiente para singularizá-lo em meio aos seus companheiros de geração.

Consultar: Aníbal Falcão, pref. à 1.ª ed. de *Opalas*; Rubén Darío e Santos Chocano, prefs. à 4.ª ed. de *Opalas*, Rio, 1928; Machado de Assis, *Crítica Literária*, S. Paulo, 1946; Guilhermino César, *História da Literatura do Rio Grande do Sul*, Porto Alegre, 1956; Heitor Martins, "Um Plágio Interamericano", supl. lit. d*O Estado de S. Paulo*, 19/2/1966.

[J. P. P.]

APÊNDICE

ADONIAS AGUIAR FILHO
CONSULTAR: Assis Brasil, *A Nova Literatura*, vol. I, Rio, 1973; Malcolm Silverman, *Moderna Ficção Brasileira*, Rio, 1978; Maria da Conceição Paranhos, *A. F.: Representação Épica da Forma Dramática*, Rio, 1989.

ALBANO, JOSÉ
CONSULTAR: Sânzio de Azevedo, *Aspectos da Literatura Cearense*, Fortaleza, 1982.

ALBUQUERQUE, JOSÉ JOAQUIM DE CAMPOS DA COSTA MEDEIROS E
CONSULTAR: Temístocles Linhares, *História Crítica do Romance Brasileiro*,3 vols., vol. III, S. Paulo/Belo Horizonte, 1987.

ALENCAR, JOSÉ DE
CONSULTAR: Massaud Moisés, "J. de A. Ensaio de Interpretação", introd. a J. de A., *O Guarani*, S. Paulo, 1968; Vários Autores, *A., 100 Anos Depois*, Fortaleza, 1977; Hilário de Azevedo *et al.*, *J. de A. Sua Contribuição para a Expressão Literária Brasileira*, Rio, 1979; Brito Broca, *Ensaios da Mão Canhestra*, S. Paulo, 1981; Temístocles Linhares, *História Crítica do Romance Brasileiro*, 3 vols., vol. I, S. Paulo/Belo Horizonte, 1987; João Roberto Faria, *J. de A. e o Teatro*, S. Paulo, 1987; Valéria De Marco, *A Perda das Ilusões: o Romance Histórico de J. de A.*, Campinas, 1993.

ALMEIDA, GUILHERME DE
CONSULTAR: Tristão de Ataíde, *Estudos*, 1ª série, Rio, 1927, *Primeiros Estudos*, Rio, 1948; Ronald de Carvalho, *Estudos Brasileiros*, 2ª série, Rio, 1931; Sérgio Milliet, *Terminus Seco e Outros Coquetéis*, S. Paulo, 1932, *Diário Crítico*, vol. V, S. Paulo, 1948; Sérgio Buarque de Holanda, *O Espírito e a Letra. Estudos de Crítica Literária*, vol. I, S. Paulo, 1996.

ALMEIDA, JÚLIA V ALENTINA DA SILVA LOPES DE
CONSULTAR: Gilberto Amado, *A Chave de Salomão e Outros Escritos*, Rio, 1914; Nestor Vítor, *A Crítica de Ontem*, Rio, 1919; Temístocles Linhares, *História Crítica do Romance Brasileiro*, 3 vols., Vol. III, S. Paulo/Belo Horizonte, 1987.

ALMEIDA, MANUEL ANTÔNIO DE
CONSULTAR: Temístocles Linhares, *História Crítica do Romance Brasileiro*, 3 vols., vol. I, S. Paulo/Belo Horizonte, 1987.

ALMEIDA, MOACIR DE
CONSULTAR: Silveira Neto, "M. de A., Poeta Esquecido", supl. lit. de *Minas Gerais*, nº 491, 14/2/1976.

ALPHONSUS, JOÃO
CONSULTAR: Temístocles Linhares, *História Crítica do Romance Brasileiro*, 3 vols., vol. III, S. Paulo/Belo Horizonte, 1987.

ALVARENGA, MANUEL INÁCIO DA SILVA
CONSULTAR: Fábio Lucas, Introd. a S. A., *Glaura. Poemas Eróticos*, S. Paulo, 1996; Francisco Topa, "Dois Estudos sobre S. A", *Línguas e Literaturas*, Rev. da Fac. de Letras do Porto, vol. XIV, 1997, e *Para uma Edição Crítica da Obra do Árcade Brasileiro S. A.*, Porto, 1998.

ALVERNE, FREI FRANCISCO DE MONTE
CONSULTAR: Frei Roberto B. Lopes, *M. A., Pregador Imperial*, Petrópolis, 1958; Hélio Lopes, "As Idéias Políticas de M. A.", Supl. lit. de *O Estado de S. Paulo*, 30/10/1965 e 6/11/65, "M. A em Itu", idem, 5/3/1966, "M. A em S. Paulo", idem, 4/6/1966, e "M. A e o Instituto Histórico da França", idem, 11/2/1967.

ALVES, ANTONIO FREDERICO DE CASTRO
CONSULTAR: Domingos Carvalho da Silva, *A Presença do Condor*, Brasília, 1974.

AMADO, GILBERTO
CONSULTAR: Luiz Costa Lima, "G. A Filho ou A Presença de uma Transição", *Revista Brasileira*, Rio, jul.-dez. 1959; Haroldo Bruno, *Estudos de Literatura Brasileira*, Rio, 1966; Wilson Martins, *Pontos de Vista*, vols. I, II, IV e V, S. Paulo, 1991, 1992, 1993.

AMADO, JORGE (✝ 6/8/2001, Salvador, BA)
OBRAS DO A: Romance: *Farda, Fardão Camisola de Dormir*, 1979; *Tocaia Grande: A Face Obscura*, 1984; *O Sumiço da Santa: Uma História de Feitiçaria*, 1988; *A Descoberta da América pelos Turcos*, 1994.

CONSULTAR: Walnice Nogueira Galvão, *Saco de Gatos*, S. Paulo, 1976; Malcolm Silverman, *Moderna Ficção Brasileira*, Rio, 1978; Jean Roche,

448

J. Bem/Mal A., S. Paulo, 1988; Rosane Rubim e Maried Carneiro (org.), *J. A. 80 Anos de Vula e Obra*, Salvador, 1992; Wilson Martins, *Pontos de Vista*, vol. V, S. Paulo, 1993; José Paulo Paes, *Transleituras. Ensaios de Interpretação Literária*, S. Paulo, 1995.

AMÉRICO de Almeida, JOSÉ (✝ 10/3/1980, João Pessoa, PB)
CONSULTAR: Ângela Maria Bezerra de Castro, *Re-leitura de Bagaceira*, Rio/João Pessoa, 1987; Temístocles Linhares, *História Crítica do Romance Brasileiro*, 3 vols., vol. II, S. Paulo/Belo Horizonte, 1987.

ANCHIETA, JOSÉ DE
CONSULTAR: Sábato Magaldi, *Panorama do Teatro Brasileiro*, Rio, 1980.

ANDRADE, CARLOS DRUMMOND DE (✝ 17/8/1987, Rio)
OBRAS DO A.: Poesia: *Discurso de Primavera e Algumas Sombras*, 1977; *Esquecer para Lembrar*, 1979; *A Paixão Medida*, 1980; *Corpo*, 1984; *Amar se aprende amando*, 1985; *Amor, Sinal Estranho*, 1985; *Poesia Errante*, 1988; *O Amor Natural*, 1992; *Farewell*, 1996; Prosa: *Boca de Luar*, 1984; *O Observador no Escritório*, 1985; *O Avesso das Coisas*, 1988; Entrevistas: *Tempo Vida Poesia*, 1986.

CONSULTAR: Othon Moacyr Garcia, *Esfinge Clara*, Rio, 1955 (transcrito em *Esfinge Clara e Outros Enigmas*, Rio, 1996); Luiz Costa Lima, *Lira e Antilira*, Rio, 1968, Hélcio Martins, *A Rima na Poesia de C. D. de A.*, Rio, 1968; José Eduardo da Fonseca, *O Telurismo na Literatura Brasileira e na Obra de C. D. de A.*, 1970; Gilberto Mendonça Teles, *D.: A Estilística da Repetição*, Rio, 1970; José Guilherme Merquior, *A Astúcia da Mimese*, Rio, 1972, e *Verso Universo em C. D. de A.*, Rio, 1975; Emanuel de Morais, *D. Rima Itabira Mundo*, Rio, 1972; Afonso Romano de Sant'Anna, D., *o Gauche no Tempo*, Rio, 1972; Joaquim Francisco Coelho, *Terra e Família na Poesia de C. D. de A.*, Belém, 1973; Iumna Maria Simon, *D.: Uma Poética do Risco*, S. Paulo, 1978; Vários Autores, *C. D. de A.: 50 Anos de Alguma Poesia*, Belo Horizonte, 1981; *Inventário do Arquivo C. D. de A.*, Rio, 1998 (com bibl. passiva atualizada).

ANDRADE, JORGE (✝ 13/5/1984, S. Paulo)
CONSULTAR: Sábato Magaldi, "Itinerário de Jorge Andrade", supl. lit. de *O Estado de S. Paulo*, 8/11/1958; Lourival Gomes Machado, "*Pedreira das Almas*: Dialética e Estrutura", idem, 13/12/1958, "Drarnaturgia de J. A.", idem, 15/11/1958, e "Dos Bens ao Sangue", idem, 23/2/1963.

ANDRADE, MÁRIO DE
OBRAS DO A.: *Balança, Trombeta e Battleship*, 1994.

CONSULTAR: Adrien Roig, "Essai d'interpretation de *Paulicéia Desvairada*", Poitiers, 1975. Joan Dassin, *Poesia e Política em M. de A.*, S. Paulo,

449

1978; Gilda de Melo e Sousa, *O Tupi e o Alaúde*, S. Paulo, 1981; Victor Knoll, *Paciente Arlequinada*, S. Paulo, 1983; João Luiz Lafetá, *Figuração da Intimidade*, S. Paulo, 1986; Temístocles Linhares, *História Crítica do Romance Brasileiro*, 3 vols., vol. II, S. Paulo/Belo Horizonte, 1987.

ANDRADE, OSWALD DE

CONSULTAR: Kenneth David Jackson, *A Prosa Vanguardista na Literatura Brasileira: O. de A.*, S. Paulo, 1978; Benedito Nunes, *O. Canibal*, S. Paulo, 1979; Maria Augusta Fonseca, *O. de A.*, S. Paulo, 1982; Lúcia Helena, *Totens e Tabus da Modernidade Brasileira: Símbolo e Alegoria na Obra de O. de A.*, Rio, 1985; Temístocles Linhares, *História Crítica do Romance Brasileiro*, 3 vols., vol. II, S. Paulo/Belo Horizonte, 1987.

ANJOS, AUGUSTO DOS

OBRAS DO A.: *Obra Completa*, Rio, 1994 (com bibliografia acerca do autor).

CONSULTAR: Ferreira Gullar, Introd. a *Toda a Poesia de A. dos A.*, Rio, 1976; Gemy Cândido, *Fortuna Crítica de A. dos A.*, Paraíba, 1981; José Paulo Paes, *Gregos & Baianos*, S. Paulo, 1985, "Augusto dos Anjos: O Evolucionismo às Avessas", *Novos Estudos*, S. Paulo, Cebrap, jul. 1992, e *Transleituras. Ensaios de Interpretação Literária*, S. Paulo, 1995.

ANJOS, CIRO DOS (✝ 3/8/1994, Rio)

CONSULTAR: Ledo Ivo, "A Moça e o Prosador", supl. lit. de *O Estado de S. Paulo*, 17/11/1956, "O Clube dos Bons Leitores", idem, 24/11/1956, "Satélites", idem, 1/12/1956, e "A Nave da Vitória", idem, 8/12/1956; Wilson Martins, *Pontos de Vista*, vols. II e V, S. Paulo, 1991, 1993.

ARANHA, JOSÉ PEREIRA DA GRAÇA

CONSULTAR: José Veríssimo, *Estudos de Literatura Brasileira*, 2ª série, Rio, 1910; Tristão de Ataíde, *Estudos*, 5ª série, Rio, 1935; Carlos Dante de Morais, *Realidade e Ficção*, Rio, 1952; Temístocles Linhares, *História Crítica do Romance Brasileiro*, 3 vols., vol. I, S. Paulo/Belo Horizonte, 1987.

ARARIPE JR., TRISTÃO DE ALENCAR

CONSULTAR: Alfredo Bosi, *A. J. Teoria, Crítica e História Literária*, São Paulo/Rio, 1978; Wilson Martins, *A Crítica Literária no Brasil*, 2 vols., vol. I, Rio, 1983; Luiz Roberto Cairo, *O Salto por cima da Própria Sombra: O Discurso Crítico de A. J.: Uma Leitura*, S. Paulo, 1996.

ARAÚJO, MURILO (✝ 4/8/80, Rio).

ARCADISMO

OBRAS: *A Poesia dos Inconfidentes*, org. de Domício Proença Filho, Rio, 1996.

CONSULTAR: Manuel de Oliveira Lima, *Aspectos da Literatura Colonial Brasileira*, Leipzig, 1896, e *D. João VI no Brasil*, 2ª ed., 3 vols., Rio, 1945; Teófilo Braga, *Filinto Elísio e os Dissidentes da Arcádia. A Arcádia Brasileira*, Porto, 1901; Eduardo Frieiro, *O Diabo na Livraria do Cônego*, Belo Horizonte, 1945; Waltensir Dutra e Fausto Cunha, *Biografia Crítica das Letras Mineiras*, Rio, 1956; Martins de Oliveira, *História da Literatura Mineira*, Belo Horizonte, 1958; Vários Autores, *Brasil em Perspectiva*, S. Paulo, 1968; Sérgio Buarque de Holanda, *Capítulos de Literatura Colonial*, S. Paulo, 1991; Vários Autores, Estudos em *A Poesia dos Inconfidentes*, ed. cit.; TOPA, Francisco, *Quatro Poetas do Período Colonial*, Porto, 1998; Ivan Teixeira, *Mecenato Pombalino e Poesia Clássica, Basílio da Gama e a Poética do Encômio*, S. Paulo, 1999.

ARINOS DE MELO FRANCO, AFONSO
CONSULTAR: Temístocles Linhares, *História Crítica do Romance Brasileiro*, 3 vols., vol. II, S. Paulo/Belo Horizonte, 1987.

ASSIS, JOAQUIM MARIA MACHADO DE
CONSULTAR: Roberto Schwarz, *Ao Vencedor as Batatas*, S. Paulo, 1977, *Um Mestre na Periferia do Capitalismo*, S. Paulo, 1990; Raimundo Magalhães Júnior, *Vida e Obra de M. de A.*, 4 vols., Rio/Brasília, 1981; Temístocles Linhares, *História Crítica do Romance Brasileiro*, 3 vols., vol. I, S. Paulo/Belo Horizonte, 1987; Enylton José de Sá Rego, *O Calundu e a Panacéia. M. de A., a Sátira Menipéia e a Tradição Luciânica*, Rio, 1989.

ATAÍDE, TRISTÃO DE (✞ 14/8/1983, Petrópolis, Rio)
CONSULTAR: Otto Maria Carpeaux, *Alceu Amoroso Lima*, Rio, 1978; *Encontros com a Civilização Brasileira*, Rio, nº 6, dez. 1978; Afrânio Coutinho, *T. de A.: o Crítico*, Rio, 1980; Gilberto Mendonça Teles, Apresentação de *T. de A. (Teoria, Crítica e História Literária)*, Rio, 1980; Antônio Carlos Vilaça, *O Desafio da Liberdade: a Vida de A. A. L.*, Rio, 1983; Nilce Rangel del Rio, *Múltiplas Vozes de T. de A.*, Rio, 1988.

AZEVEDO, MANUEL ANTÔNIO ÁLVARES DE
CONSULTAR: Antônio Cândido, *A Educação pela Noite e Outros Ensaios*, S. Paulo, 1987; Cilaine Alves, *O Belo e o Disforme: A. de A. e a Ironia Romântica*, 1998, Vários Autores, *Dossiê A. de A, Poesia*, Rio, ano 6, nº 9, mar. 1998, pp. 311-51.

AZEVEDO, ALUÍSIO
CONSULTAR: Herberto Sales, *Para conhecer melhor A. A.*, Rio, 1973; Temístocles Linhares, *História Crítica do Romance Brasileiro*, 3 vols., vol. I, S. Paulo/Belo Horizonte, 1987; Jean-Yves Mérian, *A. A. Vida e Obra*, Rio, 1988.

BAGACEIRA (A)
Edição crítica, comemorativa dos sessenta anos do romance, por Milton Paiva, Elisanda de Fátima Madruga e Neroaldo Pontes de Azevedo, Rio, 1989.

451

BAHIA
CONSULTAR: Cid Seixas, *Triste Bahia. Notas sobre a literatura na Bahia*, Bahia, 1996.

BANDEIRA, ANTONIO RANGEL DE TORRES (✟ 18/5/1987, S. Paulo).

BANDEIRA, MANUEL
CONSULTAR: Stefan Baciu, *M. B. de Corpo Inteiro*, Rio, 1966; Davi Arrigucci Jr., *O Cacto e as Ruínas: a Poesia entre outras Artes*, S. Paulo, 1977; Vários Autores, *M. B.*, Rio, 1980 (Col. "Fortuna Cótica"); Giovanni Pontiero, *M. B. Análise e Interpretação*, Rio, 1986; Vários Autores, *M. B.: Verso e Reverso*, S. Paulo, 1987; Vários Autores, *Miscelânea em Homenagem a M. B.*, Niterói, 1989; Davi Arrigucci Jr., *Humildade, Paixão e Morte. A Poesia de M. B.*, S. Paulo, 1990; José Paulo Paes, *Os Perigos da Poesia e Outros Ensaios*, Rio, 1997.

BARROCO
CONSULTAR: Manuel de Oliveira Lima, *Aspectos da Literatura Colonial Brasileira*, Leipzig, 1896; Capistrano de Abreu, *Ensaios e Estudos*, 1ª série, Rio, 1931; José Aderaldo Castelo, *Manifestações Literárias da Era Colonial*, 2ª ed., S. Paulo, 1965; Affonso Ávila, *Resíduos Seiscentistas em Minas*, Belo Horizonte, 1967, e *O Lúdico e as Projeções do Mundo Barroco*, S. Paulo, 1971.

BILAC, OLAVO BRÁS MARTINS DOS GUIMARÃES
OBRAS DO A: *Obra Reunida*, Rio, 1996 (com bibliografia acerca do Autor).

CONSULTAR: Ivan Junqueira, *A Sombra de Orfeu*, Rio, 1985, e *O Encantador de Serpentes*, Rio, 1987; Vários Autores, *Estudos em Obra Reunida*, ed. cit.

BOPP, RAUL (✟ 2/6/1984, Rio)
OBRAS DO A: Poesia: *Putirum*, 1969; *Mironga e Outros Poemas*, 1978; Prosa: *Notas de Viagem. Uma Volta pelo Mundo em 30 Dias*, 1959; *Movimentos Modernistas no Brasil*, 1966; *Memórias de um Embaixador*, 1968; *Coisas do Oriente*, 1971; *Poesia Completa*, Rio/S. Paulo, 1998.

CONSULTAR: Regina Zilberman, *A Literatura no Rio Grande do Sul*, Porto Alegre, 1980; Lígia Morrone Averbruck, *Cobra Norato e a Revolução Caraíba*, Rio, 1985; *Poesia Completa*, ed. cit.

BRAGA, RUBEM (✟ 19/12/1990, Rio)
OBRAS DO A: *Crônicas do Espírito Santo*, 1984; *Recado de Primavera*, 1984.

CONSULTAR: Davi Arrigucci Júnior, *Achados e Perdidos*, S. Paulo, 1979.

BRITO, RAIMUNDO DE FARIAS
CONSULTAR: Carlos Lopes de Matos, *O Pensamento de F. B.*, S.

1962; Wilson Martins, *A Crítica Literária no Brasil*, 2ª ed., 2 vols., vol. I, Rio, 1983.

CALADO, ANTÔNIO CARLOS (✝ 28/1/1997, Rio)
OBRAS DO A.: *Sempreviva*, 1981; *A Expedição Montaigne*, 1982.

CONSULTAR: Assis Brasil, *A Nova Literatura*, vol. II, Rio, 1973; Malcolm Silvennan, *Moderna Ficção Brasileira*, Rio, 1978; Davi Arrigucci Júnior, *Achados e Perdidos*, S. Paulo, 1979; Cristina Ferreira Pinto, *A Viagem do Herói no Romance de A. C.*, Brasília, 1985.

CAMINHA, ADOLFO
OBRAS DO A.: *Cartas Literárias*, 2ª ed., Fortaleza, 1999 (com prefácio de Sânzio de Azevedo).

CONSULTAR: Sânzio de Azevedo, *Aspectos da Literatura Cearense*, Fortaleza, 1982, *Novos Ensaios de Literatura Cearense*, Fortaleza, 1992, e *A. C. (Vida e Obra)*, Fortaleza, 1997; Temístocles Linhares, *História Crítica do Romance Brasileiro*, 3 vols., vol. I, S. Paulo/Belo Horizonte, 1987.

CAMPOS, GEIR NUFFER (✝ 8/5/1999, Rio).

CAMPOS VERAS, HUMBERTO DE
CONSULTAR: João Clímaco Bezerra, Introd. a *H. de C.*, Rio, 1965 ("Nossos Clássicos"); Vários Autores, *O Miolo e o Pão*, Niterói, 1986.

CAMPOS, JOSÉ MARIA MOREIRA (✝ 7/5/1994, Fortaleza, CE)
OBRAS DO A.: Conto: *Contos*, 1978; *A Grande Mosca no Copo de Leite*, 1985; *Dizem que os cães vêem coisas*, 1987; *Obra Completa: Contos*, 2 vols., 1996 (com uma fortuna crítica do autor).

CONSULTAR: José Lemos Monteiro, *O Discurso Literário de M. C.*, Fortaleza, 1980; Sânzio de Azevedo, *Novos Ensaios de Literatura Cearense*, Fortaleza, CE, 1992; Batista de Lima, *M. C.: A Escritura da Ordem e da Desordem*, Fortaleza, 1993.

CAMPOS, PAULO MENDES (✝ 1/7/1991, Rio).

CANAÃ
CONSULTAR: Orris Soares, "Graça Aranha: O Romance-Tese e *Canaã*", em Aurélio Buarque de Holanda (org.), *O Romance Brasileiro*, Rio, 1952; José Paulo Paes, *Canaã e o Ideário Modernista*, S. Paulo, 1992.

CAPITU
CONSULTAR: Augusto Meyer, *À Sombra da Estante*, Rio, 1947; Eugênio Gomes, *O Enigma de Capitu*, Rio, 1967; Massaud Moisés, "Capitu: Esfinge e Narciso", *Colóquio/Letras*, Lisboa, nº 102, mar.-abr. 1988, e "Em Busca dos Olhos Gêmeos de Capitu", *Jornal da Tarde*, S. Paulo, 19/7/1997; Roberto Schwarz, *Duas Meninas*, S. Paulo, 1997. V. também J.

453

Galante de Sousa, *Fontes para o Estudo de Machado de Assis*, Rio, 1958, Verbetes 1456, 1464, 1635, 1786 e 1793.

CARVALHO, JOSÉ CÂNDIDO DE
OBRAS DO A.: *Os Mágicos Municipais*, 1984.

CONSULTAR: Assis Brasil, *A Nova Literatura*, vol. II, Rio, 1973; Franklin de Oliveira, *Literatura e Civilização*, Rio/Brasília, 1978.

CARDOSO, JOAQUIM
CONSULTAR: Franklin de Oliveira, *Literatura e Civilização*, Rio, 1978; Fernando Py, *Chão de Crítica*, Rio/Brasília, 1984.

CARDOSO FILHO, JOAQUIM LÚCIO
CONSULTAR: Vários Autores, supl. lil. de *Minas Gerais*, Belo Horizonte, 30/11/1968 e 14/10/1978; Temístocles Linhares, *História Crítica do Romance Brasileiro*, 3 vols., vol. III, S. Paulo/Belo Horizonte, 1987; Hamilton dos Santos, *L. C.*, S. Paulo, 1987; Mário Carelli, "*L. C.*: Le Romancier cache-t-il le poète?", *Arquivos do Centro Cultural Português*, Fundação Calouste Gulbenkian, Paris, nº 23, 1987, e *Corcel de Fogo: Vida e Obra de L. C. (1912-1968)*, Rio, 1988.

CARVALHO, JOSÉ CÂNDIDO DE (✝ 1/8/1989, Rio).

CARVALHO, RONALD DE
CONSULTAR: Fábio Lucas, *Do Barroco ao Moderno*, S. Paulo, 1989.

CEPELOS, MANUEL BATISTA
CONSULTAR: Temístocles Linhares, *História Crítica do Romance Brasileiro*, 3 vols., vol. I, S. Paulo/Belo Horizonte, 1987.

COBRA NORATO
CONSULTAR: Lígia Morrone Averbruck, *Cobra Norato e a Revolução Caraíba*, Rio, 1985.

COELHO NETO, HENRIQUE MAXIMILIANO
CONSULTAR: Brito Broca, *Ensaios da Mão Canhestra*, S. Paulo,1981; Temístocles Linhares, *História Crítica do Romance Brasileiro*, 3 vols., vol. I, S. Paulo/Belo Horizonte, 1987.

COLONIAL, ERA
CONSULTAR: Serafim Leite, *História da Companhia de Jesus no Brasil*, 10 vols., Lisboa/Rio, 1938-1950; Almir de Andrade, *Formação da Sociologia Brasileira*, vol. I, Rio, 1941; Caio Prado Jr., *A Formação do Brasil Contemporâneo, Colônia*, S. Paulo, 1942; Afonso Arinos de Melo Franco, *Mar de Sargaços*, S. Paulo, 1944; João Capistrano de Abreu, *Capítulos de História Colonial (1500-1800)*, 4ª ed., Rio, 1954; Celso Furtado, *Formação Econômica do Brasil*, Rio, 1959; Sérgio Buarque de Holanda, *Visão do Paraíso*, Rio, 1959, dir. de *História Geral da Civilização Brasi -*

leira, t. 1, S. Paulo, 1960, *Raízes do Brasil*, 5ª ed., Rio, 1969, e *Capítulos de Literatura Colonial*, S. Paulo, 1991; Rubens Borba de Morais, *Bibliografia Brasileira do Período Colonial*, S. Paulo, 1969; José Brasileiro Vilanova, *A Literatura no Brasil Colonial*, Recife, 1977; Alfredo Bosi, *Dialética da Colonização*, S. Paulo, 1992.

CONCRETA, POESIA
CONSULTAR: Assis Brasil, *A Nova Literatura*, vol. II, Rio, 1975.

CONDÉ, JOSÉ FERREIRA
CONSULTAR: Temístocles Linhares, *História Crítica do Romance Brasileiro*, 3 vols., vol. II, S. Paulo/Belo Horizonte, 1987.

CONTO
CONSULTAR: Antônio Houaiss, *Crítica Avulsa*, Salvador, 1960; Wendel Santos, *Os Três Reais da Ficção. O Conto Brasileiro Hoje*, Petrópolis, 1978; Malcolm Silvennan, *O Novo Conto Brasileiro*, Rio, 1985; Antônio Hohlfeldt, *Conto Brasileiro Contemporâneo*, 2ª ed., Porto Alegre, 1988; Fábio Lucas, *Do Barroco ao Moderno*, S. Paulo, 1989; Vários Autores, *Seminários de Literatura Brasileira. Ensaios*, 3ª Bienal Nestlé de Literatura Brasileira, Rio, 1990.

CONY, CARLOS HEITOR
OBRAS DO A.: Conto: *Sobre Todas as Coisas*, 1968 (reed. com o título de *Babilônia! Babilônia!*, 1978); *Pilatos*, 1973; Romance: *O Piano e a Orquestra*, 1997.
CONSULTAR: Malcolm Silvennan, *Moderna Ficção Brasileira*, Rio, 1978.

COSTA, CLÁUDIO MANUEL DA
CONSULTAR: Wilson Lousada, *Para conhecer melhor C. M. da C.*, Rio, 1974; Hélio Lopes, *Introdução ao Poema Vila Rica*, Muriaé, 1985; Sérgio Buarque de Holanda, *Capítulos de Literatura Colonial*, S. Paulo, 1991; Edward Lopes, *Metamorfoses*, S. Paulo, 1998.

COSTA, SOSÍGENES
CONSULTAR: José Paulo Paes, Introd. a *Iararana*, S. Paulo, 1979, e *Gregos e Baianos*, S. Paulo, 1985; Gerana Damulakis, "*Iararana*, de S. C.", *Quinto Império*, Salvador, BA, vol. I, 2º sem. 1995.

COURO, RUI RIBEIRO
CONSULTAR: Temístocles Linhares, *História Crítica do Romance Brasileiro*, 3 vols., vol. III, S. Paulo/Belo Horizonte, 1987; Vasco Mariz, *R. R. C. no seu Centenário*, Rio, 1998.

COUTINHO, AFRÂNIO (✝ 5/8/2000, Rio)

CRÔNICA
CONSULTAR: Jorge de Sá, *A Crônica*, S. Paulo, 1985; Vários Autores, *A Crônica*, Campinas, 1993.

CRULS GASTÃO LUIS
CONSULTAR: Temístocles Linhares, *História Crítica do Romance Brasileiro*, 3 vols., vol. III, S. Paulo/Belo Horizonte, 1987.

455

CUNHA, EUCLIDES Rodrigues Pimenta DA
CONSULTAR: Francisco Venâncio Filho, *E. da C.*, Rio, 1931; Sílvio Rabelo, *E. da C.*, Rio, 1947; Augusto Meyer, *Preto & Branco*, Rio, 1956; Eugênio Gomes, *Visões e Revisões*, Rio, 1958; Fábio Lucas, *Intérpretes da Vida Social*, Belo Horizonte, 1968; Irene Monteiro Reis, *Bibliografia de E. da C.*, Rio, 1971; Walnice Nogueira Galvão, *No Calor da Hora*, S. Paulo, 1974; Franklin de Oliveira, *A Espada e a Letra*, Rio, 1983; Luiz Costa Lima, *Terra Ignota – A Construção de "Os Sertões"*, Rio, 1998.

DAMASCENO DOS SANTOS, DARCI (✝ 3/4/1988, Rio).

DELFINO DOS SANTOS LUÍS
OBRAS DO AUTOR: *Poesia Completa*, 2 vols., 2001.

DOURADO, V ALDOMIRO FREITAS AUTRAN
OBRAS DO A.: *Armas & Corações*, 1978; *Novelas de Aprendizado* (reunião de *Teia e Sombra e Exílio*), 1980; *As Imaginações Pecaminosas*, 1981; *O Meu Mestre Imaginário*, 1982; *A Serviço Del'Rei*, 1984; *Ópera dos Fantoches*, 1995.

CONSULTAR: Assis Brasil, *A Nova Literatura*, vol. II, Rio, 1973; Malcolm Silverman, *Moderna Ficção Brasileira*, Rio, 1978; Flávio Loureiro Chaves, *O Brinquedo Absurdo*, S. Paulo, 1978; Fábio Lucas, *A Ficção de Fernando Sabino e A. D.*, Belo Horizonte, 1983.

DUQUE ESTRADA, LUIS GONZAGA
CONSULTAR: Temístocles Linhares, *História Crítica do Romance Brasileiro*, 3 vols., vol. I, S. Paulo/Belo Horizonte, 1987.

ÉLIS FLEURY DE CAMPOS CURADO, BERNARDO (✝ 30/11/1997, Goiânia, GO)
CONSULTAR: Gilberto Mendonça Teles, Estudo em *Seleta de B. E.*, Rio, 1974.

FACÓ, AMÉRICO
CONSULTAR: Sânzio de Azevedo, *Aspectos da Literatura Cearense*, Fortaleza, 1982.

FARIA, OCTAVIO DE (✝ 17/10/1980, Rio)
CONSULTAR: José Augusto Guerra, "O. de F.: 40 Anos de Ficção", *Cultura*, Brasília, MEC, ano 9, nº 29, abr.-jun. 1978; Maria Tereza Sadek, *Machiavel, Machiavéis: A Tragédia Octaviana*, S. Paulo, 1978; Temístocles Linhares, *História Crítica do Romance Brasileiro*, 3 vols., vol. III, S. Paulo/Belo Horizonte, 1987.

FERREIRA, ASCENSO
CONSULTAR: César Leal, *Os Cavaleiros de Júpiter*, 2ª ed., Recife, 1986.

FIGUEIREDO, GUILHERME OLIVEIRA DE (✝ 24/5/1997, Rio).

FONSECA, JOSÉ PAULO MOREIRA DA (✝ 4/12/2004, Rio)
CONSULTAR: Sérgio Buarque de Holanda, *O Espírito e a Letra*, 2 vols., vol. II, S. Paulo, 1996.

FONSECA, JOSÉ RUBEM

OBRAS DO A.: *O Cobrador*, 1979; *A Grande Arte*, 1983; *Bufo & Spallanzani*, 1986; *Vastas Emoções e Pensamentos Imperfeitos*, 1988; *Agosto*, 1990; *Romance Negro e Outras Histórias*, 1992; *O Selvagem da Ópera*, 1994; *Contos Reunidos*, 1994; *O Buraco na Parede*, 1995; *E do meio do mundo prostituto só amores guardei ao meu charuto*, 1997; *Histórias de Amor*, 1997.

CONSULTAR: Afrânio Coutinho, *O Erotismo na Literatura Brasileira: O Caso R. F.*, Rio, 1979; Deonísio da Silva, *O Caso R. F.: Violência e Erotismo em "Feliz Ano Novo"*, S. Paulo, 1983.

FONTES, AMANDO

CONSULTAR: Temístocles Linhares, *História Crítica do Romance Brasileiro*, 3 vols., vol. II, S. Paulo/Belo Horizonte, 1987.

FREYRE, GILBERTO DE MELO (✝ 18/7/1987, Recife, PE)

OBRAS DO A.: *Alhos e Bugalhos*, 1978; *Heróis e Vilões no Romance Brasileiro*, 1979; *Poesia Reunida*, 1980; *Camões: Vocação de Antropólogo Moderno?*, 1984.

CONSULTAR: Cassiano Nunes, *A Felicidade pela Literatura*, Rio, 1983; Vários Autores, *Estudos em Manifesto Regionalista*, 7ª ed., Recife, 1996.

GALENO, JUVENAL

CONSULTAR: Sânzio de Azevedo, *Aspectos da Literatura Cearense*, Fortaleza, 1982.

GAMA, JOSÉ BASÍLIO DA

CONSULTAR: Antônio Cândido, *Vários Escritos*, S. Paulo, 1970; Sérgio Buarque de Holanda, *O Espírito e a Letra. Estudos de Crítica Literária*, 2 vols., vol. I, S. Paulo, 1996; Vania Pinheiro Chaves, *"O Uraguai" e a Fundação da Literatura Brasileira*, Campinas, 1997; Francisco Topa, *"B. da G.: A Obra por Vir"*, *Línguas e Literaturas*, Rev. da Fac. de Letras do Porto, vol. XIV, 1997.

GOMES, ALFREDO DE FREITAS DIAS (✝ 18/5/1999, S. Paulo, SP).

GONZAGA, TOMÁS ANTÔNIO

CONSULTAR: Joaci Pereira Furtado, *Uma República das Letras – História e Memória na Recepção das "Cartas Chilenas"* (1845-1989), S. Paulo, 1997; Adelto Gonçalves, *T. A. G., Um Poeta do Iluminismo*, Rio, 1999.

GUIMARÃES, BERNARDO JOAQUIM DA SILVA

CONSULTAR: Temístocles Linhares, *História Crítica do Romance Brasileiro*, 3 vols., vol. I, S. Paulo/Belo Horizonte, 1987.

GUIMARAENS FILHO, ALPHONSUS DE
OBRAS DO A.: *Discurso no Deserto*, 1982; *Nó*, 1984.

IRACEMA
CONSULTAR: Sânzio de Azevedo, *Aspectos da Literatura Cearense*, Fortaleza, 1982.

IVO, LEDO
OBRAS DO A: Poesia: *Calabar*, 1985; *O Soldado Raso*, 1988; *Poesia Completa* (1940-2004), Rio, 2004.

JURANDIR RAMOS PEREIRA, DALCÍDIO (✞ 16/6/1979, Rio)
OBRAS DO A: *Ribanceira*, 1978.

CONSULTAR: Temístocles Linhares, *História Crítica do Romance Brasileiro*, 3 vols., vol. II, S. Paulo/Belo Horizonte, 1987.

LESSA, ORÍGENES TEMUDO (✞ 13/7/1986, Rio)
OBRAS DO A: *Rua do Sol*, 1955; *A Noite sem Homem*, 1968; *O Evangelho de Lázaro*, 1972; *Beco da Fome*, 1978; *O Edifício Fantasma*, 1984.

LIMA, JORGE DE
OBRAS DO A: Romance: *Salomão e as Mulheres*, 1927; *A Mulher Obscura*, 1929; *Guerra Dentro do Beco*, 1950; Ensaio: *A Comédia dos Erros*, 1923; *Dois Ensaios (Proust e Todos cantam a sua terra)*, 1929; *Anchieta*, 1934; *Vida de S. Francisco de Assis*, 1942; *Vida de Santo Antônio*, 1947; *Poesia Completa*, Rio, 1997 (com bibliografia acerca do autor).

CONSULTAR: Luiz Busatto, *Montagem em "Invenção de Orfeu"*, Rio, 1978, e *Intertextualidade de "Invenção de Orfeu"*, Rio, 1987 (tese); César Leal, *Os Cavaleiros de Júpiter*, 2ª ed., Recife, 1986; Temístocles Linhares, *História Crítica do Romance Brasileiro*, 3 vols., vol. II, S. Paulo/Belo Horizonte, 1987; José Paulo Paes, *Os Perigos da Poesia e Outros Ensaios*, Rio, 1997.

LIMA BARRETO, AFONSO HENRIQUES DE
CONSULTAR: Carlos Erivany Fantinati, *O Profeta e o Escrivão. Estudo sobre L. B.*, Assis/S. Paulo, 1978; Maria Zilda Ferreira Cury, *Um Mulato no Reino de Jambon (As Classes Sociais na Obra de L. B.)*, S. Paulo, 1981; Vários Autores, *Boletim Bibliográfico da Biblioteca "Mário de Andrade"*, S. Paulo, nº 41, nº, jul.-set. 1981 (nº especial); Eliane Vasconcelos, *Entre a Agulha e a Caneta – A Mulher na Obra de L. B.*, Rio, 1999.

LINS, ÁLVARO DE BARROS
CONSULTAR: Wilson Martins, *A Crítica Literária no Brasil*, 2ª ed., 2 vols., Rio, 1983; Cassiano Nunes, *A Felicidade pela Literatura*, Rio, 1983.

LINS, OSMAN DA Costa
CONSULTAR: Ismael Ângelo Cintra, *Conto Brasileiro. Quatro Leituras, Petrópolis*, 1979; Telênia Hill, Introd. a *O. L.*, Rio, 1986 (Col. "Nossos Clássicos"); Sandra Nitrini, *Poéticas em Confronto: "Nove Novena" e o Novo Romance*, S. Paulo/Brasília, 1987; Ana Luiza Andrade, *O. L.: Crítica e Criação*, S. Paulo, 1988; Regina Igel, O. L. Uma Biografia

O. L.: Crítica e Criação, S. Paulo, 1988; Regina Igel, *O. L. Uma Biografia Literária*, S. Paulo/Brasília, 1988; José Paulo Paes, *Transleituras. Ensaios de Interpretação Literária*, S. Paulo, 1995.

LÍRICA
CONSULTAR: Anazildo Vasconcelos da Silva, *A Lírica Brasileira no Século XX*, Rio, 1998.

LISBOA, HENRIQUETA (★ 15/7/1904, Lambari, MG; ✝ 9/10/1985, Belo Horizonte, idem)
OBRAS DA A.: Poesia: *Celebração dos Elementos*, 1977; Ensaio: *Convívio Poético*, 1955; *Vigília Poética*, 1968; *Vivência Poética*, 1979; *Obras Completas*, 2 vols., S. Paulo, 1985.

CONSULTAR: Fábio Lucas, *Temas Literários e Juízos Críticos*, Belo Horizonte, 1963, *A Face Visível*, Rio, 1973, e *Do Barroco ao Moderno*, S. Paulo, 1989; Oscar Mendes, *Poetas de Minas*, Belo Horizonte, 1970; Vários Autores, *Presença de H.*, Rio, 1992.

LISPECTOR, CLARICE
OBRAS DA A.: *Um Sopro de Vida*, "pulsões", 1978; *A Bela e a Fera*, contos, 1979; *A Descoberta do Mundo*, crônicas, 1984.

CONSULTAR: Olga Borelli, *C. L.: Esboço para um Possível Retrato*, Rio, 1981; Ettore Finazzi Agrò, *Apocalypsis H. G. Una Lettura Intertestuale della Paixão Segundo G. H.* e della *Dissipatio H. G.*, Roma, 1984; Ivo Luchesi, *Crise e Escritura. Uma Leitura de C. L. e Vergílio Ferreira*, Rio, 1987; Zizi Trevizan, *A Reta Artística de C. L.*, S. Paulo, 1987; Temístocles Linhares, *História Crítica do Romance Brasileiro*, 3 vols., vol. III, S. Paulo/Belo Horizonte, 1987; *Inventário do Arquivo C. L.*, Rio, 1993; Carlos Mendes de Sousa, *C. L. Figuras da Escrita*, Universidade do Minho, Centro de Estudos Humanísticos, 2000.

LOBATO, JOSÉ BENTO MONTEIRO
CONSULTAR: Cassiano Nunes, "M. L. Hoje", *Boletim Bibliográfico da Biblioteca "Mário de Andrade"*, S. Paulo, nº 39, jan.-jun. 1978, *O Sonho Brasileiro de L.*, Brasília, 1979, e *A Felicidade pela Literatura*, Rio, 1983; Vários Autores, "M. L.", *Letras de Hoje*, Porto Alegre, nº 49, set. 1982; Vários Autores, *Atualidade de M. L. Uma Revisão Crítica*, Porto Alegre, 1983; Temístocles Linhares, *História Crítica do Romance Brasileiro*, 3 vols., vol. I, S. Paulo/Belo Horizonte, 1987; Fábio Lucas, *Do Barroco ao Moderno*, S. Paulo, 1989; Carmen Lúcia de Azevedo, Márcia Camargo e Vladimir Sacchetta, *M. L., Furacão na Botocúndia*, S. Paulo, 1997.

LOPES NETO, JOÃO SIMÕES
CONSULTAR: Augusto Meyer, *Prosa dos Pagos*, S. Paulo, 1943; Macedo Dantas, "J. S. L. N.-I-III", supl. lit. de *O Estado de S. Paulo*, 11/6/1966, 18/6/1966, 25/6/1966; Vários Autores, *S. L. N.: a Invenção, o Mito e a Mentira*, Porto Alegre, 1973; Flávio Loureiro Chaves, *S. L. N.: Regionalismo e Literatura*, Porto Alegre, 1992 (com bibliografia), e *Matéria e Invenção. Ensaios de Literatura*, Porto Alegre, 1994.

MACHADO, ANÍBAL MONTEIRO

CONSULTAR: Temístocles Linhares, *História Crítica do Romance Brasileiro*, 3 vols., vol. III, S. Paulo/Belo Horizonte, 1987.

MACHADO, DIONÉLIO (✝ 21/6/1985)

OBRAS DO A.: *Prodígios*, 1980; *Nuanças*, 1981; *Fada*, 1982.

MACHADO D'OLIVEIRA, ANTÔNIO CASTILHO DE ALCÂNTARA

CONSULTAR: Cecília de Lara, "Comentários e notas à edição fac-similar de *Brás. Bexiga e Barra Funda*", "de *Laranja da China*" e "de *Pathé-Baby*", 3 vols., S. Paulo, 1982; Temístocles Linhares, *História Crítica do Romance Brasileiro*, 3 vols., vol. III, S. Paulo/Belo Horizonte, 1987.

MAGALHÃES, ADELINO (✝ 16/7/1969, Rio).

MAIA, ALCIDES CASTILHOS

CONSULTAR: Temístocles Linhares, *História Crítica do Romance Brasileiro*, 3 vols., vol. II, S. Paulo/Belo Horizonte, 1987; Léa Masina, "A M.: Um Intelectual na Passagem do Século", *Continente Sul/Sur*, Porto Alegre, n° 1, set. 1996.

MARIANO CARNEIRO DA CUNHA, OLEGÁRIO

CONSULTAR: Hermes Lima, Introd. a *O. M.*, Rio, 1968 ("Nossos Clássicos").

MARQUES, XAVIER

OBRAS DO A.: *Ensaios*, 2 vols., 1944.

CONSULTAR: Temístocles Linhares, *História Crítica do Romance Brasileiro*, 3 vols., vol. II, S. Paulo/Belo Horizonte, 1987.

MATOS GUERRA, GREGÓRIO DE (★23/12/1636, Baía de Todos os Santos, BA; ✝ 26/11/1695, Recife, PE)

OBRAS DO A.: *Edição Crítica da Obra Poética,* preparada por Francisco Topa, Porto, 1999, 4 vols.

CONSULTAR: Ângela Maria Dias, *O Resgate da Dissonância: Sátira e Projeto Literário*, Rio, 1981; Fernando da Rocha Peres, *G. de M. e G.: Uma Revisão Biográfica*, Salvador, 1983; João Carlos Teixeira Gomes, *G. de M., o Boca de Brasa*, Rio, 1985; Fábio Lucas, *Do Barroco ao Moderno*, S. Paulo, 1989; João Adolfo Hansen, *A Sátira e o Engenho. G. de M. e a Bahia do Século XVII*, S. Paulo, 1989; Susanna Busato Feitosa, *A Rearticulação da Linguagem na Poesia Satírica de G. de M.*, S. Paulo, 1991 (tese); Rogério Chociay, *Os Metros do Boca: Teoria do Verso em G. de M.*, S. Paulo, 1993; Paulo Roberto Pereira, *Obras de G. de M. na Biblioteca Nacional*, Rio, 1996 (catálogo).

MEIRELES, CECÍLIA
OBRAS DA A: *Poesias Completas*, 9 vols., Rio, 1973-1974.

CONSULTAR: José Maria de Souza Dantas, *A Consciência Poética de uma Viagem sem Fim. A Poética de C. M.*, Rio, 1984.

MELO NETO, JOÃO CABRAL DE (✞ 9/10/1999, Rio)
OBRAS DO A.: Poesia: *A Escola das Facas*, 1980; *Auto do Frade*, 1984; *Agrestes*, 1985; *Crime na Calle Relator*, 1987.

CONSULTAR: José Guilhenne Merquior, *Razão do Poema*, Rio, 1965, e *A Astúcia da Mimese*, Rio, 1972; Eliane Zagury, *A Palavra e os Ecos*, Petrópolis, 1971; Angélica Maria Santos Soares, *O Poema: Construção às Avessas*, Rio, 1978; Maria Lúcia Pinheiro Sampaio, *Processos Retóricos na Obra de J. C. de M. N.*, S. Paulo, 1978; Modesto Carone, *A Poética do Silêncio*, S. Paulo, 1979; Marta de Senna, *J. C.: Tempo e Memória*, Rio, 1980; Antônio Carlos Secchin, *J. C.: A Poesia do Menos*, S. Paulo/Brasília, 1985; Vários Autores, "Dossiê J. C.", *Range Rede*, Rio, ano I, nº 0, out. 1995.

MENDES, MURILO
OBRAS DO A: Prosa: *A Idade do Serrote*, 1968; *Poliedro*, 1972; *Retratos Relâmpago*, 1973; *Transístor*, 1980; *Obra Completa*, Rio, 1995.

CONSULTAR: José Guilhenne Merquior, *A Astúcia da Mimese*, Rio, 1972, e *O Fantasma Romântico e Outros Ensaios*, Petrópolis, 1980; Cristiano Martins, *A Seta e o Alvo*, Belo Horizonte, 1976; João Alexandre Barbosa, *A Metáfora Crítica*, S. Paulo, 1974; Davi Arrigucci Jr., *O Cacto e as Ruínas: A Poesia entre outras Artes*, S. Paulo, 1977; Júlio Castanon Guimarães, *M. M.*, S. Paulo, 1986; José Paulo Paes, *Os Perigos da Poesia e Outros Ensaios*, Rio, 1997.

MENDONÇA, LÚCIO EUGÊNIO E VASCONCELOS DRUMMOND FURTADO DE
CONSULTAR: Temístocles Linhares, *História Crítica do Romance Brasileiro*, 3 vols., vol. I, S. Paulo/Belo Horizonte, 1987.

MEYER, AUGUSTO
CONSULTAR: Darcy Damasceno, *Estudo em Seleta em Prosa e Verso de A. M.*, Rio, 1973; Flávio Loureiro Chaves, *O Ensaio Literário no Rio Grande do Sul (1868-1960)*, Rio, 1979, e *Matéria e Invenção. Ensaios de Literatura*, Porto Alegre, 1994; Tania Franco Carvalhal, "Bibliografia sobre A. M.", em João Alexandre Barbosa, *Textos Críticos. A. M.*, S. Paulo, 1986.

MINAS GERAIS
CONSULTAR: Fábio Lucas, *Do Barroco ao Moderno*, S. Paulo, 1989.

MODERNISMO
CONSULTAR: Affonso Ávila (org.), *O Modernismo*, S. Paulo, 1975; Maria Eugênia Boaventura, *O Movimento Brasileiro. Contribuição ao Estudo do Modernismo*, S. Paulo, 1979, e *A Vanguarda Antropofágica*, S. Paulo, 1985; Arnaldo Saraiva, *O Modernismo Brasileiro e o Modernismo*

Português, 3 vols., Porto, 1986; Homero Senna (org.), *O Mês Modernista*, Rio, 1994; sérgio Buarque de Holanda, *O Espírito e a Letra*, 2 vols., S. Paulo, 1996; Elias Thomé Soliba, *Raízes do Riso*, S. Paulo, 2002.

MONTELO, JOSUÉ DE SOUSA (✝15/3/2006, Rio)
OBRAS DO A.: Romance: *A Noite sobre Alcântara*, 1978; *A Coroa de Areia*, 1979; *O Silêncio da Confissão*, 1980; *Largo do Desterro*, 1981; *Aleluia*, 1982; *Pedra Viva*, 1983; *Uma Varanda sobre o Silêncio*, 1984; Conto: *Duas Vezes Perdida*, 1966; *Uma Véspera de Natal*, 1967; *Uma Tarde, Outra Tarde*, 1968; *A Indesejada Aposentadoria*, 1972; *Glorinha*, 1977; *Um Rosto de Menina*, 1978; *Diário da Manhã*, 1984; *Diário da Tarde*, 1988; *Diário da Noite Iluminada*, 1994.

CONSULTAR: Franklin de Oliveira, *Literatura e Civilização*, Rio/ Brasília, 1978; Bella Josef, *O Fogo Mágico*, Rio, 1980; Malcolm Silverman, *Moderna Ficção Brasileira*, vol. II, Rio, 1981; Wilson Martins, *Pontos de Vista*, vol. IV, S. Paulo, 1992.

MOOG, CLODOMIR VIANA (✝ 15/11/1988, Rio)

MORAIS, MARCUS VINICIUS CRUZ DE (✝ 9/7/1980, Rio)
CONSULTAR: Carlos Felipe Moisés, *V. de M.*, S. Paulo, 1980 ("Literatura Comentada").

MOTA, MAURO (✝ 22/11/1984, Recife, PE)
OBRAS DO A.: Poesia: *Pernambucânia ou Cantos da Comarca e da Memória*, 1979; *Pernambucânia Dois*, 1980.

CONSULTAR: Domingos Carvalho da Silva, *Eros & Orfeu*, S. Paulo, 1966; John Morris Parker, "O 'Rumor das Frutas': Uma Leitura de *Os Epitáfios de M. M.*", *Revista da Universidade de Aveiro/Letras*, Aveiro, n° 2, 1985.

MOURA, EMÍLIO GUIMARÃES
CONSULTAR: Cristiano Martins, *A Seta e o Alvo*, Belo Horizonte, 1976; César Leal, *Os Cavaleiros de Júpiter*, 2ª ed., Recife, 1986.

MULATO, O
CONSULTAR: Josué Montelo, *Aluísio Azevedo e a Polêmica d' "O Mulato"*, Rio, 1975.

NEOMODERNISMO – Poesia
CONSULTAR: *A Geração 45 através do Jornal Tentativa*, S. Paulo/ Atibaia, 2006; André Seffrin, *Roteiro da Poesia Brasileira – Ano 50*. S. Paulo, 2007.

OLÍMPIO BRAGA CAVALCANTI, DOMINGOS
CONSULTAR: Lúcia Miguel-Pereira, "D. O.", em Aurélio Buarque de

Holanda (org.), *O Romance Brasileiro*, Rio, 1952; Temístocles Linhares, *História Crítica do Romance Brasileiro*, 3 vols., vol. II, S. Paulo/Belo Horizonte, 1987.

ORTA, TERESA MARGARIDA DA SILVA E
CONSULTAR: Temístocles Linhares, *História Crítica do Romance Brasileiro*, 3 vols., vol. I, S. Paulo/Belo Horizonte, 1987.

PADARIA ESPIRITUAL
CONSULTAR: Sânzio de Azevedo, *A Padaria Espiritual e o Simbolismo no Ceará*, Fortaleza, 1983.

PAIVA, MANUEL DE OLIVEIRA
OBRAS DO A.: *Obra Completa*, Rio, 1993.

CONSULTAR: Temístocles Linhares, *História Crítica do Romance Brasileiro*, 3 vols., vol. II, S. Paulo/Belo Horizonte, 1987; Rolando Morel Pinto, "As Províncias e as Fronteiras do Tempo", em *Obra Completa*, ed.cit.

PALMÉRIO, MÁRIO DE ASCENSÃO (✝ 24/9/1996, Uberaba, MG).
CONSULTAR: Wilson Martins, *Pontos de Vista*, vol. II, S. Paulo, 1991.

PÁPI JÚNIOR, ANTÔNIO
CONSULTAR: Sânzio de Azevedo, *Aspectos da Literatura Cearense*, Fortaleza, 1982.

PARNASIANISMO
CONSULTAR: Mário Pereira de Sousa Lima, *Os Problemas Estéticos na Poesia Brasileira do Parnasianismo ao Simbolismo*, S. Paulo, 1945 (tese); Duarte de Montalegre, *Ensaio sobre o Parnasianismo*, Coimbra, 1945; Brito Broca, *Naturalistas, Parnasianos e Decadentistas*, Campinas, 1991; Sânzio de Azevedo, *o Parnasianismo na Poesia Brasileira*, Fortaleza, 2004.

PEIXOTO, JÚLIO AFRÂNIO
CONSULTAR: Temístocles Linhares, *História Crítica do Romance Brasileiro*, 3 vols., vol. II, S. Paulo/Belo Horizonte, 1987.

PENA, CORNÉLIO DE OLIVEIRA
OBRAS DO A.: *Romances Completos*, Rio, 1958.

CONSULTAR: Vários Autores, Estudos em *Romances Completos*, ed. cit.; Alexandre Eulálio, "Os Dois Mundos de C. P.", *Discurso*, S. Paulo, nº 12, 1981; Temístocles Linhares, *História Crítica do Romance Brasileiro*, 3 vols., vol. III, S, Paulo/Belo Horizonte, 1987.

PENA, LUÍS CARLOS MARTINS
CONSULTAR: Vilma Arêas, *Na Tapera de Santa Cruz*, S. Paulo, 1987.

PENUMBRISMO
CONSULTAR: Rodrigo Otávio Filho, *Simbolismo e Penumbrismo*, Rio, 1970.

PICCHIA, PAULO MENOTTI DEL (♀ 23/8/1988, S. Paulo)

PIÑON, NÉLIDA (★ 3/5/1935, Rio)
OBRAS DA A.: Romance: *A Força do Destino*, 1978; *O Calor das Coisas*, 1980; *A República dos Sonhos*, 1984; *A Doce Canção de Caetana*, 1987.

POMPÉIA, RAUL D'ÁVILA
OBRAS DO A.: *Obras*, 10 vols., Rio, 1981-1984.

CONSULTAR: Flávio Loureiro Chaves, *O Brinquedo Absurdo*, S. Paulo, 1978; Brito Broca, *Ensaios da Mão Canhestra*, S. Paulo, 1981; Vários Autores, *R. P.*, Rio, 1984 (Cal. "Fortuna Crítica"); José Paulo Paes, *Gregos & Baianos*, S. Paulo, 1985; Temístocles Linhares, *História Crítica do Romance Brasileiro*, 3 vols., vol. I, S. Paulo/Belo Horizonte, 1987.

PRADO, PAULO DA SILVA
CONSULTAR: Wilson Martins, *Pontos de Vista*, vol. V, S. Paulo, 1993; Carlos Augusto Calil, Introd. a *Retrato do Brasil*, 8ª ed., S. Paulo, 1997 (com uma fortuna crítica da obra e uma bibliografia acerca do autor).

PRAXIS
CONSULTAR: Assis Brasil, *A Nova Literatura*, vol. II, Rio, 1975.

PRÉ-MODERNISMO
CONSULTAR: João do Rio, *O Momento Literário*, Rio, 1911; Vários Autores, *Sobre o Pré-Modernismo*, Rio, 1988.

PRÉ-ROMANTISMO E ROMANTISMO
CONSULTAR: José Veríssimo, *Estudos de Literatura Brasileira*, 2ª série, Rio, 1901 (reed. Belo Horizonte/S. Paulo, 1977); Jamil Almansur Haddad, *O Romantismo e as Sociedades Secreta do Tempo*, S. Paulo, 1945; José Aderaldo Castelo, *A Introdução do Romantismo no Brasil*, S. Paulo, 1945 (tese); Péricles Eugênio da Silva Ramos, *O Verso Romântico*, S. Paulo, 1959, e *Poesia Romântica*, S. Paulo, 1965; Antônio Cândido de Mello e Souza, *Formação da Literatura Brasileira*, 2 vols., S. Paulo, 1959; Pires de Almeida, *A Escola Byroniana no Brasil*, S. Paulo, 1962; Jacob Guinsburg (org.), *O Romantismo*, S. Paulo, 1978; Brito Broca, *Românticos, Pré-Românticos e Ultra-Românticos*, Brasília, 1979; David Salles, *Do Ideal às Ilusões. Alguns Temas da Evolução do Romantismo Brasileiro*, Rio, 1980.

QUEIRÓS, DINAH SILVEIRA DE (♀ 29/11/1992, Rio)
OBRAS DA A: Romance: *Eu venho (Memorial de Cristo/I)*, 1974; *Eu Jesus (Memorial de Cristo/II)*, 1977.

CONSULTAR: Wilson Martins, *Pontos de Vista*, vol. I, S. Paulo, 1991.

QUEIRÓS, RAQUEL DE (✝ 4/11/2003, Rio)
OBRAS DA A: Romance: *Dôra, Doralina*, 1975; *O Galo de Ouro* (ed. em livro), 1985; *Memorial de Maria Moura*, 1992.

CONSULTAR: Fred P. Ellison, *Brazil's New Novel. Four Northeastern Masters*, Berkeley, University of California Press, 1954; Sânzio de Azevedo, *Dez Ensaios de Literatura Cearense*, Fortaleza, 1985.

QUINTANA, MÁRIO DE MIRANDA (✝ 16/5/1994, Porto Alegre).

RAMOS, GRACILIANO
CONSULTAR: H. Pereira da Silva, *G. R.*, Rio, 1950; Álvaro Lins, *Jornal de Crítica*, 5ª e 6ª séries, Rio, 1947, 1951; Fred P. Ellison, *Brazil's New Novel. Four Northeastern Masters*, Berkeley, University of California Press, 1954; Miécio Táti, *Estudos e Notas Críticas*, Rio, 1958; Antônio Cândido de Mello e Sousa, *Tese e Antítese*, 1964; Rolando Morei Pinto, *Estudos de Romance*, S. Paulo, 1965; Assis Brasil, *G. R.*, Rio, 1969; Temístocles Linhares, *História Crítica do Romance Brasileiro*, 3 vols., vol. II, S. Paulo/Belo Horizonte, 1987; Dênis de Moraes, *O Velho Graça*, Rio, 1992; Carlos Alberto dos Santos Abel, *G. R.: Cidadão e Artista*, Brasília, 2000.

RAMOS, PÉRICLES EUGÊNIO DA SILVA (✝ 14/5/1992, S. Paulo).

RAMOS, RICARDO DE MEDEIROS (✝ 20/3/1992, S. Paulo)
OBRAS DO A: Conto: *Os inventores estão vivos*, 1980; *10 Contos Escolhidos*, 1983; *Os Sobreviventes*, 1984; *Iluminados*, 1988.

CONSULTAR: Antônio Houaiss, *Crítica Avulsa*, Salvador, 1960; José Paulo Paes, *A Aventura Literária. Ensaios sobre Ficção e Ficções*, S. Paulo, 1990.

RANGEL, JOSÉ GODOFREDO DE MOURA
CONSULTAR: Temístocles Linhares, *História Crítica do Romance Brasileiro*, 3 vols., vol. III, S. Paulo/Belo Horizonte, 1987.

RAWET, SAMUEL (★ 23/7/1929, Klimontow, Polônia; ✝ 23/8/1984, Rio).
OBRAS DO A: *Contos e Novelas Reunidos*, 2004.

REALISMO
CONSULTAR: Sílvio Romero, *O Naturalismo em Literatura*, S. Paulo,1882; Aderbal de Carvalho, *O Naturalismo no Brasil*, S. Luís, 1894 (reed. em *Esboços Literários*, Rio, 1902); José Veríssimo, *Estudos Brasileiros*, vol. II, Rio, 1894; Valentim Magalhães, *A Literatura Brasileira*, Lisboa, 1896; Tito Lívio de Castro, *Questões e Problemas*, S. Paulo, 1913; Manuel Bandeira, *Antologia dos Poetas Brasileiros da Fase Parnasiana*, 3ª ed., Rio, 1951; João Camilo de Oliveira Torres, *O Positivismo no Brasil*, 2ª ed., Petrópolis, 1957; Nelson Werneck Sodré, *O Naturalismo no Brasil*, Rio, 1965; Lúcia Miguel-Pereira, *A Prosa de Ficção (De 1870 a 1920)*, 3ª ed.,

Rio, 1973; Sônia Brayner, *Labirinto do Espaço Romanesco. Tradição e Renovação da Literatura Brasileira: 1880-1920*, Rio, 1979; Brito Broca, *Naturalistas, Parnasianos e Decadentistas*, Campinas, 1991.

REBELO, MARQUES
    CONSULTAR: Temístocles Linhares, *História Crítica do Romance Brasileiro*, 3 vols., vol. III, S. Paulo/Belo Horizonte, 1987.

REGIONALISMO
    CONSULTAR: Fernando Cristóvão *et. al.*, *Nacionalismo e Regionalismo nas Literaturas Lusófonas*, Lisboa, 1997.

REGO CAVALCANTI, JOSÉ LINS DO
    CONSULTAR: Fred P. Ellison, *Brazil's New Novel. Four Northeastern Masters*, Berkeley, University of California Press, 1954; João Pacheco, *O mundo que J. L. do R. fingiu*, Rio, 1958; Termístocles Linhares, *História Crítica do Romance Brasileiro*, 3 vols., vol. II, S. Paulo/Belo Horizonte, 1987.

RESENDE, OTTO DE OLIVEIRA LARA (✝ 28/12/1992, Rio)
    OBRAS DO A.: *A Cilada*, novela, 1965; *O Elo Partido e Outras Histórias*, contos, 1991; *Memórias*, 1970.

    CONSULTAR: Benício Medeiros, *A Poeira da Glória: A Vida, o Brilho, a Obra e as 50 Melhores Frases de O. L. R.*, Rio, 1998.

RETRATO DO BRASIL
    CONSULTAR: V. PAULO PRADO.

RIBEIRO DE ANDRADE FERNANDES, JOÃO BATISTA
    CONSULTAR: Boris Schneiderman, "J. R. Atual", *Revista de Estudos Brasileiros*, S. Paulo, n° 10, 1971.

RIBEIRO, JÚLIO
    CONSULTAR: Termístocles Linhares, *História Crítica do Romance Brasileiro*, 3 vols., vol. I, S. Paulo/Belo Horizonte, 1987; Fábio Lucas, *Do Barroco ao Moderno*, S. Paulo, 1989.

RICARDO LEITE, CASSIANO
    CONSULTAR: Eduardo Portela, *Dimensões 1*, Rio, 1958; José Guilherme Merquior, *Razão do Poema*, Rio, 1965; Jerusa Pires Ferreira, *Notícia de Martim-Cererê*, S. Paulo, 1970; Helena Parente Cunha, *Jeremias, a Palavra Poética*, Rio, 1979; Vários Autores, *C. R.*, Rio, 1979 (Col. "Fortuna Crítica"); Milton Vargas, "O *Martim Cererê* e o Espírito dos Anos 20, em São Paulo", *Revista de Poesia e Crítica*, Brasília, n° 20, out. 1996; Amilton Maciel Monteiro, *Cassiano. Fragmentos para uma Biografia*, São José dos Campos, 2003.

RIO, JOÃO DO
    CONSULTAR: R. Magalhães Júnior, *A Vida Vertiginosa de J. do R.*, Rio, 1978.

RIVERA, JR., ODORICO BUENO (✝ 1982, Belo Horizonte, MG).

ROCHA, LINDOLFO JACINTO
CONSULTAR: Temístocles Linhares, *História Crítica do Romance Brasileiro*, 3 vols., vol. II, S. Paulo/Belo Horizonte, 1987.

RODRIGUES, NELSON FALCÃO (✝ 22/12/1980, Rio)
OBRAS DO A.: *Teatro Completo*, 4 vols., Rio, 1981-1990; *Apenas um Subversivo*, memórias, 1998.

CONSULTAR: Ronaldo Lima Lins, *O Teatro de N. R.: uma Realidade em Agonia*, Rio, 1979; Sábato Magaldi, Introd. ao *Teatro Completo de N. R.*, vol. I, Rio, 1981; Décio de Almeida Prado, "Teatro: 1930-1980", *História da Civilização Brasileira* (dir. de Sérgio Buarque de Holanda), vol. 4, S. Paulo, 1984.

ROMANCE
CONSULTAR: José Maurício Gomes de Almeida, *A Tradição Regionalista no Romance Brasileiro (1857-1945)*, Rio, 1981; Zélia Cardoso, *O Romance Paulista no Século XX*, S. Paulo, 1973; Temístocles Linhares, *História Crítica do Romance Brasileiro*, 3 vols., S. Paulo/Belo Horizonte, 1987; Vários Autores, *Seminários de Literatura Brasileira. Ensaios*, 3ª Bienal Nestlé de Literatura Brasileira, Rio, 1990; Gilberto Mendonça Teles, *A Crítica e o Romance de 30 no Nordeste*, Rio, 1990. José Ramos Tinhorão – *Os Romances em Folhetins no Brasil*, S. Paulo, 1994; Alaor Barbosa, *O Romance Regionalista Brasileiro*, Brasília, 2006.

ROMERO, SÍLVIO VASCONCELOS DA SILVEIRA RAMOS
CONSULTAR: Luís Washington Vita, *Tríptico de Idéias*, 1967; Wilson Martins, *A Crítica Literária no Brasil*, 2ª ed., 2 vols., vol. I, Rio, 1983.

ROSA, JOÃO GUIMARÃES
CONSULTAR: Fábio Freixieiro, *Da Razão à Emoção*, S. Paulo, 1968; Wendel Santos, *A Construção do Romance em G. R.*, S. Paulo, 1978; Leonardo Arroyo, *A Cultura Popular em Grande Sertão: Veredas*, Rio, 1984; Temístocles Linhares, *História Crítica do Romance Brasileiro*, 3 vols., vol. III, S. Paulo/Belo Horizonte, 1987; Alfredo Bosi, *Céu, Inferno*, S. Paulo, 1988; Irene Gilberto Simões, *G. R.: As Paragens Mágicas*, S. Paulo, 1988; Vários Autores, nº especial da *Revista do Instituto de Estudos Brasileiros*, USP, S. Paulo, nº 41, 1996; Nilce Sant'Anna, *O Léxico de Guimarães Rosa*, S. Paulo, 2001; Marli Fantini, *Guimarães Rosa: Fronteiras, Margens, Passagens*, Cotia, 2003.

ROSAS RIBEIRO, ERNÂNI SALOMÃO
OBRAS DO A.: *Poesias*, 1989.

CONSULTAR: Arnaldo Saraiva, *O Modernismo Brasileiro e o Modernismo Português. Subsídios para o seu estudo e para a história das suas relações*,

Porto, 1986, 2 vols.; Augusto de Campos, *O Enigma de E. R.*, Ponta Grossa, 1996.

RUBIÃO, MURILO EUGÊNIO (★ 1/6/1916, Carmo de Minas, MG; ✞ 16/9/1991, Belo Horizonte, MG)
OBRAS DO A: *A Casa do Girassol Vermelho*, 1978.

CONSULTAR: Álvaro Uns, *Os Mortos de Sobrecasaca*, Rio, 1963; Eliane Zagury, *A Palavra e os Ecos*, Rio, 1971; Fábio Lucas, *A Face Visível*, Rio, 1973; Davi Arrigucci Júnior, *Achados e Perdidos*, S. Paulo, 1979; Jorge Schwartz, *M. R.: A Poética do Uroboro*, S. Paulo, 1981; José Paulo Paes, *A Aventura Literária. Ensaios sobre Ficção e Ficções*, S. Paulo, 1990.

SABINO, FERNANDO TAVARES (✞ 11/10/2004, Rio)
OBRAS DO A: Novela/Romance: *O Grande Mentecapto*, 1979; *O Menino no Espelho*, 1982; *Martini Seco*, 1987; *A Nudez da Verdade*, 1994; *O Outro Gume da Faca*, 1996; Conto: *Os grilos não cantam mais*, 1948; *A Faca de Dois Gumes*, 1985; *Aqui estamos todos nus*, 1993; Crônica: *Gente*, 1979; *A falta que ela me faz*, 1980; *O gato sou eu*, 1983; *A Volta Por Cima*, 1990; Autobiografia: *O Tabuleiro de Damas*, 1988; *Obra Reunida*, 3 vols., Rio, 1996 (com extensa bibliografia).

CONSULTAR: Lígia M. Morais, *Conheça o Escritor F. S.*, Rio, 1977; Malcolm Silverman, *Moderna Ficção Brasileira*, Rio, 1978; Fábio Lucas, *A Ficção de F. S. e Autran Dourado*, Belo Horizonte, 1983; Vários Autores, Estudos em *Obra Reunida*, ed. cit.

SALES, ANTÔNIO
CONSULTAR: Sânzio de Azevedo, *Aspectos da Literatura Cearense*, Fortaleza, 1982.

SALES, HERBERTO DE AZEVEDO (✞ 13/8/1999, Rio)
OBRAS DO A: Romance: *Einstein, o Minigênio*, 1983; *Os Pareceres do Tempo*, 1984; *Rio dos Morcegos*, 1993; *Rebanho do Ódio*, 1995; Conto: *Uma Telha de Menos*, 1970; *O Lobisomem e Outros Contos Folclóricos*, 1970; *Transcontos* (reunião dos dois primeiros livros), 1974; *Armado Cavaleiro o Audaz Motoqueiro*, 1980.

CONSULTAR: Malcolm Silverman, *Moderna Ficção Brasileira*, Rio, 1978; Gilberto Mendonça Teles, "Apuro na Arte de Narrar", *Jornal de Letras*, Rio, fev.-mar. 1981; Edla Van Steen, *Viver & Escrever*, vol. II, Porto Alegre, 1982.

SCHMIDT, AFONSO
CONSULTAR: Temístocles Linhares, *História Crítica do Romance Brasileiro*, 3 vols., vol. III, S. Paulo/Belo Horizonte, 1987.

SCHMIDT, AUGUSTO FREDERICO
CONSULTAR: José Lins do Rego, *Gordos e Magros*, Rio, 1942; Mário de Andrade, *Aspectos da Literatura Brasileira*, Rio, 1943; Roger Bastide,

Poetas do Brasil, Curitiba, 1947; João Carlos Teixeira Gomes, "S., Poeta da Morte e dos Diálogos com Deus", *Quinto Império*, Salvador, BA, vol. I, 2° sem. 1995.

SCLIAR, MOACYR JAIME

OBRAS DO A.: *Doutor Miragem*, romance, 1978; *O Anão no Televisor*, contos, 1979; *Os Voluntários*, romance, 1979; *O Centauro no Jardim*, romance, 1980; *Max e os Felinos*, novela, 1981; *Cavalos e Obeliscos*, novela, 1981; *A Festa no Castelo*, romance, 1982; *Estranha Nação de Rafael Mendes*, romance, 1983; *Orelha de Van Gogh*, contos, 1989; *Cenas da Vida Minúscula*, romance, 1991; *A Majestade do Xingu*, romance, 1997.

CONSULTAR: Malcolm Silverman, *Moderna Ficção Brasileira*, Rio, 1978; Flávio Loureiro Chaves, "M. S.: Tradição e Renovação", em *Autores Gaúchos*, Porto Alegre, 1985, e *Matéria e Invenção. Ensaios de Literatura*, Porto Alegre, 1994.

SEMANA DE ARTE MODERNA

CONSULTAR: Maria Eugênia Boaventura (org.), *22 por 22. A Semana de Arte Moderna vista pelos seus contemporâneos*, S. Paulo, 2000.

SETE, MÁRIO

CONSULTAR: Temístocles Linhares, *História Crítica do Romance Brasileiro*, 3 vols., vol. III, S. Paulo/Belo Horizonte, 1987.

SETÚBAL, PAULO DE OLIVEIRA

CONSULTAR: Temístocles Linhares, *História Crítica do Romance Brasileiro*, 3 vols., vol. III, S. Paulo/Belo Horizonte, 1987.

SILVA, ANTÔNIO JOAQUIM PEREIRA DA

CONSULTAR: Andrade Muricy, *O Suave Convívio*, Rio, 1922; Nestor Vítor, *Cartas à Gente Nova*, Rio, 1924.

SILVA, DOMINGOS CARVALHO DA (✝ 26/4/2003, S. Paulo)

OBRAS DO A.: Poesia: *Múltipla Escolha*, antologia, 1976.

SILVEIRA, TASSO DA

OBRAS DO A.: Romance: *Só tu voltaste!*, 1931; *Silêncio*, 1943; *Sombras no Caos*, 1958; Ensaio: *Jackson de Figueiredo*, 1916; *A Igreja Silenciosa*, 1922; *Definição do Modernismo Brasileiro*, 1931; *30 Espíritos Fortes*, 1938.

CONSULTAR: Temístocles Linhares, *História Crítica do Romance Brasileiro*, 3 vols., vol. III, S. Paulo/Belo Horizonte, 1987.

SILVEIRA, VALDOMIRO

CONSULTAR: Carmen Lydia de Sousa Dias, *Paixão de Raiz. V. S. e o Regionalismo*, S. Paulo, 1984.

SIMBOLISMO

CONSULTAR: José Veríssimo, *Estudos de Literatura Brasileira*, 6 séries, Rio, 1901-1907 (reed. em 7 vols., Belo Horizonte/S. Paulo, 1976-1979); Elísio de Carvalho, *As Modernas Correntes Estéticas na Literatura Brasileira*, Rio, 1907; Nestor Vítor, *Crítica de Ontem*, Rio, 1919, e *Cartas à Gente Nova*, Rio, 1924; Andrade Muricy, *O Suave Convívio*, Rio, 1922, e "Da Crítica do Simbolismo pelos Simbolistas", *Crítica e História Literária*, Anais do I Congresso Brasileiro de Crítica e História Literária, Rio, 1964; Wilson Martins, *Introdução ao Estudo do Simbolismo no Brasil*, Curitiba, 1953 (sep.); Peregrino Júnior, *Origem e Evolução do Simbolismo*, Rio, 1957; Brito Broca, *A Vida Literária no Brasil. 1900*, 2ª ed., Rio, 1960; Femando Goes, *O Simbolismo*, vol. IV do *Panorama da Poesia Brasileira*, Rio, 1960.

SOUSA, JOÃO DA CRUZ E

CONSULTAR: Tasso da Silveira, Introd. a C. e S., *Poesia*, Rio, 1957 ("Nossos Clássicos"); Andrade Muricy, Introd. a C. e S., *Obra Completa*, Rio, 1961; Vários Autores, *Centenário de C. e S.*, Florianópolis, 1962; Vários Autores, *C. e S.*, Rio, 1979 (Col. "Fortuna Crítica"); Iaponan Soares, *Ao Redor de C. e S.*, Florianópolis, 1988.

SOUSA, HERCULANO MARCOS INGLÊS DE

CONSULTAR: Temístocles Linhares, *História Crítica do Romance Brasileiro*, 3 vols., vol. I, S. Paulo/Belo Horizonte, 1987.

SOUSÂNDRADE (OU SOUSA ANDRADE) JOAQUIM DE

CONSULTAR: Luiza Lobo, *Tradição e Ruptura: "O Guesa" de S.*, S. Luís, 1979, e *Épica e Modernidade em S.*, Rio, 1986.

SUL, RIO GRANDE DO

CONSULTAR: Regina Zilberman, *A Literatura no R. G. S.*, Porto Alegre, 1980, e *Literatura Gaúcha*, Porto Alegre, 1985; Flávio Loureiro Chaves, *Matéria e Invenção. Ensaios de Literatura*, Porto Alegre, 1994.

SURREALISMO

CONSULTAR: Carlos Lima, "Vanguarda e Utopia", *Poesia*, Rio, ano 6, nº 9, mar. 1998, pp. 287-98.

TAUNAY, ALFREDO D'ESCRAGNOLLE, VISCONDE DE

CONSULTAR: Phocion Serpa, *V. de T. Ensaio Biobibliográfico*, Rio, 1952; Temístocles Linhares, *História Crítica do Romance Brasileiro*, 3 vols., vol. I, S. Paulo/Belo Horizonte, 1987.

TÁVORA, JOAQUIM FRANKLIN DA SILVEIRA

CONSULTAR: Cláudio Aguiar, *F. T. e o seu Tempo*, S. Paulo, 1997.

TEIXEIRA, BENTO

CONSULTAR: J. Galante de Sousa, *Em Torno do Poeta B. T.*, S. Paulo, 1973; Luiz Roberto Alves, *Confissão, Poesia e Inquisição*, S. Paulo, 1982.

470

TELES, LÍGIA FAGUNDES
CONSULTAR: José Paulo Paes, *Transleituras. Ensaios de Interpretação Literária*, S. Paulo, 1995.

TEÓFILO, RODOLFO MARCOS
CONSULTAR: Otacílio Colares, Pref. a R. T., *A Fome/Violação*, Rio, 1979: Temístocles Linhares, *História Crítica do Romance Brasileiro*, 3 vols., vol. I, S. Paulo/Belo Horizonte, 1987.

TORRES, ALBERTO DE SEIXAS MARTINS
CONSULTAR: Cândido Malta Filho, A. T. *e o Tema da Nossa Geração*, Rio, 1931; Alcides Gentil, *As Idéias de A. T.*, S. Paulo, 1932.

TREVISAN, DALTON
OBRAS DO A.: Conto: *Crimes da Paixão*, 1978; *Virgem Louca, Loucos Beijos*, 1979; *Primeiro Livro de Contos* (Antologia Pessoal), 1979; *20 Contos Menores* (Antologia Escolar), 1979; *Lincha Tarado*, 1980; *Chorinho Brejeiro*, 1981; *Essas Malditas Mulheres*, 1982; *Meu Querido Assassino*, 1983; *Contos Eróticos*, 1984; *Pão e Sangue*, 1988; *Ah, é?*, 1994; *Dinorá*, 1994; *234*, 1997; Romance: *Polaquinha*, 1985.

CONSULTAR: Malcolm Silverman, *Moderna Ficção Brasileira*, Rio, 1978; Berta Waldman, *Do Vampiro ao Cafajeste. Uma Leitura da Obra de D. T.*, S. Paulo/Curitiba, 1982; José Paulo Paes, *A Aventura Literária. Ensaios sobre Ficção e Ficções*, S. Paulo, 1990.

VÁRZEA, VIRGÍLIO
CONSULTAR: Temístocles Linhares, *História Crítica do Romance Brasileiro*, 3 vols., vol. I, S. Paulo/Belo Horizonte, 1987.

VEIGA, JOSÉ J. (✝ 19/9/1999, Rio)
OBRAS DO A.: Conto: *De Jogos e Festas*, 1980; Romance: *Aquele Mundo de Vasabarros*, 1982; *Torvelinho Dia e Noite*, 1985.

CONSULTAR: Malcolm Silverman, *Moderna Ficção Brasileira*, Rio, 1978.

VERÍSSIMO, ÉRICO
CONSULTAR: Wilson Chagas, *Mundo Velho sem Porteira. Ensaio sobre a Obra de E. V.*, Porto Alegre, 1985; Temístocles Linhares, *História Crítica do Romance Brasileiro*, 3 vols., vol. II, S. Paulo/Belo Horizonte, 1987; Fábio Lucas, *Do Barroco ao Moderno*, S. Paulo, 1989; Flávio Loureiro Chaves, *História e Literatura*, Porto Alegre, 1988, *Matéria e Invenção. Ensaios de Literatura*, Porto Alegre, 1994, e *E. V. O Escritor e seu Tempo*, Porto Alegre, 1996 (com extensa e atualizada fortuna crítica do autor).

VERÍSSIMO DIAS DE MATOS, JOSÉ
CONSULTAR: Wilson Martins, *A Crítica Literária no Brasil*, 2 vols., vol. I, Rio, 1983.

VIDAS SECAS
CONSULTAR: Lourival Holanda, *Sob o Signo do Silêncio. Vidas Secas e O Estrangeiro*, S. Paulo, 1992.

VIEIRA, JOSÉ GERALDO
CONSULTAR: Vários Autores, *J. G. V. no Quadragésimo Ano de sua Ficção*, S. Paulo, 1979.

VÍTOR DOS SANTOS, NESTOR
CONSULTAR: Andrade Muricy, Introd. a N. V., *Obra Crítica*, 3 vols., vol. I, Rio, 1969; Wilson Martins, *A Crítica Literária no Brasil*, 2ª ed., 2 vols., vol. I, Rio, 1983; Salete de Almeida Cara, *A Recepção Crítica*, S. Paulo, 1983.

ÍNDICE REMISSIVO DE AUTORES

ADET, Carlos Emílio — v. CONTO
AGUDO, José — v. S. PAULO
AGUIAR Filho, Adonias — v. ADONIAS FILHO
AGUIAR, Pinto de — v. BAHIA
ALCINDO PALMIRENO — Pseudônimo arcádico de *Silva ALVARENGA
ALENCAR, Mário de — v. PARNASIANISMO e POÉTICAS
ALI IDA, Manuel Said — v. LINGUÍSTICA NO BRASIL
ALMEIDA, Abílio Pereira de — v. SÁTIRA e TEATRO
ALMEIDA, Antônio Figueira de — v. AÇÚCAR, Ciclo do
ALMEIDA, Fernando Mendes de — v. SURREALISMO
ALMEIDA, Josias de — v. VIAGENS, Literatura de
ALMEIDA, P. Correia de — v. EPIGRAMA e MINAS GERAIS
ALMEIDA, João Vieira de — v. INFANTIL, Literatura
ALMEIDA, José Américo de — v. AMÉRICO de Almeida, José
ALMEIDA, Lúcia Machado de — v. INFANTIL, Literatura
ALVARENGA, Otávio de Melo — v. NEOMODERNISMO: Prosa de Ficção
ALVES, Audálio — v. AÇÚCAR, Ciclo do; NEOMODERNISMO: Poesia, e NORDESTE
ALVES, Rodrigues — v. S. Paulo
AMADO, James — v. BAHIA
AMORIM, Clóvis — v. BAHIA
ANDRADE, Almir — v. AMADO, Jorge
ANDRADE, Cordeiro — v. SECAS, Ciclo das
ANDRADE, Hamilton C. de — v. LINGUA PORTUGUESA NO BRASIL
ANDRADE, Tales de — v. INFANTIL, Literatura
ANDREONI, João Antônio — Nome verdadeiro de *André João ANTONIL
ÂNGELO, Barão de Santo — Título nobiliárquico de *Araújo Porto ALEGRE
ANTÔNIO, João — v. CONTO
ARAGÃO, Egas Moniz Barreto de — Pseudônimo de *Pethion de VILAR

ARAGUAIA, Visconde de — Título nobiliárquico de *Gonçalves de MAGALHÃES
ARANHA, Luís — v. CIENTÍFICA, Poesia
ARAÚJO, Adolfo — v. S. PAULO
ARAÚJO, Henry Correia de — v. MINAS GERAIS
ARAÚJO, Laís Correa de — v. MINAS GERAIS
ARAÚJO, Luís — v. PRAXIS
ARINOS Sobrinho, Afonso — v. MINAS GERAIS
ARMSTRONG, Charles W. — v. INFANTIL, Literatura
ARTAGÃO, Mário de — v. SUL, Rio Grande do
ASFORA, Permínio — v. NEOMODERNISMO: Prosa de Ficção e SECAS, Ciclo das
ÁVILA, Afonso — v. MINAS GERAIS
AYALA, Walmir — v. SUL, Rio Grande do
AZAMBUJA, Darci — v. SUL, Rio Grande do
AZEREDO, Ronaldo — v. CONCRETA, Poesia
AZEVEDO, Fernando de — v. AÇÚCAR, CAR, Ciclo do, e ENSAIO
AZEVEDO, Ramiro Correa — v. LINGUA PORTUGUESA NO BRASIL
AYROSA, Plínio — v. LINGUÍSTICA NO BRASIL
BARAÚNA, Frei Francisco Xavier de Santa Rita Bastos — v. BAHIA
BARBUDA, Pedro Júlio — v. LINGUÍSTICA NO BRASIL
BARCELOS, Ramiro — v. SUL, Rio Grande do
BARCELOS, Rubens de — v. SUL, Rio Grande do
BARRETO, Arnaldo de Oliveira — v. INFANTIL, Literatura
BARRETO, Fausto — v. Carlos de LAET, e LINGUÍSTICA NO BRASIL
BARRETO, Francisco Muniz — v. BAHIA
BARRETO, João Paulo Emílio Cristóvão dos Santos — Nome verdadeiro de *JOÃO DO RIO

473

BARRETO, Luís Pereira — v. FILO-SOFIA
BARRETO, Mário — v. LINGÚISTICA NO BRASIL
BARROS, José Borges de — v. TEATRO
BASTOS, Abguar — v. AMAZÔNIA
BATISTA, Virgílio R. — v. INFANTIL, Literatura
BELLEGARDE, Guilherme de A. — v. LINGÚISTICA NO BRASIL
BELO, José Maria — v. INFANTIL, Literatura
BELO, Júlio — v. AÇÚCAR, Ciclo do, e NORDESTE
BENEVIDES, Artur Eduardo — v. NEO-MODERNISMO: Poesia
BENÍCIO, Manuel — v. SECAS, Ciclo das
BERREDO, Bernardo Pereira de — v. INFORMAÇÃO, Literatura de
BETENDORF, João Filipo — v. VIAGENS, Literatura de
BISOL, José Paulo — v. SUL, Rio Grande do
BITTENCOURT, Liberato — v. LINGÚISTICA NO BRASIL
BOAL, Augusto — v. TEATRO
BOCCACCIO — Pseudônimo de *Apolinário Porto ALEGRE
BONFIM, Manuel — v. Olavo BILAC, e INFANTIL, Literatura
BONFIM, Paulo — v. S. PAULO
BORBA Filho, Hermilo — v. AÇÚCAR, Ciclo do, e NORDESTE
BORBA, Osório — v. Ascenso FERREIRA e POLÊMICA
BORGES, Abílio César — v. INFANTIL, Literatura
BORGES, José Carlos Cavalcanti — v. AÇÚCAR, Ciclo do
BRAGA, Belmiro — v. MINAS GERAIS
BRAGA, Edgar — v. CONCRETA, Poesia
BRANCA, Visconde de Pedra — Título nobiliárquico de *Borges de BARROS
BRANDÃO, Carlos Rodrigues — v. PRAXIS
BRANDÃO, Jacques do Prado — v. MINAS GERAIS
BRASILEIRO, Francisco — v. SERTÃO
BRITO, Francisco de Paula — v. CONTO
BUNSE, Heinrich — v. LÍNGUA PORTUGUESA NO BRASIL

CABRAL, Antônio Carlos — v. PRAXIS
CAETANO, Batista — v. LINGÚISTICA NO BRASIL
CAIUBI, Armando — v. S. PAULO
CALLAGE, Roque — v. SUL, Rio Grande do
CÂMARA Jr., Joaquim Mattoso — v. LÍNGUA PORTUGUESA NO BRASIL, e LINGÚISTICA NO BRASIL
CAMINHA, Pêro Vaz de — v. COLONIAL, Era, e INFORMAÇÃO, Literatura de
CAMPOS, Augusto de — v. CONCRETA, Poesia e NEOMODERNISMO: Poesia

CAMPOS, Eduardo — v. NORDESTE
CAMPOS, Haroldo de — v. CONCRETA, Poesia, e NEOMODERNISMO: Poesia
CAMPOS, Lima — v. PENUMBRISMO
CAMPOS, Narcisa Amália de Oliveira — v. Amália, Narcisa
CAMPOS, Renato — v. NORDESTE
CARMO, Manuel do — v. POÉTICAS
CARNEIRO, Édison — v. BAHIA
CARVALHO, Campos de — v. NEOMODERNISMO: Prosa de Ficção
CARVALHO Filho — v. BAHIA
CARVALHO, Francisco — v. NEOMODERNISMO: Poesia
CARVALHO, Francisco José de — Nome secular de *Frei Francisco de Monte ALVERNE
CARVALHO, Horácio de — v. NATURALISMO
CARVALHO, Trajano Galvão de — v. GALVÃO, Trajano
CASCUDO, Luís da Câmara — v. ANTROPOFAGIA, e NORDESTE
CASTRO, Ferreira de — v. AMAZÔNIA
CASTRO, José Ariel — v. LÍNGUA PORTUGUESA NO BRASIL
CASTRO, René de — v. VIAGENS, Literatura de
CAVALCANTI, Domingos Olímpio Braga — v. OLÍMPIO, Domingos
CAVALCANTI, Félix — v. AÇÚCAR, Ciclo do
CAVALCANTI, José Lins do Rego — v. REGO. José Lins do
CÉSAR, Guilhermino — v. MINAS GERAIS
CHAMIE, Mário — v. NEOMODERNISMO: Poesia, e PRAXIS
CHAVES, Adelino Fontoura — v. FONTOURA, Adelino
CHEDIAK, A. J. — v. LÍNGUA PORTUGUESA NO BRASIL
CHEVALIER, Ramayana de — v. AMAZÔNIA
CHIACCHIO, Carlos — v. BAHIA
CHOCIAY, Rogério — v. POÉTICAS
COARACY, Vivaldo — v. CRÔNICA, e RIO DE JANEIRO
COELHO, Saldanha — v. NEOMODERNISMO: Prosa de Ficção
CONRADO, Aldomar — v. TEATRO
CORÇÃO, Gustavo — v. RIO DE JANEIRO
CORREIA, Romaguera — v. LÍNGUA PORTUGUESA NO BRASIL e LINGÚISTICA NO BRASIL
CORREIA, Viriato — v. SERTÃO, e TEATRO
CORTINES, Júlia — v. PARNASIANISMO
CORUJA, Antônio Álvares — v. LINGÚISTICA NO BRASIL
CORUJA, Pereira — v. LÍNGUA PORTUGUESA NO BRASIL
COSTA, Dias da — v. BAHIA
COSTA, Firmino — v. LINGÚISTICA NO BRASIL
COSTA, Lobo da — v. SUL, Rio Grande do

474

COSTA, Pereira da — v. AÇÚCAR, Ciclo do, e LINGÜÍSTICA NO BRASIL
COUTINHO, Azeredo — v. ILUSTRAÇÃO
COUTINHO, Edilberto — v. CONTO
COUTINHO, Galeão — v. S. PAULO
COUTINHO, Sônia — v. BAHIA
COUTO, P. Manuel do — v. TEATRO
CRUZ, Azevedo — v. S. PAULO
CUNHA, A. Estêvão da Costa e — v. LINGÜÍSTICA NO BRASIL
CUNHA, Carlos — v. BAHIA
CUNHA, Celso — v. LÍNGUA PORTUGUESA NO BRASIL
CUNHA, Delfina Benigna da — v. SUL, Rio Grande do
CUNHA, Olegário Mariano Carneiro da — v. MARIANO, Olegário

DANTAS, Paulo — v. SECAS, Ciclo das
DANTAS, Santiago — v. AMADO, Jorge
DELGADO, Luís — v. NORDESTE
DIEGUES Jr., Manuel — v. AÇÚCAR, Ciclo do
DINARTE, Sílvio — Pseudônimo do *Visconde de TAUNAY
DIRCEU — Pseudônimo arcádico de *Tomás Antônio GONZAGA
DOLORES, Carmem — v. CRÔNICA
DOLZANI, Luís — Pseudônimo de *Inglês de SOUSA
DONATO, Hernâni — v. S. PAULO
DONATO, Mário — v. NEOMODERNISMO: Prosa de Ficção, e S. PAULO
DORNAS Filho, João — v. MINAS GERAIS
DRUMMOND de Andrade, Carlos — v. ANDRADE, Carlos Drummond de
DRUMMOND, Roberto — v. MINAS GERAIS
DUARTE, Paulo - v. MEMORIALISMO
DUPRÉ, Maria José — v. INFANTIL, Literatura
EÇA, Matias Aires Ramos da Silva de — v. AIRES, Matias
EDMUNDO, Luís — v. MEMORIALISMO
ELÍSIO, Américo — Pseudônimo de *José BONIFÁCIO (o Velho)
ESCRAGNOLLE, Alfredo d' — v. TAUNAY, Visconde de
ESTRADA, Joaquim Osório Duque — v. CRÍTICA LITERÁRIA, POLÊMICA. e LINGÜÍSTICA NO BRASIL
ESTRADA, Luís de Gonzaga Duque — v. DUQUE, Gonzaga
ERASMO — Pseudônimo de *José de ALENCAR
ETTIENE, João — V. CAMPOS, Paulo Mendes

FANTÁSIO — Pseudônimo de *Olavo BILAC
FARIA, Francisco de — v. ACADEMIAS
FARIA. Idelma Ribeiro de — v. NEOMODERNISMO: Poesia
FELIZARDO Jr. — v. FERREIRA, Carlos

FERNANDES, Aníbal — v. NORDESTE
FERRAZ, Geraldo — v. NEOMODERNISMO: Prosa de Ficção
FERREIRA, Alexandre Rodrigues — v. ILUSTRAÇÃO
FERREIRA, João Francisco — v. NEOMODERNISMO: Poesia
FIÃO, Caldre e — v. SUL, Rio Grande do
FIQUEIREDO, Antônio Pedro de — v. FILOSOFIA
FIGUEIREDO, Cândido de — v. LINGÜÍSTICA NO BRASIL
FIGUEIREDO Jr., Afonso Celso de Assis — v. CELSO, Afonso
FIGUEIREDO, Wilson de — v. MINAS GERAIS
FLAMÍNIO — Pseudônimo de *Olavo BILAC
FOEPPEL, Elvira — v. BAHIA
FONSECA, Mariano José Pereira da — v. MARICÁ, Marquês de
FONSECA, Yvone Giannetti — v. PRAXIS
FORNEIRO, Domício Afonso — v. GAMA. Domício da
FORSTER, Pedro Ismael — v. INFANTIL. Literatura
FRAGA, Cid Seixas — v. BAHIA
FRAGA, Míriam — v. BAHIA
FRANÇA, Eduardo Ferreira — v. FILOSOFIA
FRANCA, Gonçalo Soares da — v. ACADEMIAS e GONGORISMO
FRANCO, Afonso Arinos de Melo (1) — v. ARINOS, Afonso
FRANCO, Afonso Arinos de Melo (2) — v. ENSAIO e MINAS GERAIS
FRANCO, Amália Emília — v. INFANTIL. Literatura
FRANCO, Rodrigo de Melo — v. CONTO
FREIRE, Laudelino — v. LÍNGUA PORTUGUESA NO BRASIL e LINGÜÍSTICA NO BRASIL
FREITAS Filho, Armando — v. PRAXIS
FRIEIRO, Eduardo — v. MINAS GERAIS
FROTA, Lélia Coelho — v. NEOMODERNISMO: Poesia
FUSCO, Rosário — v. ANTROPOFAGIA e MINAS GERAIS

GALVÃO. Barão de Ramiz — v. LINGÜÍSTICA NO BRASIL
GALVÃO, Patrícia — v. NEOMODERNISMO: Prosa de Ficção
GAMA, Mauro — v. PRAXIS
GAMA, Miguel do Sacramento Lopes — v. CONTO
GARAUDE, Lupe Cotrim — v. NEOMODERNISMO: Poesia
GARCIA. Rodolfo — v. EPISTOLOGRAFIA e LINGÜÍSTICA NO BRASIL
GLAUCESTE SATÚRNIO — Pseudônimo arcádico de *Cláudio Manuel da COSTA
GODOFREDO Filho, — v. BAHIA

475

GODOY, Heleno — v. PRAXIS
GÓES, Fernando — v. CRÔNICA
GÓIS, Carlos — v. LINGÜÍSTICA NO BRASIL
GOMES, Roberto — v. TEATRO
GONÇALVES, Bento — Pseudônimo de *Artur de OLIVEIRA
GONÇALVES, Paulo — v. TEATRO
GONÇALVES, Ricardo — v. José Godofredo de Moura RANGEL
GONZAGA, Armando — v. TEATRO
GRAÇA, Heráclito — v. LINGÜÍSTICA NO BRASIL
GRAMACHO, Jair — v. SONETO
GRIVET, Charles — v. LINGÜÍSTICA NO BRASIL
GRÜNEWALD, José Lino — v. CONCRETA. Poesia
GUARNIERI, Gianfrancesco — v. TEATRO
GUERRA, Álvaro — v. INFANTIL, Literatura
GUERRA, Gregório de Matos — v. MATOS, Gregório de
GUERRA, Guido — v. BAHIA
GUIMARAENS, João Alphonsus de — v. ALPHONSUS, João
GUIMARAENS Filho, Alphonsus de — Pseudônimo de Afonso Henrique de GUIMARAENS
GUIMARÃES, Afonso Henriques da Costa — Nome verdadeiro de * Alphonsus de GUIMARÃES
GUIMARÃES, Afonso da Silva — v. MINAS GERAIS
GUIMARÃES, Arcanjo Augusto da Costa — Nome verdadeiro de *Archangelus de GUIMARAENS
GUIMARÃES, Horácio — v. MINAS GERAIS
GUIMARÃES, Vicente Pereira de Carvalho — v. CONTO
GULAR, Ferreira — v. CONCRETA, Poesia, e NEOMODERNISMO: Poesia

HECKER Filho, Paulo — v. SUL, Rio Grande do
HÉLIOS — Pseudônimo de *Menotti del PICCHIA
HERMÓGENES, Antônio — v. INFANTIL, Literatura
HOEFER, Carlos — v. LINGÜÍSTICA NO BRASIL
HOLANDA, Chico Buarque de — v. TEATRO
HOLANDA, Gastão de — v. NEOMODERNISMO: Prosa de Ficção
HOLANDA, Sérgio Buarque de — v. ENSAIO
HOMEM, Francisco de Sales Torres — v. CRÍTICA LITERÁRIA e REVISTAS
HOMEM. Homero — v. CONTO e NEOMODERNISMO: Poesia
HONORATO, M. C. — v. POÉTICAS
HOUAISS, Antônio — v. LÍNGUA PORTUGUESA NO BRASIL

IRIEMA — Pseudônimo de Apolinário Porto ALEGRE

ITAMARACÁ, Barão de — Título nobiliárquico de *Maciel MONTEIRO

JAQUES, Cezimbra — v. SUL, Rio Grande do
JARDIM, Luís — v. NORDESTE
JARDIM, Reinaldo — v. CONCRETA, Poesia
JARDIM, Silva — v. MAGALHÃES, Antônio Valentim da Costa
JESUS, Frei Rafael de — v. COLONIAL, Era
JUCÁ Filho, Cândido — v. LINGUA PORTUGUESA NO BRASIL
JUDEU, O — v. SILVA, Antônio José da
JUVENAL, Amaro — v. SUL, Rio Grande do

KEMP, Emílio — v. SUL, Rio Grande do
KOCH, Paulo de — v. INFANTIL, Literatura
KÜPKE, João — v. INFANTIL, Literatura zí
KUBITSCHECK, João Nepomuceno — v. MINAS GERAIS
KÜHNER, Maria Helena — v. TEATRO

LABIENO — Pseudônimo de Lafaiete Rodrigues Pereira (v. MINAS GERAIS)
LACOMBE, Américo Jacobina — v. AMADO, Jorge
LADISLAU, Alfredo — v. AMAZÔNIA
LEÃO, José Joaquim de Campos — Nome verdadeiro de *QORPO SANTO
LEITE. Ascendino — v. NEOMODERNISMO: Prosa de Ficção
LEITE. Solidônio — v. LÍNGUA PORTUGUESA NO BRASIL
LEMOS, Miguel — v. FILOSOFIA
LEOPOLDO, Visconde de São — Título nobiliárquico de *José Feliciano FERNANDES PINHEIRO
LERENO SELINUNTINO — Pseudônimo arcádico de *Caldas BARBOSA
LIMA, Alceu Amoroso — Nome verdadeiro de *Tristão de ATAIDE
LIMA. José Inácio de Abreu e — v. CRÍTICA LITERÁRIA
LIMA, Luís Costa — v. NORDESTE
LIMA, Mário Pereira de Sousa — v. LINGÜÍSTICA NO BRASIL
LIMA, João Brito e — v. ACADEMIAS e GONGORISMO
LIPPMANN, Edmundo O. von — v. AÇÚCAR, Ciclo do
LISBOA, José da Silva — v. BAHIA
LOANDA, Fernando Ferreira de — v. NEOMODERNISMO: Poesia
LOBO. Artur — v. MINAS GERAIS
LOPES, Ascânio — v. MINAS GERAIS
LOPES, Castro — v. LINGÜÍSTICA NO BRASIL
LOPES. Moacir C. — v. NEOMODERNISMO: Prosa de Ficção
LOPES. Paulo Correia — v. SUL, Rio Grande do
LORETO. Barão de — Título nobiliárquico de *Franklin DÓRIA

LOUZADA Filho, C. O. — v. NEO-MODERNISMO: Prosa de Ficção, e PRAXIS
LUCAS, Fábio — v. MINAS GERAIS

MACAÚBAS, Barão de — V. INFANTIL, Literatura
MACHADO, Alexandre Ribeiro Marcondes — Nome verdadeiro de *Juó BANANÉRE
MACHADO, Edgar da Mata — v. MINAS GERAIS
MACHADO, Inácio Barbosa — v. BAHIA
MACHADO, Julião — v. RABELO, Pedro Carlos da Silva
MACHADO, Maria Clara — v. TEATRO
MACHADO, Possidônio — Nome verdadeiro de *Marcelo GAMA
MACIEL, Maximino — v. LINGÜÍSTICA NO BRASIL
MAGALHÃES, Carlos Fernando — v. PRAXIS
MAGALHÃES, Paulo de — v. TEATRO
MAIA, Vasconcelos — v. BAHIA
MALLET, Pardal — v. NATURALISMO
MAMEDE, Zilá — v. NORDESTE
MANFREDO — Pseudônimo de *Múcio TEIXEIRA
MARINS, Francisco — v. S. PAULO
MÁRIO Filho — v. NEOMODERNISMO: Prosa de Ficção
MARROQUIM, Mário — v. LINGUA PORTUGUESA NO BRASIL e LINGÜÍSTICA NO BRASIL
MARQUES, Antônio Mariano de Azevedo — v. POÉTICAS
MARQUES, Osvaldino — v. NEOMODERNISMO: Poesia
MARTINS, Ciro — v. SUL, Rio Grande do
MARTINS, Francisco — Nome verdadeiro de *Fran MARTINS
MARTINS, Ivan Pedro de — v. NEOMODERNISMO: Prosa de Ficção, e SUL, Rio Grande do
MARTINS, Jackson de Figueiredo — v. FIGUEIREDO, Jackson de
MARTINS, Luís — v. CRÔNICA e S. PAULO
MASCARENHAS, André Figueiredo ,de — v. ACADEMIAS
MASSA, José de N. N. — v. LINGÜÍSTICA NO BRASIL
MATOS, Florisvaldo — v. BAHIA
MATOS, Mário — v. MINAS GERAIS
MEDEIROS, Aluísio — v. NEOMODERNISMO: Poesia
MELO, Gladstone Chaves de — v. LINGUA PORTUGUESA NO BRASIL
MELO, José Mascarenhas Pereira Pacheco Coelho e — v. ACADEMIAS e BAHIA
MELO, Manuel de — v. LINGÜÍSTICA NO BRASIL
MELO, Tiago de — v. NEOMODERNISMO: Poesia
MELO, Virginius da Gama e — v. NORDESTE

MENA, Sebastião Xavier do Amaral Sarmento — v. SUL, Rio Grande do
MENDES, Cunha — v. S. PAULO
MENDES, Raimundo Teixeira — v. FILOSOFIA
MENDONÇA, Antônio Augusto de — v. BAHIA
MENDONÇA, Hipólito José da Costa Pereira Furtado de — v. COSTA, Hipólito da
MENESES, Ferreira de — v. CONTO
MENESES, Tobias Barreto de — v. BARRETO, Tobias
MESQUITA, Salvador de — v. TEATRO
MEYER, Camargo — v. PRAXIS
MIRALES, José — v. COLONIAL, Era, e BAHIA
MIRANDA, Macedo — v. NEOMODERNISMO: Prosa de Ficção
MOLITERNO, Carlos — v. NORDESTE
MONAT, Olímpio — v. NEOMODERNISMO: Prosa de Ficção
MONTEIRO, Clóvis — v. LINGUA PORTUGUESA NO BRASIL
MONTENEGRO, Braga — v. NEOMODERNISMO: Prosa de Ficção, e NORDESTE
MONTENEGRO, Olívio — v. NORDESTE
MORA, Otávio — v. NEOMODERNISMO: Poesia
MORAIS, Carlos Dante de — v. SUL, Rio Grande do
MORAIS, Diogo R. de — v. INFANTIL, Literatura
MORAIS, Luís Carlos de — v. LINGUA PORTUGUESA NO BRASIL
MOREIRA, Albertino — v. S. PAULO
MORENO, Diogo de Campos — v. INFORMAÇÃO, Literatura de
MORLEY, Helena — v. MEMORIALISMO
MOTA, Artur — v. HISTORIA LITERÁRIA
MOTA, Áttico Villas-Boas da — v. LINGUA PORTUGUESA NO BRASIL
MOTA, Otoniel — v. LINGÜÍSTICA NO BRASIL
MOURA, Reinaldo — v. NEOMODERNISMO: Prosa de Ficção
MOURÃO, Gerardo de Melo — v. NEOMODERNISMO: Prosa de Ficção
MOURÃO, Rui — v. MINAS GERAIS
MÜLLER, A. — v. INFANTIL, Literatura
MÜLLER, Jansen — v. INFANTIL, Literatura
MUNSTER, Francisca Júlia da Silva — v. JÚLIA, Francisca
MURICI, Andrade — v. ADONIAS Aguiar Filho

NASCENTES, Antenor — v. LINGUA PORTUGUESA NO BRASIL e LINGÜÍSTICA NO BRASIL
NAUD, José Santiago — v. NEOMODERNISMO: Poesia
NAVA, Pedro — v. MEMORIALISMO

NAVARRO, P. Aspilcueta — v. COLONIAL, Era
NEIVA, Artur — v. LÍNGUA PORTUGUESA NO BRASIL e LINGÜÍSTICA NO BRASIL
NEJAR, Carlos — v. SUL, Rio Grande do
NESTOR, Odilon — v. NORDESTE
NEVES, Libério — v. MINAS GERAIS
NEY, Paula — v. VIDA LITERARIA
NOBILING, Oskar — v. LINGÜÍSTICA NO BRASIL
NÓBREGA, P. Manuel da — v. COLONIAL, Era, e TEATRO
NOGUEIRA, Almeida — v. LINGÜÍSTICA NO BRASIL

OLIVEIRA, Isócrates de — v. NEOMODERNISMO: Prosa de Ficção
OLIVEIRA, J. Cardoso de — v. BAHIA
OLIVEIRA, Leôncio de — v. S. PAULO
OLIVEIRA, Lola de — v. VIAGENS, Literatura de
OLIVEIRA, Marly de — v. NEOMODERNISMO: Poesia
OLIVEIRA, Nélson Tabajara de — v. VIAGENS, Literatura de
OLIVEIRA, P. Antônio de — v. ACADEMIAS
OLIVEIRA, Rui Barbosa de — v. BARBOSA, Rui
ORICO, Osvaldo — v. AMAZÔNIA
ORNELAS, Manoelito de — v. SUL, Rio Grande do
OSÓRIO, Jerônimo — v. S. PAULO
OTÁVIO, Rodrigo — v. ACADEMIAS e PARNASIANISMO
OTÁVIO Filho, Rodrigo — v. PENUMBRISMO

PACHECO, João — v. S. PAULO
PADILHA, Telmo — v. BAHIA
PAES, José Paulo — v. NEOMODERNISMO: Poesia
PALHA, Vicente Rodrigues — Nome secular de *Frei Vicente do SALVADOR
PALHANO, Lauro — v. AMAZÔNIA
PALLOTTINI, Renata — v. NEOMODERNISMO: Poesia, e SONETO
PAMPLONA, Osvaldo — v. FUTURISMO
PARANAGUÁ, Marques de — Título nobiliárquico de *Francisco Vilela BARBOSA
PASSOS, Jacinta — v. BAHIA
PAULINO, Luís — v. COLONIAL, Era
PEIXOTO, Francisco Inácio — v. MINAS GERAIS
PELEGRINO, Hélio — v. CAMPOS, Paulo Mendes
PENA, Afonso — v. S. PAULO
PENA Filho, Carlos — v. NEOMODERNISMO: Poesia, e NORDESTE
PENTEADO, Amadeu Ataliba Arruda Amaral Leite — v. AMARAL, Amadeu
PEREIRA. Eduardo Carlos — v. LINGÜÍSTICA NO BRASIL

PEREIRA, Lafaiete Rodrigues — v. MINAS GERAIS
PEREIRA, Teodomiro Alves — v. CONTO
PERES. Fernando da Rocha — v. BAHIA
PEREZ, Renard — v. NEOMODERNISMO: Prosa de Ficção
PICORELLI, José — v. SUL, Rio Grande do
PIGNATARI, Décio — v. CONCRETA, Poesia
PIMENTEL, Alberto Figueiredo — v. INFANTIL, Literatura
PIMENTEL, Ciro — v. NEOMODERNISMO: Poesia
PINHEIRO, Aurélio — v. AMAZÔNIA
PINO, Wlademir Dias — v. CONCRETA, Poesia
PINTO, Alexina de Magalhães — v. INFANTIL, Literatura
PINTO, Roquete — v. SERTÃO
PINTO, Salviano — v. S. PAULO
PIRES, Cornélio — v. S. PAULO
PIZA. José v. TEATRO
POMBO, Rocha — v. SIMBOLISMO
PONGETTI, Henrique — V. CRÔNICA
PONTES, Frei Raimundo da Madre de Deus — v. BAHIA
PONTES, Paulo — v. TEATRO
PRADO, Yan de Almeida — v. ANTROPOFAGIA
PRADO, Cid — v. VIAGENS, Literatura de
PRADO Jr., Caio — v. ENSAIOS, e VIAGENS, Literatura de
PRATES, Homero — v. PENUMBRISMO; PRÉ-MODERNISMO, e SUL, Rio Grande do
PUCK — Pseudônimo de *Olavo BILAC

QUEIROGA, João Salomé — v. MINAS GERAIS

RABELO, Sílvio — v. NORDESTE
RAMOS, Alberto — v. SUL, Rio Grande do
RAMOS, Artur — v. BAHIA
RAMOS, Raul de Leoni — v. LEONI, Raul de
RAMOS, Silva — v. ACADEMIAS, PARNASIANISMO, e LINGÜÍSTICA NO BRASIL
RAVASCO, Gonçalo — v. TEATRO
REGO, Tomás Rubi de Barros Barreto do — v. ACADEMIAS
REIMAR, Flávio — Pseudônimo de * Gentil Homem de Almeida BRAGA
REIS, Antônio Manuel dos — v. CONTO
REIS, Simão Ferreira — v. VIAGENS, Literatura de
REDONDO, Manuel Ferreira Garcia — v. S. PAULO
RENAULT, Abgar — v. MINAS GERAIS
RENDON, Arouche — v. ACADEMIAS

RESENDE, Francisco de Paula Ferreira — v. INFANTIL, Literatura
RESENDE, Henrique de — v. MINAS GERAIS
RÉVAH, I. S. — v. LÍNGUA PORTUGUESA NO BRASIL
RIBAS, Fanfa — v. SUL, Rio Grande do
RIBEIRO, Alarico — v. SUL, Rio Grande do
RIBEIRO, Ernâni Salomão Rosas — v. ROSAS, Ernâni
RIBEIRO, Ernesto Carneiro — v. LINGÜÍSTICA NO BRASIL
RIBEIRO, Francisco Bernardino — v. QUEIROGA, Antônio Augusto de
RIBEIRO, João Ubaldo — v. BAHIA
RIBEIRO, Oscar Rosas, v. ROSAS, Oscar
RIBEIRO, P. Lourenço — v. GONGORISMO
RIBEIRO, Tomás — v. INFANTIL, Literatura
RIO, João José de Sousa e Silva — v. CONTO
RIVEIRA, A. C. — v. INFANTIL, Literatura
ROCHA, Justiniano José da — v. CONTO, e NOVELA
ROCHA, Manuel Ribeiro — v. BAHIA
ROCHA, Pinto da — v. SUL, Rio Grande do
ROCHA, Wilson — v. BAHIA
RODRIGUES, Ada Natal — v. LÍNGUA PORTUGUESA NO BRASIL
RODRIGUES, Antônio Marques — v. GALVÃO, Trajano
RODRIGUES, Barbosa — v. LINGÜÍSTICA NO BRASIL
RODRIGUES, Nina — v. BAHIA
ROHAN, Visconde de Baurepaire — v. LINGÜÍSTICA NO BRASIL
ROLIM, Zalina — v. INFANTIL, Literatura
ROSA, Francisco Otaviano de Almeida — v. OTAVIANO, Francisco
ROSSI, Nelson — v. LÍNGUA PORTUGUESA NO BRASIL

SÁ, Filipe Franco de — v. LINGÜÍSTICA NO BRASIL
SÁ, Manuel Tavares de Siqueira e — v. ACADEMIAS
SÁ, Simão Pereira de — v. ACADEMIAS
SABINO, Inês — v. INFANTIL, Literatura
SAGEN, Lyder — v. VIAGENS, Literatura de
SALDANHA, Heitor — v. SUL, Rio Grande do
SALES, Rute Sílvia de Miranda — v. NEOMODERNISMO: Poesia
SALVI, Nina — v. INFANTIL, Literatura
SAMPAIO, Moreira — v. TEATRO
SAMPAIO, Prado — v. CIENTÍFICA, Poesia, e PARNASIANISMO

SAMPAIO, Silveira — v. SÁTIRA
SAMPAIO, Teodoro — v. LINGÜÍSTICA NO BRASIL
SAND, Elos — v. INFANTIL, Literatura
SANTANA, Afonso Romano de — v. MINAS GERAIS
SANTANA, Sérgio — v. CONTO
SANTOS, Darci Damasceno dos — v. DAMASCENO, Darci
SANTOS, Joaquim Felício dos — v. MINAS GERAIS
SANTOS, Luís Delfino dos — v. DELFINO, Luís
SARAIVA, Mateus — v. ACADEMIAS
SÁTIRO, Ernâni — v. NORDESTE
SCAVONE, Rubens Teixeira — v. NEOMODERNISMO: Prosa de Ficção
SEGURO, Barão e Visconde de PORTO — Títulos nobiliárquicos de *VARNHAGEN
SERAINE, Florival — v. LÍNGUA PORTUGUESA NO BRASIL
SERPA, José de Oliveira — v. ACADEMIAS, e GONGORISMO
SILVA, Alberto da Costa e — v. NEOMODERNISMO: Poesia
SILVA, Antônio Morais — v. LINGÜÍSTICA NO BRASIL
SILVA, Artur Orlando da — v. ORLANDO, Artur
SILVA, Euclides da Mota Bandeira e — v. BANDEIRA, Euclides
SILVA, Firmino Rodrigues — v. CONTO, e INDIANISMO
SILVA, Francisco Carlos da — Nome secular de * Frei Francisco de S. CARLOS
SILVA, João Pinto da — v. SUL, Rio Grande do
SILVA, J. M. Pereira da — v. NOVELA
SILVA, João Manuel Pereira da — v. CONTO
SILVA, Joaquim Norberto de Sousa e — v. NORBERTO, Joaquim
SILVA, José Jorge Paranhos da — v. LÍNGUA PORTUGUESA NO BRASIL
SILVA, Josino Nascimento — v. CONTO
SILVA, Juvenal Galeno da Costa e — v. GALENO, Juvenal
SILVA Jr., M. Pacheco da — v. LINGÜÍSTICA NO BRASIL
SILVA (o Moço), José Bonifácio de Andrade e — v. BONIFÁCIO (o Moço), José
SILVA (o Velho), José Bonifácio de Andrade e — v. BONIFÁCIO (o Velho), José
SILVA, Luís Bartolomeu de Sousa e — v. INFANTIL, Literatura
SILVA Neto, Serafim da — v. LÍNGUA PORTUGUESA NO BRASIL
SILVA, Sérgio Milliet da Costa e — v. MILLIET, Sérgio
SOARES, Aristóteles — v. AÇÚCAR, Ciclo do

SOARES, João Álvares — v. ACADE-
MIAS. e GONGORISMO
SOARES, A. J. de Macedo — v. SAM-
PAIO, Francisco Leite de Bittencourt
SODRÉ, Nelson Werneck — v. HIS-
TÓRIA LITERÁRIA
SOUSA, Afonso Félix de — v. NEO-
MODERNISMO: Poesia
SOUSA, Antônio Cândido de Melo e
— v. CÂNDIDO, Antônio
SOUSA, João Cardoso de Meneses e
— v. PARANAPIACABA, Barão de
SOUSA, Teixeira de — v. CIENTIFI-
CA, Poesia, e PARNASIANISMO
SOUTO, Jomar — v. NORDESTE
STRADELLI — v. LINGÜISTICA NO
BRASIL

TÁCITO, Hilário — v. S. PAULO
TAHAN, Malba — v. INFANTIL, Li-
teratura
TAVARES, Odorico — v. NORDESTE
TAVARES, Otávio — v. VIAGENS,
Literatura de
TAVEIRA Jr. — v. SUL, Rio Gran-
de do
TEIXEIRA, José D'Aparecida — v.
LINGUA PORTUGUESA NO BRA-
SIL e LINGÜISTICA NO BRASIL
TEIXEIRA, Maria de Lourdes — v.
NEOMODERNISMO: Prosa de Fic-
ção, e S. PAULO
TELES, Domingos da Silva — v. EN-
SAIO
TELES, Gilberto Mendonça — v. NEO-
MODERNISMO: Poesia
TERMINDO SIPÍLIO — Pseudônimo
arcádico de *Basílio da GAMA
TOJEIRO, Gastão — v. TEATRO
TORRES, João Camilo de Oliveira — v.
MINAS GERAIS
TRAVASSOS, Nelson Palma — v.
MEMORIALISMO
TRIBUZZI, Bandeira — v. NEOMO-
DERNISMO: Poesia

VALE, José de Freitas — v. S. PAULO
VALE, Paulo Antônio do — v. POÉ-
TICAS
VARGAS Neto — v. SUL, Rio Gran-
de do
VÁRZEA, Afonso — v. AÇÚCAR, Ci-
clo do
VASCONCELOS, Carlos de — v. AMA-
ZÔNIA
VASCONCELOS, Diogo de — v. MI-
NAS GERAIS
VASCONCELOS, José Mauro de — v.
NEOMODERNISMO: Prosa de Ficção
VAZ. Leo — v. S. PAULO
VEIGA, Evaristo da — v. ILUSTRA-
ÇÃO
VELINHO, Moisés — v. SUL, Rio
Grande do
VELOSO, Frei Mariano da Conceição
— v. ILUSTRAÇÃO
VERAS, Humberto de Campos — v.
CAMPOS, Humberto de
VIANA, Álvaro — v. MINAS GERAIS
VIANA, Araújo — v. MINAS GERAIS
VIANA, Fernando Mendes — v. NEO-
MODERNISMO: Poesia
VIANA, Gonçalves — v. LINGÜISTI-
· CA NO BRASIL
VIDAL, Nunes — Pseudônimo de *Nes-
tor VITOR
VIEGAS, Pinheiro — v. AMADO,
Jorge
VIEIRA. Damasceno — v. SUL, Rio
Grande do
VIEIRA, Meneses — v. INFANTIL,
Literatura
VIEIRA, P. Simão Estaço — v. CO-
LONIAL, Era

WOUK. Miguel — v. LINGUA POR-
TUGUESA NO BRASIL

XISTO, Pedro — v. CONCRETA,
Poesia

ZUCCOLOTTO, Afrânio — v. NEO-
MODERNISMO: Poesia

ÍNDICE REMISSIVO DE OBRAS

ABDIAS — v. ANJOS, Ciro dos
AGONIA — v. PEDERNEIRAS, Mário
ALÉM DOS MARIMBUS — v. SALES, Herberto
ALGUMA POESIA — v. ANDRADE, Carlos Drummond de
ALMA ALHEIA — v. RABELO, Pedro
ALMA INQUIETA — v. BILAC, Olavo
AMANUENSE BELMIRO, O — v. ANJOS, Ciro dos
AMAR, VERBO INTRANSITIVO — v. ANDRADE, Mário de
AMAZÔNIA MISTERIOSA, A — v. CRULS, Gastão
AMAZÔNIA QUE EU VI, A — v. CRULS, Gastão
ANCHIETA OU O EVANGELHO DAS SELVAS — v. VARELA, Fagundes
ANGÚSTIA DO INFINITO, A — v. DELFINO, Luís
ANTES, O VERÃO — v. CONY, Carlos Heitor
AO LÉU DO SONHO E A MERCÊ DA VIDA — v. PEDERNEIRAS, Mário
APOTEOSES — v. FONTES, Hermes
APRENDIZ DE FEITICEIRO, O — v. QUINTANA, Mário
ARDENTIAS — v. CARVALHO, Vicente de
ARTE DO POETA — v. ARAÚJO, Murilo
ASSUNÇÃO, A — v. CARLOS, Frei Francisco de S.
ASSUNÇÃO DE SALVIANO — v. CALADO, Antônio
ÁUREO TRONO EPISCOPAL — v. MINAS GERAIS
AVATAR — v. GAMA, Marcelo
AVALOVARA — v. LINS, Osman
AVES DE ARRIBAÇÃO — v. SALES, Antônio
AZUL PROFUNDO — v. LISBOA, Henriqueta

BANDEIRANTES E PIONEIROS — v. MOOG, Viana
BANDEIRANTES, OS — v. CEPELOS, Batista
BARCA DOS HOMENS, A — v. DOURADO, Autran

BEM CASADOS, OS — v. RANGEL, Godofredo
BOCA DO INFERNO — v. RESENDE, Oto Lara
BOM CRIOULO — v. CAMINHA, Adolfo
BRAÇO DIREITO, O — v. RESENDE, Oto Lara
BRASILIANAS — v. ALEGRE, Araújo Porto
BREJO DAS ALMAS — v. ANDRADE, Carlos Drummond de
BRILHANTES, OS — v. TEÓFILO, Rodolfo
BROMÉLIAS — v. ALEGRE, Apolinário Porto

CABOCLO, O — v. FÓSCOLO, Avelino
CACHOEIRA DE PAULO AFONSO, A — v. ALVES, Castro
CADERNOS DE JOÃO — v. MACHADO, Aníbal
CAETÉS — v. RAMOS, Graciliano
CANÇÕES DA DECADÊNCIA — v. ALBUQUERQUE, Medeiros e, e SIMBOLISMO
CANÇÕES ROMÂNTICAS — v. OLIVEIRA, Alberto de
CANÇÕES SEM METRO — v. POMPÉIA, Raul
CÂNTICO DOS CÂNTICOS PARA FLAUTA E VIOLÃO — v. ANDRADE, Oswald de
CANTO ABSOLUTO — v. SILVEIRA, Tasso da
CANTO DA NOITE — v. SCHMIDT, Augusto Frederico
CANTO DO BRASILEIRO AUGUSTO FREDERICO SCHMIDT — v. SCHMIDT, Augusto Frederico
CANTOS DO EQUADOR — v. MORAIS Filho, Melo
CANTOS E LUTAS — v. MAGALHÃES, Valentim
CANTOS LÍRICOS — v. SOUSA, Teixeira e
CANTOS TROPICAIS — v. DIAS, Teófilo
CÃO SEM PLUMAS, O — v. MELO Neto, João Cabral de

481

CAPITAL, A — v. FÓSCOLO, Avelino
CAPÍTULOS DE HISTÓRIA COLONIAL — v. ABREU, Capistrano de
CARAMURU — v. DURÃO, Santa Rita
CARNAVAL — v. BANDEIRA, Manuel
CARTAS À GENTE NOVA — v. VITOR, Nestor
CARTAS CHILENAS — v. GONZAGA, Tomás Antônio, e SÁTIRA
CARTAS DO SOLITÁRIO — v. BASTOS, Tavares
CARTAS INFORMATIVAS — v. ANCHIETA, José de
CARTAS LITERÁRIAS — v. CAMINHA, Adolfo
CASCALHO — v. SALES, Herberto
CHAPADÃO DO BUGRE — v. PALMÉRIO, Mário
CHAVE DE SALOMÃO e Outros Escritos, A — v. AMADO, Gilberto
CIDADES MORTAS — v. LOBATO, Monteiro
CINZA DAS HORAS, A — v. BANDEIRA, Manuel
CLÃ DO JABUTI — v. ANDRADE, Mário de
CLARA VERBENA — v. BRAGA, Gentil Homem de Almeida
CLARO ENIGMA — v. ANDRADE, Carlos Drummond de
COLEÇÃO DE VÁRIOS ESCRITOS INÉDITOS, POLÍTICOS E LITERÁRIOS — v. GUSMÃO (2), Alexandre de
COLOMBO — v. ALEGRE, Araújo Porto
COMPÊNDIO DE FILOSOFIA — v. ALVERNE, Monte
CONTEMPLAÇÃO DE OURO PRETO — v. MENDES, Murilo
CONFEDERAÇÃO DOS TAMOIOS, A — v. MAGALHÃES. Gonçalves de
CONFITEOR — v. SETÚBAL, Paulo
CONTOS GAUCHESCOS — v. LOPES Neto. Simões
CORAÇÃO VERDE — v. MEYER, Augusto
CORIMBOS — v. GUIMARÃES Jr., Luís
CORONEL DE MACAMBIRA, O — v. CARDOSO, Joaquim
CORONEL E O LOBISOMEM, O — v. CARVALHO, José Cândido de
CORPO DE BAILE — v. ROSA, Guimarães
CORREIO BRASILIENSE — v. COSTA, Hipólito da
CORUMBAS, OS — v. FONTES, Amando
CRIAÇÃO E O CRIADOR, A — v. CRULS, Gastão
CRISE DA FILOSOFIA MESSIÂNICA, A — v. ANDRADE. Oswald de
CROMOS — v. LOPES. B.
CRÔNICA DA CASA ASSASSINADA — v. CARDOSO. Lúcio
CULTURA E OPULÊNCIA DO BRASIL — v. ANTONIL, André João

CURSO DE LITERATURA PORTUGUESA E BRASILEIRA — v. REIS, Sotero dos
CURUPIRA E O CARÃO, O — v. SALGADO, Plínio

DADOS BIOGRÁFICOS DO FINADO MARCELINO — v. SALES, Herberto
DANÇA SOBRE O ABISMO, A — v. AMADO, Gilberto
DE PAI A FILHO — v. CRULS, Gastão
DESAGRAVOS DO BRASIL E GLÓRIAS DE PERNAMBUCO — v. COUTO, Domingos do Loreto
DESCOBRIMENTO DAS ESMERALDAS, O — v. TINOCO, Grasson
DESCRIÇÃO DA ILHA DE ITAPARICA — v. ITAPARICA, Frei Manuel de Santa Maria
DESERTOR, O — v. ALVARENGA, Silva
DEUS LHE PAGUE — v. TEATRO
DIÁLOGOS DAS GRANDEZAS DO BRASIL — v. BRANDÃO, Ambrósio Fernandes
DIÁRIO DE NAVEGAÇÃO — v. SOUSA, Pêro Lopes de
DIAS ANTIGOS, OS — v. CONDÉ, José
DIVINA QUIMERA, A — v. GUIMARAENS, Eduardo
D. JOÃO VI NO BRASIL — v. LIMA, Oliveira
DOUTORAS, AS — v. FRANÇA Jr.

ELEGIA DIURNA — v. FONSECA, José Paulo Moreira da
ELEGIAS DO PAÍS DAS GERAIS — v. MOTA, Dantas
ELIXIR DO PAJÉ, O — v. GUIMARÃES, Bernardo
ELZA E HELENA — v. CRULS, Gastão
ENCONTRO MARCADO, O — v. SABINO, Fernando
ENLEVOS — v. DÓRIA, Franklin
ENTRE MAR E RIO — v. COUTO, Ribeiro
EPIGRAMAS IRÔNICOS E SENTIMENTAIS — v. CARVALHO, Ronald de
ESCADA. A — v. ANDRADE, Jorge
ESCRAVA ISAURA, A — v. GUIMARÃES, Bernardo
ESCRAVA QUE NÃO É ISAURA, A — v. ANDRADE, Mário de
ESCRAVOS, OS — v. ALVES. Castro
ESFINGES — v. JÚLIA. Francisca
ESPELHO PARTIDO, O — v. REBELO. Marques
ESPÍRITO MODERNO, O — v. ARANHA. Graça
ESPUMAS FLUTUANTES — v. ALVES, Castro
ESTADISTA DO IMPÉRIO, UM — v. NABUCO, Joaquim
ESTANDARTE AURIVERDE, O — v. VARELA. Fagundes
ESTRANGEIRO, O — v. SALGADO, Plínio

482

ESTRELA DA MANHÃ — v. BAN-
DEIRA, Manuel
ESTRELA DA TARDE — v. BAN-
DEIRA, Manuel
ESTRELA SOBE, A — v. REBELO,
Marques
ESTRELA SOLITÁRIA - v. SCHMIDT,
Augusto Frederico
ESTUDO DE TEMPERAMENTO, UM
— v. MAGALHÃES, Celso de
ESTUDOS CRÍTICOS E LITERÁRIOS
— v. BOCAIÚVA, Quintino
EU E OUTRAS POESIAS — v. ANJOS,
AUGUSTO DOS, e CIENTÍFICA,
Poesia
EUSTÁQUIDOS — v. ITAPARICA,
Frei Manuel de Santa Maria

FALANGE GLORIOSA — v. RAN-
GEL, Godofredo
FALÊNCIA, A — v. ALMEIDA, Júlia
Lopes de
FANFARRAS — v. DIAS, Teófilo
FARÓIS — v. SOUSA, Cruz e
FATOS E MEMÓRIAS — v. MORAIS
Filho, Melo
FAZENDEIRO DO AR — v. ANDRA-
DE, Carlos Drummond de
FEITICEIRO, O — v. MARQUES,
Xavier
FESTAS E TRADIÇÕES POPULARES
DO BRASIL — v. MORAIS Filho,
Melo
FESTA DE BALDO — v. MACEDO,
Álvaro Teixeira de
FIEL E A PEDRA, O — v. LINS,
Osman
FLORADAS NA SERRA — v. QUEI-
RÓS, Dinah Silveira de
FLORES DA MORTE — v. ALEGRE,
Apolinário Porto
FLORES SILVESTRES — v. SAMPAIO,
Bittencourt
FLORILÉGIO DA POESIA BRASILEI-
RA — v. VARNHAGEN
FOGO-FÁTUO — v. COELHO Neto
FOLHETINS — v. FRANÇA Jr.
FOME, A — v. TEÓFILO, Rodolfo
FONTE DA MATA, A — v. FONTES,
Hermes
FORMAÇÃO DA LITERATURA BRA-
SILEIRA — v. CÂNDIDO, Antônio
FRETANA — v. FERNANDES,
Carlos D.
FRONTEIRA — v. PENA, Cornélio

GESTOS, OS — v. LINS, Osman
GIRALUZ — v. MEYER, Augusto
GLAURA — v. ALVARENGA, Silva
GRITOS BÁRBAROS — v. ALMEIDA,
Moacir de
GUESA, O — v. SOUSÂNDRADE

HARPAS SELVAGENS — v. SOUSAN-
DRADE
HÁ UMA GOTA DE SANGUE EM
CADA POEMA — v. ANDRADE,
Mário de
HILÉIA AMAZÔNICA — v. CRULS,
Gastão

HINOS DO EQUADOR — v. ALVES,
Castro
HISTÓRIA DA AMÉRICA PORTUGUE-
SA — v. PITA, Sebastião da Rocha
HISTÓRIA DA LITERATURA BRASI-
LEIRA — v. ROMERO, Sílvio
HISTÓRIA DA LITERATURA BRASI-
LEIRA — v. VERÍSSIMO, José
HISTÓRIA DA PROVÍNCIA DE SAN-
TA CRUZ... — v. GÂNDAVO
HISTÓRIA DE UM CASAMENTO —
v. BARROSO, Maria Alice
HISTÓRIA DO BRASIL — v. MEN-
DES, Murilo
HISTÓRIA DO BRASIL — v. SALVA-
DOR, Frei Vicente do
HISTÓRIA DO PREDESTINADO PE-
REGRINO E SEU IRMÃO PRECITO
— v. GUSMÃO, Alexandre de
HISTÓRIAS DA CIDADE MORTA —
v. CONDÉ, José
HISTÓRIAS DO MEU CASAL — v.
PEDERNEIRAS, Mário
HISTÓRIAS QUASE SIMPLES — v.
QUEIRÓS, Amadeu de
HISTÓRIAS REUNIDAS — v. MACHA-
DO, Aníbal
HOMEM NA MULTIDÃO, UM — v.
COUTO, Ribeiro

IACINA — v. ROCHA, Lindolfo
IDEÓLOGO, O — v. LUZ, Fábio
ILUSÃO — v. PERNETA, Emiliano
ÍNDIO AFONSO, O — v. GUIMA-
RÃES, Bernardo
INFERNO VERDE — v. RANGEL,
Alberto
INFORMAÇÃO AO CRUCIFICADO —
v. CONY, Carlos Heitor
INOCÊNCIA — v. TAUNAY, Viscon-
de de
INSPIRAÇÕES DO CLAUSTRO — v.
FREIRE, Junqueira
INTRODUÇÃO À LITERTURA NO
BRASIL — v. COUTINHO, Afrânio
INVENÇÃO DE ORFEU — v. LIMA,
Jorge de

JANA E JOEL — v. MARQUES, Xavier
JARDIM DAS CONFIDÊNCIAS, O —
v. COUTO, Ribeiro
JARDIM SELVAGEM, O — v. TELES,
Lígia Fagundes
JOÃO TERNURA — v. MACHADO,
Aníbal
JOÃO URSO — v. ACIÓLI, Breno
JOGOS PUERIS — v. CARVALHO,
Ronald de
JORNAL DE CRÍTICA — v. LINS,
Álvaro
JORNAL DE TIMON — v. LISBOA,
João Francisco
JOSÉ — v. ANDRADE, Carlos Drum-
mond de
JUBILEU, O — v. FÓSCOLO, Avelino
IUCA MULATO — v. PICCHIA, Me-
notti del
JUPIRA — v. GUIMARÃES, Bernardo
LAÇOS DE FAMÍLIA — v. LISPEC-
TOR, Clarice

483

LÂMPADA VELADA, A — v. FONTES, Hermes
LENDAS D OSUL — v. LOPES Neto, Simões
LENDAS E CANÇÕES POPULARES — v. GALENO, Juvenal
LIBERTINAGEM — v. BANDEIRA, Manuel
LIÇÃO DE COISAS — v. ANDRADE, Carlos Drummond de
LIRA DOS CINQUENT'ANOS — v. BANDEIRA, Manuel
LIRA DOS VINTE ANOS — v. AZEVEDO, Álvares de
LIRA PAULISTANA — v. ANDRADE, Mário de
LITERATURA E POESIA - v. MEYER, Augusto
LIVRES — v. RABELO, Laurindo
LIVRO DE SONETOS — v. LIMA, Jorge de
LONGE — v. COUTO, Ribeiro
LOSANGO CÁQUI — v. ANDRADE, Mário de
LUZ GLORIOSA — v. CARVALHO, Ronald de
LUZ MEDITERRÂNEA — v. LEONI, Raul de

MAÇÃ NO ESCURO, A — v. LISPECTOR, Clarice
MADONA DE CEDRO, A — v. CALADO, Antônio
MADRINHA LUA — v. LISBOA, Henriqueta
MALAZARTE — v. ARANHA, Graça
MALEITA — v. CARDOSO, Lúcio
MANA SILVÉRIA — v. MELO, Canto e
MARAFA — v. REBELO, Marques
MARIA DUSÁ — v. ROCHA, Lindolfo
MARÍLIA DE DIRCEU — v. GONZAGA, Tomás Antônio
MARTIM CERERÊ — v. ÉPICA
MATEUS E MATEUSA — v. QORPO SANTO
MAURÍCIO — v. GUIMARÃES, Bernardo
MÁXIMAS, PENSAMENTOS E REFLEXÕES — v. MARICÁ, Marquês de
MEMÓRIAS DO CÁRCERE — v. RAMOS, Graciliano
MEMÓRIAS SENTIMENTAIS DE JOÃO MIRAMAR — v. ANDRADE, Oswald de
MENINA MORTA, A — v. PENA, Cornélio
MENINO POETA, O — v. LISBOA, Henriqueta
MERIDIONAIS — v. OLIVEIRA, Alberto de
MESTIÇO, O — v. FÓSCOLO, Avelino
METAMORFOSES, AS — v. MENDES, Murilo
MEU — v. ALMEIDA, Guilherme de
MINEIROS DA DESGRAÇA, OS — v. BOCAIÚVA, Quintino
MINIATURAS — v. CRESPO, Gonçalves

MOCIDADE MORTA — v. DUQUE, Gonzaga
MONTANHA — v. ANJOS, Ciro dos
MORATÓRIA, A — v. ANDRADE, Jorge
MORTE E VIDA SEVERINA — v. MELO Neto, João Cabral de
MULHER QUE FUGIU DE SODOMA, A — v. VIEIRA, José Geraldo
MUNDO ENIGMA — v. MENDES, Murilo
MUNDO SUBMERSO — v. RIVERA, Bueno de
MURMÚRIOS E CLAMORES — v. MENDONÇA, Lúcio de
MÚSICA DO PARNASO — v. OLIVEIRA, Botelho de
MÚSICAS — v. PERNETA, Emiliano

NEGRA É O REI, A — v. SALUSSE, Júlio
NEGRINHA — v. LOBATO, Monteiro
NITERÓI — v. BARBOSA, Januário da Cunha
NOITE CONTRA NOITE — v. CONDÉ, José
NORMALISTA, A — v. CAMINHA, Adolfo
NOTURNOS — v. CRESPO, Gonçalves
NOVE HISTÓRIAS EM GRUPOS DE TRES — v. DOURADO, Autran
NOVE, NOVENA — v. LINS, Osman
NOVOS IDEAIS — v. TEIXEIRA, Múcio
NOVOS POEMAS — v. MORAIS, Vinícius de

OBRA POÉTICA — v. COSTA, Sosígenes
OBRAS POLÍTICAS E LITERÁRIAS — v. CANECA, Frei
OCASOS DE SANGUE — v. AMÉRICO, José
ODE A UM POETA MORTO — v. LEONI, Raul de
OPALAS, — v. XAVIER, Fontoura
OSCARINA — v. REBELO, Marques
PAGADOR DE PROMESSAS, O — v. GOMES, Dias, e TEATRO
PAÍS DO CARNAVAL, O — v. AMADO, Jorge
PAIXÃO SEGUNDO G. H., A — v. LISPECTOR, Clarice
PARISINA — v. CARVALHO Jr., Francisco Antônio de
PARNASO BRASILEIRO — v. BARBOSA, Januário da Cunha
PAROARA, O — v. TEÓFILO, Rodolfo
PÁSSARO CEGO — v. SCHMIDT, Augusto Frederico
PATHÉ-BABY — v. MACHADO, Alcântara
PEDRA DO SONO — v. MELO Neto, João Cabral de
PEQUENA HISTÓRIA DA LITERATURA BRASILEIRA — v. CARVALHO, Ronald de
PEREGRINO DA AMÉRICA, O — v. PEREIRA, Nuno Marques

484

PERTO DO CORAÇÃO SELVAGEM — v. LISPECTOR, Clarice
PINDORAMA — v. MARQUES, Xavier
PLANÍCIE DOS MORTOS — v. MOTA, Dantas
POEMAS — v. CARDOSO, Joaquim
POEMAS — v. MENDES, Murilo
POEMAS — v. MILLIET, Sérgio
POEMAS ANÁLOGOS — v. MILLIET, Sérgio
POEMAS DE BILU — v. MEYER, Augusto
POEMAS E CANÇÕES, — v. CARVALHO, Vicente de
POEMAS NEGROS — v. LIMA, Jorge de
POESIA EM PÂNICO — v. MENDES, Murilo
POESIA LIBERDADE — v. MENDES, Murilo
POESIA. PERDIDA — v. FACÓ, Américo
POESIAS — v. BILAC, Olavo
POESIAS — v. MEYER, Augusto
POESIAS AVULSAS — v. BONIFÁCIO (o Velho), José
POESIAS OFERECIDAS, etc. — v. BARROS, Borges de
POSSEIROS, OS — v. BARROSO, Maria Alice
PRIMAVERAS, AS — v. ABREU, Casimiro de
PRIMEIRAS TROVAS BURLESCAS — v. GAMA, Luís
PRISIONEIRA DA NOITE — v. LISBOA, Henriqueta
PROSOPOPÉIA — v. TEIXEIRA, Bento
PROVÍNCIA, A — v. BASTOS, Tavares
PSICOLOGIA DA COMPOSIÇÃO — v. MELO Neto, João Cabral de
PUÇANGA — v. PEREGRINO Jr.

QUADRAGÉSIMA PORTA, A — v. VIEIRA, José Geraldo
QUADROS — v. SERRA, Joaquim
QUANDO EU ERA VIVO... — v. ALBUQUERQUE, Medeiros e

RAÇA — v. ALMEIDA, Guilherme de
RAINHA DOS CÁRCERES DA GRÉCIA, A — v. LINS, Osman
RAMO PARA LUISA, UM — v. CONDÉ, José
RAPOSA E AS UVAS, A — v. FIGUEIREDO, Guilherme
RATOS, OS — v. MACHADO, Dionélio
RAZÕES DA INCONFIDÊNCIA, AS — v. TORRES, Antônio
REFLEXÕES SOBRE A VAIDADE DOS HOMENS — v. AIRES, Matias
RÉGIO SALTIMBANCO, O — v. XAVIER, Fontoura
REI NEGRO — v. COELHO Neto
REINO DA ESTUPIDEZ, O — v. FRANCO, Melo
REINO DE KIATO, O — v. TEÓFILO, Rodolfo
REMATE DE MALES — v. ANDRADE, Mário de

RETRATO NA GAVETA, O — v. RESENDE, Oto Lara
RETRATO NATURAL — v. MEIRELES, Cecília
RIMÁRIO — v. MAGALHÃES, Valentim
RIMAS — v. ALBANO, José d'Abreu
SARÇAS DE FOGO — v. BILAC, Olavo
SARGENTO PEDRO, O — v. MARQUES, Xavier
S. BERNARDO — v. RAMOS, Graciliano
SELVAGEM, O — v. MAGALHÃES, Couto de
SEM CRIME — v. PAPI Jr.
SEMINARISTA, O — v. GUIMARÃES, Bernardo
SENHORA NA BOCA DO LIXO — v. ANDRADE, Jorge
SENTIMENTO DO MUNDO — v. ANDRADE, Carlos Drummond de
SERAFIM PONTE GRANDE — v. ANDRADE, Oswald de
SERMÕES — v. VIEIRA, P. Antônio
SERTANEJAS — v. GALVÃO, Trajano
SETEMBRO — v. PERNETA, Emiliano
SIGNO ESTRELADO — v. CARDOSO, Joaquim
SIMPLES AFETO RECÍPROCO, UM — v. BARROSO, Maria Alice
SONETOS E RIMAS — v. GUIMARÃES Jr. Luís
SONIDOS — v. BRAGA, Gentil Homem de Almeida
STATIRA E ZOROASTES — v. ALVARENGA, Lucas José de
SURUPANGO — v. MOTA, Dantas

TARDE — v. BILAC, Olavo
TELAS SONANTES — v. CELSO, Afonso
TEMPO E ETERNIDADE — v. MENDES, Murilo, e LIMA, Jorge de
TEMPO E O VENTO, O — v. VERÍSSIMO, Érico
TENTAÇÃO — v. CAMINHA, Adolfo
TERCEIRA FEIRA — v. MELO NETO, João Cabral de
TERRA DE CARUARU — v. CONDÉ, José
TERRENO BALDIO — v. VIEIRA, José Geraldo
TERRITÓRIO HUMANO — v. VIEIRA, José Geraldo
TODA A AMÉRICA — v. CARVALHO, Ronald de
TÓIA — v. MOOG, Viana
TRAGÉDIA BURGUESA — v. FARIA, Otávio de
TRAGÉDIA ÉPICA — v. MANGABEIRA, Francisco
TRAGÉDIA NO AMAZONAS, UMA — v. POMPÉIA, Raul
TRATADO DESCRITIVO DO BRASIL — v. SOUSA, Gabriel Soares de
TRATADOS DA TERRA E GENTE DO BRASIL — v. CARDIM, Fernão
TRIUNFO EUCARÍSTICO — v. MINAS GERAIS

485

TRONCO, O — v. ÉLIS, Bernardo
TROPAS E BOIADAS — v. RAMOS, Carvalho
TROVAS — v. RABELO, Laurindo
TÚMULOS, OS — v. BARROS, Borges de
TÚNICA E OS DADOS, A — v. VIEIRA, José Geraldo
TÚNICA INCONSÚTIL, A — v. LIMA, Jorge de

ÚLTIMAS PÁGINAS — v. CALASÃS, Pedro de
ÚLTIMOS SONETOS — v. SOUSA, Cruz e
URAGUAI, O — v. GAMA, Basílio da

VAIDADES — v. CEPELOS, Batista
VALE DO AMAZONAS, O — v. BASTOS, Tavares
VALEROSO LUCIDENO, O — v. CALADO, Frei Manuel
VAQUEANO, O — v. ALEGRE, Apolinário Porto
VELHOS MARINHEIROS, OS — v. AMADO, Jorge

VEREDA DA SALVAÇÃO — v. ANDRADE, Jorge
VERTIGEM — v. CRULS, Gastão
VESTIDO DE NOIVA — v. RODRIGUES, Nelson
VIAGEM — v. MEIRELES, Cecília
VIAGEM MARAVILHOSA, A — v. ARANHA, Graça
VIA-LÁCTEA — v. BILAC, Olavo
VIDA OCIOSA — v. RANGEL, Godofredo
VILA DOS CONFINS — v. PALMÉRIO, Mário
VILA FELIZ — v. MACHADO, Aníbal
VILA RICA — v. COSTA, Cláudio Manuel da
VIOLA DE LERENO — v. BARBOSA, Caldas
VISIONÁRIO, O — v. MENDES, Murilo
VISITANTE, O — v. LINS, Osman
VOLTAS DA ESTRADA, AS — v. MARQUES, Xavier

WIESBADE — v. CALASÃS, Pedro de

ÍNDICE REMISSIVO DE GENERALIDADES

BÁRBAROS, Metros — v. AZEREDO, Magalhães de
BESTIALÓGICO — v. GUIMARÃES, Bernardo

CARTAS — v. EPISTOLOGRAFIA
CONCRETISMO — v. CONCRETA, Poesia
CULTERANISMO — BARROCO
CONCEPTISMO — v. BARROCO
CULTISMO — v. BARROCO

DECADISMO — v. DECADENTISMO

ENCICLOPEDISMO — v. ILUSTRAÇÃO
FOLHETIM — v. CRÔNICA

GERAÇÃO DE 45 — v. NEOMODERNISMO: Poesia

ILUMINISMO — v. ILUSTRAÇÃO

JANEIRO, Rio de — v. RIO de Janeiro

LUZES, Época das — v. ILUSTRAÇÃO

NEOCLASSICISMO — v. ARCADISMO e CLASSICISMO
NOVA CRUZADA — v. BAHIA

PARTENON Literário — v. SUL, Rio Grande do
POSITIVISMO — v. FILOSOFIA

REALISTA, Poesia — v. PARNASIANISMO

TERTÚLIA DAS LETRAS — v. BAHIA

UFANISMO — v. ENSAIO

VITORINO CARNEIRO DA CUNHA — Personagem do romance *Fogo Morto, de * José Lins do Rego

LISTA DE ARTIGOS GERAIS

ACADEMIAS
AÇÚCAR, Ciclo do
ALEXANDRINO
ALITERAÇÃO
AMAZÔNIA
ANTROPOFAGIA
ARCADISMO
BAHIA
BARROCO
BYRONISMO
CAPITU
CIENTÍFICA, Poesia
CLASSICISMO
COLONIAL, Era
CONCRETA, Poesia
CONDOREIRISMO
CONTO
CRÍTICA LITERÁRIA
CRÔNICA
DECADENTISMO
DECASSÍLABO
DESVAIRISMO
ENSAIO
ÉPICA
EPIGRAMA
EPISTOLOGRAFIA
ESTROFE
FILOSOFIA
FUTURISMO
GONGORISMO
HISTÓRIA LITERÁRIA
ILUSTRAÇÃO
IMPRESSIONISMO
INDIANISMO
INFANTIL, Literatura
INFLUÊNCIAS
INFORMAÇÃO, Literatura de
JECA TATU
JESUÍTICA, Literatura
LÍNGUA PORTUGUESA NO BRASIL
LINGÜÍSTICA NO BRASIL
LIVRE, Verso

MEMORIALISMO
MINAS GERAIS
MINEIRA, Escola
MODERNISMO
NATURALISMO
NATUREZA
NEOMODERNISMO
NOVELA
ORAL, Literatura
PADARIA ESPIRITUAL
PARNASIANISMO
PENUMBRISMO
PERIODIZAÇÃO
PICARESCO
POEMA EM PROSA
POÉTICAS
PRAXIS
PRÉ-MODERNISMO
PRÉ-ROMANTISMO E ROMANTISMO
REALISMO
RECIFE, Escola do
REGIONALISMO
REVISTAS
RIMA
RIO DE JANEIRO
ROMANCE
SÃO PAULO
SÁTIRA
SECAS, Ciclo das
SEMANA DE ARTE MODERNA
SERTÃO
SIMBOLISMO
SONETO
SUL, Rio Grande do
SURREALISMO
TEATRO
ULTRA-ROMANTISMO
UNIVERSIDADES
VERSO
VIAGENS
VIDA LITERÁRIA